韩国自然文化语言学

本书的出版得到以下项目的资助：

1. 山东师范大学人文社会科学预研项目《韩国文化语言学》
2. 国家社科基金后期资助项目《认知语言学视域下的韩国语研究》
   （20FYYB045）

韩国自然文化语言学

王芳·王波

역락

前言

　　文化语言学通俗地说就是将文化与语言结合起来进行研究的科学，此类研究在西方最著名的当属19世纪前期德国的洪堡特，20世纪初的美国人类学家Franz　Boas、萨丕尔、沃尔夫，并且有了萨丕尔——沃尔夫假说，欧洲则有马林诺夫斯基，不过西方人的研究更多的属于人类语言学，因为他们的主要研究对象是没有文字传统的民族语言。

　　中国的文化语言学源远流长，最初的专著有罗常培的《语言与文化》，这是中国文化语言学的开山之作(游汝杰　1995:11)，但是文化语言学在中国作为一门相对独立的分支学科主要起源于20世纪后期，并形成了三大流派，其中之一是以游汝杰为代表的"双向交叉文化语言学"，强调语言与文化的双向研究，以及历时与共时研究；其二是以陈建民为代表的"社会交际文化语言学"；第三派是以申小龙为代表的"全面认同文化语言学"，认为语言是一个民族看待世界的样式，是对该民族具有根本意义的价值系统的意义系统(邵敬敏　1995:2)。关于文化语言学，虽然各个流派的观点有的分歧较大，但在文化语言学是立足于描写语言基础之上的解释性语言学(游汝杰1995:12)这一点上比较统一。

　　语言文化研究最终要上升到思想研究，纳日碧力戈在《地方知识》的代译序中提到"对现代思想作描述，是一项庞杂繁纷的工作，要涉及'爬虫类动物学、亲属关系理论、小说写作、心理分析、微分拓扑学(differential topology)、流体力学、图像学与数量经济等一切可以对我们构成起码范畴的东西'，这些都是我们这个生活世界中的社会活动"。文化囊括了整个社会的方方面面，文化还是一个自古延续至今的传承过程，对这样一个庞大的内容，要想面面俱到、保证正确无误，其难度之大可想而知。要想对一个民族社会的思想作描述是多么遥远的事情，这需要无数学科的共同努力，而文化语言学则要主动借用社会学、历史学、人类学、心理学、生态学尤其是哲学等学科的知识进行研究。

"文化的分析不是一种寻求规律的实验科学，而是一种探求意义的解释科学"(格尔茨 2014/2017:5)。正因为文化分析的这种特点，所以纳日碧力戈在格尔茨(2014)的代译序中说"这是一门奇怪的学问，最有说服力，也最脆弱。"但"正是这样一项工作，不仅可以使我们熟悉一个国家的历史、文学和思维方式，而且将会照亮人类心灵中朦胧昏暗的领域"(赫尔德 2011:64)。

洪堡特(2011:28)曾说"每一种特定的语言实际上都是三种不同的力量会同作用的结果，其一是客体实在性质的作用，这种性质在心灵中造成印象；其二是一个民族的主观作用；其三是语言自身特性的作用。"这里所说的客体实在与民族的主观作用都是文化，换句话说，一种语言是文化和语言内在特性的有机合成，所以借助文化语言学，我们可以通过语言来反观一个民族的客体文化、主观文化的投影，来探讨一个民族的思维和认知，也可探讨三种力量对语言影响作用的大小和程度以及语言的演变。

本研究共分五部，分别是《韩国自然文化语言学》《韩国生活文化语言学》《韩国精神文化语言学》《韩国文化语言学综论》以及《语言与文化》。

《韩国自然文化语言学》研究韩国自然文化与韩国语的关系，共四章，分别是：人体与语言、地理环境与语言、动物与语言、植物与语言。

人是生物的一种，人类学家奥莫亨德罗(2017:161,167)曾提出"生物与文化是我们这个物种(智人)适应地球生活的两种方式。我们在生物上进化为文化动物。""人类学上的生物——文化视角非常重视生物性、文化和环境三个要素间的系统关系，即反馈互动网络。"

生物——文化三要素图，根据奥莫亨德罗(2017:168)修改而成

```
        ┌─────────────────────────────────┐
        │      文化[行为与观念及其产物]        │
        └─────────────────────────────────┘
          ↙                           ↘
┌──────────────────────┐      ┌──────────────────────┐
│     生物物理环境        │ ←──→ │      人类生物性         │
│ [气候、土壤、病菌、矿物、 │      │ [解剖学、生理学、遗传学、 │
│  地形、动植物群、水资源等] │      │  健康学]               │
└──────────────────────┘      └──────────────────────┘
```

根据上图可以得知，人类的文化与生物物理环境是互相作用的关系，人在进化的过程中与周围的生物环境产生密切关系，而这种关系也形成了人类文化的一个组成部分。其中，人是世界的中心，地理、动植物等人周围的环境是"人的文化世界的背景、大环境和框架"(李鹏程 1994/2008:51)。

人类认识世界首先认识到的是自己的身体。我们生活的世界是人类身体化认知的结果，人类本身，或者说整个人类社会，也都是源于我们自身的身体化认识(张之沧、张尚 2014:94)。韩国人对世界的认识也开始于对身体的认识，表现在语言上则出现了丰富的人体语言表达，借助与人体语言有关的表达，韩国人又发展了对世界的

认识。也就是说，人体语言将韩国人与世界紧密联系了起来。

人类对世界的认识还包括对地理环境、动植物的认识。自然世界是人类通过自己的感觉器官——主要是视觉——认识出来的(李鹏程 1994/2008:3)，尤其是远古时代的人类，他们认识世界的开始就是从自然事物和想象开始的，而为了生存，他们也必然要对周围的世界作出探索和能动地利用甚至是改造。首先，天地、日月星辰、风雨雷电等自然现象与人类的生存密切相关，所以人类在认识这些自然现象的过程中展开了丰富的想象；其次，与人们的日常生活密切相关的东西，如举目所及、触手可摸、非其不可的动植物等也必然成为关注的焦点。正是由于人类对这些自然事物和人造事物的想象与关注，才使得"它们落到了人的意识中，被意识符号化，才携带意义"(赵毅衡 2017:72)，而这些事物所产生的文化意义的一部分最终也表现在了语言现象之上，由此产生了大量的文化词和惯用语、俗语。

不同的民族由于所处的地理环境、历史、社会、认知思维等背景文化的不同，对事物的观察角度不同，因文化所产生的联想不同，所以在面对同一具体事物时，中国人和韩国人所产生的联想意义是不同的，因此导致表达同一事物的语言在语义、用法之上的区别甚至完全不同。

本书主要研究韩国语言这种媒介与韩国自然文化的关系，研究语料主要为韩国《표준국어대사전》收录的词条释义、惯用语和俗语。为探讨语言是如何与文化交融在一起的，本研究还借用了大量的电视剧剧本语料、新闻文本、小说文本、语料库、现行韩国语教科书等。借此，可以检验惯用语、俗语的时效性以及它们在人们的日常文化生活中是如何得以运用的，也可对大量的文化现象进行更细致具体的分析。例文都注明出处，没有注明出处的例句源于《표

준국어대사전》。本书例句只为例证相关语言形式的用法，不代表任何政治立场。

另外，关于本文中的标点符号，原则上采用汉语标识，与英语有关的采用英语标识，与韩国语有关的采用韩国语标识。关于作者的引用，为便于与参考文献统一，如果引文是外文原文，作者姓名则使用外文；如果引文是外文译文，作者则使用译著中所标出的中文译名；韩译日本文献的作者姓名因为要与参考文献一致，所以在文中引用时也使用韩译日语姓名。例句、图表序号以每章为单位编号。

目录

第一章　人体与语言

第二章　地理环境与语言

第三章　动物与语言

第四章　植物与语言

参考文献 • 702

中文文献 / 中文译著 / 韩文文献 / 其他外文文献

图表目录

第一章

人体与语言

1.1 引论

人体属于自然界的一部分，但同时又具有强烈的文化性，这种文化性表现在人体的行为活动上。与其他事物相比，"人体是我们最熟知的物质宇宙的组成部分。它不但是体验世界的条件，而且是一种可以接近的物体，我们总是能够观察到它的特征"（段义孚2017:72）。正因为如此，我们可以借助身体来体验世界，"身体是我们掌握世界的最原初的工具"（舒斯特曼 2014:34）。简而言之，人体主要被人类用来与人沟通、传递信息，以及表达心理感情。

现代人类在进行沟通时有各种手段，一类是语言手段，包括文字语言和口头语言；一类是半语言手段，主要指听觉方面，如声音的大小高低长短等；第三类是非语言因素，主要指视觉方面的，如人的动作、姿势、表情、时空、距离、接触以及外貌、化妆、香水等（윤애선 1998:368）。这里所讲的非语言因素主要指具体的人体动作或表情。当然，听觉方面的半语言手段也可看做人体动作的一部分。这些半语言手段和非语言因素是对语言手段的补充。

人体可以给他人传递各种信息。人体所透露出的个人信息中最典型的就是表情，表情可以表达众多的感情意义，所以表现在语言上，与面部表情有关的词汇都具有了丰富的意义。人在表达情绪时，不仅会借用面部表情，还会用其他肢体语言，如手势、姿势等。

人体表达感情时主要有两大方面的影响因素。首先，人体语言表达感情"在某种程度上是由遗传基因决定的"(格尔茨2014/2017:63)。因为人类的遗传基因对人体表达感情起很重要的影响作用，所以这使人体语言的发达具有语言的共性。其次，人体语言表达感情还深受文化的影响。"许多身体语言和手势事实上并没有我们想象中那么具有普遍性。特殊的手势和姿势在不同文化中可能有不同的意义，这也是引起文化误解的原因之一"(恩贝尔、恩贝尔 2016:103)。在外语学习中，很多学习者在运用语言时，尽管自己的语言实力不错，但却经常会因为对人体语言等非语言表达理解不够，而出现交流障碍(조현용 2005)。不仅如此，还有很多与人体语言直接相关的比喻性语言表达对学习者来说也是拦路虎。

本章将以人体的各部位(头、脸、额、眉、眼、耳、口、牙、鼻、颈、胸、背、肩、臂、腰、腹、腿、膝、手、脚、骨)以及排泄物、魂魄相关的词语、惯用表达为中心，来探讨韩国人体语言所具有的文化内涵以及所反映的韩国人的思维特点，尤其是具象思维和微观、全面的思维特点。

1.2 头

与头有关，主要分析头的各种表达形式、头的涵义、头的各部位以及发展成后缀的"-머리""-대가리"。韩国语里与头有关的丰富表达反映了头在人体中的重要性，也反映了头在韩国文化中的重要性。

1.2.1 头的表达形式

头在韩国语里为"머리",还有很多近义词,其中"골치"是俚语,如(1abc)。"골치"还有"골칫덩어리、골칫덩이"等表达。"골통"也是"머리"的俚语,也俗指捣蛋包或总是让人操心的人,如(1d);"골통"也可俗指不聪明的人,如(1e)。"박"是"머리통"的俚俗语,多用于"박(이) 터지다",指事情困难、复杂让人操心,如(1f)。

(1) a. 골치가 쑤시다/지끈거리다 头疼

    b. 골치를 썩이다 让人头疼

    c. 계약서에 사인 하고 조약식까지 했으면 더 골치 아파 질 텐데.《천상의 약속, 8회》如果在合同上签字,举行了签约仪式的话,可能会更头疼。

    d. 그는 마을에서 알아주는 골통이라 아무리 막되게 굴어 도 말리는 사람이 없었다. 他是村里有名的惹祸精, 不管怎样闹腾,也没人管。

    e. 그는 골통이라서 내 말을 잘 알아듣지 못할 거야. 他脑 袋瓜不灵光/油盐不进,我的话他听不懂的。

    f. 너 지금 무슨 생각을 박 터지게 하는 것이냐! 你现在抓 耳挠腮地在想什么啊。

与"头"有关还有汉字词"두각(头角)",虽然这个汉字词的基本义指动物头上的角,但是与其他很多表达具有贬义相比,"두각"没有贬义,反而有"才华出众"之义,如(2a),这与汉语"头角"是一致的。韩国语还有汉字词"수뇌부(首脑部)",比喻某个组织、团体或机关内处于最重要地位的一部分人,如(2b),汉语用

"智囊团"。

    (2) a. 두각을 나타내다/드러내다 崭露头角

        b. 경찰 수뇌부 警察智囊团

如上，头的这众多表达形成了近义词关系，语言表达的众多说明头在人体中的重要性。其中"머리"是中性词，汉字词"두각、수뇌부"是褒义词，其他固有词"대가리、골치、골통、머리통、박"是贬义词。这符合韩国语里不同系统的词汇的基本义域分类。其中"골통、수뇌부"比喻人，属于部分转喻整体。

1.2.2 头的涵义

韩国人对头的认识主要表现在四个方面，首先是利用头的动态变化来表达思想感情；其次是用头的状态来表达年龄、记忆力以及思想感情；第三是用头来转喻思考判断能力；第四，用头转喻头发。

1.2.2.1 头的动态变化

韩国语里头的动态变化可比喻思想、感情的变化等意义，是用具体的动作来表示抽象意义，也就是说区分各个惯用语的语义差异要把重心放在动词上。中韩两个民族都可以借助头的动作来表达类似的感情，但是在具体的细节方面又有较大不同。

1) 머리

第一，当出现在某个场所时，最先进入人眼帘的是头，所以是

"머리(를) 내밀다 露头"，而汉语用"露面"，面部是头部最靠前的地方，汉语是用部分来转喻整体。汉语也有"露头"，多用于"露头露脑、伸头露脑、伸头探脑"等，隐含着"偷偷、短暂"等动作意义，此类意义在韩国语里一般用动词"기웃거리다"来表达。

第二，开会、讨论时，一般都是聚在一起，所以"머리(를) 맞대다"指面对面讨论、决定某事，汉语"碰头"也有此意。韩国语还有"머리(를) 모으다"，指聚在一起讨论重要事情或综合多人的意见，如(3)，用于此意时，还用"이마를 마주하다[맞대다]"，是用较小的人体器官——额头来转喻较大的人体器官——头。汉语也有"碰头会、我们一会碰个头"类的表达，但没有"碰额头"的说法。

(3) 아무래도 머리를 모아 결정하는 것이 더 좋지 않겠어? 看来还是碰个头来决定的好吧?

第三，把某物塞到或刻到脑子里为"머리에 그려 넣다、머리에 새겨 넣다"，比喻牢牢记住，如(4)。汉语类似的是"刻在/记在脑子里"或"记在心里"。

(4) 그는 아버지의 유언을 머리에 새겨 넣었다. 他将父亲的遗言牢牢刻在了脑子里/记在了心里。

第四，在头里转为"머리에 맴돌다"，比喻不太清晰的想法萦绕在脑海里，如(5)。

(5) 그렇게도 나의 머리에 맴돌기만 하던 창문의 이미지가

문득 머리에 떠올랐다.《이청준, 퇴원》一直只是在我脑
海里打转的昌玟的形象突然浮现在眼前。

以上四种与头有关的动作所表达的意义比较具体，但有些表达
所表达的意义比较抽象，是用头的动作来比喻心理活动或感情。如
下所示：

第五，由于"머리"位于人的顶端，所以坐在别人头顶上，即
"머리 위에[꼭대기에] 앉다[올라앉다]"可表示看透对方的想法或
行动，但也指自高自大，看不起别人。汉语一般多用"骑在别人头
上"，在过去主要指反动势力对人民的欺压和剥削，现在一般多用来
比喻欺压别人，如(6a)。不过日常生活中有时也会出现"꼭대기에서
놀다"，如(6b)，表达的意义类似。

(6) a. 너 지금 내 머리 꼭대기에 올라앉겠다?《최고의 연인,
    92회》你现在想爬到我头上来？
   b. 니가 감히 내 머리 꼭대기에서 놀려고 들어?《최고의
    연인, 77회》你竟敢在我头顶上耍/拉屎放屁？

与头有关，汉语还有"上头"，根据声调的不同，可以表示男女
成年仪式，如(7a)；也可表示微醉，如(7b)；也可表示上级、上面，
如(7c)。汉语还有"上头扑脸"，如(7d)。与韩国语相比，汉语"上
头"的语义更丰富。

(7) a. 这女人是我屋里的，就是没有吃过席，蛊也换哩，几
    年就该上头了。《北大中文语料库》
   b. 这酒喝了上头。

c. 他这个房子上头儿不许盖房。《北大中文语料库》

d. 宠的那小荷香上头扑脸，叫他象降贼的一般，打掉牙肚里咽。(《醒世姻缘传》四十四回)

第六，低头的动作可表达两种心理感情:第一种表示屈服或低姿态，有惯用语"머리(를) 굽히다、머리(를) 숙이다、머리를 조아리다"等，如(8a-c)；第二种代表心里佩服，此意义是由"머리(를) 숙이다"来表达的，如(8d)。"머리가 수그러지다"中的"수그러지다"是自动词，指头自动低下了，所以惯用语指敬意油然而生，如(8e)。

(8) a. 아쉬운 쪽이 머리를 굽히고 들어가는 법이다. 求人的一方肯定要先低头、委曲求全。

b. 저들이 지금은 대비마마께 머리를 조아리고 있으나 나중에 반드시 반기를 들고 나올 것이니.《옥중화, 2회》虽然他们现在对大妃您俯首称臣，他们将来肯定会向您举反旗的。

c. 내가 뭘 잘못했다고 머리를 숙여?《최고의 연인, 100회》我做错什么了？凭什么我要低头认输？

d. 스승의 은혜에 머리 숙여 감사의 뜻을 전합니다. 对老师的恩德低头表示感谢。

e. 그의 봉사 정신에는 절로 머리가 수그러진다. 在他的奉献精神面前，我不禁低下了头。

如上，韩国语里表示低头这个动作用了五种表达，根据不同的动词，既可以表达屈服，也可表达佩服，而"머리를 숙이다"可同

时表达两种意义。

从另外一个角度来看，韩国语里这些丰富的低头动作也反映了韩国人的社会文化和压抑的性格文化，韩国社会深受儒家文化的影响，重视上下的垂直关系，重视礼仪，韩国人对他人表示尊敬或屈服的人体语言就是低头行礼，表现在语言上，就是有与低头动作有关的丰富表达。与之形成鲜明对比的就是与抬头有关的动作较少，并且所使用的动词是同源词 "들다" 和派生词 "쳐들다"。其中 "머리를 들다" 表示具体动作时，一般多用于命令句，即长辈或上司让晚辈或下属抬头时，多说 "머리를 들어. 抬起头来。" 或者比喻被压制住的某种想法或势力浮出水面，"머리를 쳐들다" 如果用于具体动作，表示反抗；用于比喻意义时也具有消极意义，因为前缀 "쳐-" 具有消极意义。

第七，挠头为 "머리(를) 긁다"，因为一般人羞愧不好意思时都会有这样的人体语言，如(9)。过去韩国男人都是戴帽子的，戴着帽子就摸不到头，摸到的是突出来的帽檐，所以 "벙거지 시울을 만진다" 是用摸帽檐来比喻语塞时尴尬、没脸面的情况，这里的摸帽檐与挠头反映的是同样的心理活动特点。

(9) 그는 자기의 실수를 깨달았는지 머리를 긁으며 겸연쩍어했다. 他可能意识到自己的失误了，挠着头，很不好意思的样子。

第八，摇头为 "머리(를) 흔들다"，表示强烈的反对意思或表示反感，如(10)，与汉语 "摇头" 同义。

(10) 남편은 내가 친구 얘기를 꺼내자 머리를 흔들며 못마땅

해하는 표정을 지었다. 我一提朋友的事，丈夫就摇着
头流露出很不满的表情。

第九，当人纠结于某个问题时，一般会两手抱住头使劲挤压，这时是主体——"人"主动给自己施加的动作，所以"머리를 짜다、머리를 쥐어짜다"指非常用心地去想，如(11)。人压力过大时则会感到头疼，如"머리를 짓누르다"是外界施加于头部的动作，所以指精神上的强大刺激，如(12)，汉语要么直译，要么用比人体语言更抽象的"强烈的"。

(11) a. 어떻게 하면 다시 장사를 시작할 수 있을지 다 같이
　　　머리를 짜봐야 하는 것 아니야?《우리집 꿀단지, 121
　　　회》我们得一块儿好好想想，看怎样才能重新开始
　　　做生意。
　　b. 아무리 머리를 쥐어짜도 별 뾰족한 수가 나오지 않았
　　　다. 不管怎样想/绞尽脑汁，也想不出什么好办法。
(12) a. 그와 이별하고 나니 머리를 짓누르는 아픔이 강하게
　　　밀려들어 왔다. 和他分手后，伴随着疼痛头部感到
　　　一阵强大的压力。
　　b. 머리를 짓누르는 자책 强烈的自责心

如上，虽然都是挤压头部，但是"짜다、쥐어짜다"与"짓누르다"的动作主体不同，所以所表达的意义不同。
第十，韩国语还有"머리가 터지다"，有两个意义，一个是具体意义，指脑袋开花，另外是抽象意义，指因烦心事而头疼，如(13)，汉语多用"头疼、头大了、头都要炸了"等来表达。与头开

了有关，韩国语还有"머리가 깨지다"，指头破了，如(14a)；有时也比喻因心烦而头疼，如(14b)。但因为"깨지다"表达因外力而头真正地破裂，而"터지다"表达头由内往外崩裂，所以最终表达的心理感觉是不同的。

(13) 시끄러워. 지금 머리 터질 지경이란 말이야.《최고의 연인, 47회》乱死了。现在我正头疼呢/我头都大了/我头都要炸了。

(14) a. 축구를 하다 머리가 깨지는 상처를 입었다. 踢足球时，头受伤，破了。

b. 머리가 깨질 듯 아프다. 头疼得快要炸开了。

十一，韩国语还有"머리(를) 식히다"，指使激动或紧张的心情平静下来，如(15)。

(15) 교외에 나가 머리를 식히다 去郊外散心。

十二，韩国有一种文化，那就是遇到重要时刻需要努力时总会在头上系上一条白带子，所以基于这种文化，"머리(를) 싸매다、머리(를) 싸고"指竭尽全力，如(16)。其中"머리(를) 싸매다"在表示竭尽全力时，没有男女性别或年龄之分，可以是学生，也可以是成人。但韩国语还有"머리 싸매고 누웠다"指病倒在床，此时这种动作多发生在女性尤其是年龄较大的女性身上。

(16) a. 나는 머리를 싸매고 시험 준비를 했다. 我竭尽全力准备考试。

b. 이간질하려고 매일 밤 머리 싸매고 고민했을 텐데 결

과물이 겨우 이거니?《최고의 연인, 38회》为了离间
我们，你每天晚上肯定绞尽脑汁地想法子来，但你
想出来的成果就这程度啊?

对中国人来说，头上系白带子是家中居丧的标志。如《南方都
市报》2017年3月20日有一篇题为"一套寿衣上千元 暴利背后的利益
链"的新闻，并附了一幅图，图中就是用"头系一条白带子"来表
明家里有丧事。因中国没有韩国类似的文化，所以在表达韩国类似
意义时只能用抽象表达"竭尽全力"或者具体表达"绞尽脑汁"。

2）고개

韩国语里后脖颈为"고개"，"고개"还指人或动物包括脖子在
内的头部部分，如"고개를 젓다 摇头"，这是用后脖颈来转喻头。
"고개"还用于惯用语中，例如:

[表1] "고개"的惯用语

	表达	意义
1	고개를/얼굴을 내밀다	出现某种势力或感情。
2	고개를 들다/쳐들다	力气或形势高涨。
3	고개를 끄덕이다	点头表示正确或好。
4	고개 하나 까딱하지 않다	毫不动摇。
5	고개(를) (가로) 흔들다	否定或拒绝。
6	고개(를) 꼬다[비틀다]	有各种想法而左右环顾，犹豫着; 不相信而左右晃头。
7	고개(를) 돌리다	不理睬。
8	고개(를) 숙이다	低头表示臣服、阿谀奉承或谦虚; 气势被压下去了。
9	고개가 수그러지다	敬意油然而生。

上面的惯用语囊括了头可能产生的几乎所有的动作，首先头可以伸出去，所以惯用语1比喻出现势力或感情，有时后面的动词也可用"들밀다"，如(17a)。其次，头可以抬起来，所以惯用语2的比喻意义表示的也是向上的意义，如(17b)。此外，"3"用点头表示正确、赞同，这与汉语是一致的。"4"是用"头一动不动"来比喻毫不动摇，如(17c)，此时汉语一般不用"头"来表达。

(17) a. 규찬씨한테 그렇게 상처를 줘놓고 어떻게 뻔뻔스럽게 고개를 들밀어?《최고의 연인, 34회》你带给奎灿哥那么大的痛苦，你怎么还能有脸在他面前露面啊？
b. 고개를 쳐들기 시작하는 땅값 开始抬头的地价
c. 아버지는 그 사업의 위험성에 대하여 누가 뭐라고 하여도 고개 하나 까딱하지 않았다. 关于那个事业的危险性，不管别人说什么，父亲都毫不动摇。

惯用语5、6、7分别指摇头、歪头/晃头、扭头，这些意义在汉语里也都可用"头"的动作来表达。惯用语8、9都指低头，其中"고개를 숙이다"因为是动宾结构，是有意识的低头或者被迫低头，因此表示臣服、奉承、谦虚或者被压下去。而"고개가 수그러지다"中动词是"수그러지다"，意思是头不由自主地低下了，这是自觉使然，所以表达的是敬意油然而生。这与前面分析的"머리를 숙이다、머리가 수그러지다"意义相似。

与"고개"相关的还有"왼고개"，意为向左偏的头，但是还有一个意义，指表示否定意思而转过去的头，也就是说表示反对，用于多种惯用语，如(18)。"왼고개"没有反义词。对这种非对称现象出现的原因，可以有两种解释:第一个是从感情表达的生理反应来

解释，因为研究证明，在表达感情时，人们的左脸要比右脸更活跃（zhou et al.2004:1157-1167），所以感情活跃的部位更容易表达心理感情，所以就成了语言上的标志项；第二个解释是从空间感觉与人的认知角度来分析，韩国语里"左"具有的空间上的消极意义，前缀"왼-"也具有消极意义，因此消极意义的派生词"왼고개"就成了语言上的标志项。

(18) a. 왼고개를 젓다 摇头表示否定

　　　b. 왼고개를 치다 否定或反对

　　　c. 왼고개를 틀다 对某事不以为然，不正眼相看，忽视它

1.2.2.2 头的状态

韩国语里还用头的状态，如"血痕的有无、硬度、轻重、内容物有无、大小"来表达某种思想、心情，是用具体的外在形态来表达抽象意义，根据认知语言学理论来看的话，这是将头看作容器的一种比喻引申。

1) 有无血痕

头上有血痕韩国语为"머리에 피도 안 마르다"，指离长大成人还早呢，也指年龄小，如(19)。类似的惯用语还有"대가리에 피도 안 마르다、꼭뒤에 피도 안 마르다、이마에 피도 안 마르다"，这些表达的产生与婴儿出生时身上带有血丝有关。

(19) 어디서 머리에 피도 안 마른 계집애가 사람한테 이래라 저래라야?《전생에 웬수들, 16회》哪来的乳臭未干的丫头片子竟然命令我干这干那的?

汉语在表达相关意义时，更多的是用"乳臭未干"，关注的是嗅觉意义。从强调程度来看，韩国语的这些惯用表达的强调程度高，因为从时间上来看，"头带血丝"在先，而产生"乳臭"在后。并且"头带血丝"是视觉意义，"乳臭未干"是嗅觉意义，视觉比嗅觉更具体，所以韩国语的具象化更强。

2）硬度

关于头的硬度，韩国语有"머리(가) 굳다"，指思考方式或思想等顽固，如(20a)，汉语一般不用"脑袋硬"，而是用"思想陈旧"，因为与硬有关的"顽固"多具有贬义，并且很少用作自称，而韩国语还可以用于第一人称。

前面已分析了"머리에 그려 넣다/새겨 넣다"指牢牢记住，因为记住是往脑子里塞、刻，如果头太硬了，自然就弄不进去，根据这种推理，"머리(가) 굳다"还产生了记忆力不好的意义，如(20b)，汉语也不用"硬"，而是用"脑子/脑袋不好使"类表达。

(20) a. 내가 너무 머리가 굳어서 그런지 젊은 너를 이해할 수가 없다. 我的脑袋/思想可能太陈旧了，所以无法理解你们年轻人的想法。

　　 b. 오십이 넘으니 머리가 굳어서 어제 일도 잘 생각나지 않는다. 过了五十，脑袋不好使，连昨天的事都记不起来。

3）轻重

关于头的轻重，韩国语有"머리가 가볍다"，指爽快，心情好，如(21a)，汉语用"轻松"来表达，虽然汉语有时也用"头轻快

多了"，但多指生病时头从不舒服的状态转好，一般不用来比喻心情。韩国语还有反义表达"머리가 무겁다"，表示心情不好，头疼，如(21b)，汉语用"头大"，两者都是用头的感觉来比喻心情不好，但是"무겁다"用的是重量感觉，而汉语"头大"用的是体积感觉。

有时，"머리"也可与抽象词结合形成惯用语"머리가 복잡하다"，指伤脑筋的愁心事很多，如(22)。

> (21) a. 일찍 귀가하여 조용히 하루를 정리한다면 머리는 한 결 가벼워 질 것입니다.《교통신문, 2018.12.0》早早回家静静地结束一天的活动，那么心情也会变轻松的。
>
> b. 아버지,엄마,형제들,그리고 할아버지 할머니까지 모두 니 걱정때문에 머리가 무거운데.《그래 그런거야, 9회》爸妈，兄弟们，包括爷爷奶奶，都因为担心你头都大了……
>
> (22) 머리가 복잡해서 짜증을 낸 걸 가지고 이러면 어떻게 해? 因为伤脑筋就不耐烦，那这怎么行啊?

4) 内容物有无

头的内容物可以比喻人的想法，在比喻没有想法时，韩国语与汉语相似。首先，韩国语"머리가 비다、머릿속이 비다"都指没有想法，如(23)，汉语也用与空有关的"大脑空空"。有时，韩国语还用"머리 하얗다"来比喻没有任何想法，如(24a)，但此时一般指暂时现象。有时也用副词形式，如(24b)，但是汉语"大脑一片空白"只用作谓语，不能做副词，所以(24b)中的"하얗게"汉语用副词"全"来表达。

(23) 나 그런 속물들 경멸한단 말야. 머리가 비었거든.《박태
순, 어느 사학도의 젊은 시절》我蔑视那样的俗物，因
为他们大脑空空。

(24) a. 내가 그 집에서 뭘 했는지 하나도 기억 안 나,머리 새
하예.《내딸 금사월, 24회》我一点也想不起在他家
干什么了，大脑一片空白。

b. 사고났던 날 우리 기억이 하얗게 날려 보내준 것 차
라리 너무 다행이고 고맙다.《내 남자의 비밀, 18
회》他把出事那天关于我和他的记忆全丢了，我觉
得这反而是好事，让人感谢。

5) 大小

关于头的大小，韩国语有"머리(가) 굵다、머리(가) 크다"，
《표준국어대사전》上的解释是:指像成人一样去思考判断，如(25)。

(25) a. 학생들이 머리가 굵어서 말도 잘 안 듣는다. 学生们
有头脑了，不听话。

b. 아들은 머리가 컸다고 의논도 하지 않고 모든 일을
혼자 결정하려고 한다. 儿子说自己长大了，所有的
事情都想不商量就自己做决定。

c. 저, 머리 큰 아들한테 물어보기에 좀 뭐한 질문이긴
한데.《최고의 연인, 54회》这个，儿子你都这么大
了，问你这个问题虽然有点那个……

d. 그렇다고 엄마 앞에서 이것 집어던져? 머리가 좀 컸
다고! 이 녀석이!《무궁화꽃이 피었습니다, 19회》就
因为这，你就在你妈面前扔东西吗?你翅膀硬了是不

是！你小子！

以上例句与词典上的解释一致，汉语有多种表达，如"有头脑了、长大了""翅膀硬了"等。但是词典上的解释好像并不是很全面。因为在《大学韩国语(第五册)》(北京大学出版社)，第五课的课后练习题5中有这样一段短文：

(26) 나는 한번도 목수가 되려고 생각한 적이 없었다. 그게 말이 쉽지 머리가 굵어지고 손이 굳은 뒤에 목수가 되기란 감히 꿈에도 넘볼 일이 아니다. 그런데 어느 날 목수가 되고 싶었다.

根据词典的解释"머리가 굵다"指的应该是像成人一样思考，但此段话讲的是年纪大了，脑子不好使了，手也僵硬了，所以不敢去动当木匠这个念头。从前面"머리가 굵다/크다"的意义来看，因为人随着年龄的增加，身体各部位也会变大、变粗，因此产生了第一个意义，指孩子成人，但是上面短文中的"머리가 굵다"却意为"年龄大了"。从一般常识来看，人年纪大了，头确实显得大一些，这是自然的生理现象，即人老了身体其他部位的肌肉萎缩，但头部的肌肉很少，所以萎缩现象不明显，因此与身体其他部位相比，头好像变大了一样。

因此，《표준국어대사전》里对"머리가 굵다/크다"的解释"어른처럼 생각하거나 판단하게 되다"欠妥，因为这种解释只是讲了一个方面，即孩子长大，而没有考虑大人年龄变老这种情况。

其次，"머리가 굵다/크다"是用头的尺寸大小来比喻聪明度或年龄大小，那么我们就来分析一些头的尺寸与聪明度的关联性问题。

在不同文化里都有类似的认识，即智慧程度直接决定于大脑的尺寸——大脑越大，脑细胞就越多，所以就越聪明。例如，英语里有peabrain，意为豌豆脑; 意大利语里有avere il cervello di una formica/gallina，意为长着蚂蚁脑/母鸡脑(支顺福 2012:188)。不管是豌豆脑还是蚂蚁脑或者还是母鸡脑，都是用头小来比喻人蠢笨。

韩国语里嘲笑愚钝的人多用"새다가리、조두(鳥頭)"或"생선 대가리 鱼头"来表达，如(27)。

> (27) a. 야, 저 성질만 더럽지. 새대가리네. 새대가리.《옥중화, 9회》哎呦，他就是脾气不好啊，完全就是猪脑子啊，猪脑子。
>
> b. 그런 중요한 일을 잊다니 넌 새대가리냐? 这么重要的事你竟然忘了，你是猪脑子啊?
>
> c. 남의 마음도 모르면서. 이 생선 대가리 뭘 알겠느냐? 《피고인, 7회》连别人的心思都不明白。你这种鱼脑袋能知道啥啊?

韩国语的"鸟头、鱼头"之所以成为骂名，也是基于"大脑袋聪明、小脑袋笨"这一假定。但是我们再看汉语的对应词，汉语在此时用"猪脑子"来表达，而"猪脑子"应该比豌豆、蚂蚁、母鸡或鸟、鱼的脑子脑容量更大，但这些尺寸不一的"头"却都被用来比喻蠢笨，看来聪明程度与脑袋大小无关。所以"머리가 굵다"变得更聪明的这种具有文化共性的经验主义形式的推理不成立。

实际上现代科学也证明，智慧程度与脑袋的大小并不完全一致，它还与脑细胞中的"突触"水平差异有关。两类看似矛盾的表达"豌豆脑、蚂蚁脑、母鸡脑、鸟头、鱼头"与"猪脑子"各自反映了一个事物的不同方面。

具体到人来说,"머리가 굵다/크다"也要从两方面去理解,对孩子来说,可以理解为长大了,对老人来说,可以理解为年龄大了、上年纪了。类似的还有"잔뼈가 굵다、뼈가 굵다"。

其三,头的大小与身体的长短。

韩国画家오주석(2003/2010:111)提到,在过去的人物画作中,一般沉稳、学识高的学者的上身都很长,而腿却很短,因为上身长了才有长者风范;相反,下人们一般头都很小,而腿却很长,因为他们要跑来跑去地干活。这里隐含的也是韩国人认为"头大——聪明,头小——笨""腿短——高贵,腿长——低贱"这种思想。这也反映了韩国人轻视、贱视劳动的思想。这种思想最终形成了韩国人对高个子的否定思想。

关于腿短高贵这种思想,其实中国也存在,如隋高祖杨坚据记载就是"上身长下身短,深沉威严"(许晖 2013:8)。而关于刘备的描写是"身长七尺五寸,垂手下膝,顾自见其耳"《三国志·蜀志·先主传》,这里所说"垂手过膝"也是上身长下身短的一种表现。

不过,随着社会的发展,这种观点已经发生了变化,例如在近化心理学中,常用到腿身比(LBR,Leg-to-BoDYRatio)的概念,认为腿长跟人体吸引力之间有关系。

1.2.2.3 思考、判断的能力

2015年随着悬疑推理剧《烧脑》的上映,"烧脑"也成了热词,如"烧脑设计"。这里用的是"动脑筋是烧脑细胞"这一思维。韩国语里在表达思考判断能力时用"머리"来转喻脑子,是整体转喻部分。

韩国语用"머리(를) 쓰다"指多方面深刻思考寻找灵感,如

(28a)；"머리(를) 굴리다"指动脑筋想问题，如(28b)，这里的"굴리다"是使动词，意思是使头脑转，所以是动脑筋的意思。此外，还有自动词"회전、돌아가다"可与头结合，表达的是头脑的状态，所以"머리 회전이 빠르다"指思想、判断能力明确、聪明，而"머리가 (잘) 돌아가다"指随机应变能力很强，如(28c-e)。韩国语还有"잔머리"，表示耍心眼，如(28f)，汉语可以用"耍/动心眼"，也可以用"耍小聪明"。

> (28) a. 그것은 조금만 머리를 쓰면 쉽게 해결될 일이다. 那件事稍微动动脑子就能解决。
>
> b. 자동차가 고장이 났는데 어떻게 하면 고칠 수 있는지 네가 좀 머리를 굴려 봐라. 汽车坏了，你动动脑子想想怎样才能修好。
>
> c. 머리가 이상한 데로 잘 돌아가더구나.《최고의 연인, 86회》你的头脑在奇怪的地方转得倒是很快啊。
>
> d. 머리가 잘 돌아가는 사람이 왜 학교 때는 그렇게 공부 못했는지 몰라.《천상의 약속, 5회》真不知道脑袋转的这么快的人为什么上学的时候学习不好啊?
>
> e. 나도 그런 쪽으로 머리가 돌아가더라구.《가족을 지켜라, 96회》我也想到那儿了。
>
> f. 앙큼스럽게 그런 잔머리는 잘 돌아가지고.《최고의 연인, 92회》你竟然不知分寸地和我耍小聪明/动心眼啊。

如上所示，韩国语的"머리"所表达的相关意义在汉语里有时用"脑子、头脑、脑袋(28a-d)"，有时用"心眼(28f)"，但有时并不

用身体语言，而是用动词"想"(28e)或用形容词"聪明"(28f)。

　　韩国语还有"머리를 썩이다、골머리를 썩이다"，这里的动词
"썩이다"是使动词，所以指操心。也就是说韩国语的"머리"与
汉语的"心"相对应。与此相关，还有"머리(가) 썩다"，这里"썩
다"是自动词，指头脑的状态，意为思考方式或思想等落后，如
(29a)。"머리가 젖다"指被某种思想或习惯所侵蚀，如(29b)；"머
리가 깨다"意思是头脑醒过来了，指脱离落后的想法，如(29c)。在
表达此三类意义时，虽然韩国语用具体的身体语言"머리"，但汉语
却多用抽象的"思想"来表达。

(29) a. 오랫동안 절에서 고시 공부만 한 나는 머리가 썩어서
　　　　사회에 적응하기가 힘들었다. 我长时间在寺庙里准
　　　　备考试，搞得思想陈旧，无法适应社会了。
　　b. 좌파 사상에 머리가 젖은 학생 受左派思想侵蚀的学
　　　　生
　　c. 할아버지는 머리가 깬 분이셔서 그 시절에 어머니를
　　　　유학까지 보내셨다. 爷爷思想很开放/开化，在那个
　　　　年月里竟然送母亲出去留学了。

　　"머리(를) 들다、머리를 쳐들다"指被压制或隐藏起来的
想法、势力等露出表面，如(30)，与此相关还有汉字词"대두(擡
頭)"，指新出现某种势力或现象，如(31)；另外还有一个意义指书
信、公文等行文中遇到对方的名称时，为表示尊敬而另起一行，这
与汉语"抬头"意义一致。

(30) a. 사치 풍조가 머리를 들다 奢侈风潮又开始抬头

b. 은혜를 갚아야만 한다는 생각이 계속해서 머리를 들
었다. 要报恩的想法在脑海里一直挥之不去。

(31) 새로운 예술 경향이 대두하였다. 新的艺术倾向抬头/出
现了。

1.2.2.4 头发

韩国语里"머리"还转喻头发。韩国人对头发的认识多与头发
的生长、掉落、颜色有关，而这也是头发所常见的动作或状态。

1) 头发的生长与脱落

长头发意为出生，韩国语用"머리에 털 나고"，这里的"머리"
指头，如(32a)。而成长过程中，如果操心过度，压力过大就会掉头
发，所以"머리가 빠지다"指事情非常复杂或棘手而操心，如(32b)。

(32) a. 나는 머리에 털 나고 지금까지 손목시계를 찬 적이 없
었다. 我从小到大就没带过手表。
b. 일이 너무 많고 어려워서 머리가 빠지겠다. 工作又多
又棘手，急得头发该掉光了。

与头发有关，还有汉字词"사발(絲髮)"，意思是丝与头发，比
喻非常少。而"일발(一髮)"指一束头发，比喻非常小。

2) 头发的颜色

操心过度或年龄增大头发都会变白，韩国语用"머리에 서리가
앉다"，如(33a)，这个惯用语先是用下霜来隐喻颜色变白，然后再
用头发变白转喻人老。韩国语还有"머리가 모시 바구니가 되었다.

头成了用麻布作的篮子"，因为麻布是灰白色的，所以先是用篮子隐喻头，然后用麻布来隐喻白头发，最后再一起转喻老了。属于"隐转喻"的一种形式。

除了用霜、麻布作比喻，韩国语还用动词"세다"，它有两个意义，一个指没有血色，一个指头发变白，如(33b)，而这两个意义指的都是不正常现象，而头发变白的原因除了生理原因——老化外，还有外来的压力，如"一夜愁白了头"，所以"머리(가) 세다"还比喻专心想或担心某事。

(33) a. 머리에 서리가 앉은 어머니의 모습을 보니 가슴이 아
팠다. 看着母亲头发花白的样子，我心里一阵难受。
b. 너무 신경 쓰지 마라. 그러다가 머리가 세겠다. 别太
担心了。要不头发该熬白了。

3) 头发的象征意义

不论古今中西，头发都具有很强的象征意义。尤其是在古代东方。在中国古代，《孝经·开宗明义》认为"身体发肤，受之父母，不敢毁伤，孝之始也。"所以头发是不能随便剪的，而不剪发，头发就很长，所以在特定的时期都有与头发有关的仪式，因此是否束发、束发的方式等都可以转喻年龄或那个年龄的人。例如，"总角"为八九岁到十四岁，"及笄"指女子十五岁，"束发、结发"指男子十五岁，"老"指七十，也称作"古稀"。

汉语里"老"指七十，其本意是须发变长变白，而老人之所以受尊敬就是因为头发长，年龄大，知识多，有权力。因为以前是没有书籍的，都是口口相传，因此古代的"古"是十口，所以头发长代表知识多。这与现在经常说的"嘴上无毛办事不牢"具有异曲同工之妙。这是最原初的认识，即头发长应该见识多。

但随着社会的发展，现代社会男人可以剪发了，女人却仍然可以留发，而过去的女人一般都是不受教育的，所以自然见识短，与原初的认识出现了相反的现象，因此也就有了"头发长见识短"用来贬低女人。

过去韩国男人根据不同场合有不同的束发和戴帽方式，不同年龄的束发方式和服饰也有很大不同，并且束发还代表秩序，在过去如果犯了罪都要散发，如电视剧《역적, 12회》中，当"충원군"被怀疑参与了谋反罪，"연산군"派人去捉拿时，送圣旨的人就大喊道：

(34) 충원군은 머리 풀고 나와 전하의 명을 받으시오. 忠元君，请解发落冠出来接旨。

正因为在古代头发不能随便剪，所以剪发就具有了特殊的意义，例如《红楼梦》中第四十六回，当贾赦想娶鸳鸯时，鸳鸯誓死不从，表示决心的手段就是剪自己的头发。发展到现代社会，对一般人来说，在出现较大的心境变化时，有时也会剪头发，所以就出现了"从头做人"一说，也就是说当决心做某事时，采取的象征性的行为之一就是理发。

剪发对西方也具有类似的象征意义，恩贝尔、恩贝尔(2016:48)也曾提到，二十世纪二十年代美国就出现了短发热潮，对美国妇女来说，短发是自由的象征；但是他也提到这股短发热潮并没有影响到加利福尼亚西北的印第安人，因为对印第安妇女来说，按照传统，只有在居丧期间才剪短头发；对印第安妇女来说，剪头发象征着死亡。也就是说，头发在不同文化里虽然有的具有类似的象征意义，但有的也会出现差异。

    韩国人受中国文化的影响，对剪发的认识与中国人差不多，所以韩国语里也用"자수삭발하다(自手削髮)"来比喻不依靠他人的力量而是靠自己的力量来承担某事，也指依据自己的意愿成为和尚。之所以产生第二个意义，是因为古代不能随便被剃发，只有和尚才能剃发，所以"자수삭발하다、머리를 깎다"指成为和尚，如：

(35) 개랑 결혼하는 한이 있느니 차라리 산에 들어가서 머리 깎아. 차라리 머리 깎는 꼴 봐도 개랑 결혼해서 지질이 궁상 떠는 것 못 보겠다.《폼나게 살 거야, 8회》如果要和她结婚，还不如进山做和尚。你当和尚我能受得了，但是你和她结婚后变得一股穷酸相的样子我可受不了。

过去有一种刑罚为"髡刑"，是人为地将人的头发全部或部分剃掉，是一种耻辱刑，主要流行于中国古代夏商周到东汉。清朝入关后颁布"剃发令"要汉人剃发，而汉人誓死反抗，口号是"宁为束发鬼，不作剃头人"。可见头发对中国人的重要。韩国也继承了这种文化思想。在现代社会，被强制剃发的还有监狱，所以"머리를 깎다"也指在监狱服刑，如：

(36) 그 사건으로 머리를 깎은 지도 벌써 삼 년이 지났구나! 因为那件事件剃发服刑已经过去三年了。

但在受审定刑之前，一般是不剃发的，剃发一般是定刑之后。这在中国韩国都是一样的，但中国一般用"剃光头"。虽然同是剃光头，但出家剃光头意为了却尘缘，而劳改犯剃光头意为重新做人。

正因为头发对人的重要性，如果被强制剃发，则是极大的侮辱，所以韩国语的"머리(를) 깎이다"比喻被强迫做某件事。

韩国男人一般都要参军，参军一般也要剃短发，用的是"머리를 자르다"，不用"머리를 깎다"，而这种军人头发称作"빡빡머리"。

汉语"剃光头"还有比赛或考试全部考砸的意义，如"比赛全剃了光头"，意思是比赛得分为零。

如上，头发在中韩两种文化里都被赋予了众多的象征意义，而削发之所以具有丰富的意义，是因为"头发应该是人的肉体上最可以割舍的部分"(蒋勋 2012:154)。

韩国语还有"머리카락"，也指头发，有时用于一些俗语中，"머리카락으로 짚신을 만들다"用来表示恩重如山，如(37)。汉语类似的有"结草衔环"，不过不是用头发，而是用草编绳子。

(37) 이 은혜를 어떻게 다 갚아? 세상에 ! 머리카락으로 짚신
을 만들어도 모자라겠네.《우리집 꿀단지, 44회》这恩可
怎么报啊? 天呢。用头发编成草鞋送给她也不够啊。

1.2.3 后缀"-머리"与"-대가리"

"대가리"多指动物的头，也指有一定长度的东西的前端或上端，如"열차 대가리 列车头""콩나물 대가리 黄豆芽头"，此时都没有贬义。"대가리"指人时是一种俚语，如(38ab)，有贬义。动物脑袋如"닭대가리、새대가리"等指人时也有贬义，如(38c)。

(38) a. 저 밀고자 윗대가리 따로 있나 보지.《쾌걸 춘향, 14

회》那个告密者看来还有头头吧?

b. 니가 대가리냐?《당신은 선물, 72회》你是头头吗?

c. 너 정말 어디가 모자란 닭대가리냐? 아니면 푼수니?

내가 너한테 그걸 알려줄 것 같니?《아이가 다섯, 15

회》你是不是有点傻啊? 鸡脑袋啊? 要不就是愚啊?

这种事我能告诉你吗?

此外,"머리"与"대가리"还都发展成了后缀,表达的都是卑
下之意。

1.2.3.1 "-대가리"

"대가리"在具体"头"的基础上发生变化成了后缀,形成了
很多派生词,如下表所示:

[表2] 后缀 "- 대가리" 的派生词

分类	派生词	例句
1	겁대가리	겁대가리 상실한 놈에게 공포영화 추천 좀 해주라. 给那些不知天高地厚的家伙推荐些恐怖电影。겁대가리 없이 까불고 있어.《우리집 꿀단지, 63회》你这不知天高地厚的东西, 嘚瑟什么? 겁대가리없는 사랑 不顾一切的爱情
	맛대가리	맛대가리 없는 짜장면/수박/저녁 这炸酱面/西瓜/晚饭好吃个大头鬼。
	멋대가리	그저 솟구치기만 한 멋대가리 없는 건물 那些只是直挺挺地拔地而起的毫无特色而言的建筑;멋대가리 없는 남편 毫无魅力的老公
	재미대가리	걔는 재미 대가리가 하나도 없어. 那孩子一点也不幽默。

45

2	재수대가리	니가 뭘 안다고 그런 소리를 해. 재수대가리 없이.《왕가네 식구들, 11회》你知道什么啊，还说这种话。真晦气。
	정신대가리	그 놈의 정신대가리가 도대체가 도대체가…? 이 여편네가!《그래 그런거야, 1회》你的脑子叫狗吃了是不是？你这老娘们！
3	천지대가리	도울 일이 없냐구?왜 없겠어?일은 천지대가린데.《가화만사성, 1회》有没有要帮忙的活？怎么会没有啊？满地都是活。

如上，第1组的派生词都已被词典收录，但第2、3组的派生词还没有被词典收录。从派生词词根来看，第1、2组的派生词的词根都是抽象名词，其中"겁、재수"具有贬义，其他"맛、멋、재미、정신"都是中性词，但第3组中的"천지"是具象词。从用法上来看，第1、2组的派生词都多与否定词"없다"结合，但第3组中的"천지대가리"多单用，"겁대가리"有时还可与"상실하다"结合。从意义上来看，这些派生词所表达的都是贬义。有时这种贬义可以译出，如"겁대가리"对应汉语的"不知天高地厚"。与表示味道的"맛대가리"有关，有意思的是汉语的表达有时也与"头"有关，如"好吃个大头鬼"。但有时为了表示强调，韩国语"맛대가리"还可与"개코"结合，是对否定意义的强调，如(39)。

(39) 김치찌개 했는데 맛대가리가 개코도 없다.《폼나게 살거야, 2회》做了泡菜汤，可是一点也不好吃。

其他"멋대가리、재미대가리、재수대가리、천지대가리"译成汉语时是"毫无特色/魅力""一点也不幽默""脑子叫狗吃了吗？""满地都是"等。

1.2.3.2 "-머리"

关于 "-머리" 的派生词可以分为四类:

第一，如 "얌통머리、염퉁머리、얌치머리、염치머리(廉恥--)、골머리、성질머리、잔머리、안달머리、주책머리、시퉁머리、심퉁머리(心---)、싹퉁머리、고집퉁머리(固執---)、진절머리" 等，词根都是消极意义的。

第二，如 "소견머리(所見--)、구변머리(口辯--)、인정머리、정신머리(精神--)、공부머리、소행머리(所行--)、교양머리、싹수머리、성정머리(性情--)、주변머리、재숫머리(財數--)、주견머리(主見--)、지각머리(知覺--)、채신머리、행신머리(行身--)、행실머리(行實--)" 等，其词根虽然都是中性词，但与前面的派生词一样，都多用于否定结构，或表示消极意义，如(40)。

(40) a. 나 요즘 정신머리 오락가락해서 말해준다는 것 깜빡했다.《천상의 약속, 11회》我最近精神头不好，忘了和你说了。

　　 b. 행세도 달라지고, 아니, 성질머리도 얼마나 드세졌는지?《우리집 꿀단지, 117회》为人处世也变了，你不知道啊，脾气也变大了。

　　 c. 하여튼 싹퉁머리 없는 것 에미나 자식이나 똑같애.《천상의 약속, 16회》反正，从没教养这一点来看，当妈的和做儿子的都是一丘之貉/一路货色。

　　 d. 하여간 인정머리 없어. 조카부터 챙겨야지.《별난 가족, 3회》反正你是一点人情味都没有。你得先照顾侄女才是啊。

第三，如"소갈머리"，虽然这里的"-머리"与后缀"-머리"意义相同，但由于"소갈"不是词语，所以"소갈머리"不能看成派生词。"소갈머리"有两个意义，第一是对心理或想法的贬称，如(41ab)；第二个意义是"心术"的贬称，如(41c)。其近义词有"소갈딱지"，如(42)。"소갈머리、소갈딱지"经常与"밴댕이"连用，例如(42c)。

(41) a. 소갈머리 없는 녀석 같으니라고. 没点想法的家伙。

　　 b. 그 자식 소갈머리는 알다가도 모르겠다. 那小子的想
　　　　法让人摸不着头脑。

　　 c. 그 녀석은 생긴 것도 고약하지만 소갈머리도 애초에
　　　　글렀다. 那小子长得讨人厌，心术也不正。

(42) a. 소갈딱지가 좁다/없다 见识短浅/没有想法。

　　 b. 소갈딱지가 영 틀렸다. 心术不正。

　　 c. 너 가만 보면 완전 밴댕이 소갈딱지야.《쾌걸 춘향, 3
　　　　회》这么看来，你简直就是小心鬼啊！

　　第四，有的发生了变形，如"채신머리"与"처신"的词形不同，"진절머리"与"진저리"的词形不同。

　　第五，韩国语还有"엉덩머리"，俗指屁股，汉语有"屁股蛋儿"，但一般不用"屁股头"。

1.2.3.3 双重派生词

"시퉁머리"意为傲慢放肆，此外还有"시퉁스럽다、시퉁머리스럽다"，词典的解释是："시퉁머리스럽다"是"시퉁스럽다"的俗称。也就是说，先有"시퉁스럽다"，后有"시퉁머리스럽다"。对这

种派生，可以从两种角度去解释，首先后缀"-스럽다"的派生词如果想继续添加意义，那么可以在词根"시퉁-"后面添加一个新的后缀"-머리"；抑或是先由词根"시퉁-"派生出"시퉁머리"，然后再与"-스럽다"结合形成新的派生词"시퉁머리스럽다"。这种类型的还有"처신、채신머리、채신없다、채신머리-없다、채신사납다、채신머리-사납다"。其变形是"치신01"，有"치신머리、치신없다、치신머리-없다、치신사납다、치신머리-사납다"。

再看一组词"밉살스럽다"与"밉광스럽다"，它们的俗称分别是"밉살머리스럽다、밉광머리스럽다"，但是词典都没有收录"밉살、밉광"，因为它们都不能单独使用，所以也就没有"밉살머리、밉광머리"，但是派生词"밉살스럽다、밉광스럽다"却可以在中间插入"-머리"形成"밉살머리스럽다、밉광머리스럽다"。韩国语还有"밉살머리궂다"。这种类型的还有"자발없다"与"자발머리없다"，词典的解释是后者是前者的俗称，但是词典里并没有收录"자발머리"。副词"자발머리없이"也是"자발없이"的俗称。

根据上述两种类型，我们暂且可以说后缀"-스럽다"的派生词可以在词根后面添加新的后缀"-머리"，再次派生出新的词"-머리스럽다"。

1.2.4 "머리"与具象化思维

如上，可以发现韩国语的"머리"语义非常广，可以表达非常丰富的意义，而这也意味着"머리"的语义已经非常虚化，这也是"머리"能够发展成后缀的一个原因，因为从词到后缀的一个重要表现就是实际意义的虚化甚至消失。

与韩国语相比，汉语"头"的语义要更加具体一些，与"머리"对应的词语除了"头"之外，还有"头脑、脑子、脑汁、脑袋"，这说明汉语"头"所担当的义域比较小，此外，与"머리"对应的还有与"心、翅膀"有关的表达，以及"心情、想法、思想、风潮、倾向"等抽象词，换句话说，汉语里的这些抽象表达在韩国语里更倾向于用具体的身体器官来表达，而后缀"-머리、-대가리"所表达的意义在汉语里对应的都是抽象词，所以可以说，"머리"的这些用法是韩国人具有具象化思维的一种表现。

1.3 脸

韩国人对脸的认识主要为身份、面熟与否、脸面、脸色以及面具等。其中"脸面"与韩国的精神文化密切相关，与脸面相关的还有"얼굴값、꼴값""먹칠/똥칠""안색""내색""뺨치다"等。本章主要分析脸的涵义、脸的身份象征意义以及脸面的生疏、脸色所表现出的心理感情以及身体健康状况和阅历等。

1.3.1 脸的涵义

韩国语里与脸有关的词语有"신관、낯、낯짝、얼굴、광대、쪽、뺨、상통(相-)、면상(面上)、화상(畫像)"等。其中"신관"是敬语，"낯、얼굴"没有明显的感情色彩，"낯짝、광대、쪽、상통、면상、화상"是俚语，多具有贬义，"뺨"指脸庞。其中"얼굴"的意义最多，具体如下：

[表3] "얼굴" 的意义

	意义	例句	汉语
1	面部	얼굴을 씻다 洗脸	脸
2	头前部整体的轮廓或长相	얼굴이 참 곱다 面容姣好	脸/面容
3	评判或面子	얼굴을 세우다 有面子/争面子; 내가 무슨 얼굴로 형을 대하겠느냐? 我有什么脸(面)去见大哥啊?	面子脸(面)
4	心理状态所表现出的外部表情	기쁨에 충만한 얼굴 一脸的喜出望外; 겁에 질린 얼굴 满脸惊恐; 그녀는 실망한 얼굴이 되었다. 她的脸露出了失望之色。	一脸满脸
5	活动于某领域的人	문단의 새 얼굴/새로운 얼굴 文坛新面孔; 묵은 얼굴로는 안 된다. 老面孔是不行的。	面孔
6	代表某个事物的标志	돌·바람·여자는 제주도의 얼굴이다. 石头、风、女人是济州岛的标志; 고려청자는 고려 시대 문화재의 대표적 얼굴이다. 高丽青瓷是高丽时代文化财产的代表。	标志代表

如上所示，"얼굴"的6个意义中，第1、2个是具体意义，都指具体的面部和长相，虽然现代韩国语里"얼굴"指人的面部，但是"얼굴"最初指整个身体，后来语义缩小了。对人来说，面部是最重要和最明显的特征，所以就有了第3、5、6个意义，分别用来指人或事物，另外，人的表情多反映于面部，所以就有了第4个意义。

1.3.2 脸是通行证、身份

脸不仅是身体的一部分，它更是整个身体的代表，它以局部代替了整体(贝尔廷 2017:23)。我们凭借脸来引起他人的关注，通过脸进行交流、表达自我。在古代人们通行都要有腰牌，但有时即使

没有腰牌，大家都认识的一张脸也可产生腰牌的作用，所以有俗语"얼굴이 요괘(腰牌)라"，意思是脸就像腰牌一样，大家都认识，无法隐藏。

从古代社会起就有肖像画，后来有了照片，如身份证照片、护照照片，而肖像画和照片都以人脸为主，这是一种有着久远历史的文化习惯，也反映了人们共同的思维方式是"脸转喻人"(Kövecses 2006/2010:192)。这种转喻方式发展到现代社会又出现了"刷脸"这种电子考勤方式，即通过人脸识别技术进行考勤，现在中国还出现了刷脸坐车、乘飞机等现象。

正因为脸具有以上特性，所以"얼굴을 내밀다[내놓다/비치다]"可以转喻人在聚会等地方出现，如(43)，此时汉语用"露面"，汉语"露脸"虽也有此意，但也指显示才能或指因取得成绩而获得荣誉或受到赞扬,脸上有光彩。

(43) 전화를 받고 나서 10분이면 너끈히 얼굴을 내밀 수 있는 거리였다. 하지만 30분이상을 기다려도 그녀는 나타나지 않았다.《이동하, 도시의 늪》从距离上看，接电话后十分钟就可以露面的，但等了三十多分钟，她也没有出现。

1.3.3 面熟、面生

因为脸代表身份，所以首先就关联到熟悉与否的问题。

1.3.3.1 固有词

与面的生熟有关，固有词多用"낯"来表达，如"낯을 가리다

认生""낯이 넓다 认识的人多"。"낯" 还有合成词 "낯익다",指看过多次眼熟或感到亲切,先看(44a),汉语一般省略 "脸",而韩国语不能省略 "얼굴";再看(44b),韩国语的主语是 "눈짓" 和 "주름살",而汉语不能形成 "眼神和皱纹面熟" 的搭配,只能意译成 "亲切"。"낯익다" 还指事物眼熟,如(44c),但汉语用 "眼熟",不用 "脸熟、面熟",因为汉语的 "脸熟、面熟" 主要指人。此外,韩国语里声音听起来很熟悉也用 "낯익다",如(44d)。

(44) a. 얼굴은 낯익은데 이름이 생각나지 않는다. (脸)很
　　　面熟,但名字想不起来了。

　　 b. 그녀의 눈짓 그녀의 주름살 하나까지도 그에겐 모두
　　　사랑스럽고 낯익은 것이었다.《홍성원, 육이오》连她
　　　的眼神、她的皱纹,都让他感到那么可爱、亲切。

　　 c. 가방이 낯익어 나는 친구가 찾아온 것을 알았다. 看到
　　　包很眼熟,我知道是朋友来找我了。

　　 d. 가만, 목소리가 낯익지 않아요? 영감?《가족을 지켜
　　　라, 26회》等等,那声音怎么(听起来)这么熟悉啊
　　　/耳熟? 老头子。

　　如上,韩国语合成词 "낯익다" 中 "낯" 的意义已被淡化,语义重心在右侧的 "익다" 之上。这与 "눈이 맞다" 是同一类情况。与韩国语 "낯익다" 具有模糊性相比,汉语的 "脸熟、面熟、眼熟、耳熟" 却分别是用不同的器官来表达各自具体的意义。

　　在表示声音熟悉时,汉语一般用 "耳熟" 或 "听起来熟悉",而不用 "声音很眼熟"。韩国语也有 "귀에 익다",有时指耳熟,如(45a);有时指听得惯,如(45b),汉语分别用 "耳熟" 和 "听惯",因

为后者隐含有消极的语义韵。所以，相比较而言，"귀에 익다"具有
笼统性，而汉语的"耳熟""听惯"具有分化具体性。

(45) a. 귀에 익은 멜로디 听起来耳熟的旋律
b. 기적 소리도 이제 귀에 익어 시끄러운 줄 모르겠다.
现在汽笛声已经听惯了，不再觉得令人心烦。

虽然韩国语有"낯익다、귀에 익다"，也有"낯설다"，但却
没有"귀설다、눈익다"。相反，汉语不仅有"脸熟、面熟、耳熟、
眼熟"，也有反义的"脸生、面生、耳生、眼生"。不过，韩国语有
"물 설다"，但是这个结构无法单独使用，只能与"낯 설고"连
用，形成如"낯설고 물 설다 脸生水不熟、산 설고 물 설다 山生
水不熟"类俗语，而汉语多用"人生地不熟"，如(46a)，并且"人
生"也不能单用。

"낯익다"还有俗语"낯익은 도끼에 발등 찍힌다"，与"믿
는 도끼에 발등 찍힌다"同义，如(46b)，都与斧头有关，而汉语用
"自搬石头砸自己的脚"，与斧头无关。

(46) a. 정든 고향 산천 버리면서까지 낯설고 물 선 고장으로
이주해 갈 까닭이 있겠는가.《박경리, 토지》我们有
必要离开这情深意切的故乡山水，而搬家到一个人
生地不熟的地方吗？
b. 기껏 오봄한테서 태호씨를 떨어트렸더니 이젠 걔가
본사에 들어온다는 거야? 이게 뭐야! 내 발등에 내가
찍는 거냐구?《우리집 꿀단지, 43회》好不容易把泰
浩从吴春那儿拆开，现在她来本公司上班？这算怎

么回事啊！我这是自搬石头砸自己的脚啊?

1.3.3.2 汉字词

"안면(脸面)"可以指具体的脸，如(47ab)；还指互相认识的那种情份，如(47c)。"안면(을) 바꾸다"意为故意装作不认识和自己很熟识的人。表示熟悉时，汉字词用"면숙하다(面熟)"，但是语用频率不高。另外，还有"구면(旧面)、초면(初面)"，如(48)，"구면"多与汉语的"老相识、旧相识"相对应，"초면"多与"第一次见面"对应。此外，还有"숙면(熟面)"，如(49)，汉语用"熟悉"。

(47) a. 안면 마비 脸部麻木

　　b. 안면에 부드러운 미소가 떠올랐다. 脸上露出了温柔
　　　的笑。

　　c. 안면이 있다/없다 认识/不认识

(48) 이 사람하고는 구면이지만 그 부인은 초면이네. 虽然和
　　他是老相识，但和他夫人却是第一次见面。

(49) 맹 순사는 반년이나 그를 간수하였다. 그러느라고 아주
　　숙면이 되었었다. 《채만식, 맹순사》孟巡警看守了他
　　半年。这样一来二去，就熟悉了。

如上，在表示面生、面熟意义时，韩国语主要用固有词"낯"和汉字词，而不用双音节固有词"얼굴"。并且与韩国语用与脸相关的具体表达相比，汉语除了(47ab)和(48)中的"见面"出现了与脸相关的表达，其他的"认识、不认识、相识、熟悉"等则相对抽象。

1.3.4 脸色

1.3.4.1 心理、感情

常言说"脸是一面镜子","脸部表情越来越多地取代了一般意义上的肢体语言……人们通过生动的面部表情进行自我表达"(贝尔廷 2017:4)。人的心理变化、感情变化等都会形于色,所以自古以来"喜怒不形于色"可以说是修身养性的最高境界,但一般人是做不到的,所以韩国语里经常会用脸部的变化来表达感情、心理。

首先,面部表情的变化最明显的莫过于变红,但红也各有不同,主要分为如下几种情况:

当人感到害羞、羞耻或激动时,都会出现脸色变红这一生理特征,韩国语里有不同的表达,其中,"얼굴에 모닥불을 담아 붓듯"意思是脸上就像倒上了炭火一样,指感到羞耻而脸变得火辣辣的;"얼굴이 선지 방구리가 되다"意思是脸成了盛猪血的罐子,指因非常激动而脸变得通红,如(50a),此时汉语用"闹了个大红脸"。

(50) a. 부인은 이 말을 듣더니 얼굴이 선지 방구리가 되어 포달스러운 소리로 정숙을 부르며….《김교제, 모란화》夫人一听这话,马上弄了个大红脸,大喊着叫净淑。

b. 아빠 얼굴이 뻘개요. 화난 사람처럼.《아임 쏘리 강남구, 79회》爸爸的脸通红,就像生气了似的。

c. 그래도 반지 찾아서 망정이지. 크게 얼굴 붉힐 뻔했어.《아버지가 이상해, 12회》戒指幸亏找到了。要不然真得弄个脸红脖子粗。

人生气时脸也会变红，如(50b)。吵架时一般的生理特征也是脸变红，所以韩国语用"얼굴을 붉히다 (大家)红了脸"来表示双方冲突，如(50c)，与汉语一致，汉语还有"闹得/气得/吵得/憋得/争个脸红脖子粗"，也多用来比喻吵架，但汉语还伴有"脖子粗"这种肢体语言，之所以出现这种表达，是因为人吵架时，力量加在脖子上，大声喊叫，会使颈部血压上升，看起来就像脖子变粗了。

第二，有时心情不好时，汉语称作"脸色阴沉"或"阴沉着脸"，有时也用"拉长了脸"，韩国语也有此用法，如(51)，多用"얼굴을 길게 늘어뜨리다"。

(51) 어쩐다고 또 얼굴을 저렇게 길게 늘어뜨리고 애를 끌고
가.《내 남자의 비밀, 50회》她这是怎么了? 又阴沉/拉
着脸把孩子叫走?

第三，因为脸代表着人的心声，所以要想知道对方的心声，就需要看对方的脸，所以韩国语里"얼굴만 쳐다보다"指为得到他人的帮助而察言观色或阿谀奉承，如(52a)；反过来，如果从脸上读不出任何信息，那么说明没有任何的感情和想法，从而引申出了束手无策义，"얼굴만 쳐다보다"指没有任何对策而互相依赖，如(52b)，汉语用"面面相觑"。

(52) a. 문경이 역시 별수 없이 의사의 얼굴만 쳐다보는 외에
는, 누구 하나 붙들고 의논함직한 사람이라고는 없는
터이다.《염상섭, 무화과》文景也是除了看着医生的
脸外，没有一个可以抓住、可以去商议的人。
b. 어젯밤에 새까맣게 타 버린 집을 보자, 부부는 한동안

57

서로 얼굴만 쳐다보고 있었다. 一看到昨天晚上烧得
一塌糊涂的房子, 两夫妇不禁好长时间面面相觑。

第四, 正因为人的心态或态度发生变化时首先表现在脸上, 所以 "얼굴을 고치다" 指改变对人的心态或态度, 如(53a), 当然 "얼굴을 고치다" 也有较具体的意义, 指重新化妆, 汉语多用 "补妆"。在表示改变态度时, 有时也用 "얼굴을 바꾸다", 如(53b)。

(53) a. 상배는 얼굴을 고치며 제법 엄숙하게 나무라려 들었
으며…《이문구, 장한몽》尚褒换了个表情, 用极其
严肃地语气想教训我……
b. 다들 얼굴 싹 바꾼 이유가 이거였어?《미녀 공심이,
1회》你们大家突然这样变脸原来是因为这个啊?

有时韩国语还用 "얼굴을 뜯어 고치다", 主要指整容, 但是与汉语的 "整" 相比, 韩国语的 "撕开再修理" 这种表达具象化很强强, 视觉冲击感很强。

1.3.4.2 健康、阅历

中医讲究 "望闻问切", 这种行医行为与中国的五行相生相克思想密切相关, 其中之一就是 "脸会反映一个人的健康状况", 所以 "얼굴에 외꽃이 피다 脸成菜色" 指一脸病态。

在汉语中, "看相" 的词典释义是 "一种迷信活动, 观察人的相貌、骨骼或手掌的纹路来判断人的命运的好坏", 不过看相之所以从古流传至今, 并不是没有道理的, 因为人生的阅历、学识的深浅很大程度上能在面部显露出来。这种思想在韩国也存在, 还很兴盛,

并且还有惯用语"얼굴에 씌어 있다"意为脸上写着呢，这里一般指阅历给人留在脸上的印记，如(54)，韩国语的语序是"他年轻时受过苦这一事实都被写在脸上"，但汉语一般不用被动句。

(54) 그가 젊어서 고생을 했다는 사실은 그의 얼굴에 씌어 있었다. 看他的脸就知道/他的脸告诉我们，他年轻时就曾饱经风霜。

1.3.5 面具

如上所述，脸是最容易显露人感情的部位，可以说"脸是我们身上代表了社会性的那一部分，身体则属于自然。"[01]所以为了遮脸或为了达到异样的装饰效果，人们会采用带面具的方式，面具韩国语有固有词"탈"、汉字词"가면(假面)、면구(面具)"，以及外来语"마스크(mask)"。

在西方，"传统意义上的'面具'转变成了一个贬义词，它被认为是脸的假象"(贝尔廷 2017:131)。韩国语也不例外，"탈、가면"都可用来比喻隐藏内心真实想法而表面上却假装傻乎乎的脸，或那样的态度或样子。惯用语"탈(을) 쓰다"比喻作以伪装使不显现真实面目，如(55ab)；第二个意义比喻长相或行为非常像某人，如(55c)。而"가면(을) 쓰다"只有第一个意义。

(55) a. 양의 탈을 쓴 늑대 披着羊皮的狼
　　 b. 위선의 탈을 쓰다 戴着伪善的面具

01　引自导演汉斯·齐施勒(Hanns Zischler)关于角色挑选的访谈，转引自贝尔廷(2017:2)。

c. 그 아이는 딱 저의 어머니의 탈을 썼다. 那孩子就是
他妈的翻版。

(56) a. 천사의 탈/가면을 벗고 본색을 드러내라. 丢掉天使的
面具, 现出原形吧。

b. 경찰은 회사원을 가장한 산업 스파이의 가면을 벗겼
다. 警察把伪装成公司职员的商业间谍的面具给撕
了下来。

但当与 "벗다" 结合时, 两个惯用语 "탈(을) 벗다、가면(을)
벗다" 都比喻抛弃虚假的伪装, 还原真实的面貌, 如(56a)。"가
면" 还有使动形式的 "가면을 벗기다", 比喻揭露虚假的面目, 如
(56b)。

1.4 额、眉

韩国语里额头为 "이마", 也指某物体顶端靠前的部分, 如 "앞
산 이마", 并且形成了一些合成词, 如 "산이마(山--)", 还有一
些关于额头长相的合成词, 如 "난간이마(欄干--)、뒷박이마 寿星
头" "알이마 光光的额头" "이마받이 非常近"。

与额头的有关的惯用语有 "이마를 마주하다[맞대다]", 意为聚
在一起讨论, "이마에 와 닿다" 比喻时间已经非常接近了。额头具
有几个明显的特点, 所以产生了很多俗语, 如下表。其中第1组俗语
与额头的位置有关, 因为额头位于人体最高处, 所以可以比喻上行
下效; 第2组俗语与额头的形态有关; 第3组俗语则与额头的生理特点

有关，分别用扎额头连水、血都不流来比喻人无情、冷酷。

[表4] 与额头有关的俗语

	俗语	意义
1	이마에 부은 물이 발뒤꿈치로 흐른다[내린다] 꼭뒤에 부은 물이 발뒤꿈치로 내린다	比喻上行下效。
2	이마에 내 천(川)자를 쓰다[그리다]	比喻心情不好，皱着川字眉。
3	이마를 뚫어도 진물도 아니[안] 난다 이마를 찔러도 피 한 방울 안 나겠다 이마에 송곳을 박아도 진물 한 점 안 난다	比喻非常冷酷没有人情味。

　　十七世纪法国画家夏尔·勒·布伦(Charles Le Brun)曾将人的眉毛视为"心理活动的指针"(转引自贝尔廷 2017:91)。因为人用面部表情来表达感情时，其中很重要的一个是眼睛以及伴随眼睛的动作而出现的眉毛的动作，如眉毛呈倒八字形状时表示高兴或悲伤，而眉毛立起来则表示愤怒(马未都 2017(1):224)，所以汉语有"眉清目秀、眉目传情、横眉冷对"等表达。

　　韩国语眉毛为"눈썹"。韩国人在表达感情时也用眉毛的动作来表达，如惯用语"눈썹이 꼿꼿하다"指非常气愤或装没事人时瞪大眼睛，而"눈썹 새에 내 천 자를 누빈다"指在两眉毛之间画川字，比喻心情不好皱着眉头。

　　韩国人还认为如果有东西掉在眉毛上则意味着出现问题，例如"눈썹에 떨어진 액"比喻飞来横祸。"눈썹에 불이 붙는다"比喻出现大问题，非常危急。表达此意义时还有汉字词"초미(焦眉)"，主要用于"초미의"结构[02]，如(57)。与"초미"近义的还有"초미

02　　出自佛教《오등회원(五燈會元)》。

지급(焦眉之急)、연미(燃眉)、소미지급(燒眉之急)”。

(57) a. 초미의 급선무 非常着急的问题
b. 이번에도 신기록 경신을 이어갈 수 있을지 이것이 초
미의 관심사이다. 大家急于知道这次是不是也能继
续更新纪录。

眉毛还有非常小的特点，所以这个特点经常被用于俗语中，如
“길을 떠나려거든 눈썹도 빼어 놓고 가라、서울 가는 놈이 눈썹
을 빼고 간다”意思是出门旅行时一点东西都是累赘。因为眉毛非
常小，所以拔一根不疼，俗语“눈썹만 뽑아도 똥 나오겠다”比喻
一点小疼痛、小事都忍受不了，战战兢兢、哆哆嗦嗦的样子。反过
来，如果拔眉毛用于让步从句则表达的是另外的意义，如(58)中的
“눈썹 하나라도 건들면”多用来威胁他人。这些表达用的都是夸张
修辞手法。

(58) 만일 하나 우리 식구 눈썹 하나라도 건들면 그땐 알아서
해.《우리 갑순이, 11회》如果你要敢动我家里人一根
毫毛，到时你就等着吧。

“눈썹”还有眼睫毛之意，此时多用于惯用语“눈썹 싸움을
[씨름을] 하다”，指强忍瞌睡，汉语多用“上下眼皮直打架”。“눈
썹도 까딱하지 않다”是用眼睫毛都不动一下来比喻泰然自若，如
(59)，汉语用“眉头都不皱一下”，不用“眼睫毛”。表示打瞌睡
时，韩国语还有俗语“거적 쓴 놈 내려온다”。

(59) 여간 일에 눈썹도 까딱하지 않던 그녀도 그때만큼은 숨
　　 이 콱 막히더라는 것이다.在一般事情面前她眉头都不
　　 皱一下的，但是在那个时候听说她也不禁紧张得喘不
　　 过气来了。

　　两个眉毛之间的皱纹，韩国语为"눈살"，与其相关主要有两个
动作，要么是皱起来，要么是舒展开来，如果使劲皱眉头，则会在
鼻梁上方形成一道沟，因此"콧대에 바늘 세울 만큼 골이 진다"
比喻使劲皱眉的样子。一般皱眉头都表达消极的感情，其中"눈살
(을) 펼 새 없다"比喻没有一时不烦心、担忧，如(60a)，"눈살(을)
찌푸리다"则是以皱眉头表达内心的不满，如(60b)；有时还会用"눈
살 따갑다"，如(61c)，是用别人的皱眉头来比喻批评。汉字词"빈
축(嚬蹙/顰蹙)"也是用皱眉头来比喻批评、厌恶他人，如(61)。近
义词有"빈미(嚬眉/顰眉)"。这些汉字词的同形词在汉语里多用于古
代汉语，现代汉语很少使用，所以一般与之对应的是"批评、质疑"
等。因此与汉语相比，韩国语的汉字词很多具有了古朴色彩。

(60) a. 취업을 하지 못한 그는 이런저런 궁리로 눈살 펼 새
　　　 없다. 因为找不到工作，他思前想后愁眉不展。

　　 b. 그의 무례한 행동은 저절로 눈살을 찌푸리게 했다.
　　　 他的无礼行动让人不自觉地就皱起了眉头。

　　 c. 사업 초창기라 부쩍 아버지 눈살이 따갑고 원칙 어길
　　　 일은 내가 나서서 어길 수 없어.《사랑이 오네요, 40
　　　 회》因为是刚开始的事业，我爸又管得严，所以有
　　　 违原则的事情我不能做。

(61) a. 남의 빈축을 받다 受到批评

b. 주위의 빈축을 무시하다 无视周围的批评

c. '쌀값이 오르고 내리는 것은 하느님만이 아는 일' 이라는 한심한 답변으로 빈축을 샀다.《동아일보, 2016.09.26》说"米价的升降只有老天爷才知道,"这种令人寒心的答辩受到了质疑。

1.5 眼

萨默瓦等(2013/2017:194)曾说"眼睛之所以是非常重要的交流工具,是因为眼睛可以传达的信息数不胜数。"所以通过视觉通道探测心理现象是心理学研究的重要方向之一。视觉心理学基本问题之一,就是利用眼动方式中蕴含了视觉觉知及其意识活动方式、神经机制等这一原理,来研究"眼睛是心灵的窗户"这一内在神经机制(高闯 2012)。眼动可以反映视觉信息的选择模式,眼睛注视和运动的位置就是其思维的着眼点(杜红芹 2015:14)。

但是具体到眼睛所传达的信息以及具体的表现途径,受文化的影响又表现出不同的差异。所以李鹏程(1994/2008:120)认为"眼神是对人的文化差异进行最细微的区分的最重要的考察对象,也是对人的生命存在的文化水准进行判断的十分重要的身体性凭证。"例如,韩国人通过眼睛的闭合、眼珠子的动作、视线的正斜、眼睛的空间关系、眼睛的感觉、眼睛的颜色、眼里长出的东西、眼角等信息来表达丰富的心理感情,同时眼睛还与人的学习能力有密切关系。韩国语里的这些与眼有关的细致入微、多层次、各种程度的丰富表达有的虽然与汉语一致,但很多在汉语里却并不一定非要用与眼睛相关的语言来表达。这种不对应现象也反映出韩国人的视觉文化倾向，以及韩国人善于察言观色的人际关系特点。下面我们就从语言学的角度来分析韩国人对眼睛的认识。

1.5.1 眼睛的涵义

韩国语里眼睛为"눈"，俗语"사람이 천 냥이면 눈이 팔백 냥이다"意思是如果人值一千两的话，那么眼睛值八百两，强调了眼睛对人的重要性，"살림에는 눈이 보배(라)"强调了眼睛对生活的重要性，反映在语言上，那就是有很多与眼睛有关的表达。

首先，韩国语"눈"以及惯用语很多能与汉语"眼睛、目"形成对应，如(62)。

(62) a. 눈에 안 띄다 不起眼
　　　b. 눈 둘 곳을 모르다 眼睛不知往哪儿看
　　　c. 눈 깜짝할 사이 眨眼间
　　　d. 눈 (에) 어리다 在眼前晃来晃去
　　　e. 눈바래다 目送

其次，韩国语"눈"还指视力，与视力有关，还有"밤눈"，指黑夜里也能看到东西的视力。"눈"还以"눈으로"的形式表示看待某事的表情或态度，如(63a)；"눈"还指对事物进行观察、判断的力量，如(63b)，当用于这两个意义时，汉语也用与眼有关的"眼光"或"眼力"；"눈"还指人们的视线，如(63c)，是用眼睛来转喻人，此时汉语一般不用"眼这么多"，而是用"人这么多"，与汉语

相比，韩国语表达更具体。当表示有敌意时，韩国语多用"시선이 곱지 않다"。

> (63) a. 동경의 눈으로 바라보다 用憧憬的眼光看着。
>
> b. 그는 보는 눈이 정확하다. 他很有眼力。
>
> c. 이렇게 눈이 많은 곳에서 무슨 짓이에요?
>
> 人这么多，你这是干什么啊？

1.5.2 眼睛的闭合动作

韩国语里与眼睛的闭合有关，可以细分为睁眼、合眼、闭眼、眨眼、揉眼等动作，并且在每种动作里根据程度又可以细分，并且都形成了惯用语。

1.5.2.1 睁眼

韩国语有很多表达与睁眼有关，并且韩国人还注意到了睁眼时所发生的一系列变化。

首先，"눈을 뜨다"指瞪大眼睛，如(64a)；"눈(을) 똑바로 뜨다"指睁大眼睛，如(64b)；"눈을 부릅뜨고"指瞪大眼睛，如(64c)，程度越来越强。

> (64) a. 너 눈을 왜 그렇게 떠?!인턴 주제에.《아버지가 이상해, 11회》你瞪什么眼啊？一个小小的临时工！
>
> b. 다시는 실수하지 않도록 눈 똑바로 뜨고 일해야 한다. 为了不失误，工作时要瞪大双眼仔细点。

c. 너 눈을 부릅뜨고 똑바로 봐.《천상의 약속, 16회》
瞪大你的眼睛，好好看看吧。

人瞪眼时，眼睛还会上扬，韩国语为"눈을 치켜들다"，如
(65a)；眼睛从下往上瞪眼为"눈을 치켜뜨다"，也比喻反抗，如
(65b)。瞪眼时，人还会有意识地往眼里注入力量，韩国语为"눈에
힘을 주다"，如(65c)。

(65) a. 이게 어디 눈 치켜들고?《미녀 공심이, 1회》你这是
冲谁瞪眼呢？

b. 아들은 남편을 향해 '나를 제대로 인정한 적이 단
한 번이라도 있느냐'며 눈을 치켜뜬다.《동아일보,
2018.01.13》儿子向丈夫瞪着眼说："你什么时候正
儿八经地欣赏过我一次啊？"

c. 기대라, 너 앞으로 서라 쳐다볼 때 눈가녁에 힘 좀 빼
라. 한 번만 또 눈에 힘을 주면은 그때 쌍거풀 한 줄
더 생기는 줄 알아.《내 남자의 비밀, 50회》齐大
罗，你以后看西罗时不要瞪眼啊。如果再瞪一次
眼，我就让你的双眼皮再长出一层来！

如上，除了用来指工作时瞪大眼睛外，韩国语里表示瞪眼的这
几个表达都具有消极意义，并且大部分用于否定句或反问句，因为
从被看人的角度来说，对方瞪眼是不尊敬、挑衅的表示。这与韩国
人的一般思想是一致的，尤其当对方是年长者时一般不能瞪眼睛，
这种思想在中国、日本都是相同的(이노미 2009:30)。但从具体的表
达来看，韩国语有六种表达，而汉语只有"瞪眼"，这反映了韩国人

对瞪眼这种动作的观察非常仔细，可借助词根"뜨다"的派生词"부릅뜨다、치켜뜨다"、词组"똑바로 뜨다"以及"치켜들다、눈에 힘을 주다"来表达非常细微的差别；从另外一个角度来看，借这些表达也可反观韩国人对瞪眼这种行为的极度抵制，这也反映了韩国社会比中国更"重视秩序"这一特点，因为只有在等级森严的社会里，才会有更多的关于"不能瞪眼"的这种表达。

人瞪眼时，眼睛还会发亮、冒火，韩国语为"눈(을) 밝히다"，字面意义是点亮眼睛，实际指瞪大眼睛、睁大双眼，如(66)，汉语多译成"两眼冒火"。

(66) 그는 눈을 밝히며 가출한 아들을 찾으러 다녔다. 他两眼冒火寻找着离家出走的儿子。

瞪大眼睛时，眼睛会变圆。其中"눈이 동그래지다"指非常吃惊而眼睛变得溜圆，"눈이 등잔만 하다"指因吃惊或害怕而瞪大眼睛。而"눈이 화등잔(火燈盏) 같다"除了指因吃惊或害怕而眼睛变大外，也有具体意义，指眼睛大得像油灯一样，而汉语多用"眼大得像灯笼一样"。上面这三个惯用语都是用瞪大眼睛来比喻吃惊或害怕，这与保罗·艾克曼的研究结果相近，他发现对巴布亚新几内亚人来说，他们难以区分害怕和惊讶两种表情(保罗·艾克曼 2016:9)。因为人惊讶或害怕时的生理表现都为眼睛睁大。

"눈을 뜨다"还发展成了合成词"눈뜨다"，指睡醒，也比喻理解、领悟事物的道理或原理，如(67)，汉语一般用抽象表达，汉语虽然有时也用"睁眼"，但一般多用于"睁眼看世界"类固定结构。被动形式的"눈(에) 띄다"指显眼。同样的被动形式"눈이 트이다"指可以对事物或现象进行判断，如(68a)。类似的还有"눈이

열리다", 指具有了理解问题的眼光, 如(68b)。这些表达的对象都不是人, 而是抽象的事物, 也就是说, 如果对某事或现象睁大了眼, 那么就是具有了判断、理解的能力。

(67) 학문/현실에 눈뜨다. 理解学问/现实。

(68) a. 이제 세상에 눈이 트인 그는 점점 옛날의 순수함을 잃어 갔다. 现在眼界开阔的他已经逐渐失去了过去的纯真。

　　 b. 해가 지나자 제법 눈이 열리고 귀가 트여 하는 말마다 홍 거사를 깜짝깜짝 놀라게 하였다.《송기숙, 자랏골의 비가》(学习) 过了一年, 他变得耳聪目明, 说的每句话都让洪居士惊讶不已。

上面讲的都是睁大眼看, 如果无法睁大眼看, 则为 "눈 뜨고 (는) 못 보다、눈 뜨고 볼 수 없다", 意为不忍目睹, 惨不忍睹。

如上, 韩国人对人睁眼时所发生的一系列相应的变化都观察的非常到位, 并且将其拿来表达细致入微的不尊敬、挑衅、吃惊、恐惧、领悟等心理感情变化。

1.5.2.2 合眼、闭眼

合眼、闭眼的动作虽然很普通, 但是根据动作的主体和对象, 可以表达不同的意义。

其中, "눈(을) 붙이다" 指睡觉, 意思比较简单。但韩国语闭眼还有 "눈 딱[꼭] 감다", 其意义要分两种情况: 首先, 当动作的主语是本人时, 意思是不管那么多了, 汉语多用 "两眼一闭, 心一横", 有时也用 "不管三七二十一", 如(69a); 有时用 "闭眼装不知

道", 如(69b); 有时用 "把心一横", 如(69c)。

(69) a. 이번 기회에 눈 딱 감고 자동차를 한 대 샀다. 趁这次
机会两眼一闭, 心一横/不管三七二十一买了台车。

b. 3년 전에 내가 눈만 딱 감았어도 내가 이렇게 굴러떨
어질 일이 없었어. 《동네변호사 조들호, 2회》3年前
我只要是闭眼装不知道的话, 我也不会这样跌入谷
底/玩完。

c. 그냥 이번에 한 번만 눈 딱 감고 하지 말자. 석호
야.《딴따라, 14회》就这一次, 把心一横。咱们不
去出演了, 好吧? 硕浩啊。

其次, 当闭眼睛的对象是他人, 即对他人的行为闭眼时, 意思
是饶恕, 如(70), 汉语用 "睁一只眼闭一只眼" 来表达。

(70) a. 이게 다 누구때문이에요?그때 …조검사님이 눈만 감
아주었어도…《동네변호사 조들호, 15회》这都怨谁
啊? 那时……如果赵检察官能对我睁一只眼闭一只
眼的话……

b. 형님이 한 번만 눈 딱 감아 주신다면 다시는 이런
짓 안 하겠습니다. 大哥您这次就睁一只眼闭一只眼
吧, 以后我再也不干这种事了。

如上, 韩国人对闭眼这个简单动作赋予了丰富的意义。但是韩
国语的 "눈을 감다" 在表达这两种意义时需要前后语境, 具有语义
的模糊性, 但汉语却分别用了两种不同表达, 一个是 "两眼一闭,

心一横", 一个是"睁一只眼闭一只眼", 这充分表现了人们在两种不同的心态下所表现出来的生理动作, 因为在表示下决心时, 人们一般是两只眼睛都闭着的, 但是在对他人网开一面时, 一般多是眯着眼或闭上一只眼的。

1.5.2.3 眨眼

韩国语有俗语"떡 사 먹을 양반[03]은 눈꼴부터 다르다", 意思是想买年糕的贵族从眼神上就不同。这其实说明了一个道理, 就是眼睛可以传神, 这个神可以是积极的, 也可以是消极的。例如, 人撒谎时眼睛都会出现异于平常的表现, 并且还会伴随一些其他动作或表情, 为了验证这一推断, 龙虎网2012年8月29日的"生活实验室"就专门做了一个实验, 证明说谎时眼睛多往右转, 并且眼珠会动。

正因为说谎时人的眼珠会动, 所以韩国人强调善于撒谎时, 用"눈 하나 깜짝 안 하다"指态度或气色如同平常没有任何异常, 但一般用于反问句表示质疑或惊奇, 如(71a), 当然也可直译成"你撒谎怎么连眼都不眨一下啊?"此外, "눈 하나 깜짝 안 하다"有时没有撒谎之意, 而是表示不为所动, 如(71b)。有时也用于反问句"눈 하나 깜짝할 것 같아?", 如(71c)。与韩国语的身体语言表达相比, 汉语的表达"若无其事、不为所动、吓"等具有明显的抽象性。

(71) a. 너는 어쩌면 눈 하나 깜짝 안 하고 그런 거짓말을 할 수 있니? 你撒谎怎么连眼都不眨啊/你怎么能若无其事地撒这样的谎啊?

b. 니가 우리 영광 좋아하는 것 내가 알고 있거든. 근

---

03   "양반(兩班)"是韩国古代贵族称呼。

데 우리 영광이 눈 하나 깜짝하지 않은 것도 내가 알

고 있고.《최고의 연인, 94회》我知道你喜欢我们荣

光，不过也知道我们荣光一点也不为你所动。

c. 이것들은 처음부터 계획적으로 복수하려고 덤벼들었

나 본데…내가 눈 하나 깜짝 할 것 같애?《최고의 연

인, 100회》看来你们一开始就是有计划地想找我报

仇啊? ……但我会被你们吓到吗?

(72) 아무리 젊고 예쁜 것들이 우리 태준씨 앞에서 알랑거

려봐. 우리 태준씨 눈 하나 깜박하나?《우리집 꿀단지,

108회》不管有多么年轻漂亮的姑娘在我们泰俊面前晃

来晃去，我 们泰俊眼皮也不会眨一下/抬一下的。

如果把眼睛轻轻闭上再睁开，表达的则是不关心、不在意，多
用 "눈 하나 깜박하나?" "눈 하나도 깜박하지 않다"，意为眼会眨
一下吗？眼皮都不抬一下，表达的是不关心之意，如(72)。

韩国语还有 "겉눈"，指虽睁着却似闭着的眼睛，如 "겉눈을
감다 眯缝着眼"，比喻随便看一眼。"속눈" 则指闭着眼但是又眯着
缝，如 "속눈을 뜨다/흘기다 眯缝着眼"，没有比喻意义。但是汉语
都用 "眯着眼" 或 "眯缝着眼"。

1.5.2.4 揉眼

揉眼睛在韩国语里有两个表达，一个是 "눈을 씻고 보다"，意
思是擦亮眼睛看、揉揉眼睛再看，指仔细看。一个是汉字词 "괄목
(刮目)"，指吃惊得揉揉眼睛继续看，强调非常吃惊，如(73)。

(73) a. 짧은 시간에 이뤄낸 괄목할 만한 성과가 되지 않겠느

냐?《동아일보, 2017.07.08》这是不是可以说是短时
间内形成的引人注目的成果啊?

b. 우리 경제는 그동안 세계에 유례가 없을 정도로 괄목
할 만한 성장을 이루었다. 我们的经济取得了前所未
有的、令世界刮目相看/瞩目的发展。

1.5.3 眼珠子的动作

韩国语里表示眼珠动作的动词非常多，有"돌다、돌아가다、
뒤집히다、뒤집어지다、곤두서다、돌리다、나오다、빠지다"等八
种动作，并且还有汉字词"반목(反目)"，这些动作根据所表达的意
义可以分为七类。这说明韩国人对眼珠动作的观察非常仔细，反映
了韩国人对眼睛所表达感情的重视程度，这也是韩国人极其注重察
言观色思想的反映。

第一，"눈알이 핑핑 돌다"字面意为眼睛滴溜溜地转，但比
喻意义是非常忙，节奏快，而意识跟不上，表达的是眼睛咕噜咕噜
地到处看的样子，如(74a)，汉语多用"眼睛不够使的"或"眼花缭
乱"，而"眼睛滴溜溜地转"多指聪明或打主意。有时"눈이 돌다"
也比喻生气，如(74b)，而汉语用"气得发疯"，是一种比较抽象的
表达。

(74) a. 큰 물에 나가 보니까 눈이 막 돌겠더라. 간이 뒤집히
더라. 《천상의 약속, 17회》到了一个新的世界后，
人的眼就不够使的/眼花缭乱了。心就收不住了。

b. 니 두 사람 보는 내가 순간순간 눈이 돌겠고 미쳐버
리는데. 《가화만사성, 5회》一看到你们两个人我就

73

气得要发疯。

　　第二，同样是转，如果是"돌아가다"，意义则不同，如"눈
(이) 돌아가다"具有多义性，首先可以指因吃惊或极度愤怒而无法
正确判断，如(75ab)，韩国语虽然用的是具象化表达，但汉语有时也
用抽象表达"失去理性"，有时用半具象化的表达"眼神不正常"，
因为"不正常"是抽象词；其次，"눈이 돌아가다"还指关注、注
意，如(75c)，此时汉语用"动心"，相对于韩国语的外部器官"眼
睛"，汉语用的是内部器官"心"。

> (75) a. 없이 살다 보니까 큰 돈에 눈이 핑 돌아갔나봐. 간도
> 　　　크다.《최고의 연인, 69회》好像过穷日子过的，看
> 　　　到那么多钱，一下子失去理性了吧。不过胆子也太
> 　　　大了。
> 　　b. 눈이 확 돌아갔어요…아주 맛이 갔다니까요.《내딸
> 　　　금사월, 32회》眼神很不正常......好像疯了一样。
> 　　c. 남자들이 밖으로 나가면 젊고 예쁜 아가씨들이 천진
> 　　　데 아주머니 눈이 왜 안 돌아가겠어요?《우리집 꿀
> 　　　단지, 108회》男人出门后，到处是年轻漂亮的大姑
> 　　　娘，姐夫怎么能不动心啊?

　　第三，眼珠子的动作还有翻眼，汉语"翻眼"除了具体指翻眼珠
外，多指突然发怒，如"翻眼不认人"，类似的还有"翻脸"。而翻
眼的结果就是露出白眼珠，所以汉语"翻白眼"意为不满。这种思
想也被利用在绘画上来隐晦地表达作者的不满情绪，如明末清初的
画家——"八大山人"朱耷所画的鹿、鱼、鸟都是翻白眼的(马未都

2017(1):3)。

韩国语里翻眼为"눈(이) 뒤집히다、눈알이 뒤집히다",字面意义是眼珠子被翻过来,可以比喻因受到打击而失去理性或发怒、生气,如(76a);也指着急,如(76b)。类似的还有"눈이 곤두서다、눈알이 곤두서다",指眼珠倒转了过来,比喻非常生气,眼里充满了敌意。"두 눈의 부처가 발등걸이했다"意思是眼里映出的人的形象是倒立的,即眼睛翻过来了。

(76) a. 양말숙 그 여편네가 너 아연이를 차버린 걸 알고 눈알이 뒤집혀가지고 내 물건을 죄다 밖으로 꺼냈다니까.《천상의 약속, 23회》杨末淑那个老娘们知道你抛弃阿妍后,气得眼睛都绿了,所以把我的东西都扔了出来。

b. 제가 포도청 밥 먹은 이내로 이렇게 큰 포상금 처음 봤어요. 다들 눈 뒤집혀서 찾고 있으니까 꼭 잡힐 겁니다.《옥중화, 10회》自从我干捕盗厅这一行以来,这么大的悬赏还是第一次见。大家眼馋这笔钱,都急疯了眼似的正在查找,很快就会抓到(狱女)的。

翻眼珠的被动形式"눈(이) 뒤집어지다"也比喻吃惊、惊奇,如(77a),但有时表现出的更多是不高兴,如(77b),汉语分别用"眼发直、气昏头",前者与眼睛有关,后者是用比眼睛更大的人体器官"昏头"来表达,前面还加上了对感情进行界定的"气得"。

(77) a. 너무 신기해서 눈이 뒤집어지네요.《우리 갑순이, 16

회》我都惊得眼发直了。

    b. 말 안 하려고 했는데 엄마 마늘 까는 것 보고 눈이

      확 뒤집어져가지고.《아이가 다섯, 19회》我本不想

      说，但一看到妈在那儿剥蒜，一下子就气（得）昏

      头了。

    第四，使眼珠子转过来为"눈(을) 돌리다"，有两个意义，如果使眼睛转向某个问题，就是转换思维，如(78a)；如果使转向某人则比喻关心，如(78b)。这两种意义都是具象化表达，汉语一般用抽象表达"思考、关心"等。

    (78) a. 이번에는 교육 환경 문제로 눈을 돌려 생각해 봅시다.

        这次请对教育环境问题思考一下吧。

      b. 한 번만 또 남실씨한테 눈을 돌리면 나 가만 안 있어

        요.《아임 쏘리 강남구, 75회》如果你再对南失表示

        关心，我绝不会坐视不管的。

    第五，眼珠子蹦出来韩国语为"눈(이) 나오다、눈알(이) 나오다"，比喻吃惊，因为人吃惊时会瞪大双眼就像眼珠子要蹦出来一样，如(79)。汉语一般要添加表示感情的"惊得"，如(79a)，但(79b)根据语境可以不添加解释性成分。

    (79) a. 그녀는 비싼 가격을 확인하고 눈이 나왔다. 她确认了

        一下发现价格这么贵，不禁惊得眼珠子都快蹦出来

        了。

      b. 선녀 같습니다. 종사관나리께서 눈알이 튀어나겠어

요.《옥중화, 8회》您看起来像仙女一样，从事官大
人的眼珠子该蹦出来了。

第六，眼珠子掉下来韩国语为"눈이 빠지게[빠지도록] 기다리
다、눈알이 빠지게[빠지도록] 기다리다"，指焦急得长时间等待，如
(80)。汉语在表达此类意义时，虽然有成语"望眼欲穿"，但多用于
书面语，口语中用直抒性的抽象表达，如"着急、等急了"等。

(80) a. 아범이 얼마나 눈 빠지게 기다리고 있는데?《최고의
연인, 82회》他爸等得该多么着急啊?
b. 지금쯤 눈 빠지게 아빠를 기다리고 있을 거야.《천상
의 약속, 16회》现在她可能正望眼欲穿地等爸爸回
来呢。
c. 얼른 가. 태준이 눈 빠지겠다.《천상의 약속, 16회》
快去吧。泰俊该等急了。

第七，反目，韩国语用汉字词"반목(反目)"，如(81)，与汉语
"反目"同义。

(81) 하지만 시누 올케 간에 껄끄럽고 반목하는 것 부모 입장
에서는 권하고 싶지 않습니다.《사랑이 오네요, 66회》
但是现在要成为大姑子姐和兄弟媳妇的两个人关系紧
张、反目成仇/互相不合，作为父母来说，这种关系我
不想让他们维持下去。

1.5.4 视线的正斜

从眼睛的视线来看，可分为给予视线以及正视与斜视，不同的视线代表不同的关心程度。

如果表示关心，首先是用眼睛来看，韩国语用"눈길"，其中"눈길 주다"表示关心，如(82)。反义结构"눈길도 안 주다"意为正眼都不瞧，表示不关心。

> (82) 지나가다가 눈길 하나 주어도 용납하지 않겠습니다.《최고의 연인, 87회》就是在路上碰见，你要看她一眼，我也绝不容忍。

眼睛看东西时动作还有正视与斜视之分，有光明正大地看，也有偷偷摸摸地看，也有眼睛出问题而无法正确地看，这些动作都表达了动作主体的心理感情。首先，惯用语"눈(을) 맞추다"意为对视，对上眼为"눈이 맞다"，指互相看上眼，如(83a)；能够对眼，至少眼睛应该是没有视力问题的，但是如(83b)所示，这里"봉사"是盲人的贬称，但是却可以用"눈이 맞아 对眼"，所以这里"눈이 맞아"的意义已经不能再进行分析，而要作为一个惯用语整体来看待，其意义是抽象的惯用语意义"互相看上"。

> (83) a. 우리남편이 저 앞에서 편리점하는데 ...저기 젊은 애랑 눈이 맞았다니까.《동네변호사 조들호, 10회》我丈夫在前面开超市，和那里的年轻姑娘对上眼了。
> b. 뺑덕 어미가 다른 봉사와 눈이 맞아 심 봉사가 잠든 틈을 타 여비까지 챙겨 도망을 가 버렸다. (네이버 지식백과《심청전》) 崩德妈妈和其他盲人对了眼，

趁沈瞎子睡着之际，带着他的旅费逃跑了。

　　正眼相看表示重视，而斜视表达的意义则非常丰富，斜视在韩国语里为"곁눈질"，有四个意义，当客体是人时，暂时的斜视指使眼色告诉某种意思，如(84a)；对人长期的斜视则表示关心、觊觎，如(84b)；如果客体是需要学习的东西，则指斜眼看、偷学，如(84cd)；如果客体是歪门邪道，则指把心思放在不应该去注意的地方，如(84ef)。

　　表示斜视还有"눈과　귀가　쏠리다"，意思是把眼睛偷瞄向他人，用耳朵偷听他人，表达的意义是关心，用心去看、听，如(85)，不过汉语多用"注视、关注"等。

(84) a. 그는 곁눈질로 나더러 나오라는 신호를 보냈어. 他使眼色让我出来。

　　 b. 나 좋다는 사람 기다리게 하면서 도윤씨 곁눈질하는 것 더는 못하겠어. 《다시, 첫사랑, 59회》一边让喜欢我的人等着，一边还总是想着道允你，这种事情我再也干不下去了。

　　 c. 자네 누님 국밥 솜씨 곁눈질로 배웠으면 당연히 잘할 거 아니야? 《우리집 꿀단지, 66회》你姐姐的汤饭手艺你天天在旁边看着学了的话，肯定做得很好吃，不是吗?

　　 d. 매일 부동산 사무실에서 사는데 곁눈질로 배운 게 있을 텐데. 《다시, 첫사랑, 23회》他每天呆在房产中介那里，天天看，应该学到点东西了吧。

　　 e. 아버지는 곁눈질 한 번 하지 않고 열심히 공직 생활을

하셨다. 爸爸对公职生活非常认真，从不想三想四
的。

f. 결혼하고도 사귈 여자 두고도 틈틈으로 곁눈질에 바
람질에 더러워.《그래 그런거야, 1회》即使结了婚或
者有女朋友了，也总是抽空就东张西望、沾花惹草
的，脏死了。

(85) 온 나라가 정부의 교육 정책 발표에 눈과 귀가 쏠리고
있다. 全国的人都在注视/关注政府教育政策的发表。

如上，表示斜视时，韩国语用的是与眼睛有关的直接表达，而
汉语除了"使眼色"出现了器官"眼"，其他表达中有与眼睛动作
有关的"看、注视、关注、东张西望"等，有的则是更加抽象的表
达，如"想"。

如果是偷偷地骗别人的眼睛、躲避别人的视线则意味着躲避别
人的关心和注意，韩国语用"눈(을) 속이다、눈(을) 피하다"，如
(86)，虽然韩国语用的都是具象化的身体语言，而汉语多用相对抽
象的"背着、不让别人发现"。

(86) a. 그는 부모님의 눈을 속여 가며 미술을 공부하였다. 他
背着父母偷偷学习美术。

b. 남의 눈을 피해 새벽에 도망가다. 为了不让人发现，
凌晨逃跑。

对韩国人来说，不正眼看还有一种原因就是"눈(이) 삐다"，
字面义为眼睛扭了，汉语多用"眼瞎"，多用于骂别人，如下面的
(87ab)；有时"눈(이) 삐다"也可用来骂自己，如(87c)。

(87) a. 무슨 한류스타라고? 눈이 삐었지!《최고의 연인, 110
회》她算什么韩流明星啊？分明是（他）眼睛/眼光
有问题。

b. 왜 하필 백강미 그 여자야? 눈이 삐어도 정도가 있
지.《최고의 연인, 94회》为什么偏偏是白江美那个
女人啊，眼睛不好使，也不能这样啊。

c. 내가 눈이 삐었지. 그런 애를 며느리라고?《천상의
약속, 100회》是我眼瞎了啊。把那样的孩子当儿媳
妇。

对韩国人来说，眼睛还可以卖掉，如 "눈을 팔다"，即把眼睛
卖了，结果就是眼睛不再关注于眼前了，那么就是不集中精力、走
神了，如(88)，是用眼睛的动作来表达内心情感，这是经济用语与
身体用语的结合。但汉语不用 "眼睛" 而用 "分心"，是用内部器官
来表达内心感情。

(88) 일부러 나를 자극해서 밖으로 내몰고 한 눈을 팔게 해서
결국 이혼서류에 도장 찍게 만들었잖아?《최고의 연인,
80회》你故意刺激我，让我不着家，让我分心喜欢上
别人，最后还让我在离婚书上盖了章，不是吗？

1.5.5 眼睛的空间关系

眼睛的空间关系可分为内外高低，眼睛内表示满意，眼睛外表
示不关心、不满意，眼睛高低则表达要求的高低。

1.5.5.1 内外

"눈에 넣어도 아프지 않다" 指放在眼里也不疼，比喻非常可爱，如(89a)，汉语用"放在嘴里怕化了，捧在手里怕摔了"。"눈에 담다、눈에 담기다" 指刻在脑子里、记在心里。如果某个东西或人从外面进入某人眼里，也表示满意，韩国语用"눈에 들어오다"，如(89b)。进入某人眼里，可以允许一定的空间距离，"눈에 잘 보이다" 意为眼睛能看得到，指得到认可，如(89c)。眼里满当当的也表达满意之情，韩国语用"눈에 차다"，如(89d)。(89bcd)等意在汉语里不用具体的身体器官，而是用抽象的动词词组"看上、看得上、赏识"等来表达。

(89) a. 막내딸이면 눈에 넣어도 안 아프지.《아이가 다섯, 16회》小女儿对你来说，是放在嘴里怕化了，捧在手里怕摔了，是吧?

b. 그런데 너는 주동이 하나 잘 놀려서 우리 대감 눈에 들었으니 운 좋은 줄 알아라.《옥중화, 2회》不过你就凭一张嘴会说话，就让我们大监看上了，你要知道这是你运气好。

c. 지주의 눈에 잘 보여서 마름을 오래 하지.《이기영, 고향》得到地主的赏识，农监才能干长啊。

d. 눈에 차는 물건이 없으니 다른 곳으로 가 보자. 没有看得上的，我们去别的地方吧。

如果不放在眼里，则表示不关心，韩国语用"안 중에도 없다"。
如果远离了别人的眼睛和视线，则不是好事，所以"눈에 나다、눈밖에 나다" 指失去信任，被人嫌弃，如下面的(90a-c)；韩国

语还有"눈밖에 나가다",指不受重视、看重,如(90de)。表达类似意义时,汉语里除了(90e)用"受到……白眼/冷眼",与眼睛有关之外,其他都用"出局、惹烦、失去信任、不喜欢"等与眼睛无关的抽象表达。

(90) a. 당신은 지난번 일로 우리 어머니 눈에 났어. 因为上次的事情你已经被我妈出局了。

b. 너 내 눈 밖에 나오면 국물도 없어.《내 사위의 여자, 46회》你如果把我惹烦了, 有你好看的。

c. 이러다 백서방 부모님 눈밖에 나오는 것 아니니?《최고의 연인, 83회》这样一来是不是就会失去白姑爷父母的信任啊?

d. 니 언니 눈 밖에 나는 일들 하지들 말아.《우리집 꿀단지, 21회》你们不要总干姐姐不喜欢的事情。

e. 그는 약속을 지키지 않아 동료들의 눈 밖에 났다. 他不遵守约定, 受到了同事们的冷眼/白眼。

如上,正因为韩国语里关心程度与眼睛密切相关,所以才有了"눈도장을 찍다",比喻通过让别人看到自己而注意并关注自己。

1.5.5.2 高低

高低属于空间概念,具体的空间概念可比喻抽象的水平差异,水平差异具有文化性。眼的高低可发展出要求、水平高之意。其中惯用语"눈(이) 높다"有两层意义,第一个是有眼光,如(91a);第二个是只想要好的东西,如(91b),在表达第二个意义时还用强调结构的"눈이 이마에 붙었다",意思是眼睛都贴到额头上了。汉语在

表达两个不同意义时分别用"有眼光"和"眼眶子高"，汉语"有+……"结构一般表达肯定意义，而"眼眶子"是俚俗语，"眼眶子高"具有贬义。与汉语相比，韩国语"눈이 높다"具有语义的模糊性，因为所表达的两个褒贬义无法从字面上表现出来，需要借助具体的语境。与汉语"眼眶子高"中用的是一般形容词"高"相比，韩国语"눈이 이마에 붙었다"用了具象化的"이마에 붙었다 贴在额头上了"，更加形象。

　　通过上面的惯用语也可以发现在中韩两国社会都有对"眼眶子高"这种思想的否定认识，而这也可能是人们经常犯的错误之一。汉语中还有"好高骛远、眼高手低"类表达，更多的是对工作上"眼眶子高"的否定。在汉韩两种语言里，反义结构的"눈이 낮다"只有一个意义，指眼光很低，汉语也一样。

(91) a. 부인은 눈이 높으시군요. 그럼 한번 괜찮은 것을 보여
　　　　드리지요. 夫人，您很有眼光啊。那我让您看个不错
　　　　的吧。
　　b. 그 여자는 눈이 높아 웬만한 남자는 거들떠보지도 않
　　　　는다. 她眼眶子高，一般男人她连瞧都不瞧。

　　眼光用高低来区分，而韩国语的嘴有时也用高低、长短、高级低级来区分，如"입이 높다 嘴尖、嘴馋""입이 짧다 饭量小""입이 고급스러워서 嘴挺挑/挑吃"。

1.5.6 眼睛的感觉

眼睛的感觉可分为柔软、熟悉、碍眼、刺眼、尖等，多用来比

喻人的状态。

其中"눈이 여리다"意思是眼睛很软,指心软,爱流眼泪,如(92),韩国语之所以产生这种表达是因为心软的人表现之一是爱哭,因此心理感觉与眼睛发生联系,又因为韩国语的搭配灵活性,所以产生了"눈이 여리다"。汉语不用外在器官"眼",而是用内在器官"心肠"。

"눈에 익다"指眼熟,如(93),与汉语"眼熟"类似。"눈에 거칠다"是碍眼,意义是不愿意看,如(94),汉语多用"碍眼、刺眼"表达。

(92) 그녀는 눈이 여려서 조그만 일에도 운다. 她心肠软, 一点小事就哭。

(93) a. 눈에 익은 얼굴 那个人很眼熟

　　 b. 눈에 익은 거리 那条路眼熟/似曾相识的路

(94) a. 그는 항상 눈에 거친 일만 한다. 他总是做一些碍眼的事。

　　 b. 의혹을 하기 시작하면,불관한 것까지 눈에 거칠고 심사에 틀린 것이다.《염상섭, 무화과》一旦起疑心,就连一些不相关的事情也会觉得刺眼, 心情不好。

"눈(이) 시다"指阳光刺眼,但实际表达的意义是行动等让人讨厌,如(95)。有时还用"눈꼴이 시다"。韩国语里"시다"所表达的意义一般都具有消极意义。

(95) 정말 눈이 시어서 못 봐 주겠네. 实在是讨人厌, 看不下去了。

韩国语 "눈이 멀다" 意为眼瞎，有时用眼睛瞎了比喻耀眼，如(96)中的对话，汉语也出现了类似语言现象，如 "亮瞎我的双眼"。"눈이 멀다" 已发展成了合成词 "눈멀다"，除基本意义外还比喻为某事所囿，失去理性，如(97)，汉语 "瞎眼" 或 "眼瞎" 多强调看不到什么东西，对应的是韩国语惯用语 "눈이 멀다"，而韩国语合成词 "눈멀다" 却表示因某物而眼瞎，所以译成汉语为 "疯了"，从形态上来看，韩国语依然是与眼睛有关的具象化表达 "눈멀다"，而汉语的 "疯" 却是用人体疾病来比喻人的心理状态，更加抽象。

(96) 윤찬: 엉? 내 눈 왜 이러지? 아이고, 我的眼怎么回事啊?

희진: 왜 그래요? 눈에 뭐 들어갔어요? 怎么了? 眼里进去东西了吗?

윤찬: 희진씬 너무 아름다워서 내 눈 먼 것 같아요. 책임져요.《가족을 지켜라, 57회》熙真你太漂亮了，我的眼都被亮瞎了，你要对我负责啊。

(97) 도훈씬 그런 남자예요. 왜냐 회장 자리에 눈이 멀어서 조강지처까지 버린 남자거든요.《아임 쏘리 강남구, 87회》道训就是那样的男人，因为他想当会长都想疯了，连糟糠之妻都抛弃了。

韩国语里有时还用 "눈이 송곳" 来比喻眼尖，如(98)。汉语一般用 "眼+形容词" 结构的 "眼尖"，或者用 "形容词+眼睛" 类的 "火眼金睛"，都需要用形容词对眼睛的性质进行解释说明，而不能直接用事物名词 "锥子"。

(98) 약 잘 섞었지? 우리집 까다로운 영감은 눈이 송곳이

야.《그래 그런거야, 8회》染发剂调好了吧? 我们家那
位爱找茬的老头眼可是很尖/可是火眼金睛啊。

韩国语里有时在表示盯着别人看时用"눈자리가 나도록 보
다", 意思是看得对方眼睛上出了洞了, 比喻盯着一个地方看, 也比
喻使劲儿地看。表示仔细看时, 还有"눈독", 指贪心地、仔细观看
的样子, 多用于"눈독 들이다"结构, 如(99ab); 有时也用于"눈독
들다"结构, 如(99c); 有时也用"눈독 오르다", 如(99d)。

(99) a. 뻔히 제 몫이 아닌 줄 알면서도 남의 밥에 눈독 들여
서.《천상의 약속, 8회》明明知道不是自己的, 却眼
馋别人的东西。
b. 그러니까 뭐야?서로 눈독을 들이고 있다.《최고의 연
인, 73회》所以说这是什么啊? 大家都在盯着啊。
c. 너 언제부터 우리 새롬엄마한테 눈독 들었냐?《최고
의 연인, 85회》你什么时候开始觊觎/看上我们赛龙
妈的。
d. 어차피 그놈들 눈독이 오르기 시작했는데 손을 떼십
쇼.《이문구, 장한몽》反正那些小子已经盯上了,
撤了吧。

如上, 韩国语"눈독"所结合的动词"들이다、들다、오르다"
与眼睛都没有关系, 相反, 汉语里除(99a)用了"眼馋", (99bcd)分
别用了"盯、觊觎/看上", 句子中没有直接出现"眼睛", 但这些动
词与眼睛有关。
对韩国人来说, 眼睛的作用还不止于此, 韩国语有"눈웃음",

如(100)。而这种"눈웃음"是一种发自内心的愉快笑容，因为从生理心理学的角度来看，相对于假笑或人们打招呼时做出的社交笑容来看，发自内心的笑容需要眼周肌肉的参与，即眼轮匝肌外侧的收缩，因为这一现象是被19世纪的一个神经学家杜乡发现的，所以这块肌肉被称作"杜乡肌"(Carlson 2017:304)。

(100) 저렇게 눈웃음을 치니까 천대리가 착각을 하지.《아이
　　　가 다섯, 21회》你这样眯缝着眼笑，所以千代理才会
　　　误会（你喜欢她啊）。

1.5.7 眼睛的颜色

韩国语里还根据眼睛的颜色"红、白、蓝、黑、黄"来表达人的心理或状态，具体如下：

与眼睛呈现红色有关，韩国语有丰富的表达，多表达生气、激动、嫉妒等感情，之所以用眼红来表达这些意义，是因为在这些感情下，人的眼睛一般是通红的。

[表5] 与"眼红"有关的惯用语

表达	意义	例句
눈에 핏발을 세우다/ 눈에 핏발이 서다	非常生气或激动而眼睛布满血丝。	모욕적인 말에 몇몇 단원은 눈에 핏발을 세우기도 했다. 因为他们侮辱性的言辞，几个队员眼里甚至都冒出了火。
혈안이 되다	因某事而发狂。	주철기는 널 죽이려고 혈안이 되어 있을 것이다. 몸 조심하거라. 《옥중화, 48회》周哲旗现在肯定急疯了眼似的想法杀你，你一定要小心了。

눈(이) 벌겋다	全力争取自己的利益。	그 일에 관계했던 사람들은 밥벌이 구멍을 찾느라고 눈이 벌게서 다닌다는 것과….《심훈, 영원의 미소》与此事相关的人为了寻找生存之计都急红了眼。
눈이 시뻘겋다	表示程度更强。	

如上，韩国语里有"핏발"，指血丝，汉语里"眼睛里充满了血丝"指非常疲劳，而韩国人对眼睛里充满血丝的联想与中国人不同，例如"눈에 핏발을 세우다、눈에 핏발이 서다"都指生气或激动。汉字词"혈안(血眼)、열안(熱眼)"意思是眼睛充血，也指发狠时充满杀气的眼睛，"혈안이 되다"意为极度愤怒。韩国语还有"눈(이) 벌겋다"以及加强程度的"눈이 시뻘겋다"，都比喻全力争取利益。

前面分析过翻眼，如果把眼翻过来就会露出白眼珠，韩国语有汉字词"백안(白眼)、청안(青眼)"，前者指蔑视，后者指赞赏，这与汉语的"白眼""青眼、青睐"是一致的。不过在德国遭到"蓝眼"和在英国遭到"黑眼"的对待是同一含义(海勒 2017:35)。

与青眼有关，韩国语还有"눈이 시퍼렇게 살아 있다"，但其意义与汉字词"청안"不同，而是比喻活得好好的，汉语没有固定的语言来表达此类意义，有时可译成"在眼前活得好好的呢"，但一般多用"活蹦乱跳"(101a)或"明明有……"(101b)。

(101) a. 엄마가 이렇게 눈 부릅뜨고 시퍼렇게 살아있는데 우리 샛별이를 혼외자식으로 천덕꾸러기로 만들겠다고?《천상의 약속, 20회》她妈妈在眼前活得好好/活蹦乱跳的呢，你却要把我们小星星变成婚外儿，让她当受气包啊?

b. 태준이가 왜 백도 여자랑 결혼을 해? 지 마누라랑 지
새끼의 눈은 이렇게 시퍼런데! 왜 딴 년이랑 결혼을
해? 왜!《천상의 약속, 21회》泰俊为什么和白图家
的女人结婚? 这里明明有他的老婆和孩子！他为什
么和别的女人结婚? 为什么！

　　上面所分析的眼睛的颜色讲的是眼睛本身所呈现出来的颜色。
此外，还有一类颜色，是眼睛所感觉到的外界的颜色，即眼前发
黑、发黄等。眼前发黑，韩国语为"눈이 캄캄하다"指精神恍惚，
没有任何想法，如(102a)；也可比喻不识字，如(102b)。

(102) a. 앞으로 빚쟁이들이 몰려올 것을 생각하니 눈이 캄캄
하고 정신이 아뜩해졌다. 一想到今后债主们蜂拥而
来的样子，不禁眼前发黑，精神昏迷。
b. 그는 눈이 캄캄해서 신문을 못 읽는다. 他是个睁眼
瞎，读不了报纸。
(103) 니들 누굴 닮아서 돈돈이라면 눈알이 노…랗냐?《폼
나게 살 거야, 37회》你们这是像谁啊，天天钱钱的，
眼睛都绿了。
(104) a. 中俄混血女友见男友开大奔眼睛发绿。(网络)
b. 青春期，一只眼睛发绿，一只眼睛嫌爸妈烦。(网
络)
c. 又一个国家倒向了中国，气得……眼睛都绿了。
(网络)

　　眼前发黄，韩国语为"눈알 노랗다"，比喻喜欢钱，如(103)。

汉语一般用"眼睛发绿"来比喻极其艳羡某物，如(104a)；有时也表达生气，如(104bc)。

上面用眼睛的四种颜色分别表达了不同的感情，另外，眼睛正常的时候是闪闪发光、炯炯有神的，如果眼睛无光、无神，说明人心里是非常暗淡的，如电视剧《황금빛 내 인생，23회》中，当선우혁问为什么觉得서지안还会自杀时，老爷爷说道：

(105) 친구는 못 봤어? 눈이 빛이 안 돌아왔잖아? 그게 사람
　　　 눈인가? 너 이 거 하는 친구의 없었어나봐? 그 눈신이 나는
　　　 빛도 없어. 그는 정상인의 눈빛이야?

1.5.8 眼里长出的东西

韩国人把眼睛视作容器，所以很多惯用语表达的是眼睛里有东西，并且眼睛里长出来的、多出来的东西所表达的都是否定意义，具体可分为七种类型。

第一，眼里冒火。即眼里产生了火、火苗。眼睛的这种状态多表达发火、关心等感情。因为这两种感情多表现在眼睛上，并且眼睛的表情都呈类似的状态。

[表6] 与"眼里冒火"有关的惯用语

	表达	意义	例句
1	눈에 불을 달다	发火	그는 눈에 불을 달고 나에게 따지기 시작하였다. 他两眼冒火冲我争论。

2	눈에 불을 켜다	发火	이왕 이렇게 된 것 눈에 불 켜고 살 수 없잖아?《아이가 다섯, 15회》既然已经这样了，我们没必要天天这样闹吧。
		关心	막내는 맛있는 음식만 보면 눈에 불을 켜고 달려든다. 老小只要看到好吃的就两眼泛光扑上前来。
3	두 눈에 불을 켜고	强调	기억 안 나세요?너 불과 몇 시간 전까지도 두 눈에 불을 켜고 김사부의 방식따위는 절대 인정 못하겠다……그랬었거든.《낭만 닥터 김사부, 5회》你不记得了吗？就在几小时前，你还两眼冒火说绝对无法认同金师傅的方式。
4	불이 나다	生气	마트에서 부딪치니까 눈에 불이 나잖아.《아이가 다섯, 7회》在超市碰到了她，气得我眼里直冒火。
5	눈에 쌍심지가 나다[돋다/뻗치다/서다/솟다/오르다]	生气	슬쩍 던진 농담에 그는 눈에 쌍심지가 나서 소리쳤다. 不经意的一句玩笑话，他就两眼冒火地叫了起来。
6	눈에 쌍심지를 켜다[돋우다/세우다/올리다]	生气	쟤 왜 저래요? 요즘 주라 얘기만 나오면 쌍심지를 켜고 덤비네.《폼나게 살 거야, 37회》那孩子是怎么回事啊，最近只要一提到侏罗，她就朝我瞪眼发火。그것 갖고 눈에 쌍심지를 켜고 보더라구요.《우리집 꿀단지, 108회》因为这个就两眼冒着火瞪我。우리 만날 때마다 눈에 쌍심지를 켜고 이러십니까?《별이 되어 빛나리, 106회》为什么我们每次见面，您都这样两眼冒火啊？

　　如上，韩国语"눈에 불을 달다、눈에 불을 켜다"都表示发火，"눈에 불을 켜다"还指非常关心。有时也可用于"두 눈에 불을 켜고"表示强调。"불이 나다"也比喻发火生气。"쌍심지"指灯里有两根灯芯，如果眼睛里有两根灯芯，说明火气非常大，所以"눈에 쌍심지가 나다[돋다/뻗치다/서다/솟다/오르다]、눈에 쌍심지를 켜다[돋우다/세우다/올리다]"都指眼睛瞪得很大，非常生

气。这些丰富的表达译成汉语时，一般常用的有两种表达"眼里冒火""眼睛发光"，当然有时也会根据语境译成"闹"。

另外，上面这些表达与前面提到的眼睛的颜色也有关系，因为眼里冒火即眼睛发红。

第二，眼里长瘤子、长刺。韩国语里瘤子为"혹"，刺为"가시"，这些东西如果长在眼里，就成了"눈 위에 혹、눈의 가시"，汉语为"眼中钉、肉中刺"，如(106)。"눈의 가시"还有合成词"눈엣가시"，比喻非常讨厌、碍眼的人，如"눈엣가시 같은 존재"，用于此意时还有汉字词"안중정(眼中钉)"。而世上最令人讨厌的莫过于丈夫的小妾了，所以"눈엣가시"还隐喻小妾。逆序词"가시눈"比喻怒目而视，如(107)。

(106) a. 눈 위에 혹 같은 저 녀석을 없앨 좋은 방법이 없겠나? 难道没什么办法除掉那个眼中钉似的家伙吗?

b. 그 눈의 가시 같은 놈 이번 기회에 확실하게 처리해 버리자. 《다시, 첫사랑, 36회》那个小子就是眼中钉啊，趁这次机会把他处理利索。

c. 내가 눈의 가시일 텐데 내가 다른 일자리를 찾아봐야지. 《내딸 금사월, 18회》他肯定把我看作眼中钉了，看来我得找个别的工作了。

(107) 내 말이 비위에 거슬렸는지 그는 가시눈으로 나를 쳐다보았다. 可能是我的话惹怒了他，他瞪着眼看我。

第三，眼里有棱角。韩国语棱角为"모"，如果眼里有了棱角，即眼睛竖起来了，说明非常生气，所以韩国语"눈에 모가 서다、눈에 모를 세우다"都指生气地看，如(108a)，汉语可以用"立愣着眼"。

(108) a. 그는 눈에 모를 세우고 나에게 덤벼들었다. 他立愣
着眼冲我扑了过来。

b. 매일 복녀는 눈에 칼을 세워 가지고 남편을 채근
하였지만, 그의 게으른 버릇은 개를 줄 수는 없었
다.《김동인, 감자》虽然福女每天都恶狠狠地催促
丈夫，但他那懒惰的习惯却没有改掉。

c. 도끼눈을 뜨고 노려보다 用刀子眼盯着看/怒目而视
/恶狠狠地看

d. 세연이가 요새 도끼눈을 뜨고 노려보네.《다시, 첫
사랑, 57회》世妍最近总是对我们怒目而视。

第四，眼里有刀、斧头。韩国语里刀刃为"칼날"，如果眼睛
里竖起了刀刃，则表示非常毒，所以"눈에 칼날이 서다、눈에 칼
을 세우다"都指两眼冒凶光，如(108b)，汉语用"恶狠狠地"。韩
国语里斧头为"도끼"，但没有惯用语，只有"도끼"与"눈"形成
的合成词"도끼눈"，比喻非常愤怒、厌恶时而怒目而视的眼睛，如
(108cd)。汉语类似的具象表达有"刀子眼"，但多用于"用刀子眼盯
着""飞了一个刀子眼""一个刀子眼扫过去"类表达。此外，汉语
也可以用"怒目而视""恶狠狠地看"等。

第五，眼里有闪电、星、甲虫。韩国语里闪电为"번개"，星为
"별"，甲虫为"딱정벌레"。其中"눈에서 번개가 번쩍 나다、눈에
별이 보인다"，表示脸部或头部遭受重击时的感觉，如(109a)。"눈
에서 딱정벌레(甲虫)가 왔다 갔다 하다"比喻眩晕而精神不清醒的
感觉，如(109b)。

(109) a. 얼굴을 맞는 순간 눈에서 번개가 번쩍 났다. 脸挨打

的瞬间，眼里不禁金星四射。

 b. 나이가 들어서 그런지 요즘은 가끔씩 눈에서 딱정
  벌레가 왔다 갔다 할 때가 있다. 可能年纪大了吧,
  最近偶尔会眼前发黑。

 c. 며칠 굶었더니 눈에 헛거미가 잡힌다. 饿了好几
  天，所以眼前灰蒙蒙的。

 d. 네 녀석이 눈에 헛거미가 잡혀서 그러는구나. 적당
  히 욕심을 부려야지. 你小子也太贪了吧，不要贪心
  过了头。

 e. 남편이 다른 여자를 만나는 것을 본 그녀는 눈에서
  황이 났다. 看到丈夫交往别的女人，她不禁眼前一
  阵发黑。

  第六，眼里有未知的东西。其中有"헛거미"不知为何物，但
惯用语"눈에 헛거미가 잡히다"指挨饿时没有力气而眼前发黑，如
(109c)。"눈에 헛거미가 잡히다"还可比喻利欲熏心而无法清楚地
看清事物，如(109d)。"황"也不知为何物，但惯用语"눈에서 황이
나다"指非常冤枉或非常嫉妒，如(109e)。

  第七，如果眼睛是空的，则比喻无神，如(110)，汉语可以用
"呆了"或"傻了"，也可以用"像丢了魂似的"。

(110) 진아, 눈이 텅 비어 있었어. 누군가를 좋아하는데 어떻
  게 그렇게 텅 빈 눈으로 있을 수 있는지 겁나더라. 혹
  시 나쁜 마음 먹을까봐서.《비켜라 운명아, 54회》珍
  雅，她就像呆了一样/就像傻了一样。喜欢一个人怎
  么能这样像丢了魂儿似的啊? 我看着都害怕。怕她有
  什么不好的想法。

1.5.9 眼角

韩国语里眼角为 "눈초리"，"눈초리가 올라갔다" 意为眼角上挑，可以表达多种意义，有疑问、惊奇。此外还有很多结构直接表达感情，如(111)，是用眼角来转喻感情，而汉语一般用 "眼神"。

(111) a. 매서운 눈초리 恶狠狠的眼神
     b. 날카로운 눈초리 敏锐的眼神
     c. 싸늘한 눈초리 冷冷的眼神
     d. 그는 우리를 경멸에 찬 눈초리로 대했다. 他用充满
       鄙视的眼神看着我们。

"눈초리" 的庆尚南道方言还有 "눈꼴"，多表达不好的感情，例如，如果对对方不满意时，人的表情一般是眼角上扬、斜着看，所以 "눈꼴이 올라가다" 表示不满意，如(112a)；另外，当看对方不顺眼时，也可用自己眼角的感觉 "눈꼴이 시다" 来表达，如(112b)：

(112) a. 그쪽도 수경이 마음에 안 드는 눈치예요. 수경이를
      보는 눈꼴이 올라가더라구요.《내 사위의 여자, 45
      회》她好像也不喜欢秀景，她看秀景时的眼角是上
      挑的。
     b. 집에서도 눈꼴이 시어서 그랬더니 여기서까지.《최
      고의 연인, 102회》在家里都让人看不下去了，在
      这里也这样（恩爱）。

不过，"눈꼴" 在标准韩国语里也可用来贬称眼睛的样子或眼睛动的样子，如(113)，而汉语里没有相应的贬称词，所以只能译成

"眼、眼睛"。

(113) a. 눈꼴이 험하다 眼长得很凶

　　　 b. 눈꼴을 보아 하니 성깔 있어 보인다. 看他的眼睛,
　　　　　感觉有点小性格。

1.5.10 眼睛与能力

根据以上分析可以看出，对人来说眼睛是非常重要的器官，所以注意看，或者找到解决某种问题的线索，被称作"착안(着眼)"，如(114)。而汉语"着眼"意为考虑、观察，多用于"着眼于、着眼在、着眼点"等，与韩国语一般无法对应。

(114) a. 국립산림과학원은 수종마다 단풍이 물드는 시기가
　　　　　다르다는 점에 착안해 단풍 시기를 예측한다. 《동아
　　　　　일보, 2016.10.14》国立山林科学院利用每个树种
　　　　　树叶变红的时期各不相同的特点来预测枫叶时期。

　　　 b. 이 장난감은 용수철의 원리에서 착안된 것이다. 这
　　　　　个玩具是利用弹簧原理发明出来的。

因为人们在观察事物时视觉是非常重要的一部分，所以韩国语里有很多词语来表达观察事物的能力，如下表所示：

[表7] 与眼睛的能力有关的词语

	词语	意义	例句
1	안목 (眼目)	判断、分辨事物的见识。	작품이 좋으네요. 어머니 정말 안목 있으세요. 《우리집 꿀단지, 114회》作品很不错。妈您真的很有眼光啊。
			세진이를 선택한 것도 제 안목이 잖아요? 이 정도면 제 안목도 괜찮지 않겠습니까? 《천상의 약속, 21회》选择世珍不也是我的意见吗？这种程度的话，说明我还是很有眼光的，是不是？
			수경이한테도 디자인 안목을 넓히기에 좋은 기회가 될 수 있을 것 같아요. 《내 사위의 여자, 35회》对秀景来说也是拓宽设计眼光/理念的一个很好的机会。
2	안광 (眼光)	本来指眼里的精气，也指看待事物的力量。	안광이 날카롭다/뛰어나다 眼光犀利/有眼光
3	눈썰미	理解力强、看一遍就能记住。	어머니 눈썰미가 정말 좋으세요.《우리집 꿀단지, 106회》您的眼力真好啊。관심 있으면 다 알게 돼 있네요. 나 그 정도 눈썰민 있거든.《내조의 여왕, 11회》只要关心肯定能知道。这种眼力我还是有的。
4	글눈	能够理解文章的智慧。	
	글구멍		글구멍이 트인다. 能看懂书了。
5	감식안 (鑑識眼)	能够区分、辨别某种事物价值或真伪的研究。	전문적인 감식안을 가진 비평가들은 꼭 읽어야 할 소설 100편을 선정했다. 具有专业鉴赏能力的批评家们选定了100篇必读小说。

6	지목하다 (指目)	指出某人或事物如 何。	경찰에서는 남편을 용의자로 지목 했다. 警察指证丈夫是嫌疑人。그 는 나를 범인이라고 지목하지 않았 다. 他没有指认/说我是犯人。

如上，这6组词语都与眼睛的能力有关，其中1、2、5、6都是汉字词，但是与汉语却有较大不同，其中汉语"眼目"多用来指眼睛，如"夺人眼目、耀人眼目"等，而韩国语"안목"却多比喻见识，对应的汉语是"眼光"。韩国语"안광"与汉语"眼光"意义相似，有俗语"안광이 지배(紙背)를 뚫는다[철(徹)한다]"，意思是眼光能透过纸背，比喻理解力非常优秀。

韩国语也有固有词"눈빛"，却多指眼里反映出的气色或视线，如(115)。

(115) 눈빛이 매섭다. 眼神很吓人。

韩国语里有汉字词"감식안"，但汉语没有类似的表达。"지목하다"意思是指证、指认、说等，现代汉语中"指目"已几乎不再使用。

固有词中表示理解文章的智慧用"글눈、글구멍"。固有词中表示理解能力的有"눈썰미"，相当于汉语的"眼力"。类似的还有"귀썰미"，指听一遍就能记住的能力。汉语里虽可用"听力好"来表达，但现在一般意义上的"听力好"好像更多指外语听力好。在指学习方式时，韩国语有"눈동냥、귀동냥"，指通过道听途说来学习，类似的还有"어깨 너머로 공부하다"，指偷偷地学，这些都是非正式的学习方式。如果学习不用功，韩国语用"한눈 팔다"来表达，汉语用"心不在焉地学习"，当然也不一定都用于学习。

如上，韩国人对眼睛的观察非常仔细，这一方面反映了眼睛对人类的重要性以及韩国人对眼睛的重视程度，但是与其他文化相比，韩国语里与眼睛有关的表达却表现出了异乎寻常的丰富，对这种文化差异可以从韩国人重视察言观色的文化和习惯去解释。

综前所述，韩国语里与眼睛有关的丰富表达借助眼睛的动作、状态可以表现人们的心理感情，一般多表达睡觉、吃惊、关心、眼界高低、下决心、碍事、刺眼、嫌弃、厌恶、不满意、愤怒、神志不清、疑问、发火、生气、嫉妒、眼熟等意义，绝大部分都是消极感情。而韩国语的这些意义在译成汉语时，汉语有时虽然可以用与眼睛有关的表达，但很多情况下用其他身体器官，或者用与眼睛或其他器官有关的动作，有时甚至用很多其他抽象的表达。并且，与汉语相比，韩国语的表达更加细化、区分更细致。而这反映了韩国"眼睛文化"的发达和重要性之高，这也是对韩国人注重人际关系和谐、善于察言观色文化的最直接的验证。

1.6 耳

中韩文化里都非常强调"听"的作用，这也是儒家文化的表现之一，因为儒家文化强调上下有序，一般只有地位高的人才具有话语权，而地位低的人要"慎言"，要"少说多听"，也就是说精神文化影响了人体语言和文化，人体语言和文化是对精神文化的反映。

但是与中国文化相比，韩国文化里对"听"的重视程度更高，最主要的表现是产生了丰富的与耳朵有关的表达。韩国语里与耳朵有关的表达主要集中于耳朵的动作和状态之上，尤其是特别强调听的态度和方式，关注听的效果。此外，耳朵还与世事、能力密切相关。并且耳朵的不同构成部分，如"耳廓、耳旁、耳垂"等都被用来表达比喻意义。

1.6.1 耳朵的涵义

韩国语表示耳朵的词语是"귀"，"귀"不仅指普通意义上的耳朵，还有其他意义，具体如下：

[表8] "귀" 的意义

	意义	例子
1	在医学上主要指耳廓，相当于 "귓바퀴"。	귀에 귀고리를 달다 在耳朵上戴耳坠
2	物件，如茶壶、酒壶上往外倒液体的壶嘴。	귀때가 달린 단지 有嘴的坛子
3	有棱东西的棱角。	거울의 한 귀가 깨지다 镜子的一角碎了；장롱의 귀가 잘 맞지 않는다. 柜子的角不平。
4	韩服上衣的领口或手袋最下方的两端。	주머니의 귀가 닳다. 手袋的底角磨破了；"귀주머니"指四方的手袋。
5	针眼、针鼻，义同 "바늘귀"。	바느질을 하려고 귀에 실을 꿰었다. 为了做针线，给针眼穿上了线。
6	缸或器皿的把手。	귀가 떨어지다 把手掉了；항아리의 귀가 깨졌다. 缸的拉手碎了。
7	棋盘等平板的四角。	

如上，"귀"的意义从指人引申成了指物，这种指物命名的原则是形状的相似性，即"物体的突出部分"与"耳朵是头部的突出部分"的相似性。当用于第4个意义时，韩国语还有"눈귀"，相当

101

于"눈초리"，即眼角，不过现在多被看作方言。这些意义所对应的汉语分别为"嘴、角、针眼、把手、拉手"。可见汉语的命名与韩国语不同，因为虽然汉语的"嘴、角、针眼"也都是利用了物体的相似性，但"嘴"着眼于壶嘴等像嘴一样可以往外流淌液体(韩国语的"주둥이"也有此比喻意义)，"角"着眼于物体的边不平，汉语的"针眼"着眼于与眼睛形状相似，并且像眼睛一样可以通透，而"把手、拉手"则是根据功能进行的命名。与"针眼"有关，汉语还有"针鼻"，也是功能命名法。

韩国语里"귀"与物体形状有关的惯用语很少，只有"귀 베고 꼬리 베고"，指去掉这个、那个加以限制，如(116)，汉语用"掐头去尾"，其中"头"是比"귀"范围更大的人体器官。

(116) 그 적은 돈에서 귀 베고 꼬리 베고 나니 남는 게 없다.
　　　 就那么点小钱，再掐头去尾，就什么都剩不下了。

韩国语里耳垂为"귓불、귓밥、이수(耳垂)、이타(耳朵)"，因为人在束手无策时经常会摸耳朵垂，所以就有了俗语"귓불만 만진다"，比喻没有办法只能坐等结果。汉语类似的有"抓耳挠腮、挝耳挠腮、抓耳揉腮"，但一般形容着急的样子。

1.6.2 耳朵的动作与状态

耳朵最主要的功能是听声音，所以韩国人对耳朵的认识主要与听有关，主要分为听的准备条件、听的态度与方式、听的效果与结果。

1.6.2.1 听的准备条件

要想听别人的话，需要具备几种条件。第一，要有听力。"귀
(를) 뜨다"指动物或人出生后首次能够听懂声音，如(117a)。听力
好，还可用"귀가 밝다"来表达，如(117b)，汉语用"耳朵尖"类
表达；听力不好为"귀가 어둡다"。听力好也可用耳朵长来比喻，如
俗语"나그네 귀는 간짓대 귀""나그네 귀는 석 자라"，意思是行
者的耳朵有一竹竿子长或三尺长，是夸张手法，比喻道听途说的多；
也比喻投宿者因为要看主人的脸色行事，所以即使很小的声音也都
能听到。

(117) a. 아이가 귀를 뜨다 孩子有听力了。

　　　 b. 뒤도 밝아.《천상의 약속, 89회》你耳朵真尖/真好
　　　　　 使啊。

第二，做好听的准备，韩国语为"귀를 열다"，如(118a)；类似
的还有"귀를 세우다"，如(118b)。被动结构的"귀가 열리다"字
面意义为耳朵被打开了，但实际意义却是了解世事，如(118c)，从这
个惯用语中可以看出韩国古人的认识，即只要好好听，就能了解整
个世界。

(118) a. 다시 말해 줄 테니 귀를 열고 똑똑히 들어 보서.《송
　　　　　 기숙, 암태도》我再给大家说一遍，请竖起耳朵好
　　　　　 好听。

　　　 b. 전화 내용에 귀를 세우고 있던 김유복 중사가 송수화
　　　　　 기를 빼앗아 갔다.《이상문, 황색인》金有福中士竖
　　　　　 着耳朵听着电话内容，听着听着一把把话筒夺了过

去。

　　c. 웬만큼 귀가 열린 사람이라면 이런 일에 누가 시비
　　　를 걸겠소.《송기숙, 녹두 장군》只要是稍微通世故
　　　的人，谁会拿这种事来挑毛病啊?

　　这种思维在中国汉字中也表现得淋淋尽致，如汉语"听"的繁
体字"聽"拆解开来就是"王之德为'大耳'"，即对王来说，最重
要的是用耳朵去听，但何止是王，就是对一般人来说，听也是无比
重要的。但是在中国人的思维里，耳朵竖起来是人的自主动作，所
以一般很难用于被动，因此"귀가 열리다"在汉语里对应的是抽象
表达"通世故"。

1.6.2.2 听的态度、方式

　　听的态度和方式有"注意听、偷听、不好好听、偏听偏信、被
听到、道听途说"等五种类型，具体如下：

　　首先，表达关心、注意听时韩国语有"귀가 번쩍 뜨이다"，指
对听到的话非常关心，如(119ab)。类似的还有"귀가 솔깃하다"，
汉语在表达类似的意义时，有时也用"耳朵竖了起来"，但一般多
用"怦然心动、心里一动、眼睛一亮"等与"心、眼睛"有关的
表达。韩国语还有"귀(를) 기울이다、귀를 재다"指注意地听，
"귀를 쫑긋하다"指竖起耳朵听，如(119cde)，汉语用与耳朵有关
的动词"听"，其中(119e)虽然也用了"竖着耳朵"，但后面要添加
"偷听"来进行语义界定。仔细听然后装到耳朵里的结果就是进入
心里，所以"귀담다"指刻在心里，如(119f)。前面讲的"눈에 담
다"也指记在心里。韩国语还有合成词"귀담아듣다"指注意听。

(119) a. 땅임자는 이들 귀농 개척자들에게 귀가 번쩍 뜨일 제의를 했다. 地主提出的建议让这些归农开拓者不禁心里一动。

b. 아버지는 복권이 당첨되었다는 말에 두 귀가 번쩍 뜨였다. 听说中了彩票，父亲两只耳朵一下子就竖了起来。

c. 그는 조용히 다른 사람의 말에 귀를 기울였다. 他专心地、静静地听着别人的发言。

d. 그의 말에 귀를 쟀다. 专心听他的话。

e. 요즘 가만히 보면 나보다 형님이 더 귀를 쫑긋하고 다니더라. 最近仔细想来，大姐你竖着耳朵偷听的时候比我还多啊。

f. 그 농담을 귀담아 둘 필요가 없다. 那种玩笑话不用放在心上。

第二，偷听韩国语为"귀(를) 주다"，如(120a)；这个惯用语也指小心地告诉别人，如(120b)。"귀(를) 주다"之所以有两层意义，是因为偷听和悄悄告诉别人的时候，都有共同的身体语言，即凑得很近，并且耳朵使劲地凑向说话者。当然，这也说明韩国语里动词"주다"的语义出现泛化，这里表达的并不是具体意义的"给"。

(120) a. 책을 보는 체하면서 두 사람 말에 귀를 주었다. 一边装着看书，一边（竖着耳朵）偷听两个人的谈话。

b. 이미 누군가가 그에게 귀를 주었다. 已经有人悄悄告诉他了。

第三，与听别人的话时态度不认真有关，韩国语有丰富的表达。

其中有"귀를 팔다"，如(121a)，汉语用"耳朵干什么用？"四川方言里在表达此意义时有"你耳朵扇蚊子去了？"韩国语还有"귀 밖으로 듣다"，也表示不好好听，似听非听，如(121b)；有时还指虽然听到了，但却装出没听到的样子，如(121c)。"한 귀로 듣고 한 귀로 넘기다/흘리다"也表示不好好听，如(121d)。此时汉语多用"一只耳朵进一只耳朵出"或用"听到脑后头"。

(121) a. 어디다 귀를 팔고 있기에 그런 소리도 못 듣냐? 你的耳朵到底干什么用了? 那种声音都听不到?

　　　b. 내 말을 귀 밖으로 듣지 마라. 你不要把我的话当耳旁风/你不要把我的话一只耳朵进一只耳朵出。

　　　c. 그는 다른 사람이 하는 말을 귀 밖으로 듣고 자기 일만 했다. 他只埋头于自己的事情, 把别人的话都听到脑后头去了。

　　　d. 쓸데없는 소리 하지 마요. 그런 건 한 귀로 듣고 한 귀로 흘려요.《최고의 연인, 35회》不要说些没用的话。那种话你一只耳朵进, 一只耳朵出, 就行了。

韩国语还有其他表达，因为"귓등、귓전"都指耳廓，不是听力的直接相关部分，所以"귓등으로 듣다、귓등으로도 안 듣는다、귓등으로 흘리다[흘려보내다]、귓전으로 듣다/흘리다"等都比喻不好好听，如(122)，并且"귓등으로 듣다、귓등으로도 안 듣는다"虽然一个是肯定句(122a)，一个是否定句(122bc)，但都表达不好好听之意，而汉语都用"当耳旁风"，如(122abe)，或者用"不听"(122c)或"没好好听"(122d)。

(122) a. 짓궂은 기자는 노파의 이야기는 귓등으로 듣는지 딴 청을 했다.《마해송, 아름다운 새벽》调皮的记者可能拿老婆婆的话当耳旁风了/没有好好听老婆婆的话，总是装糊涂。

b. 너 아빠 말 귓등으로도 안 듣는 거야.《별난 가족, 3회》你要拿爸爸的话当耳旁风吗？

c. 남의 얘기는 귓등으로도 안 듣는 여편네가 당신 한마디 하니까 합의해 주겠다고 지발로 걸어오냐구?《월계수 양복점 신사들, 13회》为什么那个娘们别人的话都不听，你一说话，她就自己跑来说要和解啊？

d. 귓등으로 흘려보낸 얘기라서 정확히는 모르겠다. 因为我没有好好听，所以不是很清楚。

e. 직장 일로 정신없지만 않았더라도, 배 아프다는 소리를 귓전으로 듣고 말지는 않았을 것이다. 如果不是因为单位的事忙得晕头转向的话，我也不会把他肚子疼的话当作耳旁风。

如上，表示不认真听时韩国语足有七种具体表达，可见韩国人对"认真听"的重视和对"不认真听"的排斥，这种现象的产生与韩国是秩序社会密切相关，因为秩序社会对人的要求是"慎言"和"多听"。相反，汉语只有"一只耳朵进一只耳朵出、当耳旁风、耳朵干什么去了、听到脑后头去了"四种表达，并且第三、第四种表达并不是惯用语，一般情况下更常用抽象表达"不好好听"。从惯用语的多少可以看出韩国社会比中国社会更强调秩序。

第四，听有主动和被动之分，表示被动意义的惯用语有"귀에 들어가다"，指被别人知道，如(123a)。与被听到有关，韩国语还

有俗语 "귀 막고 방울 도둑질한다[도적질하기]、귀 막고 아옹 한다",意思是掩耳盗铃、捂着耳朵玩 "藏马猴" 的游戏。"귀가 가렵다[간지럽다]" 意为感觉到别人在说自己的坏话。如(123b)。

> (123) a. 니 엄마 귀에 안 들어가게 조심해.《아이가 다섯, 19회》一定小心不要传到你妈耳朵里/不能让你妈知道。
>
> b. 그만들 해. 신다희씨 귀가 좀 간지럽겠다.《사랑이 오네요, 96회》大家都别说了。申妲己的耳朵该痒痒了。

第五,关于听的方式还有道听途说,前面提到的 "나그네 귀는 간짓대 귀" 有道听途说之意,类似的还有俗语 "귀가 도자전 마룻구멍이라 耳朵是刀子店的地板窟窿""귀가 보배라[도자전이라/산홋가지라]. 耳朵是宝贝/刀子店/珊瑚枝",意思是虽然没有多大学问但道听途说来的很多。

1.6.2.3 听的效果与结果

听话效果非常重要,韩国语里表达听话效果都是用耳朵的状态和感受,并且这些表达中表示否定意义的要远远多于表示肯定意义的,肯定意义主要表现为 "了解、理解、听懂、有记忆、清晰地听到",消极意义主要表现为 "听不懂、不好好听、刺耳、难受" 等。

第一,与听到有关,主要有 "귓등으로 넘어가다 声音随着耳廓传到耳朵里""귓전을 때리다 震动耳廓",两者都指清晰地听到,如(124),汉语用 "萦绕在耳边"。

(124) 친구들의 느닷없는 언쟁이 계속하여 강하게 귓전을 때렸다. 朋友们突然间发生的口角之争一直萦绕在耳边。

有听过的记忆为"귀(에) 익다",如(125a);此外,也指言语或声音听得时间长了则会习以为常,如(125b)。类似的还有前面讲过的"귀에 낯익다"。想起曾听过的话为"귓전에 맴돌다/아른거리다",如(126a)。而动宾结构的"귓전을 울리다"意为听起来好像是近处的声音,如(126b)。

(125) a. 귀에 익은 멜로디 听起来耳熟/很熟悉的韵律
　　　　b. 기적 소리도 이제 귀에 익어 시끄러운 줄 모르겠다.
　　　　　连汽笛声音也听惯了, 不再觉得乱人。

(126) a. 어머니가 한 말이 아직도 귓전에 맴돌았다.《문순태, 피아골》母亲说过的话至今响在耳畔。
　　　　b. 난 실패할까 봐 몹시 초조했었는데, 내가 담배를 붙여 무는 순간 총성이 두 발 귓전을 울리고 지나가는 거야.《오상원, 모반》我一直担心失败, 正当我点着烟准备放入嘴中时, 从远处传来两声枪响。

第二,听别人话最重要的是要有分辨力,没有分辨力的话就会坏事。韩国语多用耳朵的软硬大小来作比喻。其中"귀가 얇다[엷다]"比喻偏听偏信,"귀(가) 여리다 耳朵根子软"意思是对别人的话偏听偏信,连别人骗自己都不知道,两者实际是一致的,因为耳朵薄了,肯定就很软,如果很厚的话,自然就不软了,两者讲的是一个事物的两种表现。

韩国语里还多用耳朵眼或耳朵大来比喻偏听偏信，其中有惯用语 "귓구멍이 넓다[너르다/크다]、귓문이 넓다、귓구멍이 나팔통 같다"，有时也用词语 "팔랑귀"，此外，还有俗语 "귀가 항아리만 하다"，意思是耳朵像缸一样大，来者不拒，偏听偏信。

上面这七类不同的表达都多用于否定句或疑问句，表达的都是对偏听偏信的告诫。而汉语一般多用 "耳朵根子软" 或者动词 "偏听偏信"。

"귀를 의심하다" 指听到难以置信的话而怀疑是否听错了，如 (127)。

(127) 평생 독신으로 있겠다던 그녀가 결혼한다는 말에 귀를 의심하지 않을 수 없었다. 她曾说一辈子要单身，现在听说她要结婚，我不得不怀疑起我的耳朵来。

第三，关于听懂，有 "귀가 뚫리다"，指能听懂话了，主要指能听懂外语，如 (128)，虽然汉语可以译成 "耳朵才打开"，并且也不用于被动，但其实更常用的是 "听得懂"。

(128) 미국에서 산 지 1년 만에야 귀가 뚫렸다. 在美国生活一年后耳朵才打开/英语才听得懂。

听不懂话都与耳朵的状态有关，一种是耳朵聋了，韩国语为 "귀 먹었어? 你聋了"，字面意义是 "你的耳朵给吃了吗？" 这与汉语 "你的脑子被狗吃了啊" 类的表达有一致之处，都是用 "吃" 来表达，即不灵光的就是被吃了。韩国语聋子是 "귀머거리"，而汉语也有 "聋子的耳朵——摆设" 类的歇后语。韩国人嘲笑聋子的判断

能力还用"당나귀 하품한다고 한다",意思聋子看见驴叫还以为是驴在打哈欠。

还有一种听不懂是因为"귀(가) 질기다",字面意义是耳朵很有韧性,耳朵有韧性了,自然听不进去,所以这个惯用语有两个意义,第一指愚钝,理解不了别人的话,如(129a);第二指不好好听话,很皮,如(129b)。汉语指淘气时用"皮",应该取的也是"皮有韧性"这一特点,这与韩国语的"귀가 질기다"是一致的。但汉语一般不说"耳朵皮",而是说"人很皮",是用整体来代替部分。

(129) a. 워낙 귀가 질긴 친구라 알아듣지 못할 거다. 他耳朵
不灵光,可能听不懂的。
　　　b. 이렇게 고집만 피우다니 생각보다 귀가 질기군! 你
竟然这样执拗,比想象的还要皮啊。

此外韩国语还有"귀에다 말뚝을 박았나、귓구멍에 마늘쪽 박았나",是用耳朵里插了橛子了、耳朵里插了蒜薹了来批评那些听不懂别人话的人。

第四,通过耳朵的感觉来表达人对听的态度或感情。"听"的客体是话语,话语的内容如何也可以从耳朵的反映上来进行判断。

其中,"귀(가) 따갑다"的字面意义是耳朵疼,但实际表达的意义是难听刺耳,如(130a),第二个意义指听过多遍,不想再听,如(130b)。在表达听过多遍不想再听之意时,还有"귀(가) 아프다、귀에 딱지가 앉다、귀에 못이 박히다、귀에 싹이 나다"等,如(131)。五种表达反映了韩国人对说话唠叨的反感,而汉语常用的惯用语是"耳朵长茧子了",其他"听得耳朵都疼了"是直译,"听说多次"是动词表达。

(130) a. 친구는 기차 화통을 삶아 먹었는지 목소리가 커서 얘기할 때 귀가 따가웠다. 朋友不知是吃了火车烟囱了还是怎么，嗓音太大，和他说话时耳朵都疼。

　　 b. 그런 말은 이미 귀 따갑게 들었다. 那样的话听得耳朵都疼了。

(131) a. 그쪽이 우리 오라버니 달달 볶는다는 얘기는 귀에 딱지 들도록 들었는데.《내딸 금사월, 10회》我早就听说多次了，说你整天折磨我哥。

　　 b. 딴따라 밴드 출연 네티즌들이 투표해서 뽑힌 거래요. 며칠 내내 이렇게 자랑을 하거든요. 아이구, 귀에 딱지 앉거든요.《딴따라, 14회》戏子乐队能够出演是网民投票选出来的。这几天一直这样炫耀不止。哎呀，我这耳朵都长茧子了。

　　 c. 귀에 못이 박히도록 들었지요.《사랑이 오네요, 115회》（关于你的事）我听得耳朵都长茧子了。

　　 d. 내가 귀에 못이 박히도록 얘기했잖아?《우리집 꿀단지, 35회》我不是给你说了多遍了吗?

　　 e. 매일 똑같은 소리를 얼마나 많이 들었는지 귀에 싹이 나겠다. 每天不知道听多少次相同的话，耳朵都出茧子了。

　　　上面讲的是因声音质量不好与次数过多导致不愿听，而"귀（에）거칠다"指所说的话不合适，听起来不顺耳，如"귀에 거친 말을 자꾸 한다. 总说一些不顺耳的话"。

1.6.3 耳朵与世事

耳朵对了解世事非常重要，如果耳朵不起作用了，那么就清静了。韩国语里表达此类意义的有"귀를 씻다、귀를 재우다"。其中"귀를 씻다"指将听到世俗污秽之言的耳朵清洗一下，意为离开世俗名利，清廉地生活，如(132)。汉语多用"耳朵清静、六根清净"来表达类似意义。因为汉语的洗耳朵多表达"洗耳恭听"之意，与韩国语"귀를 씻다"正好相反。"귀를 재우다"字面意义为让别人的耳朵睡觉，实际意义指使问题消失，使恢复安定，如(133)，这背后反映了韩国人认为耳朵是问题之源的思想。汉语用"摆平"。

(132) 아무도 없는 첩첩산중에 파묻혀 귀를 씻고자 하노라.
让我隐身于层峦叠嶂的山林，去过耳根清静、与世无争的生活吧。

(133) 자네가 귀를 재워 주어야겠네. 你得去摆平这件事。

1.6.4 耳朵与能力

与"귀"有关还有一些很意思的表达，例如前面提到过"귀썰미"指一听就懂的能力。此外还有另外一些表达，具体如下:

韩国人认为话语也是有耳朵的，也就是说将话语物化或人物化了，所以有了合成词"말귀"，指能够听懂他人话语的灵气，如(134a-c)。"말귀"还指话语的内容，如(134de)。

(134) a. 말귀가 밝다 耳朵好使
b. 말귀가 어둡다 耳朵不好使

c. 말귀가 터졌어야 남의 말을 알아듣지. 说好多遍,
   才能听懂别人的话。

d. 말귀를 못알아먹어서 큰일이다.《왕가네 식구들,
   38회》你这么听不懂话真是问题啊。

e. 말귀 잘 알아듣는 사람이 왜 같은 말을 계속 반복하
   게 해?《천상의 약속, 26회》平常话听得很明白的
   人怎么总是让我重复同样的话啊?

　　韩国人认为文章也有耳朵,如"글귀"指能够听懂、理解文
章的能力,这与前面的"글눈"是一对词。"글귀(가) 트이다、글
귀(가) 밝다、글귀(가) 어둡다"分别指学习时的理解力很强、很
快、很慢,如(135a-c)。"글귀"还有另外一个意义,指句段,如
(135d),汉语类似的有"文眼",指文章中最能显示作者写作意图的
词语或句子。

(135) a. 불과 일곱 살 때 글귀가 트인 그는 후에 큰 학자가
         되었다. 七岁时他就能理解文章, 之后成了一个大
         学者。

      b. 이 아이는 글귀가 밝으니 커서 훌륭한 학자가 될 것
         이다. 这孩子理解力很强, 长大后有望成为一个优
         秀的学者。

      c. 그는 글귀가 어두워 배운 글도 잘 이해하지 못했다.
         他的理解力很弱, 连学过的文章都理解不了。

      d. 사진에 글귀를 넣다 给照片加上一句话。

　　韩国语里还有"잠귀",指睡觉时能够听到声音的感觉,这种感

觉用"잠귀"来表达也是很正常的，因为是用耳朵听到的，如"잠귀가 밝다 睡觉警醒""잠귀(가) 엷다[옅다]"指神经敏感，一点声音就被弄醒，"잠귀가 어둡다/질기다[무디다]"指睡觉睡得很沉，如(136)。

韩国语还有"가는귀"，指连小的声音都能听到的耳朵，或那样的听力，多与表示否定意义的词语"어둡다、먹다"结合，表达的多是听力不好之意，如(137)。

(136) 무슨 사람이 그렇게 잠귀가 어두워?《월계수 양복점 신사들, 52회》这人怎么睡觉这么死啊？

(137) 내가 가는귀 먹어서 잘 안 들리는데 뭐라고?《미워도 사랑해, 4회》我耳朵不好使，听不清，你说什么？

与耳朵的能力有关，还有"귀가 보배다"。例如，《미워도 사랑해, 35회》中，当看到当铺的员工민양아也懂点法律时，길은정不禁说道：

(138) 식당 개 삼년이면 라면 끓인다더니 귀가 보배다. 都说饭店里的狗三年也会煮拉面，看来耳朵挺管用啊（学到这么多东西）。

这里"귀가 보배다"强调的是耳朵听的作用。
韩国语还有"귀를 잡다"，意思是吸引别人来听，如(139)。

(139) a. 부산시 청렴송, 시민들의 귀를 사로 잡다.《환경일 보, 2017.06.12》釜山的"清廉颂"吸引了市民们的

注意。

b. 트럼프의 귀를 잡고 있는 이방카《동아일보, 2018. 02.20》掌控着特朗普视听的伊万卡

韩国语还有"귀둥대둥이",意思是言语行动很随便的人,"귀때기가 새파란 녀석"贬称年轻人。

1.7 口

希伯来语中意为"战争"的词语与食物总称——"面包"的词源一致(최창모 2003),英语里意为战斗的"argument"的词源是"说话"(이성범 2013)。由此可见,"食物"和"说话"事关大局,而人生这两大重要事项又都与"口"密切相关,所以,人体器官中"口"所占的分量自是不言而喻。

汉语中有"口"与"嘴"的区分,例如指亲吻时用"亲嘴",而指亲自时用"亲口",如"他亲口告诉我的"。"豁嘴"指人或动物的兔唇,"豁口"指非生命的东西,如"城墙围墙的豁口"(吕叔湘 2008/2011:216)。另外,汉语"嘴"还与"脸"形成合成词"嘴脸",指面目、面貌,具有贬义,前后搭配的都是消极意义的词语。

韩国语里的嘴主要与吃喝、说话、感情、力量等发生关系,与嘴有关还有"口舌、口水",这在韩国语里也都具有了丰富的文化意义。尤其是与说话有关,绝大部分的表达都强调要少说话,并且表现出了对多说话的批评。

1.7.1 嘴的涵义

韩国语有"입、주둥이、주둥아리、아가리"之分。其中"입"指摄取食物或发声的器官，从基本意义出发，"입"还引申出了其他意义，对口来说，最明显的外部特征便是嘴唇，所以"입"就有了嘴唇之意，如(140a)。口还有两个最主要的功能，就是吃饭、说话，因为一个人就代表了要用一张嘴来吃饭，所以"입"就有了吃饭的人的数量这一意义，如(140b)，汉语用"嘴"。吃饭的话，就要有量的问题，因此"입"还指计算食物分量的单位，如(140c)，汉语多用"口"。口的第二大功能就是说话，所以"입"还比喻人说的话。

(140) a. 입이 빨갛다 嘴唇很红

b. 입을 덜다 少了几张嘴

c. 한 입만 먹어 보자. 再吃一口。

"주둥이"主要指动物的嘴，也可俗指人的嘴，还指瓶子或一部分器皿上长长的突出部分，如(141)，汉语有时用"嘴"，有时也用"口"。"주둥아리"的意义比"주둥이"还要进一步，是人与鸟兽嘴的俗称，如(142)。"아가리"俗指"입"，也指瓶子、器皿等的口，或洞窟、帐幕、下水沟的入口。

(141) a. 주전자 주둥이 酒壶嘴

b. 물병 주둥이 水瓶（子）口

(142) 돈 줄 테니까 각서 써! 다시는 그 주둥아리를 놀리지 않겠다고! 알았어?《최고의 연인, 108회》我给你钱，你写保证书，保证以后不再乱说话！知道了吗？！

1.7.2 嘴与吃喝

"嘴"最大、最重要的功能就是"吃喝",韩国语里与吃喝有关的惯用语如下所示:

[表9] 表吃喝的"입"的惯用语

		惯用语	意义	例句
一	1	입에 달라붙다	合胃口。	입에 달라붙는 김치 好吃的泡菜
	2	입이 달다	胃口好,饭菜好吃。	살이 찌려는지 요즘은 입이 달아 무엇이든 잘 먹는다. 是要长肉了还是怎么,最近胃口很好,吃什么都香。
二	3	입이 높다	嘴尖,一般饭菜难以满意。	저 친구는 입이 높아서 고급 음식점이 아니면 가지도 않는다. 那个朋友嘴很尖,除非是高级饭店否则连去都不去。
	4	입이 되다	非常挑食,只想吃好吃的。	별로 좋지 않은 가정 형편에 남편이 입이 되어 여자가 무척 고생이 심한 모양이야. 家庭条件一点也不好,但丈夫非常挑食,所以女人好像很辛苦。
	5	입이 밭다 [짧다]	挑食或饭量极小。	저 아이가 저렇게 마른 것은 다 입이 밭기 때문이지. 那个孩子之所以那么瘦是因为太挑食了;보기 보다 입이 짧으시네.《내 사위의 여자,71회》你很挑食啊,看起来倒是不像挑食的。
三	6	입에 풀칠하다	勉强度日。	내가 받는 월급으로는 입에 풀칠하기도 어렵다. 我挣的工资都难以糊口。
	7	입에 거미줄 치다	非常贫穷,长时间挨饿。	산입에 거미줄 치랴? 活人还能饿死啊? 네 식구 영락없이 입에 거미줄 치게 될 것으로 생각했다. 我曾想一家四口该被活活饿死了。

四	8	입에 대다	吃东西、喝东西或吸烟。	그는 사흘 동안 음식이라고는 입에 대어 보지도 못했다. 他四天都没能吃上一点饭; 그는 술이나 담배는 전혀 입에 대지 않는다. 他烟酒不沾。

如上表所示，与吃喝有关的"입"的惯用语主要有四类，第一类(1, 2)指好吃，有动词"달라붙다"和形容词"달다"，汉语里也有"挂在嘴上、嘴甜"，但分别指说话或说话好听；第二类(3, 4, 5)指挑食，所结合的谓词是"높다、되다、받다、짧다"，汉语也有"嘴短"，但多用于"拿人家的手短，吃人家的嘴短"，指无话可说。此外，"입이 받다[짧다]"有挑食之意，也有饭量小的意义，实际这两者是相关的，因为挑食自然吃的少；反过来，吃的少，除了生理原因，也与心理上的馋有关；第三类(6, 7)指吃不上，所结合的动词是"풀칠하다、거미줄 치다"，汉语也有"糊口"类表达，不过汉语"结蜘蛛网"与吃无关，而是表达东西放置很久没用；第四类(8)指不吃，所结合动词"대다"多用于否定句。汉语也多用极小量词"沾"的否定来表达此类意义。

与吃饭有关，韩国语还有"입에 맞는 떡"，指合心意的东西，但多用于否定，如(143)。韩国语里还用嘴里泛酸水来比喻非常讨厌，如(144)，这与韩国语里"酸"所具有的消极意义有关。汉语一般多用"恨得牙痒痒"，因为人产生讨厌之情时经常出现的生理动作就是咬牙。由此可见，中韩两国人的关注点是不同的。

(143) 입에 맞는 떡은 구하기 어렵다 合心意的东西很难找。

(144) a. 입에서 신물이 난다 恨得牙痒痒

      b.이에 신물이 돈다[난다] 恨得牙痒痒

中韩两国还用嘴对味道的感觉来比喻事理，如"입에 쓴 약이 병에는 좋다、입에 쓴 약이 병을 고친다"意为良药苦口利于病。"입에서 젖내가 난다"意为乳臭未干，比喻人年轻不懂事。

此外，还有一些与吃饭有关的表达，其中嘴馋是"입이 심심하다"，吃好吃的、享口福为"입호강"，责备一个人光顾着自己吃时，可用"너만 입이냐? 只有你有嘴啊？"

人吃东西后，一般都有一个习惯，即擦嘴，所以"입(을) 씻다[닦다]"就有了惯用语意义，指独自得到利益或得到利益之后装作没事人，如(145a)，汉语也用"把嘴一抹"，但一般后面还要添加抽象的表达"啥都不管了"来明确意义，或者只用"啥也不管、完事、装没事人、装没这回事、耍赖"等表示行为的抽象动词，而不用与嘴有关的具体动作。

(145) a. 너만 생각했으면 그냥 먹고 입 씻었어.《내조의 여왕, 13회》要是光想你的话，我就那样（把钱）吞了，然后把嘴一抹，啥都不管了。

   b. 꼴랑 편지 한 장 던져놓고 이렇게 입을 싹 씻겠대?《우리집 꿀단지, 20회》就这样给扔下一封信，就啥也不管了啊/完事了啊？

   c. 얼마전에 수강료도 받고 해서 그냥 입씻고 말려다가 죄받을 까봐 이렇게 사왔습니다.《왕가네 식구들, 18회》不久前我还收到了讲课费，本来想装作没事人来的，但害怕遭天谴，所以就买了点东西来看您了。

   d. 당신 구해준 그 직원한테 입 싹 닦아 있으면 안 되는 건 아니야?《우리집 꿀단지, 44회》救你的那个员

工，我们就这样装没这回事似的不合适吧？

e. 이것 반칙이지. 내 도움 받고 입 씻겠다는 것잖아요? 《최고의 연인, 87회》 那你就违反规则了。接受了 我的帮助，这是想要赖啊？

　　在实际生活中，"입(을) 씻다[닦다]" 还有一种意义，是把不 好的事情或别人的问询当做没发生一样，如(146a)意思是将自己女 儿怀孕并且流产这回事当做没发生，(146b)指的是当做没看见短信， (146c)指不承认一同睡觉，(146d)指赖账，(146e)指把娶儿媳妇的事瞒 着。根据不同的语境译成汉语时有不同的对应方式，如(146a)中的 "입 싹 닦고" 被省略了，(146b-e)分别对应的是抽象的 "装没这回 事、不承认、不了了之、瞒" 等。

(146) a. 이제부터 우린 아무 일 없었다고 하듯이 입 싹 닦고 결혼준비 계속해서 추진하면 되는 거야.《최고의 연 인, 56회》从现在开始，我们就像没有发生任何事 一样，继续准备结婚，就可以。

b. 오늘도 답장 안 하고 입 싹 씻는 거 봐.《최고의 연 인, 59회》今天也不回短信，装作没这回事啊？

c. 어디 계집애가 한 방에서 잠까지 퍽 자고서는 입 씻 으려고 그래?《최고의 연인, 79회》丫头片子，（和 他）在一个房间里觉都一起睡了，却不承认？

d. 그렇게 뻔뻔하게 나오시면 안 되지요. 분명히 회장 님이 지급하라고 하셨고 손해배상청구서 보낸지 언 젠데 그렇게 입을 씻으세요?《최고의 연인, 84회》 您这么不要脸可不行。会长分明命令您给我付钱

了，我早就把损害赔偿单给您了，您就这样想不了了之啊？

e. 어떻게 며느리 보겠다는 큰일을 입을 싹 닦을 수 있
단 말이야?《그래 그런거야, 12회》你怎么连要娶
儿媳妇这么大的事都瞒着我们啊？

如上，可以发现韩国语的"입(을) 씻다[닦다]"是用具体的动作来比喻抽象意义，并且对语境的要求很高，而汉语的"把嘴一抹"主要表达与吃喝、利益有关的意义，并且后面还添加其他解释性成分，以使语义更明确，如果与吃喝相距甚远的意义则需要使用抽象表达。

与"입을 씻다"有关，还有"입씻김"，指偷偷给他人钱物使不泄露秘密或对自己不利的话，相当于"입막음"。

韩国语里还有汉字词"구복(口腹)"，指与吃饭有关的嘴与肚子，惯用语"구복을 달래다"意思是强忍着想吃东西的想法或饥饿的感觉。而俗语"구복이 원수(라)"，意思是吃饭填饱肚子是冤家，多用于为了生活不得不干坏事的时候，也用于要忍受不好之事时。

1.7.3 嘴与说话

嘴还有一大功能就是说话，韩国语里用嘴表达与说话有关的内容时，主要与慎言、开口说话、说话的方式效果、说话内容有关。

尼斯贝特(2017:5)曾说，在古代的文明古国中，希腊大到国家大事小到鸡毛蒜皮的问题通常都由公众口头辩论而不是权力当局来裁决。与希腊这样的西方文化国家相反，在韩国与中国这样的东方文化

圈里，都讲究慎言，少说话、不要乱说话。正像Robert(1971:1-11)所总结的那样，古代东方话语的宗旨是促成和谐，没有重要的话就三缄其口，舆论的形成主要是长者和权威人士的责任，个人必须努力争取到发言权，这是东方人的思维方式和生活方式(转引自普罗瑟2013:11)。中韩两国之所以形成这样的思维方式和生活方式，与中韩两国都是关系社会，具有集体主义思想有关。从性别上来看，社会对男女的话语权以及话语量的要求也有所不同。

正因为这种思想、生活方式的影响，中韩两国语言里出现了大量告诫要慎言、少说话、不要乱说话，以及对说话的方式、效果、内容进行种种限制、约束的现象。正因为要求慎言的这种思想文化的影响，所以导致人们不会轻易显露自己的内心想法，而在人际交往中，也逐渐形成了察言观色强语境的文化和思维特点。

1.7.3.1 开口说话

韩国语里表示想说话时用"입이 간지럽다"，如(147a)，有时也用"입이 끈질끈질하다 嘴痒痒"。表示开口说话时一般用"입이 떨어지다"或"말문이 떨어지다"，如(147b)，但一般这两种表达用于否定的情况更多，如"입이 안 떨어지다"。如果有话想说，但说不出或没能说出来，韩国语里用"입 안에서[끝에서] (뱅뱅)돌다"，如(147c)。

(147) a. 제가 입이 간지러워서 견딜 수가 없더라구요.《최고의 연인, 38회》我有话想说，嘴痒痒得都受不了了。

b. 언닌 형부때문에 놀래서 입이 떨어졌구나.《그래그런거야, 13회》姐姐你因为姐夫（受伤）受惊，

开口说话了啊！

c. 그는 주인에게 사정을 말해야겠다고 생각했으나, 막상 만나게 되자 말이 입 안에서 뱅뱅 돌기만 할 뿐 말이 나오지 않았다. 他想找主人求情，但等见面后，话在嘴里直打转，就是说不出来。

1.7.3.2 说话方式与效果

说话的方式与效果可从嘴硬、反复说、说话太呛、乱说话、低声说等五个方面来分析，这里仅分析三个方面的内容。

1）嘴硬

韩国语里嘴硬为"입 살다"，如（148a）。如果添加依存名词形成"입만 살다"结构，则指没有行动，只动嘴皮子、嘴硬，如（148bc）。此外，还有"주둥이만 살다"，是"입만 살다"的俚语。

(148) a. 홀, 아직 입이 살아 있나 보네. 嗬，嘴皮子还挺厉害。
b. 저 친구도 입만 살았지. 막상 일을 하니 형편없지 뭐야. 那个朋友也只有个嘴皮子，真要干工作，一点也不中用。
c. 가진 것 없으면서 입만 살아있는 것 얼마나 가여워 보이는지 알아?《내딸 금사월, 2회》你不知道什么都没有却还要嘴皮子/嘴硬有多可怜，是吧?

如上，这些惯用语都反映了韩国人"重行不重言"的思想，尤其是光说不做的话，更是被批判的对象。

2) 反复说

韩国语里还有"입이 닳다、입이 마르다、입에 침이 마르다"以及"침이 마르다",都指不厌其烦地说,如:

(149) a. 어머니는 여행 가는 아들에게 얼마나 조심하라고 하는지 입이 닳을 지경이었다. 母亲对要去旅行的儿子不厌其烦地说要小心, 说得嘴皮子都快破了。

b. 그 이름 바꿀 거라고 입이 닳도록 말했었지.《사랑이 오네요, 23회》他以前整天/天天说要改名字。

c. 김 과장은 늦둥이 딸내미 자랑에 아주 입이 말라. 金课长不厌其烦地夸耀自己的老生子女儿。

d. 대감께서 너처럼 영특한 아이는 처음 보셨다며 입이 마르도록 칭찬하시더구나.《옥중화, 2회》大监老爷说第一次见到你这样聪颖的孩子, 他对你是赞不绝口啊。

e. 김변호사인데 입에 침이 마릅니다. 세연은 일을 잘 처리했답니다.《연인, 10회》是金律师的电话, 他反复说了多次, 说世然把事情处理得很好。

如上,韩国语"입이 닳다"可用于多种情况,而汉语"说得嘴皮子都破了"多指劝说、叮嘱之意。"입이 마르다"类的三种表达虽可与汉语"说得口干舌燥"对应,但汉语多用"不厌其烦、赞不绝口、反复说"等。表达反复说时,韩国语还用拾掇土地的惯用语"논 이기듯 밭[신] 이기듯"。

韩国语里表示反复说成习惯时,还有"입에 배다",指成习惯,但多指成口头禅。"입에 붙다"也指反复说成习惯,如(150a);

表示成习惯的还有"입에 달고 다니다、입에 달고 살다",如(150b-d),汉语有时用"挂在嘴边",但有时也用抽象的"成习惯"或"整天"来表达。如果天天说成习惯,也可说"입버릇 되다 成习惯"。

(150) a. 그녀는 바쁘다는 말이 입에 붙었다. 她整天把"忙"挂在嘴边。
　　　 b. 몸이 약한 그녀는 아프다는 말을 입에 달고 다닌다. 身体虚弱的她总是把不舒服挂在嘴边。[04]
　　　 c. 욕을 입에 달고 다니다 骂人成习惯了
　　　 d. 아란이 저 나이 돼서도 아직 파란에 대한 원망을 입에 달고 살아요.《우리집 꿀단지, 52회》雅兰都这么大了, 还整天怨恨蔚兰。

有时反复说不见得一定有效果,如"입만 아프다"指虽然说了多次,但却不被接受,感受不到任何意义,如(151),汉语一般用"白说"。

(151) 밤낮 자기 자리는 자기가 치우자 치우자 그렇게 얘기했는데도 이 모양이니. 말해야 내 입만 아프니 그만두지. 我不分白天黑夜地说自己的位置要自己整理、自己整理, 但却还是这个样。说了也只是我自己嘴疼/白说, 还是不说了。

04　此外,"입에 달고 다니다" 也指吃食不离嘴, 如 "늘 사탕을 입에 달고 다니던 동생은 충치로 고생하고 있다. 每天糖块不离口的弟弟害了虫牙, 非常受罪"。

汉字词"순설(脣舌)"统指脣舌，也可比喻非常唠叨，而惯用语"순설을 허비하다"指白白说了一通，但却没有任何所得。而汉语多用"白费口舌"。

3) 嘟嘟囔囔地说

"입 안의 소리"指为了不让别人听见而说得极低的声音，如(152)，汉语一般用动词"嘟嘟囔囔"。

(152) 중대장은 군인답지 않게 입 안의 소리로 변명을 늘어
      놓는 병사 때문에 화가 단단히 났다. 那个士兵嘴里嘟
      嘟囔囔地为自己辩解着，一点也不像个军人，中队长
      肺都要被气炸了。

1.7.3.3 说话内容

关于说话的内容，韩国语里强调说话要有内容，其中"입이 여물다[야무지다]"意为话语明确，有内容，如(153)。有时也用俚俗语"주둥이가 여물다"。

(153) 그녀는 야무지게 생긴 얼굴 못지않게 입이 여물어 함
      께 일하기에 편하다. 她不但长得很干练，而且话语很
      利落，一起工作非常称心。

韩国语里还强调要说正确的话，如"입바르다"主要用于"입바른"形式，表示毫无顾忌地说出的正确的话，如(154ab)，汉语用抽象的形容词"正确、在理"来表达，而不用具体的"口"。"입이 비뚤어져도 말은 똑바로 한다"比喻不能歪曲事实，如(154c)，强

调的是说话要诚实。也就是说无论任何时候都要诚实，即现在常说的"讲真话、讲正话"。

(154) a. 입바른 소리/입바른 말 正确的话

b. 그러게 줄을 잘 서야지. 왜 입바른 소리 해가지고.《사랑이 오네요, 27회》所以说你要站好队啊。为什么说一些在理的话（让她烦你）。

c. 입이 비뚤어져도 말은 똑바로 하랬어. 거기 니 진짜 가족 아니야?《우리집 꿀단지, 58회》就是嘴歪了，话也要正着说，那里才是你真正的家，不是吗?

　　韩国语还有"입에 꿀을 바른 말"指好听的话，而"입에 침바른 소리、입술에 침 바른 소리"指表面经过包装的、好听的话，有时也有变形，如(155a)，从这里也可以看出，口水所表达的是消极意义。"입에 발린[붙은] 소리"指客气话，如(155b)，其动词形式是"입에 발리다"。汉语多用"好听的、客气话"等来表达。

　　此外还有"입서비스"，意为口惠、花言巧语，"맨입감사"指空口说白话，口头上说感谢。有时可用"맨입"，如(156)。

(155) a. 입에 침이나 발라. 你就光捡好听的说。

b. 그는 입에 발린 소리를 잘하니 그의 말을 모두 믿지는 마라. 他很会说客气话，所以他的话不要全信。

(156) 헌언니는 나한테 이런 고급아이디어를 제공해주는 의도는 뭐예요? 분명 맨입이 아닐 텐데.《최고의 연인, 89회》旧嫂子给我提供这么高级的点子是为了什么呢? 她肯定不是白说的。

由于嘴的主要功能是说话，所以只要嘴统一、一致了，就意味着意见统一了，所以"입(을) 맞추다"指使意见统一，如(157)，汉语可以用与口有关的"统一口径"。"입(을) 모으다"指多人说同一意见，如(158)，汉语用抽象的"一致认为、统一意见"。

(157) 싹 다 그렇게 외우고 입도 그렇게 맞췄습니다.《천상의 약속, 59회》我们都那样背过了，并且也统一好了口径。

(158) a. 무리한 다이어트는 건강을 해친다고 의사들은 입을 모아 이야기한다.医生们一致认为过度减肥有害健康。

b. 승윤이 탈세한 후 얼마 안 되고 우리들 모두 입을 모아 친정에 가라 그랬고.《그래 그런거야, 1회》承润没了之后不多久，我们就统一意见让她回娘家去了。

此外，还有"입이 열 개라도 할 말이 없다、입이 열둘이라도 말 못한다、입이 광주리만 해도 말 못한다、온몸이 입이라도 말 못하겠다"，这些表达都用夸张的手法来强调无话可说，用于两种情况，第一种是本人说，指做错了事情，自己无话可说、百口莫辩，如(159)；第二种是对他人说，意思是指责对方做错了事情，辩解无用。

(159) 제가 입이 열개라도 할 말이 없습니다. 죄송합니다.《동네변호사 조들호, 15회》我即使有十张嘴也无话可说。对不起。

在责备对方时，有时用"입 다물어. 당신 입 벌릴 자격 없어. 《그래 그런거야, 9회》闭嘴，你没有说话的资格。"

1.7.3.4 嘴和耳朵

耳朵是用来听的，嘴是用来说的，韩国语里常用"입과 귀 역할"来比喻说话和听，如：

(160) 이방카는 …트럼프 대통령의 입과 귀 역할을 하
　　 는 만큼 각별히 공을 들일 필요가 있다.《동아일보,
　　 2018.02.19》伊万卡……是特朗普总统的嘴和耳朵，
　　 需要特别做工作。

1.7.4 嘴与力量

与嘴有关韩国语还有"입김"，指从嘴里出来的热气，如
(161a)；"입김"还比喻对他人施行的影响力，如(161b-d)，汉语在
表达此类意义时多用抽象表达"影响力"，因为汉语类似的"口气"
不指口里呼出的热气，而指口臭，或者指说话的气势，如(162a)；也
指言外之意，口风，如(162b)；"口气"还指说话时流露出的感情色
彩，如(162c)。也就是说，汉语的"口气"主要是强调说话者流露出
来的气势、想法、感情色彩以及他人的感受。

(161) a. 유리창에 입김을 불다 往玻璃窗上吹热气。
　　　 b. 입김이 세다 影响力很大。
　　　 c. 고위층의 입김이 작용하다 高层领导人的影响起作

用。

    d. 그건 최영광의 입김이 매우 크겠다는 것이겠지
      요.《최고의 연인, 74회》这也就是说崔荣光的影响
      力很大啊。

(162) a. 他的口气不小。

    b. 探探他的口气。

    c. 严肃的口气

韩国语还有惯用语 "입김이 어리다" 比喻充满了珍惜之情，如
(163)。对用嘴吹气这种动作，汉语也有类似的 "呵护"。此时，虽
然都表达珍惜之情，但韩国语比喻对物的珍惜之情，而汉语强调的
是对人的珍惜和爱护之情。

(163) 이 경대는 어머니의 입김이 어려 있는 아주 뜻깊은 것
     이다. 这个镜台非常有意义，上面布满了母亲的痕
     迹。

与 "입김" 有关的还有 "입살"，指影响力很大或者恶语相向，
如(164)。

(164) 사람들의 입살에 오르내리다 被人嚼舌头

1.7.5 口舌

与口舌有关，韩国语有固有词 "혀"，多形成惯用语 "혀를 내

두르다", 比喻非常吃惊或说不出话来，也比喻称赞和吐槽，这两类语义要根据语境具体区分，如(165a)表示称赞时，汉语多用更抽象的"交口称赞";(165b)表示吃惊时，汉语用"吐舌头"。

　　韩国语还有惯用语"혀를 차다"，如(166)，表示对对方的吐槽，汉语用"咋舌、咂嘴"等。汉语里"咋舌"多形容吃惊、害怕，说不出话或不敢说话，多表达消极感情。"咂嘴"多表示羡慕、赞美、惊叹或惊慌，也表示为难、惋惜等消极感情，但在表示赞美时，有时并不能与"혀를 내두르다"对应。与舌头相关，中国东北方言里有"拎着舌头满村子乱跑"，比喻人爱说、敢说、爱跑动，而著名电影纪录片制作人段锦川的纪录片的片名就源自这个俗语，题目是《拎起个大舌头》(咬文嚼字 2003(8)：33-34)。

(165) a. 전국의 술쟁이들이 혀를 내두를 걸.《우리집 꿀단지, 79회》全国喜欢酒的人都会交口称赞的。

　　　 b. 그렇게 무섭게 먹는 여자는 태어나서 처음이라고 박사장이 혀를 내두르더라구.《월계수 양복점 신사들, 20회》朴社长吐舌头说生平还是第一次见到吃东西那么猛的女人。

(166) 당신은 뭔데 남의 연애사에 혀를 차는데.《내딸 금사월, 27회》你算干什么的啊? 对别人的恋爱你咂什么嘴啊?

　　韩国语还有汉字词"구설(口舌)、구설수(口舌數)"，指挑动是非，挑拨离间的话，以及固有词"입길"等，都表达嚼舌头。

1.7.6 口水

口水是一种排泄物，具有潜在的危险，令人怀疑（维萨 2015:289），这种认识在不同的民族之间具有极强的相似性。韩国语 "침" 有不少惯用语和俗语，都与"流口水、咽唾液、抹口水、吐口水"或"口干舌燥"的状态等有关，这些具体的动作或状态可以表现人的心理和感情，并且表达的多是消极的心理与感情。

1.7.6.1 咽口水、流口水

"침（을） 삼키다" 指咽唾液，"침（을） 흘리다" 指流口水，产生这两个生理特征的心理有两个，一个是非常想吃，如（167）。想吃也就是想占为己有，所以这个惯用语有了第二个意义，指非常艳羡，想据为己有，这时候对象一般是人或事物，如（168）。

韩国语还有"군침 흘리다"，也比喻眼馋，如（169）。

(167) a. 그들은 진수성찬을 보고 침을 삼켰다. 看着这么多好吃的，他们不住地咽口水。

　　 b. 무슨 생각인데 침을 삼켜?《연인, 22회》想什么呢？直咽唾沫。

(168) a. 언니하고 형부가 이 도련님을 두고 얼마나 침을 삼켰는지 아마 부인은 모르실 거예요.《박경리, 토지》夫人，您是不会知道的，我姐姐和姐夫是如何对李公子垂涎三尺的/您是不会知道（我）姐姐和姐夫是多么眼馋李公子的。

　　 b. 찬빈이한테 침 흘리지 말고 깨끗이 단념해.《내딸금사월, 19회》你不要对我们灿彬流口水了，干干

净净地断了这个念头吧。

    c. 오빠가 파파그룹 먹겠다고 침을 줄줄 흘리는 동안 나선영이 무슨 눈치를 챘던 거라구.《사랑이 오네요, 88회》哥你流着口水想吞掉帕帕集团的时候，罗善英肯定是有所觉察/看出什么猫腻来了。

(169) 중요한 건 국내 패션회사들이 모두 군침을 흘리고 있는 건 사실이야.《최고의 연인, 73회》重要的是国内的时尚公司都很眼馋/在盯着（这个项目）。

    汉语"流口水、垂涎三尺"也都有此意，汉语还有"眼馋"，是用眼的动作来表示艳羡，韩国语也有类似的动作"눈독을 들이다"。

1.7.6.2 吐口水

    吐口水自古以来是个嫌恶的信号(维萨 2015:289)，并且具有文化共性，例如韩国有民间传说，有一个貌美的女子与人通奸被发现后在山岗上投身而亡，人们经过此山岗时都会扔石头、吐口水以示对此女子的厌恶(조지훈 1996:208)。这种文化也反映在语言形式上，如韩国语"침(을) 뱉다"指认为非常卑鄙，或者认为很脏而蔑视，如(170)。

(170) a. 나 저주해. 날 증오하고 경멸해. 내 얼굴에 침 뱉어.《천상의 약속, 16회》你诅咒我吧。憎恶和蔑视我吧。往我脸上吐唾沫吧。

    b. 그들을 동정하고 싶은 생각보다는 더럽다고 침을 뱉고 싶어 하는 사람이다.《채만식, 탁류》这些人不会同情他们的，反而会吐唾沫嫌他们脏的。

c. 그래, 잘 먹고 잘 살아라. 침 딱 뱉고 끝내지. 《그래
　　　그런거야, 5회》好吧，就饶了他吧。吐口唾沫，把
　　　他忘了，不就行了。

　　d. 너 그렇게 다니는 건 부모 얼굴에 침 뱉는 거다. 《가
　　　족을 지켜라, 64회》你做这种事，是给你父母抹黑/
　　　丢脸啊。

汉语"吐唾沫"也有此意，但有时两者并不能对译，如
(170d)，汉语多译成"抹黑、丢脸"。

1.7.6.3 抹口水

抹上口水表示想拥有，或者说好听的，相反的动作——吐口水
则表示拒绝，因为在韩国语里，流口水可以表示想要占有，而抹口
水则表示所有权，例如"침 발라 놓다"意为抹上唾液，这是表示归
自己所有的动作，如：

(171) a. 니 까짓 것 뭔데 우리 찬빈이한테 침을 발라, 바르
　　　긴. 《내딸 금사월, 15회》你算干什么的? 竟然敢觊
　　　觎我们灿彬。

　　b. 어쩐지 이발해서 더 훤칠했구나. 조카 아니면 내가
　　　침 바르겠다. 《그래 그런거야, 1회》怪不得，原来
　　　是理发了，才显得更帅了。如果你不是我侄子的
　　　话，我就要朝你下手了。

　　c. 동서는 그 돈에 침을 바를 생각도 말아. 《가족을 지
　　　켜라, 117회》(兄弟媳妇) 你别打那钱的主意啊。

　　d. 내가 침 발라 놓은 고기에 손 댈 생각은 하지 마라.

我占下的鱼，谁也别想动。

这里"침을 바르다"要么用于疑问句，要么用于否定句，表达的都是否定意义，译成汉语是"不要觊觎、别打主意、别想动"等。汉语有时也用吐口水来表示所有权，如对某个东西感兴趣，不想让别人占有时，可以围着这个东西，吐唾液，表示所有权，但是却没有相应的语言表达。

在想要的东西上抹上口水表示所有权，如果在嘴上抹上口水，则不表示所有权了，因为嘴唇上抹上口水，嘴唇会显得很光滑、圆润、好看，所以"입에 침을 바르다"比喻说好听的话，如《왕가네 식구들, 38회》中小儿子왕돈结婚前一夜，和妈妈안계심说结婚后也到母亲房里来睡，所以母亲说了"입에 침이나 발라"，意为别光说好听的，意思是别骗人。名词形式的"침 발린 말"则比喻做表面文章、让人听起来好听的话，汉语多用"甜言蜜语"。

"입에 침이나 바르고"后面还常接"거짓말하다"，如（172a）。在表示强调时，有时也可以用于否定结构，如（172b）。

(172) a. 입에 침이나 바르고 거짓말을 해.《옥중화, 18회》
你是撒谎不打草稿啊。

b. 입에 침도 안 묻히시고 거짓말 하시네.《도둑놈, 도둑님, 50회》您现在是撒谎都不眨眼了啊。

如上，韩国语用抹口水来比喻撒谎时，汉语都不用"抹口水"，而是用"撒谎不打草稿、撒谎不眨眼"等视觉意义上的表达，与抹口水这种触觉和味觉意义没有关系。

1.7.6.4 口水干了

如果反复说话，产生的生理特征就是口干舌燥，所以韩国语"침이 마르다"比喻反复地说，类似的还有"입에 침이 마르다、입이 닳다、입이 마르다、혀가 닳다"，可用于积极意义，如(173a)；也可用于消极意义，如(173b)。结构可以是"-에 침이 마르다"，也可以是"침이 마르도록 칭찬하다/사정하다"，如(173c)。

(173) a. 아내 자랑에 침이 마르다 对妻子赞不绝口。

b. 그는 채권자에게 한 번만 봐 달라고 침이 마르도록 사정했다. 他苦苦哀求债主们再给一次机会。

c. 하객들은 신랑 신부의 인물이 빼어나다고 침이 마르도록 칭찬을 했다. 前来祝贺的宾客们对新郎和新娘子出众的外貌赞不绝口。

如上，在表达反复说时，韩国语用与口水有关的表达，但汉语用"赞不绝口、苦苦哀求"，有时也用"口干舌燥"。

韩国语里与口水有关的表达之所以这么丰富，应该与韩国人喜欢用味觉来感知世界、理解世界有关。也说明在韩国"口水文化"的重要性之高。

1.8 齿

汉语"齿"不仅指人的口腔器官，还指排列成牙齿形状的东西，如"齿轮"；也指年龄，如"序齿我大"；也指并列，如"不齿"；

也指谈到，提及，如"齿及"。与牙有关，汉语有"牙人、牙郎、牙侩"，指旧时居于买卖人双方之间，从中撮合，以获取佣金的人（李倩 2015:188），即经纪人。并且现在还出现了新词"幼齿男"。而比喻没有新意则用"老掉牙的"。

韩国语牙的各种表达主要与吃饭、说话以及感情有关。这里主要分析前两类表达。

1.8.1 牙齿的涵义

韩国语里指牙齿的词语有"이、치(齿)"和"이빨"。其中，"이"不仅指牙齿，还指锯或刨子等的尖尖的部分，如(174ab)；"이"还指器具、机器等的接缝，如(174c)；"이빨"多用于动物，是"이"的贬称，如(175)。

(174) a. 이가 나가다 锯齿掉了。

b. 이가 맞물려 돌아가다 锯齿互相咬合着工作。

c. 이가 맞다 接缝很好。

(175) 누런 이빨 大黄牙

汉字词"치(齒)"多作为语素出现在合成词中，如"치과 牙科"。韩国语也有"연치(年齒)"，是年龄"나이"的敬语，如(176)。汉语"年齿"也指年龄，但并不是敬语，可用于自称，如(177a)；也可用于物，如(177b)。

(176) a. 노인장께선 연치가 어찌 되시오?《박경리, 토지》

您老高寿几何啊?

b. 대비전에서 연치가 어리신 전하를 지키기 위해 종
　친을 중용한 것입니다.《대군, 10회》大妃娘娘为
　了保护年幼的殿下，所以重用了宗亲。

(177) a. 那么你们尽管把我叫做傻子，再不要相信我的学
　问、我的见识、我的经验，也不要重视我的年齿、
　我的身分或是我的神圣的职务吧。《北大中文语料
　库》

b. 那白马这时候年齿已增，脚力已不如少年之时……
　《北大中文语料库》

与年齿有关，还有一段故事。新罗的首代王赫居世死后，儿子
弩礼和脱解互相推让王位，最后在六部祖先的主持下定好要选择一
位有德的人，测试方式就是咬年糕，看谁的牙齿印多，牙齿印多的
即有德，最后弩礼登上了王位(이어령 1996/1999:33)。百济时代某
位国王也是用年糕测试王子们的牙齿多少，牙齿多的王子被立为下
代国君，牙齿为"이"，贵人的牙齿称作"이님"，而"금"是印痕之
意，所以贵人的牙齿印就成了"이님금"，最终变成了"임금"(김동
진、조항범 2001:177)。

小孩子的乳牙到一定年龄会换牙，与此相关，中韩两国都有一
种风俗，那就是掉下来的牙齿不能随便乱扔，中国上牙要扔到床底
下，下牙要扔到屋顶上，韩国也有这种风俗。

1.8.2 牙齿的分类

牙齿根据形态可分为切牙、尖牙、双尖牙(前磨牙)和磨牙，磨

牙也称作"槽牙、臼齿"。韩国语尖牙为"송곳니",汉语也称作虎牙或獠牙,当动物有了攻击他人之意时,一般会张开大嘴,露出獠牙,所以"송곳니를 드러내다"可比喻有了杀意,如(178)。与此相关,还有"송곳니가 방석니가 된다",其中"방석니"是臼齿,意思是磨牙磨得连大獠牙都磨得像臼齿那么平了,比喻非常悲痛愤怒。

(178) 美, 송곳니 드러냈다.《동아일보, 2017.08.16》美国已经露出了它那大獠牙/狼子野心。

韩国语里槽牙称作"어금니",由于人发怒或痛苦时都会紧紧咬住牙关,所以惯用语"어금니를 악물다"可比喻表现出坚强的意志,俗语"어금니가 아픈가 보다"用于上司唠叨人时说。

与"어금니"相关还有"옴니암니",意思是事情都一样但却非常小气地计较是槽牙还是大门牙,比喻计较非常琐碎的小事,如(179a),汉语没有这种表达,一般用"鸡毛蒜皮"来比喻类似意义。"옴니암니"做副词时,指对一些小事还非常小气地计算或计较的样子,如(179b)。用作副词时,"옴니암니"也可写作"암니옴니"。

(179) a. 안 쓴다 안 쓴다 했어도 옴니암니까지 계산하니까 꽤 들었어요. 一直说不要花, 不要花, 但大大小小√鸡毛蒜皮地一计算, 还是花了不少。
b. 옴니암니 생각해 봐도 땅문서보다는 종 문서를 받아야⋯⋯《송기숙, 자랏골의 비가》就算往小处算, 不要地契, 也得要仆人的卖身契。

1.8.3 牙齿与吃饭

牙齿的作用是啃食东西，是对人体非常重要的器官，所以韩国语有很多表达是借用饮食来强调牙齿的重要性。例如，"이가 자식보다 낫다"意思是拿牙齿跟孩子相比较，比喻只要有牙就可以吃饭活下去，偶尔还能吃顿好吃的，强调的是牙的重要性。"이 없으면 잇몸으로 살지[산다]"字面意义为没有牙齿，用牙床也能吃饭生活，比喻勉强凑合着过日子，电视剧《월계수 양복점 신사들, 14회》中，当老板이동진问需不要再招个做针线的员工时，배삼도说道：

(180) 이 없으면 잇몸으로 때워야지뭐. 당분간은 금천 누나
      랑 나랑 어떻게든 해봐야지. 没牙就只能用牙床凑合了
      啊。这段时间金村姐姐和我不管怎样就尽力做（针
      线）吧。

此外，还有"이 아픈 날 콩밥 한다"意思是牙疼的日子做豆饭吃，"이 앓는 놈 뺨 치기"意思是牙疼却被打耳光，这两个俗语都比喻雪上加霜。

如果没有长牙，那意味着年龄还很小，并且无法用牙吃饭，因此可比喻能力不足或没有做好准备工作，所以"이도 안 나다"指水平或准备程度不足以干某件事，如(181)。与此相关，韩国语还有很多俗语，如(182)，都是用还没长牙就去啃坚硬的东西如豆饭、骨头、大栗子、排骨等来比喻没有准备好，没有能力，并且不按程序盲目地去做困难的事情。汉语没有这种比喻，如(182)可以直译，但(181)需要意译。

(181) 벌써 그 일을 맡게 해 달라니 이도 안 날 소리 하지도

마라. 竟然现在就让把那活交给你，别说这种门儿都没有的话。

(182) a. 이도 아니 나서 콩밥을 씹는다. 没长牙就吃豆饭。

b. 이도 안 난 것이 뼈다귀 추렴하겠단다[추렴한다]. 没长牙就敛钱凑份子要啃骨头。

c. 이도 아니 나서 황밤을 먹는다. 没长牙就吃大栗子。

d. 아직 이도 나기 전에 갈비를 뜯는다. 没长牙就啃排骨。

因为牙齿具有咬啮功能，如果牙齿也咬不下去，说明对方很强硬，所以"이도 안 들어가다"指不论说什么话，干什么事，对方都没有反应或不接受。类似的还有"애호박 삼 년을 삶아도 이빨도 안 들어간다"，意为不合道理，实在无法同意，但"이빨도 안 들어가다"也可单用，如(183)。

(183) a. 아니, 그걸 어떻게 구슬려? 막 마사장 얘기 꺼내다가는 이빨도 안 들어가는데.《우리집 꿀단지, 23회》这怎么劝她同意呢? 如果把马老板的事随口一说的话，她肯定不同意的。

b. 이빨도 안 들어가는 놈 붙들고 허송세월하지 말구.《당신은 선물, 16회》不要赖着那个刀枪不入/油盐不进的家伙，白白浪费自己的生命。

如上，韩国语里与牙齿有关的这些表达都是用牙齿与吃饭的关系来比喻抽象的道理，这也是一种具象化表达，这也符合人类认识事物的一般规律，因为触觉和味觉是人类认识事物最基本的手段，小孩认识事物的最初阶段就是放到嘴里咬。中国人虽然也有类似的与牙齿有关的生活经验，但汉语里没有类似的语言形式，有时候在不导致交流障碍的情况下可以直译，但有时需要意译，如(183)。这也反映了中韩文化所表现出的视角不同。

1.8.4 牙齿与说话

因为牙齿与说话密切相关，所以汉语里有了"牙慧、拾人牙慧"，指别人的话。韩国语里一般多用"이빨"而不是用"이"来表达与说话有关的意义，其中，"이빨(을) 까다"与"주둥이(를) 까다"一样，可以指将所知道的告诉他人，如(184a)，与韩国语用牙齿、嘴来表达相反，汉语一般用"嚼舌头"。此外，"이빨(을) 까다"也指撒谎或辩解，如(184b)，汉语一般用抽象词"撒谎"。

"이빨이 세다"俗指口才好，如(185)，汉语类似的惯用表达是"好嘴(子)"。

(184) a. 선배는 하늘이야, 그런데 니가 뒤에서 이빨을 까? 前辈是天，你怎么能在背后嚼舌头呢？

b. 그녀는 주초에 집회에 못 나가고 친척 집에 갈지도 모른다고 이빨을 까 놓았다. 她撒谎说周初说不定要去亲戚家，所以无法去参加集会。

(185) 사람들은 이빨이 센 그와 이야기하기를 꺼렸다. 人们都不愿和他说话，因为他一副好嘴（子）。

如上，虽然都是借用牙齿表达说话的内容，但是汉语"牙慧"

指别人的话，而韩国语的"이빨"和"주둥이"却多用来指嚼舌头，"이빨"也指口才好，汉语在表达类似意义时涉及到的人体器官分别是"舌头"和"嘴"，由此可见，中韩两国人对牙齿、舌头以及嘴的功用认识是不同的，这反映了中韩两国人思维方式的不同。

1.9 鼻

汉语"鼻"的本字为"自"，指自己，所以中国人用身体语言来表达自己时，都是用手指来指自己的鼻子。鼻子还具有"始"之意，这种意义的产生有一种说法，认为哺乳动物出生时先出鼻子，所以"鼻"有了开始和源泉之意(이어령 2002/2011:216)，因此汉语有"鼻祖"，韩国语有汉字词"비조(鼻祖)"，在两种语言里都表达始祖之意。

鼻子是人类身体器官之一，但它在很多时候被人们忽视掉了。有人认为鼻子并不能反映一个人的性格特征和内心的想法，因为他们认为鼻子本身不能被看成一种表达动作的器官，很少能发出信号，即使发出信号，这些信号也是微小的，不易被人觉察(金圣荣2011/2014:162)。但实际却不然，鼻子可以表达很多心理感情和性格特征，如汉语的"嗤之以鼻"，韩国人还借用鼻子的位置、构造、状态、动作和声音、分泌物等来表达非常丰富的意义。

1.9.1 鼻子的涵义

韩国语鼻子为"코"，这个词也指鼻涕，是用整体来转喻部分。

韩国语里一般皮鞋头也可用"코"来表达，如(186)，之所以产生这种意义，是因为韩国语"코"的原型是"고"(이남덕 1985Ⅰ:363; 박기환 2009:228)，意为圆形，而皮鞋头大部分也是圆头的，尤其是过去的橡胶鞋。用于此意义时，汉语用"头"，与韩国语着眼于形状相比，汉语着眼于位置，用的是"头"的"最前端"之意，不过与韩国语的"코"相同的是，两者都有"圆形"这一特点。

(186) 구두굽도 다 닳았고 구두코도 다 헤졌다.《내조의 여왕, 11회》皮鞋跟都磨没了，皮鞋头也都破了。

韩国语还有"단추코""그물코"，与"구두코"着眼于鼻头的形状相比，这两个词应该是着眼于鼻孔的形状。与韩国语用鼻子来作比喻相反，汉语分别是"扣(子)眼""网眼"，是用"眼睛"来作比喻。

如上，虽然韩汉两种语言都是用身体部位来比喻物体，但是因为身体部位有多个不同特点，所以同一身体部位可以根据不同特点来比喻不同的事物。反过来，不同文化的人对同一事物的联想不同，所以可以借用不同身体部位来比喻同一事物。

韩国语"코"还有俚语"코빼기"，多表达否定意义，指连面都不露，多与"보이다、내밀다、비치다"等动词结合，如(187)。与汉语"连面都不露"相比，韩国语"连鼻子也不露一下"的表达程度更深，具象化更强，因为"鼻子"是小器官，"面"范围广。

(187) a. 사단이 나는데 남편이란 작자는 코빼기도 안 보이는 거야.《내딸 금사월, 20회》都出了这么大的事情了，怎么作为丈夫的人连面都不露啊。

b. 코빼기도 내밀지 않아. 连面也不露。

c. 사장님은 코빼기도 안 비치는데.《내조의 여왕, 13
회》老板连面都不露。

1.9.2 鼻子的位置

韩国语里根据鼻子的位置，可比喻距离近、紧急、繁忙等意义。

首先，"큰 코 다치다"表示碰一鼻子灰，碰个大钉子，吃大
亏，韩国语与汉语之所以有这种表达，与"鼻子是面部最突出的部
分，如果出现什么状况，首先鼻子最先遭殃"这种思维有关。

鼻子是面部最突出的部分，所以韩国语里"코앞"指非常近的
地方，一般多用来指时间接近什么临界点，如(188)，也多用于惯用
语"코앞에 닥치다"，指时间紧急。比喻很近的地方时有"엎어지면
코 닿을 데"，汉语多用"近在眉睫"或其他表达如"近在咫尺、远
在天边近在眼前"。俗语"코를 잡아도 모르겠다"意思是对眼前发
生的事情一无所知，这里也是用"코"来比喻最近的地方。

(188) a. 아버지 나이도 생각하셔야지요. 70은 코앞인데.《폼
나게 살 거야, 11회》爸爸您也得想想自己的年龄
吧。马上就70了。

b. 해외파 디자인으로 출세가 코앞인데.《최고의 연인,
70회》他马上就可以作为海归派设计师而出名了。

c. 지금 우승은 코앞에 두고 있어요.《아이가 다섯, 32
회》现在决胜马上就要来临了。

韩国语之所以用"코앞"比喻非常近或紧急，是以"鼻子是面部最突出的部分"这一特点为基础的，因为与外界接触时，从空间上来看鼻子是首当其中的。相反，汉语在表示类似意义时，用的是"到眼前了、到眼皮子底下了、火烧眉毛了"，与韩国语的"到鼻子跟前"相比，汉语表达更能表现紧急之意，因为从空间上来看，"眼皮、眉毛"比鼻子还靠里。

韩国语用鼻子来表达最靠前的还有"선코(先-)"，与"선손(先-)"同义，指先下手，而朝鲜语里还指行动在最前头，如"선코로나서다"。

因为口鼻相连，所以"코 아래 입"指非常近的东西，而"코아래 진상(珍尚)"指进献财物或吃的东西，如：

(189) 아마 이번 설에도 닭 한 마리나 코 아래 진상을 해야
할까 보다. 看来这次春节也得弄只鸡作贡品了。

有时韩国语还用眼睛和鼻子如"눈코 뜰 새 없다、눈코 뜰 새 없이 바쁘다"等比喻非常繁忙。

1.9.3 鼻子的构造

鼻子的构造主要分为鼻梁、鼻孔和鼻毛。其中鼻梁、鼻毛主要与人的心理感情有关，鼻孔主要与大小和听话有关。

韩国语里鼻梁为"콧등、코허리"。汉语经常有"鼻子酸、鼻子发酸、鼻子一酸"等表达，韩国语里也有类似的表达，但一般不用"코"，而用"콧등"，其中"콧등이 찡하다"与汉语意思相似，如(190a)。此外，还有"콧등이 시큰하다"，指因某事而激动或伤心眼

泪欲滴，如(190b)；相似的还有"콧등이 시다"，表达的却是非常不顺眼之意，如(190c)。相似结构的还有"코허리가 저리고 시다"，比喻非常伤心或非常激动的心情。这三个结构中都有与酸义有关的"시큰하다、시다、저리고 시다"，其中"시다"所表达的意义与其他两者差异最大。

> (190) a. 친구의 애처로운 사연을 듣고 그녀는 콧등이 찡하였
> 　　　　 다. 听了朋友悲惨的故事后，她不禁鼻子酸了。
> 　　　 b. 그녀는 1년 만에 외국에서 돌아온 남편을 보자 갑자
> 　　　　 기 콧등이 시큰하며 눈물이 핑 돌았다. 看到一年多
> 　　　　 才从国外回来的丈夫，她不禁鼻子一酸，眼泪下
> 　　　　 来了。
> 　　　 c. 콧등이 시어서 못 듣겠다. 不顺眼，实在听不下去
> 　　　　 了。
> (191) 쉽게 승리하리라 예상한 경기가 풀리지 않자, 우리 선
> 　　　 수들이 콧등이 부어 있었다. 本来认为能轻松取胜的比
> 　　　 赛却总不得分，我们的选手们气得鼻子都歪了/心里
> 　　　 都很不好受。

此外，汉语还有"把鼻子气歪了"，此时韩国语用"콧등(이) 붓다"，意思是鼻梁肿了，指事情不如意而心里难受，如(191)，与韩国语是具象化表达相比，汉语要么在鼻子前添加表示心情的"气得"，要么意译成"心里不好受"。与鼻梁有关，韩国语还有"콧등이 세다"，比喻非常固执，不听他人的话。

韩国语里鼻孔为"콧구멍"，多用于"콧구멍만한"类表达中，如(192a)，这与"코딱지만한"的意义一致，汉语用"巴掌大的"。

有时还有"말을 콧구멍으로 들었니?"类表达，此时汉语多用"听到脑后头去了"。韩国语里"콧구멍"表达此类意义还有多种变型，如"콧구멍으로도 안 보다、콧구멍 같은 소리"，都表达否定意义，如(192bc)，这是将鼻孔眼与视觉和听觉联系了起来。

(192) a. 콧구멍만 한 가게에서 훔쳐갈 것 뭐가 있다고?《우리집 꿀단지, 103회》巴掌大的店面里有什么值得偷的?

b. 내가 알아보니까 해인언니는 그쪽을 콧구멍으로도 남자로 안 보던데.《사랑이 오네요, 35회》据我所知，海仁姐一点也没把你当男人看。

c. 별 콧구멍 같은 (소리)? 유리가 말한 거야?《그래 그런거야, 34회》这是什么话啊? 是琉璃说（让你学车）的吗?

如果鼻孔小，那么呼吸可能就会受阻，对这种人，韩国语经常用"콧벽쟁이(-壁--)"来嘲笑。

韩国语里鼻毛称作"코털"，有俗语"코털(이) 세다"，意思是事情不如意而内心焦灼。相关的有"잠자는 사자의 코털을 건드리다"，比喻招惹了不该招惹的人。

如上，韩国语里有非常丰富的与鼻子构造有关的表达，即用鼻子的下义词来表达各自不同的意义，而汉语一般用上义词"鼻子"。

1.9.4 鼻子的状态

韩国语里还有与鼻子状态有关的丰富表达，主要表达多种感情，如自得、傲慢、了不起、固执、没了气焰、丢脸、没精神、抬不起头、抓住把柄、以此为荣、喝醉酒、受挫等。

鼻子是面部最突出的地方，所以古代相学中鼻相被用来判断一个人的财运如何。之所以产生这种说法，应该是因为高挺的鼻子与低矮的鼻子所给人带来的联想意义是不同的，在韩国语里，"코가 솟다、코가 우뚝하다、코가 높다、코를 쳐들다"都比喻洋洋自得，如：

(193) a. 그녀는 코가 높아서 네가 상대하기 쉽지 않겠구나.
那个女人很自大，你去应付的话，不是那么容易啊。
b. 살인을 하고도 그냥 코를 쳐들고 다니는 일부의 사회가 있었다.《김동인, 젊은 그들》在某些社会里，杀了人竟然还能洋洋自得、招摇过市。

如上，汉语分别用"自大、洋洋自得"等，因为"自"的本义是鼻子，因此韩国语与汉语的表达是一致的，但是汉语的"自"在现代汉语已经没有了鼻子之意，所以与韩国语表达相比，语义更抽象，并且韩国语分别用了"솟다、우뚝하다、높다、쳐들다"等四种不同的动词和形容词，更加具象化。

鼻梁突出的鼻形在韩国语里称作"콧대"，当与表示向上意义的动词(结构)结合时可形成"콧대가 세다、콧대가 이마에 붙다、콧대가 높아지다、콧대가 천장을 뚫고 나가다、콧대가 오뚝하다、콧대를 세우다"等惯用语，都比喻洋洋自得、傲慢的态度，如(194)。"콧대"单独使用时表达的也多是高傲之意，如(195)。

(194) a. 그 잘하고 콧대가 세던 나보배가 왜 이런 진흙탕에

뛰어들려고 할까? 那又有能力眼眶子又高的罗宝贝
为什么要趟这浑水?

b. 콧대가 이마에 붙었다. 鼻子都翘上天了。

c. 보지마. 우리가 자주 보면 콧대가 높아진다고. 보지
마.《솔약국집 아들들, 3회》别看。我们要是看他
的话, 他就更觉得了不起了。别看。

d. 이럴 줄 알았으면 적당한 데로 장가를 보낼 걸. 하필
부자집에서 자란 콧대가 천장을 뚫고 나가는 애한
테 보냈으니.《별난 가족, 100회》要知道这样, 还
不如让他娶个一般的。怎么偏偏让他娶了个有钱
人家的、鼻孔都翻上天的孩子啊。

e. 너무 콧대 세우는 거 아냐? 그러다 끝내자고 그럼 어
쩌려구.《쾌걸 춘향, 10회》你太自信了吧? 如果他
提出分手, 你怎么办?

f. 그 인사가 고고한 니 콧대 세워주기라도 하냐?《우
리집 꿀단지, 103회》那个人会给你面子吗?

(195) a. 저 도도한 콧대!《최고의 연인, 57회》那高傲的样
子。

b. 어머머 저 콧대?《우리집 꿀단지, 107회》看她那高
傲的样子 !

如上，这些与鼻子有关的惯用语在译成汉语时，虽然(194bd)可
以采取直译的方法，但其他例句根据语境有不同的翻译，如(194a)中
汉语用"眼眶子高", (194cef)和(195)都是意译。

当"콧대"与表示向下的动词结合时可形成惯用语"콧대를 꺾
다、콧대를 깔아뭉개다、콧대를 내려놓다、콧대를 꺾다、콧대(를)

낮추다" 等，比喻自己的自满心理或自尊心受挫，如(196)。"콧대" 的俚俗语是 "야코"，也多用于上述结构，如(197)。汉语一般用 "把气焰打下去"。

(196) a. 윤인화 그 계집의 콧대를 어떻게 꺾어주지?《별난 가족, 24회》尹仁华那丫头的气焰怎么才能给她打下去啊?

b. 그의 콧대를 쫙 깔아뭉개고 싶은 것이 준구의 속셈이다.《이영치, 흐린 날 황야에서》俊九的想法是要把他的气焰一下子打下去。

c. 다 망해도 콧대는 못 내려놓으시겠다네.《우리집 꿀단지, 97회》都破产了，却说脸面还是放不下来?

(197) 내가 이 여자의 야코를 팍 죽여줘야 되는데.《아버지가 이상해, 28회》我得把那女人的气焰给狠狠压下去才行。

综上所述，可以发现 "콧대" 给人的最原初的形象联想意义是高傲，这与鼻梁的形象一致，因为高挺的、向上的东西给人的都是积极印象，但在实际生活中，韩国人并不属于鼻梁高挺的族群，但不知为什么会产生这么多与鼻梁高耸有关的表达。

上面提到的鼻子高挺是鼻子的正常状态，而鼻子的非正常状态，如鼻子扁了、丢了、掉到地上、被揪一把、被割了、歪了等，表达的多是相反的否定意义。

其中，"코를 납작하게 만들다" 指将他人的气焰打下去，如(198ab)；而 "코가 납작해지다" 指被别人羞辱了或没了底气，颜面尽失，如(198c)。"코(가) 빠지다" 则指因烦心事而没精神，没力

气，如(198de)。与此相关，还有俗语"코가 쉰댓[석] 자나 빠졌다"，这是用夸张的手法来比喻烦恼、痛苦的事情一大堆而导致精疲力竭的样子。

(198) a. 풍길당 새사장 코도 납작하게 해 줍시다.《우리집 꿀단지, 104회》我们一定要把冯吉堂新社长的气焰也给他打下去。

b. 이번에 아가씨 결혼 제대로 준비해서 말숙이의 코를 납작하게 해 줄 거요.《최고의 연인, 92회》这次我要把小姑子的婚礼准备得漂漂亮亮的，让末淑心服口服。

c. 이 번에 그 계집애가 코가 납작해졌지요?《최고의 연인, 84회》这次那丫头片子该丢脸了吧?

d. 마을 사람들 모두 코가 빠져 아무 일도 하지 못했다. 村民们都泄了气，什么也干不了了。

e. 상무님이 갑자기 잠적하고 최팀장은 코가 다 빠져서 다닌 게 그러니까 사모님때문인 거지? （崔）常务突然不见踪影，崔系长上班都垂头丧气的，那么这些都是因为老板娘，对吧?

如上，在表达这些意义时，汉语里一般不用与鼻子相关的表达，而多用与"气焰、心、脸、气"有关的表达。

韩国语里与鼻子状态有关的还有弹鼻子、揪鼻子、割鼻子，其中弹鼻子韩国语为"콧방(-放)"，被人弹鼻子为"콧방(을) 맞다"，意思是被责备，也比喻被拒绝，如(199a)。韩国语里揪鼻子为"코를 싸쥐다"，比喻因没脸或被批评而抬不起头来，如(199b)，汉语有

"刮鼻子"，但表示被批评或斥责时多用于方言。类似情况，如果一个人连鼻子都没了会是什么景象呢？所以"코를 떼다"指被别人羞辱或遭到指责。在表达以上否定意义时，汉语一般用"碰了一鼻子灰"，如(199ab)，但有时并不对应，如(199c)。

(199) a. 그 친구가 여자에게 데이트를 신청했다가 콧방을 맞았다. 那个朋友向一个女孩申请约会，结果碰了一鼻子灰。

b. 학문에 대한 문답에서 노인이 낭패하고 코를 싸쥐었다는 얘기는 유명하였고….《박경리, 토지》有个有名的故事，说在学问问答中，老人碰了一鼻子灰/弄了个没脸，很狼狈。

c. 하필이면 어디 가서 코를 떼도 유부남이야? 창피해서 어디 가서 말도 못하겠네.《최고의 연인, 60회》即使是干上不得桌面的事，可为什么偏偏是已婚男啊? 这丢人真是丢大发了。

韩国语俗语"코 떼어 주머니에 넣다 把鼻子割下来放在口袋里"比喻犯了错误后很没脸，类似的意思汉语有"打掉牙齿和血吞"，两种语言里各自所涉及的人体器官不同。

与鼻子状态有关的还有穿鼻子，韩国语为"코를 꿰다"，指抓住把柄或弱点，如(200ab)。被动形式的"코가 꿰이다"指被抓住把柄或弱点，如(200c)。在汉语里也有"牵牛要牵牛鼻子"类的表达，因为牛有野性，牛鼻是牛身上最脆弱最怕疼的地方。当牛野性发作时，牵住牛鼻它就不会反抗。在"牛鼻子"基础上，汉语也有了"不要被人牵着鼻子走"类表达，但这种用法非常固定，不像韩

国语惯用语灵活，所以与韩国语对应的都是其他表达。

(200) a. 내가 이런 거 하나 주고 코라도 꿸까봐?《내조의 여왕, 11회》你以为我给你这个，会当做把柄吗?

b. 다 큰 자식들 코 꿰고 있을 수도 없고.《가화만사성, 22회》孩子都是大人了，我们又不能总是把他们拴在我们的裤腰带上。

c. 그는 옆 사람에게 무슨 코가 꿰이었는지 꼼짝도 못한다. 他好像被旁边的人抓住了什么小辫子，不敢轻举妄动。

(201) 나도 한때는 독립 운동가를 아버지로 모신 걸 대단히 자랑스럽게 코에 걸고 다녔지.《최일남, 거룩한 응답》父亲是独立运动活动家，我也曾因此而倍感自豪、趾高气扬过。

另外还有"코에 걸다"，字面义为挂在鼻子上，指拿出某物并以此为荣，如(201)。

与鼻子有关的还有鼻子歪了、破了。其中韩国语里鼻子歪了为"코가 비뚤어지게[비뚤어지도록]"，指酒醉得很厉害，如(202)，但在中国人的思维里，喝酒喝到鼻子歪好像是很难想象的。"코를 깨다"指摔破鼻子，多比喻受挫，如(203)，汉语用"被耍"。

(202) a. 무슨 신부가 코가 비뚤어지도록 술을 마시냐?《우리집 꿀단지, 110회》哪有新娘子喝酒喝这么多的啊?

b. 코가 비뚤어질 때까지 술을 마셔라. 让我们一醉方休。

c. 코가 비뚤어지기 일보 직전이야. 《월계수 양복점 신
사들, 3회》喝得醉醺醺的。

(203) 집문제는 빨리 담판을 내야 지. 우엉부엉하다가는 그
집에 코 깨. 《빛나라 은수, 26회》房子问题得赶快结
束，犹犹豫豫地，就会被他们家要了。

鼻子也分大小，且与人的长相、生殖器密切关联，鼻子特别大
的人一般叫作"코주부、코배기、코쟁이"。

韩国语还有"코 큰 소리"指自以为了不起的声音，如
(204a)。韩国语里还有惯用语"코(가) 세다"，这是用鼻子的硬度来
比喻很固执，不听别人的话，如(204b)。此时，汉语用"洋洋自得"
或"固执"。

(204) a. 나이가 어릴 때는 제법 코 큰 소리를 하고 우쭐대던
성대였지만···.《이정환, 샛강》虽然小时候成大很
自以为了不起而洋洋自得······
b. 그는 코가 세서 누가 뭐라고 해도 귀 기울이지 않는
다. 他很固执，不管别人说什么也不听。

如上，与韩国语有丰富的与鼻子状态有关的表达相反，汉语
里关于鼻子状态的表达非常少。虽然"洋洋自得、自大"等中的
"自"本义指鼻子，但现代汉语已经不再使用。

1.9.5 鼻子的动作与声音

鼻子最大的作用是呼吸和闻气味，当指嗅觉灵敏时，韩国语多

用 "코가 밝다" 来表达, 汉语多用 "鼻子灵、鼻子尖、鼻子长" 等来表达。韩国语里与鼻子的动作或声音有关还有一些合成词, 如 "콧방귀、코대답、콧웃음、콧노래、콧먹은 소리" 等, 主要用来表达不高兴、冷笑、轻松、撒娇等感情。

其中, "콧방귀" 多用于惯用语 "콧방귀를 뀌다" 中, 指讨厌或不认可而对别人的话置若罔闻, 不给予反应, 如(205ab); 有时 "콧방귀" 还用于否定形式的 "콧방귀도 안 나오다", 如(205c)。虽然汉语里在表达此类意义时可以用 "嗤之以鼻", 但这个词的用法比较固定, 不像 "콧방귀" 用法灵活, 如(205b)用于疑问句, (205c)用于否定句, 当用于这两种句型时, 汉语一般要用其他表达。

韩国语里还有 "코대답(-對答)", 指不高兴或认为没什么大不了的而应付似的回答, 如(206), 汉语可以用 "用鼻子嗯了一声"。

(205) a. 남편은 언제나처럼 '넌 아직 멀었다'며 콧방귀를 뀐다.《동아일보, 2018.01.13》丈夫一如既往地对她嗤之以鼻, 并说: "你还嫩着呢。"

b. 그깟 것 던져준다고 해서 내가 콧방귀를 뀔 줄 알았어?《우리집 꿀단지, 57회》她以为给我那么点破东西, 我就认了吗? (不再管春儿的事情了)。

c. 그 사람이 하는 짓을 보니 콧방귀도 안 나왔다. 看他干的好事, 连理都不想理他了。

(206) 그는 묻는 말에 돌아보지도 않고 응 하고 건성으로 코대답만 하였다. 听到问话, 他头都不回一下, 只是用鼻子嗯了一声。

"코웃음" 多用于 "코웃음 치다", 指看不起别人而冷笑。汉语

里虽然不常用，但是小说《金瓶梅》有这样的用法，如"金莲在旁，不觉鼻子里笑了一声。西门庆便问：'你笑怎的?'"，若木(2012:20)对此评价到："'鼻子里笑了一声'，则是一种轻蔑的冷笑。这话说得十分新奇，惟妙惟肖地描绘出了潘金莲此时复杂而黑暗的心态……"。尽管汉语有这种用法，但是却不如韩国语灵活，因为"코웃음 치다"可以用于疑问句，如(207)，此时汉语用"看不起"。

> (207) 지 앞에서 그렇게 좋다고 실실대는 내 모습 보고 얼마나 코웃음을 쳤을까?《내일도 맑음, 95회》看着我那么喜欢她，在她面前高兴得直笑，她该多看不起我啊?

"콧노래"指用鼻子哼着唱歌，人们一般高兴的时候才会哼歌，所以"콧노래"用来比喻高兴，并且有时可以用于比喻，如(208)，"콧노래"的主体是"은행"，但汉语里用"哼歌"来表达高兴心情的只能是人，所以译成汉语是"好日子"。韩国语里用鼻子哼唱打令这种歌称作"코타령"，如"코타령을 부르다"。

> (208) 앞으로 시중금리도 자연스럽게 따라 오를 것으로 보여내년까지 은행들의 콧노래가 이어질 가능성이 높아졌다.《동아일보, 2016.10.23》（大家认为）今后各银行的利息会自然上升，所以银行的好日子很可能会延续到明年。

"코 먹은 소리"指瓮声瓮气的声音，有时"코 먹은 소리"也指撒娇时发出的声音，如电视剧《딴따라, 10회》中，由于对정그린

所拉到的商演不满意，公司代表申石镐故意说要挖坑把她埋了，所以정그린就撒娇拉着长腔说"대～표～님!"，而申石镐则说道："코 먹은 소리 할래?《딴따라，10회》你再撒娇？/你好好说话！"如果带着鼻音吭哧吭哧地说话，韩国语里会用"킁킁이"来嘲笑他。

韩国语里有俗语"코 막고 답답하다[숨막힌다]고 한다"，意思是堵住自己的鼻子说太闷了，比喻本来凭自己的力量就可以解决的事情，却误认为很难，而想从别的地方找解决办法。

如上，韩国语里可以利用鼻子发出的动作或声音来表达丰富的感情，而汉语虽然偶尔也用与鼻子相关的动作或声音来表达类似感情，但是汉语表达不如韩国语惯用语具有灵活性，因此两者有时并不对应。

1.9.6 鼻子的分泌物

鼻子有三种分泌物，分别是鼻涕、掉在地上的鼻涕以及鼻屎，韩国人对这些分泌物都有认真研究，并赋予这些表达以很多比喻意义。

1.9.6.1 鼻涕

韩国语里鼻涕为"콧물"，也称作"코"，这是用鼻子的整体来比喻部分，是转喻的一种。当用于鼻涕意义时有很多惯用语，其中"코(를) 빠뜨리다"指使无法再用或将事情搞砸，前面一般可以加"다 된 일에、다 차린 밥상에、다 된 밥에"等，如(209)，汉语一般都不能用这种具象化的表达，而多用抽象表达，如"搞破坏、搞砸"或者用其他具象化表达，如"掀桌子、泡汤"，要根据语境进行适当翻译。

(209) a. 이게 무슨 망발이란 말이오. 다 된 일에 코 빠뜨리 자는 속셈이 아니라면 대관절 이럴 수가 있는 거 요.《한수산, 유민》在这胡言乱语些什么啊，如果 不是为了搞破坏，那怎么能做出这种事情来啊?

b. 다 차린 밥상에 그것에 코를 빠뜨려?《가족을 지켜 라, 88회》做好一桌子饭，竟然想掀桌子?

c. 이거 뭐? 다 된 밥에 코를 풀어도 유분수지! 이게 뭡 니까?《최고의 연인, 86회》这是啥事啊！差一步就 办好的事最后搞砸了/泡了汤！这算什么啊！

d. 아이구, 다 된 밥에 코 빠뜨리려고? 누운 김에 팍 누 워 있어.《최고의 연인, 81회》哎呀，你想把快 好了的事情搞砸它啊，既然躺下了，就继续躺着 吧。

与鼻涕的长度有关，韩国语有"내 코가 석자다、오비삼척(吾 鼻三尺)、코가 석자"，都比喻认为自己的事情最重要，在日常生活 中被频繁使用，如(210)，汉语多用"泥菩萨过河——自身难保、自 身不保、自顾不暇"等。

(210) a. 내 코가 석자인데 남 챙길 겨를이 어딨어?《천상의 약속, 5회》我都泥菩萨过河——自身难保了，哪有 闲情逸致管别人啊?

b. 나 지금 우리 강호와 한아름 생각만으로도 머리가 벅차요. ...이 마당에 세란이 생각까지 해야겠어요? 내 코가 석잔데.《최고의 연인, 90회》我现在光因 为我们江浩和韩雅凛的事就头疼得要命……这种

情况下，我还得管世兰的事吗? 我都自身难保了。

c. 니 작은아버지 코가 석자야. 어쩌면 영화 말고 이 집
에서 나가야 할 사람이 또 생길지 몰라.《아임 쏘리
강남구, 93회》你叔叔现在已经是自顾不暇了。说
不定除英华之外，还会有人要从这个家里滚出去。

因为小孩子总是爱流鼻涕，所以韩国语里指这种小孩子时多用
"코흘리개"，也比喻不懂事的小孩。而韩国语指小孩子拿的小钱时
会用"코 묻은 돈 沾了鼻涕的钱"来表达，有时也指晚辈或小辈的
钱，如(211)。"코 묻은 떡[돈]이라도 뺏어 먹겠다"意思是连小孩
子的东西都要抢了，用来嘲笑行动非常猥琐。总是哼鼻涕的人韩国
语用"코훌쩍이"。

(211) 동생 코 묻은 돈까지 달래서 결혼 꼭 해야겠니? 너 지
금까지 직장 다니면서 돈 안 모았어?《별별 며느리, 11
회》连妹妹的钱都要，你这婚一定要结吗? 你上班上
到现在就没攒钱吗?

韩国语还有"눈물 콧물 다 빼다"，比喻狠狠地教训对方，因
为一般人在被教训后大哭时都会连带着鼻涕出来。不仅如此，人在
忙于干活时也会顾不上擦鼻涕，而无须流鼻涕则意味着不受苦，俗
语"코 아니 흘리고 유복하다"意思是不受苦就得到利益，这些都
是对生活的细致观察所得出的总结。

有鼻涕就要擤出来，与此相关韩国语有"손 안 대고 코를 푸는
격"，如(212)，根据语境，可以译成"借刀杀……、坐收渔翁之利、
不用亲自动手……"。类似的俗语有"손 안 대고 코 풀기"，比喻不

费劲就轻松完成。

> (212) a. 백강호가 무슨 수를 써서라도 찾아내겠지…그리
> 고 한아름 아버지와 자기 부모 간의 일을 알아낼 거
> 란 말이지. 그럼 우린 손 안 대고 코를 푸는 격이
> 지.《최고의 연인, 93회》白江浩不论用什么法也会
> 找到（那个记者）的……那么韩雅凛父亲和自己父
> 母之间的事情也会查清的。那么我们就可以借白江
> 浩的刀来杀韩雅凛了。
>
> b. 니가 정말로 윤원형과 정난정한테 복수하고 싶다면
> 윤원형 대감의 제안을 잘 이용하는 것도 방법이야.
> 윤원형 대감이 니 뒷배를 대준다는 걸 정난정이 알
> 아봐라. 가만있겠냐? 물고뜯고 서로 난리날 거 아니
> 야?넌 손 안 대고 코 푸는 거야.《옥중화, 17회》如
> 果你真的想向尹元衡和郑兰贞报仇的话，接受尹
> 元衡大监的提议也是一个好办法。尹元衡大监给
> 你做后台这件事要是让郑兰贞知道了，她能罢休
> 吗？他们之间会互相打斗，闹翻天的。你就可以坐
> 收渔翁之利了。
>
> c. 이사진들이 사장님의 사임을 반기는 분위기입니다.
> 손 안 대고 코를 푸는 격이니.《별난 가족, 51회》理
> 事会好像很欢迎社长的辞任，因为不用他们亲自动
> 手拉社长下来了。

擤鼻涕的表达都源于生活常识和经验，因为中国也有这种现象，尤其是男士有的不是用手挤鼻子，而是把鼻涕弄到地上或天

上，虽然脏不了手，但却脏了环境、脏了别人的眼睛。而老太太擤鼻涕又是另一番光景，所以就有了歇后语"老太太擤鼻涕——手拿把掐; 把里攥; 手拿把儿攥; 手拿把攥"，用来比喻胸有成竹。

1.9.6.2 鼻涕掉在地上

韩国语里与鼻涕有关的还有"코푸렁이"，指粘稠的浆糊或鼻涕弄到地上那种软不拉几的东西，如(213a); "코푸렁이"还嘲笑没有骨气，晕晕乎乎的人，如(213b)。在表达此类意义时，汉语常用"软蛋、黏黏糊、晕晕乎乎"等形容词来表达。

> (213) a. 아내가 끓인 죽은 너무나 묽고 형편없는 코푸렁이여
> 서 먹고 싶은 생각이 전혀 들지 않았다. 妻子煮的粥
> 太稀，都成浆糊了，所以一点也不想吃。
> b. 그 사람은 이랬다저랬다 줏대 없는 코푸렁이로 믿
> 을 만하지 못하다. 那个人一会儿这样一会儿那样，
> 是个没骨气的软蛋，不值得信任。

1.9.6.3 鼻屎

鼻子的分泌物还有鼻屎，在韩国语里为"코딱지"，这种分泌物一般是极小的，所以"코딱지"比喻极其小或不起眼的东西，如(214)，不仅可以比喻空间地方，也可比喻人。

> (214) a. 아이는 코딱지만큼 남아 있던 개떡을 떨어뜨렸
> 다.《김성동, 잔월》孩子将鼻屎般大的/一丁点儿年
> 糕掉在了地上。
> b. 코딱지만 한 동리/방/가게/애 屁大的地方/房间/店

面/小孩。

    c. 코딱지 만한 가게도 가업이라구?《월계수 양복점
       신사들, 12회》这巴掌大的店面也算家业啊?

比喻"小"意义时,韩国语还有"게딱지"。

在表示小时,韩国语与汉语也有共同之处,如"손바닥만한 옥
탑방에서…《천상의 약속, 6회》巴掌大的阁楼里",两者都用"巴
掌大"来比喻小。韩国语还有汉字词"장대(掌大)",比喻非常小或
非常窄的地方,但语用频率非常低。

1.10 颈

韩国语里与"颈"有关,主要是利用脖子本身的动作状态来表
达丰富的心理感情和事态危急之意,用脖子与吃喝有关的动作和状
态来比喻心理感情,此外有的表达还与嗓音有关。

1.10.1 脖子的涵义

韩国语脖子为"목",有六个意义,如下所示:

[表10] "목" 的意义

	意义	例句	汉语
1	脊椎动物的脖子	목이 긴 여자 脖子很长的女人	脖子

2	指"목구멍"。	목이 컬컬하다 嗓子不舒服。	
3	嗓音	목이 갈리다 嗓子哑了; 목을 가다듬다 清嗓子; 서러울 때는 목이 쉬도록 울어 버리는 것이 약이다. 心里憋屈时, 最好的办法是放开嗓子使劲哭。	嗓子
4	比喻物体上与动物的脖子相似的部分。	목이 긴 장화 筒很长的靴子; 그 병은 목이 길다 那瓶子的颈很长。	筒/颈/项
5	指地理位置好适合做买卖的地方或道路等。	생각보다 좋은 것 같은데. 목이 좋아서 그런가?《아이가 다섯, 27회》(生意)比想象的好, 可能是位置好的原因吧。	位置
6	指道路中间无法通往其他地方的非常重要的窄小的地方。	지금 내 인생에 가장 힘든 목인가?《그래 그런거야, 19회》现在是我人生中最难的坎吗?	坎

如上，"목"的第1、2、3个意义与汉语一致；"목"还有三个比喻意义，其中4比喻物体上像脖子的地方，这是充分考虑了脖子与物体形态上的相似性；汉语有时用"筒"，有时用"颈、项"，如"曲项向天歌"；"목"的第5个意义比喻地理位置好，之所以产生这个意义，应该与脖子的重要位置有关，脖子处于人体中轴线上，看起来像是十字路口，而适合做买卖的地理位置一般也都是十字路口，所以两者产生了相似性，导致"목"产生了比喻意义；另外，脖子在人体中也是非常狭小的部分，上面是硕大的头颅，下面连的是庞大的身躯，根据这个特点，"목"产生了"窄小但却重要的地方"这一比喻意义，汉语有"咽喉要地、瓶颈"，利用的也是脖子的这一位置和重要性特点。

"목"的俗称有"모가지"，是"목"与后缀"-아지"结合形

成的派生词，因为"-아지"本来指小的东西，隐含有卑下意义[05]，所以"모가지"也产生了类似的卑下意义，俗指解雇或免职，如(215a)，有时也可单独使用，如(215b)，后面省略了表示被动的"당하다"，这种意义的产生是因为"모가지"经常与具有消极意义的动词"날아가다、잘리다、떨어지다"等结合表达解雇或免职意义，受语义感染的影响，所以"모가지"本身产生了解雇或免职意义。"모가지"也可比喻农作物的穗头部分。

与脖子有关还有"목덜미、덜미"，指后脖颈，"덜미"还指与身体非常近的身后，"목덜미"在庆尚南道方言中称作"뒷목"，如(216)。"목청"意为声带。

(215) a. 모가지 당하다 被解雇

b. 자네, 계속 그런 식으로 근무하면 모가지야. 我说你啊，要是再这样子干活的话，你就走人。

(216) 아까 우리형 뒷목 잡고 쓸어질 뻔한 것 못 봤어요?《가화만사성, 24회》你没看见我哥刚才捂着后脖颈差点摔倒吗?

1.10.2 脖子的动作状态

韩国语里主要用脖子的动作状态来表达心理感情以及事态的危急。这些脖子的动作主要分为挺脖子、掐脖子、抓按后脖颈、脖子掉下来、刀架在脖子上、提着脖子、脖子断了/被砍了、上吊等八种

05　类似的除了表示动物的"강아지、망아지、송아지"之外，还有"꼬라지('꼬락서니'的方言)、머아지('모가지'的方言)、싸가지('싹수'的方言)"等。

类型。但是没有与缩脖子有关的表达，因为韩国语的缩脖子是"자라목"，与鳖有关。

第一，韩国语里与挺脖子有关的表达非常丰富。脖子与头部紧连，脖子的直挺与否代表是否有威严，所以"목(이) 곧다"指不屈服于他人，有志气，表达的是褒义，如(217a)，汉语"挺直脖子"一般无此意义，所以多用抽象的表达"有志气"。

韩国语还有名词形式的"목곧이"，意思是脖子非常直的人，用来嘲笑那些非常固执，绝不会平白无故就向别人低头的人，如(217b)。类似的还有"강항령(強項令)"，意思是脖子很硬的县令，即耿直、不知屈服的县令，用来指刚正不阿的人。

(217) a. 그는 목이 곧아 누구 말도 듣지 않는다. 他很有志气，谁的话也不听。

b. 그는 진저리가 났다. 그러나 현옥의 목곧이 성미를 아는 까닭에…. ≪한설야, 황혼≫他烦透了。但是因为知道玄玉的犟脾气……

汉语里"梗着脖子"多用来指一个人很傲慢或看不起别人，因为这时人们一般都会故意挺直脖颈，韩国语有"목을 세우다"，表示非常愤怒或激动，如(218)。韩国语还有动宾结构的"목에 힘을 주다"，指傲慢，看不起别人，如(219a)，汉语虽然可以直译，但一般多用"神气"。同样是给脖子使劲，韩国语还有主谓结构的"목에 힘이 들어가다"，指炫耀自己的权威与能力等，如(219b)，汉语可以直译。

(218) 목을 세워 말하다 梗着脖子说/脸红脖子粗地说

(219) a. 나보배 재벌하고 사돈 됐다고 목에 힘을 얼마나 주
　　　 는지?이번이야말로 꼬리를 팍 내리겠네요.《최고의
　　　 연인, 95회》罗宝贝和财阀结了亲家后，你都不知
　　　 道她脖子挺得有多直/有多神气? 这次她的尾巴该耷
　　　 拉下来了。

　　 b. 회장님의 사위 돼서 목에 힘이 들어갔습니다.《내
　　　 사위의 여자, 57회》他成了会长的女婿后，脖子挺
　　　 起来了。

　　 第二，脖子与头部相连，直接关系到人的呼吸和生死，掐脖子
意味着置人于死地，所以"목을 조이다[죄다]、목을 조르다"指使
对方痛苦，灭亡，如(220)，译成汉语多用"要……的命、折磨"，
因为汉语"卡脖子、勒脖子"有时虽也有此意义，但具体动作性太
强。

(220) a. 왜 백본까지 내 목을 조이냐구?《최고의 연인, 67
　　　 회》为什么连白本部长也想来要我的命啊?

　　 b. 한아름 이 계집애가 끝까지 목을 조르네.《최고의
　　　 연인, 115회》韩雅凛这丫头片子是要折磨我到底
　　　 啊。

　　 第三，抓按后脖颈。与后脖颈有关的动作主要分两类，一类
是使动形式，一类是被动形式，主动形式的惯用语主要比喻使对方
无法动弹或逼迫对方，被动形式的惯用语主要比喻罪行或坏事被发
觉、暴露。

[表11] 与"后脖颈"有关的惯用语

表达	意义	例句
덜미를 잡다/ 쥐다	使无法动弹。	너의 방탕한 생활이 네 덜미를 잡을 것이다. 你的放荡生活会扯你的后腿的。
(목)덜미를 잡히다	弱点或重要的地方被人抓住。	형은 목덜미를 잡혔는지 형수에게는 꼼짝 못한다. 哥哥好像是有什么小辫儿/把柄被抓住了, 在嫂子面前是大气都不敢出一声。
	罪行暴露于天下。	사기 행각이 목덜미를 잡히다. 欺骗行径被逮个正着。
덜미가 잡히다	所做的坏事被发觉。	수표 위조범은 은행원의 신고로 덜미가 잡혔다. 支票造假的犯人因银行员工的举报而被发觉。
덜미를 누르다	催得紧或者逼迫。	
덜미를 눌러놓다	抓住弱点使不得动弹。	
덜미(를) 치다	攻击弱点或最重要的地方, 或者指给予打击。	
뒷덜미를 잡히다	被抓住动弹不得。	뒷덜미를 잡혀 쓰러진 남성은 일어나지를 못합니다.《JTBC, 2018.03.09》被抓住后脖领摔倒的男性站不起来了。
덜미(를) 짚다	抓着脖领子。	
	像抓着脖领子往下按那样催得非常紧。	그 사람이 얼마나 덜미를 짚는지 옴짝달싹하지 못했다. 不知道他按我的脖子用了多少劲, 我一动也不能动。
덜미를 넘겨 짚다	试探别人的想法如何。	우선 그의 덜미를 넘겨짚고 나서 결정을 내리도록 합시다. 先试探他一下, 再做决定吧。

　　如上, 韩国语里的这些惯用语译成汉语时多用"扯后腿、小辫儿/把柄、发觉、按脖子、试探"等。

169

第四，韩国语还有与"脖子掉了"有关的表达。前面分析过，在表达焦急等待时，韩国语可以用"눈이 빠지게 기다리다"，类似的还有"목이 빠지게 기다리다"，如(221a)；有时也用变形，如(221b)；有时还会用长颈鹿脖子"기린목"来表达，如(221c)。与韩国语用脖子来比喻相反，汉语一般用与眼睛、头有关的"眼巴巴、翘首企盼"等，不过有的时候也可以采取直译的方式，因为不会产生交流障碍。

(221) a. 명절 때마다 그녀는 마을 어귀까지 나가 서울에 있는 오빠가 오기를 목이 빠지게 기다리곤 했다. 每逢节日，她都会到村口去，在那儿眼巴巴/翘首企盼地等住在首尔的哥哥回来。

b. 선은 어땠어? 엄마 너무 궁금해서 목 빠진 줄 알았다.《미녀 공심이, 6회》相亲相得怎么样？想知道结果，所以等你等得（妈妈）我脖子都快断了。

c. 들어오시거든, 내가 기다리다 기린목 됐다고 즉시 전화하라구.《그래 그런거야, 회》如果他回来了，就说我等得脖子都赶上长颈鹿了，让他立即给我打电话。

第五，有的惯用语与决心有关，其中"목에 칼이 들어와도"指以必死的决心坚持到底，如(222a)，"목을 걸다"也有此意，如(222b)，此外"목을 걸다"也指不顾被解雇的危险，如(222c)，汉语类似的表达是"脖子上架着刀、提着脑袋做……"等，但是汉语的这些极端表达在日常生活中用的不多。

(222) a. 이런 식의 인사 목에 칼이 들어와도 인정 못합니다. 《사랑이 오네요, 75회》 这种形式的人事安排我就是脖子上架着刀也无法同意。

b. 목을 걸고 맹세하다 提着脑袋/冒着生命危险发誓。

c. 과장의 제안에 목을 걸고 반대하다. 提着脑袋反对课长的提议。

第六，因为脖颈连着头部，如果脖颈断了，则意味着头没了，所以很多惯用语都用"脖子摇摇欲坠、砍脖子"来表达危急情况，其中"목이 붙어 있다"指还活着，如(223a)；也指勉强保住某个职位，如(223b)。"목이 간들거리다"字面意义为脖子摇摇欲坠，实际指遇到紧急关头，如(223c)，也指将要被从职场中解雇，如(223d)。此外，"목이 달랑달랑하다"也指快要被从某种地位上挤下来，如(223e)。

(223) a. 이런 자동차 사고에도 목이 붙어 있을 수 있다니 정말 놀랍다. 在这样的汽车事故中，脑袋竟还能保得住，真是令人吃惊啊！

b. 이번 감원 바람에도 내 목이 붙어 있을지 몰라. 这次裁员潮中，不知道我能不能保住小命。

c. 산적에게 붙들려 목이 간들거리는 처지가 되었다. 被山贼抓住了，脖子马上就要被砍掉/摇摇欲坠了/马上掉脑袋了。

d. 목이 간들거리던 차에 딴 직장이나 구해야겠다. 现在马上就要被解雇/炒鱿鱼了，得再找个单位了。

e. 김 감독은 지난 대회의 참패로 인해 목이 달랑달랑

하는 실정이다. 因上次比赛的惨败，金教练面临掉脑袋的危险。

第七，韩国语里还有与"脖子断了、砍了、被砍了"相关的惯用语。其中"목이 날아가다[달아나다]、모가지가 날아가다、목(이) 잘리다、모가지(가) 잘리다"指被杀或被解雇，如(224ab)。"목이 떨어지다、모가지가 떨어지다"指被杀或被从某种职位上赶下来，如(224c)。此外，还有主动形式的"목(을) 베다/자르다/떼다[따다]/치다/파다、모가지를 자르다/치다/날리다"，如(224d)。

(224) a. 돈이고 뭐고 요즘 그 짓거리 하다간 목 날아가.《옥중화, 7회》别说什么钱不钱的，现在要干那事的话，就是找死/就要人头落地。

b. 이거 완전 하극상이야. 그러다 모가지 날아가도 할 말이 없는 거잖아?이거.《가화만사성, 33회》这完全是以下犯上啊。这样一来就是被解雇也无话可说啊。这个。

c. 이번에 김 이사님의 목이 떨어졌다고 하던데 그게 사실이니? 听说这次金理事的脑袋要搬家了，是真的吗?

d. 한 번만 더 경거망동하면 내가 아주 모가지를 쳐버릴 테니까.《사랑이 오네요, 82회》你要再轻举妄动一次，我就把你吃饭的家伙拿掉/直接把你解雇。

如上，第六、第七部分的这些惯用语除了表示决心、活着、

紧急关头、被杀等意义外，都还有一个意义与职场的存亡有关。之所以出现这种意义的转变，是因为在现代和平年代，具体意义已经使用不多，而由于大部分人都是工薪族，职场的安危关系到人的生存，因此以上惯用语就产生了这样的意义。除了以上惯用语之外，汉字词"문경(刎頸)"也比喻被解雇或辞职。译成汉语时，虽然有时可以直译，但是汉语在表达类似意义时一般用与头有关的"掉脑袋、人头落地、脑袋搬家、拿掉吃饭的家伙"，而不像韩国语强调脖子的状态。

　　第八，上吊。"목을 매다"本来指上吊，如(225)。不过"목을 매다"现在多用来指纠结于某处，无法离开，其对象多是人，如(226acd)，也可以前接间接引语，如(226be)。汉语也有类似的表达，如"一棵树上吊死"，但这个结构无法再在前面添加对象，所以只能翻译成可以带宾语的动词，根据语境，"목을 매다"多译成"寻死觅活、要死要活、纠缠、死打硬磨、死乞白赖地缠着"等。这也显示了韩国语惯用语的灵活性，以及汉语成语、俗语的固定性。

(225) 남자 2번 방에서 이명우가 목을 매어 자진을 했습니다.《옥중화, 11회》男监2号房里李明宇上吊自杀了。

(226) a. 그 깟 계집애가 뭐라구 이렇게 목을 매?《우리집 꿀단지, 71회》那种丫头片子有什么啊? 你这样要死要活的/一棵树上吊死。

　　b. 아침 저녁으로 문자에 전화에 죽겠다고 목매는데.《왕가네 식구들, 17회》不分早晚又是发短信又是打电话，寻死觅活地缠着我。

　　c. 너 아직도 우리 수호한테 목매니?《우리집 꿀단지, 93회》你还无休止地纠缠我们秀浩啊?

d. '딸은 싫다고 하는 걸 우리 장고 목을 매서 쫓아다닌
다' 이거야? 시방. 《불어라, 미풍아, 20회》这是说
他们闺女不喜欢，但是我们长古却死打硬磨啊。
现在。

e. 지아한테 결혼해 달라고 목매더니만 결국 쫓겨나는
구만. 《우리집 꿀단지, 71회》你死乞白赖地缠着智
雅和你结婚，最终要被（父母）赶到国外去了啊。

1.10.3 嗓音

韩国语里嗓音可用"목"，但多指具体的声音，其中"목 안
의 소리"指听不清楚的低声，与之相反，"목청(을) 돋우다"意思
是提高嗓门，"목이 찢어지게[찢어지도록]"指用最大的声音。"목
(을) 놓아[놓고]"主要指在哭叫时不忍、不顾忌，用最大的声音，
如(227)。类似的惯用语还有"청 놓아[놓고]"。

(227) a. 목 놓아 부르다 大声喊
      b. 목 놓아 울다 大声哭

"목을 풀다"指在唱歌、演讲前清嗓子，如(228a)；"목청
을 뽑다"意思是大声唱歌，如(228b)；有时也有惯用语"목청을 찢
다"，指撕裂声带，如(228c)。"목이 잠기다"意为嗓音低沉、嘶
哑，如(228de)。

(228) a. 창자는 본격적인 소리를 시작하기 전에 우선 목을
         풀기 위해서 단가를 부른다. 昌梓在正式唱之前，先

唱了首短歌来练了练嗓子。

b. 한 가락 멋지게 목청을 뽑아 보아라. 来大声唱首歌吧。

c. 얘가 어디서 목청을 찢어?《천상의 약속, 100회》你以为这是哪里啊? 这么大嗓门/大喊大叫的?

d. 목이 많이 잠긴 것 같은데. 별일 없지?《최고의 연인, 57회》嗓子这么低沉啊? 没什么事吧?

e. 잠긴 목에서는 말이 제대로 나오지 않았다.《동아일보, 2018.02.19》嘶哑的嗓子里说不出话来。

嗓音也可用"목소리", 如(229a), 但"목소리"也比喻意见或主张, 如(229b), 此时汉语多用"声音", 而不用"嗓音"。

(229) a. 목소리를 곤두세우다 神经质地大喊大叫
b. 비판의 목소리가 높다 批评……的声音非常大

1.10.4 嗓子与食道

嗓子还有一个功能就是呼吸与吞咽食物, 这时"목"与"목구멍"同义, 指嗓子眼。具体到嗓子的作用, 如果嗓子堵住无法呼吸, 就会非常痛苦, 所以韩国语用"목(이) 막히다"比喻非常痛苦, 如(230)。

(230) 어머님이 돌아가셨다는 소식에 목이 막혀 말을 할 수가 없었다. 听到母亲去世的消息, 我的嗓子眼像被堵住了一样, 说不出话来。

人体如果缺少水分，就会出现嗓子干的症状，其中"목(이) 타다"指非常渴，而"목을 축이다"则指喝水解渴，如(231a)。"목(이) 마르게"指心急如焚，如(231b)，汉语用抽象表达"焦急"。惯用语"목이 마르다"还形成了合成词"목마르다"，指非常想喝水，也可用于"목마르게"的形式，比喻非常希望或感到非常可惜，如(231c)；"목마르다"也作动词，比喻非常希望得到某物，如(231d)。

(231) a. 시원한 물로 목을 축이다. 用凉爽的水解渴。

　　 b. 가출한 아들이 돌아오기를 목이 마르게 기다리다.
　　　　焦急地等待离家出走的儿子回来。

　　 c. 오래전에 헤어진 가족을 목마르게 기다렸다. 翘首期
　　　　盼分离很久的家人归来。

　　 d. 그리움/사랑에 목마르다 非常思念/渴望爱情

　　韩国语里还有"목에 거미줄 치다"，意思是喉咙里可以结蜘蛛网，指青黄不接时没饭吃，如(232)，这与前面提到的"입에 거미줄 치다"有异曲同工之妙。但汉语多用直抒性表达"吃不上饭"。

(232) 이렇게 장사가 안되다가는 목에 거미줄 치게 되는 건
　　　아닌지 몰라. 买卖这么不好，不知还能不能吃上饭啊?

　　如果吃饭时食物卡在嗓子里则称作"목에 걸리다"，如(233a)。食物被卡在嗓子里很多时候是因为事情进展不顺利，被卡住，因此"목에 걸리다"也就产生了这个比喻意义，如(233b)，汉语用"卡住了"，一般不出现与嗓子有关的表达。此外，"목에 걸리다"还产生了另外的比喻意义，指担心，心里放不下，如(233c)，汉

语可用"如鲠在喉"。

(233) a. 엄마가 몸져누우셨다는 소식에 밥이 목에 걸려 넘어
가지 않았다. 听说母亲病倒了，饭卡在嗓子眼里，
一点也吃不下了。

b. 과제가 목에 걸렸는데 그런 일은 나중에 하기로 하
자. 课题现在卡住了，那种事情以后再做吧。

c. 아직까지 돈을 마련하지 못한 어머니는 다음 주가 막
내 등록금 마감일이라는 말이 하루 종일 목에 걸렸
다. 母亲到现在还没筹够钱，但下周就是老小交学
费的最后期限了，这句话让母亲一整天都是如鲠在
喉。

吞咽食物与食道相关，韩国语里食道为"목구멍"，韩国语的
"목구멍"主要表达两类意义，如下表所示：

[表12] 与"목구멍"有关的惯用语

类型	惯用语	意义	例句
感情	목구멍까지 차오르다[치밀어 오르다]	比喻愤怒、欲望、冲动等到了无法忍受的程度。	
吃喝的重要性	목구멍이 크다	比喻量大吃得多。	그 사람은 목구멍이 크니 밥을 많이 퍼 주어라. 他饭量大，多给他盛点。
	목구멍이 크다	比喻非常贪心。	그 아이는 목구멍이 커서 이것저것 자기 앞에만 갖다 놓고 남에게 주질 않는다. 那个孩子很贪，东西都放在自己跟前，不给别人。

	목구멍의 때(를) 벗기다	比喻吃得很饱。	동료들은 갑부인 친구의 생일날 오래간만에 목구멍의 때를 벗겼다. 在富翁朋友的生日宴上，同事们饱餐了一顿。
吃喝的重要性	목구멍 때도 못 씻었다	比喻吃了一点点，不够自己的量。	
	목구멍에 풀칠하다	比喻勉强能活下去。	그는 얼마 안 되는 월급으로 겨우 목구멍에 풀칠하며 산다. 他就靠那点工资勉强活命。
	목구멍이 포도청	比喻为了吃饭生存而不得不做一些违法的事情。	

　　如上，"먹구멍"可以表达感情和吃喝，感情主要比喻愤怒、欲望或冲动。与吃喝有关，主要表达吃的多少，其中韩国人还把吃的多少与能否把喉咙里的"때 灰"去掉联系起来，具有很强的民族性和文化性。汉语没有这样的比喻方式。

　　另外，"목구멍이 포도청"意为喉咙就是审问犯人的衙门，即喉咙里没饭吃是最可怕的，如(234)，语用频率很高，译成汉语时，要根据具体语境进行适当翻译。

(234) a. 내가 아무리 목구멍이 포도청이라구 굶어죽을 한이 있어도 이거 안 받아.《우리집 꿀단지, 57회》虽然我们过得很紧张，但就是饿死也不要这些东西。

b. 목구멍이 포도청이다. 저녁에 올래? 맛있는 것 사줄게.《폼나게 살 거야, 23회》人是铁饭是钢，晚上你来吧。我请你吃好吃的。

e. 목구멍이 포도청인데 일단 어디든 취직해가지고 밥

벌이 해야지.《월계수 양복점 신사들, 13회》不管怎
样得过日子啊，所以先找个活干着好挣饭吃啊。

　　韩国语里喉咙的粗细称作"목통"，也指脖子的粗细或俗称脖
子，"목통"还用来嘲笑贪心的人，也比喻消耗财物大手大脚的态
度。汉语有"财大气粗"，也是用"气粗"来比喻人因钱财多而胆壮
气盛或敢于花费，与"목통"意义相似，但"목통"是用脖子粗细来
表达，而汉语"气粗"是用喉咙里的呼气声的粗细来表达。

1.11 胸

　　韩国语里的"胸"主要表达心理感情意义，此外也指心或想
法。与其相关的惯用语所表达的心理感情虽然有的可以表达积极意
义，但出现更多的是消极意义。

1.11.1 胸的涵义

　　"가슴"指脖子以下肚子以上的前半部分，如"가슴이 넓다"
指胸膛宽阔，也指胸膛内部；"가슴을 앓다"意为胸部疼痛；"가슴
(을) 펴다"意思是堂堂正正的。"가슴"还指心或想法，一般与汉语
"心"对应。与此相关，韩国语有"새가슴"比喻胆小或心胸狭窄的
人，"참새가슴"比喻性格小心谨慎或那样的人，"생가슴(生--)"指
因平白无故的担心或忧虑而受伤的心。韩国语里还有"가슴으로 낳
은 자식"，指不是亲生孩子，这里的"가슴"用的是"心"之意。

"가슴"还指衣服的前端，义同"옷가슴"，如"가슴에 꽃을 달다 把花插在胸部"。"가슴"还指乳房，义同"젖가슴"，是用整体代替部分，如"가슴이 납작하다/봉긋하다/풍만하다 乳房很平/直挺/丰满"。

"복장"指胸部的正中心，也指内心的想法。

1.11.2 胸与心理

韩国语里的"가슴"有很多惯用语，其中很多可以表达心理，如下表所示:

[表13] 表心理的"가슴"惯用语

	表达	意义	例句
1	가슴에 새기다	牢牢记在心里。	알았어. 가슴에 새길게.《천상의 약속, 60회》知道了。我会牢记在心的。
2	가슴이 넓다	理解心很强。	내가 까불고 덤벙대도 그는 귀엽게 봐 주는 가슴이 넓은 사람이다. 他是个心胸宽广的人，即使我胡闹、不沉稳，他也会原谅我。
3	가슴이 좁다	没有理解心。	너는 그렇게 가슴이 좁아 무슨 일을 할 수 있겠니? 你心这么小，能干什么事啊? /能成什么气候啊?
4	가슴이 트이다	怨恨、误会等解除，心里变亮堂。	오해가 풀리니 가슴이 트이는 기분이다. 误会解除了，感到心敞亮了。
5	가슴을 헤쳐 놓다	痛快地将心里的想法或话说出来。	
6	가슴을 열다	说出或接受心里话。	그와 나는 가슴을 열고 이야기하는 사이다. 他和我是推心置腹/无所不谈的朋友。

| 7 | 가슴에 칼을 품다 | 对对方怀有敌意或有邪恶的想法。 | 당신이 그 말을 한 이후로 저 사람은 가슴에 칼을 품고 있으니 조심하시오. 您说了那话之后他就有了敌意，您要小心才好。 |

如上，韩国语里这些表达都与心或想法有关系，如1指记在心里，2、3指理解心，4、5、6都与说出想法、心里话有关，而7指怀有不好的想法。汉语里在表达这些意义时一般也用与"心"有关的表达，如1-4，以及6中的例句，但是汉语因为节律的需要，经常会有"心胸宽广、推心置腹"类表达，也就是说"心、胸""心、腹"常一起出现。另外，7中的惯用语"가슴에 칼을 품다"的字面意义是心里藏着一口刀，在韩国语里比喻心怀不好的想法，译成汉语是"有了敌意"。汉语也有类似结构的"忍字心头一把刀"，但强调的是要隐忍，而不是有敌意。

此外，韩国语里胸还可以表达丰富的感情意义，具体请看《韩国文化语言学综论》。

1.12 背

韩国语里的"背"主要表达关系意义和感情意义。感情意义详见《韩国文化语言学综论》。

1.12.1 背的涵义

韩国语里人或动物的背部叫作"등"，与汉字词"배부(背

部)"同义，如(235a)；"등"还指物体的上部或外面突出部分，如(235bc)，与汉语的"背、面"对应；"등"还有山脊之意，如(235d)，韩国语"등"与汉语"脊背"实际是一样的，因为汉语"背"指整体，而"脊"指部分而已。"등"还有俗词"등짝"，如(235e)。与背有关，韩国语还有"등에 풀 바른 것 같다"意思是身体僵硬，行动不便。

(235) a. 등을 긁다 挠背
b. 칼의 등 刀背 의자 등 椅子背
c. 신발의 등 鞋面/鞋帮
d. 등（을）타다 延着山背/山脊走
e. 오늘 하루 종일 등짝도 붙이지 못하구만.《구르미
그린 달빛, 15회》你今天一天都没躺下歇歇了。

如上，韩国语"등"和汉语"背"的指称范围类似，但汉语"山背"有时指山后。

1.12.2 背与关系

韩国人的关系文化有多种表现，其中一种是通过后背所表现出来的。韩国语里"등"多表达依靠、支持、断绝关系、抢夺等关系意义，这些抽象意义都是在具体意义基础上通过比喻引申出来的。

1.12.2.1 依靠别人的势力

依靠别人的势力，根据关系的远近可分为两个层次，其中"등

(이) 닿다"意思是背能靠的上，主要指联系上，如(236a)。类似的是"등(을) 대다"，其具体意义是靠在背上，抽象意义指依靠别人的势力，如(236b)。程度更深的是"등에 업다"，意为背在身上，比喻借助该人的力量，如(236c)。依靠别人势力的这种人称作"등 진 가재"。

> (236) a. 거기서 등이 닿아 있는 지인이 있다 那儿有能联系
> 　　　　 上的熟人。
> 　　 b. 수구파들은 러시아의 세력에 등을 대고 총리대신
> 　　　　 김홍집을 때려죽이고 개혁의 수레바퀴를 뒤로 돌려
> 　　　　 놓은 것이었다.《김구, 백범일지》守旧派以俄罗斯
> 　　　　 势力为靠山，杀死了总理大臣金弘集，将改革的
> 　　　　 历史车轮又倒回到了原位置。
> 　　 c. 이젠 달님이 막강한 힘을 손에 넣었잖아? 대표님 등
> 　　　　 에 업고 마음대로 하면 우리 제압이 안 된다고.《달
> 　　　　 콤한 원수, 93회》现在吴月是如虎添翼啊！如果她
> 　　　　 仰仗（尹）代表的势力肆意妄为的话，我们就束手
> 　　　　 无策了。

　　如上，虽然汉语也用"背后"来比喻所依靠的势力，用"背靠大树好乘凉"来比喻依靠他人，但是韩国语上述惯用语并不能与汉语的"背"对应，而是多对应汉语的"联系的上、靠山、仰仗"等。

1.12.2.2 支持、鼓动
　　如果支持某人，则需要推着别人去干。不过韩国语里"등을 밀어주다"多用于具体意义，指为对方搓背，如(237)。这种表达的出

现与韩国人的搓背文化有关，韩国人即使在家里洗了澡，但也会不定期地去公共澡堂搓澡，澡堂里一般也有专门为人搓背的人，称作"때밀이"。

要想表达鼓动之意，则需要"밀다"的强调词"떠밀다"，形成"등을 떠밀다"结构，意思是生拉硬拽地让别人干或鼓动别人干，如(238)，而汉语里虽然有"生拉硬拽"，但多表达具体意义，没有抽象意义。

(237) 얼마 전, 서로의 등을 밀어주다 놀라운 발견을 했습니다.《한겨레21, 2012.05.11》不久前互相搓背发现了一件令人吃惊的事情。

(238) a. 가게 주인은 손님이 담배를 피우려고 하면 밖으로 나가라고 등을 떠밀 수밖에 없다. 如果客人想吸烟，店主人不得不请他们到外面去。

b. 들어오지 말라구 등 떠밀었어요.《연인, 2회》你故意那样就是为了不让我回来。

1.12.2.3 断绝关系

韩国人善于用后背的动作来表达自己的心理，细微的心理差异主要借助动词来表达，有时也需要区分前面的对象。

表示断绝关系时有两个与后背有关的动作，一个是"등지다"，一个是"등(을) 돌리다"。其中，"등지다"表达的具体意义是背靠墙，如(239a)，有时也指把后背朝向某人，如(239b)，表达这个意义时，主要取决于后面的动词；把背对着某个地方，即意味着拉开距离甚或断绝关系、离开，其中"고향을 등지다 背离家乡"意为离开家乡，"세상을 등지다 背离人世"意为离开人世，如(239c)。如果把

背对着某个人，则指双方关系变坏，如(240)，这个意义与(239b)容易发生混淆，差别表现在前面的对象和后面的动词上。

(239) a. 벽을 등지고 서다 背对着墙站着

b. 그녀는 냉정하게 나를 등지고 돌아앉았다. 她冷冷地转身背对着我坐了下来。

c. 어의가 하는 말이 내 병증이 심하여 언제 세상을 등질지 알 수가 없다는구나. 《옥중화, 47회》御医说我的病很厉害，不知道什么时候可能就背离人世/不行了。

(240) a. 시댁과 등지고 못 살아. 《아이가 다섯, 31회》和婆家关系不好的话，日子就没法过。

b. 두 사람이 등지고 산 지 이미 오래다. 两个人散伙已经很长时间了。

c. 그건 꼭 아버지하고 등지겠다는 선전포와도 같은 겁니다. 《최고의 연인, 59회》这相当于下了我要和父亲对着干/翻脸/分道扬镳的战书。

d. 아무리 친정에 등진 딸이라고 해도 친정엄마 그러시니 딸이 제일 속상하잖니? 《우리집 꿀단지, 117회》虽然你这个做女儿的，已经和娘家关系不好，但是你妈那个样子的话，你做女儿的还是最伤心的，是吧?

与韩国语相反，汉语"背对"多用于具体意义，很少用于比喻，表示比喻意义时一般用"背离"，但(239c)中"世上을 등지다"虽然可译成"背离人世"，但是这种四字格书面性较强，所以口语中

一般用"不行了"。(240)中的"등지다"在表示关系不好时，根据语境不同，对应的汉语也各不相同。

"등(을) 돌리다"的具体意义是将背转过去，引申为断绝关系、进行排斥，如：

(241) a. 나 자네를 드림 사장으로 만들어줄 유일한 사람이야. 왜 그런 사람한테 등을 돌리려고 해?《최고의 연인, 57회》能让你当上DREAM社长的人只有我，你为什么要和这样的人断绝关系啊？

b. 걔 그 동안 친정하고 등돌리고 살았는데 뭐 정이 남았겠어요?《우리집 꿀단지, 116회》她和娘家已经断了关系了，还能有什么感情啊？

c. 정회장하고 등을 돌리면 어떤 일이 벌어질지 모르는 거야?《동네변호사 조들호, 15회》如果和郑会长背道而驰，你不知道会发生什么事吗？

d. 나한테 등을 돌릴 생각이면 각오는 단단히 하셔야 할 겁니다.《동네변호사 조들호, 15회》如果你想脱离我的话，最好做好心理准备。

如上，"등지다"是一般的描述，而"등을 돌리다"则更强调关系由好转坏的这种变化。汉语里与此类似的有"背信弃义、背人"等，表示的也都是消极意义。但在具体语境中，能够与"등(을)돌리다"对应的多是"断绝关系、背道而驰"等。

1.12.2.4 抢夺

韩国语里后背也可以表达抢夺意义，并且形成了很多惯用语，

如"등골(을) 빨아먹다[빼먹다]、등을 긁어먹다[갉아먹다]、등을 벗겨 먹다、등골(을) 우리다、등골(을) 뽑다、등 치고 간 내먹다"等。这些惯用语的意义首先与动词"먹다"有关,并且在"먹다"的基础上,吃的方式还被细化了,如"긁어먹다、갉아먹다、벗겨 먹다、빨아먹다、빼먹다、뽑다、우리다、내먹다"等。此外,吃的东西主要有"등、등골、간"。最后还会产生一定结果。

从方式来看,"등골(을) 빨아먹다[빼먹다]"比喻榨取别人的财物,如(242ab);"등을 긁어먹다[갉아먹다]"指阴险狡猾地抢夺别人的财物,如(242c);而"등을 벗겨 먹다"指靠威胁抢夺他人财物的人,如(242d);"등골(을) 우리다"比喻用哄骗威胁等方式强行夺取别人的财物。"등골(을) 뽑다"比喻风尘女子吞吃外遇男的财物或折磨别人。此外,还有"등 치고 간 내먹다",指表面上装作是为他人好,但内心却想害人。类似的还有"병 주고 약 준다"。

(242) a. 겨우 부자 올케 등골 빨겠다는 계획이야?《우리집 꿀단지, 94회》你的计划就是去抢你那有钱的嫂子啊?

b. 우리 아들 등골 빼먹을 일이 있어요?《폼나게 살 거야, 1회》你想把儿子坑死啊?

c. 나머지 사백만은 농민의 등을 긁어먹고 사는 사람들이고….《이광수, 흙》剩下的四百万是靠着搜刮民脂民膏来生活的人。

d. 백성의 등을 벗겨 먹는 탐관오리 盘剥百姓的贪官污吏

如上,韩国语里这些表达在译成汉语时,一般用"抢、坑、搜刮、盘剥"等动词,一般不带直接宾语,都是带表示对象的间接宾语，如"嫂子、儿子、百姓"等，只有(242c)带了直接宾语"脂、膏"，但前面有间接宾语"民"出现。也就是说，相对于韩国语的表达，汉语表达更简练。这也反映了汉韩两种语言的基本特点差异，即汉语简练，韩国语繁杂。从韩国语到汉语的过程是缩写过程，相对轻松，从汉语到韩国语的过程是扩写的过程，难度更大，要经历更多的思维过程。

1.13 肩

韩国语里"肩"主要表达与工作、做事相关的意义，另外，也与身高、年龄等产生联系。

1.13.1 肩的涵义

韩国语里肩为"어깨"，如(243a)，虽也有汉字词"견두(肩頭)"，但使用频率不高。"어깨"还指衣服袖子与领子之间的部分，如(243b)；"어깨"也指兽类的前腿或鸟翅膀的前面部分。

(243) a. 어깨가 딱 벌어지다 肩膀宽阔

　　　 b. 요사이는 어깨가 넓은 옷이 유행이다. 现在流行宽肩膀的衣服。

　　　 c. 조폭처럼 보이는 건설사 어깨들 문 앞에 보디가드처럼 대기하고 있다. 《쾌걸 춘향, 1 4회》一些建筑公司痞子样的人像保镖一样守在门口。

d. 어깨 근성 나온다. 露出痞子味来。

"어깨"还指整天炫耀武力或暴力的不良之辈，如(243cd)。因为不良之辈总会抖擞着肩膀，扬武扬威，这一形象特点使"어깨"产生了这一消极意义，汉语多用"不良之徒"或"痞子"。有时"어깨"还被用来做外号，如电视剧《수상한 삼형제, 17회》中，高利贷放贷人率领的要账兄弟就叫"어깨"。这是通过具体的身体部位来比喻具有这些身体语言的某一类人或者特点。

1.13.2 肩与工作

在表示共同干某件事情时，汉语与韩国语一致，都是用肩膀来表达，如"어깨를 같이하다、어깨를 겯다、어깨를 나란히 하다"等都表示为共同的目的肩并肩共同行动，如(244a)。此外，"어깨를 나란히 하다"仍然有具体意义，指并肩站着或行走；既然能并排行动，就应该各方面差不多，所以"어깨를 나란히 하다"有时也指具有差不多的地位或力量，如(244b)。在表示此抽象意义时，类似的还有"어깨(를) 견주다、어깨를 겨누다[겨루다]"，如(244cd)。汉语在表达这些意义时，有时用"并肩、比肩而立"，但一般多用"共同合作、平起平坐、齐头并进"等。

(244) a. 그와 나는 어깨를 같이하여 연구 과제를 마무리했다. 他和我并肩完成了研究课题。
    b. 손흥민이 한국 축구의 전설 차범근 (64) 과 어깨를 나란히 했다.《nocutnews, 2017.04.15》孙兴慜终

于与韩国足球的传说——车范根（64）平起平坐
了。

c. 그 일은 혼자 힘으로는 안 되고, 어깨를 걸고 함
께 나아가야 할 수 있다. 那件事靠一个人的力量不
行，需要共同合作才行。

d. 이 분야에서 나와 어깨를 견줄 사람은 없다. 在这个
领域没人能与我比肩而立/齐头并进/一比高低。

　　与肩膀有关的还有"어깨너머"，主要用于"어깨너머로"形
式，表示在旁边通过看或听来学习别人做事，如(245)。

(245) a. 니네 엄마 식당까지 했는데 너 도대체 뭘 보고 배운
거냐? 어깨너머로 배워서도 식당 차리고도 남았겠
다.《폼나게 살 거야, 34회》你妈还开过饭店呢。
你到底学了些什么呀? 就是偷学也应该能开家饭店
了。

b. 그냥 어깨너머로 들었을 뿐입니다.《구르미 그린
달빛, 11회》只是偶然听到了。

　　汉语"肩"还称作"膀子"，有"甩开膀子加油干"，韩国语多
用"힘껏 일하다"。

1.13.3 肩与身高、年龄

　　"어깨"还可作定语，如"어깨동무"指肩膀一样高的伙伴，

即同龄人，也指互相把胳膊放在别人肩上那样站着，如(246)。汉语类似的有"肩搂着肩、勾肩搭背"，但韩国语意义发生抽象化，指关系非常亲密，汉语的"勾肩搭背"有贬义。

(246) 하대리 양과장은 앞에 나가서 어깨동무한 채 노래 부르고 있고.《내조의 여왕, 11회》何代理和杨课长在前面互相肩搂着肩边走边唱歌。

韩国语还有"어깨가 귀를 넘어까지 산다"，字面意义为年纪大，弯腰驼背，肩膀比耳朵还高，比喻无事可做，活得很长。

以上都是与自己的行为有关的表达，当别人来拍自己的肩膀时，在汉语里有时表达的是鼓励，有时也表达无奈，韩国语也有此类的表达，如(247)。

(247) 다른 동료들 안됐다는 듯 어깨 한번씩 툭 쳐준다.《내조의 여왕, 3회》其他同事们都过来拍拍他的肩膀，好像在说真可怜。

1.14 臂

臂在韩国语里为"팔"，指肩膀与手腕之间的部分，也指起重机、挖土机、机器人等主体上伸出的可以上下左右活动的部分，如(248a)。健康的人都有两只臂膀，韩国语里"右臂"为"오른팔、바른팔"，除了指具体的右臂，还可比喻身边负责重要任务的人，如

(248b)。与"오른팔"对应的是"왼팔",但是"왼팔"没有比喻意义,不过有俗语"왼팔도 쓸 데가 있다",比喻平时用不到的东西也有用得着的时候。汉语一般"左膀右臂"一起使用来比喻得力助手。德语里一般用"js. Rechte Hand sein 成为某人的右手"来表达类似意义(김수남 2003:199)。

(248) a. 기중기 팔 起重机的长臂

　　　b. 그 사람은 사장의 오른팔이라고 말할 수 있다. 他可以说是老板的左膀右臂。

因为胳膊可能进行的动作很少,所以与胳膊有关的惯用语、俗语很少,并且主要与胳膊的屈伸有关,如"팔이 들이굽지[안으로 굽지] 내굽나[밖으로 굽나]"字面意义为胳膊是往里拐,怎么可能往外拐啊?比喻人的感情更倾向于与自己近的人,如(249a)。但有时也会有一些活用,如(249b)。韩国语类似的还有"손이 들이굽지 내굽나"意为手是往里握,哪有往外握的啊?

(249) a. 아무리 팔이 안으로 굽는다고 하지만 공금횡령한 딸을 두둔해요?《최고의 연인, 78회》虽然都说胳膊肘往里拐,但是你女儿贪污公款了,你还袒护她啊?

　　　b. 팔은 안으로 굽는다던데 대표님 팔은 밖으로 굽는 팔입니까?《사랑이 오네요, 10회》都说胳膊肘往里拐,代表您的胳膊长得是往外拐的吗?

如上,韩国语里经常用的意义是"胳膊肘往里拐",但相反,汉语经常用"胳膊肘往外拐"来比喻干了损害自己的亲朋好友或供职部门的事，并且还有歇后语"胳膊肘往外拐——吃里扒外"。

与胳膊有关还有一个动作是去拉别人的胳膊，汉语为"掣肘"，喻阻挠别人做事。韩国语有汉字词"철주(掣肘)"，也有比喻意义，不过固有词"팔굽、팔꿈치"无此类意义。

胳膊的动作还有"팔을 걷어붙이다"，意为挽袖子，也就是说这里的"팔"转喻袖子，因为胳膊挽不上去，类似的还有"팔소매를 걷다"。汉语也有类似表达，如习近平主席2017年的新年贺词就有"撸起袖子加油干"。

最后，胳膊还经常与大腿连用，汉语有"胳膊拧不过大腿"，而韩国语有"팔 고쳐 주니 다리 부러졌다 한다"，意思是修好了胳膊，又说腿断了，可以指不顾脸面总是提出一些过分的要求，也可比喻事故接连不断地发生。

1.15 腰

韩国语里腰为"허리"，如"날씬한 허리 纤细的腰部"，"허리"还指事物的中间部分，如"산허리 山腰"。"허리"的惯用语多与腰的动作或状态相关，主要可分为七类，第一类是直起腰，第二类是主动弯腰，第三类是累弯了腰，第四类是腰断了，第五类是笑得直不起腰，第六类是腰很硬，第七类是分裂、被中断。不同的动作或状态表达的意义不同。

第一，挺直腰为"허리를 펴다"，指难关过去可以平安过日子了，如(250a)，类似的汉语有"腰杆硬"，比喻有根基、有实力或有

靠山。"허리를 펴다"的反义表达"허리를 못 펴다"指过着受人束缚的生活，如(250b)，汉语一般用"点头哈腰"，因为"点头"和"哈腰"虽然是两个动作，但却是一体性的动作。

(250) a. 돈이 있어야 사람이 좀 허리를 펼 게 아닙니까? 有了钱，人才能挺直了腰板过日子不是吗?
b. 허리를 못 펴고 굽실거리며 지내다. 对他人点头哈腰地过日子。

第二，"弯腰"可表达多种意义，例如"허리를 굽히다"就是多义表达，可表达屈服于别人，如(251a)。汉语有时也多用"折腰"比喻屈服，但多用于否定结构，如"不为五斗米折腰"。韩国语里的"弯腰"除了表示屈服，也指对别人表示谦虚，如(251b)。

(251) a. 끝까지 버티던 그는 결국 허리를 굽히고 말았다. 一直坚持到最后的他最终还是屈服了。
b. 그는 우리에게 허리를 굽히며 정중히 사과했다. 他面向我们弯下腰，郑重道了歉。

韩国语里的"弯腰"还表示郑重的问候，如(252a)。用于此意义时，其同义表达还有"허리를 꺾다"，指鞠躬行礼，如(252b)。这与韩国的鞠躬行礼文化密切相关，现代中国的鞠躬礼属于较重的礼节，多用于表示感谢或道歉，一般不用作问候礼。

(252) a. 손님이 매장에 들어서자 직원들이 일제히 허리를 굽혔다. 顾客一走进卖场，店员们都整齐划一地弯腰

行礼。

    b. 주총이 끝나면 그렇게 여유를 부릴 수 없을 걸. 적어
       도 허리는 90도로 꺾이게 해 줄 테니까.《사랑이 오
       네요, 102회》股东大会结束时你可能就不会这么悠
       闲了。因为我会让你的腰给我来个90度的大鞠躬。

    第三，上面的"弯腰"指主动的动作，多表达心理、感情。但
是腰弯了，一般是非自愿的，所以"허리가 휘다[휘어지다]"指因
难以承受的事情而疲于应付，多指经济问题，如(253ab)。而指经济
极其困难的是"허리가 휘청거리다[휘청하다]"，如(253cd)。

  (253) a. 아버지의 병원비를 대느라 허리가 휠 지경이다. 为
       了负担父亲的住院费，我的腰都要累弯了。
     b. 어머니는 동생이 대학에 입학하고 나서 학비로 허
       리가 휘어졌다고 말했다. 母亲说自从弟弟进入大
       学，因为要给他挣学费，腰都累弯了。
     c. 그녀는 두 자녀의 학비와 학원비로 허리가 휘청거렸
       다. 她因两个孩子的学费和辅导费而累弯了腰。
     d. 어머니는 허리가 휘청할만큼 비싼 물건을 구입했
       다. 母亲买的东西令人难以负担，太昂贵了。

    第四，表示负担非常大，事情难以承受时多用"허리가 부러지
다"，是用"腰断了"来比喻对某事的负担到了无法承受的程度，如
(254)；有时也比喻堂堂气势被压倒，再也没法展现自己才能。表示
"腰断了"之意的"허리가 부러지다"强调的多是一种状态。

(254) 일이 너무 많아서 허리가 부러질 지경이다. 工作太
    多，累得腰都快断了。

第五，表示好笑时也有很多与腰有关的表达，其中"허리가 부러지다"是多义词，也可以表示好笑，如(255a)。类似的还有"허리가 끊어지다"，如(255b)。其他还有"허리를 잡다、허리를 쥐고 웃다"等，如(255cd)。

其中"허리를 잡다、허리를 쥐다"两个惯用语的产生是因为人们在捧腹大笑时，一般都会用手摸着自己的腰，而"허리가 부러지다、허리가 끊어지다"两者是从腰的状态角度所进行的描写。两类表达的不同是出于观察视角的不同产生的。汉语的"捧腹大笑"与"笑得直不起腰"也是相同的现象。

(255) a. 너무 우스워서 허리가 부러질 지경이다. 太好笑了，
       笑得腰都快断了。
    b. 허리가 끊어지게 웃다. 笑得直不起腰来。
    c. 소녀들은 무엇이 그리 재미있는지 허리를 잡고 웃어
       댔다. 那些少女不知有什么那么有意思，笑得腰都
       直不起来了。
    d. 아이들은 선생님의 농담에 허리를 쥐고 웃는다. 孩
       子们被老师的笑话逗得捧腹大笑。

除了固有词外，韩国语里还有汉字词"봉복절도、포복절도-하다(抱腹絕倒--)、포복(抱腹)、절도(絕倒)、요절(腰絕)"等，意思是捧腹大笑。

第六，再看"腰硬"所表达的意义，"허리가 꼿꼿하다"可以表示与年龄相比显得年轻，如(256a)。汉语在形容人的身体轻柔时多

用"杨柳腰",即正常情况下,腰是很柔软的,如果变得很僵硬,则指比较疲劳,所以"허리가 꼿꼿하다"也有此意,如(256b)。

(256) a. 노인은 칠십이란 나이에도 불구하고 허리가 꼿꼿하였다. 老人虽已七旬, 但腰板还很硬朗。
   b. 넓은 마당을 다 쓸고 나니 허리가 꼿꼿하다. 把整个院子扫完后, 觉得腰硬邦邦的。

第七,与分裂、被中断有关的惯用语有"허리가 잘리다",其被动意义比"허리가 부러지다"更强,可比喻国土被分裂,如(257a),也比喻行动或事情被中断,如(257b)。

(257) a. 조만간에 삼팔선으로 허리가 잘린 이 조선 땅이 한 나라가 되는 새 세상을 맞습니다.《김원일, 불의 제전》我相信被三八线截成两半的朝鲜土地会统一为一个国家, 会建立一片新的天地。
   b. 아들의 재촉을 받고서야 운암댁은 허리가 잘린 이야기를 주뼛주뼛 되잇기 시작했다.《윤흥길, 완장》被儿子催促之后, 云岩媳妇才又嘟嘟着嘴重新说起刚才被打断的话。

1.16 腹

柏拉图认为"欲望的位置在腰部,它是能量、性欲迸发的积蓄地"（杜兰特 2013/2017:30），这里的"腰部"其实指的是腹部。不仅西方人如此，在韩国人眼里，肚子不仅与人生存的基本欲望"吃"紧密相连，还与人繁衍的欲望"生育"紧密相连，与人基本的感情欲望"性"紧密相连，此外，韩国人眼中的肚子还与其他心理感情、态度、胆量、想法、眼力产生关系，这与中国人一想到肚子就会想到"宰相肚里能撑船、大肚能容"等肚量意义不同。

1.16.1 肚子的涵义

韩国语里肚子为"배"，主要有以下五种意义：

[表14] "배" 的意义

	意义	例子	汉语
배	医学用语	그는 배를 깔고 엎드려 자는 습관이 있다. 他习惯肚子朝下趴着睡觉。	肚子
	妊娠中的肚子	임신 후 오 개월부터는 배가 눈에 띄게 불러 왔다. 怀孕五个月后，肚子明显地大了。	
	动物的肚子		
	长东西中间鼓出的部分	배가 불룩한 돌기둥 中间粗的石柱子; 옥수숫가루와 감자가 삼분의 이쯤 차 배가 부른 마대 자루였다.《김원일, 노을》那个袋子装了三分之二左右的玉米面和土豆，中间很鼓。	肚子、中间粗、中间鼓
	动物生崽子或下蛋的次数	그 돼지는 1년에 두 배나 새끼를 낳았는데, 한 배마다 여러 마리의 새끼를 낳았다. 那头猪一年能下两窝的小猪，每窝能下好几头小猪。	窝

如上表所示，韩国语"배"作医学用语或者指妊娠中的肚子、

动物的肚子时，汉语也用"肚子"，不过汉语有时指"腿肚子"，韩国语为"종아리"。汉语"肚子"还指动物的胃，如"牛肚子"。

"배"还指长长的物品的中间鼓出来的部分，汉语有时也有这种表达，但并不一定完全对应。韩国语有俗语"돌담 배 부른 것、돌담의 부른 배는 쓸모가 없다"，两者都与建筑常识有关，因为石头墙鼓了肚子的话就容易倒塌，所以两个俗语都比喻一点用处没有，只会带来坏处的存在。

由于"배"可以指妊娠中的肚子，所以"배"还可用于数量词后，指生崽子或下蛋的次数，汉语一般用量词"窝"来表达，这个意义是从巢穴义的名词"窝"发展而来的。

1.16.2 肚子与吃饭

美国哈佛大学人类学教授张光直先生曾说"到达一个文化的核心的最佳途径之一就是通过它的肚子"。这里讲的就是吃饭的问题。对一个人或一个民族来说，能否吃饱是最核心的问题。但是这种思想表现在语言上却又受文化的限制。韩国语里用与肚子有关的表达对此进行了颇具文化特色的思考和描述。

1.16.2.1 饥饿

表示饥饿时，韩国语用"고프다"，主语多是"배"，如(258a)，由于"배、고프다"总是结合在一起，所以形成了合成词"배고프다"，可以表示饥饿，如(258b)，但也指生活非常穷，连饭都吃不上，如(258cd)，这种语义变化方向说明吃饱饭是人最基本的生活需求，如果吃不上饭则是贫穷的极限。

(258) a. 배가 고파서 우는 아기 饿得直哭的孩子

b. 너무 배고파서 돌이라도 먹겠다. 饿得都能吃石头
了。

c. 배고픈 생활 挨饿的生活

d. 유년 시절 배고팠던 기억이 지금은 추억으로 남았
다. 幼年时节饿肚子的记忆现在成了回忆。

现代社会的实际生活中，"고프다"已经不再局限于指饥饿，而
是指对各种事物的需求，这些事物可以是酒，如(259a)；也可以是抽
象的话语(259b)或称赞(259c)，反映的是韩国语的语义泛化现象。汉
语"饥饿"没有这种语义泛化，与其对应的是各自不同的表达。

(259) a. 무슨 와인은 술처럼 마셔? 술 고팠어?《아버지가 이
상해, 29회》怎么喝红酒就跟喝水似的啊? 你馋酒
了，是吧?

b. 배가 고프면 식당 가고 말이 고프면 경로당 가
요.《다시, 첫사랑, 25회》肚子饿了去饭店，没人
唠嗑去老年活动中心啊。

c. 나 요즘 너무 칭찬에 고파. 나한테 칭찬해 준 사람
없어.《질투의 화신, 19회》最近我非常渴望别人称
赞我。因为没人称赞我。

在过去，普通老百姓吃不上饭的事情是非常常见的，而饥饿是
非常难以忍受的痛苦，当人饥饿时，汉语多用"肚皮贴到后脊梁骨
了"，韩国语也有同样的表达，如"배가 등에 붙다"，有时还有变
形，如(260)。

(260) 나머지 밥 먹으면서 얘기하면 안 되겠니? 등까지 배가
　　　붙었다. 《황금빛 내 인생, 35회》剩下的边吃饭边说不
　　　行吗? 饿得肚皮都贴到脊梁骨了/都前胸贴后背了。

　　汉语有俗语"人是铁饭是钢, 一顿不吃饿得慌", 而韩国语则
有"배고픈 호랑이가 원님을 알아보나", 意思是饥饿的老虎是不会
管你是不是一县之长的, 比喻非常困苦、艰难的处境下就会不管不
顾, 就会"饥不择食", 就会走上弯路, 正像管子所说"仓廪实而知
礼节, 衣食足而知荣辱《管子·牧民》"。如果让饥饿的人把饭拿出
来给他人吃, 那无异于"虎口夺食", 韩国语用俗语"배고픈 놈더러
요기시키란다、시장한 사람더러 요기시키란다"来表达, 比喻面对
连自己的前途都保障不了的人提出很困难的要求。

1.16.2.2 吃饱

　　吃饱是生存的基础。人吃饱这个具体的行为背后反映的是人类
对世界的观察和认识。韩国人借用各种语言形式表达了对世界和人
生现象的描述和反思。

　　韩国语里意为吃饱的动词是"부르다", 主要与"배"结合, 如
(261a); 也指鼓起来, 如(261bc), 可以指人的肚子, 也可以指事物的
肚子。用肚子来比喻事物, 反映的是一种拟人比喻思想。

(261) a. 배가 부르도록 실컷 먹었다. 吃饱了肚子。
　　　 b. 배가 부른 항아리 圆滚滚的大缸
　　　 c. 아이를 가져 배가 부르다. 怀孕, 肚子大了。

　　由于"배、부르다"总是一起使用, 所以产生了合成词"배부

르다”, 有四个比喻意义, 分别是:量非常大, 再也吃不下去了; 怀孕后肚子大了; 中间突出; 生活富裕, 没有任何不足。前三个意义比较具体, 第四个意义比较抽象, 隐含意义是“富裕的基础是吃饱肚子”, 如(262), 汉语多用“养尊处优”, 强调的是地位尊贵和生活优裕。

> (262) 첫숟가락밥 뜨기도 전에 배부른 인생만 살았던 놈이
> 고생한다.《황금빛 내 인생, 36회》他在学会吃第一口
> 饭前, 过的就是养尊处优的生活, （现在真是）难为
> 他了。

根据马斯洛的需求层次理论, 生理上的需求是最基本的第一层次的需要, 第一层次中除了呼吸、喝水之外, 最重要的就是对食物的需求。所以饿肚子的人最大的愿望就是吃饱肚子, 反映这一基本生存需求的俗语是“배부르니까 평안 감사도 부럽지 않다”, 比喻受饥饿折磨的人如果能吃饱肚子就别无所求了, 连高官厚禄都不羡慕。

对韩国人来说, 填饱肚子是把食道、肚子上的灰给抹掉, 如前面分析过的“목구멍 때도 못 씻었다”意为没吃饱, “목구멍의 때 (를) 벗기다”意为吃饱, 此外还有“배의 때를 벗다”指情况好转, 可以填饱肚子, 如(263)。

> (263) 이제 가난에서 벗어나 배의 때를 벗으니 얼굴까지 환
> 하게 피었다. 现在摆脱了贫困, 可以填饱肚子了, 脸
> 都泛光了。

人一般在吃饱喝足后会拍拍自己的肚子说吃饱了, 所以惯用语“배(를) 두드리다”就有了更抽象的意义, 指生活富足、安乐, 如(264)。

(264) 그도 이제는 가난한 시절 다 보내고 배를 두드리며 세
월 좋게 산다. 他现在苦日子也到头了，开始过起了挺
着肚子的好生活。

吃饱了的人还有一个特点就是不再想吃的，所以就有了俗语
"배부른 데 선떡 준다"，意思是吃饱肚子的时候再给没熟的年糕
吃，对方不会感谢的，比喻无法显摆的行为。

吃饱了的人自己不想再吃东西也就算了，但是很多人却因此而
认为别人也不饿，所以就有了很多俗语，如(265)，义同汉语的"饱
汉子不知饿汉子饥"，比喻没有受过苦的人是无法体会受苦人的状况
的。与此相关有了"배부른 소리、배부른 사람"，如(266)，但是由
于汉语里"饱汉子"和"饿汉子"这样的表达一般不单独使用，并
且俚俗性太强，所以如(266b)所示，根据语境，汉语译成了"吃喝不
愁的人"或"高枕无忧的人"。

(265) a. 배부른 사람은 배고픈 사람 사정을 모른다.

　　　b. 배부른 상전이 배고픈 하인 사정 모른다.

　　　c. 배부른 상전이 하인 밥 못하게 한다.

(266) a. 영감이 멀쩡하게 살아있는 게 배부른 소리 하고 자
빠졌다야.《왕가네 식구들, 16회》老公健健康康地
活着，（你还不知足），你真是饱汉子不知饿汉子
饥/吃饱了撑的。

　　　b. 그러니까 난 늘 배부른 사람처럼 이야기하지 마.
《황금빛 내 인생, 39회》所以你不要把我说成吃喝
不愁/高枕无忧的人。

不管是人还是动物，只要吃饱了肚子就容易入睡，所以就有了俗语"배부른 놈이 잠도 많이 잔다"，意思是肚子饿了觉也睡不着，只有吃饱了所有的事情才会比较顺利。而饱肚子的人一般都会变得慵懒，所以就有了俗语"배부른 고양이는 쥐를 잡지 않는다"，比喻生活艰难的人会勤奋劳作，而衣食无忧的人则容易懒惰，类似的还有"배부른 매는 사냥을 않는다"。

吃饱了、心满意足的人一般是比较悠闲的，会以一种比较满意的态度来对待周围的事物，所以就有了俗语"배부른 고양이 새끼 냄새 맡아 보듯"，比喻对某事很满意而摸摸这个看看那个的样子。因为饱肚子的人一般没有危机感和紧迫感，所以"배부른 흥정"指成最好，不成也无所谓的讨价还价方式，如(267)。

(267) 한밑천 잡고 나서 배부른 흥정만을 하니 가게를 찾는
　　　손님이 점차로 줄었다. 挣了一笔钱后，做生意就有一
　　　搭没一搭的，来店里的客人慢慢地少了。

吃饱了肚子，还有一个结果就是身上会长肉，因此惯用语"배에 기름이 지다、배에 기름이 끼다、배에 기름이 오르다"以及俗语"배에 발기름이 졌다[끼다]"等都表示生活变好了，如：

(268) a. 오늘 장사 안 해요? 요즘 배 기름이 제대로 졌구만.
　　　　《천상의 약속, 77회》今天不开张吗? 你最近真是
　　　　吃饱了不知道饿了，是吧?
　　　b. 이 놈의 집구석 장사가 되나 보군, 배에 기름이 끼었
　　　　어.《한수산, 유민》这家里看来买卖不错，肚子长
　　　　肉了。
　　　c. 그는 신도시 개발로 부자가 되어 배에 기름이 올랐

는지 씀씀이가 점점 헤퍼지기 시작했다. 可能因为
新城市开发，他一下子有钱了，肚子上也长了肉，
吃穿用度逐渐大手大脚起来。

汉语里在形容一个人经济状况好时，一般多用"脑满肠肥、
肥头大耳"来表达，不过贬义性很强。有时也用"罗汉肚"比喻富
裕，没有明显的贬义。

使肚子鼓起来，则意味着东西多了，所以俗语"배(를) 불리다
[채우다]"指中饱私囊，占据更多财物和利益，如(269a)，这种人
会遭到告诫的，如(269b)。汉语虽然也有"填肚子"，但一般多用于
"填饱肚子"，意为吃饱饭，解决吃饭问题。

(269) a. 그는 시간이 흐를수록 요령껏 자기 배만 불리기에
　　　정신이 없었다. 随着时间的流逝，他一直忙于中饱
　　　私囊，本事也越来越老道。
　　b. 네 배를 채우는 데만 급급해하지 말고 남 좀 생각해
　　　라. 你不要光忙着填自己的肚子，也替别人想想。

人一旦经济条件变好，就不会有愁心事，而有时就错误地认为
有钱万能了，所以俗语"배만 부르면 제 세상인 줄 안다"有两个
意义，可以比喻只要肚子吃饱了就没有任何忧愁，也比喻只要有钱
就认为整个世界就是自己的了，就开始肆意妄为。这样的人必然招
致批评，俗语"배가 남산만[앞 남산만] 하다"就多用来嘲笑那些
傲慢、不可一世的人。

综上可以发现，肚子的饥饱直接关系着人的喜怒哀乐，关系着
人的行动举止。这种联系存在于世界各种文化中，《管子·牧民》曾

说过："衣食足知礼仪"。但与中国人的思想相比，韩国人形成了自己独特的哲学思想，其中有与中国相似的，也有大相径庭的。

1.16.3 肚子与怀孕

由于"배"还指妊娠中的肚子，所以俗语"배가 남산만[앞 남산만] 하다"可用来比喻孕妇的肚子很大，如(270)。中国山东有闻名天下的泰山，山上有三道门分别为"一天门、中天门、南天门"，其中"南天门"是最后一道天门，跨过它就进入天界了，所以在泰安有时会听到说孕妇的肚子大时，说"她的肚子快挺到南天门了"，这与韩国语"배가 남산만[앞 남산만] 하다"有异曲同工之妙，但这都是在一定的文化背景下才成立的。不过韩国首尔的南山实际上海拔并不高，其名声与泰山相比也有天壤之别。

(270) a. 배가 왜 남산만해져?《월계수 양복점 신사들, 41
회》为什么肚子会像南山一样大啊？
b. 당신 동구 배고 배가 남산만해가지고도.《오늘부터
사랑해, 81회》就是你怀东九[06]时肚子那么老大，
（我们不也天天跳舞来嘛）。

谈到怀孕，经常会有人怀着孕而想知道怀的到底是男孩还是女孩，而这个问题就比较好回答，不是儿子就是女儿，所以俗语"배 안의 아이 아들 아니면 딸이다、밴 아이 사내 아니면 계집이지"后来多用来批评那些做无谓担心的人。

06　句中的"동구 东九"是人名。

因为韩国很重视年龄与辈分，所以就有了俗语"배 안엣[안에] 조부는 있어도 배 안엣[안에] 형은 없다"，意思是虽然年龄小的人有可能成为自己的爷爷，但没有比自己小的哥哥，也就是说不能管比自己小的人叫哥哥。

韩国语还有"배가 다르다"，比喻母亲不同，如(271)。汉语虽然有"不是一个肚子养的"，但俚俗性太强，所以平时多用"同父异母"来表达。

(271) a. 태윤이 배가 달라도 니 동생이야.《다시, 첫사랑, 7회》泰允虽然不是我生的/泰允虽然和你同父异母，但是你弟弟啊。

b. 배 다른 형제라도 난 너 혼자 있는 것보다 태윤이 있어서 든든하다.《다시, 첫사랑, 7회》虽然是同父异母的兄弟，但是有泰允在，总比你一个人要心里踏实。

1.16.4 肚子与胆量、想法和眼力

对韩国人来说，肚子还与人的胆量、想法和眼力密切相关。表达胆量的主要有"뱃심、배짱"。其中，"뱃심"指没有廉耻或不知恐惧地坚持，经常用于"뱃심(이) 좋다"，如(272)。"배짱"指内心的想法或态度，如(273a)，这时汉语一般用"看着办"；"배짱"也指不屈服的性情或态度，如(273bc)，经常用于惯用语"배짱(을) 내밀다、배짱을 대다"，意思是显示很有胆量，汉语都可译成"有胆量"。"배짱(이) 맞다"意思是意气相投，如(273d)，此时汉语不用

"胆量"。"배짱"还经常用作定语，意思是不遵守法律、非法干某种事情，如(273e)，汉语一般译成"非法"。

    (272) 뱃심 좋은 청년 有胆量/有魄力/倔强的青年

    (273) a. 네 배짱대로 해 봐라. 你看着做吧。

          b. 배짱 있는 사람 有胆量的人

          c. 그런 배짱 없으면 내 일에 상관하지 마.《미워도 사랑해, 43회》要是没有那个胆量，就不要管我的事情。

          d. 배짱이 맞는 친구들이라 因为是意气相投的朋友……

          e. 배짱영업 非法营业 베짱장사 非法经商 베짱부스 非法展台 배짱주차 非法停车

    与肚子有关，韩国语还有汉字词"복안(腹案)"，指内心所想的没有显露出来的想法，如(274)。类似的还有"속배포、의안(意案)"，虽然汉语"腹案"也有这样的用法，但是一般书面性较强，口语中多用"打算、办法、思路"等。

    (274) a. 다만 보험금이 성숙될 때까지는 20조 원의 누적 흑자가 쌓인 건강보험기금을 한시적으로 활용하겠다는 것이 민주당의 복안이다.《동아일보, 2016.10.24》民主党初步的腹案/打算是，在保险金成熟前，先暂时利用累计达20兆元黑字的健康保险基金。

          b. 그 방법을 반대하다니, 무슨 복안이라도 있습니까? 你竟然反对那个方法，那么你有什么腹案/别的办

法/思路吗?

　　韩国语里还有俗语"배꼽에 어루쇠를 붙인 것 같다"，意思是就像肚脐眼上放了面镜子一样，所有的东西都看得非常清楚，比喻眼力好、明事理，对别人的心事洞若观火。

　　如上，这实际反映了过去人们认为"肚子是思想的工具"这一认知，汉语也有"心知肚明"，反映的是同一思想，只不过汉语同时利用了两种人体器官，分别是"心"和"肚"。

1.16.5 肚子与态度

　　韩国语里与"배"有关还有一个表达是"배째라"，指发生了自己应该负责任的事情但却装作没事人或者想回避责任时，多说这样的话，如:

(275) a. 최대주주는 [배째라 (BJR)]는 식으로 공시도 하지
　　　　않고 버티고 있으며...最大的股东一副看着办的架
　　　　势，也不公示，就那样硬挺着。

　　　b. 각서 하나 달랑 써놓고 배째라구?!《우리집 꿀단지,
　　　　5회》写了个保证书，就一副看着办的样子啊。

　　　c. 걸리면 배째라 그러구요.《내조의 여왕, 7회》如果
　　　　被抓住了，就让他们看着办吧。

　　　d. 배째라의 심보인지 어제 밤 외박까지 했다니
　　　　까.《내딸 금사월, 10회》不知道她是不是豁出去
　　　　了，昨天都没回家睡觉。

e. 여기 눌러앉아서 배째라 하면서 한창 끌 수 있다는
　데.《우리집 꿀단지, 95회》我们就赖在这儿，挺着
　的话，可以拖很长时间的。

f. 배짜라는 완전 모전자전이네.《최고의 연인, 108
　회》看来耍赖皮是子承母业啊。

近似的表达还有 "죽이든 살리든 마음대로 해. 要杀要剐你看
着办、무뎃포 정신 手无寸铁也要拼命的精神"。而汉语的 "要杀要
剐看着办" 与韩国语 "배째라" 还是有一定相似之处的。但是因为韩
国语 "배째라" 成了一个词，所以在译成汉语时，一般多译成 "看着
办吧、豁出去了、赖、耍赖皮" 等。

1.17 腿

韩国语里 "腿" 主要与口福、心情以及人际关系密切相关，其
中很多表达具有很强的民族性和文化性。

1.17.1 腿的涵义

韩国语里腿为 "다리"，指人或动物的腿，也指物体下端用来支
撑物体的部分，如(276a)；也指鱿鱼或章鱼长长的触角，如(276b)；也
指眼镜腿，如(276c)。

(276) a. 책상 다리 桌子腿

b. 그는 술안주로 오징어 다리를 씹었다. 他嚼着鱿鱼
腿当下酒菜。

c. 다리가 부러진 안경 断了腿的眼镜

　　韩国语里还有为数不多的与腿有关的合成词，其中"다리품"
指走路所付出的努力，惯用语"다리품(을) 팔다"指走路很多，如
(277)。此外还有"뒷다리"，即汉语的"后腿"。"양다리"意为两条
腿，多用于"양다리를 걸치다"，有时也用"두 다리를 걸치다"，
译成汉语是"脚踏两只船"或"劈腿"，韩国人关注的主体都是腿，
但中国人既关注腿也关注脚。

(277) 걱정마세요. 열심히 다리품을 팔고 있으니까.《전생에
웬수들, 41회》不用担心，我正在到处跑呢。

　　韩国语还有"늙다리"，表示老的人或动物，其结构是"늙다"
的词干与"다리"的结合，这种构词组合反映的是对"变老先从腿
开始"这种自然现象的观察，因为看一个人老不老，从腿的动作就
能看出来，而说一个人老时，汉语也多用"腿脚不利索了、老胳膊
老腿的"来表达。韩国语还用"늙다리"来转喻年老的动物、兽类，
如(278a)；也可用来贬称老人，如(278bc)。

(278) a.이제는 늙다리가 된 당나귀 已经年老体衰的毛驴

b. 늙다리 노처녀도 면사포 쓰는데.《사랑이 오네요,
83회》连老处女都穿婚纱结婚了。

c. 너 나하고 이혼하고 벌써 신문기사에 나온 남자가
몇이냐? 연하인 아이돌 가수,늙다리 영화배우.《사

랑이 오네요, 9회》你和我离婚后，（和你被）上报纸的男人都有几个啊? 年小的偶像歌手、老年电影演员……

与腿有关，还有"곁다리"，指附属的，也指非当事人的其他人，其中"곁다리(를) 끼다、곁다리(를) 들다"指其他人在旁边乱发表意见、乱说话，如(279)。汉语也有"插一腿、插一杠子"。

(279) a. 자네가 무슨 상관인데 남의 일에 곁다리를 끼고 나서지? 与你有什么关系啊? 你怎么插腿别人的事?
b. 자꾸 곁다리를 들고 나서는 친구가 얄미웠다. 那个朋友凡事总爱插一杠子，烦死了。

1.17.2 腿与口福

腿脚灵便可以到处游逛，有时就会遇到好事情，例如，有可能碰到谁家办宴席，可以蹭顿饭吃，韩国语用"다리가 길다"来表达这种有口福的情况，如(280)。此外，还有"발이 길다、발이 짧다、발이 효자다"类表达。

(280) 뭐 먹을 때마다 부르지도 않았는데 오는 것을 보면 저 친구 참 다리가 길지. 每次吃东西时，也没叫他，但他总能碰上，看来那个朋友真的是鼻子灵/尖啊。

在汉语里，一般不用"腿长"来表达，而是用"鼻子灵(敏)"来表达。2011年1月19日凤凰网登了一篇新闻"鼻子灵，寿命长"，虽然这篇新闻的科学性有待考证，但某种程度上也有一定的可信度，至少鼻子灵了，会有口福，不会被饿死。

山东淄博方言里的"腿长"也有与韩国语完全一样的意义。当然，用"腿长"还是用"鼻子灵"不过是观察视角不同而已，因为用"腿长"强调的是碰上好事，而"鼻子灵"强调的是闻到饭菜的香味所以跑来了，最终还得体现在腿的行动上。

由此也可以让我们重新认识到方言研究的重要性，因为汉语普通话里没有的一些表达，在方言里却可以发现它的身影，并且与韩国语有时出现惊人的一致。

1.17.3 腿与人际关系

1.17.3.1 逃跑

腿的作用最重要的就是走路。与此相关，中国人有"跑腿"指奔波或给人办事，而韩国人在逃跑时会喊"걸음아 날 살려라、다리야 날 살려라"，都与腿有关，如(281)，汉语没有这种用法，可根据语境进行具体翻译，如(281a)译成了"慌不择路"，(281b)译成了"天啊，快跑吧"，(281c)译成了"救命啊"，都没有出现"腿"。

(281) a. 취임사 끝나자마자 손님들 앞에서 걸음아 나살려라 도망갔대.《사랑이 오네요, 108회》听说他就职演说一结束，就在来宾面前慌不择路地逃跑了。

  b. 얼마나 무서운지 그냥 다리야 날 살려라 죽자고 뛰었지요.《그래 그런거야, 36회》不知道心里有多害怕，一边喊着"天啊，快跑吧"一边拼命跑。

c. 황소처럼 노하여 달려오는 것을 본 두만이 다리야
   날 살려라 하고 달아났다. 《박경리, 토지》看到对
   方像老黄牛一样疯了似的扑上来，杜满开始逃跑，
   一边还喊着"救命啊"。

对韩国语里出现的"걸음아"或"다리야"，笔者认为这可以从韩国人席地而坐的坐式文化去考虑，因为韩国人一直到现在都保持了过去的坐式文化，所以坐在地上的姿势是人们最常见的状态，如果在这种最常见状态下遭遇突发事件而需要逃跑，首先要站起来，而人久坐之后要想站起来，腿肯定不舒服，所以就会不自觉地说出"아이구，내 다리야"，并且从坐姿到站姿，再到奔跑，腿的状态起决定作用，而"걸음아"所表达的也是类似意义，所以韩国人不自觉地就形成了这样的表达习惯，最终形成了上述两个俗语。

1.17.3.2 断腿与窝里横

上面的惯用语或俗语讲的都是腿的用处。因为腿是人体中必不可少的部分，如果腿断了，那么就无法行走，这对一般人来说是非常残酷的，而对带兵打仗的将领来说那将是致命的弱点，因为就无法带兵了。韩国语里有与此相关的俗语"다리 부러진 장수 성안에서 호령한다 断腿将军在城内发号施令"，类似的还有"이불 속[안]에서 활개 친다. 在被窝里逞能"都用来比喻在别人面前时连大气都不敢出，但到了没人的地方却装模作样地装强。汉语里类似的表达有"窝里横"。

实际上，俗语"다리 부러진 장수 성안에서 호령한다"极易让人联想到诸葛亮"运筹帷幄之中，决胜于千里之外"，一般会以为这是个具有褒义的俗语，但其实这个俗语的意义与汉语正相反，之所

以产生这种偏差，与观察视角有关，另外韩国语的这种寓意从某种程度上更符合实际，毕竟中外历史上仅出现了一个诸葛亮。

韩国语里与汉语"运筹帷幄之中，决胜于千里之外"有相似之处的应该是"두메 앉은 이방이 조정 일 알듯"，意思是就像居于山沟沟的吏房知道朝廷之事一样，比喻深居简出的人反而对外面的世界更了解。而汉语有"秀才不出门，全知天下事"。

1.17.3.3 被举起腿与制胜权

韩国语还有惯用语"다리를 들리다"，意为被别人夺去制胜权，如(282)。这种意义之所以产生可以从两个角度去解释，一个是从摔跤的角度去看，因为摔跤有一个动作，是把别人的腿抬起来将其摔倒在地。另外，也可从韩国的坐式文化去分析，因为韩国人的传统生活方式是坐在地上生活的，如果被人把腿举起来，那么整个人就会往后仰倒在地，被别人制服。

(282) 내 자리를 그가 먼저 차지하고 있으니, 나야말로 다리를 들린 셈이군. 他先把我的位置给占了，我才是被插了一腿啊/被摆了一道啊。

1.17.3.4 扯后腿与把柄、马后炮

韩国语里后腿为"뒷다리"，"뒷다리(를) 잡다"比喻抓住别人的弱点，使无法摆脱，如(283a)；而被动或使动形态的"뒷다리(가/를) 잡히다"指被别人抓住弱点而无法动弹，如(283b)。汉语的"扯后腿"，也有被牵扯住的意思，但根据语境，有时是"把柄、弱点"等与韩国语对应。

韩国语还有"뒷다리(를) 긁다",意思是又提起已经结束的话来让别人难受,如(283c),相当于汉语的"马后炮",因为汉语"后腿"没有这样的意义。

(283) a. 뒷다리를 잡아 그를 꼼짝 못하게 해라. 找到他的弱点/把柄,把他弄住。

b. 나는 그에게 뒷다리를 잡혀 어쩔 수가 없었다. 我被他抓到把柄,奈他不得。

c. 이야기할 때 뭘 하고 이제야 뒷다리 긁니. 之前说的时候,你干什么去了? 现在怎么又马后炮?

1.18 膝

在这一节里主要分析膝盖、膝弯以及膝下等三个部位。

1.18.1 膝盖

韩国语里膝盖为"무릎",指膝的前部,多用于一些惯用语,如"무릎(을) 꿇다"表示屈服,"무릎(을) 꿇리다"意为使屈服,这两种意义与汉语一致。"무릎을 마주하다[같이하다/맞대다]",指面对面坐得很近,如(284a)。韩国语还有"무릎(을) 치다"指知道令人吃惊的事情、回想起某种模糊记忆或者非常高兴时而拍膝盖,如(284b)。

(284) a. 그들은 서로 무릎을 마주하고 문제의 해결책을 모색
했다. 他们促膝而坐寻找问题的解决方法。

b. 선생님은 내 대답에 '그래, 바로 그거야!'하며 무릎
을 치셨다. 老师听到我的回答后，一拍大腿说道：
"对，就是这个"。

表达同样的心理感情，韩国语用"拍膝盖"，汉语用"一拍大
腿"，之所以产生这种语义的不同，可从坐式文化与站式文化的不同
去考虑，在韩国，男人是盘腿而坐，女人是屈膝而坐，两种坐姿的
手都放在膝盖上，但中国很早就开始座椅文化，坐在椅子上时胳膊
肘多自然地放在椅子两边的撑上，两手自然放在了大腿之上，所以
当表示吃惊或高兴时，韩国人自然就有了拍膝盖的动作，相反，中
国人就有了拍大腿的动作。

1.18.2 膝弯

韩国语里膝弯为"오금"，与"곡추(曲瞅)、뒷무릎"同义。与
"무릎"相反，韩国语里有很多与"오금"相关的惯用语，主要表达
三类意义，分别与"坐立行走、感情、说话"有关。表达感情时主
要有"오금을 펴다"指可以放心地、悠闲地过日子，"오금이 저리
다"比喻心里不踏实，"오금이 가렵다"比喻让人拍案叫绝。下面主
要分析"오금"的另外两种用法。

1.18.2.1 膝弯与坐立行走

不论人坐立行走，都与膝弯有关，所以"오금"的很多表达都

关乎坐立行走。

　　首先看与坐不住有关的表达。坐不住的原因有很多，有时是因为想干某件事，这时韩国语用"오금이 쑤시다"来表达，如(285a)。坐不住有时是因为有不安分的想法，此时韩国语用"오금에 바람[돌개바람](이) 들다[차다]"，这里的"바람"指"不安分的想法"，而"돌개바람"是龙卷风，强调这种不安分的想法很严重，所以整个惯用语的意义为无法沉着地呆在一个地方，而是不稳重地到处乱闯、乱撞，如(285b)。在表达上述意义时，有时也用"오금(이) 뜨다"，因为"뜨다"意为浮在半空中，如果后膝都升空了，自然是没有根基、不着谱，另外还引申出了游玩、放荡之意。用于此意时，韩国语也可用"오금이 밀리다"。

(285) a. 아이는 친구들과 놀고 싶어 오금이 쑤셨지만 부엌에서 일하시는 어머니 때문에 나가지 못하고 있다. 孩子想和朋友们去玩，但是因为厨房里有妈妈在干活，所以出不去。
　　　 b. 저놈의 새끼 오금에 바람이 들었는지 눈만 뜨면 둥둥 떠다니니…. 《한설야, 탑》 那家伙可能是中邪了吧，只要睁开眼就到处逛。

　　韩国文化是席地而坐的坐式文化，多盘腿而坐，那么人坐着时，后膝是蜷着黏连在一起的，迈步走时，后膝则要分开。如果后膝粘连或僵硬了则无法动弹，韩国语多用"오금이 붙다[얼어붙다]、오금이 굳다"来表达。这里指的是因生理原因而无法行动，但如果是临时性的伸不开，则说明是因为某种特殊原因而无法行动，此时多用"오금을 못 쓰다[추다/펴다]"，指某事非常吸引人或者因

为害怕而一动不动，如(286a)，汉语的类似表达是"拉不动腿"，另外还有"腿肚子转筋"表达因害怕而无法动弹。有时无法行动，是因为被事所累，此时用"오금이 묶이다"，如(286b)。

> (286) a. 워낙 돈이라면 오금을 못 쓰는 무뢰배들인지라···.《현기영, 변방에 우짖는 새》可能因为他是个一谈到钱就拉不动腿/六神无主的无赖汉吧……
>
> c. 학생들은 시험 때문에 오금이 묶여 다른 일은 생각지도 못한다. 学生们被考试拴住了，其他的事想都没法想。

如果开始行走，韩国语用"오금을 떼다"，如(287)。正因为要想行走先得动后膝，所以韩国人逃跑时，会说"오금아 날 살려라"，有时也说"걸음아 날 살려라"。

> (287) 홍이는 뭐라 말을 하려 했으나 입이 붙어 떨어지지 않았다. 발도 붙어 버린 듯 오금을 떼어 놓을 수가 없다.《박경리, 토지》洪虽然想说点什么，但是说不出口来。脚也像粘在一起一样，站不起来。

前面已经分析过，表示忙碌时，韩国语里可以用"눈코 뜰 새 없이 바쁘다"，也可用与脚有关的"개 발에 땀 나다"，此外，也可用"오금에서 불이 나게"，意为就像着了火一样奔走不停，比喻为寻找或寻求什么东西而忙碌地奔走。当然也可用"발바닥에 불이 나도록"。

1.18.2.2 膝弯与说话

对人来说，后膝是软肋，背后袭击人或者想让某人跪地时，在后面一踢后膝，自然就让对方跪地了。因此泰拳中就有招式"踏膝弯、踢膝内弯"等。韩国语里根据膝弯这个特点有时用"오금"来比喻把柄、弱点，如惯用语"오금(을) 박다"有两个意义，一个指当夸海口的人说了正相反的话或者做了正相反的事情时，就用他夸下的海口作为把柄来批判他，如(288a)；也指严厉地告诫或恐吓别人不要乱说话、乱行动，如(288b)。

被动形式的"오금(이) 박히다"也有两个意义，一是指夸下海口后却兑现不了时，而因此被当作把柄遭到严重质疑和批判；也可比喻被别人严厉告诫或遭到恐吓，不要乱说话、乱行动。

(288) a. 마침 그는 공 노인에게 오금을 박기에 충분한 공 노인의 행적이 생각났던 것이다.《박경리, 토지》正好他想起了孔老人的行迹可以用来威胁孔老人。

b. 좀 전에 그 여편네가 또 왔어. 홍기표 엄마 말이야. 너 찾길래 혼인신고하러 갔다고 내가 아주 오금을 박아줬어.《월계수 양복점 신사들, 47회》刚才那女人又来过了。就是洪基杓他妈。因为她说找你，所以我就吓唬她说你去登记结婚了。

如上，韩国语里与膝弯有关的众多表达以及相关意义，汉语里都不用膝弯来表达。

1.18.3 膝下

汉字词"슬하(膝下)"指膝盖下，指在父母或祖父母的照顾下，多指受父母保护的范围，如：

(289) 그 어머니한테서 슬하에 자녀는 몇분이었는지 그것 좀
　　　알아봐줘.《사랑이 오네요, 82회》你再调查一下，她
　　　母亲膝下有几个孩子。

1.19 手

"人类的手在力量、灵活性和敏感性方面是无与伦比的。包括人类在内的灵长类动物都使用它们的手去认识世界和抚慰同类，但是人类还使用手探索物质环境"(Susanne K. Langer 1972:192-193; 段义孚 2017:8)。从身体性的意义上来说，手代表了人的文化特征；手是人的身体性文化发育的最高结果，也是它最有意义的代表；手是人把自己的文化意向向外界环境"输出"的"终端"，同时也是人以自己的身体性活动"改变"外界环境的"起点"(李鹏程1994/2008:116)。人类的手可用来做比其他任何人体器官更复杂的工作，并且可以表达人丰富的感情。手在语言的发展中也起着至关重要的作用，语言的发展路径是从自然的"比手划脚"到口头语言表达的过程，这个过程是以共享与合作为基础的，因为不同文化背景会产生不同的社会学习经验，即不同的共享基础，因此表现在语言上，与手有关的动作、状态意义就会出现不同。

世界各种语言里与手有关的表达都有丰富的意义，各种语言中

关于手的表达虽然在意义上有共性，但是受各自文化的影响，亦有各自的关注点和不同的意义，所以不同语言之间并不能完全对应。

韩国人的文化是触觉型文化，而触觉最需要的就是手，所以韩国语里与手有关的表达极其丰富，韩国人的手可以表现出各种细致入微的动作或状态，这些动作或状态都被韩国人用来表达人的工作、关系、心理感情、性格、品行等抽象内容。而手的构造部分也被韩国人赋予了比喻意义。

1.19.1 手的涵义

韩国语里手为"손"，是多义词，其意义如下表所示：

[表15] "손" 的意义

	意义	例句
1	包括手背、手心、手腕、手指的手。	손에 잔을 들다 手里拿着杯子。
2	手指	손(을) 치다 打手势让别人过来。
3	人手	손이 부족하다 人手不够。
4	做某事时所需的某人的力量、努力和技术。	그 일은 손이 많이 간다. 那件事很费功夫; 마을 사람의 손을 빌리지 않고는 가을걷이를 할 수가 없다. 如果不寻求村里人的帮助，就无法秋收; 나는 할머니의 손에서 자랐다. 我是奶奶一手看大/带大的。
5	指某人的影响力或权限范围。	그 일은 선배의 손에 떨어졌다. 那件事落到前辈手里了; 손에 넣다 入手; 일의 성패는 네 손에 달려 있다. 事情的成败就靠你了; 범인은 경찰의 손이 미치지 않는 곳으로 도망갔다. 犯人逃到了警察使不上劲儿的地方。

6	指人的手腕或伎俩。	장사꾼의 손에 놀아나다 被商贩玩得团团转/被商贩玩弄于股掌之间; 뒤에서 다른 손이 움직이고 있는 것 같다. 《내딸 금사월,23회》背后有其他势力在活动。

如上，"손"用于第二个意义时，是用整体来转喻部分；"손"用于第三个意义，指人手时，与汉语一致，与此相关有俗语"손이 많으면 일도 쉽다"，相当于汉语的"众人拾柴火焰高"。"손"用于第四个意义时，汉语多用"工夫、帮助、一手看大/带大"。"손"用于第五个意义时，有时与汉语"手"对应，有时并不对应。"손"用于第六个意义时，汉语多用"股掌、势力"。

因为手具有以上抽象意义，所以产生了一些合成词，如"일손"指干活的人手，"흿손、휑손"指掌控、指使别人的手段，也指处理事情的能力。类似的还有"꺽짓손"，惯用语"꺽짓손(이) 세다"指具有掌控他人、解决困难的手段。"두름손"指斡旋、变通的能力。"잡을손"指处理事情的能力，类似的还有"잡힐손"，指有做好任何事情的能力。"큰손"指有势力的人。

1.19.2 手的动作

干活或做事情时都要用到手，手可以做许多动作，但这些具体动作已不仅仅表达动作意义，还可用来表达较抽象的意义，尤其可以表达丰富的心理和感情意义。유상等(2006:128)借助实验研究的方法对动作与情绪之间的研究发现，借助动作所表达的情绪具有一定的代表性，情绪与动作之间具有一定的对应性，动作与情绪之间的对应可从方向、重量和时间等角度去考虑。而从语言角度来看，日

常生活中的手的动作并不一定都能转化为语言形式，其中只有一部分可表现在语言上。韩国语里表现为语言形式的手的动作根据其动作方向大体可分为向内、向内+向外、向外、向上、向后、无明显方向等六大类。

1.19.2.1 向内

手最常见的动作就是向内的"握"，汉语"掌握、掌控"都与手、与握的动作有关，表示的是对他物或他人的控制，获得主动权，韩国语用"손에 넣다、손안에 넣다"与"손아귀에 넣다"来表达，意思是完全归自己所有或置于自己的统制之下，如(290a)。汉语也有"入手、到手、得手"，前两个一般表示得到某物，而"得手"有时也有此意，但也指计谋得逞。

"손안에서 주무르다"比喻随心所欲地操纵某个对象或人，"주무르다"本身就是用手来抚摸，即使不与"손안"结合使用，也表达操纵他人之意，如果加上"손안에서"，则表示强调，如(290b)。

> (290) a. 한아름 계집애가 백서방을 손에 넣었다. 이거지.《최고의 연인, 83회》韩雅凛这丫头片子已经将白姑爷控制住了，是吧？
>
> b. 그는 컴퓨터를 손안에서 주무를 정도로 잘한다. 对他来说，电脑就像玩物一样，操纵自如。

韩国语还有汉字词"수중(手中)"，也意为手里，如(291a)，用于此意时，还有近义词"수리(手裏)"。"수중"也指自己所有的范围或行使权力的范围，如(291bc)。

(291) a. 수중에 돈은 갖고 계신지?《월계수 양복점 신사들,
9회》您手里有没有钱?

b. 수중에 넣다 纳入掌控范围内

c. 그 진지는 적의 수중에 떨어졌다. 那个阵地已经落
入敌人手中。

1.19.2.2 向内+向外

向内与向外两种动作的结合即攥伸动作，韩国语为"쥐락펴
락"，指把别人置于股掌之间而随心所欲支配的样子，如(292)，汉语
用"控制"，其中"控"的本义是开弓，侧重于向外的动作，"制"的
本义是"用刀裁断"，方向感不强，而合成词"控制"已经发展成了
抽象词，所以不如韩国语"攥+伸"的过程性描写词更具有具象性。

(292) 세도정치가 조선의 정치를 쥐락펴락했다.《아시아경
제, 2016.12.01》豪权政治控制了朝鲜的政治。

1.19.2.3 向外

手可能的动作还有"伸、插、抽、搭、够、抓、拉"等，这些
都是向外的动作。

1) 伸手

伸手时，手的动作并不完全相同，因为自己手里拿着东西施与
他人时，手一般是合着或半合着的，但如果想得到他人的东西，手
则是空着张开的，这样才能把别人的东西拿到，正因为注意到了这
种细微差异，所以韩国语有了惯用语"손(을) 벌리다"表达索取
意，如(293)。向别人索取东西时，一般会手掌朝上形成一个弧形，

德语里相关的表达是"eine hohle Hand machen"，比喻受贿(김수남 2003:206)，汉韩两种语言里没有类似的具象化表达。

> (293) a. 지 용돈도 못 벌어서 식구들한테 손 벌리고 있는 놈 무슨 자식? 니가 어떻게 키울 건데?《아이가 다섯, 27회》你连自己的零花钱都挣不到，天天找家里人要，你养什么孩子啊？
>
> b. 손 벌릴 사람 없다. 没有可寻求帮助的人。

　　韩国语还有一种伸手的动作是"손(을) 내밀다"，是把自己的手推出去，没有说明手的开合，所以语义具有了模糊性，因此根据不同的情况，可以表达不同的三种意义:第一种意义与"손(을) 벌리다"同义，表示要求给某种东西或乞讨，是索取义，如(294a)。第二种意义，如果把自己的手伸出去插入而不是张开的，那么"손(을) 내밀다"可以是介入某事，但这种介入根据对方的态度，可以被视为帮助，也可以被看作是干涉，汉语"伸手"一般用"伸手拉他一把、伸出援手"表示援助义，如(294b)，而用"插手"表示干涉，如(294c)。第三种意义，如果伸出自己的手把对方拉过来，在韩国语里表示亲热，因为在表示亲热时，首先要伸出手来拉对方的手或拥抱对方，所以韩国语"손(을) 내밀다"表示亲热，如(294d)。但汉语"伸手"没有此意义。

> (294) a. 돈 필요하냐?또 얼마나 손 내밀려고 해?《최고의 연인, 36회》你需要钱吗？又想要多少啊？
>
> b. 내가 사실 당신한테 제일 미안했는데 당신이 제일 먼저 손을 내밀어주네.《천상의 약속, 99회》本来

我觉得最对不起你，结果你却最先向我伸出了援
手啊。

    c. 우리 집안 문제이므로 너희들은 이 일에 손을 내밀
필요가 없다. 这是我们的家事，你们没必要插手。

    d. 우리 부부가 처음 만났을 때,남편이 먼저 나에게 손
을 내밀어 왔다. 我们夫妻两个第一次见面时，我丈
夫先对我投出了橄榄枝。

2) 插手

    前面分析了"손(을) 내밀다"可以表示插手之意，表示插手义
的韩国语还有"손을 뻗다"与"손길을 뻗다"，意为有意地对他人
施加影响，如(295)。强调形式的"손(을) 뻗치다"指扩大活动范
围，连没做过的事情都开始涉足，如(296a)，"손(을) 뻗치다"还指
援助、要求、侵略或干涉等行为积极地延伸很远，如(296bc)，用于
此意义时，还有"손길을 뻗치다"，如(297)。

  (295) a. 진현우가 손을 뻗은 거야.《최고의 연인, 45회》是
陈贤宇插手行动了。

      b. 경찰은 그 사건과 관련 있는 조직폭력배에게 수사
의 손길을 뻗었다. 警察开始把搜查力量转向与那件
事件有关的黑社会人员。

  (296) a. 대기업들이 온갖 사업에 손을 뻗치자 중소기업들은
설 곳을 잃게 되었다. 大企业的势力延伸到各种事
业，中小企业已无立足之地。

      b. 마침 남편의 외가에서 도움의 손을 뻗쳤던 것이
다.《박경리, 토지》正好丈夫的外婆家伸出了援助

之手。

c. 침략의 손을 뻗쳤다. 伸出了侵略的魔掌。

(297) 손길을 뻗쳐 도움을 주려고 했지만 그들 스스로 그 손
길을 거부했다. 想出手帮助他们，但他们自己却拒绝
了。

　　如上，韩国语的上述表达可表达积极意义，也表达消极意义，
而不同的语义需要根据语境来区分。相反，汉语一般会根据意义来
选择不同感情色彩的词语搭配，如"援助之手"和"侵略的魔掌"，
前者是积极感情色彩的搭配，后者是贬义色彩的搭配。

　3) 抽手

　　与插手相反的动作就是抽手。正在干的工作中，自己把手抽取
出来，则表示不干了，这种意义用"손(을) 빼다"来表达，指从正
在做的事情中脱离出来，如(298)。

　　参与干某种事情是插手，与事情是黏连的关系，如果不再插手
那么就要把手从黏连状态下拽下来，所以"손(을) 떼다"可以指终
止正在做的事情，如(299a)。因为"떼다"强调的是把连接的东西断
开，含有不再使其产生关系之意，因此"손(을) 떼다"还指将所干
的工作结束后再也不去干同样的事情，如(299b)。

(298) 그는 사업에서 손을 빼고 싶었지만 여건이 허락하지
않았다. 虽然他想从买卖中抽手，但情况却不允许。

(299) a. 자신 없으면 손 뗄래요?《동네변호사 조들호, 5회》
没信心的话，就别干了吧?

b. 이 정도의 능률이 계속 유지되어 가기만 한다면 예

정한 제 날짜로 손을 뗄 수 있지 않겠나 바라보이기
도 했다.《이문구, 장한몽》也曾希望只要能维持这
个速度的话，可能会在预定的时间里完成好撤手。

3) 搭把手

手向外的动作还有"搭把手"，汉语"搭把手"多用来指人，韩
国语"손(을) 주다"却指给青藤植物搭架子，如(300)，汉语用"搭
架子"，这反映了韩国语拟人比喻的泛化和搭配灵活性。

(300) 막대기로 손을 주었더니 담쟁이넝쿨이 벽을 타고 지붕
으로 올라갔다. 用木棍搭了个架子，爬山虎就顺着墙
爬到了房顶上。

4) 够得着、碰、抓住

手向外伸出后，一般就可以与外界建立某种关系，所以韩国
语"손이 닿다"可以指力量或能力达到了，如(301a)，汉语用"经
手"；"손이 닿다"也指联系上或建立关系，如(301b)，汉语用"接
上头"或"挂上钩"等。

"손(을) 붙이다"指开始某事，如(302a)；也指添补人手不足
的空缺或努力工作，如(302b)，"손을 대다"也有此意。汉语里与
"够得着"有关的手的动作是"着手"，一般指开始干某事，但更强
调动作性，所以无法与"손(을) 붙이다"对应。

(301) a. 어머니의 손이 닿기만 하면 모든 것이 깨끗하고 아
름답게 바뀐다. 只要一经母亲的手，所有的东西都
会变得干干净净、美丽无比。

b. 한영덕 씨가 자칭 외과 의사인 박 씨와 손이 닿게 된
인연은 고향에서 2대에 걸쳐 치과 병원을 개업했던
이 씨를 통해서였다. 《황석영, 한 씨 연대기》韩英
德之所以能与自称是外科医生的老朴接上头/挂上
钩，是通过一连两代人都在家乡开牙科诊所的老
李认识的。

(302) a. 이것저것 손을 붙여 보았지만 되는 일이라고는 하나
도 없었다. 虽然这个那个的尝试了很多，但一件也
没成。

b. 이번만은 우리 모두 손을 붙여 제대로 한번 해 보자.
这一次就让我们同心合力好好干一场吧。

5）拉手

手拉手这样一个动作在不同文化里有不同的意义。例如，对
日本人来说，在他们眼里手拉手，尤其是男人手拉手是同性恋的标
志，并且女孩子之间手拉手的情况也不多（金文学 2011:92）。而对
中国人来说，虽然女孩子之间可以拉手[07]，并且中国2018年中央台春
节联欢晚会上首播了歌曲《中华手拉手》，这与1988年首尔奥运会的
主题曲《手拉手》的寓意是相同的，现在中国也有很多网站名称也
利用了这个表达，如"手拉手扶贫商城、手拉手网"，也就是说"手

---

07 中国男人之间一般不会"手拉手"，2019年3月25日"燃新闻"网站登了一则题为
《两个兵哥哥吵架被罚手牵手"害羞样"引网友爆笑》的视频，网友吐槽"想起初
恋"。这个小故事中之所以以"手牵手"来作为惩罚，其中很大一个原因是中国男人
之间一般没有这样的身体语言，所以自然就可以成为惩罚措施了。而网友们的反应
也说明，对中国人来说，手拉手多存在于恋人之间。https://sh.qihoo.com/pc/deta
il?realtime&url=http%3A%2F%2Ffawen.news.so.com%2F8fed3bd1a59a07bb380e26c1f61
a3798&check=e0d261475544b4e8&sign=360_b4ea816d

拉手"的寓意是协同和互助,虽然这个意义对中国人和韩国人来说是一致的,但是汉语"手拉手"的搭配很受限,因为词组"手拉手""手挽手"等一般多用于具体意义,经常用于比喻意义的是"携手"或"联手"。韩国语里的词组"손에 손(을)잡다"一般也多表达具体意义,用于抽象意义的多是惯用语"손을 잡다、손을 맞잡다"等,如(303)(304),汉语多用"携手、联手、同心协力、合作"等。

(303) a. 인제대학교 경영대학원이 지역 기관 및 민간단체
들과 손잡고 지역사회 공헌을 위한 상생에 나섰
다.《쿠키뉴스, 2019.03.14》为了更好地为地方社
会做贡献,谋求共生共存,仁济大学经营大学院和
地方机构以及民间团体联手展开行动。

b. 어찌됐든 이렇게 손을 잡게 되는 것 기쁘게 생각하
네.《옥중화, 21회》不管怎样,现在能够携手合作
/同心协力我很高兴。

c. 나하고 손 잡아요. 내가 이은희 실력 세계로 뻗어나
가게 해 줄 게요.《사랑이 오네요, 11회》和我联手/
合作吧,我会让你(李恩姬)的实力在全世界都散
发光芒。

(304) 경찰과 교사들은 손을 맞잡고 온 힘을 다해 학원 폭력
을 줄이기로 했다. 警察与教师决定联手以最大努力来
减少学校暴力。

与拉手有关,韩国语还有惯用语"손(을)걸다"和"손가락을 걸다",根据后面的动词"걸다",可以说"손을 걸다"中的"손"

是用整体转喻部分——手指，两个惯用语都是用勾手指来比喻互相约好，如(305)。之所以出现这样的表达是因为"손/손가락(을) 걸다"总是出现在"손(가락)을 걸고 맹세하다/약속하다"类搭配中。具体到勾哪个指头，中国人一般多用勾食指来表示约定之意，韩国语人多勾小指再加拇指相对来表示约定完毕。虽然中国人有这样的身体行为，但是却没有像韩国语这样形成相应的惯用表达，类似的有"握手言和"，是用"握手"来代替"勾手指"。

（305）싸우지 않기로 손을 걸고 맹세하였다. 双方约好不再进行战争/双方握手言和。

如上，语言表达的产生归根结底是受制于人类的日常生活的，在一种文化里非常重要的东西必然会慢慢地被语言化，否则不会出现相关语言表达。

1.19.2.4 向上

向上的动作是举手。举手可以是举一只手，也可以是举双手，有时还会附带着把脚也举起来(这种动作在席地而坐文化里是成立的)。另外，举手可以是举自己的手也可以是举别人的手。韩国语里根据这些不同的情况产生了不同的表达和意义。

首先，韩国语里举单手为"손들다"，其具体意义就是抬起手来，如(306a)；此外还指超出能力之外而放弃，如(306b)；第三个意义为表示赞成，如(306c)。

（306）a. 꼼짝 말고 손들어! 别动！举起手来！

b. 그의 고집에 손들었다. 他太固执了，我只好举手投

降。

    c. 김 대리의 제안에 모두 손들었다. 大家对金代理的
       提案都举手表示同意。

    其次，上面是举单手的意义，如果举双手则会意义加重，前者
有三个意义，而后者"두 손(을) 들다"只有两个意义，因为单纯的
举手动作不需要强调义，所以"두손을 들다"只是对"손들다"的
两个抽象意义的加强而已，如(307ab)。有时，韩国语还有汉字词结
构"쌍수를 들다"，如(307c)，此时一般表示欢迎和赞成。

(307) a. 결국 처남이랑 장모님이 두 손 들게 돼 있어.《월계
        수 양복점 신사들, 3회》最终小舅子和丈母娘会举
        双手投降的。
    b. 내가 좋아서 두 손 들고 환영한 줄 알아?《우리집
        꿀단지, 108회》你以为我很高兴，会举双手欢迎她
        来啊?
    c. 저 정도 신랑감이면 엄마가 쌍수를 들고 환영할 텐
        데.《최고의 연인, 91회》如果那种程度的小伙子要
        给我当女婿，我肯定举双手欢迎。

    汉语"举双手"有两种意义，但后面要分别加"投降"或"欢
迎"形成"举手投降"或"举手欢迎"来对语义进行界定。而韩国
语虽然有时后面也添加相关的界定内容，如(307bc)，但有时并不添
加界定内容，如(306)(307a)，那么在对这样的韩国语表达进行翻译
时需要根据前后语境来做判断，然后再在后面添加相关的语义界定
内容。

第三，韩国语里还有"두손 두 발 다 들었다"，也有通俗的说法"네발(을) 들다"。即不仅举双手，还举双脚。这两个表达如果是中国人首次看到的话，会觉得不合常理，因为中国人是站式文化，站着是无法把两脚举起来的。但是如果了解韩国的传统文化是席地而坐的坐式文化的话，就好理解了，因为这个动作指的是:屁股着地，手脚朝天。

"두손 두 발 다 들었다"也有两个意义，第一个表示极度佩服之意，如(308a)。此时汉语用"佩服得五体投地"，五体投地指两手、两膝和头一起着地，这是古印度佛教一种最恭敬的行礼仪式。"두손 두 발 다 들었다"第二个意义指彻底放弃、屈服，如(308bc)，在表达类似意义时，汉语多用"停手、放手、撒手"或者用"服了"，如果用"举手"，则要形成"举手投降"的结构，但这种情况比较少。

(308) a. 누나가 생긴 것 조그만하여도 손재주는 철금가게 아저씨도 두손 두발 다 들었구만요.《내딸 금사월, 12회》别看姐姐长得人小，但手艺却让五金店的大叔都佩服得五体投地。

b. 마케팅팀에서도 두손 두발 다 들어 포기한 업체니까.《우리집 꿀단지, 67회》所以那家饭店连营销系也都举手投了降/撒了手。

c. 오늘 두 손 두 발 다 들었어요. 완전히 보냈어요… 쟤네 둘은 정말 잘 어울리는구나. 운명이구. 알았어요.《아이가 다섯, 13회》我今天是彻底服了。我（从心里）把他完全送走了。我终于明白了，他们两个真的很般配，是命中注定的。

第四，上面讲的都是举自己的手，不过我们在拳击或跆拳道等比赛中经常看到，最后裁判举起谁的手，就说明谁胜利了。所以韩国语有了惯用语"손을 들어주다"，即举起某人的手，意思是支持某人，如(309)。汉语"举手"一般没有这种意义。

(309) a. 어머니도 결국엔 제 손을 들어주셨잖아요?《최고의 연인, 92회》妈最后不也是支持我/帮我说话了吗?
b. 우리 아빠 뜻은 드림 손 들어달라는 거예요.《최고의 연인, 84회》我爸爸的意思是请你支持DREAM。

第五，在忙工作时，人们有种动作就是撸起袖子、卷起裤腿，大干一场，韩国语用"두 손 두 발 다 걷어붙이다"，如(310)。

(310) 서방님은 그 바쁜 와중에도 공주의 일이라면 두 손 두 발 다 걷어붙이고 나서네요.《별난 가족, 9회》小叔子虽然这么忙，但只要是公主的事情，拼了命也去干啊，别的事就什么也顾不上了啊。

汉语现在一般多形成"撸起袖子+加油干"这种带解释性成分的固定结构，用法比较受限。

1.19.2.5 向后

手向后即背着手，韩国语为"뒷짐"，惯用语"뒷짐을 지다/짚다"，意为只是观看，好像某事与自己无关一样，如"교육자치 운운하며 뒷짐 질 상황이 아니다.《동아일보, 2019.06.21》现在不是背

着手说教育自治的时候。"

对中国人来说，"背着手"虽然根据上下文语境有时也可以表达类似意义，如"若有人只是站在田边，背着手像视察军队一样浮皮潦草地巡视桑林……《周华诚，五月的桑葚》"，但这种意义不是惯用意义，根据上下文语境"背着手"可以表达多种意义，如"爷爷总是背着手走路，那模样真像个'大官'(网络)"，此时"背着手"意为趾高气扬；而"他走起路来，总是背着手、低着头，那神情，好像在思索全人类的前途和命运。(网络)"中的"背着手"表达的是思索状态。

1.19.2.6 无明显方向

无明显方向的手的动作有四种类型，第一种与干工作有关；第二种与停止有关，并且这种表达非常多，因为对手来说，最常态、最正常的就是工作中的手，而不工作是非常态的，所以非常态的就成了有标志的，相关的惯用语也就非常多；第三种为摆手；第四种为抚摸，这里主要分析前三种。

1）干工作

干工作一般要先腾出手。韩国语"손이 나다"意思是暂时不干某事或腾出手来干其他活，如(311a)；"손이 돌다"指顾得上，如(311b)。

(311) a. …쌀분이는 그녀대로 손이 나면 영산강 변에 나가서
쑥을 뜯어다가 말렸다.《문순태, 타오르는 강》沙
芬（音译）也是一有空就去荣山江挖蒿蒿来晒。
b. 발령 받은 지 얼마 안 된 김 부장은 부서에서 아직도

손이 돌지 않았다. 刚升职不久的金部长还没有投入
工作。

由于手是人做事用的最重要的身体器官，所以可以用手来转喻
人，如"손(을) 거치다"表示经由某人，是用部分来转喻整体，如
(312a)，汉语"经手"也有此意[08]；此外，"손을 거치다"也指被某人
修整好，如(312b)，此时汉语可用"一经……的手"或者"被……的
手一……"。

(312) a. 가계비는 말할 것 없고 자질구레한 푼돈마저도 할아
버지의 손을 거치게끔 돼 있는 것이다. 《황순원, 신
들의 주사위》别说生活费了，就是非常不起眼的
小钱也都要经爷爷的手，这都是定好的。

b. 무너져 내릴 것 같이 허름하던 지붕이 아버지의 손
을 거치자 아주 말끔해졌다. 看着就像要塌的破烂
房顶，一经父亲的手就变得非常齐整了/被父亲的
手一修，就变得非常齐整了。

2) 停止

一个人如果不干事情，会有多种原因，这些原因在韩国语里都
是通过"손"与不同动词的结合而表达出来的，共有八种类型。换
句话说，因手的各种动作或状态而表达出了不同的八种意义。由此
可见，手动作的重要性以及韩国人对手的观察之仔细。

08　过去汉语"经手"还指办事人，如"应详请经手赔补(清 黄六鸿《福惠全书·莅任·
清查法》)"，但现代汉语里一般用"经手人"。

第一，有时并不是不想做，而是因为实在是没有工作可做，这种意义的惯用语为"손이 놀다"，如(313)；有时无事可做是因为外界因素，如冬天农民多无事可做，此意义用惯用语"손(이) 비다"来表达，如(314a)；有时无事可做，可能是因为没钱导致的，因为只要出门就意味着花钱，如(314b)。

(313) 내가 늙판이고 손이 놀아서 퍽 적적하다.《김유정, 아기》我已是晚年，无事可做，很寂寞。

(314) a. 농민들은 손이 빌 짬인 겨울 한나절이라도 발 뻗고 쉴 틈이 없었다.《김원일, 불의 제전》农民们就是在冬天手里没有活的时候也没有一天是可以安心休息的。

b. 직장을 잃은 그는 손이 비어 집에만 처박혀 있었다. 他失去工作后，手里没钱，天天窝在家里。

第二，有时也有这种人，明明有事却不做，这种情况用"손(을) 맺다"来表达，如(315a)，汉语可以用"抄手"或"袖手旁观"等。此外还有"두 손 맞잡고 앉다"比喻什么事也不做，如(315b)。

(315) a. 일이 태산같이 많은데 손을 맺고 있으면서 저절로 되기를 바라는 거니? 要干的事情一大堆，你这样抄着手/袖手旁观想等它自己干完啊?

b. 그렇게 하고많은 날 두 손 맞잡고 앉아 있으면 쌀이 나오냐 돈이 나오냐? 天天那样抄着手坐着，能坐出米来还是能坐出钱来啊?

第三，有时不干事情，只是暂时的，这种意义用"손(을) 멈추다"，因为"멈추다"意思是干着干着停下来，是瞬间、不可延续的动作，如(316)。

(316) a. 잠시 손을 멈추고 묵념을 했다. 暂时停下手来进行
　　　　 默念。
　　 b. 새벽부터 손을 멈추지 않고 계속 일을 했는데도 제
　　　　 시간에 일을 다 끝내지 못했다. 虽然从凌晨开始一
　　　　 刻不停地干活，但也没能按时完成。

第四，还有一种情况是，干着干着把手放下了，而这种放下，可以是暂时的，也可以是长期的，此时用"손을 놓다"来表达，因为"놓다"意为放下，可以是短暂动作，也可以是持续动作，所以"손을 놓다"就有了两种意义，指暂时停止或放手不再干，如(317)。

(317) a. 이렇게 손 놓고 보고만 있을 거야?《최고의 연인, 35
　　　　 회》就这样眼睁睁地放手不管吗?
　　 b 신제품 매출이 이래서 되겠어? 도대체 TFT팀은 뭐
　　　　 하고 있는 거야? 그냥 이대로 손 놓겠다는 거야?《내
　　　　 사위의 여자, 53회》新产品的销售这样能行吗? TFT
　　　　 部门到底在干什么啊? 就这样放手不干了吗?

如上，手只是停下来或放下来表示停止或不干。但如果两只手都放下来，则表示持续动作，程度会加深，所以"두 손 놓고 있다"指放任不管，如(318)，汉语一般用"坐视不管"。也就是说，韩国语用局部手的动作来比喻人的心理，而汉语用坐着看这种整体行为动作来比喻人的心理。

(318) 월계수 양복점은 …… 하루 아침에 문을 닫게 되는데
두 손 놓고 보고 있을 수만은 없어.《월계수 양복점 신
사들, 4회》月桂树西服店……一夜之间就要关门了,
我不能就这样坐视不管。

"손을 놓다"虽然有时可与汉语"放手"对应, 但汉语"放
手"除了表示具体动作——把手拿开, 如(319a); 也指打消顾虑, 不
受约束, 如(319b); 此时韩国语用"자율적으로 하다"。汉语的"放
手"根据所暗含的"手"的主体的不同产生了两种不同意义, "放
手不干"指的是把说话人的手放开不去管面前的事情, 而"放手去
干"指让听话人放开手大干事情。

(319) a. 死不放手 죽어도 손 안 놔.
b. 一切由我负责, 你们尽管放手去干。다 내가 책임
질 테니 알아서 자율적으로 하라.《사장》[09]

第五, 工作结束后, 手就会被收回来, 所以"손(이) 떨어지
다"指工作结束, 如(320), 汉语一般译成"结束"。

(320) 이것으로 손이 떨어진 줄 알았는데 또 다른 일이 아직
남아 있다. 我以为这样就结束了呢, 没想到还有别的
活。

第六, 同样是指不再继续, 但"손(을) 씻다[털다]"主要指

09　《사장》被收录在《大学韩国语(第五册)》(北京大学出版社)。

与消极或不太光彩的事情彻底脱离关系，如(321ab)，汉语虽然也用"洗手"，但一般用"金盆洗手"或"洗手不干"，分别是借前面的修饰成分和后面的补语将"洗手"的意义抽象化了，"洗手"单独使用时多表达"洗手"这一具体动作，也就是说，与汉语需要添加其他成分以使语义更明确相反，韩国语的语义则具有模糊性的特点。"손(을) 씻다[털다]"还指把本钱全亏了，如(321c)，此时一般无法与汉语"洗手"对应。有时"손을 털다"也可用于中性意义，如(322)。

(321) a. 이젠 깨끗하게 손 씻을 게.《월계수 양복점 신사들, 45회》现在我真的会金盆洗手/洗手不干的。

b. 여자가 생기는 바람에 손 씻고 뒷골목 생활은 다 청산했다고 합니다.《당신은 선물, 28회》说是因为有了女人，所以金盆洗手，不再当小混混了。

c. 그날 밤에는 일류 도박사 때문에 마을 청년들이 모두 손을 씻고 나앉아야 했다. 那天晚上，村里的青年们因那个一流赌徒而输光了所有的钱，被赶到了街上。

(322) 부친이 손털고 오우주씨한테 다 맡기려나봐.《사랑이 오네요, 67회》好像他父亲现在把所有的事情都撒手交给吴宇宙来料理了。

第七，如果手被困住了，就无法干活了。所以"손(이) 잠기다"指被困于某事摆脱不了，如(323)。汉语一般用整体意义的"抽不开身"。

(323) 신상품 개발에 손이 잠겨 집에 들어갈 시간도 없다. 因
为开发新产品，抽不开身，连回家的时间都没有。

第八，"손(을) 끊다"指断绝交际或交易，如(324a)，如果
指与人断绝关系，汉语一般用"断"，而如果指断绝某种工作，如
(324b)，汉语用"撒手"。也就是说，汉语如果加上"手"则具体意
义更强。

(324) a. 나쁜 친구들과 손을 끊어라. 和那些坏朋友断了吧。
　　　 b. 그는 이제 건축 일에는 손을 끊었다. 他现在已经从
　　　　　建筑业撒手了。

3) 摆手

手的动作还有来回摆手，用来表示否认或示意别人安静，多用
于惯用语"손사래(를) 치다"，如(325)。韩国语的这种动作具有多
义性，在语义表达上具有模糊性，而汉语一般要添加其他表达，形
成"摆手表示反对"的结构。

(325) 딜런은 …자신을 저항시인으로 부르면 손사래를 쳤
다.《동아일보, 2016.11.01》如果有人说自己是反抗
诗人，鲍勃·迪伦就赶紧摆手表示反对。

1.19.3 手的状态

手的状态可以表达三种意义，分别是工作意义、心理感情意义

和性格品行意义。心理感情意义详见《韩国文化语言学综论》。

1.19.3.1 工作

首先，干活的速度、效率主要与手动作的快慢有关。如"손(이) 빠르다"[10]与"손(이) 싸다、손(이) 재다"都指事情处理得很快，如(326a)。"손(이) 뜨다"表示干活的动作很慢，如(326b)。"손을 늦추다"指放松下来，使事情进度慢下来，如(326c)，汉语多用"松懈"。在表示干活快慢时，汉语多用"手脚"来表达，如(326ab)。

(326) a. 형은 손이 빨라 남보다 짧은 시간에 많은 일을 끝낼 수 있었다. 哥哥手脚利落，短时间内就将那么多的工作干完了。

b. 그렇게 손이 떠서야 제 시간에 끝마칠 수가 있겠니? 你手脚这么慢，能按时结束吗？

c. 쓰고 있는 원고의 마감이 내일이라서 손을 늦출 수가 없다. 正在写的文稿明天是交稿的最后一天，所以不能松懈。

第二，手动作的熟练与否关系到干活的完美度。"손(이) 여물다"指工作非常仔细，很完美，如(327a)；"손(에) 익다、손에 오르다"都指容易上手，如(327bc)，此时汉语多用"熟悉"，虽然汉语也有"上手"，但与韩国语语义不同。

10　此外，"손(이) 빠르다"还指物品卖得很快。

(327) a. 그는 손이 여물어 무엇이든 잘할 수 있을 것이다. 他
干活手很巧，不管什么都能做好。

b. 이제 일이 손에 익어서 일을 빠르고 정확하게 처리
할 수 있다. 现在工作熟悉了，所以能快速、准确地
处理业务。

c. 어느 정도 손에 오르자 일도 훨씬 수월해지고 여가
도 좀 생긴다. 逐渐熟悉后，工作也不那么累了，闲
暇时间也有了。

"손에 붙다" 指熟练了，热情与效率得到提高，如(328a)。
"손에 붙다、손에 잡히다" 与 "손에 걸리다" 都指心情平静，喜
欢做，效率高，如(328b)。其中 "손에 잡히다" 用来指工作时多用
于否定句，如(328c)，此时表达的更多的是当事人的心理；如果仅指
具体的抓住这个动作，则用于肯定句 "손에 잡힐 듯하다" 指非常
近，看得清楚，如(328d)，汉语用 "触手可及"。

(328) a. 경력 3년이 되자 일이 슬슬 손에 붙기 시작하였다.
有了三年的经历后，工作慢慢地熟悉了。

b. 그녀는 새 구두를 사 준다는 말에 신바람이 나고 일
도 손에 붙는 모양이다. 听说要给自己买皮鞋，她
高兴得要命，活也干得快了。

c. 그녀 생각에 책이 손에 잡히지 않는다. 光想她，书
一点儿也看不进去。

d. 산 정상에 올라 하늘을 보니 구름이 손에 잡힐 듯했
다. 登上山顶，抬头一看，天上的云彩好像触手可
及。

与上述意义相反的有"손(이) 서투르다",如(329),汉语一般用"不熟悉",不出现"手"。

(329) 처음 시집갔을 때에는 손이 서툴러서 설거지를 하다가
　　　그릇을 잘 깼다. 刚结婚时，干活不熟悉，洗碗的时候
　　　经常把碗打破。

如上，当表示工作熟练程度时，除了"手巧"之外，汉语一般不用与"手"有关的词语，而是用"熟悉、干得快、动词+进不去"等。

第三，手动作和谐可比喻想法、方法和谐，韩国语用"손(이) 맞다"，汉语一般用"配合得好"。

(330) 그 사람하고는 손이 맞아 무슨 일이든 척척 진행된다.
　　　我和那个人配合得很好，不论是什么事，都进行得很
　　　快。

1.19.3.2 性格、品行

比喻人的性格品行时，主要利用手的大小、粗糙与否以及手的干湿度。

首先，看手的大小。"손(이) 크다"与"손이 걸다"都比喻大方，大手大脚，如(331a)；两个惯用语也都比喻手段好且多，如(331b)。这两个惯用语表达的都是积极意义，但是"손(이) 크다"用于俗语中时却多比喻消极意义，如"손 큰 며느리가 시집살이했을까"意思是大手大脚的儿媳妇能好好地过日子吗？比喻卖东西的商贩(对客人)说不能再给了。"손 큰 어미 장 도르듯 하다"意为

就像大手大脚的母亲分酱一样，比喻用东西不知道珍惜，大手大脚的。汉语里在表达类似意义时多用"大手大脚"，也多具有消极意义，所以"손(이) 크다"表达积极意义时，译成汉语多是"大方"或"有手腕[11]/手段"。

> (331) a. 손이 큰 어머니는 친구가 오면 언제나 음식을 푸짐
> 하게 차리곤 하셨다. 大方的母亲在家里来朋友时总
> 是准备丰盛的饭菜。
> b. 그는 손이 커서 그가 주선하는 일이라면 안 되는
> 일이 없다. 他很有手腕/手段，只要是他主办的事
> 情，没有不成的。

韩国语还有"손이 크다"的反义惯用语"손(이) 작다"，指小气，不大方，如(332)；也指手段少。而汉语在表达类似意义时一般不用"小手小脚"，而是用"小气"。

> (332) 왜 며느리 돼서 손이 작냐?《내딸 금사월, 12회》你这
> 个做儿媳妇的，怎么这么小气啊?

韩国语里与手小有关的俗语有"손으로 샅 막듯"意思是就像用手挡住大腿缝，因为手很小，所以是挡不住的，这个俗语用来比喻试图隐藏但却隐藏不住的情况，类似的还有"손샅으로 밑 가리기"。

其次，看手是否粗糙。这里的粗糙不是指生理上的粗糙，而是指言行具有攻击性、不干练、不文明。"손(이) 거칠다"比喻有偷盗

11　汉语"手腕""大腕"一般多用于中性或积极意义。

等不好的习惯，汉语类似的有"手不干净"或"手脚不干净"，德语里一般用"klebrige Hünde haben 黏糊糊的手"（김수남 2003:209）或"klebrige Finger haben(ugs) 黏糊糊的手指""lange/krumme Finger machen 把手指伸长或弯曲"（김수남 2003:213）来表达。

第三，韩国语里手湿具有消极意义，有两个惯用语，其中"손을 적시다"意为用水把手弄湿了，消极意义很强，指涉足不好的事情，如(333a)，这与德语的"黏糊糊的手/手指"具有相似之处；"손을 적시다"也指参与一般事情，用于此意时，近义表达是"손을 잠그다"，如(333b)。而汉语的"手"没有此类用法，所以译成汉语时一般用抽象词"干"或"做"等。

(333) a. 감방에서 나온 게 언제라고 벌써 그런 일에 다시 손을 적시려 하는지 모르겠군. 从监狱里出来才多久啊，就又开始干那样的事情，真不知怎么想的。
　　　b. 그는 처가의 일이라면 궂은 일도 가리지 않고 손을 잠그려 한다. 只要是丈母娘家的事，不管是脏活还是累活，他都做。

1.19.4 手的构造

关于手的构造，主要分析五个主要表达，即手掌、手指、指甲、虎口以及拳头。

1.19.4.1 手掌

韩国语里手掌为"손바닥"，韩国人对手掌的认识主要集中在手

掌的特点以及手掌可能出现的动作上。首先，作为人体的一部分，手掌给人的感觉很小，所以"손바닥"比喻非常小，如(334a)。"손바닥으로 하늘 가리기"意思是说以手遮天是遮不住的，强调的也是手掌之小，如(334b)。

(334) a. 꼴랑 손바닥만한 가게 하나 내주고 유별하게 유세질이라니까.《가화만사성, 84회》就给了巴掌大的个店面，还整天挂在嘴边上。

b. 손바닥으로 하늘을 가려? 자리에 있지 못하고 누굴 뒷방 늙은이로 취급하는 거야?《당신은 선물, 75회》你想一手遮天呢? 我现在不在公司，你就把我当成后院的糟老头了，是吧?

人的手掌心是不长毛的，如果手掌心长毛，说明非常懒惰，所以俗语"손바닥에 털이 나겠다"用来嘲笑那些不干活的人，而汉语里在比喻忙碌勤奋时，多用"股无胈，胫不生毛"来比喻，如："禹之王天下也，身执耒臿，以为民先。股无胈，胫不生毛。虽臣虏之劳。不苦於此矣《韩非子·五蠹》。"也就是说，中韩两种文化里都有用身体部位无毛来比喻勤奋忙碌，用有毛来比喻懒惰的这种思想意识。

手掌可以进行的动作有抓握东西，所以"손바닥"产生了掌控之意，如(335)。

(335) 지가 내 손바닥 안에서 벗어날 수 있을 것 같애?《최고의 연인, 104회》他能跳出我的手掌心吗?

手掌还可以轻松翻转，所以"손바닥을 뒤집는 것처럼 쉽다、

쉽기가 손바닥 뒤집기다"比喻容易。汉字词"여반장(如反掌)"也有此意。

韩国人在表示互相鼓劲的时候经常会采用互拍手掌的形式，所以韩国语用"손바닥을 맞추다"来比喻志同道合。汉语类似表达有"击掌"，如"击掌为号"，意为拍手，此外还指永不违背誓言，如"击掌为誓"。

1.19.4.2 手指

韩国语里手指有三种表达，分别是"손、손끝、손가락"。其中"손"是用手这个整体来转喻手指。"손끝"因手指的位置在手的末端而得名。"손가락"因手指形状而得名。

以前由于没有表、计算器等东西，人们计数多用手指，如"扳着手指头算过来算过去"，韩国语用"손꼽아 기다리다 扳着手指头等他来"。

手指是身体中比较小的部位，所以"손가락 까닥 안 하다、손끝 안 건드리다"意思是连手指头都不动，比喻什么也不干，如(336a)；而如果连对方的一个手指头都动不了，则是"손가락 하나 까닥할 수 없다"，比喻动不了对方，如(336b)。

(336) a. 남편이라는 인간은 손가락 까딱도 안하고. 叫丈夫的那个人连手指头都不动一下/酱油瓶子倒了都不扶。

b. 감히 이 대고응자를 손가락 하나 까닥할 수 있을 것 같애?《최고의 연인, 90회》你以为你能动我大高亨子一根手指头吗?

手指是用来干活的，所以"손끝"被用来转喻干活的技术，如"손끝이 야무지다/여물다[야물다]/맵다"都是用手指的状态来比喻技术好，如(337)，汉语多用"手巧"。

(337) a. 원래 손끝이 야무졌어요. 나연 엄마가 음식 솜씨가
　　　　 아주 좋았다고 하더라구요.《천상의 약속, 73회》
　　　　 她本来手就很巧。她说娜英的妈妈厨艺很好。
　　 b. 저 사람이 굼떠도 손끝이 매워서…《다시, 첫사랑,
　　　　 8회》别看她慢，但是手很巧……[12]

手指还有一个可能的动作，就是舔手指。汉语"舔手指头"一般表示眼馋。韩国语"손가락을 빨다"指无东西可吃、无钱可花，如(338a)，在这种意义的基础上还发展出了观望意义，如(338b)。在表达第一种意义时，韩国语有时也用"숟가락을 빨다"。汉语多用"两手空空"或"喝西北风"等来比喻没有吃的或者没有钱，而表示观望时，汉语多用"眼睁睁看着"。德语里也有与舔手指有关的"sich etwas ausden Fingern saugen 舔自己的手指"，比喻编造、捏造(김수남 2003:214)。

(338) a. 월세 65만원으로 손가락을 빨 수 없잖아?《그래 그
　　　　 런거야, 36회》我们不能只住65万韩币的房子，然
　　　　 后喝西北风吧?
　　 b. 나 폭탄 하나 있다. 봉수가 그렇게 당하고 쫓겨났

12　表示技艺好，韩国语还有"손방"，指极高的手艺，如"세상 이치는 모를 것이 없
　　지만 실제에 있어서는 매사에 아주 손방이다. 对世事人情无所不知，各种动手的
　　事情也都有很高的造诣"。

는데 나라서 뭘 손가락만 빤 줄만 아나?《불야성, 8
회》我有他一个把柄。凤洙就那样被玩弄之后撺
走了，你们以为我就只会眼睁睁地光看着吗?

　　手指经常做的动作之一还有竖手指，其中"손가락을 뻗다"意
思是竖起手指，表示赞扬，这里的"손가락"用的是上义词。韩国
语里拇指为"엄지가락"，比喻处于重要地位的人或称为事物根本的
核心部分，也有"엄지손가락으로 치다"，表示最好，如(339)。这
种意义的产生是因为五个手指中大拇指最靠前、最粗。但是在汉语
里，"竖大拇指""伸大拇哥"这种动作多表示赞赏、同意，表示最
好时，汉语一般多用"老大"或"数一数二"等表达。

　(339) a. 우리 중에 힘은 그를 엄지손가락으로 친다. 我们中
　　　　　间若论力气他是老大。/我们中间若论力气没有不
　　　　　对他伸大拇哥的。
　　　 b. 그는 조직에서 엄지가락으로 꼽힌다. 他在组织里是
　　　　　数一数二的人物。

　　手指中还有食指，但用食指点人是不礼貌的行为，因为人们在
骂人时，多用食指，但表现在语言上不具体到食指，而是用"손가
락질"，表示点着手指头骂人，如(340a)。有时，韩国语还用汉字词
"지탄(指彈)"，意为指出对方错误并进行指责，如(340bc)。汉语在
表达此意义时，也用与手指有关的"戳手指头、指指点点、指责"
等具象化表达。

　(340) a. 세상 사람들한테 손가락질 받으면서 평생을 살게 하

는 것은 배려라고 하는 거니?《최고의 연인, 37회》

让她一辈子过被世人戳手指头的生活，就是你所说的关照吗?

b. 지탄의 대상 指责对象

c. 국인의 지탄을 받았다. 受到国民的指责。

在中国小手指具有鄙视小、不好、落后等消极意义; 韩国语里的小手指 "새끼손가락" 可以表示约定，也具有情人之意; 在印度小拇指意为去上厕所(홍민표 2010:149-150)。조현용(2009:222-223)曾谈到有一位韩国教授去印度当教师，上课时看到教室后面一个女学生面向自己竖小拇指，就用韩国方式去理解了，以为这个女学生对自己有意思，所以就故意装作没看见，实际上这个女学生表达的意思是想去上厕所。所以不同国家，因文化不同，同样的身体语言可能代表不同的意思。

韩国语里手指 "손가락" 也可比喻孩子，如(341)，译成汉语可以是 "心头肉"，韩国语的疑问句形式，译成汉语多用陈述句来表达。此外，"열 손가락 중에 안 아픈 손가락 없다" 指孩子都是父母的心头肉，没有一个孩子是无关痛痒的。

(341) 어머니 생각해봐라. 50 다 돼서 널 낳아주셨는데 너는 얼마나 아픈 손가락이겠냐?눈만 뜨면 니 걱정이다.《폼나게 살 거야, 5회》你想想咱妈吧。她50岁才生下你，你就是她的心头肉啊。她每天挂念的都是你啊。

1.19.4.3 指甲

韩国语里手指甲为"손톱"。韩国人对手指甲观察得极为仔细，并且用手指甲来比喻各种抽象的意义和生活现象，所以韩国语里有很多与"손톱"有关的惯用语与俗语。

指甲作为手指的一部分，也是极小事物的象征，所以韩国语用"손톱만큼"来表达非常小的东西或程度，如(342a)。有时也用"손톱만하다"来表示极小，如(342bc)。

(342) a. 손톱만큼의 애정도 남아 있지 않아.《최고의 연인,
　　　　56회》连丁点大的感情也没有。

　　　b. 나 규찬씨한테 미련 없어. 설사 나한테 다시 돌아온
　　　　다고 해도 받아줄 생각 손톱만큼도 없거든.《최고
　　　　의 연인, 65회》我对奎灿你没有什么舍不得。即
　　　　使你说要回到我身边，但我丝毫/一点也不想接受
　　　　你。

　　　c. 마지막의 손톱만한 희망마저 진흙이 되고 말았구
　　　　나.《사랑이 오네요, 90회》连最后的指甲大小的希
　　　　望都搞飞了。

上面都着重用"손톱"来比喻小的东西、琐碎的东西，而"손톱 밑의 가시"的语义重点在"가시"之上，一根小刺可让人非常痛苦，比喻让人心里难受的事情。"손톱 밑의 가시가 생손으로 곪는다"，意思是因为指甲里进去的小刺而肿胀受苦，比喻因小事吃大亏。

指甲的作用之一是抠东西，"손톱 제기다"指用手指抠出痕迹，如(343a)。"손톱도 안 들어가다"意思是连指甲都抠不进去，比喻人非常能干、吝啬，如(343b)。

(343) a. 아이가 손톱 제긴 사과는 이미 먹을 수가 없었다. 孩子用手指抠了的苹果已经没法吃了。

b. 그 사람, 한 번도 웃거나 칭찬을 안 하는 것이 손톱도 안 들어가게 생겼다. 那个人一次也不笑，也不夸奖别人，看起来很严厉。

由于干活时最先接触物品的就是指甲，并且指甲的变化也最明显，如变脏、磨坏、磨断，所以根据这一特点"손톱 닳도록"比喻吃苦受累，如(344)。还有俗语"손톱 발톱이 젖혀지도록 벌어 먹인다"，比喻为别人做牛做马，也可比喻为抚养家庭而吃尽苦头。

(344) 아이구, 규찬아버지, 손톱 닳도록 뼈골 빠지게 일하고 키운 아들이지만은 애미가 지긋지긋하다네요.《최고의 연인, 61회》哎呦，奎灿他爹，我为了养儿子，累得手指都坏了，腰都断了，但是他却说受够了我了啊。

手指甲与脚趾甲的生长速度不同，因为前者长得快，后者却长得慢，根据这一特点，韩国语里用"손톱은 슬플 때마다 돋고 발톱은 기쁠 때마다 돋는다"来比喻人生中痛苦比欢乐更多。

1.19.4.4 虎口

拇指与其他四指之间的位置韩国语称作"손아귀"，也指手力，如(345a)；"손아귀"也可比喻势力范围，如(345bc)，汉语多用"魔掌"。

(345) a. 남자의 억센 손아귀 男人那强有力的虎口

b. 우리 모녀는 이제야 그 남자의 손아귀에서 벗어날 수
있었다. 我们母女两人现在才逃脱那个男人的魔掌。
c. 누나 아마 지금도 김상호 손아귀에서 놀아나고 있었
을 거예요.《사랑이 오네요, 91회》也许姐姐现在
还被金尚浩玩弄于股掌之间呢/骗得晕头转向的。

韩国语还有汉字词"호구(虎口)",可以指老虎口,也指拇指与
食指之间的穴位,也比喻任人利用的人。

1.19.4.5 拳头

与手有关的词语还有"拳头",韩国语为"주먹","주먹"可比
喻物理的力量或暴力,如(346a);也可比喻暴力组织的人,如(346b);
也可作量词,如(346c)。

(346) a. 그 녀석 지하격투판에서 꽤 알아주는 주먹이야.《여
자의 비밀, 36회》那小子是地下拳击场有名的硬拳
头。
b. 주먹 세계 拳头世界 주먹 싸움 武力斗争 주먹 자랑
炫耀武力
c. 사탕을 한 주먹 쥐다 抓了一把糖块

"주먹치기"指没有任何计划性、听之任之的事情处理方式。
"주먹 큰 놈이 어른이다"意为拳头是老大,而"주먹이 운다[울
다]"意为遇到令人愤慨的事情,虽想动手教训一顿,却又忍住。韩
国语里"주먹치기"还俗称手淫。
举起来要打人或吓唬人的拳头称作"종주먹",如"종주먹을

들이대다/대다 伸出拳头(想打人)"。

如上，韩国语里的"손"已经从身体部位意义发展出了丰富的意义，而与手有关的各个部位也发生了不同程度的语义变化。

1.20 脚

1.20.1 脚的涵义

脚的韩国语为"발"，有五个意义，如下表所示：

[表16] "발" 的意义

意义	例子	对应汉语
人或动物的脚		脚
支撑家具的底部	장롱의 발、장발01(欌-) 柜子腿	腿
比喻脚步	발을 멈추다 停住脚; 발이 재다 脚快	脚
汉诗的韵脚	발을 달다 押韵脚	韵脚
脚步的计算单位	한 발 뒤로 물러서다. 退后一步	步

如上，韩国语"발"一般都能与汉语"脚"对应，但当指家具的底部时，汉语用"腿"，不用"脚"，此外，"발"作计算单位时，汉语用"步"。韩国语还有"발이 되다"意为成为谁的脚，如(347)，这时汉语用"代步工具"，而不用"代脚工具"。

(347) 시내버스도…아직 시민의 발이 되지 못하고 있었다.
市内公交车……还没能成为市民的代步工具。

1.20.2 脚的构造

关于脚的构造，主要分析脚背、脚后跟、脚掌，其中与脚掌有关的表达最丰富。

韩国语脚背为"발등"，多用于俗语"발등을 찧다"，如(348)。汉语一般不用"脚背"，并且"脚背、脚面"也没有比喻意义。

(348) 내 발등은 내가 찧었는데.《가족을 지켜라, 113회》我是自己搬石头砸了自己的脚啊。

韩国语里脚后跟为"발꿈치、발뒤꿈치、발끝"，在人体中位于最下端和末端，所以还可比喻他人能力或资质的最低水平，如(349)。汉语多用"给别人提鞋也提不上"来比喻能力或水平低下，"提鞋"也与"脚"有关。即韩国语与汉语都是用人体最下端的"脚"的相关部位或事物来比喻最低水平。相反"머리"与"头"都用来比喻最高位置，如"우두머리"与"头领、头儿、头人"等。

(349) a. 최고 검사장의 발꿈치라도 쫓아가려면 부지런히 움직이여야 하지 않겠습니까.《동네변호사 조들호, 15회》要想赶上最高检察长，得奋发努力啊。

b. 그 사람 발뒤꿈치만큼이라도 해낼 수 있다면 너로서는 성공한 것이다. 你哪怕是做到能给他提鞋呢，那你也算成功了。

c. 저는 흉내만 냈지 방장님 발끝도 못 쫓아가요.《황금빛 내 인생, 31회》我只是能模仿一下而已，给您提鞋都不够啊。

韩国语里脚掌为"발바닥",与其相关的表达都是从脚掌的特点引申出来的。首先,因为脚掌位于人体的最下端,与"高"相比,"下"经常表示低下。其中,"발바닥을 핥다"意思是舔别人的脚掌,而要做到这样,就需要跪倒趴在地上,即臣服,所以比喻依附在有财力、有权势的人周围卑躬屈膝做尽坏事,如(350)。

(350) 이제 상사 발바닥을 핥는 짓은 그만두는 게 어때? 你现在不要再做那些给上司舔腚的事儿了吧。

与"高"相比,"下"还比喻不具备。其中"눈치가 발바닥이라"比喻没有一点眼力或者眼力非常迟钝的人;"눈이 발바닥이다"比喻一抹黑,如(351a)。有时还用"눈이 곰의 발바닥이다",如(351b)。

(351) a. 넌 글 알지, 내가 아니, 눈이 발바닥이지. 아무리 야학을 해도 모르겠더라. 《이광수, 흙》你识字是吧。我不识字。这眼就是脚后跟啊。不管怎么上夜校学, 就是学不会。
    b. '내가 아나. 눈이 곰의 발바닥인 걸.' 하고 소매로 눈을 비빈다. 아무리 비비더라도 밝아질 수는 없을 것이 분명한 눈을. 《이광수, 흙》"我怎么认识啊? 这眼简直就是狗熊的脚后跟啊。"她用袖子揉眼睛, 揉着她那即使再揉也揉不亮的眼睛。

其次, 脚掌是用来走路的, 脚掌走路必然与土密切相关, 如果脚不沾土说明不走路, 所以"발바닥에 흙 안 묻히고 살다"比喻生

活得安静、清闲、不劳累，如(352)。

(352) 저 부인은 어려서부터 지금까지 발바닥에 흙 안 묻히
　　　고 사시는 분이지. 那个女人从小过的就是养尊处优的
　　　生活。

第三，脚掌走路必然出汗、冒火，所以经常用"발바닥에 땀이
나도록、발바닥에 불이 나도록"比喻到处奔走，如(353ab)。因为
脚掌是用来走路的，所以追上别人的脚掌可以比喻追上别人，但韩
国语里经常用于否定或疑问句，如(353c)。

(353) a. 오늘도 하루 종일 발바닥에 땀이 나도록 뛰어다녔구
　　　　요.《아이가 다섯, 9회》今天又马不停蹄地跑了整
　　　　整一天。
　　　 b. 한아름의 예단비를 마련하기 위해서 그 엄마 나
　　　　보배가 발바닥에 땀이 나도록 다니고 있다. 이거
　　　　지.《최고의 연인, 88회》为了准备韩雅凛的彩礼
　　　　费，她妈罗宝贝正到处奔波，是吧?
　　　 c. 우리가 아무리 잘해도 지 아빠 발바닥 따라가겠어?
　　　　《아이가 다섯, 4회》我们对孩子再好，也赶不上
　　　　孩子他爸啊。

如上，由于脚位于人体的最下端，而人类的一般思维是"高"
具有积极意义，而"低、下"具有消极意义，所以与脚有关的表达
都产生了消极意义。

1.20.3 脚与站立

脚的作用之一是"站立"，站立这个动作可以从不同的角度去思考和分析，因此出现了很多不同角度的惯用语。

站立首先要有脚站立的地方，而站立的地方，一般蕴含着地方很小之意，如"발(을) 들여놓을 자리 하나 없다、발(을) 디딜 틈이 없다、발(을) 붙일 곳이 없다"，都指人很多，地方非常狭小，多用于否定结构。汉语此时多用"无立足之地、脚都插不进去"。不过汉语有肯定结构的"站住脚"，此时韩国语多用"자리를 잡다"。

无立足之地的状况再换个角度去观察的话，就会发现这种状况造成的结果就是现场无秩序，所以"발(을) 붙일 곳이 없다"就具有了第二个意义，指非常混乱。汉语"脚都插不进去"也有此类意义，但"无立足之地"却没有此类表示混乱的意义。

有时在站立时还会出现一种情况，即某个地方东西太多，让人无立足之地时，人们为了腾出点地方来，会随意地用脚踢开脚下的东西，根据这种生活常识，韩国人的思维是"东西多才会被人用脚踢"，在此基础上产生了"东西被脚踢到说明东西多"这种推理，因此韩国语里"발에 채다/차이다、발길에 채다/차이다"比喻到处都是常见的东西，如(354)。汉语在表达此意时一般不用"足、脚"，但可用身体语言"触目皆是"，也可用"到处、遍地"等空间词处所词，是用直观视觉观察来说明东西多。[13]相反，韩国语是将视觉的东西转化为触觉感受来进行表达。

(354) a. 부담스러우실 것 없어요. 우리 집에 발에 차이는 것

13　与脚有关，汉语有"绊脚石"，喻指前进道路上的障碍物，此时韩国语用"걸림돌"，因为韩国语里绊脚用动词"걸리다"。

통닭인데요 뭐.《월계수 양복점 신사들, 14회》您
不用觉得不好意思。反正我家里到处都是烤鸡。

b. 요즘에는 발에 채는 것이 여관이요 호텔이다. 现在
触目皆是/到处/遍地都是旅馆、宾馆什么的。

1.20.4 脚与工作

干工作时，一般需要脚。所以与脚有关的惯用语很多可以表达
与工作有关的九种动作。

1.20.4.1 踏脚

上面我们分析了脚进入一个地方后所产生的结果可能是导致场
面混乱、场地狭小等。下面我们再换一个角度来看。

人的脚一旦站在某个地方就意味着进入了相关的领域，所以 "발
(을) 디디다/담그다" 指进入某个领域或系统，如(355)，汉语用 "涉
足"。而 "첫발을 내딛다" 比喻朝着某事迈出第一步，如(356)。

(355) 다만 이들 모두 정치권에 발을 담근 적이 있어 중립성
이 보장될지는 미지수라는 지적도 있다.《동아일보,
2016.10.30》但有人指出，这些人都曾涉足政治，能
否保证独立性还是未知数。

(356) 엄마 꼭 널 재벌가 사위로 만들어줄 테니까 오늘 첫발
을 내딛는 거니까 기다리고 있어.《최고의 연인, 85
회》妈妈一定会让你成为财阀家的女婿的，今天算是
迈出了第一步，你就等好消息吧。

有时也用"발을 붙이다"比喻在某个地方立足，这个地方可以是具体的地方，如(357a)；也可以是工作单位之类的机构，如(357b)；也可以没有具体的地方，如(357c)。有时也用"발을 들여놓다"指介入某事，其对象可以是公司，如(358a)；也可以是人，如(358b)。但这两种表达都多用于否定句或疑问句表达否定意义。

(357) a. 니 엄마한테도 교당에 발붙이지도 말라 해. 《아이가
　　　　 다섯, 7회》也告诉你妈，让她别到教堂来。

　　　 b. 공현수, 한윤호 전부인이 회사에 발 붙이게 할 수 없
　　　　 지. 《당신은 선물, 20회》不能让孔贤秀——韩允浩
　　　　 的前妻进入公司。

　　　 c. 은혜도 모르는 놈들…발도 못 붙이게 해야지. 《천상
　　　　 의 약속, 2회》忘恩负义的东西，要让他们无立足
　　　　 之地才行。

(358) a. 망신 주고 다시 풍길당에 발을 들여놓지 못하게 말
　　　　 이지요. 《우리집 꿀단지, 116회》我是说让她出个
　　　　 丑，再也无法踏入冯吉堂的大门来。

　　　 b. 왜 아무것도 아닌 녀석 인생에 발을 들여놨어? 그냥
　　　　 그렇게 살게 내버려두지. 《딴따라, 5회》你为什么插
　　　　 足那种什么都不是的孩子? 就让他自生自灭好了。

1.20.4.2 伸脚

韩国语里伸脚为"발을 뻗다"，可以表示势力扩展，如(359a)，汉语里与脚有关的"插足、插一脚"也有类似的意义。"발을 뻗다"也可表示伸手要，如(359b)，汉语用"伸手"，不用"伸脚"。这说明，韩国语"발을 뻗다"在表达这种意义时，"발"的意

义己经模糊了。而韩国语这种"伸脚"的表达之所以出现与韩国席地而坐的坐式文化密切相关。

(359) a. 한복의 무한한 변신과 시도, 프랑스에 발 뻗다 韩服尝试以富于变化的形式特点进军法国。

b. 사람들이 아무리 없이 살아도 그렇지. 체면도 뭐도 없이 어떻게 그렇게 발을 뻗어?《가족을 지켜라, 113회》人就是再穷也不能这样啊。连脸面什么的都不顾及，竟然这样伸手要这要那?

不管是势力范围的扩张，还是要东西，要先看对象，所以就有了"뻗을 데를 보고 발을 뻗다"，如(360)。

(360) 그렇게 기세등등하면 누가 봐주는 사람 있는 줄 아세요? 어디 뻗을 데를 보고 발을 뻗으셔야지요. 내가 순순히 보배처럼 당하고만 있을 줄 아세요?《최고의 연인, 64회》您气势这么旺，以为谁会让着您吗? 您得看好地方再伸脚啊。您以为我会像宝贝那样乖乖地被您欺负吗?

韩国语还有"발을 걸다"，指伸脚把别人绊倒，运动用语里用"안다리 걸기、안걸이"，与此相关，汉语有"使绊子"比喻背地里耍弄手段陷害他人。

1.20.4.3 抽脚

如果已经涉足某事，但又把脚抽回来，则表示不再干之意。其

中"발(을) 빼다[씻다]"比喻从某种关系中脱离、退出来;"발(을) 빼다"还有名词形式"발뺌","발뺌"也有动词"발뺌을 하다",这三种表达的意义越来越抽象。

"빼다"的近义词是"뽑다",所以"발을 뽑다"可以指具体的"脱鞋"之意,但这里"뽑다"强调的是将脚从鞋子里抽出来,可比喻退出某件事情,如(361)。"발을 뽑다"也比喻脱离某种状态。

(361) 그가 손을 떼자마자 나도 합병된 회사에 정열을 쏟아부을 의욕이 없어 발을 뽑았다. 他一撒手,我也没心思把青春献给合并后的公司,所以也抽脚不干了。

1.20.4.4 脱鞋

表示脱鞋时,韩国语用上面提到的"발을 뽑다"以及"발(을) 벗다",但两者因为动词的不同,具体意义不同。动词"벗다"强调的是把鞋子脱掉,既有具体的脱鞋意义,也可用于"맨발(을) 벗고 나서다",意思是光脚干,比喻积极地干某事,如(362)。

(362) a. 내가 발 벗고 나서서 우리 오봄씨를 돕고 있잖아? 《우리집 꿀단지, 65회》我这不是在积极帮助我们吴春吗?

　　　b. 미안하긴, 처음부터 내가 발 벗고 나선 건데 뭐.《최고의 연인, 67회》对不起什么啊? 本来一开始就是我喜欢才干的嘛。

　　　c. 이젠 이해됐습니다. 왜 정회장 일에 발벗고 나서시는지.《동네변호사 조들호, 13회》我现在明白您为什么对郑会长的事情那么上心了。

上面这些例句中的"발(을) 벗고 나서다"根据语境译成汉语时有多种译法，说明这个表达的意义比较抽象。此外，韩国语还有"발 벗고 대들다"比喻积极去对抗某件事。

如上，我们分析了与"脚"有关的"빼다、뽑다、벗다"等动作。根据分析，可以发现动词"뽑다、빼다"与"벗다"虽是近义关系，但与"발"结合后形成的表达却不一定是近义，出现这种情况的原因与动词的隐含意义有关，因为前两者"뽑다、빼다"着重指从某个空间里抽出来，是完全的脱离；而"벗다"强调脱鞋袜，并没有抽身之意，所以后面再结合其他动词"나서다、대들다"等，就成了积极做某事之意。

"발(을) 벗고 따라가도 못 따르겠다"意思是脱了鞋也追不上，汉语多用反过来的表达，即提鞋也提不上。与此相关，还有四字成语"족탈불급(足脱不及)"，意思是脱了鞋追都追不上，比喻能力、力量或才干等太突出，别人不可企及，如(363)。

(363) 그의 방대한 독서량과 저술량을 보자. 누구나 족탈불급（足脱不及）의 심정을 느끼지 않을 수 없다.《동아일보, 2016.10.16》看看（丁若镛）庞大的读书量和著作吧。不论是谁都会自叹不如的。

这里会产生一个疑问，为什么非得脱了鞋子来表示积极去干事呢？这应该与过去人们所穿的鞋子有关系。过去一般老百姓多穿草鞋，而下雨天则多穿木屐，这些鞋子跑起来都不跟脚，所以把鞋子脱了反而更有利于行动。不仅是过去，就是现代社会也有这种情况，尤其是女人，现在的高跟鞋是越来越高，而鞋跟却越来越细，就是走路还走不稳呢。所以需要逃跑时，女人一般会把高跟鞋脱下来拿着鞋子光脚跑。

表示积极干时, 有时还用"발로 뛰다", 如(364)。脱鞋后就是赤脚, 韩国语为"맨발", 有惯用语"맨발(을) 벗고 나서다", 比喻积极做某事。俗语"맨발로 바위 차기"意思是光着脚踢石头, 比喻做不合适的事情反而招致祸患的蠢行。也就是说光着脚做某事是积极意义, 但光着脚踢石头就成了蠢事。汉语有"赤脚医生", 可以译成"시골 의사"。

(364) 그래서 제가 지금 발로 뛰는 것 아닙니까? 《천상의 약
속, 89회》所以, 我这不是在到处跑嘛。

1.20.4.5 拴脚（脖）

如果脚不自由了, 肯定是被限制住了。而脚被限制住了, 则无法工作, 所以"발(이) 묶이다"指无法动弹或行动, 其主动形式"발을 묶어 두다"指下绊子或给予限制使无法动弹或行动。在表达这些意义时, 汉语一般都不用"脚、足"等。

韩国语还用"발목을 잡다"来比喻限制别人的行为, 如(365ab), 汉语里多用"扯/拖后腿、拽/拖下水、拖累"。"발목을 잡다"还有被动型"발목 잡히다", 如(365cd), 汉语用"被牵着鼻子走、被抓住把柄"等。

(365) a. 부모 잘 못 만나 개고생하다가 이젠 겨우 기회를 잡
았는데 니가 걔 발목을 잡겠다고?《천상의 약속, 10
회》没遇到好父母遭了很多罪, 现在终于有机会
了, 你却要拖他的后腿啊?
b. 조카사위와 외숙모의 패륜으로 언론에 터뜨리겠

다고 태준의 발목을 잡은 것 같다.《천상의 약속,
97회》她说要将侄女婿和舅母的不伦关系爆给媒
体，借此把泰俊拉下了水。

c. 이렇게 발목 잡힌 이유가 뭐야?《딴따라, 8회》为什
么这样被她牵着鼻子走啊？

d. 그 사람한테 협박이라도 당한 거예요? 저한테 한 일
때문에 발목이라도 잡힌 거냐구요?《우리집 꿀단
지, 63회》那个人威胁你了吗？我问你是不是因为
你对我做的事情而被抓住把柄了？

1.20.4.6 挣扎

韩国语里与脚有关的还有“발버둥”，指在坐着或躺着的状态
下，两条腿交替蜷缩的状态，与动词“치다”结合形成“발버둥 치
다”，比喻用尽全身的力气或手段去争取，如(366)。表达这种意义
时，汉语用“挣扎、拼死拼活”，强调的是手的动作，但韩国语“발
버둥 치다”强调的是脚和腿的动作。

(366) a. 나도 살려다 보니 발버둥 치다 보니 이렇게 된 건
데.《우리집 꿀단지, 128회》我也是拼死拼活地为
了生活才变成这样的。

b. 내가 아무리 발버둥 쳐봤자 소용없잖아요.《미녀
공심이, 7회》不管我多么努力，也没用啊。

1.20.4.7 脚步快慢

“발(이) 빠르다”意思是快手快脚、手脚麻利，比喻快速应

对，如(367)。汉语多用"手脚麻利"或"眼明手快"来表达。"发快르다"也可直接来描述抽象事物，如(368)。"한발 늦었다"指晚了一步，因汉语"脚"无脚步义，所以用"步"。

(367) 한국은 아직 일정에 없지만 이미 발 빠른 누리꾼들은 해외 직구 등을 통해 제품을 국내로 들여오고 있다. 《동아일보, 2015.9.30》韩国市场尚未进入销售日程，但眼明手快/手脚麻利的网民们早已通过海外直销将产品运进了国内。

(368) 그런 정보는 발빠르잖아?《내조의 여왕, 9회》那样的信息不是传播得都很快吗?

1.20.4.8 脚步一致

干工作时，最重要的就是一致性，韩国语"발(이) 맞다"除了指基本步调一致，也指人的言语与行动方向一致，配合得非常好。"발을 맞추다"是其动宾结构，"발을 맞추다"还发展成了合成词"발맞추다"，指几个人各自的行动或话语等朝着一个目标或方向，如(369)。

(369) 모두가 일치단결해서 발맞추어 일을 해야만 성공할 수 있다. 只有大家团结一致、步调一致地干事才会成功。

干工作时不仅需要脚步一致，还需要手的协调，所以经常出现"손발이 맞다"，如(370a)。有时也用"손발이 맞아먹다"，如(370b)。动宾结构的"손발을 맞추다"指互相调整以适应对方，如(370c)。韩国语还有汉字词"보조(步调)"，如"보조가 맞다 步调

一致", 指走路的速度或模样; 也比喻多人一起工作时的进行速度或协调状态, 如 (370d)。有时也用 "보조를 맞추다"。

(370) a. 아주 손발이 척척 맞는 구나 !《폼나게 살 거야, 2
회》你们真会配合啊 !

b. 뭘 하려고 해도 손발이 맞아먹어야 하지.《최고의 연
인, 47회》不管干什么, 手脚配合到一处才行啊。

c. 제가 진화엄마랑 계속 손발을 맞춰와서 없으니 영
불편하고 일이 재미가 없네요.《가화만사성, 26회》
我和真花妈一直是搭档, 她不在这儿, 我觉得很不
方便, 活儿也干得没意思。

d. 동료들과 보조를 같이하다 和同事们保持步调一
致。

1.20.4.9 脚步多少

去某个地方肯定是脚步先行, 所以 "발이 잦다" 指经常去,
"발(이) 뜨다" 指偶尔去, "발이 뜸하다" 指经常去的地方不大去
了。而 "발(을) 끊다, 발그림자도 끊다, 발길이 끊다" 则干脆指
断绝关系, 如 (371), 汉语用 "断绝关系、不上门" 等, 很少用与
"脚" 有关的表达。

(371) a. 형이 보육원에서 발 딱 끊었을 때 내가 알아봤어. 쓰
레기라는 것.《동네변호사 조들호, 1회》哥你与保
育院断绝关系的时候, 我就知道你是个垃圾。

b. 발길이 끊은지 언젠데?《아이가 다섯, 14회》我们
互不上门都已经多久了?

c. 그래서 발길 뚝 끊어놓고.《내 사위의 여자, 63회》
所以才不上门的啊?

如果对一个地方走的多了肯定就熟悉了，所以"발이 익다"指对路很熟悉。而如果繁忙了，肯定是脚先出现疼痛等症状，所以"발이 닳다"指繁忙地奔走。

1.20.5 脚与说话、吃饭

韩国语里有"발이 달리다"，意为长腿了，如(372)，韩国语用"长脚"，汉语用"长腿"。"발이 달리다"是被动形式，其主动形式是"발을 달다"，指在结束已有的话的基础上再说其他的，与说话有关，如(373)，对这种说话方式，汉语一般称作"说话带尾巴"或用"补充说"。

(372) 장난감 발 달렸어? 갑자기 왜 없어지냐구?《아이가 다섯, 27회》玩具长腿了? 要不怎么就突然不见了?
(373) 이것은 비단 남의 자식에게만 한한 일이 아니고 제 자식이라도 그런 일만 있으면 절대 용서 없다고 발을 달았다.《한설야, 탑》他又补充说:这并不只是针对别人孩子才这样的，即使是自己的孩子，只要出现那样的事情，也绝不原谅。

韩国语里也有与尾巴有关的惯用语，如"꼬리(를) 달다"，除了指具体的前后相连，也指补充说，如(374)。也就是说，韩国语与汉语都是用身体部位来比喻补充说话，但韩国语用"脚"和"尾

巴",而汉语只用"尾巴",这反映的是两种文化的不同观察视角和不同的联想思维。此外,汉语也用"接话茬、接话把"。

> (374) 나는 그때 형의 말끝에 이러쿵저러쿵 꼬리를 달지 않
> 았다.《김용성, 도둑 일기》那时我没有在哥哥的话后
> 面再添尾巴,说这个那个的。

韩国语还有俗语"발 없는 말이 천리 간다."意思是没腿的话走千里,指好事不出门,坏事传千里。汉语的"好事不出门,坏事传千里"没有用到身体部位。

前面在"1.17.2"中已经分析了"다리가 길다"比喻有口福,韩国语还有"발(이) 길다"指偶然去了有饭吃的地方而享了口福,"발(이) 짧다"指吃饭时来晚。与吃饭有关,韩国语还有"발이 효자다",如(375)。

> (375) 발이 효자네. 마침 밥때 잘 맞춰서 왔네.《최고의 연
> 인, 103회》我真是有口福啊,正好赶上了饭点。

如上,韩国语里"발이 효자다"的结构虽然成立,但汉语"脚是孝子"这种结构从语法上是成立的,但从语义上是不成立的,所以需要意译成"有口福"。

1.21 骨

汉语"骨"多用来表达人的精神内质,如"贱骨头"比喻不知

好歹，不自重的人；"软骨头"比喻没有气节的人；"长骨头"比喻增强意志和决心；"节骨眼"原指骨骼的连接处，特指紧要的能起决定作用的环节和时机；有气节叫做"有骨气"，反之为"没骨气"；起重要作用的人称之为"骨干"(李树新 2002:59)。韩国语里的"骨"除了具有与汉语类似的意义外，韩国语的一些骨头还具有特殊意义，并且骨头与其他身体器官一样也可以表达丰富的心理感情意义。

韩国语里骨为"뼈"，基本意义指骨头，还有四个引申义，具体如下表所示：

[表17] "뼈" 的意义

	意义	例句
뼈	骨头	뼈가 부러지다 骨头断了。
	建筑构造等的骨架	타다 만 집은 뼈만 앙상하게 남았다. 烧毁的房子只剩下了个架子/骨架。
뼈	话语的基本情节或核心	뼈만 추려 설명하다. 只讲重点; 농민들이 겪는 삶의 애환이 이 소설의 뼈를 이루고 있다. 农民所经历的人生磨难形成了这篇小说的整体骨架/框架。
	比喻某种意图或别的意思。	세차장 얘기도 그렇고 비자금 어쩌고 하는 말이 뼈가 있네.《사랑이 오네요, 91회》不光洗车场的事，还说什么秘密资金，这话里有话/带刺啊。 뼈 없이 한 말이니 오해하지 마라. 我没有别的意思，你不要误会。
	比喻气概。	댁네가 지나치게 뼈 없고 무던해서 '-하고' 뒤를 흐린 말은 칭찬인지 안타까움인지 알 수 없었다.《한무숙, 돌》他一点骨气都没有，很懦弱，"-하고"后面含含糊糊说出的话不知是称赞还是担心。

如上，"뼈"的意义与汉语"骨"有相似之处，只有当比喻意图或意思时，汉语不用"骨头"，而是用"刺"。韩国语里骨头还统称为"뼈대"，与"뼈"的意义基本相同，但是不表达意图或意思，此

外，"뼈대"还用来比喻名门望族，如(376)，汉语不用"骨头"。

(376) 제가 뼈대 있는 가문이라 보답은 꼭 하거든요.《연인,
    9회》我们家可是名门望族，知恩必报的。

人体是由骨头和肉组成的，汉语"骨肉"比喻至亲，相当于韩
国语"피붙이"。韩国语与骨肉有关主要有"뼈와 살로 만들다"，比
喻将经验、思想、理论等变成自己强烈的信念，如(377a)，类似的
"뼈와 살이 되다"比喻从精神上有所帮助，如(377b)。汉语一般用
抽象表达"精神力量"或"精神支柱"。

(377) a. 지금의 이 어렵고 힘든 체험을 너의 뼈와 살로 만들
       면 틀림없이 성공할 수 있다. 如果把现在这些艰难
       的体验变成你的精神力量，你肯定会成功的。
     b. 뼈와 살이 되는 교훈 成为精神支柱的教训

因为人是有血有肉有骨头的，如果一个人只剩下骨头，那么形
象可想而知，所以"뼈만 남다、뼈만 앙상하다"比喻吃不上或生重
病而导致非常干瘦，如(378)。

(378) 할머니는 병으로 오래 고생하신 듯 뼈만 남아 있었다.
    奶奶因为长期受病痛的折磨，瘦成了皮包骨头。

韩国语里还有一些骨头具有特殊意义。例如，"통뼈"指不是
由两根骨头而是并在一起的下臂的骨头，可以比喻力量大或心胸宽
广、意志坚强。骨头还有"용가리뼈、용가리통뼈"，其中"용가리

骨”用来嘲笑那些很特别的人(박완서《소설어사전》)，而“용가리
통뼈”比喻手腕骨头大，力气大，块头大，不胆怯的人；有时也用来
嘲笑那些没有底气却很傲慢的人，如(379a)，汉语有时用“大腕”；
有时需要意译，如(379b)。

(379) a. 배사장은 무슨 용가리통뼈라구 자식의 혼사를 막나
어쩌나?《우리집 꿀단지, 78회》裴社长还是什么大
腕吗? 说什么要阻止孩子的婚事，还是怎的?
b. 쟤 아버진 대학교수야. 그것도 심리학 교수. 그런 부
모가 포기한 애 니가 무슨 용가리통뼈야?《SKY캐
슬, 9회》她爸爸是大学教授，而且还是心理学教
授。这样的父母都不管她了，你有什么本事（来
管她）啊?

骨头中还有“잔뼈”，指还没有长好的又小又弱的骨头，也指又
细又小的骨头。惯用语“잔뼈가 굵다”指长期在某个地方或单位工
作，很熟悉那种工作，如(380ab)。有时也用上义词“뼈가 굵다”，
如(380c)。汉语分别用“老手、长期工作、干了一辈子”等。

(380) a. 상호가 여기서 20년으로 잔뼈가 굵었어.《사랑이 오
네요, 103회》尚浩在这里干了20年，是老手了。
b. 1966년 행정고시 합격 후 서울시에서 잔뼈가 굵은
이 전 실장이 …서울시 업무에 정통했다.《동아일
보, 2016.11.03) 作为前室长，李室长于1966年行
政考试合格，长期在首尔市工作，对首尔市的业
务很精通。

c. 내가 평생 전당포에서 뼈가 굵었고.《미워도 사랑
해, 43회》我干了一辈子当铺。

当"잔뼈"与"굵다"的被动形式"굵어지다"结合成惯用语
"잔뼈가 굵어지다[굳다]"时，意义发生了较大变化，可以指从
小在一定地方长大，如(381a)；也指长大成为能担当重任的人，如
(381b)；也指受某人的照顾而长大，如(381c)。

(381) a. 산속에서 이들의 잔뼈가 굵어진 만큼 휘와 몽치는
형제와 같이 유대가 깊을 수밖에 없었다.《주간동
아, 2018.02.13》辉和棒子从小在山里一块儿长大,
所以像兄弟一样情深意厚。
b. 그 아이는 벌써 잔뼈가 굵어졌다. 那孩子已经能担
当重任了。
c. 외할머니 덕으로 잔뼈가 굵어진 사람이…《홍명희,
임꺽정》在外婆手里长大的人

如上，"잔뼈、뼈"都与工作产生联系，这种意义的产生应该源
于人体的成长过程，因为人年龄小时骨骼是又细又小的，而年龄大
了骨骼就会变粗，是用骨骼变粗来转喻人年龄变大，继而隐喻熟悉
工作和业务。这与前面"1.2.2.2"中所提到的"머리가 크다、머리
가 굵다"是同样的比喻思维。
韩国语里还有"뼈를 묻다"，是用把骨头埋在哪里来比喻为单
位或组织奉献终生，如(382)。虽然汉语也有"青山处处埋忠骨，何
须马革裹尸还"类诗句，但中国人平时很少用"埋忠骨"等表达，
而多用"干到死"或"奉献终身"等相对抽象的表达。

(382) a. 할 거예요. 잘해서 윤가식품에서 뼈 묻을 거예요.《빛나라 은수, 48회》我会做的，我要做好，然后在尹家食品干到死。

b. 성북동에서 뼈를 묻지. 왜 돌아왔냐?《불야성, 8회》你怎么不在城北洞奉献终身啊? 怎么回来了?

如果死了之后，连骨头都收拾不起来，说明下场非常惨，所以"뼈도 못 추리다"比喻不是对方的对手，总是吃亏，没有任何所得，如(383)，汉语可用"死无葬身之地"或"吃不了兜着走"等来表达。

(383) a. 너 두 번 다시 내 딸 만나다가는 뼈도 못 추릴 줄 알아!《최고의 연인, 68회》你要再见我女儿一次，我就让你死无葬身之地！

b. 두 번 다시 우리 사모님 앞에서 아장거리다간 뼈도 못 추릴 줄 알아!《우리집 꿀단지, 121회》你要再在我们社长面前晃过来晃过去的，我就让你吃不了兜着走。

1.22 排泄器官与排泄物

新陈代谢是人体必要的日常行为，然而所有与此相关的英语单词都是不雅、儿童不宜或者是临床使用的(平克 2015:22)。新陈代谢中代表性的就是排泄与性。人类对一切涉及排泄和性的事情一向感到不安，我们因为排泄物让我们恶心(别人的、动物的又比我们自己的更恶心）就认为这东西是丑的（艾柯 2012/2015:131）。从生物学的角度看，排泄物成为厌恶的对象是有原因的，生物学家Valerie Curtis和Adam Biran经过调查研究发现:身体排泄物都是最容易引起反感的触发因子，而最令人恶心的物质往往是最危险的疾病传播源，所以也许这是排泄物让人反感的原因之一（平克 2015:408）。根据接受程度对排泄物进行排序的话，依次是"唾液、鼻涕、屁、尿、屎"，也就是说"屎"是最难以让人接受的（平克 2015:406）。

这种对排泄物的厌恶不仅仅限于西方社会，中国、韩国也一样。韩国语里与"拉屎"有关的委婉语有"큰 것 보다、응가를 하다、대변(大便)보다"，与"小便"有关的委婉语有"작은 것、소피(小避)、소마"，大小便统称为"대소피(大小避)"等。尤其是大便，因为是污秽之物，所以韩国传统小说《兴夫传》里对游夫最大的惩罚是最后打开的葫芦里装满了大便。尽管排泄物在韩国文化里都是禁忌之物，但是韩国语的日常用法中却还有很多其他用法，形成了非常具有民族性的"排泄文化"。

1.22.1 肛门、阴部

韩国语里肛门、阴部称作"밑구멍"，有时也用"뒷구멍、똥구멍、뒤、밑"等，这些器官名本身没有特殊意义，主要是用在一些俗语里来说明某个道理或现象，如下表所示:

[表18] 与排泄器官有关的俗语

1	밑구멍으로 노 꼰다. 밑구멍으로 숨 쉰다. 뒷구멍으로 호박씨 깐다.	比喻表面上看起来很稳重，但在别人看不见的地方却干一些奇怪的事情。

1	똥구멍으로 호박씨[수박씨] 깐다. 밑으로 호박씨 깐다. 뒤로[뒤에서] 호박씨 깐다.	比喻表面上看起来很稳重，但在别人看不见的地方却干一些奇怪的事情。
2	밑구멍은 들출수록 구린내만 난다.	比喻想隐藏的东西越动越显眼。
3	밑구멍에 불이 나다.	比喻非常着急，走过来走过去的，一刻也坐不住。
4	밑구멍을[밑구멍이나] 씻어 준다.	义同汉语的"擦屁股"，嘲讽给别人处理问题。
5	밑구멍이 웃는다.	指非常可笑的情况。
6	밑구멍이 찢어지게[째지게] 가난하다. 똥구멍이 찢어지게 가난하다.	比喻非常贫穷。

　　如上，这些俗语都是用与排泄器官有关的表达来做比喻，并且表达的多是消极意义，尤其是第1组俗语，虽然用了不同的名称，但表达的比喻意义却相同，也就是说都是用肛门来比喻隐私、看不见的地方。第6组俗语中的"밑구멍、똥구멍"也用来比喻隐私之处，这些俗语比喻非常艰难/困难，之所以产生这种比喻意义，有两种解释:一种解释是从饮食角度去分析，因为在粮食不充足的古代社会，为了填饱肚子，会吃一些难以消化的草根树皮，本身吃的东西少，所以大便时肛门会非常疼痛，因此才产生了用这种身体语言来表达抽象意义的方式。另外一种解释是从服饰角度去分析，也就是说因为贫穷，衣不蔽体，连隐私部位都露出来了(김동진、조항범 2001:107)，支持这种观点的还有其他俗语，如类似的表达有"가랑이(가) 찢어지다[째지다]"，意思是连大腿根子都露出来了，比喻非常艰难的生活，"가랑이가 찢어지게 가난하다""가랑이가 찢어질 형편에 누구를 돕겠느냐"也可比喻事情超出自己的能力所限或者人手不够而很难完成。现代社会里，由于"똥구멍、밑구멍"比较粗俗，所以经常省略这两个词语，而用"찢어지게 가난하다/어렵

다", 如(384)。

(384) 옛날 옛적 찢어지게 가난했을 적에 두부, 콩나물 같
은 것 더러 외상으로 먹고 갚아가면서 그런 적 있었
어. 《그래 그런거야, 21회》在很久很久以前，生活非
常艰难的时候，我们也曾经用赊账的方式买豆腐、豆
芽等，然后再还账。

1.22.2 屎

韩国语里在提到"拉屎"这个具体动作时，多用委婉语，但是
对这个具体动作的分泌物"똥"却并不那么忌讳。这与汉语有很大
的不同。

汉语"屎"自古以来经历了贬化的过程。例如，庄子在讲道
时，就用到了"屎"，如：

(385) 东郭子问于庄子曰："所谓道，恶乎在？"庄子曰："无所
不在。"东郭子曰："期而后可。"庄子曰："在蝼蚁。"曰：
"何其邪？"曰："在稊稗。"曰："何其愈下邪？"曰："在瓦
甓。"曰："何其愈甚邪？"曰："在屎溺。"东郭子不应。
《庄子．知北游》

如上，庄子在讲道时，认为道无处不在，可以在蝼蚁、在稊
稗、在瓦甓、在屎溺。也就是说，屎与其他东西都是一样的，并无
贵贱之分。英国生物学家李约瑟在《中国科学技术史》的第二册中
也根据这段话认为中国这时已经出现了古代的科学思想萌芽，因为

在科学家眼里，没有脏、高低贵贱之分(傅佩荣 2014:37)。

但后来，"屎"却越来越成了不能提及的东西，例如中国一代文化大师——林语堂在谈到快乐问题时，说道："在我看来，快乐问题大半是消化问题。我很想直说快乐问题大抵就是大便问题，为保持我的人格和颜面起见，我得用一位美国大学校长来做我的护身符。这位大学校长过去对每年的新生演说时，总是要讲那句极富智慧的话：'我要你们记住两件事情:读《圣经》和使大便通畅'"(林语堂 2013:99)。也就是说，大便是关乎人的快乐之大事的，但中国人却非常鄙视它，连林语堂也要借用美国大学校长的话来做护身符。[14]

那么到了21世纪，又当如何呢？当笔者给学生上课讲到这一排泄物部分时，很多同学都撇着嘴，嘴里嘟囔着，好像在说"老师为什么讲这样的内容啊？"学生之所以有这种表现，实际是情有可原的，因为对中国人来说，屎是难以登大雅之堂的，是讳莫如深的。所以现代网络用语中提起"屎"都用"翔"，并且还发展到了一般生活中。

与中国人相反，韩国人对大便的态度就要率直的多，因为知道大便的重要，所以表现在语言上，就出现了"똥"文化，不仅"똥"的语义很广，并且出现了很多的比喻意义、惯用语和俗语。

韩国人的这种"屎"文化与日本人的"屁"文化有的一拼，因为日语里"屁"有很多的表现方法，并且还有很多以"屁"为题的文学作品，或者文学作品里有与"屁"有关的内容。而韩国语的"屎"多表现在语言上。

---

14 不仅仅是"屎"，就是与生殖器官有关的词语如"屌、屄"等几个字在汉语界也是禁忌语。吕叔湘在《语言作为一种现象》中曾就《康熙字典》、《辞海》、《汉语词典》、《现代汉语词典》四部辞书中对这几个词的收录情况作了比较，发现除《汉语词典》全都收入外，其他辞书都只收两个，吕叔湘说《现代汉语词典》出版在《汉语词典》之后，但是比后者保守"。但吕叔湘在1983年编《吕叔湘语文论集》收录该文时，却删去了对这几个禁忌词的举例和比较(刘宝俊 2016:183)。

1.22.2.1 屎的涵义

"똥"指人或动物吃食物后排泄出来的粪便，但大便也并不完全一样，如"선똥"与"생똥"指消化不良而拉出的大便，"강똥、된똥"指很干、很硬的大便，"활개똥"指力度很大的稀屎。但是"똥(을) 뀌다"不是指拉屎，而是俗指放屁。此外"똥"还指一些非屎的东西。

汉语"屎"除基本义外，仅表示眼睛或耳朵的分泌物，如"眼屎、耳屎"。另外，相关的俗语、歇后语等也不外乎"脱鞋踩屎——臭脚、屎壳螂搬家——不过本份(粪)、屎壳螂搬家——走一路，臭一路、屎壳螂遇到放屁的——空喜一场、屎郎腾空——硬充战斗机、懒驴上磨——屎尿多、鼠屎污羹、道在屎溺、扣屎盆子、屎滚尿流、屎流屁滚、屎屁直流"等，并且大部分都与屎壳郎、懒驴、鼠有关，其主体是人的不多。这与韩国语形成鲜明对比，因为韩国语"똥"的相关俗语的主体都是人。

韩国语"똥"在《표준국어대사전》里有俗语、惯用语39条，并且与其他人体器官词语不同的是，其他人体器官词语的用法中，都是惯用语远远超过俗语，而"똥"却正好相反，《표준국어대사전》中惯用语只有4条，而俗语却有35条。

1.22.2.2 拉屎

韩国语里很多与屎有关的俗语，其中与拉屎有关的主要可分为三方面的内容:吃拉的关系、拉屎的方式、屎的状态。

1) 吃与拉

韩国语有俗语"빨리 먹은 콩밥 똥 눌 때 보자 한다"意思是吃豆饭时如果狼吞虎咽、不好好咀嚼的话，豆子就会原样拉出来，

比喻欲速则不达。因此韩国语还有俗语 "작작 먹고 가는 똥 누어라、몽글게 먹고 가늘게 싼다、작게 먹고 가는 똥 누어라[싸지]" 意思是适当地吃、适当地拉，告诫人们生活要符合自己的分寸。

2) 拉屎的方式

拉屎时不论男女一般都是蹲在地上或者坐在马桶上，如果站着拉屎就成了固执，所以俗语 "꼿꼿하기는 서서 똥 누겠다"，意思是没有一点融通性。

过去人们都是戴帽子的，尤其是官员、贵族更是要戴帽子。韩国语有 "급하다고 갓 쓰고 똥 싸랴"，言外之意带着官帽是不能大便的，因为 "갓" 很大，戴着不方便。[15] 所以这个俗语比喻再紧急都要遵循一定的顺序。此外还有 "양반 파립 쓰고 한 번 대변 보긴 예사" 意思是两班贵族应该遵守礼仪，有廉耻，但是有时会戴上个破斗笠遮脸、拉屎，这种情况比比皆是，这里用拉屎比喻干坏事，俗语比喻有钱有势的人经常会做一些没有廉耻的事。

韩国语里 "똥(을) 싸다" 俗指非常辛苦，这是强调累得把屎都拉出来了，如(386a)；有时韩国语还用 "죽을 똥 싸다"，如(386b)。有时还有俗语 "인사 알고 똥 싼다"，嘲讽那些知书达理的人做了不合适的行动。

(386) a. 똥 싸게 일을 해도 입에 풀칠하기도 힘이 든다. 虽然努力工作到累得屎都出来了，但还是难以糊口。
　　　 b. 나서방 죽을 똥 쌌다. 착한 놈이여.《그래 그런거야,

15　中国过去贵族人士如厕都要先脱下长衣，所以产生了委婉语 "更衣"，来隐晦地指如厕(刘倩 2015:49-50)。这与韩国人过去如厕要摘帽是相似的情形。

50회》罗姑爷费心了。他挺善良的啊。

拉屎也要拉对地方，如果把屎拉在新裤子里，韩国语为"새 바지에 똥 싼다"，比喻没有廉耻的行动，也比喻已经办好的事情却又搞砸了。有时还有变形，如(387)，意思是把屎拉在裤子里还墨迹，汉语多用"三脚踹不出屁来"。

(387) 형한테는 적극적인 여자는 딱이야. 바지에 똥을 싸고 꿈물거리는 형한테는 여자가 적극적이어야 사연이 이렇게 엮어지는 거야.《그래 그런거야, 9회》对大哥来说，积极主动的女人最合适。大哥是三脚踹不出屁来的性格，所以女人得积极主动一点才能弄出点事来。

3) 屎的状态

屎的状态可从粗细、颜色来看。其中与粗细有关，有"니 똥이 굵어"，字面意义为你的屎粗，但实际意义为"你厉害行了吧？"例如，电视剧《질투의 화신, 23회》中，当표나리哀求이화신结婚时，但이화신以自己患有不孕症为由，截然拒绝，所以표나리生气地说道：

(388) 기자님 진짜 똥 굵다! 진짜 자존심 최고. 아이구, 고집은 진짜 이거네 (엄지손가락 세우면서). 너 잘났다. 李记者，算你厉害！你自尊心真强！哎呀，你这也真顽固啊。算你厉害。

关于屎的颜色，韩国人主要是将"똥"与食物"된장"放在一

283

起进行比较，因为两者的颜色近似，所以有了"똥인지 된장인지"，如(389a)，有时还会根据语境出现变形，如(389b)，这两种表达强调的都是没有眼力。译成汉语时虽然可以直译，并且不影响理解，但中国人日常生活中很少用这样的表达。

(389) a. 어떻게 똥인지 된장인지 구분을 못해?《쾌걸 춘향, 2회》你怎么连大便和大酱都分不开啊?

b. 이 눈치 없는 놈아! 똥으로 된장을 끓이고 있어!《아이가 다섯, 14회》哎呦，你这没眼力见的东西啊！你这是用屎来煮酱汤啊！

1.22.2.3 屎与运气、脸面

韩国语里的屎也与运气和脸面发生关系，可分为三种类型，分别是:踩到屎，成为屎，吃屎。

首先，踩到屎。"똥(을) 밟다"指运气不好，如(390)。不过在汉语里，"踩到屎"并不一定是坏事，尤其是在梦中，解梦说认为是发财梦。此外，汉语还有"狗屎运"类的表达，指意外得来的财气，例如捡到钱等。据说这种说法是因为以前种地需要肥料，因此就出现了捡狗屎来卖钱的。现在甚至还出现了网络小说《踩到狗屎运》[16]。

(390) a. 자네 아침부터 그런 일을 당하다니 괜찮은가? 똥 밟았다고 생각하게. 大清早竟然遇到那样的事情，没事吧? (你)就当做踩了屎吧。

16　作者月姒妖妃，连载于晋江文学城。

b. 미쳤나봐? 왜 그런 딴사람 찍어붙여? 내가 완전 똥
밟은 기분이야.《그래 그런거야, 24회》看来他是疯
了，要不怎么会给我介绍这样的人啊? 我的心情完
全就像踩了屎一样。

韩国语里还有俗语 "똥을 주물렀나 손속도 좋다"，意思是摸了
摸大便，连手气都变好了; 赌博手气好，赚了很多钱。"똥 떨어진 데
섰다" 意思是正好站在掉粪的地方，比喻偶然的机会发财了。由此
可见，在韩国语里 "똥" 也暗示着运气好之意。

第二，成为屎。韩国语里成为屎为 "똥(이) 되다"，比喻体
面、颜面扫地，如(391a)，汉语不用 "屎"。韩国语有时也用 "名词
+똥이다" 结构，如(391b)中的 "똥" 虽然可以译成 "真够狗屎的"，
但汉语更常用的是 "命不好" 或 "倒了八辈子霉" 类表达。相反，
韩国人却非常乐于用 "똥" 来表达这种极其难堪的情况。

(391) a. 그 일로 내 얼굴이 똥이 되고 말았다. 因为那件事，
我是名声扫地/脸都丢尽了。
b. 세상을 잘못 만나서 진수 니 신세도 참 똥이다, 똥!
《하근찬, 수난시대》生不逢时啊，镇洙，你的命
运也真够狗屎的，一坨狗屎。

"똥(이) 되다" 是自己成为了屎，而 "똥칠" 却比喻使名誉、
颜面等受损，如(392)，汉语有时用 "扣屎盆子"，有时用 "抹黑"，
但一般不用 "抹屎"。

(392) a. 그놈이 이 아비 얼굴에 똥칠을 하느라 유리걸식을

한다더구먼.《박경리, 토지》这混球到处要饭，是给我这当爹的脸上扣屎盆子啊!

b. 너 왜 사돈댁에 가서 부모 얼굴에 똥칠하고 다녀?《아이가 다섯, 12회》你为什么跑到亲家家里，给父母脸上抹黑?

第三，吃屎。吃屎要涉及动作的主体和形式，一种是主体的主动行为，一种是使动形态，表达的意义截然相反。

自己吃屎或跌倒在屎堆上分别是"똥을 찍어먹다、똥을 씹다"，如(393ab)。而"코가 똥에 박다"意为鼻子插在了粪上，如(393c)。这些都是用屎来比喻表情不好，摆臭脸。汉语一般用"臭脸"或"自作自受"。

(393) a. 왔으면 좋다. 그거야. 똥 찍어먹은 얼굴로 너 누구 장사 초 치러 온 거야?《그래 그런거야, 24회》既然来了，就算了。但是为什么摆张臭脸，你这是让做生意还是不让做啊?

b. 맞선 보러 가는 사람이 죽으러 가는 사람처럼 표정이 왜 그래? 그런 똥 씹은 표정으로 앉아 있으면 남자는 좋아하겠냐? 어디?《월계수 양복점 신사들, 19회》去相亲的人表情怎么这样啊? 好像是去刑场一样。你摆这样一张臭脸，有哪个男人会喜欢啊?

c. 지가 싸는 똥에 지 코가 박아 엎어진 꼴인데 뭘.《그래 그런거야, 54회》他这是自作自受啊。

此外，韩国语还有俗语"똥 먹은 곰의 상、똥 주워 먹은 곰

상판대기、개똥이라도 씹은 듯", 意思是就像吃了屎的狗熊的脸一样, 不高兴地死皱着眉头。

如果是让他人吃屎则是让人丢人现眼, 如"똥 먹이다"指让人吃屎, 比喻使别人丢人, 如(394)。

(394) 엄만 나랑 우리 아버님한테 똥 먹였어. 한번만 또 문제 만들면 나 엄마 안 봐.《그래 그런거야, 3회》妈, 你这是把屎盆子扣到了我和我公公身上了, 你如果再制造事端的话, 我就没有你这个妈。

1.22.2.4 不是屎的"똥"

韩国语里还有一些与屎没有关系的事物, 也被用"똥"来命名。首先"똥"指墨汁干了后的疙瘩, 还指铁块等融化时流出的东西, 如(395a)。在下层社会中, "똥"还是"금(金)"的隐语, 在韩国式纸牌游戏中, 是"오동"的隐语。"똥"还指其他许多事物, 如(395b-f)中的火花、流星、小球球、牙结石、水珠、耳屎。"똥"有时还用于词组中指花瓣, 如(395g)。与"별똥"相关, 还有"별똥이"。这些非屎的"똥"中, 只有(395f)可以译成汉语的"屎"。

(395) a. 구리 똥 铜水 납똥 (납덩어리) 铅块
　　　 b. 불똥 火星、火花
　　　 c. 별똥/별똥별 流星 별똥재 流星尘 별똥돌 陨石
　　　 d. 삼똥 麻布上的小球球 이똥 (치석) 牙结石
　　　 e. 물똥 水珠 물찌똥 蹦起的的大大小小的水珠[17]

17　"물찌똥"也指拉肚子时拉出的稀屎。

287

f. 귀똥 耳屎

g.꽃송이가 붉은 똥같이 떨어지면 선운사 가자.《김
　용택, 2004:35》到红花飘飘的时候，我们去仙云寺
　吧。[18]

　　韩国语还有"기똥차다"是"기막히다"的俚语，表示很好或
程度高，可直接作谓语，如(396ab)；也可以"기똥차게"形式修饰动
词，如(396c-e)。这些表达都是积极意义，可以指食物味道好，也可
指有福气，也指聪明，也指非常明亮，在译成汉语时根据语境可译
成多种形式。"기똥차다"有时也用于消极意义，如(396f)。

　　(396) a. 당신이 만든 거라 맛은 기똥차요.《최고의 연인, 39
　　　　　　회》因为是老婆你做的，所以味道棒极了。

　　　　　b. (구두) 광이 기똥차네.《미녀 공심이, 6회》(皮鞋
　　　　　　擦得) 把我的眼都亮瞎了啊。

　　　　　c. 우리 휘경 에미는 다른 것 몰라도 차 하나만큼은 기
　　　　　　똥차게 잘 끓여.《천상의 약속, 33회》我们辉京他
　　　　　　妈别的不说，反正茶是煮得非常好喝。

　　　　　d. 내가… 아들복은 기똥차게 아주 잘 태어났다 이거
　　　　　　야.《천상의 약속, 26회》我天生就有儿孙福啊。

　　　　　e. 그는 머리 하나는 기똥차게 잘 돌아간다. 他的脑袋
　　　　　　瓜可不是一般的灵透。

　　　　　f. 애미 팔자도 기똥차구만.《내딸 금사월, 20회》你的
　　　　　　命也真是不好啊。

18　诗集《시가 내게로 왔다2》, 서울:마음산책, 2004。

1.22.2.5 屎作修饰语

正因为"똥"所表达的意义基本都是消极性的，所以用来修饰其他名词时，表示不像样的东西，具体如下表所示：

[表19] "똥"做修饰语的合成词

结合范围	表达	意义
动物/人	똥강아지、똥개	不名贵的狗、对小孩子的爱称
(价)钱	똥값、똥금	令人难以想象的低价
器物	똥바가지	粪桶
	똥항아리	粪桶；贬称身居高位但一无是处的人或只吃不干的人。
	똥주머니	不中用的人
	똥딴지	顽固、愚钝、沉闷的人
	똥통	不像样的破旧东西
	똥차	破车；不像样的人
球	똥볼	臭球
身体部位	똥배	大肚子
	똥머리	丸子头
	똥손	臭手、手艺不好
与人有关	똥갈보(갈보)	贬称卖身的女人。
	똥치(매춘부)	
	똥싸개	大小便还不能自理的孩子；偶尔大小便失禁的孩子；无一点用处的人。
	똥배짱	对胆量的贬称。
	똥고집	贬称固执。
	똥매너	贬称礼仪不好。

如上表所示，韩国语的"똥"可用来修饰动物、器物、球、身体部位、人、抽象名词等从而形成合成词，这些概念在汉语里并不常见。这里主要分析一下个别词语。

289

首先，"똥개、똥강아지"都可用来称呼孩子，一般老年人多用这样的表达，但"똥개"类同于汉语的贱名，是为了给孩子免灾而产生的叫法[19]。但"똥강아지"是对孩子的爱称，有时还用作对他人的蔑称，之所以产生这两种意义与"강아지"有关，因为这个词本身就可以用作对孩子的爱称，而"小"意义的表达会产生消极意义，所以"똥강아지"也产生了消极意义。此外，这种用法的使用也是感情表达的需要，用作蔑称时，表达的是不屑或愤怒的感情，但是用作爱称时表达的则是喜爱、高兴之情。这与人们用污秽的言辞来表达喜悦心情是一致的。[20]

其次，与器物等结合所形成的"똥바가지"没有比喻意义，但有惯用语"똥바가지를 쓰다"，比喻人格遭到严重侮辱，如(397a)，汉语没有这种表达，所以只能根据意义将"3똥"翻译成"三大担当"。"똥바가지를 쓰다"也比喻自己冤枉地承担了别人应承担的责任，如(397b)，可以译成"被扣屎盆子、让背黑锅"。

> (397) a. 한 기업인은 '의사 결정에는 3똥이 필요하다. 똥배
> 짱, 똥고집, 똥바가지를 쓸 각오다' 라고까지 말했
> 다.《이투데이, 2017.11.20》一个企业家甚至曾说
> 过"在拍板作决定时需要三大担当，也就是说要有
> 承担被骂娘、被骂牛脾气、被扣屎盆子的决心"。
> b. 똥바가지를 뒤집어써도 유분수지. 세상에 어떻게 이
> 럴 수가 있어요? 고래싸움에 새우등이 터지게 생겼

19　韩国朝鲜王高宗的小名是"개똥"，睿宗13岁生的仁城大君的小名是"똥"(정대현 1985:194)。

20　2003年，格莱美颁奖典礼上，摇滚乐队U2的成员博诺(Bono)在自己乐队获奖后使用了污秽的言辞来表达自己的兴奋(J. 达夫 2013:137)。

어요.《월계수 양복점 신사들, 11회》让我背黑锅
也得有个限度啊。天啊，怎么能这样啊。你们打
仗，事却全赖我身上了啊。

第三，与器物结合形成的"똥항아리、똥주머니、똥단지、똥
차"等都可以用来比喻人，但"똥통"一般不比喻人，如(398a)。另
外，"똥통"还作定语，如表示不好的学校时可以用"똥통학교"，如
(398b)。译成汉语时多用"三流、破烂"等。

(398) a. 학교가 똥통이라서 졸업하기 쉬운 줄 알았는데.《아
　　　　이가 다섯, 8회》学校是三流/破烂学校，所以还以
　　　　为能好毕业呢。
　　　b. 연태도 날 얼마나 무시하는데 나 똥통대학에서 나
　　　　왔다고.《아이가 다섯, 7회》妍泰很看不起我，说
　　　　我是三流学校出来的。

"똥단지"除了指愚钝、沉闷的人，有时还以"똥단지 같은 소
리、똥단지로 취급하다"的结构来比喻不可理解的话，如(399)。汉
语多用"屁话、牛头不对马嘴、风马牛不相及、没头没脑、狗屁"
来表达。之所以用"屁"而不用"屎"，是因为在汉语里"屁"的贬
义和禁忌程度低。

(399) a. 이게 무슨 똥단지 같은 소리야?《내딸 금사월, 32
　　　　회》这是什么屁话/牛头不对马嘴的话/没头没脑的
　　　　话啊?
　　　b. 너 시애미 말씀을 똥단지로 취급하는 것이여?《우

리집 꿀단지, 62회》你这是把我这个婆婆的话当狗
屁，是不是?

第四，与身体部位结合的"똥머리"可与汉语"丸子头"对
应，两者都指在头中间挽个簪，汉语里也有这种头型，但与韩国语
用"똥"来修饰相反，汉语用食物来比喻称作"丸子头"，如"瞿颖
现身机场鹤立鸡群，梳丸子头素面朝天毫无星味"。同样的发型，一
个用排泄物来比喻，一个用食物来比喻，从这里也可以看出韩国人
对排泄物的不避讳。

"똥손"比喻手艺不好，如电视剧《연남동 539, 4회》中，当
被问及化妆怎么弄成这个样子时，石道熙说了下面的话，如(400)，
译成汉语时一般用"手很臭"或"臭手"，但不用"屎"，因为嗅觉
要比实物更抽象，贬义性更弱。

(400) 그러게요. 제가 똥손인 걸 잠시 망각했네요. 谁说不是
呢，我忘了我自己手很臭不会化妆这事了。

第五，与人或抽象名词结合形成的合成词"똥배짱、똥매너、
똥고집"一般很难与汉语"屎"对应，如(401)。其中，"똥배짱"
可译成汉语"熊心豹子胆"，但"똥매너、똥고집"则很难译出韩国
语的感情意义。

(401) a. 뭐? 내가 그랬지. 당장 가게 빼라구. 이게 무슨 똥배
짱이야?《우리집 꿀단지, 58회》什么！我说过啊。
马上把店给我腾出来。你吃了熊心豹子胆了?
b. 유학파 매너는 똥매너인 거야?《최고의 연인, 38

회》海归派就这种风度吗? /就这么不绅士吗?
c. 똥고집 부리다가 또 애제자 한 명 잃게 생겼는
데.《낭만 닥터 김사부, 9회》自己固执的结果是又
要失去一名爱徒了。

　　如上，韩国语的"똥"除基本意义之外，还发展出了丰富的意
义，但这些意义一般都具有否定性，尤其是"똥"作修饰语修饰人
时，很多表达已经脱离了原型意义，有发展为前缀的趋势。"똥"
的这些意义和用法的产生有多方面的原因，其一是语义上的关联
性，其二是语音和音节的问题，其三是民族性格的问题，其四与韩
国的历史文化和急功近利的思想有关。

1.22.3 尿与尿壶

1.22.3.1 尿

　　韩国语里尿为"오줌"，多用于一些俗语，如"오줌 누는 새에
십 리 간다"意思是撒尿的功夫就能走十里路，比喻即使是短暂的休
息，也会与不休息的人拉开显著差异; 也可比喻不论什么事情都过得
非常快。

　　虽然现代社会都有了全自动冲洗的马桶，但在过去，尤其是物质
条件不那么丰富的时节，在有卫生纸之前，擦屁股都用木棍、石头、
树叶等，韩国语称这些用途的物件为"뒷나무"，并且人们撒尿一般
是不擦的，所以就有了俗语"오줌에 뒷나무"比喻不合适的东西。

　　韩国语里还有俗语"오줌에도 데겠다"，比喻身体非常虚弱，
都会被尿液那种温度的东西烫伤。此外还有"꼬부랑자지 제 발등에

오줌 눈다", 其中"꼬부랑자지"嘲笑那些龟头有点弯曲的阴茎, 这个俗语比喻愚蠢的人总是做于己不利的事情, 也可比喻自己受到的处罚或者祸患原因都在自己身上。而"언 발에 오줌 누기"意思是想用撒尿来暖和一下冻僵了的脚, 但是却没有效果, 比喻虽然有变通性, 但是效果却不持久, 最终会使事态恶化, 如(402), 汉语可以译成"隔靴搔痒"。

> (402) 군산조선소 선박펀드 지원은 '언발에 오줌'《동아일보, 2017.07.22》为群山造船所发行的船舶基金是隔靴搔痒。

在韩医学里, 自己的尿可用来下药, 所以俗语"자기뇨를 먹다、자기수를 먹다"用来比喻因自己做的事情而受辱。中国中医里一般认为"童子尿"可以入药。

1.22.3.2 尿壶（罐）

尿壶在韩国语里称作"요강", 本身没有比喻意义, 但是有一些特殊用法, 如(403), 句中的"소원 요강"指许愿罐, 由此可见, 韩国语里"요강"也指尿壶那样的东西。

> (403) 아저씨 다음에 우리 인사동에 가요. 거기 가면 소원 요강이 있대요. 거기 골인하면 소원이 이뤄진다고.《다시, 첫사랑, 96회》叔叔, 下次我们去仁寺洞吧。听说那儿有许愿缸, 如果把硬币扔进去, 愿望就会实现。

因为韩国的尿壶都是银白色的、圆圆的, 所以韩国语里用"요

강대가리"来嘲笑光头，而"요강도둑、요강도적"意思是偷尿壶的人，用来嘲笑那些裤子的棉花下垂而裆部显得鼓鼓囊囊就像藏了尿壶一样的人。

"요강"还用于一些俗语中，根据不同的语境，会有一些变形，如(404)，分别用了"호강에 겨워서 요강에 똥싸는 소리를 하고 앉았네、호강에 겨우 요강을 발로 차도 유분수지、호강에 겨워 요강에 뭐하는 거야、호강에 겨워 요강 타고 피리 부른다"，译成汉语时也要灵活翻译，可译成"身在福中不知福、吃饱了没事干/撑的、吃饱了坐在尿壶上吹笛子"。

(404) a. 호강에 겨워서 요강에 똥싸는 소리를 하고 앉았네. 이젠 너 나간다고 해도 붙잡을 사람 없어. 너가 더 아쉬운 것이여.《우리집 꿀단지, 22회》这是身在福中不知福，现在你即使说要走，也没人拦你。反而是你不会想走的。

b. 호강에 겨우 요강을 발로 차도 유분수지. 요즘 회장님 도진을 챙기는 것 보면 성진이보다 그 쪽으로 더 기우는 것 같은데.《당신은 선물, 9회》真是身在福中不知福，最近看会长照顾道镇的样子，好像更喜欢他，而不是喜欢成镇。

c. 새끼가 여러 것이다 보면 이 놈 저 놈 속 썩이지. 하나 삐딱하고 니 마음에 안 찬다면 뭐 큰일이라고 몇 날 며칠 똥～하니, 호강에 겨워 요강에 뭐하는 거야?《그래 그런거야, 8회》孩子多了，肯定不是这个惹着生气，就是那个出问题。有一个不好好干，不合你的心意，就像出了什么大事一样，好几天这样

板着个脸，我看你是吃饱了没事干是吧?

d. 호강에 겨워 요강 타고 피리 부른다. 녀석. 삼시 세
끼 따끈한 밥 먹으면서 공부하고 취직을 하지. 왜 사
서 고생을 할지 알다가도 모르겠다.《그래 그런거
야, 10회》吃饱了坐在尿壶上吹笛子啊。你小子,
一天三顿吃着热乎饭怎么不学习找工作? 怎么自己
找罪受啊? 真不明白你怎么想的。

与尿壶有关，韩国语里还有 "시앗 싸움에 요강 장수"，意思是
正妻与小妾吵架时，经常会把尿壶摔坏，所以就让卖尿壶的人占便
宜了，比喻渔翁之利。但是吵架时，为什么尿壶会摔破，是不是因
为正妻与小妾吵架最大的原因是为了挣与丈夫同床共枕的机会，而
这种情况多发生在夜间入睡时，床边放着的多是尿壶，因而尿壶就
遭殃了?

与尿罐有关，还有俗语 "헌 분지 깨고 새 요강 물어 준다"，
比喻给别人造成了很小的损失，但却赔了对方很多。韩国语还有
俗语 "사위가 고우면 요강 분지를 쓴다"，意思是看着女婿顺眼的
话，就给他尿罐用，比喻女婿在丈母娘家受到极高的待遇。

1.22.4 屁

自古以来，屎屁不分家。在这里连带着分析一下屁。韩国语屁
为 "방귀"，也有一些俗语，如 "방귀 자라 똥 된다"，因为大便前
的信号多是放屁，所以用来比喻才开始认为不那么起眼的事情如果
程度加深了，就会带来麻烦。类似的还有 "방귀가 잦으면 똥 싸기

쉽다", 如果相关的征兆总是出现的话, 那么就会出现某种现象, 比喻事情或者传闻多了就容易成为现实。

屁虽然是人正常的生理现象, 但是不管怎样, 屁是难以登大雅之堂的, 所以大家一般不愿承认自己放屁, 有时还会矢口否认, 所以就有了俗语 "방귀 뀐 놈이 성낸다", 讽刺那些犯了错的人反而冲别人发火, 类似的还有 "똥 싸고 성낸다"。

与 "방귀" 有关还有 "알랑방귀", 俗指用巧妙的话或挺像那么回事的行动来迎合别人, 有惯用语 "알랑방귀(를) 뀌다", 俗指点头哈腰地阿谀奉承, 如(405)。屁味韩国语称作 "구린내", 如(406)。

(405) 딸애미 시집 한 번 보내려고 알랑방귀를 뀌러 오더니 영애 얘가 또 어디 간 거야?《당신은 선물, 63회》为了把女儿嫁出去, 我这忙着来拍马屁, (却不在)英爱她又去哪儿了?

(406) 내 말이 구린내 나는 소리 안 들으려면 …《그래 그런거야, 2회》我意思是要是不想听这种屁话/无聊的话……

1.22.5 排泄文化与心理

如上, 我们分析了韩国语里与排泄有关的丰富的日常表达, 这与其他文化相比, 具有很强的特异性, 对这种现象的出现原因可从两个角度来进行探讨。

第一个是故意为之。当人们为了宣泄心理压力时, 会故意采取骂人的语言, 从历史上来说, 韩国这个国家备受欺凌, 韩国人的民族性格具有很强的压抑性，所以最终导致了韩国人喜欢用禁忌语，其中之一就是与排泄有关的表达。

第二个是无奈之举。这个也与韩国的历史以及民族性格有关，因为一个备受欺凌而极度压抑的民族和个人会焦灼于安全和温饱问题，难以发展出更强的想象力(이어령 2002/2018:43)，创造更合适、更优美的语言表达形式，而更会急功近利地选用身边的事物来表达自己的思想。从而使得与排泄有关的语言不断地被使用，其语义不断得到扩大化、抽象化，最终形成了现在这种特殊的语言文化。

这种现象还表现在事物的命名上，其中，韩国很多花草的名字与排泄物有关，如(407a)；有的与鼻子分泌物有关，如(407b)；有的与隐秘的身体部位有关，如(407c)；有的与身份贬义词有关，如(407d)。另外，还有一些事物也用贬义词来命名，如(407e)。

(407) a. 며느리밑씻개、여우오줌 쥐오줌풀
　　　 b. 코딱지나물
　　　 c. 며느리배꼽、개불알꽃
　　　 d. 도둑놈꽃
　　　 e. 도둑놈의갈고리、도둑놈의 지팡이 (이어령 2002
　　　　 /2018:40-41)

如上，根据韩国人的事物命名方式，可以验证이어령所说的韩国人想象力低下这一点。从某种程度上来说，也可以解释为什么韩国语过去会输入大量的汉字词，而现在又大量地输入英语外来语。因为韩国人是典型的具象思维，更喜欢借用现有的具象表达并赋予其抽象意义，使语言出现了极其突出的语义泛化的现象。这导致在遇到新事物或新的概念时无法再继续创造出新的表达，所以只会借

用大量的外来语，因为这样省时省力。

1.23 魂魄

韩国语里"魂魄"有固有词"넋"，用于此意时有汉字词近义词"영백(靈魄)""혼백(魂魄)"。"넋"还指人的精神或内心，如(408)。

(408) 언니는 아름다운 꽃에 넋이 팔려 있다. 美丽的花朵把
　　　 姐姐给迷住了。

"넋"有很多惯用语，其中"넋을 잃다"和"넋(이) 없다"都比喻失魂落魄，如(409ab)，两者也都可比喻关注于某事物，如(409c)。也就是说，失魂落魄和关注于某事时，人的状态表现非常相似，但是汉语"失魂落魄"没有关注意义，用于此意时，汉语多用"如醉如痴"。另外，"넋(이) 나가다"比喻没有任何想法或失魂落魄，如(410)。类似的还有"넋(을) 놓다"比喻失魂落魄，还有"넋이 오르다"比喻来了兴头或热情。

(409) a. 나도 놀래서 그 자리에서 다 보고 바로 넋을 잃었던
　　　 거야. 《사랑이 오네요, 109회》我也是太吃惊了，
　　　 在那儿看了之后，就直接傻眼了。
　　 b. 그는 넋이 없는 사람처럼 먼 산만 바라보았다. 他就
　　　 像丢了魂似的看着远山。

c. 관객들은 모두 넋을 잃고 신기에 가까운 그의 묘기를 바라보았다. 人们如醉如痴地欣赏着他那神奇的技艺。

(410) 그는 아들의 사고 소식을 듣고 그만 넋이 나가 그 자리에 주저앉고 말았다. 听到儿子出事的消息后，他一下子蒙了，直接瘫在了地上。

　　根据上下语境和语义，韩国语的这些惯用语译成汉语时多用"傻眼""丢了魂""如醉如痴""蒙了"等。

　　韩国语还有单音汉字词"혼(魂)"，惯用语"혼(이) 나가다"比喻精神脱离了正常状态，昏昏沉沉分辨不清，如(411a)。惯用语"혼(을) 뽑다"比喻使六神无主，如(411b)，或比喻狠狠教训一顿。"혼(이) 뜨다"比喻惊得魂都出来了，如(411c)。

(411) a. 그는 혼이 나간 사람처럼 하늘만 쳐다보고 있었다. 他像丢了魂似的看着天空。

b. 시끄러운 소리가 온통 혼을 뽑아 놓았다. 声音嘈杂得让人心烦意乱。

c. 어머니가 처음에는 혼이 떠서 소리도 별로 못 지르다가…. 《홍명희, 임꺽정》 母亲起初吓得魂都出来了，连叫都没叫出一声……

　　与"혼"相关，还产生了合成词"혼나다"。

1.24 小结

人体位于人类观察分析世界的中心，自古以来，人类对人体表现出极大的兴趣，研究颇多。人类语言的产生基础是人体动作，即比手划脚，之后才产生了口头语言。但是之前的人体动作并没有退化而是被人类转换成口头语言的形式，保留在了人类文化中。

文化现象能否形成语言反映了相关文化现象的重要性程度。例如，中国人有对某物吐口水表示所有权的文化现象，但是却没有形成相应的表达，韩国人不仅有这种文化现象，还有相应的语言表达"침 발라 놓다"，这说明"口水"在韩国文化中的位置要重于在中国文化中的位置。

语言表达的形式和数量多少反映了相关语言在文化中的重要性。人体是人类沟通、传达信息、表达感情的方式，与人体有关的二十二个部位，如头、脸、眼、眉、耳、口、牙齿、鼻、颈、胸、背、肩、臂、腰、腹、腿、膝、手、脚、骨、排泄物、魂魄等，根据其所能做出的动作、所能表现出的状态，以及韩国人据此所能产生的联想与联系，这些身体部位产生了在沟通、传达信息、表达感情等各方面的意义。

尤其是头、眼、手、排泄物、口、脚、鼻、耳、颈、脸、腹、胸等产生了极其丰富的意义和表达。总体来看，人体语言主要用于惯用语中，出现俗语的情况非常少，俗语出现较多的是肚子、排泄物，眼睛也有丰富的俗语。

词语表现最突出的是头，头在韩国语里有很多不同褒贬义的近义词，这些近义词又分别发展出了后缀"-머리、-대가리"，因此产生了很多派生词。与排泄物有关，也出现了大量下位分类词，这些词语的出现与"똥"的语义泛化密切相关，韩国语里关于人体排泄

物的表达丰富这一点反映出了韩国人特有的文化思维方式。词语出现比较多的人体部位还有眼、鼻、手、脸、脚等。

韩国语的人体语言还表现出一个突出特点，就是汉字词极少，约占百分之十三，在所有领域的词语中人体语言中的汉字词比例最低，这也反映出人体语言是一个民族语言中的固有成分，具有很强的保守性，一般不容易发生改变。

惯用语表现最突出的是眼睛，共116条，其次是手、口、头、脚、鼻、颈，分别是93、75、74、71、50、50条。其中与口有关还有很多与慎言有关的惯用语，共37条。与脸有关的惯用语之所以出现较少，是因为很多相关的惯用语与韩国人的"面子文化"密切相关。人体语言中这些身体部位惯用语丰富的现象与韩国人对这些部位的认识以及这些部位可能表现出的不同变化(包括状态、动作)比较丰富有关。

词语的虚化程度也反映了在文化中的重要性。人体语言中与头、脚有关的"-머리、-대가리、-발"都发展成了后缀，这说明头、脚在韩国文化中的重要性。

很多人体语言反映的是深层次的精神文化。很多不同器官之间是相互联系和交叉的。从跨文化对比的角度看，人体语言不仅反映了中韩两种不同的人体文化，还反映出韩国语具有很强的具象化特征，反映出韩国人具有比中国人更强烈的具象化思维特征。

韩国人体语言中相似表达非常多。

第二章

地理环境与语言

2.1 引论

中国自古以来，就将"天文地理"作为有学识的标志，而一个人如果"上知天文下知地理"，那就可以无所不通、无所不能。那么天文、地理指的是哪些方面呢？实际天文、地理可以统称为地理环境。地理环境包括作为生产资料和劳动对象的各种自然条件，诸如地形、土壤、气候、水流、矿产、动物、植物以及其他生态条件。

关于环境与人的关系不同学科的人有不同的认识，从最初的环境决定论、可能论，到后来出现的环境感知论、改造论，以及适应论、和谐论等，这些理论都强调了地理环境与文化关系的重要性。正因为如此，所以地理学中又分出了人文地理学或者文化地理学。

现在大家比较公认的观点是:环境与人、文化是相互关系和影响的，不能脱离一方而单独去考虑另一方。首先，文化本身就有地域性，但地域环境并不对文化起根本的决定性的影响。即"自然环境是文化起源的最初触因，而不是它的最终成因"(刘承华 2003:6)。也就是说不同的民族可能处于相似的地理环境中，但产生的文化却不可能完全一样，有时甚至会出现很大的差异，之所以如此，是因为"文化一旦产生，影响它的因素就是综合的了，而且，越是发达的文化，影响的因素就越是丰富复杂，环境的影响指数也就相应降低"(刘承华 2003:2)。其次,众多的文化影响因素中最核心的莫过于人的因素,因为不同民族的人对地理环境的观察、认识视角是不同的,对事物的认知和接受程度是不同的,而这种认知视角反映在文化和语言上,就出现了既有一致之处,又有差异的矛盾现象。归根结底,最终起作用的还是人。

环境影响文化的内容之一,就是影响语言。地理对语言最重大的影响表现在世界语言的语系分类之上。例如世界语言可分为印欧语系、汉藏语系、乌拉尔语系、阿尔泰语系、高加索语系等,从名称来看,都与地理有关。各个语系内还有不同的语族分支。

即使在使用同一语言的国家内,根据地区不同还有不同的地方方言,例如韩国虽使用同一语言——韩国语,但也有很多方言区,尤其是济州岛方言区与标准韩国语距离甚大。这种方言差异的出现也与地理环境有关。

本章主要从地理环境中代表性的事物(天、地、日月星辰、闪电、火、气、风、雨、云雾雪霜、山、水等)出发,来探讨这些地理环境语言的语义演变及其背后所隐藏的文化成分,并与相关的汉语进行对比,借此来探讨中韩两国人民的思维方式的不同。

2.2 天

康德(1960:164)在《实践理性批判》中说道:"有两种东西,我们对它们愈是经常地、反复地思考,它们就愈给人心灌注时时更新的、有加无已的对它们的赞叹和敬畏。这两种东西就是:头上的星空和内心的道德法则。"而这里所说的星空中国人称之为"天",韩国

人称之为 "하늘"。

人类对天的认识最主要的可以分为三类，即对天的本源的朴素认识、敬天意识以及从天的特点所引申出的感官联想认识。这三种认识在汉语里的表现是产生了329个成语[01]，在韩国语里则产生了丰富的惯用语和俗语，但中韩两种文化里关于天的认识既有共性，也有差异，此外，韩国人还将天与人的心情联系了起来。

2.2.1 对天的朴素认识

古代传说中将世界开辟前元气未分、模糊一团的状态称作 "混沌"，表达这种意义时韩国语只有汉字词 "혼돈(混沌/渾沌)" 和 "혼륜(渾淪)"。虽然从语言的输入、竞争角度来分析的话，也不排除过去韩国语里有过类似的固有词，但后来消失了，但是最大的可能就是韩国古代思想里没有产生对天空的这种认识思想，因而没有形成相应的语言表达。

从语义来看，"혼돈" 输入韩国语后，其语义在韩国语的影响下发生了贬化，比喻混在一起、没有头绪，或者那种样子，如(1)。

(1) 혼돈의 정치가 우리의 일상에도 상처를 남기고 있
다.《동아일보, 2016.12.05》混乱不堪的政治给我们的
日常生活带来了伤害。

混沌过后，天地出现，空间地理中最核心的就是天与地。一些俗语反映了对天的基本认识，此时一般用固有词表达，如 "하늘이

---

01   "成语接龙"，http://www.miaoqiyuan.cn/cyjl/have-tian.html

새다"意为天漏缝了，指下雨，也是一种比喻意义；"하늘 울 때마다 벼락 칠까 下雨的时候就一定打雷吗"，这也是对下雨打雷这种自然现象的认识，比喻即使有可致某种结果的要素但不一定就会出现那种结果。

因为人类认为天是一个整体，所以"하늘이 두 쪽 나도"类让步从句可用来强调人的某种决心，多用作誓言，如(2)。与韩国语只出现"하늘"相比，汉语一般多用"天崩地裂"，这也反映了汉语重视对称和节律的语言特点。

(2) 하늘이 두 쪽 나도 너한테 안 보내줄 걸.《천상의 약속, 23회》即使天崩地裂，我也不会给你的。

因为天高高在上，根据这个特点，韩国语产生了一些语言表达，如"하늘 보고 침 뱉기"意为面向天空吐唾液，最终还是掉到自己脸上，比喻祸患回到自己身上，类似的俗语还有"누워서 침 뱉기、하늘에 돌 던지는 격"。这三个俗语也反映了韩国先人对空间和物体重心现象的朴素认识。

2.2.2 对天的崇拜与畏惧

由于天高高在上，高不可攀，所以"天"在古代社会是非常重要的哲学问题之一，但中韩两国人对天的崇拜并不完全相同，是同中有异。首先，中国人与韩国人自古以来都将天视作至高无上的力量的象征，中国古代神话中的至高统治者是住在天上的"玉皇大帝、老天爷"。韩国语的"하늘、하느님"也指老天爷，如(3)，这表

现的都是对天的崇拜和畏惧。

再看(3b)，韩国语"하늘이 무섭다"是一种语义模糊的表达，但汉语要用非常具体的"怕+天打+五雷轰"结构，不仅"天"后面有动词出现，还会加上"五雷轰"。

(3) a. 박근혜 진실은 하늘이 알고 땅이 알고 국민이 알고 있
   습니다.《폴리뉴스, 2018.04.06》朴槿惠的真实天知
   地知老百姓知道。
   b. 하늘이 무섭지 않으냐? 你不怕天打五雷轰吗?

老天爷还被赋予了无上的权力，如"하늘로 호랑이 잡기"意为借用老天的力量来抓老虎，比喻动用各种权利，没有干不成的事。"天"还是正义的象征，如"하늘 무서운 말"意为不符合做人的道理、要受天谴的话。汉字词"천벌(天罚)"指上天降下的惩罚，如(4)，汉语有"遭天谴的、天杀的、天收的"等表达。

(4) a. 저런 인간들 결국 천벌 받게 돼 있어.《우리집 꿀단지,
   95회》那种东西早晚会遭天谴的。
   b. 천벌 받을 놈 天杀的/天收的

因为老天爷是力量的象征，所以韩国有童话故事为《해님 달님》，故事中的兄妹两人被老虎追赶走投无路时就向老天爷祈祷，最后天上放下一根绳子，两人获救。因为对老天爷的无尚崇拜，所以汉语"天"与韩国语"하늘、하느님"也都可比喻命运，这也是从"天高"之意引申而来的，因为天高得深不可测，而命运也是不可测的，两者有了相似性，产生了很多惯用语，其中"하늘에 맡기

多"意为寄托于命运，如(5)，这时汉语多用"听天由命"。韩国语还有"하늘처럼 믿다"，意思是对某事或人充满期待和依赖心，如(6)，但此时汉语一般用"太阳"，与韩国语出现了差异。

    (5) 병원 측은 더 이상의 방법이 없다며 나머지는 하늘에 맡기자고 했다. 院方说已经无计可施，剩下的只能听天由命了。

    (6) 우리들이 하늘처럼 믿던 선생님께서 어제 돌아가셨다. 我们的太阳——恩师他昨天永远地离开了我们。

    高高在上的天给人带来的更多的是无奈。因为尽管人的意志非常重要，但由于天实在是太高，所以一般是难以够着天的，在天面前，人是极其渺小的，是无法与天抗争的。因此由这种联想而产生了很多的表达，具体如下：

    "하늘 밑의 벌레"用来指在大自然面前束手无策的人，"하늘에 방망이를 달겠다"用来嘲笑无一点可行性的事情，汉语类似的是"戴盆望天"。"하늘의 별 따기"比喻很难得到或获得成功，汉语相关的有"手可摘星辰"，但一般多表达肯定意义。与汉字词"창공(蒼空)"有关，韩国语有俗语"창공에 뜬 백구"，意思是天空中的白鸥，比喻不在手中的没有任何意义的东西。类似意义的还有惯用语"공중(에) 뜨다"，指物品的数量比计算结果少，或消失了，如(7)，这些意义利用的都是对"天空中的东西可望不可即"这种现象的语义引申，译成汉语时根据语境可以意译成"呜呼"了，因为这里动作的主体是人。

    (7) 직원1: 무엇보다 우린 다시 드림 직원으로 채용하게 힘

써주신 한팀장님께 감사드려요. 非常感谢韩系长
操心又让我们重新被录用为Dream的员工。

직원2: 네, 안 그랬으면 우리 공중에 뜰 뻔했거든요. 그런
의미에서 회식은 저희가 쏘겠습니다.《최고의 연
인, 94회》对，如果不是韩系长的话，我们就差
点呜呼了啊。为了表示感谢今天的聚餐我们请
了。

此外，还有"하늘을 쓰고 도리질한다、하늘을 도리질 치
다"，字面意为顶着天晃头，而这种行为从常识上说是不可能的，在
这个基础上，就产生了两个意义，可用来嘲笑那些相信自己的势力
而得意洋洋，就像拥有了整个世界一样傲慢、放肆的人；也可用来嘲
弄傻乎乎的相信不可靠的东西。

与天"高"相关，汉语有"不知天高地厚"，韩国语"하늘 높
은 줄 모르다"的主语是人时也表达此意，如(8a)。此外，这个惯用
语还用来比喻价钱飞涨，如(8b)。

(8) a. 기고만장 하늘 높은 줄 모르고 날뛰고 온통 동네를 휘
어잡고.《박경리, 토지》气势冲天，不知天高地厚地上
蹿下跳，控制整个地区。

b. 하늘 높은 줄 모르는 서울 단독주택값…평균 '9억원'.
首尔的独体公寓飞速上涨……均价9亿韩币

以上讲的都是韩国人对天的崇拜，但是韩国人也并不是完全依
靠上天，也强调人类的主观能动性，如"하늘은 스스로 돕는 자를
돕는다"意为老天爷会帮助自助的人，指做事时自己个人的努力非常

重要。有时也会反过来讲，即自作孽不可活，韩国语用俗语"하늘이 만든 화는 피할 수 있으나 제가 만든 화는 피할 수 없다、하늘이 주는 얼은 피할 도리 있어도 제가 지은 얼은 피할 도리 없다"，这也是强调人的主观能动性。

人类对天所表现出的能动性，还表现在认为人具有"上天入地、钻天入地"的能力，并借此来形容神通广大，韩国语也有类似结构的俗语，如"하늘로 올라갔나 땅으로 들어갔나."比喻突然间消失。具有积极的斗天精神的韩国语俗语有"하늘도 끝 갈 날이 있다"，意为天也有走到头的一天。

对天的崇拜、畏惧与抗争这三种思想并不是截然分开的，而是互相交织在一起的，这可以从俗语"하늘이 돈짝만[돈닢만/콩짝만] 하다"的三个意义看出来，因为天是大、多、广的象征，但如果将天看得很小，则是一种特殊情况，所以把天看得像铜钱般大小，有三种可能，第一种就是因醉酒或受到打击而头脑不清晰，看不清事物，所以把天看小了；另外一种可能是人太狂妄自大了，连天也不放在眼里；当然也可能是毫不畏惧，所以不把天放在眼里。这三种意义表达了韩国人看待天的三种复杂认识和态度。

因为天是不可抗拒的强大对手，韩国语还有俗语"하늘 보고 손가락질한다[주먹질한다]、하늘에 돌 던지는 격、하늘에 막대 겨루기"比喻根本不起眼、不是对手的人鲁莽地去招惹、辱骂强大的对手，此外，"하늘 보고 손가락질한다[주먹질한다]"还比喻虽然尽力做某事，但由于没有相应的能力，而成了做无用功。但汉语里没有类似的表达。这些俗语既反映了韩国人视天为强大对手的畏惧心理，也反映了对相应的抗争举动结果的无奈。

韩国人的敬天、畏天思想还表现在韩国的建筑上，例如建筑的高度、席地而坐的坐式文化等都与这种敬天、畏天思想密切相关[02]。

2.2.3 对天的感官联想认识

第一，"天"最大的特点是高，因此人们就用天来表达高，这种高既可以是具体的，也可以是抽象的。例如"하늘을 찌르다"有具体意义，指非常高耸，如"미루나무는 하늘을 찌르듯 높이 솟아 있었다.《박경리, 원주 통신》阔叶杨直插云霄。"也有抽象的意义，指气势非常盛，如下表所示：

[表1] 与天高有关的惯用语

表达	意义	例句
하늘을 찌르다	权势	우리 대감 권세가 하늘을 찌른단 말이요.《옥중화, 2회》我们大监权势如日中天。
	野心	매형의 욕심이 하늘을 찔러서 늘 절 견제하고 있다는 걸 알아요.《사랑이 오네요, 63회》我知道姐夫野心冲天，一直在牵制我。
	不要脸	참 뻔뻔스럽기가 하늘을 찌르네.《최고의 연인, 61회》你这种不要脸的气势该把天戳破了。하늘을 찌르는 뻔뻔함《사랑이 오네요, 103회》牛气冲天的厚脸皮
	愤怒	국민의 분노가 하늘을 찌르고 있다.《동아일보, 2016. 10. 29》国民的愤怒如火山爆发。
	傲慢	니가 아주 건방이 하늘을 찌르는 구나.《최고의 연인, 83회》你现在是气焰冲天啊。
하늘을 뚫다		니가 아무리 교만이 하늘을 뚫어도 내가 낳았고.《그래 그런거야, 9회》你再傲，也是我生的。

02　详见作者的《韩国生活文化语言学》。

313

하늘 꼭대기에 달리다	傲慢	고쓰⁰³정도면 눈이 하늘 꼭대기에 달렸을 텐데 하나를 좋아하게요?《혼술 남녀, 5회》(像陈真锡这种)高级垃圾人, 那眼眶子都高得挂在天顶上了, 怎么会喜欢荷娜呢?

如上，韩国语"하늘을 찌르다"可用来比喻权势、野心、不要脸、傲慢以及愤怒等的气势非常盛。类似的还有"하늘을 뚫다、하늘 꼭대기에 달리다"，也都比喻极其傲慢。

第二，从"天高"意义之上又可以延伸出"大、多"之意，例如"하늘에 닿다"就可以根据语境，分别表示非常大、高或多，如：

(9) a. 어머니의 사랑이 하늘에 닿았다. 母亲的爱比天高。

    b. 지성으로 생각한 것이 하늘에 닿다. 一念通天。

    c. 웅장한 공연장 꽉 채운 팬들… '함성이 하늘에 닿다' 宏伟的演播厅里挤满了粉丝……喊声震天。

    d. 찬양이 하늘에 닿다. 赞扬满天飞。

也就是说，韩国语"하늘에 닿다"所表达的多种意义虽然可与汉语"天"相关，但却分别是"比天高、通天、震天、满天飞"，也就是说，汉语要根据前面的主体分别进行表达，所以使汉语的表达更加细化，相比之下，韩国语"하늘에 닿다"的语义就具有很强的模糊性和语境性。

第三，韩国语里还将国家比喻为"하늘"，如"하늘에 두 해가 없다"意为一个国家不能有两个国王。与此相关有汉字词"천심(天

---

03   "고쓰"是"고 퀄리터 쓰레기"的缩略语，意为水平很高但所作所为又特别没素质像垃圾一样的人。

心）"，当这里的"心"意为中间之意时，"천심"意为天的中间；当"心"意为心意时，"천심"意为天意，如(10a)；由于韩国语里天也指国王，所以"천심"也指国王的心意。当"천"指天生之意时，"천심"则指天性，如(10b)。

(10) a. 인정이 천심이라구. 내가 눈물 콧물 쏟았는데 그들이
　　　어떻게 날 쫓아내?《우리집 꿀단지, 8회》人心都是
　　　肉长的。我这样哭天抹地的，他们还能赶我走吗?
　　b. 그는 천심이 착한 사람이다. 他天性善良。

第四，"天"因为高高在上，在人的房子之外，可以指野外，所以惯用语"하늘을 지붕 삼다"指寄居于寒冷地方，如(11)。虽然韩国语仅出现了"하늘"，但汉语一般用对称结构的"天当被地当床"。

(11) 가출한 아이는 하늘을 지붕 삼아 잠을 청해 보았다. 离家出走的孩子睡觉时是天当被地当床。

如果一个人经常在寒地居住，那么就是居无定所，到处流浪，所以有俗语"하늘을 지붕 삼아 떠도는 나그네"，意思是以天穹为屋顶浪迹天涯的流浪者，也就是说，韩国人的视野局限在头顶之上，这与韩国多山的地理环境有关，周围的山阻碍了韩国人的视野，所以被迫将视线投向天空。相反，中国大陆幅员辽阔，视野开阔，并且有古代地理知识为基础，所以汉语产生了"四海为家"，也比喻不贪恋故土、志在远方。

第五，韩国语还有汉字词"천애(天涯)"，指天边，如(12a)，

多用来表示强调，汉语多用"天下"；第二个意义比喻遥远的地方，如(12b)；第三个意义指人世间没有亲属或父母，如(12c)。第二、三个意义译成汉语时一般不与"天"对应，由此可见，汉字词进入韩国语系统后，语义已经发生了很大变化，而这种语义变化本身也说明了韩国文化对语言的影响。"천애"的近义词"천애지각(天涯地角)"只有一个意义，指遥远的地方。

> (12) a. 아이구, 별일이네. 그 천애의 짠돌이가 세상에 옷을 사? 해가 서쪽에서 뜨겠네.《다시, 첫사랑, 43회》天呢？这是咋回事啊？"天下第一抠"竟然给我买衣服？太阳该从西边出来了。
>
> b. 막막한 천애에 혼자 남다. 茫茫人世间只剩下了自己。
>
> c. 11세 때 아버지를 따라 청와대에 들어가 27세에 천애 '고아'가 되어 바깥세상으로 나왔다.《동아일보, 2016.12.07》十一岁时跟随父亲进入青瓦台后，27岁成为孤儿，开始走向外部世界。

2.2.4 将天与人的心情联系起来

韩国人还将天与人的心情联系起来。首先，在天上飞可比喻心情好，如(13)，这种联系在汉语里也存在。韩国语还用在云端走来表达心情好。这种表达具有世界共性，从认知语言学角度来看，[幸福表现在身体向上的动作上]这种认知模式在很多文化中都存在。

(13) 우리 엄마 완전히 넘어온 특별한 날 덕분에 나도 지금
하늘을 날고 있고.《천상의 약속, 30회》(今天) 是我
妈完全同意我们（婚事）的具有特别意义的一天。所
以，我现在心都要飞上天了。

其次，韩国人还用天的颜色来比喻心情或身体状态。因为心情
或身体状态不好时，导致眼睛看不清，所以浮现在眼前的都是一片
模糊，好像是天的颜色变了。

例如"하늘이 노랗다"指因过于劳累或伤心而气衰力竭，如
(14a)；也指受到打击精神眩晕，如(14b)。类似的还有"하늘이 노래
지다"，指气力突然用尽或受到打击，精神眩晕，如(14c)。在表达眩
晕时，韩国语还用"하늘이 캄캄하다"，如(15)。汉语没有"眼前发
黄"，但有"眼前发黑"表示眩晕，或"两眼一抹黑"比喻对周围的
情况一无所知，意思与韩国语不同。所以韩国语"하늘이 노랗다、
하늘이 캄캄하다"类的意义在汉语里都用"眩晕、晕了、天旋地
转"等动态词，用的都不是颜色词。

(14) a. 이틀을 굶었더니 하늘이 노랗고 현기증이 난다. 饿了
两天，觉得眼前模模糊糊的，一阵眩晕。

b. 계획도 없고 처음에 나도 하늘이 노래고 벼락 맞은
느낌이었지만.《아이가 다섯, 27회》也没有什么计
划，所以才开始我也是感到一阵晕眩/天旋地转，感
到像是被雷击了一样。

c. 어머니는 빈혈이 있어 하늘이 노래지는 것을 느꼈다.
母亲有点贫血，突然感到一阵眩晕/天旋地转。

(15) 내일까지 이 일을 다 해야 한다니. 생각만 해도 하늘이

깜깜하다. 竟然要求明天全做完！光想想就已经觉得晕了。

韩国语还有汉字词"천불(天-)"，指老天爷降下的火，虽然没有明显的颜色意义，但是火的颜色是红色的，红色可以象征愤怒，所以惯用语"천불이 나다"比喻非常碍眼或生气而心里冒火，如(16)，这种比喻意义的产生也是韩国文化的影响，因为汉语"天火"只有具体意义，没有比喻意义。

(16) a. 그냥 참고 넘기려면 속에서 천불이 나고 내 성질대로 풀어보려니 가버릴까봐.《폼나게 살 거야, 25회》想忍忍装不知道，可是心里冒火；想由着我的性子去解决，又怕他离开我。

b. 미스고 무슨 일을 그렇게 합니까? 내가 속에서 천불이 나요. 아주!《최고의 연인, 86회》高小姐你怎么办事的啊? 我现在是心里直往外冒火！冒火！

如上，韩国人在表达人的心情时借用了与天有关的表达，一种是在天上飞，一种是借助天的颜色，第三类是借助天火。

2.2.5 其他

"파천황(破天荒)"主要用于"파천황의"形式，比喻之前从来没人做过的事情第一次做出来，如(17)；也指穷乡僻壤出了光宗耀祖的人，义同"파벽(破僻)"。韩国语还有汉字词"천직(天職)"，指

天生的职业，如(18)，汉语也有"天职"，但指的是天定下的职责，指应尽的指责，与韩国语不同。

(17) 혜원이 아니면 불가능한 파천황적 발상이다.这种破天荒的灵感如果不是慧园是不可能实现的。

(18) 김대리 너는 천직이다. 《사랑이 오네요, 71회》金代理看来这工作是你的天生职业啊。

2.3 地

与"天"相比，"地"是人近在身旁的自然界，人们对它的认识更多的是探求的渴望与依赖性，所以与"地"有关的表达多与对"地、土"的分类有关，这也进一步说明"地"与人类的近距离可接触性和可利用性。并且，与"天"相比，与"地"相关的表达明显要少，之所以出现这种显著差异，是因为土地与农业有关，有一些表达与农业关系更密切。此外，"天、地"也经常被用来作对比。

2.3.1 对地的认识

地在韩国语里为"땅"，此外还指领土、土壤、地方等，韩国人对地的认识很多，与农业生产有关，有对土地的利用，土地还经常与女性相关。本章将主要看韩国人对土地的方位、距离、厚度、塌陷、地形高低等形态特点的认识，以及其他一些认识。

第一，与天相比，地在下方，根据上下的隐喻规律，韩国人多

用地来比喻一些消极意义，其中"땅에 떨어지다"比喻名誉或权威受损，到了不可挽回的地步，如(19a)；而"체면이 땅에 떨어지다"意为颜面扫地，如(19b)。汉语多用"名词+扫地"来表达类似的概念。之所以产生这种意义，是因为与天相比，土地处于下面，这符合"空间低→……→消极"这样一种语义的引申。与地有关的还有地板"바닥"，也多产生了消极意义。

 (19) a. 신용이 땅에 떨어지다. 信用扫地
   b. 국립현대미술관의 체면이 땅에 떨어질 위기에 처했
    다. 《동아일보, 2016.11.05》国立现代美术馆现在处
    于"颜面扫地"的危机中。

  第二，与天相比，地与人的距离非常近，所以人类在表达感情时会充分借助地。例如，人在愤怒、悲伤时总会发泄，这种发泄表现在身体上可以是捶胸顿足，也可以是用头去撞墙，所以惯用语"땅을 칠 노릇"比喻非常愤怒、悲伤，如(20a)，此时汉语用"以头抢地"；有时也用"땅을 치고+후회하다"的结构，如(20bc)，比喻极度后悔，但此时汉语一般不用与"地"有关的表达。

 (20) a. 후진을 하다가 내 차를 박고서는 내가 자기 차를 박
    았다고 우겨 대니 땅을 칠 노릇이 아닐 수 없었다. 他
    倒车把我的车撞了之后，竟然狡辩说我把他的车撞
    了，这真是要我以头抢地了！
   b. '그때 내가 그 김상민을 잡을 걸'하고 땅을 치고 후회
    하다가 외롭게 노처녀로 늙어가길 바란다. 《아이가
    다섯, 20회》希望你会痛彻心扉地后悔当初没有抓住

金尚民，并祝你孤独一生，到死都是个老处女。

c. 나선영,땅을 치고 후회하게 될 거다.《사랑이 오네요,
100회》罗善英，你会把肠子都悔青的/捶胸顿足地
后悔的。

第三，韩国语还有一种表达是"땅(이) 꺼지게[꺼지도록]"，指
叹气时声音又长又大的样子，如(21)，这背后其实隐藏着韩国人具
有"地会塌陷"这样一个认识，当然也是一种夸张的手法。汉语一
般没有类似的夸张。

(21) a. 젊은 아이가 왜 그리 땅이 꺼지게 한숨을 쉬니? 年纪
轻轻的小孩子为什么那样长吁短叹的啊?
b. 그는 일을 하다가 갑자기 땅이 꺼지도록 후 하고 한
숨을 내쉬었다. 他干着干着活，突然"哎—"一声，长
长地叹了一口气。

第四，地还有一个特点是厚，韩国人对地这种特点的认识主要
是将其与人体结合起来，如"뱃가죽이 땅 두께 같다"意思是肚皮
比地还厚，比喻厚脸皮、胆子大。"낯바닥이 땅 두께 같다"意思是
脸皮比地厚，比喻厚脸皮。"욕심이 땅보다 두텁다"意思是贪婪之
心比地厚，比喻极度贪婪。

第五，对地形的认识，首先看对平地的认识，在平地上做事一
般是比较容易的，所以韩国语有了俗语"땅 짚고 헤엄치기"，有两
个意义:第一个意义指事情非常容易，汉语多用"易如反掌、小菜一
碟"等。另外，在平地上游泳肯定不会有什么闪失，所以"땅 짚고
헤엄치기"的第二个意义指可靠、没有可怀疑的余地，此时汉语多用

"板上钉钉"来比喻。也就是说，韩国语俗语的这两个意义讲的是事物的两个方面。

地形中有丘陵，韩国语为"언덕"，比喻能够帮助、照顾自己的令人信赖的对象。地形中还有高地，韩国语用汉字词"고지(高地)"，除了地形意义外，还用作军事用语，指战略上有利的地势高的阵地，此外，还比喻要达到的目标或达到那个水平的阶段，在日常生活中的语言频率很高，如：

(22) a. 본부장이 평소에 세란이를 별로 쳐다보지 않으니까 고지는 높긴 하지만 목표가 높아야 정복하는 맛이 있지 않겠어요?《최고의 연인, 39회》本部长平常不太喜欢世兰，所以目标值很高，但是目标高了，才更有征服的乐趣，不是吗？

b. 나도 이판사판이야. 내 아들 고지가 코앞인데 니 사위가 재 뿌리고 니가 거들어있잖아?《내 사위의 여자, 47회》我也豁出去了。我儿子马上就要大功告成的时候，你女婿却给泼冷水，而你也在旁边帮了忙，不是吗？

c. 고지가 얼마 안 남았는데 다 잃어버리실 수 있어요.《여자의 비밀, 36회》眼看就要到头了，（如果你这样）有可能会失去一切的。

d. '럭키'가 400만 고지를 넘었다. 배우 유해진의 코미디 파워가 대단하다.《동아일보, 2016.10.23》电影"幸运钥匙"的票房超过了400万大关。演员柳海真的搞笑力量真是了不得。

如上，这是用空间词来比喻抽象意义，汉语里的"高地"一般不用于日常生活中，所以根据语境需要适当翻译，如"目标、大功告成、到头、大关"等。

2.3.2 对泥土的认识

我们平时在说地时，经常会说"土地"，这说明泥土与地有着千丝万缕的联系，所以韩国语里也有很多与此相关的俗语，如"비 온 뒤에 땅이 굳어진다"意思是因下雨而泥泞不堪的泥土干燥后会变得更加结实，比喻经历挫折磨练后，更加坚强，如(23)。而"단단한 땅에 물이 괸다"意思是结实的土地不漏水、不漏财，比喻节约、不花钱的人才会聚财。

> (23) 잘할 거야. 비 온 뒤에 땅이 굳어진댔잖아? 당신과 은별이처럼.《별별 며느리, 78회》她会做好的。不是说风雨过后土地更结实吗? 就像你和银星那样（关系更好了，不是吗?）

如果泥土是软的，那么砸马橛子时就很轻松，所以俗语"무른 땅에 말뚝 박기"可以比喻非常容易的事情；同时也可比喻有钱有势的人看不起、虐待软弱、没有势力的人。反义表达是"마른땅에 말뚝 박기"，比喻费劲地干非常难、非常累的事情。这两种表达背后隐含的思想是:用"砸马橛子"比喻欺负人，而用土地的软、硬来比喻人的软弱与强硬，这种思想也贯彻在韩国人的整个思维方式里，并且这种思想具有世界共性。

2.3.3 对天与地关系的认识

对中国人来说，普遍的思维方式就是关联思维，也就是认为事物是普遍联系的思维。其特点是对一般人只看到分别、分立、无关的事物能看到它们之间的相互联系，特别是把天、地、人、万事万物看成关联的整体(陈来 2015:34)。而韩国人也属于东方文化，也具有这种关联思想。中韩两国人民关联思想的体现之一就是认为天地是关联在一起，而不是分离的。表现在语言上，就是"天地"与"하늘、땅"的共同出现。但是在表达不同意义时，韩汉却又表现出了较大的不同。

第一，比喻差异巨大时，需要进行对比，所以韩国语与汉语都会同时出现"天地"，但是有时意义并不相同。

其中，韩国语的"하늘과 땅"和汉语"天壤之别"，以及大量的汉字词"천양지차(天壤之差)、천양지간(天壤之間)、천양지별(天壤之別)、천양지판(天壤之判)、소양지차(霄壤之差)、운니지차(雲泥之差)、천연지차(天淵之差)"等，都用来比喻差异非常大，如(24)。

> (24) a. 그 미혼모하고는 하늘과 땅의 차이지.《사랑이 오네요, 36회》和那个未婚母是天壤之别啊。
>
> b. 문외한 눈에는 똑같은 것 같아도 전문가들 보기엔 천양지차가 있지.《윤흥길, 제식 훈련 변천 약사》在我这个门外汉看来虽然完全相同，但在专家们眼里看来却有天壤之别。

韩国语里还有汉字词"천지(天地)"，比喻数量很多，如(25ab)，主要指人或问题很多，有时也可与"웃음"结合形成"웃음

천지가 되었다" 类结构，如(25c)，可译成"笑的海洋"。有时"천지"与"세상"结合在一起，是同义重复结构，指的是天底下，表达的是强调意义，如(25d)。

(25) a. 요즘 이혼이 흉이냐? 이혼하고도 잘 사는 사람 천지더라.《왕가네 식구들, 27회》现在离婚还是什么丑事吗? 离了婚但一样过好日子的人多的是了。

b. 부모 덕에 바로 꼭대기를 차지한 2세,3세들이 얼마나 말썽 많고 문제천지야?《천상의 약속, 26회》托父母的福就高高在上的富二代、富三代们整天光惹事，问题满天飞。

c. 선생님도 웃고, 아이들도 웃고, 교실은 온통 웃음 천지가 되었다. (网络) 老师也在笑，孩子们也在笑，教室成了笑的海洋。

d. 자식 고생시키고 싶은 부모 세상천지에 어딨어?《우리집 꿀단지, 3회》天底下想让孩子受苦的父母有几个啊?

"천지"有时还与"분간 못하다"结合在一起，意思是连天地都分不清了，如(26)。汉语可译成"分不清东西南北"，都是用最基本的空间词"天地、东西南北"的否定来比喻不分事理。不过，(26b)也可以直接译成"笨"。

(26) a. 현규 일이라면 부들부들 떨면서 천지분간 못하는 것 같에도 우리 현규의 단점을 아주 냉철하게 파악하고 있어요.《부탁해요 엄마, 9회》虽然你只要是铉奎的

事情，就分不清东西南北了，不管对错了，但看来
你对我们铉奎的缺点看得倒是真真切切的。

  b. 이 천지분간 못하는 여자야! 건물은 무슨 건물이야?
지금 무슨 일이 일어나는지도 모르고.《아이가 다섯,
18회》你这个（分不清东西南北的）笨女人啊！买
楼买什么楼啊? 你知道现在发生了什么事情吗?

  第二，在比喻非常大的变故时，汉语有"天崩地裂、天崩地
坼、天崩地塌"等表达，都是"天"与"地"成对出现，但韩国语
一般多用"하늘"的有关表达，如前面所分析的"하늘이 두 쪽(이)
나도"，此时"땅"并不出现，是用天裂成两半来比喻天大的困难，
而汉语用"天崩地裂"。有时也用天塌下来比喻困难和变故，如"하
늘이 무너져도 솟아날 구멍이 있다"意为天塌了也有逃跑的洞，也
只用了"하늘"。

  第三，有时韩国语虽然天地同时出现，但表达的意义与汉语不
同。如汉语有"天高地厚"，并且多用于否定句，形成"不知天高地
厚"的结构，前面已经分析过，韩国语用"하늘 높을 줄 몰라 不知
天有多高"，只用了"하늘"。

  不过，韩国语也有与"天高地厚"有关的俗语，如"하늘 높은
줄만 알고 땅 넓은 줄은 모른다 只知道天高不知地厚"，用来嘲笑
光长了大个子但非常瘦的人；"하늘 높은 줄은 모르고 땅 넓은 줄
만 안다 不知天高只知地厚"，用来嘲笑胖胖的小矮子。这两个俗语
里虽然"하늘"与"땅"都成对出现了，但是与汉语结构和意义都不
同。在用于指人的胖瘦时，汉语一般不用"天地"来形容，但可以
用"擎天柱"来比喻能承担重任的人，用"顶天立地"来比喻大丈
夫，都是抽象意义。

韩国语"하늘"与"땅"成对出现的俗语还有"땅에서 솟았나 하늘에서 떨어졌나"意思是从地下钻出来的，还是从天上掉下来的，产生了两个比喻意义，可以比喻突然出现意料之外的事情，在表达此意时，汉语多用"你是从哪儿冒/钻出来的？"也比喻教育那些忘记父母或祖先的人，此时汉语多用"你是从石头缝里蹦出来的吗？"也就是说，在表达这些意义时，汉语多关注的是"地"，而不是"天"。

第四，韩国语里还有一些与"天地"有关的汉字词，但是汉语并不存在。其中，"천방지축(天方地軸)"可以作名词、副词，如：

(27) a. 너 도대체 나이를 어디로 먹냐? 아직도 천방지축이야? 낄 데 못 낄 데 천지분간을 못해?《최고의 연인, 88회》你的年龄都长到哪里去了？怎么还这么不懂事啊？连该掺和的地方和不该掺和的地方都分不开！

b. 샛파랗게 어린 게 뭘 안다고 천방지축이야?《사랑이 오네요, 14회》小小年纪懂什么啊？这么乱说话？

c. 우리 봄이가 하도 천방지축으로 날뛰니까 이렇게 인연이 꼬이는 건데.《우리집 꿀단지, 45회》我们春儿整天冒冒失失地行动，所以我们的缘分才这样纠缠在一起。

d. 천방지축으로 도망하다 慌慌张张地逃跑

e. 왜 강호를 놔두고 천방지축 강미를 내세우려고 들어?《최고의 연인, 47회》你怎么放着江浩，却非要/硬是把冒失鬼/不懂事的江美往前推啊？

如上，名词"천방지축"有两个意义，可以指不成器的人冒冒失失的模样，如(27ab)，此外也指急急忙忙、慌里慌张地乱窜，如(27c)，产生这两种意义的原因，与后面所搭配动词有关。"천방지축"作副词时，也有这两种意义，如(27de)，此副词意义的近义词还有"천방지방(天方地方)"。

为什么"천방지축、천방지방"会产生这种冒冒失失、慌慌张张的意义呢？笔者认为这与传统的哲学思想中认为天是圆的地是方的这种基础观念有关，因为正常的是天圆地方，所以当天不是圆的，而变成了方形时，就成了不合时宜的，不圆滑的，是磕磕绊绊的了，因此韩国语里"천방지축、천방지방"就产生了上述意义。

类似的表达还有下面的四字成语：

(28) 동분서주（東奔西走）동에 번쩍 서에 번쩍
　　좌충우돌（左衝右突）왼쪽에 처박고 오른쪽에 내밀고
　　우왕좌왕（右往左往）오른 쪽 갔다 왼 쪽 갔다
　　동출서출（東出西出）동에 불쑥 서에 불쑥

这些词语与"천방지축、천방지방"的结构是相同的，即"ABCD"或"ABCB"中，A 与 C 是表示方位的近义词，而 B 与 D 要么是近义词，要么是一个词，都是BB。

如上，虽然同属东方文化圈的中国人与韩国人都具有关联主义思想，但是在对待天地时却表现出了不同的关联视角，从而使语言表达出现了很大的不同。而这种视角的不同也必然体现在日常生活中的其他方面。

第五，韩国人对天地的认识还可以从敬语形式上来分析，例如，韩国语天有敬语"하느님"，天上的日月星辰都有敬语，

分别是"해님、달님、별님"，但"땅"却没有敬语形式(조현용
2017:61)。

2.4 日月星辰

天上有日月星辰，韩国语里与日月星辰有关的表达中基本词虽
是固有词，但其他相关的下位词大部分都是汉字词，固有词反映了
韩国人对日月星辰的最初观察与认识，而汉字词反映了中国文化对
韩国文化的影响，因为韩国人在吸收语言的同时也吸收了这些语言
所蕴含的思想。

2.4.1 日

与太阳有关，从远古时起太阳就被视作生命之源，所以世界各
地都普遍出现了太阳使处女受孕的神话(叶舒宪 2018:180)，而韩国
也有这样的神话，如《通典．边防二．高句丽》中记载[04]：

> (29) 高句丽，后汉朝贡，云本出于夫馀。先祖朱蒙。朱蒙
> 母河伯女，为夫馀王妻，为日所照，遂有孕而生。及
> 长，名曰朱蒙，俗言善射也。

---

04 中国哲学书电视化计划，https://ctext.org/dictionary.
pl?if=gb&id=564601&remap=gb

尽管对太阳的原始信仰具有世界共性，但是与太阳有关的语言表达却在共性的基础上产生了语言的民族特性。韩国语"太阳"有固有词"해"，可以指具体的太阳本身，如(30ab)。因为地球绕太阳一圈为一年，所以韩国语里"해"还用来指"年"，如(30c)，或者作单位名词，如(30d)。此外，"해"还指从天亮到天黑这一段时间，如(30e)。不同的意义所结合的动词不同。

> (30) a. 해가 지다/뜨다/솟다 太阳落山/升起来。
>
>   b. 해가 서쪽에서 뜨다. 太阳从西边出来了。
>
>   c. 해와 달이 바뀌다[거듭 나다] 日月交替/岁月交替。
>
>   d. 한 해를 보내다 过了一年。
>
>   e. 해를 지우다 过了一天。

太阳和白天这两个词即使在现代语言里也经常作为同义词使用(缪勒 2010/2014:169)。韩国语里白天可用固有词"낮"来表达，也可用汉字词"백일(白日)"，多用于"백일하에"结构，表示全天下的人都知道，如(31a)，汉语不直接用"白日"，而用比较隐晦的方式。韩国语里还有"白昼"意义的汉字词"백주(白昼)"与固有词"대낮"，如(31b)，汉语用"光天化日之下"。"대낮"一般也与汉语"大白天"对应，如(31c)。

> (31) a. 사건의 전말이 백일하에 드러나다 事件的前因后果昭昭天下/暴露于大庭广众之下。
>
>   b. 백주의 강도 사건 光天化日之下的抢劫事件
>
>   c. 대낮부터 웬 술을 그렇게 마시니? 大白天怎么就喝起酒来了?

白天也有时间差异。凌晨东方渐白时的阳光称作"서광(曙光)",可比喻所期待的事情有了希望的征兆,如"서광이 보이다 看见曙光"。下雨天或下雪天暂时露出来的阳光称作"여우볕、천소(天笑)","장마철의 여우볕"比喻一闪而过。因为"여우볕"是一闪而过的阳光,所以要想用这光来炒豆子吃,动作必须迅速无比,因此俗语"여우볕에 콩 볶아 먹는다"比喻动作非常敏捷。

早晨的太阳称作"조양(朝陽)",有俗语"식전에 조양(朝陽)이라",意思是天大亮后阳气已动,没了任何用处。如果早上大雾,白天太阳光反而极强,所以有了俗语"아침 안개가 중 대가리 깬다",意思是阳光太强,能把和尚的光头都晒裂了。傍晚的太阳或阳光称作"석양(夕陽)",有很多近义词,只有"석양"还指太阳西落的时刻,也可比喻老年,意义与汉语一致,但用法却有所不同。

韩国语里能被太阳照到的地方称作"양지(陽地)、당양지지(當陽之地)",而世界万物因为有太阳才会生长,所以"양지"在韩国语里有了比喻意义,比喻得到惠泽的立场,如(32)。不朝阳的地方称作"음지(陰地)、그늘받이",但只有"음지"有比喻意义,比喻无法得到惠泽的处境,如(33a),也比喻不正当的地方或东西,如(33bc)。汉语的"阳地"和"阴地"多用作具体意义,或分别指人世、坟地或墓地。

(32) a. 내가 그런 사람의 아들이란 게 너무 싫으니까요. 그럼 난 영원히 양지로 나갈 수 없는 더러운 이끼처럼 느껴 지니까.《푸른바다의 전설, 16회》因为我厌恶我竟然是那种人的儿子。因为这样所以我就成了永远无法见到太阳的脏脏的苔藓。

   b. 사장은 양지에서만 살아 약자의 고통을 모른다. 老板

养尊处优，所以不了解弱者的痛苦。

(33) a. 음지의 디자이너 不知名的的设计师

b. 작은 아버지는 양지에서 저는 음지에서 그룹 이익부
터 챙기는 겁니다. 《불야성, 18회》叔叔你在明处，
我在暗处，先把我们集团的利益守住。

c. 회사가 성장하려면은 양지가 있는 만큼 음지도 있다.
니 처가 그 음지를 관리해 왔어. 니 처를 건드리면 그
카드를 꺼낼 거야. 분명 그럴 애야. 《신과의 약속, 45
회》公司要想壮大，既要有正大光明的一面，也会
有肮脏的一面。而（我们公司）肮脏的一面一直都
是你妻子来管理的。如果你动她，她肯定会亮出这
张牌的。她肯定是这样的人。

黑暗的地方如果有一缕阳光则可以比喻幸运，如 "쥐구멍에도
볕 들 날 있다、쥐구멍에도 햇살 들 날 있다" 比喻即使苦不见天
日，但总有一天会有幸运来临的。因为老鼠洞是漆黑的，所以一缕
星光可以比喻幸运，如(34)。

(34) 사람 죽으란 법이 없다고. 쥐구멍에도 햇살 쨍쨍한 날이
오더라. 《빛나라 은수, 18회》都说天无绝人之路，老
鼠洞也有见天日的一天啊。

电视剧《아임 쏘리 강남구, 12회》中，当听说孤儿박도훈找到
了财阀父母，공신애说道：

(35) 쥐구멍에도 볕 들 날 있다고 이것 딱 그쪽이야, 뭐야. 都

说老鼠洞也有看到太阳的时候，这正应了那句话了。

但是太阳也并不是永远都受欢迎的，这从"그늘"就可以看出来，"그늘"意为暗处，即没有太阳照射的地方，有三个意义:第一个比喻无法显露于外的处境或环境，如(36a)；第二个比喻心理不安或不幸的状态，或因此而出现的阴暗表情，如(36b)；这两个意义都与"阳光即光明，阴暗即暗淡"这种思想有关。不过阳光并不总是春光明媚，也有烈日炎炎，这时"그늘"就具有了积极意义，可以用来躲避烈日，所以"그늘 밑(의) 매미 신세[팔자] 阴凉地下的知了"比喻光玩、不辛勤劳动也可过得舒舒服服的，"그늘"也产生了积极的比喻意义，可比喻保护与惠泽，如(36c)。"그늘"的三个语义属于正反语义引申，即既有消极意义，也有积极意义。

(36) a. 그는 언제나 형의 그늘에 묻혀 지냈다. 他总是生活在
哥哥的阴影下。

b. 얼굴에 그늘이 서리다 脸上带着忧愁

c. 참봉나리[05]의 그늘에서 벗어나니까 고생이 이만저만
이 아니었습니다.《역적, 2회》没有参奉老爷的保
护，我可受苦受惨了。

其实上面的角度与意义变化反映的是风水思想，汉语"三十年河东三十年河西、三十年风水轮流转"就是用风水来比喻处境的转变，而韩国语也有"음지가 양지 되고 양지가 음지 된다、양지가 음지 되고 음지가 양지 된다"，是用朝阳和背阴的转化来表达同一

05　"참봉(参奉)"指朝鲜时代各官衙里的从九品官员。

类思想，此外，还有"음지도 양지 될 때가 있다"比喻没有运气的人也会有过好日子的那一天。这种"三十年风水轮流转"的思想也反映了一种轮回、事物转化思维，韩国语还用车轮子的转动来比喻，如(37)。

> (37) a. 귀천궁달이 수레바퀴다 贵贱穷达是车轮
>   b. 부귀빈천/빈부귀천이 물레바퀴 돌듯 富贵贫贱/贫贱富贵就像水车轮子在转动
>   c. 흥망성쇠와 부귀빈천이 물레바퀴 돌듯 한다 兴亡盛衰和富贵贫贱就像水车轮子在转动

中国人的思维中也有这种思想，"黄侃《论语义疏·叙》说《论语》名曰：'伦者，轮也。言此书义旨周备，圆转无穷，如车之轮也'"(钱钟书 1984:111)。"车轮这种圆形的人工制品在它问世的那个时代起，就被神话思维类比认同于圆形的自然物——太阳。而当抽象思维从神话思维中脱胎而出的时候，这两种圆形物体便同时成了'道'的概念的象征原型，其象征内涵……借人为宗教的广泛传播而变成了跨文化的符号"(叶舒宪 2005:136)。所以太阳、车轮都是一种文化符号，在不同文化里具有相似的哲学意义，只不过表现在语言形式上有了不同而已。

2.4.2 月

汉语中作为时间概念的"月"字，辛亥革命前单指月亮的一个圆缺周期，如今人们作预算、领工资只是指30天或31天的时间长

度，它与月相变化已毫无关系(张公谨 1998/2007:62)。韩国语的固有词"달"也可以指具体的月亮、月光、时间单位，但在一些俗语里，我们依然能够看到韩国人对月相变化的观察与认识。

首先，与月亮的圆缺有关，如"달도 차면 기운다、달이 둥글면 이지러지고 그릇이 차면 넘친다"义同汉语的"月有阴晴圆缺，人有悲欢离合"，不过"달도 차면 기운다"还有一个意义，比喻幸运不可能永远持久。

有的俗语与望月有关，每月阴历下旬月亮开始变圆，早上的月亮称作"새벽달"，有俗语"새벽달 보려고 으스름달 안 보랴"，意思是想看早上的月亮，难道就不看晚上的月亮了吗，不要因为没有发生的未来之事而疏忽了眼前的事情，把眼前的事情做好才是上策。而"새벽달 보자고 초저녁부터 기다린다"意思是为了看早上的月亮从傍晚就出去等，比喻事情下手太早。

韩国人还利用月亮来比喻外貌，如"반달 같은 눈썹"，意思是月牙似的眉毛，"떠오르는 달"比喻容貌清秀、漂亮，如(38)。同样是用月亮来形容人的外貌，法语里用满月的脸"un visage de pleine lune"来形容大面孔(林纪诚 1988:9)，汉语里与月亮有关的容貌描写是"闭月羞花"，不同语言所表现出的比喻思维不同。

(38) 저 규수의 용모는 그야말로 떠오르는 달이라 그 동네
모든 총각의 마음을 들쑤셨다. 那位小姐美如初升的月
亮，让村里的所有小伙子都为之倾倒。

第二，有的俗语与月亮的光度有关，"달 밝은 밤이 흐린 낮만못하다"意思是不管月亮再亮也不如阴天时的白天亮，比喻子女的孝道赶不上夫妻之间的爱情。这是用月亮来比喻子女的孝道，这与中

国文化有很大不同。

第三，过去关于自然现象的变化，人们更多地是借用了想象，其中一种就是借用动物来解释，所以汉语有了"天狗吃月亮"，用来指日蚀。在韩国文化里，人们认为太阳象征"阳"，月亮象征"阴"，并且认为如果吸收了满月的神力，那么将有助于女性怀孕，而狗则与月亮相克，狗会夺取满月的阴力，因此韩国语有了"상원(上元)날 개 밥 주는 개집"，比喻做对自己不利的事情(이규태1983/2011(3):39-40)。其实这与中国的"天狗吃月亮"有相似之处。韩国语还用"달 보고 짖는 개"比喻随便谈论自己并不清楚的他人之事，也比喻因一点小事就一惊一乍的，或者由于害怕而议论不已。

韩国语里还有汉字词"오토(烏兔)"，意为乌鸦与兔子，因为过去有传说认为太阳里住着乌鸦，月亮里住着兔子[06]，所以"오토"多用来统称太阳与月亮，也可比喻岁月。这种汉字词反映的是中国文化中月亮的重要地位，在中国以月为题的诗赋作品数不胜数，而台湾的学者杜而未认为中国古代文化即是月神文化(叶舒宪 2018:59)。

韩国文化最初是太阳崇拜文化，例如韩国最早的国家名叫"朝鲜"，"朝"指早上，而早上意味着太阳的出现，但随着中国道家思想的输入，隐遁思想在朝鲜时代达到顶峰，太阳文化逐渐处于劣势，而月文化逐渐成了主流，出现了大量咏月的诗词歌赋(이어령2003a:134)。韩国人还将月亮拟人化，在提到月亮时，并不仅仅是观看，而是经常当作一种对话或倾诉的对象，例如，有关于月亮的歌

---

06 月亮与兔子的这种相关认识也存在于其他很多文化中，具有世界共性(叶舒宪2018:37)。

曲，其开始就是呼格形式的"달님이시여"[07]，也有民谣"달아……달아 밝은 달아……"也是从呼唤月亮开始的，对韩国人来说，月亮其实是一种祈祷的对象，对月亮的呼唤其实是一种祈祷的形式(이어령 1996/1999:152, 154)。

2.4.3 星辰

从词汇系统来看，天上的星星在韩国语里有固有词"별"，用于此意时还有汉字词"성두(星斗)、성신(星辰)"。各种星星的分类一般都用汉字词，而太阳黑洞用的是英语外来语。这说明事物名称是随着科学技术发展而发展的，古代韩国对星星的认识仅局限于一个总称，即上义词，下义词都是汉字词，说明古代中国的天文学已经比较发达，所以有了对各主要星辰的命名，并且影响了韩国[08]。而太阳黑洞是西方人的发现，所以韩国语用英语外来语。

因为天上繁星如水，所以韩国语用"별만큼 많다"来比喻多，如(39)。"별같이 모여들다"也比喻数量多，但汉语多用"蜂拥而上"，一般不用星星来比喻。

07　新罗时期的《愿往生歌》: 달님이시여, 이제 西方까지 가시나이까?가시면 이 내 마음 无量寿佛前에 사뢰 주옵소서, 盟誓 깊으신 尊을 우러러 두 손을 모두어 愿往生 愿往生, 그리워하는 사람 여기 있다고 사뢰소서, 아아!이 몸을 버려 두고 四八大愿이 모두 다 이루도록 하시옵소서. (이어령 1996/1999:152)

08　조현용(2017:63)也提到韩国语里与星星有关的名字特别少，他认为这是一种很特殊的现象，理由是韩国人赋予了星星特别是北斗七星以特殊的意义，并且历史上韩国有很多对天体进行观测的记录，巫具上有北斗七星的图样，咸安地区的"고인돌"上也刻有星座图样。关于古代中国的天文学发展，庞朴(1988:497)认为古代中国人之所以只发现了五大行星，原因之一是中国五行学说限制了人们的思维和视野。

(39) 아직 하늘의 별만큼 시간도 많은데. 《이름없는 여자, 13
회》 就像天上的星星那样，我们还有的是时间啊。

　　因为星星闪闪发光，所以可比喻留下丰功伟绩的大家，如
(40a)；有时也指新秀，此时多用于惯用语 "떠오르는 별"，比喻某个
领域内初露头角的新秀，如(40b)，也可以说 "빛나는 별 新秀"。用
于此意时，还有汉字词 "신성(新星)"，如(40c)。相关的还有 "거성
(巨星)"，如(40d)。反义词 "왜성(矮星)" 没有比喻意义。

(40) a. 국문학계의 큰 별이 지다. 国文学界的一颗巨星陨落
　　　　了。
　　　b. 떠오르는 별 冉冉升起的新秀
　　　c. 한국 스피드스케이팅의 '신성' 김민석 韩国速滑"新
　　　　星"金珉锡
　　　d. 국어학계의 거성 国语学界的巨星

　　正因为星星给人的联想意义是杰出的、优秀的，所以韩国语
"별" 还产生了一个意义，指军人的级别，属于 "将星级"，如
(41a)，这是利用了 "별" 的象征意义，也是正面、积极的意义，
但是对行事不端的人来说，戴上星虽然也是杰出的象征，但却是反
面的，因此是反语意义，成了隐语，指犯前科的次数，如(41b)。
"별" 的这两种意义属于积极意义和消极意义兼具的正反引申。但
汉语 "星" 没有这种正反意义。

(41) a. 견장에 별 셋이 번쩍이는 육군 중장 他是肩头上闪耀
　　　　着三颗星的陆军中将

b. 사기죄로 별을 달았다. 因诈骗被判刑一次。

"별"也指头被撞、被打后产生眩晕时眼冒金星的感觉，如
(42ab)。用于此意时，还有惯用语"별이 보이다"，指受到打击而突
然眩晕，如(42c)。不仅仅是受到打击，韩国语里还可用"별"来形
容饿得头晕眼花，如(42d)。汉语一般用四字格"眼冒金星"。

(42) a. 봉사하러 가다가 누가 실수로 좀 쳤어…조금 전까지
　　 는 눈앞에 별이 번쩍번쩍했는데 이젠 괜찮아.《빛나
　　 라 은수, 48회》我去做义工的时候谁不小心打了我
　　 一下……刚才还疼得眼冒金星呢，现在好多了。

b. 엄마가 내 뺨을 때렸어요…눈 앞에 별이 왔다갔다 했
　　 어요.《월계수 양복점 신사들, 44회》妈妈打我耳光
　　 了……打得我眼里直冒金星。

c. 집안이 망했다는 소식을 듣고 별이 보이더니 정신이
　　 없었다. 听到家族没落的消息后，我一阵眩晕，不禁
　　 蒙了。

d. 그렇지 않아도 아침을 걸렀더니 눈앞에 별이 왔다 갔
　　 다 했는데 잘 됐다.《월계수 양복점 신사들, 12회》
　　 正好，我早上没吃饭，饿得眼冒金星/都前胸贴后背
　　 了，（你带饭来了，）太好了。

关于天上的星辰，日常生活中经常用到的有彗星、绮罗星、北
斗七星等。其中彗星有多个名称，固有词称作"길쓸별"，是"길 道
+쓸 扫+별"结构，之后演变成了"길쓸별"(조항범 2014:223)，但
语用频率不高。也称作"미성(尾星)"，利用彗星的形态特点产生了

俗语 "미성이 대국까지 뻗쳤다", 意思是尾星一直延伸到了中国, 比喻非常长的东西无限延伸下去。日常生活中经常用的是 "혜성(彗星)" 这个名称, 比喻某个领域突然出现的优秀存在, 如(43a); "혜성" 也比喻突然出现的美女, 如(43b), "혜성" 还有派生词 "혜성적 (彗星的)", 指像彗星一样突然出现留下明显足迹的, 或那样的, 如 (43cd)。

> (43) a. 15년전에 혜성처럼 나타나서 가요계에 파란을 일으키고 한창 전승기에 바람처럼 사라져버려서…《월계수 양복점 신사들, 10회》15年前像彗星一样突然出现, 在歌谣界掀起了波澜, 又在鼎盛期像风一样消失……
>
> b. 세라씨, 이 혜성처럼 등장한 미인은 누구?《별난 가족, 121회》世拉, 这位像彗星一样突然出现的美女是?
>
> c. 그 사람은 우리 시대의 혜성적 존재다. 他是我们这个时代彗星级的人物。
>
> d. 혜성적 정치 성공 彗星般的政治成功
>
> (44) a. 각 분야의 전문가가 기라성처럼 한자리에 모였다. 各领域的专家汇聚一堂, 真是群星荟萃啊。
>
> b. 기라성 같은 선배 像绮罗星一样遥不可及的前辈

"기라성(綺羅星)" 指夜空中闪烁的无数星星[09], 比喻身份高,

---

09   최창렬(2006:33)认为 "기라성" 是意为闪闪发光的日语 "기라" 与汉字词 "성 (星)" 结合形成的混合词, 是日本统治韩国时期的文化产物。不过, "绮罗" 在中国 唐朝时指五彩华贵的丝织品、华服或穿华服的人, 所以认为 "기라" 是日语看来不

或拥有权力、名誉等的人云集在一起，如(44)。

　　韩国语里北斗七星为"북두칠성"，因为北斗七星的位置是固定的，总是北向，所以"북두칠성이 앵돌아졌다"意思是北斗七星离开自己的位置掉了头，比喻事情出错或者失败。而过去都将天上的星宿看作神灵，所以俗语"남을 위해 주는 일엔 북두칠성도 굽어본다、마음 한번 잘 먹으면 북두칠성이 굽어보신다"意思是如果帮助他人或者下定决心的话，连上天神明也都会眷顾你的。北斗七星还被用于丧葬文化。

　　随着社会的发展，人类还发现恒星上会出现黑洞，称作"블랙홀"，也可比喻消极因素，如(45)。另外，从"블랙홀"这个外来语表达也可发现古代韩国人没有发现恒星有黑洞这种现象，所以没法产生相应的固有词。

　　(45) 자칫 임기 초 국정동력을 떨어뜨리는 블랙홀이 될 수도 있다. 《동아일보, 2017.07.18》弄不好会成为降低国政动力的黑洞。

2.5 闪电

　　闪电是云彩与大地之间发生放电现象时喷出的火花，韩国语为"번개"。由于事物之间都是相互联系的，闪电多了，就会出现电闪雷鸣的现象，所以"번개가 잦으면 천둥을 한다、번개가 잦으면 벼

合适，因为很明显这个词来源于中国。

락 늦이라"比喻如果总是出现某种事情的征兆，那么那件事情肯定就会发生。而"벼락"是破坏性很强的事物，所以这两个俗语也比喻不好的事情多了，最终会遭遇更大的灾难。

因闪电具有非常快的特点，所以"번개"还比喻动作非常快、敏捷的人或事物，如(46)。相关的"번개불"经常用于惯用语"번갯불에 콩 볶듯이"，也比喻很快，如(47)。这个惯用语与炒豆子有关，与此相关的还有"콩 튀 듯、팥 튀 듯"指人非常生气而上蹿下跳的样子。

> (46) 그 친구는 도망가는 데만큼은 번개야. 他逃起跑来，简直就是一道闪电。
>
> (47) a. 번개불에 콩 볶아 먹는 것도 아니고 너무 빠른 것 아니야?《별이 되어 빛나리, 122회》又不是趁着打闪炒豆子吃，这也太快了吧?
>
> b. 번개불에 콩 볶은 혼사더라도 할 것 다 하더라구요.《우리집 꿀단지, 105회》即使是闪婚，但该办的也都办了。

韩国语还有俗语与"번갯불"有关，如"번갯불에 솜 구워 먹겠다"意思是都能用闪电煎棉花吃了，指太能撒谎了。

根据闪电快的特点，韩国语还产生了"번개탄"，意为点燃蜂窝煤的速燃炭，是"착화탄(着火炭)"的日常说法。此外，还有"번개결혼 突然结婚""번개데이트 突然约会""번개 회식 突然聚餐"等表达，如(48)。

> (48) a. 계획도 없이 이렇게 번개결혼식을 하게 되더니 모아

둔 돈도 없고. 《사랑이 오네요, 1회》本来没有一点
计划，现在突然要举行婚礼，又没有攒下的钱。

b. 점심 시간을 이용해서 이렇게 번개데이트하니까 완
전 좋다. 利用午饭时间忙里偷闲约会，感觉真好。

c. 그는 거의 매일 퇴근 한 시간 전 '오늘은 뭐 먹지?'라
며 번개 회식을 잡았다. 《동아일보, 2018.02.01》他
几乎每天下班一个小时前一边问"今天吃什么?"然后
突然让大家聚餐。

因为闪电有光且一闪一闪的，根据这个特点，"눈앞에서 번개
가 번쩍하다"可用来形容挨打时的感受，如(49)，汉语用"眼冒金
星"。

(49) 어쩜 아들 얼굴을 그렇게 세게 때리냐? 엄마 손 엄청 크
거든. 진짜. 눈앞에서 번개가 번쩍하던데 나 아파서 죽
을 뻔했어. 《위대한 조강지처, 111회》你怎么打儿子打
得这么狠啊? 妈你的手很大的。真的。刚才我就觉得
眼冒金星，差点没疼死。

闪电与打雷经常相伴出现，这种伴随着雷声和闪电的大气放电
现象称作"천둥"，这个词的原形是汉字词"천동(天動)"，从这个
词可以看出，古人认为电闪雷鸣是天在动，但现在"천동"已经变
形成了"천둥"，只有一个意义，指电闪雷鸣，也就是说，随着"천
둥"形态的变化，"天动"的意义已经消失，但在俗语"천둥인지 지
둥인지 모르겠다"中，"천둥、지둥"用的仍是基本意义，所以俗语
意为不知是天动还是地动，比喻什么都分不出。

电闪雷鸣时，一般人都会感到害怕，而牲畜也毫不例外，所以有了俗语"천둥에 개 뛰어들듯、벼락에 소 뛰어들듯"，两者都比喻受到惊吓，慌慌张张地不知怎么办才好，此外，"천둥에 개 뛰어들듯"还可比喻别人说话时，虽然与自己毫无关系，但却在旁边插话。汉语有"上蹿下跳"，但多用来比喻上下奔走，四处活动。合成词"천둥벌거숭이"比喻不知天高地厚而胡乱惹是生非的人。

从另外一个方面看，在遇到天灾时人们反而能够团结起来，俗语"천둥 번개 할[칠] 때 천하 사람이 한맘 한뜻"比喻的就是这个意义。

表示雷电的还有汉字词"전격(電擊)"，现在主要用来比喻像雷电一样突然闯进来，如(50)，汉语多用"突击"。派生词"전격적(電擊的)"，如(51)，根据不同用法汉语可译成"紧急"或"突然"。

(50) a. 전격 수색 작전 突击搜查

　　　b. 전격 투입 突击投入

(51) a. 전격적 조치 紧急措施

　　　b. 그는 개혁안을 전격적으로 발표하였다. 他突然公布了改革方案。

2.6 火

人类很早就对火有了深刻的认识。人们的这种认识和经验也反映到了语言里。韩国语"불"的意义以及与其相关的惯用语、俗语就充分说明了火的特点以及韩国人对火的认识。

2.6.1火的涵义

韩国语的火为"불"，这个词是多义词，当用于基本意义时，主要与"지피다、피우다、때다"等动词结合，如(52a)。"불"也指"화재(火灾)"，如(52b)，此时经常结合的动词有"불을 지르다/조심하다/끄다/잡다/싸지르다"。"불"也指发光能照亮黑暗的物体，如灯、电等，这利用的是相关物体与火的功能和形态的相似性，如(52c)。"불"也可比喻像火燃烧一样猛烈的、强大的热情或感情，如(52d)，这种意义的产生可以从火的传说来做说明。因为"不少地方，把火的发明同类似暴力的东西联系起来:火是内心的狂怒，是神经质的双手产生的客观现象"(巴什拉 2016:41)。并且在很多地方关于火的传说中都提到火是藏在人体里的(巴什拉 2016:41-43)，通过这些传说，我们可以发现，对远古的人类来说，他们认为火是从体内产生的，这就可以理解语言学上的"불""火"为什么指人体内产生的强烈感情。

(52) a. 가랑잎이 불에 타다 细小的叶子被火烧着了

b. 불이야! 失火了！

c. 불을 밝히다/켜다 打开灯 불이 들어오다/나가다 来电/有电/没电

d. 그들의 사랑에 불이 붙었다. 他们的爱情如烈火干柴。

不过汉语里在指"灯、电"时，不直接用"火"来表达。

2.6.2 火的起因与结果

关于火的起因和后果，可以从以下九个方面来分析，但汉语里的"火"以及相关事物由于文化的不同有时并不能与韩国语"불"及相关事物对应。

第一，火种。韩国语火种为"불씨"，如(53a)。过去保存火种是生活中非常重要的一项内容，如果总是把火种弄灭，说明过日子不老练，所以产生了俗语"잿불 화로의 불씨가 끊어져서는 집안이 망한다"，是用保存不好火种来比喻日子过不好。"불씨"也可比喻引起某事件或事情的原因，如(53b)，一般表达的多是消极意义，这种消极意义与"씨"有关。

相反，汉语"火种"一般是中性或褒义，所以"불씨"和"火种"的感情色彩并不一致，因此(53b)中的"불씨"译成汉语是"导火索"。

(53) a. 난로 속에는 아직도 불씨가 살아 있었다. 炉子里还有火星。

　　 b. 불씨를 제공한 건 그 선생이야. 그 사람이 그렇게 안했으면 나도 아무 일도 안했다고.《빛나라 은수, 8회》提供导火索的是那个老师。如果她不那么做的话，我也不会干任何事。

第二，引火物。韩国语的引火物为"불쏘시개"，如(54a)。"불쏘시개"还有比喻意义，指重要事情成事之前的必要之物，如(54b)，汉语一般需要意译，但一般不用与"火"有关的表达。

(54) a. 불쏘시개에 불을 붙이다 把引火物点着

b. 대한민국 축구 발전에 불쏘시개 역할을 하기 위해 복귀를 결정했다. 《뉴스핌, 2017.12.04》为给大韩民国的足球发展添砖添瓦，做出应有的贡献，我决定重新回来。

第三，可以点着火的地方。点着火的地方韩国语为"불집"，多指炉子，也比喻引起问题或具有危险性的事物或要素，多用于惯用语"불집을 건드리다[내다]、불집을 일으키다"中，如(55)，汉语一般用"祸根"或"麻烦"。

(55) 멀쩡한 사람을 건드려 불집만 하나 더 만들었다. 平白无顾地招惹人，给自己白白惹了麻烦/留下了一个祸根。

第四，点火、放炮。韩国语有派生词"불질"，当"불"用于基本义时，"불질"指往炉灶里点火，如(56a)。当"불"指枪炮的火苗时，"불질"也可比喻放枪、放炮，如(56b)。此外，"불질"的意义还可进一步发生抽象，如(56c)。汉语有时也可用"开炮、煽风点火"，一般也是比喻意义，指打击他人。

(56) a. 불질로 얼굴이 뻘겋게 달아올랐다. 因为烧火，脸蛋变得通红。
b. 불질을 잘못하여 생사람을 죽이다. 开火失误，打死了无辜的人。
c. 당연하죠. 아란이 가슴에 불질할 일이 있어요? 《우리 집 꿀단지, 52회》当然了，我还能给雅兰煽风点火啊?/我还能冲着雅兰开炮啊?

第五，火星、火苗、火焰。"불티"指燃烧的火上四散出的火苗、火星，如(57a)，也可用于"불티나게"结构来比喻很火，如(57b)，汉语"火"也有此意。"불티"也比喻骚乱或问题的原因。虽然都是火星，但汉字词"비화(飛火)"可比喻某事影响到与此没有直接关系的地方，如(58)，译成汉语时一般需要意译，因为汉语"飞火"语用频率很低，也没有比喻意义。

(57) a. 불티가 날리다 火星四溅
　　　 b. 그런 옷이 현장판매에서 불티나게 팔리겠어요? 고객들이 바보예요?《최고의 연인, 106회》(设计不好的)那种衣服在现场销售中会卖得那么火吗? 你以为顾客是傻瓜啊?

(58) a. 안 후보자 논란이 청와대 인사 검증 시스템의 총체적 부실 문제로 비화된 데다 자칫 검찰 개혁 등 국정 주도권을 놓칠 수 있다는 우려가 컸기 때문에…《동아일보, 2017.06.16》与安候选人有关的纠纷，不仅让人们怀疑青瓦台的人事鉴定体系出现了整体性的问题，弄不好还会导致失去改革检察系统等国政的主导权。

　　　 b. 그 사건의 비화는 걷잡을 수 없게 되어 버렸다. 那个事件愈演愈烈，火势控制不住了。

　　　 c. 집안싸움이 엉뚱한 방향으로 비화하였다. 家族打斗开始朝着奇怪的方向发展。

"불꽃"指燃烧的红色火焰，还指金属、石头等坚硬的东西相撞时产生的火星。同义的还有汉字词"화화(火花)"，但语用频率很

低。惯用语"불꽃(이) 튀다"比喻竞争非常激烈，如(59a)，汉语用"如火如荼"；也可比喻眼里冒火，表达的是强烈的感情，如(59b)，汉语用"怒火中烧"。

(59) a. 불꽃 튀는 경쟁을 치르다. 展开了如火如荼的竞争

b. 그는 화가 머리끝까지 올라 눈에서 불꽃이 튀었다. 他火冒三丈，眼里怒火中烧。

第六，火坑。韩国语为"불구덩이"，如(60a)，"불구덩이"也比喻非常危急、痛苦的境地，如(60b)。汉语在表示具体意义时，多用"火堆"，而表示抽象意义时，多用"火坑"，因为"坑"是凹进去的，有进去就出不来之意。

(60) a. 불구덩이에서 나온 시계는 장인어른의 것으로 확실하다면《내딸 금사월, 33회》如果从火堆里找到的手表确实是岳父的……

b. 부모가 돼서 불구덩이로 들어가는 자식을 말릴 수 없는 게 도저히 용납 안 돼.《내딸 금사월, 27회》作为父母，眼看着孩子往火坑里跳却阻挡不住，我实在是受不了。

第七，灰。火燃烧之后就会产生灰，韩国语里用"재"来表达。惯用语"재가 되다"比喻事情搞砸或想法落空，如(61a)，汉语没有"热情成灰"的表达，一般用"热情降温"。惯用语"재를 뿌리다"比喻把事情或氛围搞砸或者搞破坏，如(61b)，汉语一般用抽象表达"捣乱"。与灰有关，还有俗语"재를 털어야 숯불이 빛난

다", 意思是只有去除自己的缺点才能使自己焕发光彩。

> (61) a. 이제 그네들의 그 열망은 재가 되어 사그라졌다.《전
>   상국, 고려장》现在他们的那种热情已经降温, 消失
>   了。
>   b. 니가 감히 우리 도윤 취임식 날에 재를 뿌려?《다시,
>   첫사랑, 7회》你竟然敢在我们道允就职仪式上捣乱?

第八, 烧火棍、炉钩子。烧火棍韩国语称作"부지깽이", 也称作"화곤(火棍)、화장(火杖)"。由于烧火棍安静地躺着的时候不多, 需要不断地运动着把火弄大, 或者把灰掏出来, 或者把什么东西放到灶坑里, 所以根据这一特点产生了俗语"부지깽이가 곤두선다", 意思是就连烧火棍都竖着到处活动, 没时间躺着, 比喻某事非常繁忙的状态。

第九, 灭火。韩国语有汉字词"진화(鎮火)", 如(62a);"진화"也比喻解决纠纷、骚乱、传闻等, 如(62bc)。固有词有惯用语"불을 끄다", 除了指灭火或关灯, 还比喻处理紧急事情。也就是说, 汉字词与固有词的语义是互补的。

> (62) a. 24일 오전 4시35분쯤 서울… 아파트 13층에서 불이
>   나 1시간9분만에 진화되면서 20명의 사상자가 발생
>   했다.《동아일보, 2016.9.24》24日上午4点35分左
>   右, 首尔某住宅楼13层发生火灾, 1小时9分钟后火
>   势才被控制住, 死伤者达20人。
>   b. 회사 측의 노력에도 파업은 진화되지 않았다. 虽然公
>   司已做出了努力, 但罢工并没有结束。

c. 정부는…'장기적 검토 과제'라며 진화에 나섰다.《동
　아일보, 2018.01.13》政府出面解释说这是一个"需要
　长期讨论的课题"。

如上，韩国语里有与火的起因和结果相关的丰富词汇和惯用
语，这些语言表达告诉我们火的重要性。

2.6.3 与火有关的事物

火会与很多事物产生关系，例如"水、导火索、火炉、锅、烟
囱、枪弹"，火与这些事物多出现在惯用语和俗语里，如下表所示：

[表2] 与火有关的俗语、惯用语

	俗语、惯用语	意义	关联物
1	불 가져오라는데 물 가져온다	比喻做的事与安排做的事完全不一回事。	水
2	불(을) 놓다	矿山里为了引燃炸药而往导火索上点火。	导火索
3	불 없는[꺼진] 화로 딸 없는[죽은] 사위	没有直接的姻缘或断了关系而变得没有或不紧要的关系。	火炉
4	불 안 땐 굴뚝에 연기 날까	无风怎么会起风浪？	烟囱
5	불 안 때도 절로 익는 솥	不可能	锅
6	불(을) 맞다	中弹	枪弹
7	불을 뿜다[토하다]	喷出子弹	

前两个俗语用的都是"불"的基本义，其中俗语1与水产生关
系，俗语2多与导火索产生关系，如(63a)。火还与许多事物发生关
系，其中关系最紧密的当然是火炉。如果火炉里没有了火，那么两

者就没有了关系，从另一个角度来看，没了火的火炉也就不那么重要了，所以俗语3的字面义是"灭了火的炉子或没了女儿的女婿"，但一般多用比喻意义，比喻意义也有两层，一层含义是比喻没有直接的姻缘；另一层含义是比喻断了关系而变得没有或不紧要的关系，有时也可单独使用"불 꺼진 화로"，如(63b)。

> (63) a. 도화선에 불을 놓고 우리는 모두 안전지대로 피신하
> 여 몸을 숙였다. 把导火索点燃后，我们都躲到安全
> 地带，缩下了身子。
>
> b. 나 보기엔 니들 사이는 이미 불 꺼진 화로야.《월계
> 수 양복점 신사들, 42회》在我看来，你们两人的关
> 系已经是灭了火的炉子——凉透了。

火还与锅、烟囱等有密切关系，锅与烟囱只有有火时才会发热或者冒烟，这是比较正常的现象，但有时也会用于反问来表达不正常的现象，所以俗语4与"아니 땐 굴뚝에 연기 날까"同义，意思是不点火的烟囱怎么会有烟呢？也就是说无风怎么会起风浪啊？俗语5则用了肯定的表达，意思是虽然没有点火却自己热了的锅，而这是没有实现可能性的，是用肯定的表达来比喻没有实现可能性的事情。

火还表示其他事物的结果或现象，例如，打枪时枪口会冒火，所以可用结果来比喻本体，因此惯用语6指中弹，如"불 맞은 곰 中弹/挂花/挂彩的熊"，汉语用"中弹、挂花、挂彩"；而惯用语7指枪口喷出子弹，如(64)，此时汉语也可用火的相关词"烈火"来表达。

> (64) 불을 토하는 기관총 喷吐着烈火的机关枪

2.6.4 火灾与世间百态

韩国语里火灾用"불나다"表达，韩国人用俗语表达了火灾时的世间百态。火灾第一现象，火灾时，最先会看到烟雾弥漫，并且会伴有火光。一般人的反应会喊"失火了"，但这其中会有一些不同寻常的人，那就是纵火犯，这些纵火犯如果无法及时逃离现场，一般则会先喊"失火了"，以障人耳目，所以俗语"불난 데서 불이야 한다"比喻那些犯了错的人为掩盖自己的错误而先发制人的情况。不过有时所犯错误是欲盖弥彰，做了坏事总会露出马脚的，因此"불난 데서 불이야 한다"就有了第二个意义，即自己将自己的坏事全说了出来，与汉语的"不打自招"有相似之处。

火灾第二现象，发生火灾时，惊慌的人们四散外逃，而牲畜自然也不例外，根据这种情况，就有了俗语"불난 강변에 덴 소 날뛰듯"，意为发生火灾的江边被火烧着的牛疼得四处蹦，比喻危急情况下人们慌慌张张四处逃窜的样子。

火灾第三现象，火灾发生时，主人看到房子、财产燃烧起来而无法扑灭时，一般都会表现出如下举动，有的会一屁股蹲在地上嚎啕大哭，有的则会急得转来转去，因此就有了俗语"불난 집 며느리 싸대듯"意为发生火灾的主人家儿媳妇急得转来转去，比喻不知如何是好时四处转来转去的样子。

火灾第四现象，发生火灾就要救火，但救火应该讲究办法，但总有一些人采取愚蠢的行动，如俗语"섶을 지고 불로 들어가려 한다"，意思是想披着草苫子往火里跑，比喻做事顾前不顾后、行动愚钝。

火灾第五现象，韩国语有俗语"심사는 좋아도 이웃집 불붙는 것 보고 좋아한다"，意思是即使是个好人但是看到邻居家着火也会高兴，比喻人即使是好人但也有看着别人的不幸而幸灾乐祸的

倾向。有这种倾向虽然可以理解，但发生火灾时，总有一些人看到别人家着火，不但不去救火，反而更是落井下石，因此就有了俗语"불난 데 풀무(风箱)질한다 朝着失火的人家拉风箱"，比喻故意使别人的灾难变得更严重或让生气的人更生气，汉语为"落井下石、伤口上撒盐"。

韩国语里还有众多的俗语表现类似意义，如"불난 집에 부채질한다、불난 집에 키(簸箕) 들고 간다、불난 집에 기름 붓다、불 붙는 데 키질하기(扬簸箕)、타는 불에 부채질한다"，这些俗语在日常生活中经常使用，例如：

(65) 왕봉: 사위한테 한 방 먹은 기분 어때? 被女婿说了一顿，感觉如何?

이앙금: 불난 집에 부채질하지 말아요.《왕가네 식구들, 9회》你别火上浇油！

(66) 그 입 다치지 못해! 지금 불난 집에 기름 부어? 부어?
《최고의 연인, 83회》你还不闭嘴！你这是火上浇油是吧? 火上浇油！

(65)对话中的왕봉与이앙금是夫妇，在这之前，이앙금被二女婿说了一顿，说不要那么虐待二女儿，所以非常生气，但此时왕봉却来火上浇油说"被女婿说了一顿的感觉如何"，因此用了俗语"불난 집에 부채질하지 말아요"。再如(66)，也可以用变形的"불난 집에 기름 붓다"。

当然，韩国语里有时还会借用其他俗语来表达这种意义，例如"끓는 국에 국자 휘젓는다"意思是用勺子搅滚开的汤。

由这众多的俗语来看，说明世界上这样的坏人还是比较多的，

或者说这种人是最让人痛恨的，因此就有了这么多俗语来批评或告诫这种行为。이어령(2003b：218-219)在分析此类行为时认为这种"恶"是人们活着的证据，让人感受到了生存的现实感，也就是说这些"恶"其实是人性之一，与功利性、伦理性的"恶"相比，韩国人的"恶"更多地表现为心理冲动。

火灾第六现象，火灾结束后多是一地的灰烬，因此有俗语"불난 끝은 있어도 물난 끝은 없다"，意为发生火灾时至少会留下一些东西，但发生水灾时，由于都被水冲走了，所以什么都不会留下，这个俗语也有相反结构的"물난 뒤끝은 없어도 불탄 끝은 있다"。

如上，通过这些俗语，我们可以来透视火灾发生时的各种场景与人物，这些俗语呈献给我们的是一幅世间百态图。

2.6.5 火发展成前缀

韩国语"불"的意义继续发展，并且失去了独立性，所以发展成了前缀，如：

(67) a. 불모래、불나방、불암소、불곰、불거미、불거지、
    불여우、불콩（王芳2013：54）
    b. 불걸음/불볕、불가물、불호령、불고집（王芳
    2013：63）
    c. 불악귀、불악당、불강도、불상년、불상놈、불쌍놈
    （王芳2013：126）

如上所示，"불"有三个前缀意义，第一个指红色的，主要与

动植物名词结合，具有命名意义，如(67a)，汉语"火"有时也有此意，如"火腿、火树银花、火狐"。"불"的第二个意义与一般名词结合，指非常快、强的，如(67b)；"불"的第三个意义主要与表人名词结合，意为非常毒辣的、非常贱的，如(67c)。汉语"火"没有第二、三个意义。

此外，韩国语现在还出现了新词"불수능"，指韩国高考入学考试非常难，用的是"불-"的第二个意义。反义词是"물수능、맹물 수능"。而"불수능"之所以与后两者成为反义词，也是"水火不容"这种思想的反映。

2.7 气、气流、气压

自然环境中的气可分为空气、气流，韩国语里空气为汉字词"공기(空氣)"，如(68a)，也指某个位置上弥漫着的气氛或氛围，如(68b)。而"공기가 팽팽하다"比喻气氛极度紧张。汉语"空气"也有此意义。另外，空气因为是无色无味的，所以汉语有"把……当空气"，比喻忽视、不重视某人，此时韩国语多用"투명인간으로 취급하다"来表达。

(68) a. 맑은 공기 清爽的空气

b. 왜 또 공기가 이래요?엄마 뭘 잘못했어?《빛나라 은수, 21회》家里氛围/空气怎么这样啊? 妈, 你做错事了吗?

韩国语里气流为"기류(氣流)",可比喻某事进行的趋势或氛围,如(69)。气流有冷暖之分,其中冷气流为"냉기류(冷氣流)",还比喻对立势力间的敌对氛围,如(70)。近义词"한류(寒流)"和反义词"난류01(暖流/煖流)"没有比喻意义。

气流有正常与异常之分,异常气流为"이상기류(異常氣流)",比喻异于平常的氛围,如(71)。异常气流中还有"난기류(亂氣流)",指方向与速度不规则的气流,也比喻无法预测、无法左右的局势,如(72)。其近义词"난류02(亂流)"没有比喻意义。

(69) a. '지금은 상황을 지켜볼 때'라는 게 청와대의 기류다.《동아일보, 2016.09.01》青瓦台的氛围是认为"现在还是需要观望的时候"。

b. 최근 정치권 기류에 변화의 조짐이 보이면서 부가세 인상 논의 자체를 금기시하는 것은 벗어나는 모습이다.《동아일보, 2016.10.22》最近政治圈的氛围出现了变化迹象,好像已经打破了以前那种禁止提及"增加附加税"的禁忌。

(70) 국정상황은 한동안 냉기류에 휩싸일 것으로 보인다.《동아일보, 2017.06.17》如此看来,国政情况要陷入一段时期的僵局了。

(71) LA 촬영 당시 전현무 한혜진의 이상 기류를 감지했다.《국제신문, 2018.03.03.》在洛杉矶拍摄时,当时感觉到了全炫茂韩惠珍之间的特殊氛围。

(72) 검찰 수사에 난기류가 흐르고 있다.《news1, 2017.12.28》检查部门办案遇到了难题。

与气流有关的还有气压，韩国语为"기압(氣壓)"，多用于"기압 주다、기압 받다"，如(73)，前者汉语可以译成"施压"，而后者一般需要意译，如"挨骂"。气压有高低之分，其中低气压韩国语为"저기압(低氣壓)"，经常比喻心情不好，如(74)。

(73) a. 지훈애미가 사돈처녀를 기압을 주고 난리가 났었나 봐.《아버님, 제가 모실게요, 31회》好像是志勋他妈对亲家姑娘施压，大闹了一场。

b. 그러니까 표정 풀어요. 네? 하루종일 기압 받던 나도 이러고 있잖아요.《아버님, 제가 모실게요, 31회》所以不要愁眉苦脸的了，好不好? 我今天挨了一天的骂，不也没愁眉苦脸，不是吗?

(74) a. 언니 지금 완전 저기압이야. 폭발 일보 직전이라구!《우리집 꿀단지, 35회》姐姐现在心情很不好，不小心就会爆发的。

b. 갑자기 저기압이네.《딴따라, 14회》怎么突然低气压了?

如上，韩国语里多用气、气流、气压来比喻空气氛围。

与气压有关，还有气压计，韩国语为"바로미터(barometer)"，也比喻测定事物水平或状态的基准，如(75)，近义词有"잣대、지표(指標)、척도(尺度)"，也就是说指标类、尺度类的东西都是基准。

(75) 한국 시장은 그 자체로 '얼리어답터'[10]이고, 세계 각국에
     서 만들어진 신제품의 성패를 가늠하는 바로미터 역할
     을 하고 있다.《동아일보, 2018.01.12》韩国市场本身
     就是"试验台"，是判断世界各国所生产的新产品成败的
     晴雨表。

2.8 风

风作为自然现象之一，关系到农业生产、渔业生产以及出行等
生活的方方面面，与人的生活息息相关，自古以来人们对风的观察
就非常仔细。不过由于中韩两国民族文化的不同，所以对风的认识
也就具有了民族性。

2.8.1 风的涵义

韩国语"바람"是多义词，有十个意义，具体如下：

[表3] "바람"的意义

	意义	例句	汉语
1	基本意义	바람에 촛불이 꺼지다. 风把蜡烛吹灭了。	风

10　"얼리어답터"是英语"early adopter"，意为先行者、早期使用者、早期采用者、
　　早期尝试者、早期接受者等。

2	往球或救生圈等里面放入的空气。	축구공에 바람을 가득 넣다. 给足球打满了气; 바퀴에서 바람이 샌다. 轮子漏气。	气
3	偷偷与其他异性建立关系。	이웃집 남자와 바람이 나다 和邻居男人出现暧昧/出轨。	暧昧、出轨
4	指社会上一时的流行、氛围或思想倾向。	자유화 바람 自由化思潮; 감원 바람 裁员之风; 서구화 바람이 불어닥치다 刮来了西化之风。	思潮、……之风
5	俗指"风病"。	바람이 도지다. 风病犯了。	风病
6	指夸张，将小事添枝加叶地说。	바람이 센 친구의 말이라 쉽게 믿어지지 않는다. 朋友好夸大其辞, 所以他的话很难令人相信。	吹牛
7	指容易成为他人批判的目标或容易受他人影响而不安定。	바람을 잘 타는 자리 容易招风的位置; 워낙 바람이 센 자리라 늘 불안하다. 因为这个位置本来就很招风, 所以很不放心。	招风、风头
8	指鼓动他人或使人精神散漫。	왜 얌전히 공부하는 아이에게 바람을 넣고 그러냐? 孩子正在安静地学习, 你来捣什么乱? /你鼓动他干什么? 그 애한테 사업하자구 니가 바람 넣었어?《그래 그런거야, 31회》你煽动那孩子一起做生意了吗?	煽动、煽风点火、鼓动、耳边风、枕边风、托儿
9	比喻按捺不住的心情或想法。	그 아이는 뱃속에 바람이 잔뜩 들었다. 那孩子一肚子的想法。	想法
10	非常快	바람처럼/같이 사라지다. 像一阵风似的消失了。	一阵风似的

"바람"各自不同的意义有不同的惯用表达，如用于第1个意义时，经常会说下面这样的话，如(76)，用来表示对别人异于平常的行为表示惊奇，汉语里也有"什么风把你吹来了?"表示对来往不密切的人突然登门表示惊奇。

(76) a. 갑자기 무슨 바람이 불었어? 这是刮得什么风啊?

b. 아까부터 들어와서 열나게 공부하고 있어. 무슨 바람
   이 불었는지.《왕가네 식구들, 17회》刚才回家后就
   一直学习，不知道刮起了什么风?

用于第3个意义时，多用"바람이 나다"，汉语多用"出轨、出现暧昧"等，其中"出轨"是交通用语的比喻意义，这种意义的产生源于两者在"脱离正常的方向"上具有相似性。而韩国语"바람"之所以产生这种意义，也源于风与花心的人都有"飘忽不定、不稳"等方面的相似性。与此意相关，还有"허파에 바람이 들다"，比喻行动不端。

用于第4个意义时，有惯用语"바람(이) 나가다"，指盛极一时的气势消失，如(77)，汉语里有类似的"泄了气的皮球"，但主要指个人没有了信心，所以与"바람(이) 나가다"无法对译。

(77) 창립 성원이 모두 빠지자 바람 나간 모임이 되어 버렸
    다. 创建公司的声援一消失，（我们的）聚会就成了无
    源之水。

用于第6个意义时，汉语多用"吹牛"，是与风有关的动作。不仅是固有词"바람"可表示吹牛之意，韩国语还有汉字词"허풍(虚风)"，如"허풍을 떨다、허풍쟁이"。此外还有"허풍선(虚风扇)"都与风有关。而英语"windy"也有吹牛、空谈之意。

用于第8个意义时，用的是动词"넣다"，背后隐含的是将人当做了一个容器，可以把什么想法等放进去、塞进去。汉语多用"鼓动"，另外还有较类似的"吹耳边风、吹枕边风"，虽然都不是直接用风来表达，但后者却是与风有关的动作。用于此意义时，还有

"바람 잡다、바람잡이"，指汉语的 "托儿"，如(78)。

(78) a. 너 옆에서 확실히 바람 잡고.《옥중화, 1회》你好好
地煽风点火。

b. 이모가 바람 잡은 거야. 이모가 노인을 꼬셔 일 만든
거야.《그래 그런거야, 41회》咱姨搞的鬼，肯定是
她哄着老人干的（要搬出去住）。

c. 서울선생님들이 전국적으로 유명하니까 바람잡이로
해 주는 거고.《혼술 남녀, 4회》首尔的老师全国有
名，所以（我们去上课）是去撑场面/当托儿。

d. 바람잡이 노릇을 하다 干的是托儿的事儿。

用于第9个意义时多与动词 "넣다、들다" 等结合，还有惯用语
"바람(을) 켜다" 指做不安分的事情。而从动词 "켜다" 去分析的
话，还会发现这个惯用语背后所隐藏的思想观念。"켜다" 的基本义
是打开，使……出来，其隐含意义是每个人都有不安分的想法，但
一般是隐藏不露的，所以这种想法显露出来，就成了 "바람(을) 켜
다"。

用于第10个意义时，比喻速度快，与汉语一致，汉语也用 "一
阵风似的" 来比喻快。

综合分析 "바람" 的十个意义，其中第3、6、7、8、9个意义都
是消极意义的，这些消极意义的产生是从风的特点引申出来的，因
为风虽然也有 "徐风、和风"，但风一般给人的特点是使尘土飞扬、
落叶纷飞，或者使花落枝残，并且大风过后是大雨来临，而这些现
象带给人的都是消极的感受，所以导致其意义多朝着消极的方向发
展。并且这种消极的意义还延续到了 "바람" 的依存名词意义中。

"바람"作依存名词时，指因某事而产生的气势，如(79ab)。"바람"还多以"-는 바람에"形式出现，也是气势之意的延续，但这种气势延续的结果是消极结果的出现，如(79c)，译成汉语多是"因为"等。

(79) a. 술 바람에 할 말을 다 했다. 借着酒劲该说的话都说了。

　　 b. 약 바람에 통증을 느끼지 못했다. 因为药劲没感到疼痛。

　　 c. 급히 먹는 바람에 체했다. 因为吃得急所以噎住了。

　　"바람"多用于表示服装的名词后面，以"바람으로"的形式表示穿着，如(80ab)，而这种穿着打扮多是不合常态的，隐含的是对这种打扮的不认同，而(80c)中虽然不认可之意很弱，但强调的也是一种非常态的打扮。

(80) a. 잠옷 바람으로 뛰어나가다 穿着睡衣跑出去。

　　 b. 속옷 바람으로 돌아다니다 穿着内衣到处逛。

　　 c. 어머니는 버선 바람으로 아들을 맞았다. 母亲光穿着袜子就跑出去迎接儿子了。

　　如上，可以发现韩国语"바람"的语义具有消极性，这反映的是韩国人对"风"这种自然现象的认识具有消极性。

2.8.2 风与帆船

在古代，由于长距离运输都依靠帆船，所以风是航行的至关重要的因素和条件，因此汉语里也有了"万事俱备只欠东风"类的表达，并且还有了"东风压倒西风""东风吹，战鼓擂"等具有革命色彩的表达。韩国语里的东风为"동풍(東風)"，但主要与农业生产有关，并且表达消极意义。

韩国语里与上义词"바람 风"有关的表达主要与航行有关。其中"바람 따라 돛을 단다[올린다]"有两个意义，而这两个意义的产生也是从具体的动作所引申出来的，首先，扯帆之前，要手搭眼帘看风向如何，即观望，因此根据这个特点产生了比喻意义，指没有一定的信念或主见，总是持观望态度，一会儿往东，一会儿往西，伺机跟随条件好的一方行动。与此意义类似的还有"바람세에 맞추어 돛을 단다"。

其次，观望之后则要按照风向看风势扯帆，因此产生了第二个比喻意义，指看准时机才能取得成果，也比喻人处事圆滑。还有"바람 부는 대로 돛을 단다"也比喻要顺应世间万物的发展趋势，类似的还有"바람 부는 대로 물결 치는 대로、바람 부는 대로 살다"，在实际应用中都是贬义。汉语里类似的有成语"见风使舵、看风使舵、随波逐流"，已经消失了最基本的意义，现在表达的多是贬义，比喻看势头或看别人的眼色行事，根据形势的变化而改变方向或态度，与"바람 따라 돛을 단다[올린다]"的第一个意义是一致的。

过去风向一般会根据船行方向来命名，如韩国语"순풍(順風)"可以指刮得很弱的风，也指与船行方向一致的风，与此相关有很多俗语，如"순풍에 돛을 단 배、순풍에 돛을 달다。"意思是顺着风向扯起帆来，船则行走得快，比喻事情按照自己的意愿进展顺利。而"순풍에 돛을 달고 뱃놀이한다"比喻在非常顺坦的环境中

舒舒服服地过安逸生活。

与船行方向相反的风称作"역풍(逆風)",也指逆着风向前行,也比喻事情没有按照所希望的那样发展,出现困难,如(81)。

(81) a. 저번에 조감주 영감께서도 무리한 균전제를 추천하셔 저들의 역풍을 맞은 거네.《옥중화, 37회》上次赵敢州大人提出了难以实行的均田制,所以遭到了他们的打击。

　　b. 우리가 역풍을 맞은 듯 싶습니다.《옥중화, 47회》我们好像被倒打了一闷棍。

"바람이 불어야 배가 가지"意为有风帆船才能前行,比喻只有时机成熟事情才有望成功,类似的还有"물이 가야[와야] 배가 오지"。相反意义的有"바람 부는 날 가루 팔러 가듯",其具体意义为天气不好刮大风时是无法把面粉摊开的,在这种天气里却去卖面粉,比喻办事看不准时机。

因为风对航船至关重要,所以船工们对风有特别的认识,并且产生了很多行业用语,如"마파람"是船工的隐语,指南风,义同"남풍(南風)、경풍(景風)、마풍(麻風)、앞바람、오풍(午風)"等。"마파람"中的"마"意为"南"和"前",也就是说韩国人以南方为前方,以北方为后方,这可能与韩国南北方向的半岛地形以及韩国是逐渐从北方向南发展起来的历史有关(박갑천 1995:106)。

与此相关有俗语"마파람에 게 눈 감추듯"比喻将食物快速吃掉的样子,而"마파람에 돼지 불알 놀듯"比喻不受任何束缚的人晃来晃去,无所事事的样子。

"늦바람"指晚上很晚刮的风,同义词有"만풍(晩風)";但对

船工来说，"늦바람"指刮得很慢的风。对一般人来说，"늦바람"还有比喻意义，指晚年花心或者谈恋爱，此时"바람"用的是"바람"的第八个意义。

2.8.3 风与季节

春天的风为"춘풍(春風)"，秋天的风为"추풍(秋風)"，有俗语"춘풍으로 남을 대하고 추풍으로 나를 대하라"，意思是对待他人要像春风一样温暖，对待自己要像秋风扫落叶一样严格。初夏刮的暖烘烘的风称作"훈풍(薰風)"，可用来比喻好的境况，如(82)，汉语一般用"顺风车"。

> (82) 경제도 … '3저 호황'의 훈풍을 타고 1980년대 내내 성장
> 률 두 자릿수를 오르내렸다. 《동아일보, 2016.12.31》
> 经济……也搭上了"三低(油价低、美元价值低、国际利
> 率低)"这一顺风车，20世纪八十年代一直保持着两位
> 数的增长率。

秋冬刮的风可称作"찬바람"，也比喻冷冷、阴森的气息或感觉，经常与"나다、돌다"等结合，如(83a)。另外还有惯用语"찬바람을 일으키다"指露出冷淡的态度，如(83b)。而"찬바람이 일다"指心情或氛围变得冷淡起来，如(83c)。汉语一般不用"寒风"类表达，而用触觉或心理感觉类的词语，如"冷冰冰、凄凉"等。

> (83) a. 그 후에 학교에 찾아가도 찬바람이 쌩쌩 불었단 말이
> 야. 《아이가 다섯, 9회》这之后再去学校找她，她都

冷冰冰的。

b. 그는 찬바람을 일으키며 상대편의 부탁을 거절했다.
他板着脸/阴沉着脸/冷冰冰地拒绝了对方的请求。

c. 공연히 찬바람이 이는 마음을 꾹꾹 눌러 지르면
서….《박경리, 토지》强忍着心头涌起的凄凉……

2.8.4 风与人的感受

"바람 맞다"指被风吹，被风吹的感觉一般不太舒服，所以
常用来比喻困苦，汉语也用"风吹日晒"来比喻受苦。韩国语还用
"바람도 타향에서 맞는 바람이 더 차고 시리다 风也是他乡的风更
寒冷刺骨"比喻同样的困苦与在自己家里经受相比，在他乡经受起
来更痛苦。汉语一般用"月是故乡圆"来表达在异乡的困苦和对家
乡的怀念。此外，"바람 맞다"在现代社会里还产生了另外一个意
义，即被人爽约，如(84)，汉语用"被放鸽子"。

(84) 공항까지 가다가 완전 바람만 맞고 왔다니까.《천상의
약속, 11회》到机场一趟却被放了鸽子。

即使是同样的风，开始刮的风给人的感受相对温和一些，造成
的灾害也会相对小一些。根据风的这种特点，"바람도 올바람이 낫
다"比喻反正要经历的困苦，还不如早早经历了好。刮风时不管刮
得怎样厉害，最后都会慢慢地停下来，根据风的这个特点，韩国语
"바람은 불다 불다 그친다"比喻对方不管怎样气急败坏地生气发
火，如果不管他，也就慢慢消气安静下来了。由于长时间刮大风可
用来象征艰难困苦，所以"바람은 불다 불다 그친다"还用来比喻

不管多么困难、危险的状况，过了一定的关口后自会消停。

根据人们的记忆规律，一般都会记住美好的东西，而会遗忘不好的事情，所以过去的苦难回想起来也不再是苦难，反而多会发展成美好的回忆，所以"바람도 지난 바람이 낫다"用来比喻不管是什么，人们感觉起来都是过去的东西更美好。

风还有风口和非风口之分，风口是比较危险的地方，所以汉语用"风口浪尖"来比喻处境危险。以前由于没有电灯，照明一般都是点油灯或蜡烛，这种照明方式在风面前是非常脆弱的，不知什么时候就被风刮灭了，因此"바람 앞의 등불"比喻处于非常危险的境地，而如果是放在风口上的油灯，那么可能就会更危险，因此"바람받이에 선 촛불"也比喻非常危险的境地。相反，汉字词"무풍지대(無風地帶)"是用无风来比喻安全、平稳的地方。

2.8.5 风声

除了一般自然界的风之外，有时老虎经过时也会风声大起，正因为这种对生活的敏锐观察，所以"바람 간 데 범 간다、범 간데 바람 간다"都用来比喻两个事物或现象关系密切。类似的还有"바늘 가는 데 실 간다"。而汉语多用"夫唱妻随、一唱一和、流水桃花、比翼双飞、寸草春晖"等来比喻关系密切。

风起、风过之时都会有风声，强风吹过时的声音，韩国语用副词"우"来表达，如(85a)。此外，"우"还可形容许多人一下子蜂拥到某个地方的样子，这是因为很多人动作迅速地行动时也会带起风声来，如(85b)。语义从听觉发展到了视觉，属于语义的通感。

(85) a. 지난 밤에는 태풍이 우 하는 소리에 잠을 제대로 못

잤다. 昨天晚上因为台风呼啸所以没睡好。

b. 문간에 앉았던 사람들이 우 일어나서 불청객을 못 들
어오게 막았다. 坐在门洞里的人们忽地站起身来拦
住了不速之客。

2.8.6 风的强度

风给人带来强烈感受的就是风的强度及破坏性，所以韩国语里
经常用风来比喻强大的气势以及带来的影响，如下表所示：

分类	具体意义	比喻意义	例句
돌풍 (突风)	突然刮起的大风	突然在社会上引起关注或给社会带来很大影响的现象。	월드컵에서 아프리카의 검은 돌풍이 드세다. 世界杯上刮起了来自非洲的黑色旋风。
급풍 (急风)	突然刮起的大风		삼성생명이 CI보험으로 급풍을 일으키자 …《한경비즈니스, 2004. 02. 25》三星生命因CI保险而引起反响……
선풍 (旋风)	旋风	比喻突然发生的足以撼动世界的事件。	현지에서 선풍적인 인기를 끌고 있다. 在当地引起了极大反响。
열풍 (烈风)	刮得非常凶、非常猛的风	比喻兴起的非常强大的气势或势头。	독서 열풍이 일다 出现读书热。선거 열풍이 불다 出现选举热。
태풍 (颱风)	台风	比喻冲击性的事情。	어차피 치러야 할 태풍이니까 정신 똑바로 차리고 맞서.《사랑이 오네요, 53회》反正是必须经历的台风，所以你要振作精神好好地迎战。

[表4] 与风有关的汉字词

如上表所示，韩国语里有"돌풍、급풍"，汉语有"急风"，但没有"突风"。并且韩国语的"돌풍"还比喻突然引起很大反响。

汉韩语里都有"旋风"，韩国语"선풍"可用于比喻，其派生词"선풍적(旋風的)"指突然发生的、给社会带来巨大影响或成为注目对象的，或者那样的东西或人，并且经常与"돌풍"一起使用，如"국산 사진기가 해외에서 선풍적인 인기를 모으며 돌풍을 일으키고 있다. 国产相机在海外市场获得爆发般的人气，引起了很大反响。"

汉韩语里都有"烈风"，但韩国语"열풍"有比喻意义。汉韩两种语言里还有"台风"，韩国语"태풍"虽然词典里没有标注比喻意义，但在日常生活中却经常用作比喻。

另外，汉韩语里的"진풍(陣風)、질풍(疾風)、설한풍(雪寒風)"等都指强风，但各自的侧重点不同，没有比喻意义。汉语"疾风"可用于"疾风知劲草"，具有比喻意义。

2.8.7 其他风

韩国语里，从外面刮进来的风叫做"외풍(歪風)"，如(86a)。从城市里刮来的风叫"도시풍(城市風)"，而具有现代气息的方式或模样，叫做"현대풍(現代風)"，如(86bc)。"헛바람"指刮得没有任何用处的风，也指不能有空气进入的地方反而有了空气，如(87a)；也可比喻因不切实际的事情白白地激动兴奋，如(87b)。

(86) a. 신도시 프로젝트도 외풍에 시달리겠네요.《불야성, 15회》新都市项目也会受到外来打击啊。
　　b. 현대풍의 그림 现代风格的画

c. 할머니는 나이에 비해 현대풍으로 옷을 입었다. 与年龄相比，奶奶穿衣服穿得比较现代。

(87) a. 무에 헛바람이 들다. 萝卜糠了。

b. 새로운 마음으로 우리 엄마, 오빠한테 잘하세요. 옛전처럼 헛바람 들어가지고 우리 엄마 속 썩이지 말라구요.《최고의 연인, 61회》要洗心革面好好对待咱妈、咱哥。不要像以前那样想三想四地让咱妈再为你操心。

　　韩国语里还有一种风叫作"댓바람"，有三个意义，第一个意义表示不犹豫、马上；第二个意义指一下子；第三意义指非常早的时间，前两个意义都与风速快这个特点有关，第三个意义是更加抽象的时间意义。

　　韩国语还有汉字词"광풍(狂風)"，比喻突然发生的可怕气势，如(88)，汉语不用"狂风"，而是用与水有关的"大潮"来表达。

(88) 60년대 말부터 일어난 공업화의 광풍으로 농촌의 인구는 점점 줄었다. 在始于60年代末的工业化大潮下，农村人口逐渐减少了。

2.9 雨

2.9.1 对下雨的认识

雨在韩国语里称作"비"，韩国人对雨的观察非常细致，具体可

分为雨前、下雨、雨具、淋雨、雨过天晴等五类内容。

2.9.1.1 雨前

下雨之前都是有征兆的，尤其是大雨来临之前，形容雨前征兆的韩国语惯用语为"비(가) 묻다"，如(89)，汉语用了"大雨压境"，韩国语用了动词"묻다 沾"。汉语里形容雨前征兆时还有"山雨欲来风满楼、乌云密布"等。

(89) 저 건너 갈미봉에 비가 묻어 들어온다…….《채만식, 태평천하》对面曷味峰上一片大雨压境之势。

下雨前的征兆除了去户外看云彩的变化、风的变化等来判断，也可通过其他动物、飞禽等来判断，如汉语就有"燕低飞、蛇过道、青蛙鸣叫、蚂蚁搬家"；此外，也可足不出户即可作出判断，而在韩国具有这种判读能力的往往不是男人，而多是女人。因为下雨前，气压降低，氧气减少，并且湿气加重，所以炉灶的火尤其是农村烧柴火的炉灶就很难点着，根据这种现象，女人就可以做出准确性较高的判断，要下雨了。所以韩国语俗语"비 오는 것은 밥 짓는 부엌에서 먼저 안다"意为女人首先知道要下雨了。此外还有"집 안에 연기 차면 비 올 징조"，意思是家里烟雾弥漫也是下雨的征兆，因为柴火发潮烟大。

与这个俗语相关，汉语有"天要下雨娘要嫁人"，有人认为这个谚语与民间传说朱耀宗及其母亲的事情有关。朱耀宗的母亲要改嫁，但由于儿子阻拦，所以母亲告诉朱耀宗说："明天你替我把裙子洗干净，一天一夜晒干。如果裙子晒干，我答应不改嫁；如果裙子不干，天意如此，你也不用再阻拦了。"这一天，晴空朗日，谁知当夜阴云密布，天明下起暴雨，裙子始终是湿漉漉的。朱耀宗心中叫苦不迭，知是天意。所以朱母如愿改嫁。联想到韩国语的俗语"女人最先知道天要下雨了"，笔者认为朱耀宗的母亲很聪明，她肯定是根据自己经验，猜到肯定会下雨，所以才敢与儿子打这样的赌，否则的话是不会轻易地将自己的改嫁问题付诸于天意的。

2.9.1.2 下雨

韩国语里下雨为"비 오다 雨来"，조현용(2017:19)认为这种表达与大多数语言里用"下雨"来表达不同，因为"비가 내리다 下雨"是一种客观描述，"비가 오다 雨来"是一种主观认识，并且韩国语里还有敬语结构的"비가 오시다"，说明韩国人对雨有一种敬畏意识。汉语虽然一般用"下雨"，但是也有"山雨欲来风满楼"的诗句，这里也用了"雨+来"的结构。

韩国语有惯用语结构"비 오듯"，第一个意义着眼于"雨从空中飞"这一形象，指飞来的箭或子弹非常多，如(90a)，"비 오듯"第二个意义着眼于"雨是由上而下的"这一形象，可比喻眼泪或汗珠一行行地淌下来，如(90b)。

(90) a. 도망을 치려야 앞에는 화살이 비 오듯 쏟아지고,뒤에
　　　 는 푸른 강이 가로질러 막았으니 뒤로 물러날 수도 없
　　　 었다.《박종화, 임진왜란》虽然想逃跑，但前面箭如
　　　 雨下，而后面一波碧水又拦住了去路，让人无法后
　　　 退。

　　 b. 슬픔이 치밀어 오르더니 눈물이 비 오듯 흘렀다. 悲
　　　 伤涌上心头，我不禁泪如雨下。

汉语"雨"也有这种搭配，如"箭如雨下、泪如雨下"，汉语还有"枪林弹雨、枪烟炮雨、硝云弹雨"或"泪下如雨、泣下如雨、涕零如雨、汗如雨下"类表达。由此可见，中韩两个民族在这种比喻意义上还是具有非常相近的思维方式的。

韩国语还有俗语"비 틈으로 빠져나가겠다 穿行于雨雾之中"，比喻行动或动作非常敏捷，而汉语多用"风驰电掣、迅雷不及掩耳之势、电光石火、眼明手捷、雷厉风行、流星赶月、大步流星、星驰电走、弩箭离弦、动如脱兔"等，没有与"雨"有关的表达。

2.9.1.3雨具

下雨时，经常会出现的场景就是外出时到处找雨具。作为雨具，现代社会有雨伞、雨衣或雨靴。马未都(2017(4):11, 17)曾对雨具做过研究，他发现中国人发明伞的历史可追溯到春秋时期，但是最早的伞并不是为了避雨，而是为了确认主人的位置，例如皇帝出行时都有宝伞跟随，通过伞就可以判断人的地位；作为唐代百科全书的唐诗，经常提到的雨具是蓑衣、斗笠，唯独找不到伞，伞的流行是宋代时期，《清明上河图》中据统计有42把伞。

韩国语里雨伞为"우산(雨傘)"，在俗语里也见不着它的身影。因为古代人都穿蓑衣戴斗笠。蓑衣在韩国语里叫作"도롱이、녹사의、발석、사의(蓑衣)"，斗笠为"삿갓"，此外还有"우립(雨笠)、갈삿갓"，有俗语"우립 만드는 동안에 날이 갠다"，意思是下雨才做雨帽就已经晚了，比喻凡事要提前准备。而汉语"未雨绸缪"是借下雨前修缮房屋来比喻提前做准备。

除了蓑衣和斗笠，古人还会穿一种鞋底很高的木屐，所以汉语里就有了古诗"蜡屐远来情得得，冷吟不尽兴悠悠(《红楼梦》三十八回)"。而韩国则有了俗语"비 오는 날 나막신 찾듯"，因为

如果下雨了却没有雨靴而要到处找，那么心情可想而知，所以用来比喻非常失望而到处找的样子。类似的还有"진날 나막신"，指雨雪天的雨鞋，比喻非常重要的东西或人，而"진날 나막신 찾듯"比喻平常连瞧都不瞧的东西，有事了才突然找。

2.9.1.4 淋雨

下雨时最经常出现的就是被雨淋。如果旗帜、衣服等东西或鸡、鸭等被雨淋了，就会风采尽失，很难看，有俗语"비 맞은 용대기 같다"，意思是样子如同画了龙像的高高大大的鲜艳旗帜被雨淋了，比喻某种东西皱皱巴巴、垂头丧气的样子，如果指人则比喻曾经不可一世的人变得无精打采。类似的俗语有"비 맞은 장닭 같다"，汉语为"落汤鸡"。而"비 오는 날 소꼬리 같다"意思是就像雨天的牛尾巴，比喻让人非常厌烦的东西。

如果人被雨淋了，一般情况下心情会变得很糟糕，有时还会嘟囔几句，如"这该死的雨、突然下什么雨啊"等等。古代社会由于雨具不发达，建筑稀疏，避雨的地方非常少，外出如果没有雨具则经常会淋雨，一般人都有长头发，感觉不会太难受，而和尚都是光头，所以韩国语里就有了俗语"비 맞은 중놈 중얼거리듯、비 맞은 중 담 모퉁이 돌아가는 소리"，都用来比喻用别人听不到的很低的声音嘟囔着说心里不满的话，如(91a)；有时还有一些变形用法，如(91bc)。

(91) a. 왜 비 맞은 중처럼 중얼거리고 서 있어?《아버님, 제가 모실게요, 17회》怎么站在那儿像淋了雨的和尚一样自言自语啊？
　　b. 왜 비 맞은 중처럼 궁시렁궁시렁거려요?《다시, 첫사

랑, 39회》 您怎么在这儿像淋了雨的和尚似的嘟嘟
囔囔啊?

c. 또 비 맞은 중마냥 그러지?《훈장 오순남, 2회》又像
淋了雨的和尚似的!

正因为下雨给人们的出行和日常生活带来很大不便，所以如
果在下雨前能够到家，就不会发生上面所举的各种情况，因此俗语
"비 오기 전에 집이다"意为下雨前就到家了，比喻提前准备好，
汉语也有"未雨绸缪"类的表达。汉语里，与家和雨同时有关的有
"屋漏偏遭连夜雨"，韩国语多用"어떻게 이렇게 나쁜 일들이 한
꺼번에 쏟아져?《최고의 연인, 47회》真是屋漏偏逢连阴雨啊。"

正因为淋雨给人的感觉不好，所以一般认为下雨天是不好的天
气，韩国语用"궂다"来表达，如(92a)；并且也比喻心情不好，如
(92b)。

(92) a. 마음도 심란한데 날씨마저 궂다. 心里烦得很，连天
气也这么差。

b. 남들이 먼저 이용하고 남아있는 땅을 가지고 좋
으니 궂으니 어떻게 말하겠는가. 《제주신보,
2018.01.23.》拿着别人挑剩下的地怎么能说好说坏
啊?

如上，在韩国文化里，下雨、淋雨所产生的联想意义一般都是
消极的。

2.9.1.5 雨过天晴

雨过天晴之后，会出现什么场景呢？一般会出现因雨而变得非常泥泞的土地随着时间的推移变干、变硬，所以俗语"비 온 뒤에 땅이 굳어진다"用来比喻经历风霜之后更坚强，而汉语多用"风雨过后是彩虹、不经历风雨哪会有彩虹"，如：

(93) 강일주 (처): 이런 당신한테 내가 그 동안 못되게 굴었던 것 생각하면 너무 미안하고 면목이 없어요. 你对我这么好，我却折磨得你够呛，想起来我就觉得对不起你，很没脸。

권무혁 (남편): 비 온 뒤 땅 굳잖아요. 우리 사랑이 깊어진 걸로 나 감동이에요.《최고의 연인, 47회》不是说风雨过后是彩虹吗？我很感动我们的爱也因此变得更深、更稳固了。

(94) 팀원1: 농산물 팀은 없어진다더니 강단이 덕분에 살아났네. 听说要取消农产品系，结果因为姜丹伊又被复活了。

팀원2: 잘 된 거죠. 비 온 뒤 땅 굳는다고 앞으로 좋은 활약을 기다릴게요.《별난 가족, 63회》太好了。风雨过后是彩虹，我们期待你大展身手。

(93)是夫妻两人的对话，听了妻子说的话后，丈夫用了上面的俗语。(94)是강단이辞职后又复职上班，员工鼓励她时用了上面的俗语。

从另一个角度来看，"비 온 뒤에 땅이 굳어진다"这个俗语之所以出现这种比喻意义，也与人们对"雨"的认识有关，因为"下

雨"除了能够提供水源之外，给人们的日常生活带来的多是不方便，有时甚至是危险，所以"雨"就自然变成了艰难险阻的象征。

韩国语"비"的这种象征意义不仅体现在俗语里，还出现在日常对话中，如(95)，是用"비 젖는 날"比喻挫折，日常口语中也会用"비 젖는다 淋雨"来比喻困难挫折。

(95) 사람이 살다 보면 넘어질 때도 있고 비 젖는 날도 있는
거지. 좌절할 때마다 다시 시작할 의지가 있어야 결국
성공할 수 있을 거라구.《우리집 꿀단지, 121회》人生
在世，有跌倒的时候，也有被雨淋湿的时候，遇到挫
折时，只要有重新开始的意志，最终还是会成功的。

2.9.2 多雨的特点

韩国语里关于"雨"的词语很多，并且可以分为多种类型，首先从大小分，可以分为(96a-d)四种，(96a)与(96b)的区别是雨持续的时间不同，(96c)与(96d)的不同在于是否有大风。(96e)指的是夜晚下的雨，而(96fg)是将雨与人的活动和心理感情联系了起来。这些丰富的表达说明雨在韩国人生活中占据了非常重要的位置。

(96) a. 안개비 雾雨 는개 蒙蒙细雨/毛毛细雨 이슬비 蒙蒙细
雨/毛毛细雨 가랑비、잔비 蒙蒙雨 실비 丝雨 보슬비
无风的日子下的蒙蒙雨 먼지잼 压尘小雨
b. 날비 突然下的小雨 웃비 阵雨 여우비 太阳雨
c. 굵은 비 大雨 채찍비、장대비、작달비、억수 倾盆大

雨/大雨如注

d. 비보라 狂风暴雨

e. 밤비 晚上下的雨 도둑비 夜里偷偷下的雨

f. 일비=봄비 让人干活的雨 잠비=여름비 催人睡觉的雨

　모종비 插秧雨 못비 插秧雨

g. 단비 喜雨、及时雨 꿀비 喜雨

　　韩国深受中国文化的影响，其中牛郎织女的故事产生了合成词"칠석물(七夕-)"，因为在七夕这一天牛郎织女见面自然少不了泪水。"칠석물"指牛郎和织女的眼泪，现在多指七夕这一天下的雨，而"칠석물(이) 지다"指七夕这一天下大雨、发大水。

　　以上各种雨中，经常用于比喻意义的有"억수[11]、소나기、단비、밤비"。

　　先看"억수"。如"억수가 퍼붓다/비가 억수같이 내린다. 雨倾盆而下""간밤에는 비가 억수로 내리부었다. 昨天晚上下了一场暴雨"，"억수"多与"같이、-로、처럼"等结合，所结合的动词多是"퍼붓다、내리다、내리붓다"等。在此基础上，"억수"还用来比喻流个不停的眼泪、鼻血，如(97a)；还比喻钱路畅通，如(97b)；还用于多种表达来比程度深，如(98)，对应的汉语大部分都是具有程度意义的形容词，如"多、快、非常、太、……无比、很多、真"，有时根据语境也与动词对应，如"照顾"。

　　(97) a. 억수같이 눈물을 흘려 통곡한다. 泪如雨下，失声痛
　　　　　哭。

---

b. 돈이 억수로 들어왔다. 钱路恒通/挣钱挣老了。

(98) a. 우리반 반장도 먹을 걸 억수로 갖다준대.《왕가네 식
구들, 17회》我们班班长说要给我带很多吃的。

b. 사람 억수로 많네요.《쾌걸 춘향, 14회》人非常多啊
/真是人山人海啊。

c. 억수로 컸네. 长得很快啊。

d. 억수로 예뻐졌네. 变得漂亮多了。

e. 억수로 싫다. 非常讨厌。

f. 억수로 좋겠다《그래 그런거야, 25회》那太好了。

g. 나는 다른 사람들이 뭐라고 해도 니가 억수로 자랑
스럽다.《별이 되어 빛나리, 120회》不管别人说什
么，我都为你感到自豪无比。

h. 단이가 오디 키운다고 고생은 억수로 했는데.《별난
가족, 7회》丹伊种桑葚吃了很多苦。

i. 지 몸 억수로 위해요. 억수로!《다시, 첫사랑, 47회》
她真是会照顾自己的身体啊。真会照顾啊。

如上"억수"的意义经历了主体从"雨"到"眼泪、鼻血、
钱"的变化，其主体已经从液体扩大到固体，还可扩大到其他具
体的物(98a)、人(98b)或者状态、程度(98c-i)，此时多与"-로"
结合。但是"억수로"是庆尚道方言，是方言的势力逐渐强大慢
慢走向标准语的典型例子，但是还没有被认作是标准语(조항범
2014:257)，所以韩国《표준국어대사전》并没有收录这一表达。

再看"소나기"。"소나기"指骤雨，也比喻突然喷下、发生或
降临的东西，如(99ab)，用于此义时，"소나기"所具有的核心意
义"雨"已消失，被凸显的是附属意义，即突然发生的、大量的等

意义；"소나기"也比喻爱情，如(99c)，韩国小说《소나기》(黃顺元)比喻的也是青春期的短暂爱情。汉语的"雷雨"相当于韩国语的"소나기"，但话剧《雷雨》(曹禺)中的雷雨比喻的是激烈的冲突、矛盾和悲剧。

> (99) a. 소나기 펀치를 퍼붓다 一阵乱捶
>   b. 포성은 여전히 정신없는 소나기가 되어… ≪박영한,
>   머나먼 송바 강≫炮声依旧震天……
>   c. 우리 지석이 이렇게 끝낼 거야. 어차피 잠깐 지나가는
>   소나길 거라고.《전생에 웬수들, 74회》我们智硕会
>   结束（这段爱情）的。只是一阵雷阵雨罢了。

与骤雨有关，韩国语里还有俗语"소나기 삼 형제"，因为骤雨多是下下停停，并且一般是三条水帘往下下雨，所以才产生了这样的比喻。

再看"단비"。这个词相当于汉语的"喜雨、及时雨"，但根据语境，也会有其他翻译，如(100)。

> (100) 일자리를 구하지 못하는 청년들에게는 단비와 같은 소
>   식이 될 것이다.《동아일보, 2017.06.08》对找不到工
>   作的年轻人来说，这个消息无疑是久旱逢甘霖啊。

此外，还有"밤비"，有俗语"밤비에 자란 사람"，意思是就像在黑暗中淋着夜雨长大的弱弱的植物一样，比喻没有开窍、笨拙并且纤弱的人。

上面分析的都是名词形式的雨，下面再看一个动词形式的雨。

下雨会形成水幕，韩国语为"빗발"，其动词词组"빗발치다"已经成为一个合成词，可以指雨下得很大，也可比喻某物像倾盆大雨一样掉下来，如(101)，此时还与具体事物有关，汉语里也有类似的比喻，如"水帘洞"，也是指水大像水幕。此外，"빗발치다"的意义越来越抽象，可用来指表达某种意愿的事情一直以强进的势头持续着，不停歇，如(102)。汉语里在表达类似意义时，多用"纷纷、纷至沓来、……不断、攻势、众多"等。

(101) 총탄이 빗발치는 전장 弹雨纷飞的战场

(102) a. 항의가 빗발치다 抗议不断

b. 비난과 질책이 빗발치다 批评和指责纷至沓来。

c. 제도를 개선해야 한다는 여론이 빗발치고 있다. 众多的舆论媒体呼吁要改善制度。

d. 사장실에서도 인터뷰 요청이 빗발친다면서요. 听说有很多人打电话要求采访社长。

e. 그는 보도진들의 빗발치는 질문에도 아무 말이 없었다. 面对采访人的问题攻势，他什么也没说。

f. 동네 사람들의 빗발치는 야유와 악담 속에서도 조금도 기가 죽지 않고 악을 썼다.《송기숙, 암태도》在小区人们众多的揶揄和恶意诋毁中，他一点也不气馁，反而更加努力。

g. 마트나 대형식당까지 풍길당 술을 전량 회수하라는 요구가 빗발치고 있습니다.《우리집 꿀단지, 82회》连超市、大型饭店也都纷纷要求冯吉堂全部回收自己的酒。

韩国语还有汉字词"폭주(暴注)",其本意是雨突然倾盆而至,也可比喻某事突然大量涌现让人难以招架,既可以用于积极意义(103a),也可用于消极意义(103b)。汉语"暴注"只用作病名,一般不用作比喻。

(103) a.기사 폭주 新闻暴增 업무량의 폭주 业务量大涨

　　　b. 항의가 폭주하다 抗议不断 민원이 폭주하다 不满越来越多

"억수、빗발치다"和"폭주"的语义变化其实也反映了韩国人借用具体事物来表达抽象思想的具象化思维,语义泛化也使这些词的语义实现强烈依赖前后语境,从而使语义具有了强语境性和模糊性。

2.9.3 "雨雪"与"风雨"

韩国人对"雪"的认识也与"雨"并无二致,因此俗语"비가 오나 눈이 오나"比喻不管有什么困难险阻,也一如既往地,如(104)。韩国语里还有俗语"어느 구름에 눈이 들며 어느 구름에 비가 들었나? 哪块云下雪? 哪块云下雨啊?"也是"눈"与"비"同时出现,比喻不知道未来的事情什么时候会变成什么样?

(104) 엄마 떡장사 하느라 눈이 오나 비가 오나 새벽까지 일하셨던 기억 안 났지.《최고의 연인, 60회》妈妈为了卖年糕,不管是刮风还是下雨,每天都干到凌晨,你都不记得了,是吧?

汉语里用自然现象来表示类似意义的有"不管刮风下雨、不管风吹浪打、不管风吹雨打、风雨同舟"等，而鲜用"不管是下雨还是下雪"，因为在中国人的思维方式里，"风雨、风浪"才是经常配对出现的自然现象，因为一般都是有风才会下大雨、起大浪，但"雨"与"雪"却没有经常一起出现的自然基础，即下雨时不一定非得下雪，下雪时不一定就有雨，虽然自然界中有时会出现"雨雪天气、雨夹雪"。

2.9.4 饮食与雨

上面的惯用语与俗语都是基于对雨的认识、对自然社会现象的普遍认识产生的比喻意义，虽然汉韩不能形成完全一致的对应，但也表现出了很大的相似性。不过，由于语言还深受文化的影响，所以在韩国语里也产生了很多特有的俗语。

韩国人家家户户都会腌制酱类，如豆瓣酱、辣椒酱等，所以一般在家里都有专门放置酱缸的地方，称作"장독대"。即使是现代社会，韩国人也会在自家的楼顶或阳台向阳的地方放置酱缸。而制作酱类时，讲究要打开盖子晒酱，尤其是在天气好的日子里，因为这样晒出来的酱味道好。

例如，电视剧《수상한 삼형제, 2회》中，婆婆전과자说："오늘 같은 좋은 날에는 장독 뚜껑 열어놔야지. 今天这种好天得把酱缸盖子打开啊。"当儿媳妇说自己打开时，婆婆又说道："저번에 니가 손대서 맛이 갔잖아. 장은 아무데나 뒤적거리면 못 써! 上次你动了，不是把酱都弄得不好吃了嘛？酱不能随便乱搅的！"[12]

12　中国人做酱时也发现经过三伏天风吹日晒的酱，色泽鲜亮、味甜，所以这种伏酱成

酱不能被雨淋，淋了雨，酱就坏了，所以下雨前一定要注意盖好酱缸的盖子。正因为韩国有这种悠久的历史和饮食文化，所以就有了俗语"비 오는 날 장독 덮었다(한다)"，意为下雨天我把酱缸盖上了。这种行为对一般有常识的韩国人来说是最正常不过的举动，但有人却把这件事当作自豪一样来炫耀，所以这个俗语的实际语用意义是用来嘲笑那些拿理所当然的事情来卖弄、吹嘘的人。因为在韩国人眼里，下雨天盖酱缸盖子是正常的行为，如果反而把酱缸盖子打开，那么就是异常无比了，所以俗语"비 오는 날 장독 열기"用来比喻不合常理的行为。

与此相关，韩国有一个故事，说金刚山一个姓卢的老太太想成为巫婆所以在山上做千日祈祷，结果有一天天上下雨，她突然想起出门的时候没有把酱缸盖子盖上，所以就下山回了家，结果没能实现愿望，只能继续做假巫婆(이규태 1983/2011(2):235)。由此可见，酱缸和下雨必须盖好酱缸盖子对韩国人来说是多么重要。

2.10 云、雾、雪、霜、冰雹、全天候

2.10.1 云

韩国语里云为"구름"，"구름 위를 걷다 在云上漫步"可表达心情，如(105)，这与"하늘을 날다"表达积极感情是一致的。

(105) 웃음이 절로 나와. 구름 위를 걷는 것 같애.《사랑이

了好东西。

오네요, 11회》不自觉地就笑出来了，就像脚踩云端一样（高兴）。

在世界很种语言里，如英语的"cloud"、西班牙语的"nube"、意大利语的"nugolo"等，这些语言里的"云"都具有一个共同的语义，即表示"多"(黄树先 2012:379)。汉语里则有"云集"，多用于"高手云集""当时的潮州，商贾云集"，用来表示人多的状态，也可表示动作，如(106)，但这时的处所名词多是比较大的地方。韩国语也有"구름같이 모여들다"指一下子聚集了很多人，如(107)，但汉语一般不译成"云集"，因为汉语"云集"一般不与广场搭配。韩国语也有汉字词"운집(雲集)"，也表示很多人聚在一起，如(108a)，韩国语还用"무집(霧集)"，如(108b)。

(106) 她们前赴后继地从五湖四海云集到北京。《北大中文语料库》

(107) 그 배우가 나타나자 광장에 사람들이 구름같이 모여들었다. 那个演员一出现，广场上就聚满了乌压压的一群人。

(108) a. 대통령 퇴진 요구 시위에 4만5000여 명의 시민이 운집했다.《조선닷컴, 2016.11.07》要求总统下台的示威活动中云集了4万5千多人。

b. 많은 사람이 광장에 무집해 있다. 很多人聚集到了广场上。

因为云高高地飘在天上，所以云就有了遥远之意，因此"구름장에 치부(했다)"意思是记在流动的云彩上，与汉语的"刻舟求

剑"意思相同，也比喻轻易地忘记所见所闻。韩国语还有"뜬구름"比喻世事虚幻，惯用语"구름(을) 잡다、뜬구름(을) 잡다"则指追逐那些很遥远或荒唐的事情，如(109)。韩国语还有俗语"바람 먹고 구름 똥 싼다"，指吃了没有任何形体的风之后，拉在空中漂浮的云屎，用来讽刺那些虚妄的行为。这里也反映了"云象征着荒唐、虚幻"这种思想。

> (109) a. 어느 세월에? 에이구! 애미나 딸년이나 그렇게 뜬구
>   름 잡고 앉아 있으니까 일이 이 모양이지.《우리집
>   꿀단지, 103회》猴年马月啊？哎吆，做娘的、做闺
>   女的都这样手抓浮云，所以事情才这个样子啊。
>   b. 뜬구름 잡는 소리 하지마. 우리 땅콩 좋아하는 장난
>   감도 못 사줄 형편인데 우리 땅콩 어떻게 행복하게
>   해 줄 건데.《우리집 꿀단지, 106회》不要说些没准
>   头的话了。我们的现状是连我们宝贝喜欢的玩具
>   都买不起，怎么让我们的宝贝幸福啊？[13]

因为云在天上，所以汉语"青云直上"比喻获得很高的职位或地位，韩国语汉字词"청운(青雲)"也比喻很高的地位或官职，惯用语"청운의 꿈"比喻想出世做官的梦想，如(110a)；而"청운의 뜻"比喻非常想出世做官的意愿，如(110b)。固有词"구름길"也比喻成名出世。

---

13 "땅콩"意为"花生"，剧中是孩子的乳名，所以笔者按照汉语的文化习惯，译成了
    "宝贝"。

(110) a. 청운의 꿈을 펴다 实现青云之志

　　　b. 청운의 뜻을 세우다 树立远大理想

　　除了青云，还有乌云，韩国语里用"먹구름"来表达，是"먹"与"구름"结合形成的合成词，如(111a)，"먹구름"也可比喻某种事情不好的状态，如(111b-e)。有时汉语也有"蒙上乌云""乌云密布"类的表达，如(111bc)，而在例句(111d)中，可以发现没有译成乌云，因为汉语没有"成为乌云"类表达。"먹구름"也可以比喻脸色不好，如例句(111e)，汉语可用"脸上乌云密布"，也用"脸色阴沉"。

(111) a. 먹구름에 가려진 하늘 被乌云遮蔽的天空

　　　b. 환율 불안정이 우리 경제에 먹구름을 드리우고 있다. 汇率不稳定给我们的经济蒙上了一层乌云。/汇率不稳定使我们的经济乌云密布。

　　　c. 우리집 명운에 먹구름을 드리운 사람은 누군데 양심이 있으면 그런 말 못해.《가족을 지켜라, 113회》是谁给我们家的命运蒙上了乌云啊? 如果还有良心的话，就不能说这种话。

　　　d. 그 심각한 문제가 우리의 장래에 먹구름이 되지 않도록 바라겠어요.《이병주, 행복어 사전》希望那个严重问题不会给我们的未来带来不利。

　　　e. 얼굴에 먹구름이 가득한 것이 작전이 성공한가?《당신은 선물, 2회》看她脸上乌云密布/脸色阴沉，难道是我的作战计划成功了?

与乌云相对的是白云，韩国语白云为"흰구름"，一般没有特殊的意义，不过与"먹구름"一起使用时可以比喻高兴的事情，如(112)。

(112)'흰구름 먹구름'…서울 뉴타운사업지 '희비'《EBN, 018.01.11》"白云和乌云"……首尔新城建设的"喜和忧"

如上，韩国人喜欢用"하늘을 날다""구름 위를 걷다"以及"먹구름"等云的状态来表达人的心情。

因为有云才有雨，对云雨的这种关系，韩国语用"구름 갈 제 비가 간다、구름이 자주 끼면 비가 온다"表达，如果没有云，一般也不会产生雨，所以就有了俗语"구름 없는 하늘에 비 올까"，比喻如果没有必要条件，就不会有结果。而"어느 구름에(서) 비가 올지"义同汉语的"不知哪块云彩下雨"，此外还比喻不知道将来会怎么样。

2.10.2 雾

韩国语里雾为固有词"안개"，它的几个惯用语都产生了比喻意义，其中"안개를 피우다"比喻采用巧妙的手段来隐藏某种事实，如(113a)。被动形式的"안개 속에 묻히다、안개에 싸이다"比喻事实或秘密没有大白于天下，如(113b)。

(113) a. 양편의 심중을 재빠르게 헤아리고 적당히 안개를 피울 줄 아는 홍이…《박경리, 토지》能够快速猜测双

方的想法并会适当地进行遮掩的洪……

　　b. 그가 죽음으로써 그에 대한 소문은 영원히 안개 속
　　　에 묻혔다. 随着他的死亡，与他相关的传闻则永远
　　　成了谜。

　　前面分析了"무집(霧集)"表示很多人聚在一起。而"무산(霧散)"，意为雾散了，可比喻就那样不了了之地取消了，如(114)。

　　(114) a. 계획이 무산되다 计划取消了。
　　　　 b. 손대는 업종마다 실패하거나 중간단계에 무산했습
　　　　　　니다.《사랑이 오네요, 58회》他插手的所有事业要
　　　　　　么失败，要么就是中途流产/泡汤。

2.10.3 雪

　　韩国语里雪为"눈"。韩国人对雪的认识从俗语里中可见一端，如"눈 온 뒤에는 거지가 빨래를 한다"，意思是下雪第二天天气很暖和，乞丐也可以洗衣服。因为乞丐一般只有一身衣服，平常是不洗衣服的，借此来强调天气暖和。雪具有易融化的特点，俗语"눈을 져다가 우물을 판다"意为把雪堆在一起放置一旁，雪就会变为水，但是却在那儿又挖坑取水，比喻办事很迟钝、死脑筋。

　　韩国人还用雪来比喻困境，如"눈 먹던 토끼 얼음 먹던 토끼가 제각각、눈 집어 먹은 토끼 다르고 얼음 집어 먹은 토끼 다르다"，意思是吃雪长大的兔子和吃冰长大的兔子不同，比喻能力或思想因自己的生长环境不同而不同。这里分别用"눈、얼음"来比喻恶劣环境。这种思想还表现在俗语"쥐구멍에도 눈이 든다"中，意思

是老鼠洞也会进去雪，比喻不论是谁都免不了遭受不幸，就是老鼠洞也无法幸免。

"눈 와야 솔이 푸른 줄 안다"意为下雪才知道松树是青色的，即只有经历困境才能使人认识到自己的价值。汉语也有"大雪压松松更青"的表达，此外，陈毅元帅还写过一首题为《青松》的诗，为"大雪压青松，青松挺且直。要知松高洁，待到雪化时"。可见中韩两国人对雪和青松的联想是一致的。

正因为韩国人对雪有这种消极的联想意义，所以"눈덩이"也被用来比喻消极的东西，如(115a)。有时雪也被用来比喻清廉、纯洁，如(115b)。

(115) a. 당신이 치러야 할 죄값도 눈덩이처럼 불어날 거
야.《달콤한 원수, 73회》你要付出的代价也会像滚雪球那样越来越大的。

b. 정우야, 니 아버지가 눈처럼 깨끗하다고 착각하는
것 아니겠지.《다시, 첫사랑, 42회》正宇，你该不会错认为你父亲非常清廉干净吧?

韩国语里初雪为"첫눈"，也可称作"초설(初雪)"，在日常生活中，韩国人认为如果异性在下初雪的日子见面预示着爱情会成功，如电视剧《수상한 삼형제, 16회》中金이상与주어영就约好:

(116) 우리 첫눈 오면 꼭 만나자. 下第一场雪时，我们一定
要见面。

下雪的季节是冬季，冬季又分为小寒与大寒，与大寒相比，小

寒更冷[14]，俗语 "대한이 소한의 집에 가서 얼어 죽는다、소한의 얼음 대한에 녹는다、추운 소한은 있어도 추운 대한은 없다、춥지 않은 소한 없고 추운 대한 없다" 等反映的都是这一气候现象。大寒结束后就是阳春三月，所以俗语 "대한 끝에 양춘이 있다" 比喻艰难困苦过后迎来好时候、好事情，也比喻三十年风水轮流转。

2.10.4 霜

韩国语霜为 "서리"，在韩国人眼里，霜的突出特征是白色，所以 "서리 같은 칼[칼날]" 意为刀刃锋利，像寒霜一样白光闪闪。而 "서리(가) 내리다[앉다]、서리(를) 이다" 意思是头发花白，如(117)。类似的还有 "서릿발"，指地里的水结冰而突出形成的柱子一样的东西或那种气势，惯用语 "서릿발(을) 이다" 与 "서리(를) 이다" 同义，比喻头发花白，如(118a)。"서릿발" 还比喻牙齿雪白，如(118b)。

(117) 사십 대에 접어드니 내 머리에도 서리가 내리기 시작했다. 一过四十，我的头发也开始变白了。

---

14 据天气网2016年01月06日题为 "小寒冷还是大寒冷" 的报道称: 据2015年统计，对全国120个城市(地区)有气象记录以来小寒与大寒的气温进行统计对比，结果显示: 61%的地区，小寒时更冷;32%的地区，大寒更冷;另有7%地区，为基本持平(即小寒和大寒当日的气温差距小于0.1℃)。即使在二十四节气起源的黄河中下游地区，也是小寒之冷不亚于大寒。"冷在三九" 的隆冬 "三九" 基本上处于小寒节气内。对南方和北方进行分类统计发现，南方地区普遍是小寒时更冷的，占到77%;大寒更冷的，占13%。北方地区小寒更冷的占比为45%，大寒更冷的占比50%。因此在北方，大寒之冷略胜出。

(118) a. 유학을 마치고 돌아와 보니 부모님은 어느새 머리에
서릿발을 이고 계셨다. 留学归来，发现父母头顶上
已是一片花白。

b. 눈썹은 우아하고 눈은 가늘고, 웃을 때는 서릿발같
이 희고 가지런한 이를 보이곤 하였다.《김동리,등
신불》眼眉很优雅，眼睛细长，一笑就露出一排又
白又整齐的牙齿。

下霜的时候是秋末冬初，所以霜给人以寒冷之意，韩国语里与
霜有关的表达也都有了相关的比喻意义，其中，"서릿발(이) 치다/
서다"意为结霜，也比喻气势非常威严、让人害怕，如(119a)。有时
也用"서릿발 같다"，如(119b)。韩国语还有"상위(霜威)"，指下
霜后寒气重，也比喻威严的气势或权威。而"풍상(風霜)"也比喻过
多地经受了世上的困苦，如(120)。

(119) a. 서릿발이 서서 호통을 치다 声色俱厉地批评

b. 회장님 성품이 서릿발 같아서 고생 많이 하셨어요.
선호 어머니 되니까 사셨지요. 다른 사람이면 어림도
없으셨어요.《달콤한 원수, 111회》会长性情很严
厉，（善浩妈）她受了很多苦啊。也就是善浩妈，
才能这样忍下来，要是其他人，绝对受不了的。

(120) a. 전쟁의 풍상에 시달리다 经受战争风霜的折磨。

b. 눈 위에 서리 친다 雪上加霜

"서리(를) 맞다"指因权力或残暴的力量而受到沉重打击和损
失，如(121)。而"서리 맞은 구렁이[병아리] 霜打的蟒蛇/小鸡"

比喻行动迟缓无力的人，也比喻失去势力和所有希望的人。晚秋的浓霜为"된서리"，比喻残酷的灾难或打击，如(122a)。惯用语"된서리를 맞다"也有此比喻意义，如(122b)。

(121) 이번 세무 감사로 그 회사는 크게 서리를 맞았다. 那家公司因这次的税务检查而元气大伤。

(122) a. 부정을 일삼던 관리들에게 된서리가 내렸다. 给一贯贪污腐败的官吏以严重打击。

b. 노래방들이 된서리를 맞고 있다. 《문화일보, 2006.11.08》卡拉OK厅受到了重创。

与霜有关，中国有一个典故，战国时人邹衍对燕惠王忠心耿耿，燕惠王却听信谗言把他囚禁了。他入狱时仰天大哭，当时正当夏天，竟然下起霜来，所以后来就用"六月飞霜"来表示冤狱。而《窦娥冤》中则有"六月飞雪"，如"你道是暑气暄，不是那下雪天；岂不闻飞霜六月因邹衍？若果有一腔怨气喷如火，定要感的六出冰花滚似绵，免著我尸骸现；要什麽素车白马，断送出古陌荒阡！"与此相关，韩国语有"여자가 한을 품으면 오뉴월에도 서리가 내린다"，意为女人含冤，六月飞霜，此俗语经常用于日常生活，如(123)。

(123) 여자가 한을 품으면 오뉴월에 서리가 내린다. 언니도 서리가 내리는 광경을 봤어야 했다. 《내 사위의 여자, 69회》女人含冤六月飞霜，姐姐你要是看到下霜的样子就好了。

由此可见，韩国语的俗语应该是受汉语"六月飞霜、六月飞雪"的影响而产生的。

2.10.5 冰雹

下雨时，雨滴突然遇到冷空气会结冰成为冰雹，韩国语为"우박01(雨雹)"，有惯用语"우박(이) 치다"，指冰雹乱飞，也比喻子弹、炮弹等纷纷而至，如(124)，汉语有时也用"冰雹"来比喻。

(124) 적의 기총 소사로 탄알이 우박 치듯이 아군의 진지 속
으로 떨어졌다. 因为敌方用机关枪扫射，子弹像冰雹
一样纷纷落在了我方阵地上。

2.10.6 全天候

"全天候"是航天用语，后来语义逐渐扩大，指适于各种天气的，各种天气条件下都适用、都有效或都可运行的。韩国语"전천후(全天候)"与汉语"全天候"可形成对应，如(125a)，但韩国语"전천후"有时也用于否定意义，因为汉语"全天候"是中性词，所以此时可译成具有贬义的"万金油"，如(125b)。

(125) a. 전천후 스키장/선수/사무실 全天候滑雪场/选手/办
公室
b. 안정 기조를 유지하면서 적정 성장을 회복하는 것
이 경제 정책의 핵심 과제라는 이 부총리의 보고는
어느 누구도 마다하지 않을 전천후 정답이다. 李副

总理报告所说的在维持安定的情况下，恢复一定的增长是经济政策的核心课题，这是"万金油"似的正确答案，谁也不会不同意。

2.11 水

自古以来中华思想就认为水是万物之源，所以汉语有"一方水土养一方人"类的表达，表达的就是"水"和"土地"的源泉之意，也深刻地说明了地理环境对人的影响。代表性的水就是河流，正像奥莫亨德罗(2017:20)所说，"河流在各种文化里都被赋予了重要意义，但其中的异同之处同样引人探究。"中国人称民族的发祥地黄河为"母亲河"，而韩国人称同样重要的汉江为"젖줄"，由此可见在两种文化中，与河流、水有关的语言表达具有各自的文化特殊性。[15]

本小节将主要以韩国语水的涵义、水的性质、水的分类、对水的利用、落水事故等为中心分析各种语言表达，借此探讨水在韩国文化中的重要意义，在此基础上，兼论与中国文化的不同。

---

15 汉语广州方言里"水"对广州人有重要意义，被寓意为"财"，因为广州临近江海，港口贸易悠久，并且过去这个地区经商都多走水路，因此受经济形式的影响，"水"具有了特殊的文化意义，也出现了许多表达钱财意义的"水族词"，如"傍水(给钱)""油水(额外利益)""放水(私下给别人方便)""水鱼(容易上当的有钱人)""猪笼入水(财源广进)"。(李新梅 2016:190)

2.11.1 水的涵义

韩国语的水为"물",有五个意义,如下表所示:

[表5] "물" 的意义

意义	例句	汉语
1	自然界的江、河、湖泊、大海、地下水等形态的液体		水
2	统称江河湖泊		水
3	潮水	물이 오르다 涨潮	潮水
4	饮料或酒	물장사하는 사람 卖酒的人; 내 비록 물 팔아 먹고살지만 이것만은 도저히 용납할 수 없다. 我虽然是开酒馆的,但这个却实在是无法容忍。	酒
5	经验或影响	사회 물을 먹다 混社会; 서울 물이 들어 아주 멋쟁이가 되었다. 受首尔水土影响变成了帅哥; 우리 영광이가 아무리 미란노에 가서 외국물을 좀 먹었다고 해도《최고의 연인, 84회》我们荣光虽然去米兰喝了点"洋水"; 한국 물/미국물/농촌 물 먹었다. 在韩国/美国/农村待过。	

俗语"낯 설고 물 설다、산 설고 물 설다"中的"물"一般是第二个意义,是用江河湖泊的不熟悉来比喻是他乡,由此可见,水对韩国人的重要性。失去了的东西,才知道珍贵,这是人的共性,这种感情可以用俗语"물을 떠난 고기가 물을 그리워한다"来表达,也是用"물"来比喻故乡和国家,比喻离开了自己的故乡或国家,才会更加想念故乡或祖国。

"물"用于第五个意义时,表示影响,多与动词"먹다"结合,这种意义和用法与汉语的"一方水土养一方人"是一致的,反

映的是"水是万物之源"的思想，汉语的"水土"也说明土地对中国文化的重要，而韩国语里用水来比喻影响，反映的则是水在韩国文化中无比重要的位置。

除动词"먹다"之外，"물"还与其他动词结合。在一个地方呆得时间长了，自然所受影响就会变大，所以惯用语"물(이) 젖다"指受到某种生活的深重影响，如(126)。

(126) a. 낡은 인습에 물이 젖다 被旧习所侵蚀

　　　b. 친구는 외국 생활에 물이 젖어 식사도 외국식으로 한다. 朋友受外国生活的影响，连吃饭也都是外国式的。

在某地生活还被韩国人视作一种游戏，所以韩国语还有"같은 물에 놀다"，意为在相同的环境里生活，干相同的事，如(127a)，反义表达是"노는 물이 다르다"，指生活圈子不同，如(127bc)，是用"玩的水不同"来比喻"路不同"，韩国语用水，汉语用路，所反映的分别是水文化、陆地文化。

(127) a. 우리는 어려서부터 같은 물에 놀던 처지라 서로를 잘 안다. 我们从小一起长大彼此很熟悉。

　　　b. 우리 주라 공부하기로 마음 먹었으니까 건들지 말아. 니들이랑 노는 물이 달라. 노는 물이.《쫌나게 살거야, 45회》我们侏罗已经定下心来学习了，你们不要来惹他。他和你们不是一路人，路不一样。

　　　c. 노는 물이 다른데 같은 사람일 리가 없지.《미워도 사랑해, 5회》我们生活圈子不同，你和那个人不可

能是同一个人啊。

　　韩国人的这种"水文化"还形成了众多与"물"相关的合成词。其中"큰물"除了指具体的大水之外，还比喻人活动的广阔舞台或地方，多用于"큰물에서 놀다"结构，意为见大世面，如(128)。俗语"큰물에 큰 고기 논다"比喻活动舞台大了才会有大人物云集，而自己也能有大的发展。

(128) a. 사람은 큰물에서 놀아야 되는 법이지.《아이가 다섯, 2회》人要见大世面才行。

　　　b. 역시 사람은 큰 물에서 노는 사람을 만아야 물방울이라도 튀겨 맞는 거야.《최고의 연인, 33회》所以人要交往见过大世面的人，这样才会沾上哪怕是小水珠大的光啊。

　　"큰물"具体而言可有"도시물(都市-)、도회지물(都會地-)、외국물(外國-)、유학물(留學-)、대학물"，如(129ab)。表示职业的还有"의사물 먹다"，指医生，"관물을 먹다、관청 물(을) 먹다"指过公职生活，"관물을 들다"指在公务员生活中受到官僚主义的影响。表示上学时有时也用"먹물"，如(129c)，汉语里有"洋墨水、喝了几瓶子墨水、肚里有"等表达。

(129) a. 도시물이 들다 受大城市的影响

　　　b. 어떻게 그렇게 기본적인 것 몰라. 대학 물까지 먹었던 애가.《왕가네 식구들, 41회》怎么连这种基本的常识都不知道，一个上过大学的人。

c. 니가 먹물 좀 먹었다고 일리 있는 말을 가뭄에 콩 나
듯이 하네.《우리집 꿀단지, 9회》你多少喝了点墨
水，所以偶尔也能说出点有道理的话来啊。

2.11.2 水的性质

2.11.2.1 无色、无味、洁净

关于水的性质，一般定义为无色无味，但韩国语有"물 퍼런
것도 잘 보면 여러 가지라"，意为即使看起来是绿水，但仔细看
的话，也有几种不同的颜色，之所以出现这样的俗语，是因为这里
的"물"指的是湖水或海水，比喻即使看起来很相像，但仔细看的
话，却没有完全相同的东西。这反映的是一种微观和全面思维。

韩国人主要是利用水无味的性质来比喻人，因此产生了很多俗
语，如下表所示：

[表6] 与水的性质有关的俗语

	俗语	意义
1	물도 씻어 먹을 사람	比喻心灵与行动非常干净、无一丝瑕疵的人。
2	물에 물 탄 것 같다	没任何味道
3	술에 물 탄 이 술에 물 탄 것 같다 술에 술 탄 이	比喻性格或品行不温不火，不聪明的人。
4	물 탄 꾀가 전(全)꾀를 속이려 한다	用小伎俩来毁掉整个计谋，比喻愚钝的人反而想骗伶俐的人。
5	물에 물 탄 듯 술에 술 탄 듯 술에 술 탄 듯 물에 물 탄 듯	比喻没有主见或主心骨，言语或行动不分明；比喻不管怎样加工也不会改变本色。

如上，这些俗语都是根据水无色无味、洁净的性质来比喻人或事物。其中俗语1用连水都要洗洗再喝来比喻人没有瑕疵，是积极意义。剩下的2-5组俗语都是利用水无味这个特点来比喻事物或人。俗语2用水掺水来比喻食物没有味道。但第3组俗语是借酒里掺水、酒里掺酒来比喻人的性格，即不温不火、不聪明。第4组俗语也是用掺水来比喻人愚钝、不聪明。第5是用对称结构的俗语来比喻人性格不分明、没主见，当然也有一个积极意义，指不改变本色。

韩国语还有词语"맹물、맹물단지"，指什么也没有掺的水，形容人时，比喻做事不成熟的软蛋，如(130)，"맹물"还可用于"맹물같은 소리"，指没有实际内容的话，表达的都是消极意义。

(130) 어쩜 이 집에 얼신거리는 사내는 죄다 너같은 맹물이야?《우리집 꿀단지, 37회》这个家里来来往往的男人怎么都是你这样的软蛋啊？

从2-5组的俗语意义以及"맹물、맹물단지"的相关表达可以发现如下现象:首先，因为韩国人喜欢刺激性食物，所以味道"淡"一般具有消极意义; 其次，在韩国人思维里隐藏着"人要有性格"这种思想; 第三，韩国人思维里还隐藏着"没有性格即不聪明"这种思想，所以在韩国社会急性子并不是缺点，没性子才是真正的缺点，因为意味着不聪明。正因为韩国人有这样的思维，所以在汉语里是贬义词的"당돌하다(唐突--)"在韩国语里才会产生"聪明"意，在韩国这样重视长辈、权威和关系的文化背景下，才会出现看起来极其"不合时宜"的"뺍치다"类表达[16]。

16　详见作者的《韩国文化语言学综论》。

2.11.2.2 柔软

因为水是液体，柔软无比，所以"물로 보다"意为看不起人或轻视人，如(131)。

> (131) a. 나를 물로 보지 않은 다음에야 어떻게 이렇게 소홀
>   하게 대접할 수가 있어? 如果不是看不起我，又怎
>   能这样薄待我啊?
>   b. 니들이 한아정을 물로 봤나 본데 각오하는 게 좋을
>   거야. 《최고의 연인, 67회》你们也太小看我韩雅静
>   了，最好小心一点。

根据这种意义，所以也出现了"물수능、맹물수능"，是用水来比喻考试难度小，用柔软的东西来比喻事物时，有时产生的是消极意义，有时也会产生积极意义。

由于水是液体，所以在水上写东西是不会留下痕迹的，所以"물 위에 수결(手決)같다"意为没有任何的效力或结果。这与汉语的"刻舟求剑"有相似之处，两者强调的都是水是流动之物，在这之上所做的事情都是无效、无用的。

由于水是液体，随地形的变化而变化，所以遇到拐弯的地方也会随着拐弯，并且转弯处是峰回路转之处，所以汉语有"山不转水转"，而韩国语有"물도 가다 구비를 친다"，除了指字面意义外，还比喻人的一生肯定会有时来运转的时候。

2.11.2.3 万物之源

水都是有源头的，所以"물은 근원이 없어지면 끊어지고 나무는 뿌리가 없어지면 죽는다"意为不论是什么事物，如果没有了根

本就不可能存在。但同时水又是万物之源，人的身体里水占了55%，如果人身体没有了水，那么就会"물(이) 내리다"，比喻因没力气或因没了目标和生活的意义而失去生机。

对水中的鱼来说，水更是不可或缺的东西，汉语有"如鱼得水"，韩国语有"물 만난[얻은] 고기"，比喻摆脱困难处境可以大展身手的情况，如(132)。如果鱼没了水，结果可想而知，所以"물 밖에 난 고기"有两个意义，第一个比喻所处的处境不允许发挥自己能力的人，也比喻命运已定无法摆脱，类似的还有"뭍에 오른 고기"，也有以上两个意义。

> (132) a. 떠나기 직전 갈승환 씨는 물 만난 고기처럼 희색이
> 만면하여 설치어 대었다. 《이호철, 남에서 온 사람
> 들》在离开之前，葛成焕就像鱼儿遇到水一样，满
> 面笑容，激动不已。
> b. 여기서는 찍소리도 못하면서 거기서는 아주 물 만
> 난 고기더라니까요…다들 자기 편이다 그거죠. 《빛
> 나라 은수, 112회》在（婆家）这里她连个屁都不
> 敢放，但到了（娘家）那儿她却像鱼见了水似的
> （张狂）……还不是觉得所有人都是她一伙的。

对大雁来说，水也是非常重要的东西，所以"물 없는 기러기"比喻没有任何用处和意义的处境，类似的还有"날개 없는 봉황"。而如果大雁看到水，蝴蝶看到花，那么心情肯定很好，所以"물 본 기러기 꽃 본 나비"意为终于实现向往的事情而得意洋洋，也比喻为心仪的异性倾心。反过来，如果大雁发现了自己日思夜想的水，会就此止步吗？答案当然是否定的，所以反问句形式的

俗语"물 본 기러기 산 넘어가랴、꽃 본 나비 담 넘어가랴"都用来比喻无法把眼前的、日思夜想的人放走。即使是遇到任何艰难险阻，也不会罢休，所以俗语"물 본 기러기 어옹을 두려워하랴"意为看到水高兴不已而径直飞上前来的大雁还会害怕捉鱼人吗？比喻遇到好事时不顾前后而行动。

　　大雁见到水会优美地飞过去，而鸭子见了水也会急匆匆地奔过去，所以就有了俗语"물 만난 오리 걸음"，但由于鸭子挪动着两条短腿奔跑的样子比较难看，所以这个俗语也比喻急匆匆地挪动双腿奔跑的丑样。燕子也多出现于水上，因此燕子与水也有了不解之缘，如"물 찬 제비"意思是像掠水而去的燕子一样，比喻身材非常利索、匀称的人，如（133a）；也可比喻动作敏捷、干净利落，如（133b）。韩国语"제비"本身含有贬义，如（133c），相当于汉语的"鸭子"。

　　　　(133) a. 신부는 얼굴이 보름달 같고 몸매는 물 찬 제비 같았
　　　　　　　　다. 新娘子脸如圆月，身如掠水而去的娇燕。
　　　　　　　b. 물 찬 제비같이 수비수를 제치고 공을 몰다. 他像矫
　　　　　　　　健的飞燕一样躲开防守队员开始运球。
　　　　　　　c. 너 이미 제비 됐어.《그래 그런거야, 31회》你小子
　　　　　　　　（被她看）成鸭子了。

　　如上，韩国人借助大量的俗语强调了水对人、鱼、大雁等生物的重要性，此外，还借助鸭子见了水、燕子在水上飞来比喻人的身姿。

2.11.2.4 水是流动的
　　水需要流动，如果不流动就成了死水一潭，"물은 흘러야 썩

지 않는다、흐르는 물은 썩지 않는다"两个俗语都意为流水不腐户枢不蠹。而"물이 가야[와야] 배가 오지、바람이 불어야 배가 가지"分别意为有水或者有风船才前行。"물은 트는 대로 흐른다"意为水想让它往哪儿流，它就往哪儿流，而人则是教什么样成什么样，事情是推进成什么样就是什么样。正因为水是流动的，所以才有了"智者乐水"之说，因为智者头脑里像一条流动的河，需要不停地思考(马未都 2017(4)：90)。

因为韩国地势的影响，河川的上下游落差较大，流速较大，扔进东西马上就会被冲走，所以韩国语里有了合成词"흘려보내다"，意思是任凭流走，如(134a)，此时汉语也用与水有关的"流逝"，但韩国语是动宾结构，而汉语是主谓结构，"흘려보내다"还指不注意听，如(134b)，汉语一般不用"流逝"。

(134) a. 세월을 흘려보내다. 岁月流逝
     b. 나는 그들의 지저분한 잡소리를 한쪽 귀로 흘려보
       냈다. 对他们之间所说的难听话，我充耳不闻/一只
       耳朵进，一只耳朵出。

另外，韩国语还有惯用语"물 흐르듯"，比喻顺畅，如(135)，汉语多用"行云流水"。因为水是自上而下流来的，源头的水清澈，下面的水才不会脏，因此"윗물이 맑아야 아랫물이 맑다"比喻上梁不正下梁歪，如(136)，同样的道理，韩国人用水来表达，而中国人用建筑构件来表达。

(135) 배우들은 일인다역을 물 흐르듯 소화했다.《동아일보,
2018.01.12》演员们一人多个角色，饰演得如行云流
水。

(136) 윗물이 맑아야 아랫물이 맑은데 대표님께서 매일 술
드시니까 세란이도 따라하는 것 아니겠어요.《최고
의 연인, 83회》都说上梁不正下梁歪，代表您天天喝
酒，所以世兰才跟着学的，不是吗?

虽然水是流动的，但浅滩却是不动的，所以"물은 흘러도 여
울은 여울대로 있다"意为不论世间万物如何变化，但也有不变的东
西，是用水和浅滩作对比，而汉语类似的有"铁打的营盘，流水的
兵"，是用铁和流水、营盘和兵来作对比。

孔子曰"逝者如斯夫，不舍昼夜"，这句话比喻时光不会倒流。
而如果是水，逝去了也一般不会再流回来。所以韩国语"물 건너가
다"比喻事情已经结束无法采取任何措施，汉语多用"没戏了、过
去式、成泡影、泡汤"等来表达，如(137)。俗语"물 건너온 범"
比喻气焰被打下去的人。

(137) a. 너 아름하고 백강호 결혼한다고 힘 좀 얻었나 본데
그건 물 건너갔어.《최고의 연인, 86회》看来你是
因为雅凛要与白江浩结婚才得意洋洋的，但那事已
经没戏了/完了。
b. 총선은 물 건너간 것이었지만 긴 미래를 봐야지.《최
고의 연인, 38회》总统大选虽然已经泡汤了，但要
往长远处看。
c. 그건 다 물 건너간 문제예요. 那都是过去的问题了/
那都是过去式了。

2.11.2.5 油水不容、水火不容

水的特点是与油不相容，所以"물 위의 기름、물과 기름"比喻互不融合的表层关系，如(138)，译成汉语时可直译，但一般译成"水火不容"更符合汉语的习惯。韩国语也有惯用语"물과 불"，与汉语意义相同，如(139)。但是韩国语的三个惯用语都只出现喻体，并且可以像(138c)(139)一样直接作谓语，而汉语一般要出现核心意义"不相容"。

(138) a. 그는 회사에서도 물 위의 기름처럼 동료들과 어울리지 못했다. 他在公司里也像浮在水面上的油花一样，无法和同事们融合在一起。

   b. 그들 둘은 물과 기름처럼 서로 어울리지 못했다. 他们两个就像水与油的关系一样，无法融合。

   c. 하진이 집과 우리집은 물과 기름이다.《다시，첫사랑，13회》荷真家和我们家可是水火不相容啊。

(139) 그 둘은 성격이 판이해서 물과 불이다. 他们性格迥异，如水火不相容。

(140) 그는 물인지 불인지 모르고 그저 닥치는 대로 무조건 일을 한다. 他不分四六，只是碰到什么就做什么。

由于水与火是不相容的，所以两者很容易被辨别出来，如果连水火都无法分辨，那么则是事理不分，或者是不做分辨、任意行动，这种意义在韩国语里用俗语"물인지 불인지 모르다"来表达，如(140)。

由于水火无情，所以韩国语里还将恶妻比作水火，如"물과 불과 악처는 삼대 재액"，意为水火与恶妻是人生三大厄运，比喻遇不

到一个好妻子是人生最大的不幸。

2.11.2.6 水有深浅清浊

水有深浅之分，汉语里"水很深"比喻捉摸不透，而"深水区"则比喻到了重点时期，韩国语与水深有关的表达中，"물이 깊을수록 소리가 없다"意为有城府有德望的人不会耀武扬威、虚张声势，是正面描述手法，而汉语一般用"半瓶醋乱晃荡"，是反面讥讽手法。此外韩国语还有"물이 깊어야 고기가 모인다"，意思是水深了才会有鱼，强调一定的条件必要性。而"깊고 얕은 물은 건너 보아야 안다、물은 건너 보아야 알고 사람은 지내보아야 안다、대천 바다도 건너 봐야 안다"意为要想认识一个人，光看外表是不够的，还要长久交往。

水还有清浊之分。浊水主要指泥水，韩国语为"흙탕물"，本身没有比喻意义，但有时单独用或者用于"흙탕물 튀기다"时，可用于比喻，如(141)。

(141) a. 사람들이 원래 급수 맞는 물끼리 놀아야 되는 거야. 너 같은 하수구, 흙탕물, 똥물이 감히 일급수인 우리 찬빈한테 들이대?《내딸 금사월, 15회》人间的道理本来就是人以群分，物以类聚，你这种下水沟、泥巴汤、粪水级别的，竟然敢打一级矿泉水/纯净水——我们灿彬的主意？

b. 어떻게 뻔뻔하게 고개를 들밀어?...또 다시 흙탕물 튀겨봐. 더 이상 안 봐줄 거니까.《최고의 연인, 34회》你有脸露面啊？你要是再给我们泼脏水，我绝不轻饶你。

c. 니네 결혼 내가 흙탕물로 만들고 말 거야.《우리집 꿀
　　　단지, 117회》我不拆散你们的婚姻，我誓不罢休！

　　如上，汉语一般用"泼脏水"来比喻抹黑、捣乱，但"흙탕물
만들다"有时根据语境需要意译成"拆散"等。
　　虽然浊水被赋予了消极意义，但并不意味着水越清越好，因为
水过清则鱼不会生存，所以"물이 너무 맑으면 고기가 아니 모인다
[산다]、맑은 물에 고기 안 논다"意为水至清则无鱼、人至察则无
徒。这与汉语是一致的。
　　与"흙탕물"相关，还有"진흙탕"指泥泞的土地，多比喻不
好的处境，如(142)。

　　(142) a. 내가 진흙탕에 빠지면 상대방도 진흙탕에 빠뜨려야
　　　　지. 그래야 거래가 가능하지.《다시, 첫사랑, 4회》
　　　　如果我陷入困境，那也得把对方拉下水啊。这样才
　　　　是公平交易啊。
　　　b. 지금 벌어진 진흙탕 싸움 조만간 끝날 겁니다.《불야
　　　　성, 18회》现在进行中的泥泞大战不久就会结束的。

2.11.3 水的分类

　　水可分为海水、江水、井水、湖水等，其中湖水多用来比喻人
的外貌，本章主要分析另外三种水。

2.11.3.1 海水

韩国语里大海为"바다"，也指月亮或火星表面上的黑色部分，

如(143a)；也比喻很多东西聚集在非常宽阔的地方，如(143b)中的"연등의 바다"，不仅可以形成这样的名词词组，还可形成很多合成词，详见表7，不仅可以和具体事物名词结合，也可以与动词名词"울음、웃음"结合，汉语的"笑、哭"一般不与"海、海洋"结合。

(143) a. 고요의 바다 静海（月球）

　　　 b. 초파일이면 절은 온통 연등의 바다를 이룬다. 一到
阴历4月8日，寺庙就成了莲灯的海洋。

[表7] "名词+바다" 类合成词

合成词	意义
곡식바다(穀食—)	比喻一片丰收景象的广阔的原野。
구름바다	云海
꽃바다	比喻百花盛开的原野或花园。
나무바다	比喻像大海一样看不到边的森林。
물바다	比喻洪水泛滥。
별바다	比喻繁星似海。
불바다	比喻一片火海。
불바다	比喻灯火通明。
피바다	比喻血流成河。
눈물바다	比喻大家一起哭泣或一次流很多眼泪。
울음바다	比喻大家一起失声痛哭。
웃음바다	比喻大家一起笑个不停。

　　因为大海非常宽阔，水又极深，所以惯用语"바다(와) 같다"比喻恩情或爱情等非常深，如"바다 같은 은혜 似海恩情""바다와 같은 어버이 사랑 父母之爱深似海"。"한바다"除了指大海，还比喻非常庞大的东西。俗语"바다는 메워도 사람의 욕심은 못 채운다"比喻人的欲望是无止境的。类似的还有"되면 더 되고 싶다"。

海水还会发生海啸，韩国语为"쓰나미"，也用于比喻，如"쓰나미급 문화충격 海啸级的文化冲击"，再如：

(144) 수빈이: 할아버지,저도 할아버지 노래 부르는 건 봤어
요. 爷爷，我也看到您唱歌了。
정만재: 그래? 쑥스럽네. 是吗? 怪不好意思的啊。
희진이: 검색순위에도 올라왔어. 아빠. 편찬으신 아버
지를 위해 노래를 불러주는 아들이라고 감동의 쓰나미
래.《가족을 지켜라, 107회》您已经上了检索条了。
爸爸。大家都把您称作"为自己生病的父亲唱歌的儿
子"，说您给大家带来了海啸级的感动。

对话中的"감동의 쓰나미"，意为"感动的海啸"，汉语可以直译成"海啸级的感动"，也可意译成"无限的感动"。

再如电视剧《최고의 연인, 105회》中，当看到丈夫为自己带来的盒饭时，최규리说道：

(145) 감동의 물결이 쓰나미로 몰려온다. 아까워서 못 먹겠
어요. 你太让我感动了。吃了太可惜了。我不想把它
吃了。

这里不能直译成"激动的潮水像海啸一样涌来"，而要意译成"太让人感动了"。

2.11.3.2 江水

古代水路交通多借助于船只，否则只能是望洋兴叹。在这种社

会历史背景下，韩国语有了俗语"물 건너 손자 죽은 사람 같다"，意思是大河对面孙子死了，但由于没有交通工具，所以只能呆呆地看着大河发呆，现在虽然不会再出现这种令人扼腕的情景，但这个俗语却可以比喻看着远处发呆。反过来如果对方已经过江了，则无法追赶得上，因此在过去江成了不可逾越的鸿沟，现在多用"강을 건너다"来比喻关系已经不可能，如(146)。

> (146) 전 이미 강 건넜습니다.《사랑이 오네요, 78회》我已经过了不可逾越的鸿沟了。

下面再看"강물"，虽然"강물"没有比喻意义，但有时也用于比喻，例如：

> (147) 희진: 그 인간은 선을 본다고?听说那小子要相亲?
> 태진: 그래. 애 잘 키우는 여자 만나겠단다. 嗯。说是要找一个能照顾孩子的女人。
> 희진: 애엄마는 어쩌구?那孩子她妈呢?
> 태진: 흘러간 강물이라고. 생각없으시단다.《가족을 지켜라, 109회》说已是淌走的水，对她没什么想法了。

对话中提到"그 인간"的名字为"윤찬"，虽然有个七年未见却替他生了孩子的前女友，但却把前女友当作是"흘러간 강물"，意思是淌走的江水，不可回头。

2.11.3.3 井水

韩国语里井水为"우물",深井为"굴우물",还有"정화수(井華水)"。韩国语里的"우물"多用于一些惯用语中作比喻,如"우물 안 개구리[고기]"是大家耳熟能详的俗语,比喻不知道外面广阔世界的人,也比喻见识短浅、盲目自大的人,译成汉语是"井底之蛙"。"우물"在俗语或惯用语里还有一些异于汉语的比喻意义。

1)困境

汉语"井底之蛙"多用来比喻见识短浅,这是站在人的角度去看待青蛙,但是如果从青蛙的角度去分析的话,则可能是另外一种结论,也就是说,青蛙并不是想见识短浅,它也想见大世面,但受环境所限制,无法摆脱困境,也很着急。

所以韩国人的思维里就注意到了这个角度,他们注意到了在井底下的青蛙一般无法蹦出井外,而井底或泉水下面的鱼则更无出头之日,因此有了俗语"우물에 든 고기、샘에 든 고기、함정에 든 범",意为井底、泉水里的鱼、掉到陷阱里的老虎,比喻无法摆脱困难处境,只能等待最后的命运了。汉语类似的多用"瓮中之鳖",这也是从鳖的角度去看待事物。此外,汉语还有"瓮中捉鳖",这是从人的角度来强调人的主观能动性。

在区别两种井底之蛙时,韩国语用了两个不同的词,"우물 안 개구리[고기]"用了处所名词"안 里面",而"우물에 든 고기"用了动词"들다 进到里面","들다"强调进到井里的鱼,也就是说不是土生土长的,而是误入井水,从而表达了无奈的心情。

2)公共场所

汉语里有"凡有井水处,即能歌柳词",意思是只要有井水的地

方，都在唱柳永的歌，言外之意是柳永的歌很受欢迎。那么我们就会产生一个疑问，为什么用"有井水处"来比喻人多呢？这就与以前的生活环境有关了。因为以前或者现在的某些农村地区都是依靠井水来解决用水问题，所以水井旁是人员集结之地，一般大家都会在此打水、洗衣服或者闲谈，是村里的公共场所。在韩国语里这种情景用"우물 공사"来比喻。而汉语里离开家乡称作"背井离乡"，也与"井"有关。

3）不知变通

有的人很迂腐，不知道变通，那这种人无异于在井边却被渴死，所以俗语"우물 옆에서 목말라[말라] 죽는다"比喻不懂得融通、不会处事。这让笔者联想起中国的一个家喻户晓的故事，说是有位妈妈要出门几天，怕孩子饿着了，就做了个大饼套在孩子脖子上，但几天后回来一看孩子饿死了，而脖子上的大饼只吃了前面一部分。中国人用这个故事来比喻懒人。而上面韩国语里在井水边渴死却用来比喻迂腐、不知变通，可见中韩两国人的思维是不同的。并且通过韩国语俗语和中国的故事发现，韩国人极其重视人的变通能力，而中国人更看重人的勤劳程度。

4）心术不正

井水在过去是每个村落的饮水之源，如果在井水里拉屎，可见这人有多坏，所以"우물 밑에 똥 누기"比喻心术不正的坏行为，类似的还有"침 뱉은 우물 다시 찾는다"，如：

(148) 왕광박: 팀장님, 한 번만이에요. 전 일해야 돼요. 系
长，就这一次了。我得工作才行。

팀장: 다시 안 먹겠다고 침 뱉고 돌아선 우물 다시 찾

을 줄 몰랐지?《왕가네 식구들, 41회》你没想到

你还会吃回头草吧?

剧中王光博因为认为系长有些事情做的不对, 所以起了冲突, 辞职不干了。但后来又出现了情况, 所以又来求系长给她活干, 这时系长就用了这个俗语, 意思是 "你没想到你还会吃回头草吧?"

汉语里的回头草虽然多用于 "好马不吃回头草", 但现在 "吃回头草" 被单独使用的情况好像也很多。

5) 性急

"우물" 有关的俗语还经常用来比喻性情急。例如, "우물 들고 마시겠다" 讽刺那些性格急的人, "우물에 가 숭늉 찾는다" 意为虽然所有的事情都有自己的顺序或秩序, 但有人却不了解这些而是盲目地做事, 如:

(149) 최대세(아버지): 소식 없냐? 결혼했으면 소식 있어야

될 것 아니야? 아직 소식 없냐? 既然结婚了就得有 (怀

孕) 消息了, 不是吗?

최상남(아들): 결혼한지 얼마 됐다고요? 아버지도 참.

我们才结婚多久啊? 爸, 你也真是的。

오순정(이모): 우물에서 숭늉 찾겠어요? 형부는.《왕

가네 식구들, 37회》您这是在井边找锅巴吃/找茶喝

啊?

上文是父亲催促儿子赶快生孩子, 小姨子오순정说 "您这是在

井边找锅巴吃啊"，意思是也太心急了吧。译成汉语时，意译成"在井边找茶喝啊？"，更符合汉语的文化习惯。

汉语表达性急时，有名的是陶渊明喝酒性急，来不及去拿漏勺，就拿官帽当漏勺。

6）干事情

挖井这种动作在汉语里没有比喻意义，但在韩国语里却有多种用法，其中"급한/아쉬운 사람이 우물 판다"意为谁口渴得急谁去挖井，如(150)。而"우물을 파도 한 우물을 파라"意为做事时摊子铺的太大或者总是变换的话，就不会取得任何成果，所以不论何事都要一件事做到底才能成功。

> (150) a. 결국 목마른 사람이 우물 판다고 목이 달으셨나 봅
> 니다.《최고의 연인, 82회》都说口渴的人先掘井，
> 看来您很口渴啊。
> b. 급한 놈이 우물 파야지. 볼 일 있는 사람 찾아가야
> 지.《낭만 닥터 김사부, 4회》都说谁着急谁挖井，
> 有事的人得主动上门拜访啊。

根据上面的俗语意义，可以发现"우물 파다"可以比喻干事情，如(151a)，有时也可用名词形式"한 우물 파기"，如(151b)。从"한 우물을 파라、한 우물 파기"等表达中，可以发现强调的都是持之以恒的意义。如果用来指工作，强调的也是不要频繁跳槽。

> (151) a. 알았어, 내 힘으로 우물 파.《우리집 꿀단지, 33회》
> 知道了。我自己的事情我自己干。

b. 아범아, 그동안 일만 하느라 고생 많았다. 아범 퇴직
한 건 뭐라고 할 사람은 이 집안에서 아무도 없어.
35년 동안 한 우물을 파기가 어디 쉬운 일이냐?《가
족을 지켜라, 24회》他爸，你工作一辈子，辛苦
了。你退休这事，在这家里没人会说你什么的。
35年坚持干一件事，哪是那么容易的啊?

2.11.4 落水事故

在汉语里，"落水"有很多意义，除了指具体的落入水中，也指
堕落、掉入圈套、中计，韩国语落水为"물에 빠지다"，下面我们就
来看一下与落水事故有关的现象。

第一，落水。"물에 빠진 생쥐"比喻掉入水中湿透后的憔悴样
子，汉语一般用"落汤鸡"而不用"落水鼠"。

第二，喝水。落水的结果首先是会喝水，所以韩国语"물먹
다"有了比喻意义，指考试落榜、从职位上被扯下来、遭遇不好的
事情等，如(152)。"물먹다"还有使动形式"물먹이다"，这个使动
词在日常生活中多继承了"물먹다"的比喻意义，如(153)。

(152) a. 지금까지 운전면허 시험에서 세 번 물먹었다. 到现
在驾照考试我已经失败三次了。

b. 새파란 고등학생한테도 물먹은 주제에 어디 와서
화풀이야?《내딸 금사월, 30회》被年纪轻轻的高中
生挤下来/输给年纪轻轻的高中生，竟然到我这儿
泄愤来了?

c. 지난 번에 조하늘 단독기사 물 먹은 박기자님 잘 계
시지요.《딴따라, 16회》上次因为赵函那的独家新
闻而遭了殃的朴记者还好吧？

(153) a. 희진씨가 나를 물먹이려고 작정하고.《가족을 지켜
라, 111회》熙珍为了故意整/耍我……

b. 강만후 사장님 절 이렇게 물멕이시겠다. 이겁니까?
《내딸 금사월, 22회》江万厚社长，您就这样给我
穿小鞋啊！对不对？

(154) 몸이 물먹은 솜처럼 무거워졌다. 身体像吸了水的棉花
一样沉得要命。

"물먹다"还有具体意义，指植物吸水作为养分，也指纸或布
等吸水后变湿，如(154)。但使动词"물먹이다"都没有继承这些具
体意义，继承的只有"물먹다"的抽象比喻意义。

第三，挣扎。一般人落水后，都会奋力挣扎想爬出水来，所以
就有了与此相关的很多俗语。其中，"물에 빠진 사람이 죽을 때는
기어 나와 죽는다"意为落水的人即使到了死的时候也肯定会出水来
死，即到死亡瞬间也垂死挣扎是人之常情。落水一般被联想为艰难
困苦，从这个意义出发，很多俗语就有了比喻意义，"물에 빠지면
지푸라기라도 잡는다[움켜쥔다]"比喻遇到危机情况时，不管是什
么碰到了就会抓住不放。汉语里的"救命的稻草"也与落水有关。
韩国语还有"물에 빠져도 정신을 차려야 산다"，比喻不管处于什
么困境，只要振作精神、鼓起勇气，就能生存下去。

上面三个俗语表达的都是与困境做斗争之意，与此相反，韩国
语里还有与宿命论有关的一些俗语，如"물에 빠질 신수면 접시 물
에도 빠져 죽는다"意为如果命里注定该落水，那么就是一盘水也会

把他淹死。对这种思想我们应该持批判的态度。

如上，四个俗语所表达的分别是落水后人所表现出的动作与精神状态，前三个都表示积极地抗争，第四个表达的是消极意义。而四个俗语表达的也是韩国人在面对困境时所展现出的不同人生态度。

第四，落水人的财富程度。前面我们分析的都是人落水后的状态、动作或者精神状态，这是非常"正常"的视角，而从另外一个比较"冷血"的角度去看的话，从落水后的东西则会看到这个人的其他方面，例如经济条件如何，如果身上带有很多钞票，那么自然会浮出表面，否则就只有空空的口袋浮在水面，因此俗语"물에 빠져도 주머니밖에 뜰 것이 없다"意为落水后浮起来的只有自己的口袋，即没有钱。当然有时为了强调人的贫穷，也可用"피천 한 닢 없다. 一文不名"来表达。

第五，被救之后。人落水被救之后，按照一般常理应该对救命恩人表示感谢，但总有一些人会作出匪夷所思的行为，因此就有了俗语来比喻这种人的无耻，例如"물에 빠진 놈 건져 놓으니까 망건값 달라 한다、물에 빠진 놈 건져 놓으니까 내 봇짐/보따리 내라 한다"，意为被救之人反而向救命恩人索取东西，比喻受别人恩惠后不表示感谢反而找茬，汉语为"恩将仇报"。

例如，电视剧《월계수 양복점 신사들, 11회》中，当복선녀因施暴他人而被起诉后，受到이동숙的数落，所以不禁说道：

> (155) 물에 빠진 놈 구해놓고 보따리 내놓으라고 한다고 아
> 니 어떻게 이럴 수가 있어.아니, 나는 너랑 사모님이 그
> 불여씨한테 당하고 있는 건 옆에서 보기에 안 돼가지
> 고 내키지 않았지만 그래도 대신 싸워주었는데 뭐, 어
> 쩌고 어째?!《월계수 양복점 신사들,11회》都说把落

水的人救出来后反而要我的包袱，你怎么能这样啊？
看到你和老板娘被那个狐狸精欺负，我看不下去了，
虽然心里也不愿意，但还是出面替你们和她拼了，怎
么现在你这是说什么啊？

2.11.5 日常生活中对水的利用

日常生活中对水的利用可分为"喝水、烧水""泼/倒/浇/射
水""用水""玩水"等，虽然这些分类并无特别之处，但是韩国
语里与此相关的表达却被韩国人用来比喻抽象的现象、概念、道理
或思想，具有极强的文化性。另外，水还与婚姻、宗教密切相关。

2.11.5.1 喝水、烧水

以前在田地里干活时，如果口渴了，就会到小溪旁捧溪水来
喝，如果太忙了，就连这样都做不到，所以"물 주워 먹을 사이 없
다"，意思是连捧着喝口水的功夫都没有，比喻非常忙，没有一点休
闲。相反，有时想喝但却没有水，这种水称作"헛물"[17]，现在更多
用于比喻意义，指确信无疑的事情变成水泡，如(156)。

(156) a. 헛물 그만 켜고 해인언니 그만 놔주시지.《사랑이
오네요, 35회》你就不要做梦了，还是把海仁姐赶
快放了吧，(不要再缠着她了)。

b. 방송한다고 헛물 켜지 말고 하던 변호사 일이나 열

17　"헛물"也指水沟里白白流走的水。

심히 하란 말이야. 제발!《아버님, 제가 모실게요, 2
회》不要干没准的事情，说当什么主持人，还是
干你的律师吧。行不行啊！

人们用水时一般都会烧开了用，所以烧水"물 끓다"成了日常
生活中最常见的现象之一，并且被赋予了比喻意义，如：

[表8] "물 끓듯" 的意义

表达	意义	例句
물 끓듯	许多人议论纷纷、闹哄哄地。	인기 연예인이 차에서 내리자 방송국 입구는 삽시간에 기자들과 열성 팬들로 물 끓듯 하였다. 人气明星一下车，广播局门口的记者和铁杆粉丝们就像炸了锅一样骚动起来。
	泪眼婆娑	그의 눈에도 나의 눈에도 그렁그렁한 눈물이 물 끓듯 넘쳐흐른다. 不论是他，还是我，都是泪如泉涌/泪眼婆娑/泪眼迷蒙。
	激烈的心理斗争	싸움할 마음이 물 끓듯 한다더라. 想作斗争的心就像煮沸的水一样沸腾不已。

如上，韩国语"물 끓듯 하다"有多种比喻意义，可以比喻闹
哄哄，汉语多用"像炸了锅一样"来作喻，但汉语的炸锅一般多指
油锅。"물 끓듯 하다"还比喻掉眼泪，汉语"烧水"一般没有这种
联想比喻意义，多用"泪如泉涌"，虽然比喻方式不同，但形象一
致，因为水煮沸和泉水涌出的样子很相似。"물 끓듯"还比喻做心理
斗争。

中国人烧水是每天的大事，所以家家户户一般都会有大水壶来
烧水，而水开了也叫"开壶"，日常生活经常听到"开壶了！"紫砂
壶第一次开始使用也叫作"开壶"。而这个词也被用来作比喻，如

"哪壶不开提哪壶"。有时也用作打牌、麻将等娱乐活动中的赢家用语，意思是赢了、满贯、开张了(百度百科)。

2.11.5.2 泼水、倒水、浇水、射水

泼水是日常生活现象之一。根据泼水的动作和方向可分为四种类型，四种类型的泼水方式所给人的联想意义不同，有时还会出现泼水动作强度的不同，因此产生的意义也不同。

第一，往外泼水。汉语有"嫁出去的女儿泼出去的水""说出去的话，泼出去的水"，表达的都是覆水难收之意，当然后者还比喻要慎言。韩国语也有泼出去的水，为"엎어진 물"，着眼于收不回来，比喻事情无法挽回，不用来比喻说话，如(157)。韩国语里也用泼水来比喻说话，如"물 퍼붓듯"有两个意义，首先指雨下得非常大，如(158a)；第二个意义指说话口无遮拦，如(158b)，主要是形容说话的方式和内容。

(157) 엎어진 물은 엎지른 사람이 주워담아야지. 제대로 용서 받아오기 전까진 니 얼굴 다시 볼 생각 없다.《내딸금사월, 17회》水是谁倒出去谁来收拾。在你得到她的原谅之前，你别想再见到我。

(158) a. 물 퍼붓듯 하는 장맛비가 일주일 동안 내렸다. 瓢泼似的梅雨下了有一周。

b. 말이 점점 극도에 달하여 확확 함부로 물 퍼붓듯 나온다.《이해조, 화의 혈》话说得逐渐到了极点，开始口无遮拦地乱说。

如上，同样是用泼水来比喻说话，汉语强调慎言这个道理，而

韩国语强调说话的方式和内容。与此相关还有俗语"물 부어 샐 틈 없다",比喻事情安排得非常缜密,没有纰漏。

第二,水泼向自己。当泼水的方向是泼向自己,或者是从上往下时,一般都是没有防备的,所以日常生活中遭遇到这种情景,一般都是一愣并且骤然停止自己的言行,所以"물 뿌린 듯이、물을 끼얹은 듯"比喻许多人一下子安静下来或肃静起来的样子,如(159)。

> (159) a. 학생들은 선생님의 말 한마디에 갑자기 물 뿌린 듯이 잠잠해졌다. 因老师的一句话,学生们就像被泼了一盆水一样,渐渐安静了下来。
>
> b. 교장 선생님이 나오시자 운동장은 순식간에 물을 끼얹은 듯 조용해졌다. 校长一出现,操场上瞬间鸦雀无声,就像被泼了一盆水一样。

第三,给他人浇水。"물을 흘리다"多用于往什么东西或事情上倒水,比喻起反作用、坏作用,如(160)。译成汉语一般需要根据语境意译。

> (160) a. 니들 찬빈의 혼사에 물을 흘릴 거면 강씨 호적에서 빠져!《내딸 금사월, 22회》你们要想对灿彬的婚事捣乱,你们就直接从我们江家的户口本上出去。
>
> b. 법에 물을 흘린 범죄인《동네변호사 조들호, 19회》敢以身试法的犯人

第四,说话像喷水、射水。喷水、射水韩国语为"물 엎다/퍼붓다/붓다/뿌리다/끼얹다",其中前面分析的"물 퍼붓듯"可用来

比喻乱说话，而"물 쏘듯 총 쏘듯"意为像喷水、放枪一样，比泼水的程度还要强，比喻不管像不像话随便乱说，如(161)。汉语用的是"信口开河"，即说话就像河水开闸一样，收不住，并且后果很可怕，所以中韩两种表达是一致的。韩国语还有"청산유수"、汉语还有"口若悬河"，都比喻说话滔滔不绝、能言善辩。

> (161) 형은 술이 얼큰하게 취하자 물 쏘듯 총 쏘듯 지껄이기
> 시작했다. 哥哥酒劲一上来，就开始信口开河地乱说
> 起来。

2.11.5.3 用水

干活多的话，尤其是干家务，洗洗刷刷都离不开水，所以韩国语用手不沾水比喻不干活，如(162)。干活时还会弄湿衣服，由此产生了"물 묻은 치마에 땀 묻는 걸 꺼리랴"意为裙子已经被水弄湿了，还害怕几滴汗珠吗？比喻已经犯了大错，还在乎再犯点小错吗？

> (162) 조금만 기다려. 엄마 너 손에 물 한방울 안 묻히고 살게
> 해 줄게.《우리집 꿀단지, 24회》你再忍忍。我一定会
> 让你过上手不沾水的生活的。

洗东西的脏水称作"구정물"[18]，经常用"구정물에 처박다"，如(163a)；有时也用"구정물 통에 빠트리다"，如(163b)。弄一身脏水为"구정물이 튀다"，可比喻惹祸上身，如(163c)。

_____

18　"구정물"也指肿块化脓，脓出来后流出来的水。

(163) a. 순진한 너를 꼬드겨 니 인생을 구정물에 처박은 인
간은 바로 저 놈이란 말이야?《여자의 비밀, 53회》
你是说，他就是那个诱惑你，使本来那么纯真的你
一下子完蛋的那小子，是吧?

b. 너 은인이 아니라 오히려 나 구정물 통에 빠트린 장
본인이지.《내 남자의 비밀, 23회》你不是我的救
命恩人，而是把我推进臭水桶的罪魁祸首。

c. 우리 그룹에 구정물이 튈 까봐 그렇지.《불야성, 18
회》我是怕事情会惹到我们集团上来。

有时也用"구정물"来比喻过去的影响，如电视剧《황금빛 내
인생, 36회》中，当别人说自己身上还有在大公司上班所形成的干练
习惯时，서지안笑着说：

(164) 그것 아직도 나옵니까?구정물 빼야 새사람 되는데. 还
能看出来吗? 等赶快把以前的习惯去掉，才能脱胎换
骨啊。

过去做家务盛水都用瓢子，俗语"물 묻은 바가지에 깨 엉겨
붙듯"意为如果将沾了水的瓢子放在有芝麻的地方，那么就会沾满
芝麻，比喻某物密密麻麻挤在一起的样子。

水的特点是流动的，一旦打开就收不住，尤其是流水，所以汉
语有"花钱如流水"。韩国语里类似的表达是"물 쓰듯"，指用东西
时不珍惜，花钱时大手大脚地浪费，虽然两种表达的意义差不多，
但是比喻意义的产生方式不同。韩国语里比喻意义的产生与韩国的
地理和气候环境有关，韩国是半岛地区，多山，气候湿润，降水量
很大，所以水资源丰富，因此用水不受限制，可以随便使用，因此

"물 쓰듯" 就有了不珍惜之意，如：

> (165) a. 그는 자식들을 보다 좋은 대학에 보내기 위해선 돈
>   을 물 쓰듯 썼고 수단방법을 가리지 않았다. 为了把
>   孩子们送到好一点的大学，他不论什么方法手段都
>   用上了，钱也花老了。
>   b. 장진주 이 놈의 자식!⋯ 물 쓰 듯이 돈 쓰지 않
>   아?...《아이가 다섯, 10회》张珍珠，这熊孩子！整
>   天花钱如流水⋯⋯

如上，不同国家和地区的人对水的理解是不同的，虽然韩国语
"돈을 물 쓰듯 하다" 与汉语 "花钱如流水" 的产生方式不同，但
都比喻不节俭，由此可见中国与韩国在以前都是不缺水的，所以可
用水来比喻不知节俭。但同样的俗语，对那些水非常珍贵的国家或
地区，例如对阿拉伯人来说，就会被曲解成 "花钱要像用水那样节
省着花"(조현용 2009:179)。

现在韩国和中国因环境污染等问题，水已经不再是可以随意浪
费的东西，尤其是中国，限时供水在某些地方已经成了 "新常态"，
不知将来生活在水非常金贵的社会里，我们的子孙会如何理解这种
表达？

比喻花钱大方时，韩国语还用 "조자룡이 헌 창[칼] 쓰듯"，意
思是就像赵子龙耍枪弄棒一样，比喻花钱用物非常大方，舞枪弄棒
与花钱用物大方之间的联系应该是形态上的相似性。

2.11.5.4 玩水

玩水在汉语里没有特殊的意义，但韩国语有 "물질"，反映的也

是韩国异于中国的现象，即韩国的海女，这些海女主要靠潜入深水挖取海产品为生，她们的这种生产活动被称作"물질"，如(166)。在汉语里，这种从事潜水捕捞的职业有的称作"海上放牧"，而这样的人称作"海上放牧人"。中国的"赶海女人"一般多在海滩上捡拾海产品，而不潜水到深海去挖。

> (166) 바다에 물오리 떼같이 떼 지어 물질하는 잠녀들의 휘파람 소리….《현기영, 변방에 우짖는 새》海边，像水鸭子一样一伙一伙地下海捞海鲜的海女，她们的口哨声……

2.12 小结

语言是文化的载体，语言出现的形式以及数量可以从侧面反映相关事物在该文化中的地位和重要性。与其他领域的语言相比，地理环境语言表现出了很强的特点。

人体语言中，人体器官词绝大部分都是固有词，包括下面将要分析的动物语言和植物语言，基本上都是固有词占绝大多数。相反，在地里环境语言中，相关的命名词汇却出现了大量汉字词，本章所涉及的词语中汉字词占40%左右，另外还有很多汉字词混合词，两者合起来约占一半。尤其是与天、地、日月星辰、气(气流、气压)有关的词汇中，汉字词表现出一边倒的倾向，这说明与人体语言、动植物语言相比，地理环境语言更多地受到了中国文化的影响。不过，也有比较特殊的现象出现，例如与雨有关的词语中汉字词出现的很少。

　　地理环境语言中与惯用语有关，其中表现突出的是与水有关的惯用语，共35条，其次是与天、火有关的惯用语较多。

　　地理环境语言中与俗语有关，其中与水有关的俗语最多，共64条，其次是与火、天、风、雨有关的俗语，分别是27条、25条、20条、17条。

　　如上，根据地理环境语言中各种语言形式的数量可以发现，天、地、日月星辰、闪电、火、风、雨、水等与人的关系最为密切，这可以从这些词语的语义多义化，以及丰富的惯用语和俗语表达上看出来。相反，韩国人对云雪霜雾、气所赋予的比喻意义、惯用语、俗语相对来说较少，尤其是与气流有关的词语都是汉字词，只有一个惯用语出现，也没有相关的俗语。之所以出现这种现象，应该是因为这些自然现象对生活影响较小的缘故。

　　关于自然现象词语的语义变化并不是空穴来风，都与这些事物本身的特点以及人们对这些事物、与这些事物相关的事件的细致观察有关。此外，对同一事物或事件的不同角度的观察和联想可以使同一表达产生多义性，而同一事件也可以因观察角度的不同产生不同的惯用语或俗语表达。

　　词语及其相关表达是自然万物、世态万象的万花筒。例如中国古诗中很多关于自然界的诗语都源于对自然界的极其细致的观察，这些诗语反映的是古人对自然界的热爱。蒋勋(2012:49)曾说"与西方相比，西方人多在人体上看风景，中国人则完全相反，是在山水中看到了人的诸多变貌"，其实不仅是中国人，韩国人也表现出了对山水的钟爱，这都表现在与山水有关的众多的词语、惯用语和俗语里。与山有关详见作者的《韩国文化语言学综论》。

　　因为韩国语形态语言的特点，"불"在语义变化的终端发展成了

前缀"불-"。词语发展成词缀的一个重要条件是有很强的结合率和很高的语用频率，所以这也说明火在韩国语里具有很强的结合率和语用频率，而这也说明了火在韩国文化中的重要性。

第三章

动物与语言

3.1 引论

列维-斯特劳斯(2006/2014:51-52)提到，不同的民族和种族会在自己的象征方式中使用同一种动物，不过采用的却可能是同一种动物的一些互不相干的特性，如:栖息处、气象联想、鸣叫声等; 活的或死的动物。此外，即使面对动物的同一特性也可能赋予其不同的意义。因为在这些过程中无一例外地都会受到人的认知和文化的影响。同样，韩国人拥有自己独特的文化和自然地理环境以及生产方式，他们对动物的认识是异于我们中国人的。

本章先分析动物的繁殖和生长，其中动物的繁殖分两类，一类是哺乳动物，一类是卵生、爬行动物。因为这些相关的词语都是上义词，所以更容易产生比喻意义。然后再看具体的各种动物词汇有哪些特殊的文化意义。

3.2 动物的繁殖、生长

繁殖对世界上的生物来说是最重要的任务，人在观察自然界时，自然也会非常关注与繁殖有关的现象，这些现象与人息息相关，所以人们就形成了利用这些现象来作比喻的思维方式。中韩两国人都有这种以具体的事物来表达抽象意义的思维，但是具体到某个词的比喻意义上，因为对事物观察的不同，也表现出了很多不同的语言和文化现象。

从繁殖方式来看，常见的动物多是哺乳动物、卵生动物，哺乳动物繁殖主要是依靠胚胎，而卵生动物主要依靠卵、蛋来繁衍。

3.2.1 动物的发情

韩国语里雌性动物的发情称作"암내01"，实际上指发情期雌性动物身上发出的特殊味道，而韩国语还有第二个词"암내02"，指人腋下发出的难闻味道[01]。从这两个同音异义词来看，它们最初应该是一个词，后来词义扩大，可以指人身上的味道，为了与前者以示区别，韩国《표준국어대사전》就把它们标注成了同音异义词。韩国语里发情还可用汉字词"발정01(發情)"，这个词没有性别之分，也可俗指人的怀春。

与动物的发情有关，《표준국어대사전》仅收录了"상사마(相思馬)、상사말02(相思-)"，指因发情而一时变得非常暴虐的雄马，有俗语"물고 차는 상사말(相思-)"意思是又咬又踢的暴烈的马，比喻元气旺盛的人。

01　也称作"액기02(腋氣)、액취(腋臭)、호취(狐臭)"。

3.2.2 哺乳动物的繁殖

哺乳动物的繁殖为胎生，韩国语为"태생(胎生)"，可以指动物从母体中出生，也指植物果实发芽长成小植物，或者指佛教里"사생(四生)"的一种，此外，"태생"在日常生活中还指出生于某个地方，如"농촌 태생 农村人"。

哺乳动物分娩是把子宫门打开，称作"무녀리"，其原型是"문(門)+열-+-이"，如"문열이 首产《국한회화 123》"，因为"문열이"的发音是[무녀리]，所以根据发音、形态变化，最后的形态被标记成了"무녀리"，指一胎中最早出生的小崽子，比喻言语或行动看起来不太聪明的人。与此相关有"암탉의 무녀리냐"，用来嘲笑个子非常矮的人。

生下来没多久的小崽子叫作"새끼"，也可贬称"자식(子息)"，也可用来骂人。惯用语"새끼(를) 치다"中的"새끼"用的是基本意义，比喻就像繁殖一样，使基础的东西延伸或者增添使膨胀，这是用繁殖语言来比喻抽象事物，与汉语的"添枝加叶"有相通之处，如(1a)；但有时需要意译，如(1b)。

(1) a. 유명인의 교통사고 소식이 새끼를 쳐서 죽었다는 말까지 돌았다. 有名人士的交通事故消息被添枝加叶，甚至有人还说当事人已经死了。

b. 돈을 증권에 투자했는데 제법 새끼를 쳐서 적지 않은 돈이 되었다. 投到证券市场的钱翻了几番，挣了不少。

如果是双胞胎，则称作"쌍태(雙胎)"，可以指动物，也指人，有俗语"쌍태 낳은 호랑이 하루살이 하나 먹은 셈"，比喻饭量很

大但却吃不着东西、量不够。类似的还有"범 나비 잡아먹듯、주린 범의 가재다"。

3.2.3 卵生、爬行动物的繁殖

3.2.3.1 对卵蛋的认识

"鸟蛋中孕育着新的生命，正如人类的子宫，因此常被用来象征肥沃、新生、起源和儿童。"(吉普森 2018:233)对韩国人来说，卵蛋是始祖的象征。韩国高句丽的始祖"동명왕(东明王)"(公元前59年-公元前19年)的父亲"해모수(解慕漱)"与母亲河伯之女"유화(柳花)"成婚后，柳花感日光有孕而生一大卵，朱蒙破卵而生，建立了高句丽(이현희 외 2006/2016:58-61)。新罗始祖"박혁거세(朴赫居世)"也是卵生，朝鲜半岛东南部的六部酋长看见白马降临，寻之，发现一紫卵，得童男，名叫赫居世，成为新罗的祖先(이현희 외 2006/2016:133)。新罗第四代王"탈해왕(脱解王)"(57-79年在位)的母亲是多婆那国王后，婚后怀孕七年生出大卵，被迫将卵置于柜中，浮之于海上，任其漂流，漂至新罗东边的아진포(阿珍浦)，后被新罗国王招为女婿，并被授予王位《한국민족문화대백과》[0203]。韩国语的儿子称作"아들"，박갑천(1995:209)认为其意义是"시작의 알"，即最初的蛋和根。由此可见，卵蛋对韩国人来说是非常重要和神圣的东西。下面我们分析一下表现在语言上的韩国人对卵蛋的认识。

---

02 http://terms.naver.com/entry.nhn?docId=574868&cid=46620&categoryId=46620

03 서정범(1986:184)认为卵蛋是从天上来的，韩国的这种卵生神话反映的是太阳崇拜思想，太阳即"하느님"。

韩国人对卵蛋的认识是积极肯定的，首先看"알"的意义以及前缀、合成词的意义。

[表1] "알"和"알-"的意义

	概念意义	例子
알	鸟类、爬虫类、鱼类、昆虫类的卵	알을 배다、암탉이 알을 낳다
	雌性的生殖细胞	
	又小又圆的果实或谷物	알이 채 여물지도 않은 풋배
	里面充满的或者粘上的又小又圆的东西	알이 빠진 구슬 목걸이
	白菜叶子	알이 든 배추
	肌肉块	다리에 알이 배다
	灯泡	전등에 알을 끼우다
	动植物的卵或果实	머루알、타조알
	作又小又圆东西的量词	달걀 한 알、소화제 두 알
	作又小又圆的果实或谷物的量词	사과 세 알、감자 서너 알、쌀 몇 알
알-	除去外壳或其他所带东西的	알감、알몸、알바늘、알밤、알토란
	小	알바가지、알요강、알항아리
	真的，真正的	알가난、알건달、알거지、알부자

如上表所示，"알"的基本义是卵或果实，并且产生了"又小又圆"之意，在此基础上，还用来作量词。最后发展成了前缀"알-"，指除去外壳的、小的、真正的，当然其意义已经非常虚化，所以所结合的词根可以是人，如"건달、거지、부자(富者)"，也可以是抽象名词"가난(艱難)"等。

与"알"有关，还有"알짜"指多个东西中间最重要或最好的东西，如(2a)；也指有内涵或者可以成为表率的，如(2b)。"알짜"的俗称是"알짜배기"，如(2c)。类似的还有"알짬"，指最重要的内

容，近义词有"얼짜"。"알"还有合成词"알차다"，指有实实在在的东西，或内容非常充实，如(3)。

(2) a. 알짜가 쏙 빠지다 精华都流失了。

b. 이 사람아,힘세다는 게 어디 기운만을 말하는 건가, 꾀가 있는 사람이 알짜 힘센 놈이란 말일세.《박경리, 토지》我说你啊，有力量可不是说只要有劲就可以了，有头脑的人才是真正有力量的人啊。

c. 결국 알짜배기는 마 선생인지 망아지 선생인지 하는 그 작자한테 고스란히 빼앗긴 채⋯.《윤흥길, 완장》结果，好处全都让那个叫马先生的还是马崽子先生的小子给抢走了⋯⋯

(3) a. 알찬 내용 实实在在的内容

b. 속이 알찬 사람 有实力的人

c. 실력 있고 알찬 곳입니다.《사랑이 오네요, 12회》那个店非常有实力，有自己的东西。

再看卵的构造。卵包括皮、蛋黄、蛋清，其中蛋黄是精华，所以韩国语里"노른자위、노른자"除了指具体的蛋黄之外，还比喻事物最重要的部分，如(4)，这反映了韩国语搭配的自由性，汉语没有这样的搭配，需要意译。

(4) 그는 우리 회사의 노른자위 업무를 담당한다. 他负责我们公司最重要的工作。

但有时在对话中也可直译，例如，电视剧《사랑이 오네요, 10

会》中有这样的对话:

> (5) 김상호(情夫): 노른자는 다 니 거야. 蛋黄都是你的。
> 신다희(情妇): 그럼 나선영은 흰자? 那么把蛋清给罗善
> 英?
> 김상호: 흰자도 못 돼? 껍데기. 她连蛋清也没有，只有鸡
> 蛋皮。

上文中所说的"노른자"指的是自己最真实的一切，而对话中提到的나선영是김상호的妻子，被比作"껍데기"。与"노른자、노른자위"相反，"흰자、흰자위"仅仅指蛋清或者白眼珠，指白眼珠时，与"검은자위"相对应。

如果蛋黄有两个，即为双黄蛋，韩国语为"쌍알(雙-)、복황란(複黃卵)"，其中"쌍알"多用于惯用语中，其中"쌍알(이) 지다"指两种事情交织在一起，互不相容，而"쌍알(을) 지르다"指使两件事交织在一起、互不相容，表达使动意义。

如上分析，在韩国人眼里"卵、蛋"所表达的基本都是积极肯定的意义，相反汉语的"蛋、卵"多用于贬义，如"混蛋、笨蛋、傻蛋、怂蛋、臭蛋"等，从褒贬义上来看也无法与韩国语的"알"及相关表达对应。

最具代表性的卵生动物当属鸟类了，因为鸟蛋一般都很小，所以有了俗语"새알 멜빵 하겠다"，指人特别狡猾。而"새알 볶아 먹을 놈"意思是连那么小的鸟蛋都炒着来吃了，用来讽刺那些只要有利可图不管什么事情都做的极端利己主义者。此外，蛇也是卵生动物，蛇蛋"구렁이알"是至关重要的东西，因此可用来比喻重要的本钱。

3.2.3.2 对"皮、壳"的认识

韩国语里"蛋、卵"的反义词"皮、壳"一般多具有消极否定的意义。

鱼或蛇等表皮覆盖的又薄又小的块状东西,韩国语为"비늘",也比喻像鱼鳞一样的东西,如(6a),汉语用"粼粼白光"。"비늘"还可以比喻抽象的东西,如(6b)中的"호기심과 예민함의 비늘",汉语一般很难译出。

(6) a. 영산강이 은빛 비늘을 일으키며 큰 구렁이처럼 꿈틀거렸다.《문순태, 타오르는 강》荣山江泛着粼粼白光,像条蟒蛇一样翻腾不已。

b. 호기심과 예민함의 비늘을 반짝이며 끊임없이 의문을 제기하고 답을 구하는 노력……《아시아경제, 2016.12.08》好奇心与敏锐感促使他不断提出疑问、寻求答案,这种努力……

爬虫类、昆虫类随时间的推移而自动脱落的皮称作"허물",这个词也指皮肤上自动生出的皮,"허물"也用于"허울뿐인 말 虚情假意""허물뿐인 사람 徒有虚名的人"等表达中。而俗语"허물이 커야 고름이 많다"则比喻东西大了,里面的内容、内涵才会多。

爬虫类、昆虫类蜕皮称作"허물벗기",也可用汉字词"탈피(脱皮)",此外,还可指把皮或壳剥掉,除了这两种具体意义外,"탈피"还比喻从一定状态或处境里完全摆脱出来,如(7)。这种意义存在于多种文化中,有时还象征心灵疗愈(吉普森 2018:29)。

(7) a. 구습에서 탈피하다 摆脱旧习

    b. 후진국에서 탈피하여 선진국 대열로 들어서다.从发展
      中国家一跃成为先达国家。

在西方社会，蛇还作为永恒的象征出现，或者是依据它的蜕皮，或者是因为它自己可以盘卷成一个完美的圆圈（缪勒2010/2014:72）。由此可见，不同的文化背景下，对蛇蜕皮的这种习性所赋予的意义是大相径庭的。

与皮有关，还有"가죽"指动物的皮，"껍데기"指鸡蛋或贝类的硬质外壳，"껍질"指包裹在物体表面的软软的物质，不仅适用于植物，也可适用于动物或人。

3.2.3.3 卵、蛋的孵化

一般情况下，卵生动物下蛋后，雌性动物会长时间地趴在上面来促使蛋孵化，因此就有了俗语"알 낳아 둔 자리냐"，意思是这是你下了蛋的地方吗？用来嘲笑那些不顾廉耻想独自霸占某个地方的行为。孵蛋时，即使雌性动物要暂时出去觅食，也是急急匆匆而去，慌慌忙忙而归，尤其是鸟类。针对这种现象就出现了俗语"알을 두고 온 새의 마음"，意思是心情就像把蛋放在家里的鸟妈妈，比喻一点也放心不下的不安心情。

因为卵生动物都是新生命从内往外把皮弄破后出来，所以称作"알을 까다"，有时也可俗指棒球运动中守队没有接住对方的球。用于过去时的"알로 깠느냐"意为你是卵生的吗？比喻人不太灵光。这与汉语里的"鸟人"很相似，因为"鸟人"也比喻人不太灵光。而韩国语还有"새대가리"表达的也是贬义。

与人们最亲近、人们可以近距离观察的卵生动物应该是小鸡了，俗语"알 까기 전에 병아리 세지 마라、까기 전에 병아리 세지 마라", 意思是在成事之前就先计算会得到的利益的话，没有好处。汉语里有时用"一个鸡蛋的家当"。

3.2.3.4 对幼虫的认识

昆虫的幼虫为"굼벵이"，因为幼虫的特性是蠕动，所以"굼벵이"可用来比喻动作慢的事物或人，与其相关主要有一些俗语，如下表所示：

[表2] "굼벵이" 的俗语

1	굼벵이 천장(遷葬)하듯	比喻蠢笨的人慢吞吞地误事。
2	굼벵이(도) 구르는 재주(가) 있다	比喻无能的人也至少有一种才干。
	굼벵이(도) 꾸부리는[떨어지는] 재주(가) 있다	
3	굼벵이도 제 일을 하려면[하라면] 한 길은 판다	比喻再笨的人到了紧要关头也会想办法把自己的事情干好。
	굼벵이도 제 일 하는 날은 열 번 재주(를) 넘는다	

如上，三组俗语中都是用"굼벵이"来比喻蠢笨的人，但是第2、3组俗语表达的是肯定意义，即再蠢的人也有自己的才干或方法。这也是一种辩证思维的表现。

3.2.4 动物的外表

3.2.4.1 角

牛、羊、鹿等都有角，对它们来说角是一种防御和攻击工具，

那么在这之前就要先把角竖起来，所以"날카로운 각을 세우다、대립각을 세우다"都比喻对立关系，如(8)。汉语里的"顶牛"也与牛角有关，指总是喜欢顶撞的人，这样的人韩国语称作"트레바리"，动词可用"어기대다、배알을 부리다、어깃장을 놓다"等。

> (8) 그가 미국에 각을 세우고 중국에 가까이 가려는 것은 두 나라 사이에서 필리핀의 몸값을 높여 좀 더 많은 실리를 챙기기 위한 계산된 행보라는 분석도 있다.《동아일보, 2016.10.24》但有分析认为，他想与美国分手而与中国套近乎，是为了提高菲律宾在两个国家间的地位，以取得更多实际利益，这都是算计好了的伎俩。

如果失去了角那就没有了可恃之物，反映这一思想的有俗语"뿔 뺀 쇠 상이라 被拔了角的牛脸"，比喻虽然拥有地位但已经没有了势力的那种处境。

3.2.4.2 毛

"털"指人或动物皮肤上的毛，"털도 아니 난 것이 날기부터 하려 한다"意思是还没长毛就想飞，相当于汉语的"还没学会走，就想跑"，比喻简单的事情还不会就想做难度大的事情。动物尤其是小动物毛茸茸的，看起来很可爱，而无毛的动物就与这种可爱的感觉相去甚远了，所以俗语"털도 없이 부얼부얼한 체한다"意思是没有毛却卖萌，比喻一点也不可爱，但却撒娇买宠的样子。"털"还指毛的末端，也比喻非常少或琐碎的东西，多用于"털끝만치、털끝만큼도、털끝만 한"结构，并且多用于否定句，如(9a)。惯用语"털끝도 못 건드리게 하다"指一点也不让动，如(9b)，对象可以

是物，汉语虽然也有"连根毫毛都不让动"，但对象一般是人，而不是物。

(9) a. 그에게 의리라고는 털끝만치도 없다. 他一点义气都不讲。

　　b. 그녀는 자기가 아끼는 물건은 남들이 털끝도 못 건드리게 했다. 对自己爱惜的东西，她一点也不让别人碰。

　　动物被食用前一般要先褪毛、屠宰，所以"털도 안 뜯고 먹겠다 한다"意思是不褪毛就想吃，比喻太性急，也比喻不分事理、想把别人的东西一股脑地都抢过来。

　　韩国语还有各种动物的毛，如下表所示：

[表3] 各种动物的毛

分类		意义	例句
범털	隐语	有钱有文化的罪犯	너 범털이냐?《사랑이 오네요, 113회》你是有钱人吗?
범털방	隐语	关押有钱有文化罪犯的刑房	
쥐털	隐语	杀人犯、抢劫犯	
쥐털방		关押杀人犯、抢劫犯的刑房	
개털	隐语	没用的事或行动	별짓을 다 해 봤지만 모두가 개털이었다. 虽然什么都干了，但全都做了无用功。
		没钱没背景的人	좋긴?순 개털이구만.《당신은 선물, 1회》好什么好? 穷光蛋一个!
		没钱没背景的犯人	
개털방		关押一般犯人的地方	

새털		非常轻的东西	입이 아주 깃털이야. 《빛나라 은수, 33회》嘴真不严实。
깃털			
쇠털[04]		比喻多	우리에게는 쇠털같이 많은 시간이 있었다. 《법률저널, 2018. 03. 13》我们有很多时间。

如上所示，"범털、쥐털、개털"都可用作隐语，不过"개털"除了作隐语，日常生活中也多用来比喻没钱没背景的人或没用的事、行动，此外，"개털"指一般犯人时，也称作"법자"，即"법무부 자식"[05]。关押上述犯人的地方分别叫作"범털방、쥐털방、개털방"。但是"개털방"一般不使用，因为关押一般犯人的地方不是特殊的标志项。

"새털、깃털、쇠털"都没有隐语意义，而是根据鸟和牛的特点，分别具有了非常轻的东西、非常多的东西等比喻意义，如(10a)表示轻贱时虽然可以译成"鸿毛"，但是(10b)中比喻日子长时，汉语要意译，因为汉语的"多如牛毛"一般多比喻具体的数量，而不比喻时间长。"가을바람의 새털"比喻就像秋风刮起的鸟毛一样非常轻且软的东西。

(10) a. 샛털도 니 주둥이보다 무겁겠다야. 《강남 스캔들, 6회》你的嘴真是比鸿毛还轻/藏不住事啊。

   b. 니가 다 살았어? 아직 살 날이 새털 같이 많은데. 《아이가 다섯, 15회》你已经过够了吗? 要过的日子还长着呢。

---

04   详见同一章的"3.3.2.1"。

05   http://www.ilyosisa.co.kr/news/articleView.html?idxno=121326

如上，"털"不仅与各种动物词结合，还与形容词定语形式"미운"结合形成"미운털"，比喻因不好的偏见而不管做什么都被讨厌，如(11ab)。此外还有反义结构"고운 털이 박히다"，指有值得另眼相看的不同之处。"양심에 털이 나다"指丧失良心，如(11c)。

(11) a. 미운털을 박혀서 어떻게요?《빛나라 은수, 7회》被她盯上了，怎么办啊？

b. 너 진짜 소송 걸었다간 본사에 미운 털 단단히 박혀.《다시, 첫사랑, 72회》你要真的起诉（LK）的话，会惹得总公司那里不高兴啊。

c. 어떻게 양심에 털들이 나셨어? 이렇게 시간 장소 안 가리고 어떻게 이럴 수가 있어?《밥상 차리는 남자, 28회》你们良心叫狗吃了是吧? 竟然不顾时间地点地干这种事?

韩国语还有"노틀"，是从汉语的"laotour[老頭兒]"音译过来的（《표준국어대사전》），指老年男人。但日常生活中韩国人很多把"노틀"写作"노털"《동아일보, 2016. 11. 22》[06]。

3.2.4.3 脚、爪子

汉语里有"脚、足、爪、蹄"，但韩国语与此相关的固有词只有"발"，此外还有汉字词"족(足)"，但一般不单独使用。

韩国语里经常提到的动物脚有"쇠발、소족、우족""말발""괴(고양이)발""개발""돼지발/족발""노루발"等，其中作

06　[손진호 어문기자의 말글 나들이]개털과 범털, 그 위는?

为饮食的有"우족、소족 牛蹄子""족발 猪蹄"，也就是说用作饮食时，多用汉字词或者"汉字词+固有词""固有词+汉字词"形成的混合词，而不用纯粹的固有词。此外还有"거미발、지레발、까치발、까마귀발、문어발、오리발、새발"，多用来比喻其他没有生命的事物。有些脚还可连用，如"쇠발개발"比喻非常脏的脚，"괴발개발、개발새발"比喻写字很潦草。

3.2.4.4 尾巴

韩国语里尾巴为"꼬리"，也比喻事物一侧突出的长长的部分，如(12ab)；也比喻找人或可以追赶的痕迹，也比喻某个群体的最末尾，如(12c)。

(12) a. 배추의 꼬리 白菜根

　　b. 비행기 꼬리 机尾

　　c. 행렬의 꼬리에 붙어서 행진을 하다. 跟在队伍后面行进。

与尾巴有关，韩国语有丰富的惯用语，这些惯用语如下表所示：

[表4] 与尾巴有关的惯用语

	分类	惯用语	意义
1	尾巴的长度	꼬리(가) 길다	长期干不好的事情或出入不关门。
2	缩尾巴	꼬리(를) 내리다	被对方的气势所压制而退缩或萎缩。
		꽁지(를) 내리다	
		꼬리(를) 사리다	因害怕而躲避或萎缩。

447

2	垂尾巴	꼬리를 빼다	逃跑
		꼬리가 빠지게	比喻快速逃跑的样子。
	摇尾巴	꼬리(를) 치다	阿谀奉承
		꼬리(를) 흔들다	
	藏尾巴	꼬리(를) 감추다	隐藏踪迹
		꼬리(를) 숨기다	
3	踩尾巴	꼬리를 밟다	跟踪
		꼬리가 밟히다	行迹被发现。
	露尾巴	꼬리가 드러나다	
		꼬리를 드러내다	找出或告知踪迹。
	抓尾巴	꼬리(를) 잡다	
4	咬尾巴	꼬리를 맞물다	前后相连
5	接尾巴	꼬리를 대다	把前后联系起来对照。
	挂尾巴	꼬리(를) 달다	前后相连或者接话说。

如上，这18个惯用语可以分为五类，第1类与尾巴长度有关，比喻干不好的事情，汉语有"狐狸尾巴长不了"或"兔子尾巴长不了"，比喻办事没有耐心，没有长性，也形容邪恶之人、邪恶势力不会长久，与韩国语意义不同。

第2-4类是动物尾巴可能出现的动作，第5类一般不是动物实际存在的动作。其中第3类惯用语存在宾动结构和主谓结构两种惯用语。另外，有的惯用语表达相同的意义，如"꼬리(를) 잡다、꼬리(를) 밟히다、꼬리를 드러내다"意思是找出或告知踪迹、真相。

第2类中，用缩尾巴来比喻害怕具有语言共性，英语的coward(尾巴)，意为胆小鬼，其语源是拉丁语的cauda(尾巴)(支顺福2012:120)。第3类中，摇尾巴比喻阿谀奉承，汉语里类似的有"摇尾乞怜、摇尾求食"；与藏尾巴有关，汉语有"藏头露尾"，形容说话躲躲闪闪，与韩国语表达的意义不同。第4类，与咬尾巴相关汉语有"衔尾相随"。

如上，2-5类韩国语都是借用与尾巴有关的具体动作来比喻各种心理或动作行为，汉语一般多形成四字格成语，在具体的与尾巴有关的动作后面添加相应的说明，当然"藏头露尾"是另外一种类型。

3.2.5 动物的排泄物

3.2.5.1 狗屎

"개똥"可以指具体的狗屎，此外还比喻不起眼、低贱、稀里糊涂的，之所以如此，是因为狗屎没有太大的营养成分，连肥料也做不成，如(13)。有时"개똥"还用于命名，如"개똥장마(좋은 장마)、개똥참외、개똥철학、개똥상놈"，比喻没用。

(13) a. 개똥 같다 就像臭狗屎

   b. 그 집에서 우리 진주를 개똥으로 알고 있는데 우리도
      딸 줄 이유 없어.《아이가 다섯, 50회》你们家把我
      们珍珠当臭狗屎/不当盘菜，我们也没理由把女儿嫁
      给你们。

因为狗屎没用，所以人们在过去都不会捡狗屎当粪，所以外面狗屎轻易可见，但有时也会出现找不到的情况，因此就有了俗语"개똥도 약에 쓰려면 없다"，比喻很平常的东西到关键时刻反而找不到了，用的是否定意义，但日常生活中有时也用于肯定句，如(14)，这是用"개똥"来比喻人,(15)是用"개똥"比喻电话号码。

(14) 개똥도 좀 약에 쓰려고 했는데 딱 잘 왔다.《사랑이 오

네요, 87회》我本来想用狗屎入药呢，正好你来了。

有时也会出现一些变形，如电视剧《우리 갑순이, 16회》中，当兄嫂两人找大女儿前夫的电话找不到时，问孩子的姑姑有没有联系方式，所以姑姑说道：

(15) 언제는 전서방하고 연락한다고 난리치더니만은. 아이구. 개똥도 약에 쓰려니까 아쉽죠. 以前我和全姑爷联系，你还和我闹腾（不让和他联系）。哎呀，现在有事想找他的电话，却又没有，很可惜，是吧?

与"개똥"同等地位的还有"까마귀 똥"，有俗语"까마귀 똥도 약에 쓰려면 오백 냥이라、까마귀 똥도 약이라니까 물에 깔긴다、까마귀 똥도 열닷[오백] 냥 하면 물에 깔긴다"。"개똥"还有俗语"개똥밭에도 이슬 내릴 날이 있다"，意为穷人也有出头之日，千年瓦片也有翻身之时。

3.2.5.2 牛马粪

韩国语里牛屎为"쇠똥"，马粪为"말똥"，两者有时可用来指实物，但"말똥"还可用作军人的隐语，指朝鲜时代的"영관(领官)"或那种级别。与马粪有关还有俗语"말똥도 모르고 마의(馬醫)노릇 한다"，比喻庸医。

韩国语里的"쇠똥、말똥"还经常用来与食物联系起来，如下表所示：

[表5] 牛马粪与食物

	俗语	字面意义	比喻意义
1	말똥도 밤알처럼 생각한다	把马粪当作栗子仁。	比喻被贪心迷住了双眼，非常吝啬。
2	말똥이 밤알 같으냐	你以为马粪是栗子啊。	比喻想去吃无法吃的东西，或比喻渴望得不到的东西。
	쇠똥이 지짐 떡 같으냐	你以为牛粪是煎的年糕啊？	
3	굴우물에 말똥 쓸어 넣듯 한다	就像往深井里扫马粪一样。	嘲弄不管什么都贪吃无度的人；比喻无限度地给没有希望的事情投资。
4	말똥을 놓아도 손맛이더라	即使做的是马粪但也会因手艺不同而不同。	比喻即使饭菜不太好，但手艺好的话，也会使味道有所提高。

如上，第1、2组俗语是根据形态特点将马粪、牛粪分别与栗子仁、煎年糕联系起来。其中第1个俗语比喻非常吝啬是可以理解的，但第2组俗语中却是用马粪和牛粪来比喻想吃或想得到的东西，这一点与中国人的思维不同，因为中国人一般会用有价值的东西来做比喻，而牛粪、马粪是没有价值的东西，这从俗语4中也能看出。并且俗语4用马粪来强调做饭手艺好，这种比喻也具有很强的民族性。俗语3中虽然没有出现与食物相关的字眼，但比喻意义却与贪吃有关。

此外还有汉字词"우수마발(牛溲馬勃)"，比喻没有价值的话、文章或质量低下而无法使用的药材，如(16)。"우수마발"还指车前子和蘑菇类的药材，比喻非常常见的药用物品。而汉语的"牛溲马勃"却比喻运用得宜，无用之物可以变为有用[07]（《在线成语词典》）。也就是说，韩国语与汉语的意义不同，韩国语的着眼点在"无用"

07　http://chengyu.t086.com/cy7/7171.html

之上，而汉语的着眼点在"无用之物可以变有用"之上。

(16) 글을 많이 쓰더라도 전혀 쓸모없는 우수마발 같은 글을
쓰면 안 쓰는 것만 못하다. 即使写很多文章，但如果写
一些没用的还不如不写。

牛粪、马粪还经常与狗屎连用表达比喻意义，如"쇠똥에 미끄
러져 개똥에 코 박은 셈이다、쇠똥도 약에 쓰려면 없다=개똥도 약
에 쓰려면 없다、말똥에 굴러도 이승이 좋다=개똥밭에 굴러도 이
승이 좋다"。

3.2.5.3 鸡屎

"닭의 똥 같은 눈물"意为像鸡屎般大的眼泪，但实际比喻伤
心欲绝。而汉语有时用"滚瓜"或者"豆大的"，如"贾政听了，那
泪珠更似滚瓜一般滚了下来《红楼梦(三十三回)》""豆大的泪珠顿
时夺眶而出《北大中文语料库》"。

韩国语里鸡胗也称作"닭똥집"，初次听说这种东西的人，一定
会产生奇怪的联想，如：

(17) 강찬빈: 대체 이 요리의 이름 뭐야? 这道菜的名字到底
叫什么啊?
금사월: 주문했을 때 못 들었어? 닭똥집이다…많이 드
셔. 刚才点菜的时候没听到啊? 叫"닭똥집"，多吃点。
강찬빈: 닭～～똥?! (욱～)《내딸 금사월》닭～～똥?!
（恶心死了）

电视剧里之所以出现这种场面，其实也说明现代韩国人也很难理解为什么鸡胗会用"닭똥집"来命名。

3.2.5.4 鸟屎

韩国语里鸟屎为"새똥"，经常用来比喻突如其来的灾祸，如电视剧《내 남자의 비밀, 54회》中，当得知自己正在追求的大富翁的孙子喜欢自己寡居的儿媳妇后，구미홍非常吃惊，自言自语道：

(18) 회장님 손자가 해솔애미랑 엮이면 나 어떻게 되는 거야? 완전 새똥 되는 것 아니야? 그럼 내가 어떻게 회장 사모님 되냐구? 会长的孙子如果和海松她妈纠缠在一起的话，那我怎么办呢？那我就成炮灰了啊。那我不就当不上会长夫人了吗？

如上，汉语"鸟屎"没有这样的意义，可以意译成"炮灰"。"새똥"有时用于"새똥맞다"，比喻突然，不合常理，如(19)，汉语没有这种用法，所以多用"突然"。

(19) 새똥맞게 이런 것 왜 남산에서 돌려달라는 거지?《내딸 금사월,22회》为什么突然让我到南山上来还这东西啊？

3.2.5.5 鳀鱼屎

韩国语里鳀鱼为"멸치"，身长为8-12厘米，在鱼类中体积属于小的，而这种鱼的排泄物肯定是又少又小，所以"멸치똥"用来比喻程度轻，如：

(20) 촌스럽긴,패션센스는 멸치똥만큼도 없어.아무리 집앞
이래도 어떻게 저렇게 나와?《아버지가 이상해, 3회》
真土啊。真是一点时尚感都没有啊。就算是在家门口
见面，出门怎么能穿成那个样子啊?

3.2.5.6 黄鼠狼拉屎

黄鼠狼有一种习性，就是通过拉的粪便来记忆走过的道路，因此大便会拉一路，并且是一点一点的，因此就有了俗语 "족제비 똥누듯"，比喻一点一点地往外挤眼泪的样子。

3.3 动物分类

动物的分类有科学的分类体系，本书中不严格按照这种科学的分类体系，而是按照日常生活中比较熟悉的分类法，将动物分为 "家畜、野生动物、飞禽、虫、鱼等水生动物" 等五大类，其中家畜主要分析韩国语里文化色彩浓厚的 "牛、马、猫、狗、猪、鸡、鸭"；野生动物分为哺乳类和卵生两类。

3.3.1 上义词

动物的上义词有 "동물(動物)、짐승"，"동물" 没有比喻意义，但有派生词 "동물적(動物的)"，指具有动物本能的，也指不理性、受本能驱动的，如 "동물적 욕구 动物性的欲求"。"짐승" 本是佛教用语，后来才指禽兽。

3.3.2 家畜

家畜代表性的就是"六畜"，在中国"六畜"的排列顺序有古代和现代之分，在古代主要是按照功劳来排序，所以顺序为"马、牛、羊、鸡、犬、豕"，新中国成立后，因为解决吃的问题是当务之急，并且随着机械化的发展，军队里也没有了马的位置，所以"六畜"的顺序改成了"猪、牛、羊、马、鸡、犬"(马未都 2017(1):148-149)。这六种动物还有一定的象征意义，叶舒宪(2005:288，320)认为:在中国上古社会的动物象征谱系中，鸡、狗、羊、猪分别象征四方与四时，牛和马象征地和天，也就是说下方和上方；鸡人创世神话中前六天所造的这六种动物合在一起，恰恰是三维度的立体空间宇宙构成的一种隐喻，并且创世神话中六畜的顺序为"鸡、狗、羊、猪、牛、马"，这个顺序与这些动物被家养的时间先后有关，即马是最后被家养的。也就是说，古生物学上的六畜发生顺序与前面所说的两种顺序是不同的。但不管按照哪一个标准来排序，都说明这六种动物在中国文化中的重要地位。

在韩国文化里家畜的地位如何，可以通过各种家畜所具有的意义以及相关的表达来判断，首先，在韩国文化里，单纯从语言表现角度来看，羊的文化特性并不突出，主要有"희생양"类表达，如(21)。但韩国传统的游戏"윷놀이 掷柶游戏"中，其点数的代表动物分别为"猪、狗、山羊、牛、马"(최창렬 2004/2005:34)，这说明山羊在韩国传统农耕文化中具有重要地位。但从语言形式的丰富程度来看，比较重要的主要是"牛、马、狗、猫、鸡、鸭、猪"等。

(21) 자기 아들을 희생양을 내세우고 빠져나가기 전에 차덕
　　배 사장도 진흙탕에 빠트려야지.《다시, 첫사랑,4회》
　　在车德培把儿子当牺牲羊而自己想脱身/金蝉脱壳之

前，我们也要把他拉下水。

3.3.2.1 牛

韩国人对牛的认识，可从牛的分类、牛的身体部位、牛的作用与饲养、牛的形象特点以等四个方面来分析。

1）牛的分类

韩国语里，根据颜色分类的话，代表性的有黄牛，称作"황우(黄牛)"。此外还有黑牛，叫作"검정소、오우(烏牛)、흑우(黑牛)"。在济州岛民俗中黑牛曾作为盛大祭祀的祭品，多用于俗语"같은 값이면 껌정소 잡아먹는다"，比喻黑牛比黄牛肉好吃，也指既然同样的价钱，肯定要选质量好的。

韩国语里还有"황소"，与"황우"都指很大的公牛，小公牛称作"부룩소"。"황소"还比喻蠢笨、力气大或者吃的多的人，如(22)。

> (22) a. 저렇게 힘이 센 걸 보니, 저 사람을 황소라 부르는 게 이해되는군. 他的力气那么大，终于能理解为什么大家都叫他"黄牛"了。
> b. 아무리 악을 쓰고 덤벼도 그의 황소 같은 힘을 당해 낼 수가 없었다. 不管怎样憋着劲去对抗，也抵不过他那牛一般的力气/牛劲。

韩国语还有"황소바람"，指从狭窄的缝隙里刮进来的强风，这里用的是"황소"的力气大之意，如(23a)。相关的还有"황소고집"，比喻非常固执，如(23b)。"황소힘"指非常大的力气。"성난

황소 영각하듯"意思是就像发火的黄牛叫一样，比喻大声喊叫让人害怕的样子。

(23) a. 황소바람이 불다 刮强风

　　 b. 강우 그 녀석 황소고집이야.《여자의 비밀, 45회》江
　　　宇那小子可不是一般的固执。

　　与韩国语相比，汉语"黄牛"一般多用作"老黄牛"，比喻老老实实勤勤恳恳地为人民服务的人。汉语里的票贩子也称作"黄牛"。

　　韩国语里牛犊子为"송아지、쇠새끼"，多表达消极意义，如"목맨 송아지"比喻受制于人的处境。"쇠새끼"俗指不听话的牛，或比喻像牛一样愚笨的人。韩国语还有"쇠아들"，俗指不懂感恩、没有一点人情味的愚钝之人，但朝鲜语里却比喻就像牛那样听话、温顺的人。汉语里在比喻没有任何依靠的人时用"没娘的孩子"，而韩国语用"어미 잃은 송아지"，即没娘的牛犊子。

　　"송아지"多用于俗语中，如(24a-c)，有时"송아지"也可以不出现，如(24d)，这些俗语都比喻不成器的人越干不成器的事情。而(24e)比喻处境危险却浑然不知地摆谱、装酷;(24f)比喻没有经历过或者太笨而不懂事理。(24g)比喻费心思去教育那些蠢笨并且听不懂也不想听的人。这里用的也是"牛很笨"之意。

(24) a. 못된 송아지 엉덩이에서 뿔난다.

　　 b. 못된 송아지 뿔부터 난다.

　　 c. 송아지 못된 것은 엉덩이에 뿔 난다.

　　 d. 엉덩이에 뿔이 났다.

　　 e. 과부 집 송아지 백정 부르러 간 줄 모르고 날뛴다.

f. 미련한 송아지 백정을 모른다

g. 송아지 천자 (千字) 가르치듯

如上，即使用于俗语中，"송아지"表达的也都是消极意义。

2）牛的身体部位

牛的身体部位主要分析牛角、牛耳、牛足、牛尾、牛毛等。首先看牛角。牛角以"硬"著称，所以钻牛角尖很难，一般钻不动，所以汉语多用"钻牛角尖"或"钻死牛角"来比喻费很大的劲去研究不值得研究或无法解决的问题；另外，由于钻牛角尖的话，肯定是越钻越钻不动，路越来越窄，所以也可比喻思想方法狭窄。韩国语没有汉语类似的意义，但韩国语也有基于"牛角很硬"这一点的俗语，即"쇠뿔도 단김에 빼라"意为牛角要趁热拔，如(25)。汉语表达类似意义时用"趁热打铁"，之所以如此，是因为冷铁很硬，无法打制东西，这与牛角不加热很硬的特点是一样的。

(25) 쇠뿔도 단김에 뺀다고 니가 애미 사진을 이렇게 떡하니 걸어주고 분위기가 멀뚱멀뚱할 때 스튜디오 받아야지.《우리집 꿀단지, 94회》都说牛角也要趁热拔，你现在把孩子他妈的（艺术）照片给她挂在这儿，趁着她高兴，得赶紧（从她手里）把摄影室弄到手啊。

韩国语还有"쇠뿔 잡다가 소 죽인다"，比喻想纠正某物或某人的缺点，结果超过了度，反而将其毁了。

提到牛，比较醒目的还有牛耳朵，韩国语有固有词"쇠귀"和汉字词"우이(牛耳)"，这两个词都可与动词"잡다"结合形成惯用

语"쇠귀를 잡다、우이(를) 잡다",都表示成为盟主,不过"우이(를) 잡다"还可用于现代生活中,表示成为某种聚会的头头或管事的人,如(26)。

(26) 재영이만 살아 있다면 비록 자기가 없다 할지라도 당의 우이를 넉넉히 잡을 것이로되, 지금의 숙생 중에는 그 임무를 감당할 만한 사람이 없었다.《김동인, 젊은 그들》如果再英活着的话,即使自己不在,他也能轻松地掌控整个党做党首/执牛耳,但现在的老学者中没人能担当此大任。

至于"抓住牛耳朵、执牛耳"为什么会有这种意义产生,与古代诸侯会盟有关,古代诸侯会盟时,会"割牛耳以敦盛血,以珠盘盛牛耳,主盟者执盘,使与盟会者以血涂口(歃血),以示诚信不渝",如"现在的曹操只能算个白丁,因此只能在结盟的时候打杂拉牛尾巴,不能抓牛耳朵《漫画三国人物·第五·关中有义士》"。而后世来称人在某方面居领导地位。韩国语与汉语意义一致。不过,韩国语"우이(를) 잡다"还比喻自己随心所欲地处理事情。

韩国语里牛足为"쇠발、소족",相关的俗语有"뻗친 쇠발",意为已经伸出去的牛脚,比喻已经着手的事情。

韩国语里牛尾为"쇠꼬리",有俗语"쇠꼬리보다 닭 대가리가 낫다",即"宁为鸡头勿为牛后"。这里的"쇠꼬리"可以换成"용의 꼬리、봉미"。

韩国语里牛毛可称作"소털、우모(牛毛)、쇠털",因为牛毛是数不清的,所以与"쇠털"相关的俗语大多表示数量多,有的单纯表示数量多得不可数,如(27a);有的可以用来指时间多,如(27bc),

因为韩国语的时间可以与多少产生关联，表示数量，但译成汉语时多用"数不清"或"长"。汉语只用"牛毛"来比喻多，而不用来比喻时间，因为在汉语里时间多与长短有关，但牛毛一般都比较短，所以一般无法与时间产生关联。

    (27) a. 쇠털같이 많다 多如牛毛

        b. 쇠털같이 하고많은[허구한] 날 数不清的日子

        c. 쇠털 같은 날 日子还长着呢

有的则从数量多这个意义又发生延伸，如"쇠털을 뽑아 제 구멍에 박는다"意思是将无数的牛毛拔下来再插回原处，比喻办事不灵活、很死板。

3）牛的作用与饲养

由于在古代牛是重要的农耕必需品，所以牛非常珍贵，如俗语"소는 농가의 조상"，意为牛重要得就像农民的老祖宗一样。由此可见韩国人对牛的重视。朝鲜时期《세종실록 世宗实录》"7年2月4日条"中就明确规定为了保障耕牛的数量，禁止宰杀耕牛，原文如下：

    (28) 먹는 것은 백성의 근본이 되고 곡식은 소의 힘에서 나오

        므로 우리나라에서는 금살도감을 설치하였고, 중국에서

        는 쇠고기의 판매를 금지하는 법령이 있으니, 이는 농사

        를 중히 여기고 민생을 후하게 하려는 것이다. (转引自

        강명관 2010/2011:28)

正因为过去杀牛吃是一般人不敢想象的，所以"소 잡아먹다"比喻干非常阴险的事情，尽管禁止杀牛的文化已经消失，但是惯用语意义却保留了下来，如(29)。但这种惯用语意义具有很强的文化性，中国过去虽然也有禁止杀牛的文化，但没有形成相应的表达，所以汉语一般用"干坏事"或"干阴险的事"等来表达类似意义。相比之下，韩国语具象化很强。

(29) a. 소 잡아먹었냐? 뭘 그렇게 놀라냐. 你干什么坏事了？
为什么这么吃惊？
b. 그 친구는 소 잡아먹고도 남을 사람이지. 他绝对有可
能干这种阴险的事/他干这种事绰绰有余。

现在养牛都在养牛场，但是过去都是牵着牛出去把牛栓到有草的地方就可以了。但即使这么简单的活也不会干，更何况干比喂牛还累的抡镐头这种活儿呢，所以俗语"소 먹이기 힘든데 괭이질을 어찌할까"用来嘲弄那些不喜欢干活的书生。

牛有一个生活习性就是蹭痒痒。俗语"소도 언덕이 있어야 비빈다"意为要有个土坡，牛才能够用来蹭痒痒或者能够站在土坡上，比喻不论是谁要有所依靠才能开始做事情或者成就某件事情，这与韩国语里"언덕"具有靠山之意是相通的。

养过牛的人都知道，骑在牛背上行走时，因为颠动的原因，头是一晃一晃的，根据这种动作，所以俗语"소 탄 양반의 송사 결정이라"比喻向骑在牛背上的两班询问官司的情况时，不管怎样问，都是点头，一点也猜不透什么意思。因为骑马与骑牛时人的头部都会晃动，所以有了俗语"말 탄 양반 끄덕 소 탄 녀석 끄덕"，意为骑马的两班一点头，骑牛的小子也一点头，比喻一味地模仿别人。

4) 牛的形象特点

牛的形象特点主要分为四种类型，第一种与牛的灵性有关，第二种与体格、力气、食量有关，第三种与行动有关，第四种与性格有关。

(1) 有灵性，但听不懂，也不会说话

牛是通灵性的，知道进庖厨是要挨刀，所以"소(가) 푸주에 들어가듯"字面意义是像牛不愿意进入庖厨一样，比喻非常讨厌去某个地方。有时也用"도살장에 끌려간 소처럼"来比喻，如(30)。

(30) 전서방이랑 다시 살기로 했으면 기분 좋게 하지. 도살장에 끌려간 소처럼 얼굴이 왜 그러냐구?《우리 갑순이, 42회》既然决定和郑姑爷复婚，就高高兴兴地。你的脸怎么像被拉到屠宰场的牛那样不情愿啊?

但牛是动物，肯定听不懂话，所以俗语"쇠귀에 경 읽기 对牛弹琴"意为牛很笨，用来比喻人很笨，类似的还有"말 귀에 염불 对马念佛"，也就是说不仅牛是笨的象征，马也是笨的象征。这里是用听不懂话来比喻牛、马很笨。

要想说话，首先要听懂，而牛是听不懂话的，自然就不会说话，所以就产生了很多俗语，如(31)，意为不管对牛说什么话，牛也不会给传话的，不会泄露秘密，但对妻子、母亲、父亲等近亲属说的话却肯定会被传出去，比喻不管关系多么亲近说话也要小心，不要乱说话。

(31) a. 소더러 한 말은 안 나도 처더러 한 말은 난다.

b. 소 앞에서 한 말은 안 나도 어미[아버지] 귀에 한 말은 난다.

c. 아내에게 한 말은 나도 소에게 한 말은 나지 않는다.

d. 어미한테 한 말은 나고 소한테 한 말은 안 난다.

由于牛不会说话，如果牛叫了，说明实在是不合常理，所以"소가 짖겠다"是看到非常不可理喻的事情时常说的话，类似的还有"개가 웃겠다、개가 웃을 일이다"。

正因为牛具有愚笨之意，所以有了俗语"소 궁둥이에다 꼴을 던진다"，意为把脸凑到牛屁股上，可比喻非常迟钝，没有悟性的人，不管怎样教育也不会有效果的，这里用的也是"牛很愚笨"这一点。另外，从人这个角度来看，也比喻不管怎样费心，怎样投入本钱，也不会有收获的，这是借牛来比喻人笨，与汉语"拿热脸碰人家的冷屁股"有相似之处。

(2) 体格大、力气大、食量大

牛的特点是体格大、力气大，但是牛的这种特点并没有被韩国人所看好，这从俗语里可以看出来，如(32)，意为牛不管体格再壮，力气再大，也无法做王，这些俗语都用来比喻只有力气是无法办大事的，办大事尤其是做首领需要优秀的品性和智谋。而汉语也有"蛮劲"，表达的也是贬义，看来中韩两个国家的人对力气的看法是比较一致的。这与西方文化崇尚力量、勇气有很大不同，这也是东西方文化的差异之一。

(32) a. 소가 크면[세면] 왕 노릇 하나

b. 기운이 세면 소가 왕 노릇 할까

c. 기운이 세면 장수 노릇 하나

d. 힘 많은 소가 왕 노릇 하나

e. 힘센 소가 왕 노릇 할까

　　与牛的体格大有关，还有"소 잡은 터전은 없어도 밤 벗긴 자리는 있다"，意为即使把牛抓走了不会留下痕迹，但小小的栗子吃了之后会留下栗子皮，用来比喻做坏事时，哪怕是非常小的事情，也肯定会留下痕迹，被人发觉。

　　牛还有一个明显特点是食量大，所以"소 먹듯 하다、소같이 먹다"用来指吃得很多，汉语也用"食量大如牛"等来表达饭量大，但因结构不同，所以与韩国语惯用语一般无法替换，如(33)。牛不仅吃的多，喝水也喝得多，所以"소(가) 뜨물 켜듯이"比喻一下子喝很多水的样子，汉语也有"牛饮"，如(34)，两者有时可对应。

(33) a. 점심때 소 먹듯 했더니 사람들이 아침 안 먹었느냐고 묻는다. 午饭时我吃得很多，所以大家都问我是不是没吃早饭?

　　b. 옆방 학생은 저녁을 소같이 먹고도 밤이 깊어지면 먹을 것을 찾느라 부엌 근처를 기웃거린다. 隔壁房间的学生晚饭即使吃很多，但到深夜就又在厨房里转悠着找东西吃。

(34) a. 梁大牙一仰脖子，咕咕咚咚一阵牛饮。《北大中文语料库》

　　b. 소 뜨물 켜듯이 물 마시는 걸 보니 무척 목이 말랐었구나. 看他牛饮的样子，看来是渴得不行了。

（3）行动慢

牛还有其他一些特点，如"行动慢"，与此相关的俗语有"소 죽은 넋을 덮어씌우다[덮어쓰다] 像被死去的牛附了魂一样"，比喻行动非常慢。

行动慢了，会让人觉得很稳重，所以位居高位的人走路都四平八稳的，鲁迅在《孔乙己》中描写这样的人时写道"只有穿长衫的，才踱进店面隔壁的房子里，要酒要菜，慢慢地坐喝"。实际在实际生活中也是这样的，位居高位的人，没必要急匆匆地行走，而下人才会东奔西走。韩国语里在表达人走路稳重时，也可用牛来比喻，如"느릿느릿 걸어도 황소 걸음이다"。

（4）勤劳、温顺、固执

牛还有勤劳的特点，汉语里有"老黄牛"比喻人勤勤恳恳，韩国语也有"소같이 벌어서[일하고] 쥐같이 먹어라"，意为要像牛一样坚持不懈地工作、挣钱，要像老鼠一样少吃，也就是说要努力工作挣钱，但生活要节俭。当然也有惯用语"소 같이 일하다"，如（35a）。在实际运用时也会发生变形，如（35b）。

（35）a. 항아리 깨먹은 것 같느라고 일을 소 같이 했잖아.《당신은 선물, 79회》打碎了他们的酱缸，作为补偿，我不是给他们做牛做马地干活了吗？

b. 소예요? 일만 하러 태어났냐구요?《사랑이 오네요, 45회》你是牛吗？你是为了干活才出生的吗？

牛生性比较温顺，一般不会咬人，所以俗语"소한테 물렸다"意为被温顺的牛所咬，比喻在意想不到的地方遭受了意外的损失。

牛非常固执，并且非常有韧性，所以"소 죽은 귀신 같다"比喻非常固执、有韧性的人，类似的俗语还有"쇠 먹미레 같다"。汉语里也有"牛脾气"，表达的也是固执之意。

韩国语还有"벽창호"，比喻愚钝、固执的人。其原型是"벽창우(碧昌牛)"，平安北道有"벽동(碧潼)、창성(昌城)"两个地方，"벽창우(碧昌牛)"即这两地出产的牛，之所以具有了比喻意义，是因为这两个地方地处北部山地，要想在这里生存，并能进行农耕，必须非常结实、顽强才行。当用来指人时，就有了比喻意义，并且在此基础上，又添加了"愚钝"之意[08]。当然，在形态上，则由"벽창우"变成了"벽창호"，如(36)。

(36) 김칫국부터 마시지 마세요. 그 아가씨도 그 아가씨지만 우리 휘경이가 아직 벽창호예요.《천상의 약속, 16회》
你也太超前了。那个姑娘虽然也有问题，但我们辉京是大问题，（不想结婚的想法）太顽固了。

与"벽창호"有关，"충청투데이"2015年05月13日题为"벽창호"的报道中，提到在韩国"청주시 남일면 척산리 청주-신탄진"之间的国道附近有一处名叫"벽창호"的家具店，对此，文章作者认为这种命名法是因为对"벽창호"不理解导致的，所以对此提出了批评[09]。不过我们以为这种命名方法可能并不是因为对"벽창호"不了解，反而是非常了解这个词的词源，所以取了"碧昌牛"的结实、

---

08 这个例子来自《충청투데이 2015.05.13》以及韩国"국민일보(2016.01.08)"题为《서원식의 우리말 새기기》栏目。

09 http://www.cctoday.co.kr/?mod=news&act=articleView&idxno=902514

顽强之意，来喻指自己店里的家具非常结实。

3.3.2.2 马

韩国语马为"말04"，本小节主要看马的分类、长相、性情、前缀"말-"等。

1）马的分类

马的统称为"말"，小马为"망아지"，此外还有"생마새끼(生馬--)"指难以驯服的马驹子，也俗指没有礼貌、肆意妄为的人。俗语"말 밑으로 빠진 것은 다 망아지"意思是掉在马身子下的都是马驹子，强调根本性的东西是绝不会变的。

马可分为普通马、良马与千里马。其中良马有"용마(龍馬)"，可以比喻非常善跑的马。近义词有"용총(龍驄)、용총마(龍驄馬)"，而俗语"용마 갈기 사이에 뿔 나거든"意思是在马的两耳之间长出了角，比喻没用的东西。千里马为"천리마(千里馬)、기마(驥馬)、천리구(千里駒)、천리총(千里驄)"，千里马的尾巴称作"기미(驥尾)"，比喻依靠别人而获取名声，近义词有"부기(附驥)"，与汉语"附驥"同义，比喻攀附权贵而成名。汉语也说"附驥尾"，同样的意义也可用俗语"천리마 꼬리에 쉬파리 따라가듯"来表达。与马尾有关，韩国语还有"마른 말은 꼬리가 길다"，意思是同样的东西如果瘦了的话会显得比原先更长。

马还可分为散养马与赛马两种。散养的马称作"놓아 먹인 말"，比喻难以教化、顺服的人。赛马为"경주마(競走馬)、경마(競馬)"，俗语"말 타면 경마 잡히고 싶다、말 타면 종 두고 싶다"意为骑上了马，又想骑赛马，也就是说人的欲望是没有尽头的。

赛马具有视野狭窄这一特点，所以根据此特点有时用于比喻，

如:

(37) 이처럼 노련한 지휘관도 긴박한 현장에서는 경주마처럼 시야가 좁아질 수밖에 없다.《동아일보, 2018.01.26》就是这样老练的指挥官在这种紧急关头也像赛马一样，视野变得狭窄了。

2）马的长相

从长相来看，马脸很长，鼻孔很大，所以韩国语里"말상(-相)"用来嘲笑像马脸一样脸非常长的人，汉语用"驴脸"；"말코"指鼻尖扁圆、鼻孔很大、哼哼唧唧的鼻子，也用来嘲笑长有这种鼻子的人。

与马有关，还要提一下马的脚。汉语有"露马脚"，韩国语也有"마각(馬脚)"，比喻被藏起来的本性或真相，多用于惯用语"마각을 드러내다"，比喻隐藏的事情显露出来或露出本来面目，如(38)。因为汉语的"露马脚"是惯用语，一般不能在中间添加修饰语来修饰马脚，所以韩国语里的"흉악한 마각"只能译成"凶恶的面目"。被动形式的"마각이 드러나다"意思是被隐藏的事情或真面目露了出来，如(39)。

(38) 8월 말로 접어들자 그들은 차츰 흉악한 마각을 드러내기 시작했다.《홍성원,육이오》随着8月底的临近，他们的凶恶面目也逐渐露了出来。

(39) 능도 없으면서 운동은 무슨 놈의 운동이오. 그러니까 마각이 드러나지.《박경리, 토지》又没有什么才能，搞什么运动啊? 所以说才会露马脚，不是吗?

3) 性情

从性情来说，马这种动物与其他动物相比性格比较暴烈，有的还会咬人。所以韩国语里有很多相关的俗语，如(40a)意思是就像咬人的马的嘴巴，就像打破的缸壁的锐利瓦片一样狠，比喻为人狠毒，无法靠近;(40b)意思是在脾气暴躁的人身边就有与他类似的人聚集;(40c)意思是又咬又踢的性情暴烈的马，比喻元气旺盛的人。

(40) a. 무는 말 아가리와 깨진 독 서슬 같다
　　 b. 무는 말 있는 데에 차는 말 있다
　　 c. 물고 차는 상사말（相思-）

可能是因为马的这些习性吧，韩国语里还用"말뼈"来嘲笑性情不沉稳、非常强势、不懂变通的人。

在很多文化里牛象征雌性，马象征雄性，不过前人研究中虽然对前者为什么象征雌性都有详细的论述，但对后者却没有明确说明，根据类比思维，马之所以被用来象征雄性，可能与其性情有关，因为性情暴烈、狠毒、元气旺盛、强势等正是雄性的典型特征。

4) 发展成前缀"말-"

"말-"从形态上经历了"마루>말>"的过程，在现代韩国语里主要与动物词根结合，形成"말승냥이、말개미、말거미、말벌、말매미、말조개"等派生词，表达"大"意义。而汉语也有"马蜂"，其中的"马"也表达"大"之意。

3.3.2.3 狗

狗在韩国文化里占据非常重要的位置，不仅各种狗被赋予了消极的比喻意义，狗的各个身体部位、生理特点、食物、看家防盗的功用等都被韩国人拿来做了比喻。韩国人还拿狗来比喻形象打扮、为人处世的道理，还将狗与其他动物的关系来比喻人。正因为狗在韩国文化里的重要性，语用频率非常高，语义也已经非常虚化，最后，狗还展成出了前缀意义。

1) 狗的分类

韩国语里狗为"개"。日常生活中经常会遇到狮子狗，叫作"삽살개、삽사리"，有俗语"삽살개(의) 뒷다리"，比喻就像狮子狗的后腿一样干瘦、不像样。个子非常矮的狗叫作"땅개"，也俗指个子矮、意志坚定、喜欢在外活动的人。除了家狗外，还有野狗，韩国语为"들개"，俗指没事乱逛、到处乱跑的人，汉语有"遛街的狗"。

韩国语"개"的意义非常丰富，可俗指行为不端的人，也可用来贬称给别人跑腿的人，如"그는 일제의 앞잡이 노릇을 하는 개이다. 他是给日本帝国主义跑腿的走狗"，这与汉语的"走狗"一致。

与一般狗的这种消极意义相比，韩国语里的"강아지 小狗"一般可用于中性或积极意义，并且还可以用来作为对小孩子的爱称，如(41ab)；有时也用"똥강아지"来表示爱称，如(41c)。但汉语一般不用"小狗"来比喻自己的孩子。

(41) a. 우리 장손 좀 먹어봐. 우리 강아지! 我们长孙尝尝吧。我的宝贝疙瘩啊！

b. 하나밖에 없는 내 강아지.《우리집 꿀단지, 8회》我唯一的心肝儿肉啊。

c. 아이구, 지아야, 우리 똥강아지 진작에 올 걸.《우

리집 꿀단지, 20회》哎呦，智雅啊，我的心肝儿肉
啊。怎么不早来啊。

如果是刚出生、刚学会走路的小狗，根据形象特点也会产生贬
义。其中，"하룻강아지"基本义指出生不多久的小狗，当用来比喻
人时就有了消极意义，用来嘲笑社会经验不足、只有浅薄知识的年
轻人，如(42a)虽然可以译成"初生牛犊不怕虎"，但是由于汉语一
般多强调年轻人的闯劲，是褒义，所以很多情况下无法与韩国语对
应。而(42b)里的"하룻강아지 같은"译成了"初出茅庐"或贬义非
常强的"乳臭未干"。

开始学走路的小狗为"발탄강아지"，多用来嘲笑那些闲着到处
逛游的人。

(42) a. 너야말로 하룻강아지 범 무서운 줄 모르나 본데.《최
고의 연인, 81회》看来你是初生牛犊不怕虎啊。

b. 우리 사장이 하룻강아지 같은 너한테 사업까지 뭐라
하는 것 보니…《사랑이 오네요, 13회》我们老板竟
然向你这种初出茅庐/乳臭未干的人谈论事业，看
来……

2) 狗的身体部位

狗的全身上下除"狗嘴"之外几乎都被韩国人拿来作比喻了，
表达的并且都是消极意义。

第一，狗眼。汉语有"狗眼看人低"，指的是狗眼不识人，而韩
国语有"개눈깔"俗指看不清人的眼睛，如(43)，强调看不到或看不
清。从语义上来看，汉语因为有"看人低"这种解释性成分，所以

语义非常明晰，而韩国语"개눈깔"没有解释性成分，所以语义模糊，需要借助语境来实现语义。

(43) 네놈의 개눈깔엔 이 계급장이 보이지 않느냐? 你们这些狗眼里看不到你们上司吗?

第二，狗鼻子。韩国语"개코"有四个意义，这些意义的产生都与具体的狗鼻子的联想意义有关。狗鼻子的模样是不太美观的，所以据此"개코"可以指没什么看头的、不起眼的东西，表达的是一种轻蔑的态度，如(44)，并且经常用于"개코같다、개코같이"结构，近义词是"개좆같다、개좆같이"。因为狗嗅觉灵敏，所以"개코"还用来贬称嗅觉好的鼻子，或拥有那样的鼻子的人，如(45)。"개코"还用作犯罪集团的隐语，可以指刑警，也指皮鞋。指皮鞋时，与皮鞋前面比较突出有关系，韩国的很多男士皮鞋都是大头的。

(44) a. 재미는 개코도 없었다.《왕가네 식구들,11회》一点意思也没有。

b. 그 까짓것 개코도 안 부럽네요.《왕가네 식구들, 30회》那种东西我一点也不稀罕。

(45) 냄새로 술의 종류를 분간해 내니 개코가 따로 없다. 竟然用鼻子区分酒的种类，你真是狗鼻子啊。

韩国语里还有惯用语"개 콧구멍으로 알다"，指当做没意思的东西，不认真对待，如(46)。一般意义上来说，狗鼻子对狗来说是非常重要的器官，为什么韩国语里产生这种意义，很是费解，难道

与狗鼻子长得丑有关系？不过前面第一章已经分析了人体中的鼻孔"콧구멍"也都表达否定意义，从表达否定意义这一点来看，两者是统一的。

(46) 이젠 사람을 아예 개 콧구멍으로 아는군. 你现在干脆是把别人当儿戏啊。

第三，狗角。韩国语有"개뿔"，但狗的角是不存在的，所以"개뿔"用来比喻不可能的东西，如(47)。类似的还有"쥐뿔"，如(48)。

(47) a. 개뿔 같은 소리 胡话
　　b. 무슨 개뿔 뜯어먹는 소리야? 너 고모 설득하려면 다른 방법을 찾아.《아임 쏘리 강남구, 48회》你这是说的什么没头没尾的话啊？你要想说服你姑，还是想想其他的办法吧。
　　c. 개뿔이나 아는 게 있어야지. 什么都不知道。
　　d. 나중에 알고 보니까 동생은 개뿔! 어떤 놈하고 눈 맞아서 야반도주했잖아. 그 인간!《천상의 약속, 8회》后来才打听到什么弟弟不弟弟啊！她和某个小子对上眼半夜跑了！她！
(48) 봄이 예단 쥐뿔도 안 해 줄 망정 자기 자존심 챙기시겠다.《우리집 꿀단지, 106회》春儿的结婚礼单一点也不准备给，光忙着照顾自己的自尊心了。

"개뿔"经常用于一些惯用语中，表达的都是俗指义，其中"개뿔도 모르다"指什么都不知道。"개뿔도 아니다"指没有可以特别拿

得出手的能力，"개뿔도 없다" 指没有任何的钱财、名誉或能力。

第四，狗脚。电视剧《딴따라, 17회》中，当看到장만식踢球很臭时，변사장说了一番话，如(49)，其中臭球用的是 "개발"。

(49) '마음만 20대다.' 열심히 하는데 계속 개발이잖아. 안쓰러워서 못 봐주겠다. "只有心还是20多岁的年轻人啊"，这么认真踢，却总是臭球。看你这样，我心里真难受。

(50) 또 10시까지 온갖 짜증을 다 내면서 괴발개발로 하려고 그래? 你又想哼哼唧唧地拖到十点，还乱写乱画，不好好写，是吧?

此外，"개발" 还与 "괴발、새발" 等结合形成 "괴발개발、개발새발"，比喻写字非常草，如(50)。而 "게발글씨" 指随便乱写的难以辨认的字。除此之外，韩国语比喻字写得难看时，还用惯用语 "발로 쓰다"。不过这个惯用语也比喻为了写作而努力去跑采访。

再如 "개 발에 진드기 떼서 내치듯"，指就像把让人非常闹心的狗爪子上长满的螨虫一下子都清掉了一样，比喻将跟在身边、让人心烦的东西一下子除掉的行动。

第五，狗尾巴。对狗来说，狗尾巴没有什么用处，所以即使再怎样加工也成不了器物，所以产生了很多俗语，如(51)，都用来比喻本质不好的东西再怎么弄也改变不了本质。

(51) 개 꼬리 삼 년 묵어도[묻어도/두어도] 황모 되지 않는다、센 개 꼬리 시궁창에 삼 년 묻었다 보아도 센 개 꼬리다、오그라진 개 꼬리 대봉통에 삼 년 두어도 아니 펴

진다、흰 개 꼬리 굴뚝에 삼 년 두어도 흰 개 꼬리다

第六，狗骨头。韩国语狗骨头为"개뼈다귀"，可比喻用轻蔑的
态度来称呼插嘴或挤进来的一无是处的人，如(52)。俗语"개뼈다귀
은 올린다"用来嘲笑在没用的地方花钱进行装饰。

(52) a. 이게 어디서 굴러먹다 온 개뼈다귀야?《우리집 꿀단
　　　지, 21회》这是从哪里冒出来的什么葱啊?
　　 b. 이게 무슨 개뼈다귀 같은 소리야?《딴따라, 7회》这
　　　是什么狗屁话啊?

第七，狗肉。韩国语狗肉为"개고기"，俗指性情不好、胡来的
人。俗语"개고기는 언제나 제맛이다"意思是狗肉永远是那个味，
比喻自己天生的东西是很难骗人的。俗语"삶은 개고기 뜯어먹듯"
意思是就像很多人你一口我一口地一起啃食煮熟的狗肉一样，比喻
很多人一起随便骂人、诬陷人。"삶은 개 다리 뒤틀리듯"比喻事情
出现问题，"삶은 개 다리 버드러지듯"意思是就像煮后变硬的狗腿
一样，比喻变硬的东西。

如上，狗的各个部位基本都产生了比喻意义，唯独狗嘴没有出
现，相反，汉语里却有与狗嘴有关的"狗嘴里吐不出象牙"，韩国语
为"말이 단 줄 알아?"

3) 狗的生理特点

狗具有很多明显的生理特点，如屁味淡、到处窜、天生会叫
等。首先，因为狗放屁的味道很淡，所以"개 방귀 같다"比喻非
常小、不起眼，好像没有一样，如(53a)。狗撒尿时都会翘起一条腿

来，所以就有了俗语"꼴에 수캐라고 다리 들고 오줌 눈다"，比喻水平不行但却动歪心思。狗脚一般不出汗，如果狗脚出了汗，说明非常忙碌，因此"개 발에 땀 나다"指为解决困难问题而奔波不停，如(53b)。还有"개 바위 지나가는 격"意思是即使狗从磐石上经过也绝不会留下痕迹，比喻没有经过的痕迹所以找不到路。

(53) a. 돈이라고 내놓은 것이 개 방귀 같구나. 拿出来的所谓
的"钱"，还不如狗放个屁响呢。
b. 개 발에 땀 나도록 일하여 목표를 이루었다. 他脚不
着地地工作，从而实现了目标。

狗还有一个特征，就是到处窜，所以"개 싸대듯"指到处胡乱地逛，汉语多用"遛街的狗"来表达类似意义。正因为狗到处逛游的特点，所以以前经常会看到有狗，而如果连只狗的影子都见不到的话，说明非常安静，所以惯用语"개 새끼 한 마리 얼씬하지 않다、검정개 한 마리 얼씬하지 않다"意为别说人了，连只狗都没有，比喻非常安静。"눈 오는 날 개 싸다니듯"意为狗喜欢下雪时跑来跑去的，用来比喻那些喜欢无谓地逛游的人。但至于狗为什么喜欢下雪天，有人说是因为下雪掩盖了狗的气味，所以狗到处奔跑来重新划定自己的领域。以前在农村，经常出没的还有老鼠，根据同样的逻辑推理，"쥐 새끼 한 마리 얼씬하지 않다"也比喻没有任何东西，非常安静。

狗天生就会叫，所以有很多俗语与此特点有关，如(54a-c)，都比喻即使不学习、不演练，其自有的天性也会显现出来。类似的还有(54d)，比喻就像狗生来会叫一样，干坏事的人也是天生形成的。但是也有不叫的狗，那就是咬人的狗一般不叫，根据这个特点，也产生了俗语，如(54e)，比喻越是令人害怕的人越沉默不语。这都是从狗叫自身的特点出发所产生的俗语，有的俗语则是从人对待狗叫的态度出发来进行描述，如(55a-c)比喻无视他人说话装作听不见，(55d)意思是不要像刚下了崽子的母狗似的不让人靠前，比喻太凶恶、残暴了。

(54) a. 개 새끼는 나는 족족 짖는다

b. 개 새끼는 짖고 고양이 새끼는 할퀸다

c. 개 새끼치고 물지 않는 종자 없다

d. 개는 나면서부터 짖는다

e. 무는 개 짖지 않는다

(55) a. 어디 개가 짖느냐 한다

b. 동네 개 짖는 소리 (만 못하게 여긴다)

c. 어느 집 개가 짖느냐 한다

d. 새끼 낳은 암캐같이 앙앙 말라

如上，这些与狗叫有关的丰富的俗语说明，狗的叫声是狗非常突出的特点之一，也说明狗在韩国人生活中的重要性，因为重要而关注，关注多了才会有更多的语言形式出现。

4）狗的食物

狗是杂食动物，最代表性的就是喜欢吃肉，因此俗语"개에게 된장 덩어리 지키게 하는 격"指让狗看守大酱块，由于大酱块的颜色与肉块的颜色近似，所以狗会误将大酱块当作肉块而吃掉，因此这个俗语比喻把事情委托给不值得信任的人，最终使事情失败。

狗还吃谷物，如谷糠等，所以用"개도 하루에 겨 세 홉 녹은

有"来比喻人不管怎样一日三餐不可少。不过如俗语"목 멘 개 겨 탐하듯"所示，狗对糠是情有独钟，嗓子都哑了还想吃糠。在古代由于粮食紧缺，一般不会给狗专门备粮食，所以狗一般去偷吃，因此"개가 겨를 먹다가 말경 쌀을 먹는다"指狗开始偷吃糠，时间长了会偷米吃，所以用来比喻不良习惯会越来越严重。正因为狗有偷吃的毛病，所以"반찬 먹은 개"指偷吃饭菜的狗，其结果当然是挨打了，借此用来比喻不管怎样受委屈也不反抗或者无法反抗的处境。

狗偷吃是不限定地方的，有时也偷吃石臼里的粮食，但如果石臼非常深，那么一般的狗是吃不到的，但是无独有偶，家里偏偏来了一只长嘴巴的狗，所以俗语"확 깊은 집에 주둥이 긴 개가 들어온다"比喻意想不到互相很合适。

偷吃的狗之所以被发现，应该是留下了偷吃的证据，比如说背上沾了米糠。偷吃该打，但是如果看到狗身上的米糠，也要把它抖露下来抢了吃的话，那也实在太可恶了，所以俗语"개 등의 등겨를 털어 먹는다"用来比喻去抢夺不如自己的人的东西。汉语多用"榨取民脂民膏、搜刮、刮地皮、雁过拔毛"等来表达，侧重点各不相同。

从古代流传至今的很多俗语还都与狗吃屎有关，如"개 눈에는 똥만 보인다"，用来嘲讽人只会看到自己喜欢的东西。"개가 똥을 마다할까[마다한다] 개还能不吃屎?"用来嘲讽那些故意拒绝自己喜欢的东西的人。韩国语里还有"지 버릇 개 주겠느냐?《위대한 조강지처, 103회》狗还能改了吃屎的毛病?""개버릇 못 고친다. 狗毛病是改不了了"，用来比喻不好的习惯难以改掉。与此相关的汉语有"狗改不了吃屎"。而"똥 누고 개 불러 대듯"意思是就像拉了屎叫狗来(吃)一样，比喻需要时随便使唤。与此相关，韩国语有俗语"시집도 가기 전에 강아지 마련한다"，意为结婚前就准备小狗，

利用的也是狗吃屎这一习性。

但是，就是屎也并不一定经常有。所以"개도 부지런해야 더운 똥을 얻어먹는다"指狗也得勤快，才能吃上热乎的屎，比喻要想过上好日子，必须勤快。类似的俗语有"거지도 부지런하면 더운밥을 얻어먹는다"。汉语里也有与此相关的表达，如"吃屎也吃不上/赶不上热乎的"。此外，还有掉了牙的狗，狗掉了牙就吃不到硬的东西了，需要吃软的东西，所以"이 빠진 개 한뎃뒷간 만났다"比喻碰巧好运气，因为找到了一个野外厕所。

以上都是从狗的角度去分析狗的吃屎问题，结论是本性难移。韩国人还从另外一些角度来看待狗吃屎，例如(56a)是从狗拉屎的角度来说明本性难移，比喻偷过一次腥的肯定还会偷腥的。(56b)则是从人的角度来分析，比喻没必要和那些本性暴虐的人比较、相争。

(56) a. 상추밭에서 싼 강아지 배추밭에서 못 싸겠니?《아이
　　　가 다섯, 13회》在生菜地里拉过屎的，你以为到白
　　　菜地里就不会拉啊?

　　b. 개하고 똥 다투랴? 你和狗抢屎吃啊?

正因为过去狗主要吃屎，所以"개차반"指狗食，即"똥"，用来俗指言行非常龌龊的人，有时也写作"개차반이"，如:

(57) a. 니 아버지가 왜 너를 개차반 취급하는지 이젠 알겠
　　　다.《내 사위의 여자, 39회》我现在终于知道为什么
　　　你爸把你当臭狗屎了?

　　b. 그는 성질이 개차반이어서 모두 가까이하기를 꺼린
　　　다. 他的性格很臭，大家都忌讳和他走得太近。

c. 우리 사장님 도망 다니는 거 모르나? 전 남편이 개차
   반이었나 보다.《쾌걸 춘향, 14회》你不知道我们老
   板是逃亡之身吗? 看来前夫是个混账东西吧。

与狗食有关的还有"개죽",指做的像粥一样的狗食, 如
(58a), 也可比喻将几种食物掺在一起煮成的比较粘稠的质量很差的
饭; 有时与"쑤다"连用,俗指打算干的事情没有成功的那种状态,
如(58b), 有时也单独使用,比喻心情不好,如(58c)。

(58) a. 넌 밥과 반찬이 섞인 그 개죽 같은 걸 무슨 맛에 먹느
      냐? 把米饭和菜掺在一起, 就像狗食一样, 有什么
      味道啊? 你还吃?
    b. 이번 시험은 개죽을 쒔다. 这次考试考砸了。
    c. 기분이 개죽이다. 心情非常不好。

如上分析, 狗食一般比较粗糙, 如果狗食里有鸡蛋, 那么就是
破天荒了, 所以"개밥에 달걀"比喻超出身份、规格的器具或仪
式。

狗虽然是杂食动物, 但狗也有不吃的东西, 首先, 狗不吃草,
所以"개 풀 뜯어먹는 소리"比喻说胡话, 意为狗吃草是不可能的
事情。如电视剧《월계수 양복점 신사들, 18회》中, 当丈夫裴三道
让妻子做饭时, 有了下面的对话:

(59) 배삼도: 밥 안 해? 不做饭吗?
    복선녀: 안 해. 不做。
    배삼도: 왜 안 해. 为什么不做?

복선녀: 밥할 기분이 아니야. 没有做饭的心情。

…

배삼도: 출근한 남편한테 밥해주는 건 기본 중의 기본이
지. 뭘 기분 따지고 그래. 给上班的老公做饭这是最最基
本的常识啊。说什么心情不心情的。

복선녀: 개 풀 뜯어먹는 소리 하고 앉았네.《월계수 양
복점 신사들, 18회》你这是说胡话呢？

(60) 지나가는 똥개가 웃어! 내가 그 말을 믿을 것 같냐?《내
딸 금사월, 11회》路过的狗都该笑了！你以为我会相
信你的话吗？

表示不像话时还有一种表达是"개가 웃을 일이다"，因为狗
不会笑，所以用狗听了也会笑来比喻不可理喻、不像话的事情，如
(60)。这是用狗笑来间接地表达人的思想。这种表达手段文化性和
民族性很强。

其次，狗不吃的东西还有橡子，即使狗食中有也只能是剩下，
所以"개밥에 도토리"指受他人孤立的人，所以经常说"개밥에 도
토리 신세"，如(61)。1977年韩国还出现了与此相关的流行语，据说
公交车后座上坐满了男学生，后来一个女学生坐了过去，于是男学
生们就故意讽刺说"개밥에 도토리 끼었군"，没做任何回答的女学
生比男学生早下车，下车时说道："개밥아, 잘 있거라, 도토리 간
다"，这句话后来成了流行语(서정범 1986:257)。

(61) 그러면 성님집 개밥에 도토리 신세 돼. 사위 앞날은 구
만리인데 평생 홀애비로 늙어죽을 겨?《아이가 다섯, 2
회》那样的话，姐姐你们家就被扔到脑后头去了。你

女婿前途光明，能一辈子不再婚吗?

韩国语还有"개 보름 쇠듯(한다)"，源于民俗，因为韩国人认为在中秋节如果让狗吃东西，那么夏天就会招很多苍蝇，所以故意让狗饿肚子，比喻在节日里别人都吃香的喝辣的，而自己却连吃的也没有。

因为狗吃东西时喜欢舔舐，所以吃相很不好。如果狗吃跳蚤，又因为跳蚤蹦来蹦去的，所以狗需要追着上下、反复地去舔舐，因此"개가 벼룩 씹듯"就有了两种意义，第一个比喻反复唠叨一些闲话；第二个意义则基于形象的丑陋，比喻吃饭时吃相非常难看。

因为狗吃东西时都会把盘子舔得干干净净的，所以"개 핥은 죽사발 같다"的基本义比喻没有剩余，非常干净。从基本义出发，又产生了两个引申意义:首先，吝啬的人也像狗一样，自己的东西打扫得干干净净地，所以别人休想从这儿捞到任何好处；其次，由于狗舔过的盘子非常干净、漂亮，所以也可用来贬称男人的脸蛋非常光滑。汉语虽然没有"像狗舔过的盘子"类的表达，但有"像狗舔的似的"，但多用于基本义和第二个引申意义，并且用于第二个引申意义时，一般不用来形容脸蛋，而多用来形容头发梳得非常亮、光滑。

5) 狗的长处

狗最大的特点是识主，因此产生了很多俗语，如(62)，指狗也会认识照顾自己的主人，主要用来批评忘恩负义的人。不过，狗也有背信弃义的时候，如(63)，用来比喻被信赖的人所背叛。

(62) a. 개도 주인을 알아본다.

b. 강아지도 닷새면 주인을 안다.

c. 개도 닷새가 되면 주인을 안다.

d. 개도 제 주인을 보면 꼬리 친다.

e. 개 새끼도 주인을 보면 꼬리를 친다.

(63) a. 개를 기르다 다리를 물렸다.

b. 기르던 개에게 다리를 물렸다.

　狗的作用是看家防盗。俗语"개 새끼는 도둑 지키고 닭 새끼는 홰를 친다"意为狗要看家，鸡要打鸣，比喻每个人都有自己的份内之事。但有些狗却偏偏去田野里乱叫，所以"개 못된 것은 들에 가서 짖는다、개 못된 것은 짖을 데 가 안 짖고 장에 가서 짖는다"用来比喻那些不干好自己的本职工作，却到处逞能、显摆的行动。

　狗的作用除了看家，还会利用嗅觉来做警犬或导盲犬，但狗也有不擅长的东西，例如买掺了豆子的麦芽糖吃，或者爬树，因此"개가 콩엿 사 먹고 버드나무에 올라간다"比喻那些蠢笨但却吹嘘要干大事的人。与狗的蠢笨有关还有"개가 개를 낳지"，比喻父辈无能，生的孩子也无能。汉语类似的俗语有"龙生龙，凤生凤，老鼠的儿子会打洞"等。

6) 狗的形象打扮

　在人类看来，狗的形象比较脏，所以有很多俗语反映了狗的这一形象特点，如(64a)指在不应该粘东西的地方粘上了很多脏东西；(64b)指行为非常脏脏、卑鄙；(64c)指不成器的狗不看门防盗反而用脏脚跑到锅台上去，意为没本事的人反而净做一些不好的事情；(64d)意思是皮包骨头的小狗只顾着装饰自己的尾巴，嘲笑那些本质很差只看重修饰枝叶的蠢行。

(64) a. 개 발에 진드기 끼듯 한다[하였다]

　　　b. 개 귀의 비루를 털어 먹어라

　　　c. 개 못된 것은 부뚜막에 올라간다

　　　d. 파리한 강아지 꽁지 치레하듯

　　在韩国语里，狗的形象不仅很脏，并且很低贱，俗语"개같이 벌어서 정승(正承/丞)같이 산다[먹는다]"意思是指挣钱时不管低贱与否，但花钱时要堂堂正正地花在有意义的地方，类似的俗语还有"돈은 더럽게 벌어도 깨끗이 쓰면 된다"。

7）狗与为人处世

　　韩国语里有很多为人处世的道理是以狗来做比喻的，具体如下：

（1）交友慎重、环境的重要

　　因为狗的形象是脏、低贱，所以在韩国语里狗经常被用来比喻不好的人，所以俗语"개를 따라가면 측간으로 간다"比喻与坏蛋交往的话最后会走入邪路。因为在实际生活中，如果跟着狗一路前行的话，十有八九会走向厕所。而厕所一般是污秽之处，所以比喻邪路，不好的地方。而韩国干脆将一些土狗叫作"똥개"。

　　狗还有一个习惯动作，那就是经常甩动身体，虽然动作很潇洒，但身上的脏泥、脏水就会四溅纷飞，如果离它近了，自然就会沾光，因此俗语"개를 친하면 옷에 흙칠을 한다"比喻离人品不良的人距离近了，就会受其伤害，类似的俗语还有"어린애 친하면 코 묻은 밥 먹는다"，意为和小孩子亲近了，就有可能吃沾了鼻涕的饭。在表达这种意义时，汉语也有类似的俗语，如"久在河边站哪有不湿鞋的"，但汉语更强调环境的重要性。

（2）不能悲观、要有信心

人生在世，总有不如意之时，但是不能灰心丧气，更不能悲观厌世，为了劝诫人们，韩国语有俗语"개 복에도 먹고산다"，指像狗这样不起眼的动物也有自己的福气，更何况是人呢？所以只要不失去信心，肯定会有美好的未来。

每个人有每个人的幸福，正像俗语"개도 손 들 날이 있다"所说，狗也有来客人的一天，有时韩国语里还经常拿乞丐来作比喻，即"거지도 손 볼 날이 있다"，日常生活中经常使用，如(65)。

(65) 그러게. 거지도 손 볼 날이 있다는데 옷 좀 사. 맨날 티
    조가리에 운동화만 끌고 다니지 말고.《무공화꽃이 피
    었습니다, 25회》就是啊。都说乞丐也有来客人的时候
    呢，你就买点衣服穿吧。不要整天光穿T恤，拖拉着
    运动鞋。

（3）要奋斗、也要注意身体

尽管各人有各人的幸福，但人们一般都是有上进心的，一般不会满足现状。而改变现状只有一个手段，那就是奋斗。所以当人们处于困境时，一般都是拼死拼活地工作，但身体是本钱，当人们劝诫这样的人时，就会说"개도 제 털을 아낀다"，意思是对动物来说，毛是非常重要的保护身体的手段，所以连狗都非常吝惜自己的毛，吝惜自己的身体呢，人更要注意自己的身体健康，不要太超负荷地透支自己的身体。

（4）要成功就要周密

要想成功，行事周密是一大要素，不管干什么事情都要做好万

全准备，不能大意，否则就会像关羽一样大意失荆州，丢东西、误事，甚至酿成不可挽回的大祸，严重者还要搭上自己的性命。韩国人表达类似意义时是用狗来作比喻的，如"개도 안 짖고 도적(을) 맞는다"，意思是狗的本职工作是防盗，但由于大意，竟然连叫都没叫一声，自己被人偷走了。

（5）人际关系注意"度"

作为旁观者、长辈、上司，面对他人、晚辈、下属的错误、失误，可以批评，但是在批评或训斥时，一定要把握好度，否则自己反受其祸，韩国语里表达此类意义的俗语有"개도 나갈 구멍을 보고 쫓아라"，有两个意义，第一个是追狗的时候也要看看是否有它逃跑的路，否则反而会遭到狗的攻击，比喻在对某个对象穷追猛打的时候，一定要给他留出退路，否则的话反而会遭到反抗。类似的俗语还有"쥐도 도망갈 구멍을 보고 쫓는다"。

例如，关羽之所以失败，也有类似的原因，《三国演义》记载"先是，权遣使为子索关羽女，羽侮骂其使，不许婚，权大怒"。也就是孙权曾想与关羽联姻，关羽不同意，本可婉言谢绝，但是却辱骂使者。关羽的这种行为也可用另外一个韩国语俗语"개 꾸짖듯"来比喻，汉语也有类似的表达，如"训得像狗一样"，当然也有"像训儿子一样"。这种不计后果的行为自然使孙权大怒，从而为自己的死亡埋下了祸根。

此外，"개도 나갈 구멍을 보고 쫓아라"还有一个意义，讲的是长者之道，比喻给别人安排比较多的工作时，要充分利用其能力，让他干能干的事情。用心理学术语来看，就是是把握好前苏联心理学家维果斯基所提出的"最近发展区"，也就是说安排工作、学习时，要着眼于当事人的最近发展区，提供带有难度的内容，调动

其积极性，发挥其潜能，超越其最近发展区而达到下一发展阶段的水平，然后在此基础上进行下一个发展区的发展。而不是给的工作或任务超越了其极限，让其感到挫败感，直接放弃。

(6) 强者、弱者的力量交替

在社会生活中要想混得开，又该怎么做呢？我们可以从俗语"개도 무는[사나운] 개를 돌아본다、무는 개를 돌아본다"中得到启发。这两个俗语的意思是，即使在狗世界里，狗们也都更加害怕更凶恶的狗，所以都会跟在这样的凶狗后面，唯他的命是从，对他照顾有加，以求获得保护或免于它的伤害，即暂时的服从是为了保护自己，也就是汉语所说的"识时务者为俊杰、大丈夫能屈能伸"。所表达意义一样，但韩国语好像有"过俗"之嫌。

(7) 谦虚是美德

生活中总有不自量力的人，对这样的人，韩国人多用"개에게 메스꺼움"来作比喻，意为狗不管眼前的东西、食物多脏，也不会感到恶心、呕吐的，因为自己本身很脏，没有能力来做出正确的判断。所以没有判断正误的能力却强出头、乱说话，对别人胡乱做出判断的人就和这种狗的形象没什么区别了。所以，为了保持自己的良好形象，一定要谦虚，定好自己的位置。

8) 人对狗的态度

由于狗是动物，所以人们在对待狗时一般很随便，因此"개 패듯"指随便打狗，如(66)。而"개 잡듯"指就像抓狗一样随便乱打。

(66) 내가 개 패듯 그놈을 패주었지요.《박경리, 토지》我就
像揍狗一样，把那小子揍了一顿。

表示心情痛快时，韩国语也用与狗有关的俗语，例如"개 호랑
이가 물어 간 것만큼 시원하다"意为虽然不喜欢狗，但是又不能把
它丢掉，在这样闹心的时候，老虎正好把这狗叼走了，比喻让人忌
讳的事情消失，从而心情愉快、痛快。

9) 前缀"개-"及派生词

"개"的语义继续发生抽象，最终发展成了前缀"개-"，有三
个意义，第一个为野生状态的，如(67a)；质量低下的，如(67b)；相
近但不同的，如(67c)。第二个意义指白白地、没用的、胡乱的、没
有条理的，如(68)。第三个意义多用于否定意义的名词前，表示程
度很深的，如(69)。并且出现了很多新词，如(70a)与"개-"的否定
意义一致，都与否定性词根结合，而(70b)却与中性词根结合，其中
"개멋"，意为"臭拽"，类似的还有"개폼"，近义词为"똥폼"，指
自己觉得很有范儿，但别人却觉得很一般。

(67) a.개금、개꿀
　　 b.개떡、개먹、개살구
　　 c.개철쭉
(68) 개꿈、개나발、개수작、개죽음、개방귀、개소리、개
　　 지랄、개질、개짓거리、개사망
(69) 개망나니、개놈、개잡놈、개불상놈、개년、개딸년、
　　 개잡년、개백정、개아들、개짐승、개꼴、개고생、개
　　 행실

(70) a. 개무시、개창피、개망신、개박살、개양아치

　　 b. 개멋、개폼

　　如上，与"狗"有关的词语、表达中除了"강아지"可作为爱
称，并用来比喻人的外貌而没有消极意义外，其他表达都具有消极
或否定意义。

3.3.2.4 猫

　　韩国语里猫为"고양이"，韩国人对猫的认识可分为三类，第一
类与长相有关，第二类与品质有关，第三类与能力有关。

1）猫的长相

　　汉语里与猫的模样有关的表达很少，其中，"猫着腰、猫冬"
主要着眼于猫的腰，还有"猫步"着眼于猫的行走，这些表达都是
中性意义。韩国语里也有很多与猫的模样有关的表达，并且这些表
达多是消极意义。

　　由于猫的脸比较小，所以惯用语"고양이 낯짝[이마빼기]만 하
다"比喻非常窄，如(71)，汉语里很少用"猫脸"来比喻空间的大
小，而多是用"弹丸、立锥、方寸"等来比喻。

(71) 방구석이 고양이 낯짝만 하구나. 房子就是弹丸之地/房
　　 子只有立锥之地/方寸天地/方寸之地。

　　在形容长得很丑，整天皱着眉头时，韩国语里用猫来作比喻，
如"고양이 낙태한 상"，其字面意义为就像猫流产后的样子，能想
象得出比较难看。表达此类长相意义时还有很多与猫有关的俗语，

如(72)，都比喻样子难看。

(72) a. 내 마신 고양이 상 就像闻到臭味的猫一样

　　　b. 식혜 먹은 고양이[괴] 상 (같다) 就像喝了米酒的猫一样

　　　c. 연기 마신 고양이 就像被烟呛着的猫一样

　　猫是比较爱美的，但是在韩国人眼里这些行为都被赋予了贬义，因为前面可以看出，在韩国人眼里猫是丑的象征，所以"고양이 털 낸다"意为不管猫怎样炫耀自己的毛、模样，但也掩盖不住它的本色，也就是说掩盖不住自己的丑样。

　　但爱美之心人皆有之，即使长得丑，打扮好了也会起到很好的效果，但有时打扮不得当，也会起到相反的效果，对此，韩国人是用猫来比喻的，例如"고양이 수파 쓴 것 같다"，字面意义指在那张难看无比的猫脸上插上纸做的水莲花，花枝招展地出头露面，这个俗语主要用来嘲笑那些不但长得丑，而且穿衣服也不得体的人。韩国语还有俗语"고양이 우산 쓴 격"，用来比喻不合身份、场合的不雅观、不伦不类的样子。

　　由于猫洗脸时就是用爪子随便抹一下，所以"고양이 세수하듯"指洗脸时和没洗一样，另外还有一层意思，比喻干事情只会模仿别人，而不会创新。

　　韩国语里有时用"고양이 눈"来比喻可怜相，如：

(73) 남자들앞에서 그렇게 고양이 눈으로 동정심을 유발하는 것 나한테 안 통하는데.《전생에 웬수들, 24회》在男人面前用那种猫眼来诱发同情心，这对我行不通

的。

2）猫的品质

韩国语里还有很多与猫的品质有关的表达，主要分为两类，一类与贪心、偷吃有关，一类与抽象的品质有关。

猫最突出的品质之一就是贪心、偷嘴，这与汉语是相通的，因为汉语也有"馋嘴猫"类的表达，与韩国语的"도둑고양이"一致。下面我们主要看一下俗语。

(74) a. 고양이한테 반찬 단지 맡긴 것 같다. 就像把菜坛子让
     猫来看管一样。
   b. 고양이한테 생선을 맡기다. 把鲜鱼让猫来看管。
   c. 고양이보고 반찬 가게 지키라는 격（이다）就像让
     猫来照看熟食店一样。
   d. 도둑고양이더러 제물 지켜 달라 한다. 就像让馋嘴猫
     看管祭物一样。

上面四个俗语的意义都是一样的，因为猫喜欢吃菜、鱼等，所以把菜坛子、鱼交给猫，或者让猫看好熟食店或者祭品，肯定会被吃掉，因此这些俗语比喻将事情或东西交给无法信任的人之后，放心不下，非常担心。所以在日常生活中经常用到，例如：

(75) a. 도둑고양이가 생선을 훔쳐먹는 건 놀랄 것 없지만 그
     게 귀한 생선인 줄 알면서도 도둑고양이한테 내준 사
     람은 절대 용서할 수 없어.《내딸 금사월, 17회》馋
     猫偷吃鱼没什么让人惊讶的，但明明知道是很贵重
     的鲜鱼却还是送给了馋猫，那这样的人绝对不可饶

491

恕。

b. 고양이한테 생선을 맡길 일이 있어?《가족을 지켜라, 60회》不能将鱼交给猫。

c. 이 나라는 진짜 필요할 때 생선을 맡길 데가 없어요. 죄다 고양이야, 죄다 고양이.《김과장, 17회》这个 国家在真正需要的时候连鲜鱼都没地儿放，都是些 猫，都是些猫。

d. 고양이한테 생선가게를 맡기듯 무슨 뒤통수를 맞아 달라고?《당신은 너무합니다, 45회》就像把鱼店交 给猫来看着一样，你想让我背后挨整啊?

　　与此相关的还有两个俗语，只不过与上面的俗语角度不同而 已。例如，"고양이 기름 종지 노리듯[넘겨다보듯]"意思是就像猫 盯着油碟子一样，比喻喜欢什么东西，想据为己有。如果把鱼放在 猫前面，那猫肯定会马上吃掉，不会给别人机会，因此"고양이 앞 에 고기반찬"比喻对自己喜欢的东西，不让他人染指，自己马上就 处理了。而"고양이에게 반찬 달란다"意思是就像找猫要菜吃一 样，比喻向对方要他们非常需要的东西，类似的还有"호랑이에게 고기 달란다"，当然这里的"고기"指的是肉，而不是鱼。

　　在日常生活中，如果猫吃了菜，肯定要到处追赶着打猫，因此 "반찬 먹은 고양이[괭이] 잡도리하듯"比喻抓住犯了错的人进行 训斥。

　　还有一些俗语与抽象的品质(如是否老实，是否知道报恩，是否 有真心等)有关。其中"얌전한 고양이가 먼저 부뚜막에 오른다"比 喻表面上很老实，但背后却干一些不太正大光明、不光彩的事情， 如(76)，这句话是姑姑批评新婚之夜喝醉酒的侄女，所以并没有非

常贬的意义。

(76) 봄이 얌전한 줄 알았는데 얌전한 고양이가 부뚜막에 먼
저 오른단다.《우리집 꿀단지, 110회》我还以为春儿很
老实呢，但是老实人更让人头疼。

"머리 검은 고양이 귀해 말라"字面意为不要喜欢那些黑头
发的猫，实际比喻的是人，也就是说人还不如猫，没有什么价值，
没必要去喜欢，有时不小心还会被抓伤。类似的还有很多俗语，
如(77)，这些都用禽兽来作比喻。在比喻人时，要么用黑头发的禽
兽，要么用黑头发的猫，这种现象说明在韩国人熟知的动物中，猫
是很阴险、不知报恩的象征。

(77) a. 머리 검은 짐승은 남의 공을 모른다 黑头发的人不知
道报恩，畜生不如。
b. 검은 머리 가진 짐승은 구제 말란다. 不要救助黑头发
的人。

与猫有关，还有"고양이만도 못하는 일 连猫都不如""고양
이 버릇이 괘씸하다 让人讨厌的猫行为"等俗语，都用来表达对某
人行为的不满。而"고양이 소리"指表面附和的话，如：

(78) 듣기 좋은 고양이 소리나 하는 인간은 상종할 필요가 없
다. 有的人光说表面话，这种人没必要交往。

如上所述，猫在韩国的象征意义一般多是消极意义的。所以韩

国语有"고양이소",是"고양이"与"소(素)"形成的合成词,比喻贪心之人故意装得很清廉或内心凶险的人故意装得很善良。

3) 猫的能力

猫的能力实现主要表现在爪子上,俗语"고양이는 발톱을 감춘다"意思是猫把爪子藏起来,比喻有才能的人都会深藏不露,不会轻易暴露自己的能力。"고양이 발에 덕석"比喻神不知鬼不觉地行动,也比喻两人非常亲密。

韩国语还有俗语"고양이 달걀 굴리듯"用来指很擅长某事,或者指玩球玩得很有一套。也就是说,在韩国人看来,猫还有滚鸡蛋的本领。

猫是哺乳动物,是不可能下蛋的,所以"고양이가 알 낳을 노릇이다[일이다]"指没有一点可能性的谎话一样的事情。

3.3.2.5 鸡

韩国语里对鸡的认识首先要从它的命名开始,其次则主要集中于鸡的长相与习性,因为鸡是与人比较亲密的动物,并且也是重要的食材,因此韩国人对鸡的分类比较详细。

1) 鸡的命名

韩国语里鸡的原型是"닭",最早见于12世纪初的《雞林類事》,其音被标注为"達",이기문(1968:218)认为其读音可读作"둛",조항범(2014:308-309)认为也可以读作"둘"(救急方諺解下:30)[10]或"둙"(月印釋譜 23:73),并且后者的读法更常见,此外,

---

10   《雞林類事》1103年,《救急方諺解》1466年,《月印釋谱》1459年。

"닭"过去不仅指鸽子，还有"픗둙>팥닭""뜸닭""둙수리>독수리>독수리[11]""몏부리둙、묽둙"等表达，由此可见，"닭"最初是与鸡相似的鸟类的总称词。但是后来韩国语"닭"的语义发生了变化，仅指家禽。而汉语的"鸡"语义更广，例如"野鸡""山鸡"在韩国语里一般称作"꿩"。

2) 鸡的长相

鸡在长相上具有很多突出特点。例如中国人着眼于公鸡的鸡冠，除了根据谐音，大公鸡表示"大吉"，其次还将"鸡冠"与"当官"联系起来，画画时一般会在公鸡旁边再画上鸡冠花，即"官上加官"(马未都 2017(8)：87)，其实这也是利用了谐音，即"冠上加冠"谐"官上加官"。但是韩国人对鸡的长相更多地集中于眼睛、嘴、颌、爪、皮、肥瘦等方面。

鸡的眼睛很小，看起来像是在发呆，所以有了俗语"관청에 잡아다 놓은 닭"，比喻不知所以被拉到陌生之地后而晕头转向的人。鸡嘴是尖的，所以鸡喝水时不会大口喝，都只能一点一点地喝，俗语"닭 물 먹듯"比喻不论什么事不管内容如何随便应付了事的样子。有一种鸡颌下有很多毛，所以有俗语"몏부리 암닭이다"，意思是就像颌下毛多的母鸡看不到下面一样，用来嘲笑那些连眼前的东西都不知道的人。韩国语还有惯用语"닭 발 그리듯"，比喻写字或画画的水平非常差，汉语也有"像鸡挠的"类表达。

鸡皮上有一些小疙瘩，而人发生颤栗时也会出现一时性的生理反应，出现像鸡皮一样的疙瘩，所以韩国语用"닭살"来比喻肉

11　关于"독수리"的词源，有的认为"독수리"源于汉字"禿"(김민수 편 1997：262；천소영 2007/2010：393；김무림 2012：285)，有的认为源于"둙"(곽충구 1996)。

麻，如（79）。汉语里多用"鸡皮"来比喻老年人，因为人老后皮肤松弛，与鸡皮有相似之处，如北周庾信有《竹杖赋》："子老矣，鹤发鸡皮，蓬头厉齿。"

> (79) 닭살멘트도 내 체질이 아니야.《불야성, 16회》这种肉
>   麻的话也不适合我啊。

鸡身上的肉都集中在大腿、臀部上，汉语有"鸡腿裤"，关注的是肉嘟嘟的鸡腿与人的大腿的相似性。这与西方人的认识是一样的，因为在西方，鸡大腿一般不能给女士吃，因为会让人联想到裙子下面的大腿（维萨 2015:218）。与大腿和臀部相比，鸡的肋骨上几乎没什么肉可吃，俗语"닭의 갈비 먹을 것 없다"意思是就像鸡肋骨一样没啥可吃的，比喻只有形式没有内容。虽然鸡肋骨没啥可吃的，但韩国江原道春川就有一道名吃叫作"춘천닭갈비"，而中国很多地方都有"炸鸡排"，山东诸城有名吃"烤鸡架"。

3）鸡的习性

从习性上来看，如果鸡笼里来了陌生的鸡，原先的鸡都会蜂拥上来啄它，所以就有了俗语"닭 손님으로는 아니 간다"，意思是我不想去给鸡当客人，比喻不喜欢去不待见人的家里做客，即使去了，也得不到好的招待。

在中国听说过"牛脾气"，但从来没听说过"鸡脾气"，但韩国语里不但有"쇠고집"，还有"닭고집"，如俗语"쇠고집과 닭고집이다"，比喻就像想干的事一定要完成的牛或鸡那样非常固执。韩国语里为什么有这种表达，笔者认为这与"斗鸡"的习性有关，因为"斗鸡两雄相遇或为争食时，或为夺偶相互打斗时，可置生死于度

外，战斗到最后一口气"(百度百科)。韩国语的"닭고집"有可能源于"斗鸡"的好斗至死决不罢休的这种习性。

鸡生病后就会病怏怏的，韩国语里病鸡为"병든 닭"，多比喻没有力气，如(80)。

(80) 병든 닭처럼 힘 하나도 없고.《그 여자의 바다, 21회》
     就像得了病的鸡一样，一点儿劲也没有。

散养的鸡白天会在外面溜达着找食吃，但到晚上睡觉的点也会自己找回家来，因此有俗语"베돌던 닭도 때가 되면 홰 안에 찾아든다"，比喻即使互相关系不好自己玩自己的人，到了时候也会回到同伙身边来。在朝鲜语里则比喻到了回来的时间人们自然有办法回来。

4) 鸡的分类

第一，母鸡和种鸡。韩国语里母鸡为"암탉"，因为母鸡不打鸣，如果打鸣则非常奇怪，所以俗语"암탉이 운다、암탉이 울면 집안이 망한다、암탉이 울어 날 샌 일 없다"都用来比喻家里男人不主事而女人当家，或者比喻女人当家，事情就会弄砸，如(81)。与此相对的就是"수탉이 울어야 날이 새지"，比喻家里男人主事才行。

(81) 암탉이 울면 집안이 망한다고 그랬어. 싸울 것이면 나가
     서 싸워.《아임 쏘리 강남구, 80회》都说牝鸡司晨，这
     个家就会完蛋。要吵架出去吵。

母鸡最重要的作用就是下蛋、孵小鸡，是非常重要的财产，与此

497

相关的俗语都是关于把母鸡这样的财产消耗掉的消极内容，其中"안는 암탉 잡아먹기"意思是把孵小鸡的母鸡吃了，比喻所作所为太没有廉耻；也比喻虽然非常可惜但却没办法，只能眼睁睁地受损失。

韩国语里种鸡为"씨암탉"，韩国有一个风俗是女婿上门时要杀鸡招待女婿，并且有俗语"씨암탉 잡은 듯하다"，比喻家庭非常和睦，在朝鲜语里比喻招待得非常好。而"아이 좋다니까 씨암탉을 잡는다"比喻别人一称赞自己，就乱花钱，不知道自家财产的重要。

孵了小鸡的母鸡经常把小鸡挤压控制于足下，但并不会伤害它们，所以阿克拉族有符号Akoko nan，意为母鸡腿，意思是孩子需要父母爱的约束(吉普森 2018:71)。

第二，雏鸡与小鸡。韩国语里没有长大的小鸡叫作"병아리"，近义词有"계추(鷄雛)"。"병아리"也可比喻身体发育不发达或才能、学问、技术等不成熟的人，如"병아리 기자/아나운서/배우 菜鸟记者/播音员/演员"。类似的还有"햇병아리"，可以指小鸡，也指没有经验、办事不熟练的人，如(82)。比雏鸡大点的小鸡为"영계(-鷄)"，也称作"약계(藥鷄)、약병아리"，是从汉字词"연계(軟鷄)"发生变形而来，俗指年龄比较小的异性，如(83)。反义词"노계(老鷄)"没有比喻意义。

(82) a. 갓 입사한 햇병아리 사원 刚入社的菜鸟员工

b. 햇병아리 디자이너한테 내린 상사의 명령입니다. 《최고의 연인, 61회》这是上司给你这个菜鸟设计师下的命令。

(83) 너무 영계만 찾다가는 장가 못 간다. 如果总想找年轻的，你就有可能娶不上媳妇。

与小鸡有关，有"죈 병아리 같다"，比喻总是被他人挤压、折磨的人。"대통 맞은 병아리 같다"比喻挨了别人的打或者遭遇了意外事情而发蒙的感觉。另外，鸡与老鹰是冤家对头，中国有"老鹰抓小鸡"的游戏，而韩国语里有"병아리를 본 솔개"，意思是就像老鹰伺机抓小鸡一样，比喻伺机准备抢夺时机或东西的人。

根据鸡小这一特点，所以它的眼泪必定很少，所以惯用语"병아리 눈물만큼"比喻非常少的数量，如(84)。

(84) a. 문인들 사이에서는 아예 그 '눈곱만 한' '병아리 눈물 같은' 지원 자체를 거부하자는 목소리까지 불거져 나오는 실정이다. 《문화일보, 2018.02.02》现在文人们之间有人说干脆不要那种可怜兮兮的、少得可怜的经费。

　b. 비가 병아리 눈물만큼 찔끔찔끔 온다. 雨下得很小，就像小鸡的眼泪一样。

因为小鸡尿尿是一点一点的，所以"병아리 오줌"有时也用来比喻非常少，不痛快、不爽快，如电视剧《월계수 양복점 신사들, 19회》中，当成准说欠的钱要一点点地还，并把一小叠钱递给东淑时，东淑不屑一顾地说：

(85) 됐어요. 병아리 오줌도 아니고 질금질금. 푼돈 받을 생각 없으니까 3000만원 다 모으면 그때 한꺼번에 정산하세요. 算了。又不是小鸡尿尿，一点一点地往外挤。我不想拿你这种小钱，等你攒够了三千万韩币，到时一块结账吧。

鸡还有一个特点就是没有尿道，尿与大便同出，因此鸡的大便很多情况下水分很大，分不清到底是尿还是大便，这种情况反映在韩国语里就是"병아리 오줌"，比喻精神恍惚、陈腐的人。而汉语根据鸡的这种生理特点产生的是俗语"小鸡不尿尿，各有各的道"，比喻各人有各人的办法。

第三，草鸡与土鸡。韩国语里土鸡为"토종닭(土種-)"，草鸡为"당닭(唐-)"。草鸡的特点是矮小、白毛黑翅膀，根据《표준국어대사전》的定义，原产地是印度尼西亚，是经日本改良的品种，所以也称作"왜계(倭鷄)"。但是根据语言学知识，"당닭"的结构是前缀"당(唐)-"与词根"닭"结合形成的，而"당-"的前缀意义是"从中国传来的、中国的"之意，所以"나귀、당나귀"指中国传来的驴。也就是说这些生物品种即使原产地不是中国，也是经由中国传入的。"당닭"还用来嘲笑个子矮胖的人，如"당닭의 무녀리냐 작기도 하다"，意思是就像草鸡第一窝生的第一个小鸡一样，指多人中个子最小的。

第四，斗鸡。韩国语里斗鸡为"싸움닭"，汉字词为"투계(鬪鷄)"。"싸움닭"可比喻容易与别人吵架、打架的人，如(86)。有时也用"닭 모양"来比喻爱打架。

(86) 그는 동네에서 알아주는 싸움닭으로, 사람들은 되도록이면 그와 부딪치지 않으려고 한다. 他是小区里有名的斗鸡，人们都尽量避免和他起冲突。

与斗鸡有关韩国语还有"닭싸움"，有三个意义，第一指斗鸡，或那种游戏；第二指用手抬着一条腿，另一条腿蹦来蹦去地来把对方扛倒，或那种游戏；第三嘲笑不像样的打架。

第五，村鸡。韩国语里有"촌닭"，字面意义是村鸡，比喻土里

土气、没有生气的人，虽然这种意义与前缀"촌(村)-"的意义密切相关，但是也与韩国人心目中"鸡"的形象意义有关。

3.3.2.6 鸭

韩国语里鸭子为"오리"，鸭子在韩国文化里虽然所占地位不高，但却也有自己的文化性。

鸭子非常明显的特点是喜欢水，所以与此相关有俗语"오리 새끼는 길러 놓으면 물로 가고 꿩 새끼는 산으로 간다"，有两个意义，一个比喻孩子大了都会选择自己的道路而离开父母，一个比喻每个人都会按照自己生就的那样行动。由此可见，韩国人喜欢用动物来比喻孩子。韩国人还用"새끼오리"来比喻孩子可爱，如电视剧《미스 함무라비, 8회》中，한세상看着熟睡的孩子，说道：

(87) 이 새끼오리 같은 아이들 이젠 영원히 만날 수 없을 건가? 这些小鸭子似的可爱的孩子……现在我可能永远见不到他们了吗?

在生活中还有这样一种现象，鸭子都会下蛋，但蛋很容易沾上鸭子粪，当然鸡也有这种情况，根据这种现象，韩国语有了俗语"오리 알에 제 똥 묻은 격、달걀에 제 똥 묻은 격"，都是用鸭蛋或鸡蛋上沾了自己的屎来比喻脱离不了自己的本色，不是很特殊，非常平凡。与此相关的还有"오리 알에 제 똥 묻은 줄 모른다"，意思是就像鸭子看不到自己蛋上沾了自己的大便一样，人一般也认识不到自己的缺点。

鸭子与鸡是一般农家经常饲养的家禽，所以两者也会发生关系，俗语"오리 홰 탄 것 같다"意为鸭子上了鸡架，有三个比喻意

义，第一比喻去了自己不该去的地方而处境岌岌可危的样子；第二比喻位置与呆在那个地方的人互不协调；第三比喻做了出乎意料、不相干的事情。

此外，还有"새 오리 장가가면 헌 오리 나도 한다"，比喻人云亦云，人做亦做，没有任何主见的行动。

随着社会的发展，与鸭子有关还产生了"절음발이 오리"，指因任期马上结束而产生的总统等领导人或那个时期领导力量的空白状态，如(88)。有外来语"레임덕(lame duck)"。

> (88) 임기를 1년 4개월이나 남겨둔 박근혜 대통령이 최순실 파문으로 영락없는 '절름발이 오리' 신세다.《동아일보, 2016.10.31》任期还剩下一年零四个月的朴槿惠总统因为崔顺实的牵连而成了"瘸腿鸭"。

3.3.2.7 猪

猪在韩国文化里具有丰富的象征意义，尤其是猪头具有很强的文化性。

1) 猪的象征意义

韩国语里猪为"돼지"，根据猪的食性和形态特点还产生了很多比喻意义，可以比喻非常笨或非常贪婪的人，如(89a)。用于此意时，韩国语还有"꿀꿀이、꿀돼지"类的表达。"돼지"还用来嘲笑非常胖的人，如(89b)。汉语里的"猪"也具有类似的比喻意义。

> (89) a. 그 돼지가 내 몫의 돈까지 모두 챙긴 것이 틀림없다. 那头猪肯定是把我那一份钱也都拿走了。

b. 그는 요즘 살이 너무 쩌서 돼지 같다. 他最近长胖了
　　　很多，像头猪。

　　此外，母猪可以孕育大量小猪，所以西方文化中母猪可象征母性或丰饶(吉普森 2018:25)，这种象征意义来源于古代对丰产和肥硕的崇拜，具有文化共性。

　　根据猪的繁殖特点，猪在韩国产生了两类象征意义，第一，多产、财富的象征，韩国猪被称作"복돼지"，猪宝宝人偶被看作是可爱、健康的象征，如电视剧《이름없는 여자, 102회》中，마야就送给구해주一个猪宝宝，意思是：

　　(90) 복돼지 닮은 정말 건강하고 귀여운 동생 낳아 달라는 뜻
　　　이래. 祝她生一个像小猪那样健康可爱的弟弟或妹妹。

　　猪年还被称作"황금돼지해"，认为猪年出生的孩子可以发大财。韩国猪年所被赋予的这种积极的象征意义对社会经济生活也产生了很大影响，例如2019年是猪年，从年初开始，韩国猪肉以及相关加工产品的销售量就开始暴增《매일경제, 2019.01.09》。猪在中国虽然也是多产的象征，但是中国人一般多喜欢在龙、虎、马、猴等年份生孩子。

　　对韩国人来说，做梦如果梦到猪，即"돼지꿈"则意味着发财，如(91)。正因为猪有这种象征意义，所以韩国举行开业典礼的供桌上一般都会摆个猪头，主人和来祝贺的人都会把钱塞到猪嘴里或放到猪耳朵上，借此来期盼买卖兴隆。

　　(91) a. 저번에 돼지꿈 꾼 게 오천만을 다시 받게 되는 꿈이

었나 봐.《월계수 양복점 신사들, 52회》上次做的猪
梦，看来是能重新得到这五千万的梦。

b. 어제 꿈에서 돼지 두 마리가 산삼 뿌리며 달려들었지
만 덕분에 심봤다.《내딸 금사월, 9회》昨天梦到两
头猪一边撒着山参一边跑，托你的福，发财了！

　　猪在韩国文化里的第二个象征意义与母猪有关。以前养猪多
是散养，农村经常会看到一个猪妈妈引领着一群小猪在村里跑来跑
去，根据这个特点，韩国语里有了"돼지맘"，意思是在教育热潮盛
行的形势下，对私人教育(补习班之类)信息了如指掌的家长妈妈们
引导着其他家长妈妈，这是猪文化与韩国教育文化的"接轨"。

　　虽然现代社会养猪都有了专门的养猪场，猪舍都比较干净。但
过去，为了攒猪肥，猪圈里的猪粪是不清除的，还要适时地加入泥
土，让猪在里面踩踏均匀，最后在猪圈都满了时，再进行一次性清
粪。所以猪圈、猪窝的常态是猪粪遍地，因此韩国语的猪圈"돼지우
리"就有了比喻意义，比喻非常脏乱的地方，如(92)。此外，还有俗
语"돼지우리에 주석 자물쇠"，意思是不合时宜的打扮。

　　与猪有关，还有汉字词"저돌(猪突)"，指不顾前后地乱闯乱
撞，如(93a)。派生词"저돌적(猪突的)"指那种左冲右撞的样子，
如(93b)。类似的有英语"pigheaded"，韩国语与英语的这种意义与
猪尤其是野猪的行动特点和形象有关(박갑수 2014b:76)。

(92) 그런 돼지우리 속에서 어떻게 아이들을 키우니? 在那种
猪窝似的的地方怎么养孩子啊?

(93) a. 분노가 극에 달하여 적진으로 저돌을 시도했으나 패
했다. 他怒发冲冠想冲入敌营，但是失败了。

b. 그 사람은 적극적이고 대담했으며 저돌적인 추진력을 지니고 있었다. 他性格激进、有胆量，具有推进力。

2）猪头

汉语里"猪"与韩国语"돼지"一样都有贬义，但现在出现了新词"猪头"，是对自己所爱的人的称呼或者亲密人之间的昵称，将猪头化作一种可爱、亲切的称呼，已经没有了贬义。微信表情包中也有"猪头"，使用率很大。

韩国语里的猪头主要与祭品发生关系，韩国人大大小小的开业典礼上都会用猪头来做祭品。关于韩国人祭祀为什么喜欢用猪头，张燕燕（2009:97）做了四方面的原因分析:第一，韩国传统"윷놀이"中"도"(道)代表猪，同时意味着开始，所以开张、开业时摆猪头祭祀时希望从开头就能顺利；第二，在韩国语中猪又叫做"도야지"，这和韩国语"되야지"(会好的)是谐音，并且"돼지"和"되지"(能成)也是谐音，因此猪头还表示事情会持续顺利下去；第三，韩国语猪还有汉字词"돈(豚)"，其同音固有词"돈"意为钱，因此猪头象征发大财；第四，猪经常在地上拱来拱去，这种状态在韩国语中有一个固定的拟态词"꿀꿀이"，而"꿀"又有蜜的意思。同时，猪经常睡觉很容易让人联想到"꿀맛 같은 잠"(美梦)，从而猪头被赋予了"美梦可以成真"这种寓意。此外，조현용(2017:160)认为韩国文化里猪的积极意义与历史文化有关，《三国史记》曾记载高句丽和高丽的首都是通过猪发现的，并且韩国佛国寺极乐殿法堂的匾额后面刻的是猪的图像。정호완(2008:19)认为韩国人以猪头为祭品的风俗是过去以熊头为祭品的风俗的变形和延续。

在中国有时也用猪头来作祭品，至于中国为什么用猪头来作祭品，张燕燕(2009:97)也做了分析，她认为用猪头来祭祀时很讲究，选用猪头之时，首选面部皱纹呈"寿"字形的，以讨吉利，而这种有特殊皱纹的猪头，就叫"寿头"。另外，南方地区祭祀猪头，还跟当地的方言有关。比如猪头在江浙地区也叫利市，猪舌头在广东叫"猪利"，在浙江沿海地区叫"赚头"，而猪肝在广东则叫"猪润"，猪耳朵叫"顺风"。不管是"利""赚"还是"润""顺"，在汉语中都是非常吉利的词。

韩国人还用猪头煮了做"돼지머리 국밥 猪头肉汤饭"。这是韩国代表性的一道菜，这与中国人喜欢吃"卤猪头肉"不同。与猪头有关有俗语"머리를 삶으면 귀까지 익는다"，意思是煮猪头时耳朵也就随着熟了，比喻指干大事情时，附带着的部分要顺便干了。

3.3.3 野生动物

本研究将野生动物分为了哺乳类和卵生两类。

3.3.3.1 上义词

野兽指没有被人驯化的凶狠的禽兽，韩国语称作"야수(野獸)"，可以比喻非常凶狠、粗暴的人，如(94a)。而派生词"야수적(野獸的)"指像野兽那样凶狠的，或那样的人，如(94bc)。"야수"和"야수적"表达的都是消极意义。

(94) a. 평소에는 순한 양 같은 그 사람도 한번 화가 나면 야수로 돌변한다. 平时温顺得像只羊一样的人，一发起火来，就成野兽了。

b. 야수적 만행 兽行

c. 야수적인 공격성 野兽般的攻击性

3.3.3.2 哺乳类动物

中国与韩国都不产狮子，狮子是佛教文化的产物，是文化交流的产物，但狮子在中国文化中却占据了很重要的地位，其地位远远高于老虎。例如中国被称为"沉睡的雄狮"，中国人过节要舞狮子，在重要的建筑前面都有石狮子把门，所以狮子是中国文化的一个巨大的、沉重的符号(唐晓峰 2012:22)。

与中国相反，韩国是"虎文化"和"熊文化"，与此相关的很多表达都具有了比喻意义。除了老虎、熊之外，还有一些野生动物，如狐狸、獐、鹿、麒麟/长颈鹿、兔子、狼、貉子、田鼠、蝙蝠、河马、恐龙、穿山甲等也产生了具有韩国文化特色的比喻意义。

1) 熊

中国古代的鲧、舜都有化为黄熊的记载，而黄帝亦号"有熊氏"，有熊、天鼋(轩辕)都是族徽(杨向奎 2011/2016:17-18)。但是根据普通的说法，中国人都认为自己是炎黄子孙，并不认为熊是自己的祖先，具体到语言表达上，汉语的"熊"多是蠢笨的象征，还有"熊孩子"意为调皮捣蛋的孩子，"熊人"意为批评别人。

与中国文化相反，在韩国文化里"곰"具有特殊的文化意义，即韩国的祖先是"熊女"，是熊吃了大蒜和艾草在洞窟里呆了100天之后变成的女人，她与天神"환웅"结合生出了韩国的祖先"단군(檀君)"。韩国的这个创世神话[12]也反映了韩国人的精神世界，即

12　이어령(2003a:21)认为檀君神话不是韩国的创世神话而是建国神话，在这之前已经存

韩国人具有依赖于其他力量的被动型的思维模式，所以韩国语里有"사람으로 되다 变成人"(이규태 1983/2011(3):14)。而这与中国女娲造人所展现出的自主能动的创造性具有极大的不同。

根据熊女需要在洞里呆100天这个情节，韩国语里"곰"在现代社会就有了"杜门不出、爱睡觉"之含义，如(95)，利用的就是这种文化意义。

(95) 언니가 무슨 곰이야? 왜 맨날 잠만 자는데?《연인, 30회》姐，你是狗熊吗？怎么天天光知道睡觉？

韩国的熊变成人起关键作用的是大蒜和艾草，根据这一神话故事，日常对话中经常会出现下面的情节：

(96) 최강수: 치프님 너무 심하신 것 같습니다. 师傅他有点太过分了。

강경준: 뭐가 심해? 다 니들 나중에 실수해서 사고칠까 봐 그런 거야. 过分什么？都是怕你们将来犯错惹祸，才这样的。

최강수: 예쁘다. 왜 마늘이야? 真好看，怎么是大蒜啊？

강경준: 사람 시키려고.《형부외과:심장을 훔친 의사들, 13회》为了让你变成人。

(97) 홍세나: 니가 있어야 할 자리는 여기가 아니라 시장통이나 교도소 거기가…你呆的地方不应该是这里，应该是

在人类(韩国人)，只不过是国家产生之前的人，并且熊请求变成人这一点也说明之前已经存在人。

市场角落或监狱，那里⋯⋯

오달님: 홍팀장님은 마늘이랑 쑥을 좀 많이 먹어야겠어요? 洪系长，你得多吃点大蒜和艾草了。

홍세나: 뭐라구? 什么?

오달님: 사람과 동물의 다른 점은 사람은 부끄러움을 안다는 거에요.《달콤한 원수, 59회》人和动物的区别是：人有廉耻。

　　如上，两段对话中，경준之所以喂강수大蒜，오달님说让홍세나多吃大蒜和艾草，其根据就是韩国的创世神话，意思是要想成为人，就得吃大蒜和艾草。这里说让对方多吃大蒜和艾草，是隐晦地说对方不是人。也就是我们所说的，骂人不带脏字。

　　创世神话中出现大蒜和艾草，说明这两种植物是朝鲜半岛的固有产物，并且很早就被韩国人食用。而艾草因为其颜色是绿色，所以还有了"쑥색"指绿色。

　　在韩国创世神话中，老虎也被赋予了同样的机会，但老虎没能忍受100天的期限就跑出了洞穴，所以失去了变成人的机会。从自然条件来看，在这一竞争中，老虎与熊本来就不处于同一条起跑线上，首先，老虎不是穴居动物，其次，老虎没有冬眠的习惯，而熊却是穴居动物，并且有冬眠的习惯，所以熊最后变成人是必然的。另外，이어령(2003a:22-24)认为熊最终能忍受100天的黑暗变成人——熊女，说明在韩国人眼里"熊"是"忍"的象征，同时也说明韩国人非常重视人的内心修炼这一价值观，而不是像西方神话中是借助外在的、与他人的斗争来夺得权力。从性别来看，"忍"是韩国女性的突出品格，所以可以说韩国人最初的祖先具有鲜明的人格形象特点，是韩国人尤其是韩国女人的缩影。韩国还有童谣《곰 세

마리》, 为什么用熊, 而不是其他动物, 也值得去深思。

　　除了上述文化意义外, 韩国语里的"곰"也可用来调笑蠢笨或行动迟缓的人, 如(98ab)。在此意义基础上, 还出现了"곰탱이、곰순이 像熊一样温顺、敦实的人""곰손 手艺不行的人"。并且还有俗语"미련하기는 곰일세", 比喻非常笨的人, 也有相反意义的俗语"곰도 구르는 재주 있다", 比喻再笨的人也有自己擅长的地方, 如(98c)。因为汉语"熊"也具有"蠢笨"这样的象征意义, 所以可以直译。

　　(98) a. 그는 일 처리가 느릿느릿한 곰 같은 동료이다. 他这个同事干工作像狗熊那样慢。

　　　 b. 곰인줄 알았는데 완전 왕여우잖아?《빛나라 은수, 54회》还以为她是笨狗熊呢, 没想到是狐狸精。

　　　 c. 그 광고 계획안 오동희씨가 낸 아이디어잖아요? …그래? 오동희가? 아이구, 곰도 구르는 재주 있다더니 그럼 이번의 광고 스토리도 오동희가 만들어봐.《아버님, 제가 모실게요, 13회》那个广告企划案不是吴东姬出的创意吗? ……是吗? 吴东姬? 哎呀, 都说熊也会打滚呢, 行啊, 那这次的广告词就由吴东姬你来写吧。

　　"곰"还是犯罪团伙的隐语, 用来指警察或刑警[13], "곰집"是派出所的隐语, "곰잡이"指警察的狗腿子。而"곰장이"则是强

13　汉语里有的用"雷子"来指警察, 表达的是对循规蹈矩和某些政治行为的否定(萧国政 2015:427)。

盗、小偷的隐语。

因为熊被认为是韩国人的祖先和母亲神，정호완(2002:38)认为韩国语里意为母亲意义的"엄마"是从"곰"发展而来的。因为韩国语方言里，母亲有"움마、오마니、암마、움"等称呼，而"움"经历了"굼(곰)-구마(고마)-구멍(굼)-훔(훔치다、훔、패다)-움"的演变过程。在此基础上，他还认为韩国语表示感谢的固有词"고맙다"是"고마"与后缀"-브다(如)"结合形成的，意思是像母亲一样的恩惠(99页)。此外，韩国的很多地名也与熊有关，而不是与虎有关(이어령 2003a:23)。

2) 虎

韩国创世神话中出现熊和老虎，说明过去韩国有熊和虎图腾崇拜。但随着韩国社会的发展，虎文化逐渐占据了更加重要的位置，조지훈(1996:232)认为这是因为老虎更常见并且是更令人敬畏的对象。韩国人把韩半岛地图看作老虎，并且将老虎看作山神的化身，寺庙都设有山神阁，上挂老虎的画像，而王陵周围都有驱逐杂鬼的石虎(오주석 2006/2011:23)。1988年首尔奥运会的吉祥物是"호돌이 小老虎"。虽然韩国人过去也抓老虎，但是当猎人把老虎献给当地官员后，会象征性地挨三鞭子才能把赏金领走(오주석 2006/2011:24-25)，与此相关有俗语"호랑이 잡고 볼기 맞는다"，意思是抓老虎的人反而受罚，这都源于对老虎的敬畏。

韩国语里老虎为"호랑이"，其原型是"虎狼"，最早出现于15世纪的《月印釋譜21:117》，被用作了"虎"之意，18世纪出现了"호랑이"(빙빙뎐 3:49)，随之出现了"호랑、호랑이、범"三者的语义竞争，最后胜出的是"호랑이"(조항범 2014:298-299)，"범"一般多保留在俗语里。也就是说，虽然在汉语里"虎狼"是并列

结构，但是进入韩国语里之后"狼"的意义被舍弃，仅仅保留了"虎"之意。

现代韩国语里"호랑이"比喻非常凶狠、令人害怕的人，如(99)。汉语里的"母老虎、河东狮吼、灭绝师太"都用来指女人，其中"母老虎"与韩国语"호랑이"的意义产生一致；而"河东狮吼"中"狮子吼"是佛教用语，比喻威严，在汉语里比喻悍妇，是贬义[14]。如果后面的汉语是单音词时，汉语"虎"也可直接做修饰语，如"虎爸虎妈"。

(99) a. 호랑이 선생님 虎狼老师

b. 호랑이 영감 吓人的老头

c. 니 형수 집에서 호랑이 노릇 한지 오래다.《가족을 지켜라, 101회》你嫂子在家里当母老虎/河东狮吼/灭绝师太已经很长时间了。

韩国语里还有一些与老虎有关的俗语，如"호랑이도 제 말 하면 온다、범도 제 말[소리] 하면 온다"有两个意义，其中一个意义与汉语"说曹操，曹操到"同义，如(100)。这个俗语还有一个意义，意为即使是深山老林里的老虎，如果说它的坏话它也会听见找上门来，所以不管在什么地方都不能说别人的坏话，而汉语"说曹操，曹操到"则没有这个意义。这个韩国语俗语还有很多近义俗语。

---

14 "灭绝师太"源自金庸的小说《倚天屠龙记》，用来调侃那些做事手段强硬、不近人情、雷厉风行的女性。

(100) 호랑이도 제 말 하면 온다더니 왔네, 왔어. 《최고의 연
인, 79회》说曹操，曹操到，他还真来电话了，真来
了。

老虎还有一个特点就是咬人，并且多是夜间出没，所以韩国语
里很多俗语反映了老虎的这些习性，如下表所示，这些俗语都反映
了老虎曾在韩国人生活中占据了很重要的位置。

[表6] 与老虎习性有关的俗语

俗语	字面意义	比喻意义
물려 드는 범을 안 잡고 어이리	老虎扑上来了不抓住它干什么呢？	比喻如果对方扑上前来要打架，那么就要与之对决，击退他。
무는 호랑이는 뿔이 없다	可以用嘴咬人的老虎没有角。	比喻有长处必有短处，不可能十全十美。
송곳니를 가진 호랑이는 뿔이 없다	有獠牙的老虎没有角。	
물고 놓은 범	饥饿的老虎抓到食物后没吃上又把食物放走了，但心有不甘因而暴跳如雷。	比喻心有迷恋，恋恋不舍的样子。
앞 남산 호랑이가 뭘 먹고 사나	前面南山上的老虎靠什么活命啊？	诅咒自己不愿看到的又蠢又坏的人。
새벽 호랑이(다)	早晨的老虎	比喻没了势力而要退出的处境。

当然也有的俗语其实与老虎的习性无关，如 "범이 담배를 피
우고 곰이 막걸리를 거르던 때"，此时老虎与熊都出现了，有时也
可以单独用 "호랑이 담배 먹을[피울] 적"，都比喻遥远的过去，这
也说明韩国的虎、熊崇拜文化历史悠久，俗语中出现了 "담배" 和
"막걸리"，这也说明烟与马格利酒的历史很悠久，但这里值得注意

513

的是"담배"是烟的上义词,"막걸리"却是酒的下义词。

因为老虎是用嘴巴咬人,所以对人来说,老虎嘴巴就成了危险的存在,因此"호구(虎口)"可以比喻非常危险的处境或情况,如(101)。但是"호구"还指手背拇指与食指之间的穴位,也比喻傻乎乎的容易被利用的人,如(102),汉语一般需要意译,因为汉语普通话里"虎"一般没有傻义,不过在东北方言里"虎"却有傻之意,如"虎屁朝天——傻气冲天、虎虎糟糟——又傻又愣、虎蛋——莽撞、傻里傻气的人"[15]。这与韩国语里"호구"产生消极意义应该是一脉相通的。

(101) a. 호구에 들어가다 落入虎口

b. 호구를 벗어나다 逃离虎口

(102) a. 호의가 반복되면 호구로 아는 게 인심이에요.《내딸 금사월, 23회》太好心了,别人就会觉得你好欺负/傻。

b. 이 참에 여자 하나 휘어잡지 못하고 그러면 평생 호구짓하고 살텐데.《내딸 금사월, 10회》不乘机把这个女人牢牢攥住的话,那一辈子都得被她牵着鼻子走。

韩国语还有"호피변호사(虎皮辯護士)",俗指为了在判决中取得胜利而行贿的律师。这种意义的产生应该与过去虎皮是高价品常被用做礼品这一文化有关。朝鲜时代韩国文人的肖像画中人物一般都坐在铺了虎皮的椅子上(오주석 2006/2011:33),韩国人过去还会

---

15 材料来自"字媒体":"物种炮"来了!东北人和浙江人,谁最爱以动物骂人?

把虎皮盖在新人所乘坐的轿子上，所以有了"길호사(-豪奢)"（박갑수 2014(상)a:99），由此可见，虎皮在过去象征的是积极意义。

韩国人如果看到农田里有很多草非常茂盛而没有除掉，会用"호랑이가 새끼 치겠다"来嘲笑或批评，意思是老虎都能做窝生崽子了。

3) 狐

关于狐，中国人一般称作"狐狸"，是将狐与狸两种动物合起来的称呼，在中国文化里，狐狸和狐狸精具有很重要的地位，可以说"狐狸精是中国人构建的虚拟世界的最为丰富的一个具体化的物象"（翟学伟 2011/2014:322）。韩国也有狐狸文化，但韩国语里"여우 狐狸"又产生了异于中国文化的变化，在语言学上不仅有两个词典比喻意义，还产生了更抽象的意义。

第一，"여우"可比喻非常狡猾的人，男女都可以，如下所示：

(103) a. 니 속마음 다 들어내지 말고 얕게 굴어. 여우 같이.《아이가 다섯, 10회》别把你的心思都显露出来，要低调一点，像狐狸似的长点心眼。

b. 여우 같은 계집애.《최고의 연인, 62회》这女人很狡猾。

c. 진현우가 보통 여우가 아니야.《최고의 연인, 41회》陈贤宇不是一般的狡猾。

d. 아이! 여우 같은 인간!왜 최영광은 한아름 알아주지도 않은 짓을 하고 다니냐구?《최고의 연인, 94회》哎，他真是狡猾啊！这个崔荣光他到底为什么竟干一些韩雅凛不知道也不会感谢他的事情啊？

e. 선술집을 한 지 10년이 다 된 주인 여자는 여우가 다 됐다. 干酒吧十年了，老板娘都成精了。

　　f. 나이가 많은 건 좀 그래. 어려 보이면 뭘 해, 나이값은 다 하더라구. 속에 여우가 들었어. 《가족을 지켜라, 109회》年龄大了就有点太那个了。即使看着年轻又怎么样? 年龄在那儿摆着呢，所以什么都知道。心里小算盘打得很精。

(104) 자네가 말이야. 가끔은 곰이고 또 가끔은 여운데 이 번에 영 곰을 못 벗고 사는 구만. 아주 영 못 알아먹어! 《천상의 약속, 26회》我说你啊，有时挺笨的，有时又挺明白的，怎么这次就像狗熊似的这么不化魂啊? 怎么听不明白我的话啊?

(105) 마을 여자들은 읍내 다방에 사나이를 호리는 구미호가 들어왔다고 수군거렸다. 村里的女人们都交头接耳地说，市区咖啡店里来了个勾引男人的九尾狐/狐狸精。

　　(103)中的"여우"根据搭配，有时可译成"狐狸"，但有时也可意译成"狡猾"或者"精"。"여우"有时还与"곰"对比使用，如(104)，用的分别是"여우"的狡猾之意和"곰"的蠢笨之意。汉语"狐狸"也有狡猾之意，因为在中国文化里，狐狸的年龄要比人类年长许多，是年龄的积累使得狐狸具有了超乎常人的本领(翟学伟 2011/2014:317)，因此汉语多用于"老狐狸"，韩国人也有这种思想，如(103f)，且汉语多用来指男性，较少指女性。但韩国文化里对性别没有太大区分，并且更多指女性，如(103abef)。韩国语里如果指非常狡猾的人还多用"구미호(九尾狐)"，是用尾巴多来比喻人狡

猾的程度高，但更强调女人很狐媚，如(105)。

第二，"여우"还用来比喻机灵、刁钻的女孩子或者女人，如(106)。此时，根据语境有不同的翻译，并且"여우"没有贬义。这种意义与英语的"fox"比较一致(王健昆 1993:100)。汉语"狐狸"在汉代多是对美女的形容，但到了唐朝以后，语义越来越贬(翟学伟 2011/2014:319)。因此韩国语的"여우"根据语境虽然可以译成"狐狸精"，但有时可以译成"猴精"或"动心眼"等，韩国人形容自己的妻子时也用"여우"，如(106d)，说明狐狸在韩国文化里已经没有贬义了。

(106) a. 계집애가 온갖 여우 짓 다 하는 구먼.《최고의 연인, 81회》这丫头快成狐狸精了啊。

b. 너 어떻게 여우 꼬리 잘 살랑거리니?《우리집 꿀단지, 114회》你真会哄人啊? 和狐狸精似的。

c. 그런 여우 같은 계집애가 뭐가 좋다니?《우리집 꿀단지, 102회》那种猴精似的女人有什么好啊?

d. 우리 마누라 점점 여우 같아져서 어떻하냐?《폼나게 살 거야, 14회》老婆, 你这是越来越动起心眼来了, 怎么办呢?

第三，因为"여우"贬义的消失，如果要强调贬义，则多用否定前缀"불-"的否定派生词"불여우"，主要贬称指女人，如(107)。除了火狐，韩国语还有白狐"백여우(白--)"，也用来指妖邪的女人。这与汉语"狐狸精"一致，贬义性很强，并且多用来指诱惑男人的坏女人。

与颜色有关，汉语里狐狸精称作"紫狐"，这与晋代干宝的

《搜神广记》(卷18)的狐狸精名叫紫狐有关(翟学伟 2011/2014:317-318)。

> (107) 그 불여우가 아버지를 꼬드겨서 장학재단을 만들자고
>   한 것 틀림없어.《천상의 약속, 3회》肯定是那个狐狸
>   精怂恿父亲建奖学财团的。

第四，在具体生活中，韩国语"여우"的语义越来越模糊，有时并不指具体的人，而是指行为，可形成"여우를 떨다"结构，如(108a)；有时还有"여우짓"，如(108b)；有时还用"여우 냄새 풍기다"，如(108c)。而汉语的"狐狸(精)"没有这种用法，所以译成汉语时分别用"花招"或"猫腻"。虽然"여우 냄새"对应"狐臭"，但汉语"狐臭"表达的是一种具体意义，即体味，而韩国语的"여우 냄새"意义已经发生了虚化。

> (108) a. 미스고가 뭐라고 당신한테 꼬리를 친 거예요?어떤
>   여우를 떨었길래 뒷돈 해먹은 걸 모른 체 넘어가줘
>   요?《최고의 연인, 94회》Miss高拿什么话诱惑你
>   了啊? 她到底耍了什么花招，让你就这样饶了她，
>   她贪了那么多的钱，你就装没这回事?
>   b. 어머니한테 우리 분가하게 아버님 설득해달라고 했
>   어요…여우짓 좀 했어요.《빛나라 은수, 28회》我
>   求婆婆帮忙说服公公了，好让我们分家过……我使
>   了一点小伎俩/花招。
>   c. 화영이 그 계집애는 왜 소주를 부른 거야? 이것 뭔
>   가 여우 냄새가 솔솔 풍기는데.《도둑놈, 도둑님, 13

会》华英那丫头片子为什么叫少珠来啊？感觉这里
边好像有猫腻啊。

4）獐

韩国语里獐是"노루"。在韩国，关于獐的传说主要集中在高句
丽时期，并且獐被认为是可以通天意的动物，如果猎杀獐，会有不
祥之事出现(김종대 2001/2003:139-142)。

在中国，獐主要生长在长江中下游地区，但因为汉语普通话
是以北方方言发展起来的，所以普通话里有关"獐"的语言成分很
少。相反，韩国却是獐的密集区，是韩国人的常见之物，又加之獐
是祥瑞之物，所以獐在韩国文化里占据了很重要的位置，与獐相关
的惯用语、俗语很多。

与"노루"有关的惯用语、俗语意义主要分为三种类型，一类
与獐的典型特点有关，一类与獐的习性有关，一类与人和獐的关系
有关。

第一，尾巴短。因为獐的尾巴特别短，几乎被臀部的毛所遮
盖，所以常被误认为是一种没有尾巴或断了尾巴的鹿。根据这种特
点，韩国语就有了惯用语"노루 꼬리만 하다"，用来比喻非常短，
如(109)。汉语里类似的有"兔子尾巴"，比喻短小，但多用于"兔
子尾巴长不了"，意为没有多少好时候了。

(109) 현대의 아버지들이 자녀와 같이 생활할 수 있는 것은
　　　출근 전과 퇴근 후의 노루 꼬리만 한 시간으로 한정돼
　　　있다. 现代父亲们可以与子女共同生活的时间仅限于
　　　上班前和下班后兔子尾巴这么长一点的时间。

韩国语还有俗语"노루 꼬리가 길면 얼마나 길까",字面意义为獐的尾巴能长到哪里去啊？用来嘲笑那些过分相信自己那可怜的才能的人。

从另外一个角度来看，中国人之所以拿兔子尾巴来做比喻，是因为兔子与人类的关系比较近，在农村，很多人家里都会喂养兔子。但獐对中国北方人来说非常陌生，与人们的生活并不接近，所以自然不会用獐来比喻自己周围的生活。

第二，易惊、睡觉不踏实。獐胆子小，感觉灵敏，受惊时就狂奔不已，所以就有了惯用语"노루가 제 방귀에 놀라듯"，类似的还有"토끼가 제 방귀에 놀란다"。正因为獐容易受惊，睡觉时很警醒，因此"노루 잠자듯"有两个意义，第一个比喻睡觉不踏实，中间醒多次，如(110a)；第二个意义比喻只睡了一点，如(110b)。

(110) a. 경찰에 쫓기던 도둑은 쓰러져 가는 창고 속에서 노루 잠자듯 자고서 또다시 추적을 피해 길을 떠났다.
被警察追击的强盗在摇摇欲坠的仓库里蜷着身子眯了一会，就又躲开追踪上路了。

　　 b. 오늘 시험 때문에 노루 잠자듯 하고 나왔더니 좀 피곤하네. 今天因为考试眯了一会就出来了，所以有点累。

韩国语里形容睡觉时多用动物来进行比喻，如"새우잠、개잠"。

第三，抓獐。獐的经济价值很高，獐宝是名贵药材，其骨、肉、髓都可以入药。正因为如此，在中国也有猎杀獐的历史，而韩国这种猎杀獐的历史则保留在了语言中，很多的俗语都与此相关，

如下表所示:

[表7] 与抓獐有关的俗语

	俗语	字面意义	比喻意义
1	노루 때린 막대기	用根木棍偶尔逮住了一只獐。	比喻期待偶然和侥幸的愚蠢想法，也可比喻企图用过去的老方法来适应现在情况的愚蠢想法。
2	노루 보고 그물 짊어진다	看到獐了才扛网。	比喻不提前做好准备，到了眼前才慌慌张张地准备。
3	노루 본 놈이 그물 짊어진다	看见过獐的人才扛网。	比喻不管什么事情，亲身经历过的人才会去承担。
4	노루 잡기 전에 골뭇감 마련한다	还没抓到獐就开始准备用獐皮做顶针。	比喻事情成功之前就开始论功行赏；也可比喻太急于求成。
5	노루 잡는 사람에 토끼가 보이나	抓獐的人能注意兔子吗？	比喻干大事的人看不到琐碎的事情。
6	노루 피하니 범이 온다	躲獐躲来老虎。	比喻事情越来越难。

如上，这些俗语分别与猎獐的工具(木棍、网，1、2、3)、用途(用獐皮做顶针，4)有关，有的则与其他动物(兔子、老虎，5、6)有关。通过这些俗语，可以了解过去猎獐的文化，以及服饰文化中的顶针原材料等。

5) 鹿

韩国语里鹿为"사슴"，因为鹿是比较温顺的动物，所以"사슴"比喻清纯、善良，如(111)。

(111) 우리 아들 눈빛을 봐. 그게 어디 서른 아홉, 일곱 먹은

521

남자의 눈빛이냐? 순수하잖아? 호수처럼 맑잖아? 사슴 같잖아?《솔약국집 아들들, 1회》你看看我儿子的眼神。这像三十九、三十七岁男人的眼睛吗？多清纯啊。你不觉得像湖水一样清澈吗？像鹿的眼睛一样温顺吗？

因为鹿最重要的部分就是鹿茸，所以有俗语"녹용 대가리 베어 가는 셈"，意思是就像把鹿茸砍走了一样，比喻把最重要、最核心部分抢走的不知廉耻的行动。

中国常见的鹿身上有白色斑点，状似梅花，所以取名叫"梅花鹿"。并且因为鹿皮华丽，所以汉语"丽"的本意是华丽，从鹿（林义光 1920:5[16]，转引自伍铁平 2011/2015:47）。而韩国人把梅花鹿的这些斑点看作是"曰"字，因为"曰"字拉长了就是"日"字，所以俗语"녹비에 가로왈"，比喻没有自己的主见，别人怎么说就怎么说，一会这样，一会那样。

韩国语里也有"꽃사슴"，指日本鹿，电视剧《해피시스터즈》中，이성필给自己的第二个媳妇양혜정起的爱称就是"꽃사슴"。这种用法的理据是认为这种鹿看起来非常可爱。

6）麒麟、长颈鹿

麒麟与长颈鹿在韩国语里都称作"기린(麒麟)"，因为麒麟出现预示着世上将诞生圣人，所以又被称作"인수(仁獸)"。与"기린"相关的俗语多与麒麟意义有关，如"성현이 나면 기린이 나고 군자가 나면 봉이 난다"，意思是仁慈之人或者国王统治世界的话，

---

16   林义光，《文源》第11卷，1920年。

就会出现麒麟或凤凰现身的吉兆。正因为这个传说，还出现了俗语"성인 못 된 기린"，意思是没有成为圣人的麒麟变得一无是处，比喻一无是处的人。一般情况下，真正的圣人都是不宣扬的，所以俗语"기린은 잠자고 스라소니가 춤춘다"比喻圣人深藏不露，只有无能的奸诈小人上蹿下跳。但人都有老的一天，圣人也不例外，所以俗语"기린이 늙으면 노마만 못하다"比喻优秀人物也会年老体衰，不能再发挥自己的能力。

"인각(麟角)"指麒麟的角，比喻极其稀少的东西。汉语一般用"凤毛麟角"。

7）兔

中国人主要关注兔子的狡猾(狡兔三窟)、豁子嘴、兔唇以及作为食物的"兔头"，从关系上看，中国的兔子主要与乌龟、鹰发生关系，此外，兔子还象征月亮，这与中美洲兔子象征月亮有相似性，不过中美洲的兔子还象征龙舌兰酒(吉普森 2018:73)。韩国人对兔子的认识主要集中在外貌和习性上，从关系上看，韩国的兔子主要与狐狸、老虎发生关系。

首先，从外貌上，兔子有个比较突出的特点就是嘴部的毛很多，并且还有胡子，所以出现了俗语"토끼 입에 콩가루 먹은 것 같다"，意思是在嘴角留下吃东西的痕迹，而这个俗语中出现的"콩가루"也具有很强的文化性，因为韩国人吃糯米年糕时一般要蘸豆粉吃。兔子有耳朵但没有角，所以韩国语里"토각(兔角)"用来比喻世上不存在的东西。与兔子嘴有关，中国人关注的是"豁子嘴"和"兔唇"。

很多兔子的眼睛是红色的，而人在发怒的时候眼睛也是红色的，所以韩国人将两者联系了起来，如(112ab)是用兔子眼来比喻生气，有时也用来比喻吃惊，如（112c）。

(112) a. 뭐가 잘했다고 토끼눈을 떠?《당신은 선물, 47회》
你有什么理啊? 还把眼瞪得和兔子眼似的！

b. 저 사장님은 왜 회장님만 보시면 토끼눈을 뜨고 그
러신대요?《여자의 비밀, 84회》为什么那位老板
（娘）一见到会长您，就瞪着眼那样（生气）啊?

c. 뭘 그렇게 놀란 토끼눈으로 하고 그러냐?《불야성,
17회》你的眼睛怎么像受惊的兔子那样啊?

第二，兔子体型比较小，比较可爱。所以兔子在韩国人眼
里成了弱小的象征，如（113a）。韩国语里还用兔子比喻孩子，如
（113bc）。

(113) a. 어차피 이렇게 된 것. 힘빠진 토끼 내모는 수밖에!
《우리집 꿀단지, 114회》既然这样了，那么只能
把弱小的兔子赶出去了。

b. 나 토끼 같은 새끼들이 둘이나 있고.《사랑이 오네
요, 111회》我有两个乖巧的孩子。

c. 나도 효원씨 닮은 토끼 같은 아들딸 낳고 행복하게
살고 싶어요.《월계수 양복점 신사들, 34회》我也
想生一堆像孝媛的可爱的孩子，（和你）过幸福的
生活。

有时韩国人还用"토끼"来比喻爱人或老婆，即使老婆年龄很
大，如电视剧《밥상 차리는 남자, 46회》中이신모在提到自己老伴

时说道:

> (114) 엄연히 호적에 토끼 같은 와이프가 있는데. 我户籍上
>   明明有个可爱的媳妇呢。

第三，从习性上来说，兔子的特点是比较容易受惊，所以"토끼가 제 방귀에 놀란다"有两个意义，比喻因担心偷偷犯下的事情而惊恐不已，即使一点小事也会受惊，另外也比喻言行轻薄，不稳重。汉语里与兔子容易受惊有关有"心里塞着个兔子"。据说，刚出生不到一年的小兔子总是走同样的路，所以用韩国人用"세전 토끼(라)"比喻不知变通。

第四，与抓兔子有关，主要有两种表达，一个是"두 마리 토끼를 잡다"，指一石二鸟，如(115a)。有时也用"세 마리 토끼를 잡다"，如(115b)，汉语一般用"三驾马车"。但也有相反表达"토끼 둘을 잡으려다가 하나도 못 잡는다"，意思是太贪心想一下子干很多事情，但是这样什么也干不好。

> (115) a. 그럼 우리 두 마리 토끼 한 번 잡아보지요.《최고의
>   연인, 72회》那我们就同时来捉两只兔子吧。
>   b. 1983~1987년 경제수석으로 성장, 물가, 국제수지
>   의 세 마리 토끼를 한꺼번에 잡은 사람이 사공일이
>   다.《동아일보, 2017.01.04》1983-1987年司空壹作
>   为经济首席执行官把经济增长、物价、国际收支
>   这三驾马车驾得非常好。

第五，兔子还与某些动物发生关系。首先与狐狸发生关系，如

(116)，汉语里也有"兔死狐悲、狐死兔悲"。韩国语里兔子还与老虎产生关系，如(117)，从这些俗语里可以发现，对韩国人来说，兔子是"聪明"的象征。但汉语里兔子一般不与老虎发生关系，而是多用"山中无老虎,猴子称大王"，因为在中国文化里，猴子是"聪明"的象征。

(116) a. 토끼 죽으니 여우 슬퍼한다

　　　 b. 여우가 죽으니까 토끼가 슬퍼한다

(117) a. 호랑이 없는 산중에 토끼가 선생

　　　 b. 범 없는 골에 토끼가 스승이라

　　　 c. 호랑이 없는 골에 토끼가 왕 노릇 한다.

与韩国语不同，汉语里兔子还与老鹰发生关系，如"兔子逗老鹰——没事找事、兔子和老鹰打架——找死、不见兔子不撒鹰"。汉语里还用兔子跑得快这一特点来比喻马，如"人中吕布，马中赤兔"。

8）狼

韩国语里狼为"승냥이"，因为自古以来狼吃羊的故事流传至今，所以有了俗语"승냥이는 꿈속에서도 양 무리를 생각한다"，比喻习惯于伤害别人的人脑子里所想的也都是害人的想法。而"승냥이 똥이라"比喻又乱又脏的东西。

狼在韩国语还有一个名称为"늑대"，比喻对女人有阴险想法的男人。与"승냥이"相比，"늑대"体形较大，所以也被称作"말승냥이"，而后者主要比喻个子高大、性情凶恶的人。"말승냥이"中的"말-"是表示大的前缀，源于"말(馬)"。

9) 貉子

韩国语里貉子为"너구리",白天在洞里睡觉晚上出来活动,可比喻非常阴险的人,如(118)。

(118) 저 너구리 영감의 속은 아무도 모른다니깐. 那个老狐
      狸的心思谁都看不透。

惯用语有"너구리(를) 잡다",俗指用非法拉人而谋取利益,也比喻在封闭的空间里烧火或者抽烟而弄得乌烟瘴气的,所以有时用"너구리 잡니?"来委婉地表达不要抽烟之意。俗语"너구리 굴보고 피물 돈 내어 쓴다"比喻事情成功之前就想到可能得到的利益而提前花钱。

10) 田鼠

田鼠为"두더지",其原型是"豆地鼠",读作"두디쥐",是动词"뒤지다 翻"的原型词"두디다"的词干"두디-"与名词"쥐"结合形成的合成词,这种命名方式的理据是田鼠喜欢翻地的生活习性和长相,但"두디쥐"之后变形成为"두더지",失去了与"쥐"的关联性(조항범 2014:278)。而汉语"田鼠"则是根据喜欢栖息在田地以及它的长相来命名的。

田鼠因为在地下阴暗处生活,眼睛退化视力不好,所以韩国语里有时用"두더지의 눈"来比喻不起作用,如(119)。

(119) 사사건건 분란만 일으킨다면 퇴화해서 더 이상 제구
      실을 못하는 두더지의 눈과 다를 게 없다.《동아일보,
      2017.07.06》如果每件事都只会引起纷争的话,这和
      因退化而不能发挥原来作用的田鼠眼有什么区别呢?

虽然田鼠貌不惊人，但是人不可貌相，表达这种思想的是俗语"두더지는 나비가 못 되라는 법 있나"，意思是谁说田鼠就不能变成蝴蝶呢？比喻有可能发生别人无法想象的意外情况。

与田鼠有关韩国有民间传说《두더지 혼인 설화》。

11）蝙蝠

韩国语里蝙蝠为"박쥐"，因为蝙蝠的习性是白天不出来，晚上才出来活动，如果能让蝙蝠白天出来，肯定是不寻常的事情，所以俗语"박쥐가 나와 춤을 추고 초상상제가 나와 웃을 노릇이다"，意思是让蝙蝠都出来跳舞，让陷于悲痛之中的居丧之人也出来大笑不止，比喻行为太可笑，让人想不笑都不行。

中国冯梦龙的《笑府.蝙蝠骑墙》中记载了这样的一个故事，说是"凤凰寿，百鸟朝贺，惟蝙蝠不至。"蝙蝠的理由是自己不是鸟类而是一种四足动物，后来轮到麒麟过生日，百兽都来朝贺，蝙蝠又不到。这次它说自己有翅膀能飞，是鸟不是兽。根据这个故事，蝙蝠成了骑墙派的象征，而韩国语则有"박쥐의 두 마음"，也是比喻这种机会主义者的狡猾心理，此外，即使"박쥐"单独使用也有此意，如(120)，汉语多用"两面派、骑墙派"。

> (120) 남의 것 카피하면서 디자이너 행세하는 박쥐 같은 너
> 꺼져버려!《사랑이 오네요, 10회》你抄袭别人的设
> 计，还自称是设计师? 你这种两面派/骑墙派给我滚！

12）河马、恐龙

韩国语里河马为"하마(河馬)"，因为河马喝水，并且量很大，所以韩国语里经常用"하마"来比喻车的修理费太多，如(121)。类

似意义的还有"공룡(恐龍)",可比喻规模非常大的东西,如(122)。

(121) a. 이 차가 오래되니까 돈 먹는 하마예요. 애물단지 따
로 없네요.《사랑이 오네요, 1회》这车太老了,所
以到处出毛病花钱。简直就是鸡肋啊。

b. 웬만하면 바꾸세요. 돈 먹는 하마예요.《빛나라 은
수, 22회》最好换台新车吧。(这车) 光花修理费
了。

(122) 대형 건물은 전기를 먹는 공룡이다. 大型建筑是吞噬
电费的恐龙。

13) 穿山甲

韩国语里穿山甲为"천산갑(穿山甲)",有俗语"천산갑이 지
은 죄를 구목(丘木)이 벼락 맞는다",意思是穿山甲犯了罪,但却
是树木挨雷劈,比喻犯罪之人没有受到处罚,倒是身边的其他人被
冤枉、受到处罚。

3.3.3.3 卵生动物

1) 蛇

人类对蛇一般都怀有一种恐惧心理,"一想到蛇的生活习性,它
藏在已废弃或有人居住的房屋里,突然出现,用奇怪的眼睛凝视着
居民,我们就会理解它们所带来的迷信恐惧"(缪勒 2010/2014:72),
在各种文化里蛇都具有消极的象征意义,这种意义的产生也要从蛇
的习性来理解,"蛇是爬行动物,它的基本生理特征决定了它在宇
宙模式象征系统中只能与处在与上界飞行动物相对立的下界地位,

所以与天神世界所代表的正面价值如光明、生命、善等相对立的负面价值如黑暗、死亡、恶等，便都归结到蛇这种无辜的动物身上了"(叶舒宪 2005:58)。在韩国文化里蛇所表达的也都是消极意义，如:狡猾、狠毒、阴险等，不过韩国文化中蛇还代表相思，与蛇有关的词汇有"뱀、독사(毒蛇)、독사뱀(毒蛇-)、살모사(殺母蛇)、살무사、꽃뱀、구렁이、능구렁이、상사뱀(相思-)"等，如下表。因为蛇是令人恐惧的对象，所以韩国语还有委婉语"용님"。

[表8] 蛇的丰富词汇

分类	比喻意义	例句
뱀	狡猾	나도 뱀처럼 교활해지려고.《사랑이 오네요, 88회》我也要变得像蛇那样狡猾。
	狠毒	내가 뱀을 키웠구나. 내 집에서 나가라. 다시 니 얼굴 보고 싶지 않다.《최고의 연인, 25회》看来我养了一条毒蛇啊。你马上从这个家里出去。我不想再见到你。
꽃뱀	为获取钱财而伺机接近男人并出卖肉体的女人。	이 아주마가 완전 늙은 꽃뱀 아니야?《천상의 약속, 22회》你这大嫂完全是个老娼妇啊?
독사(毒蛇)	比喻狠毒的人。	순한 양을 독사로 만든 건 누군데?《폼나게 살 거야, 4회》是谁将我这只善良的羊变成毒蛇的啊?
독사뱀(毒蛇-)		
살모사(殺母蛇)	比喻恶毒之人。	내가 살모사를 키웠군.《최고의 연인, 46회》看来我养了条眼镜蛇啊。
살무사		
구렁이/능구렁이	比喻内心阴险狡猾的人。	그 여자 너보다 열배 더 구렁이 같아.《사랑이 오네요, 33회》那个女人比你狡猾得多。

상사뱀 (相思-)	因相思病而死的男人死 后变身盘绕在爱慕的女 人身上的蛇。	

　　如上表所示，韩国语里与蛇有关的表达可表达狡猾、狠毒、相思等意义，而"꽃뱀"则兼具了狡猾和狠毒之意。

　　汉字词"독사"还有一些变形用法，如(123)。而"독사뱀(毒蛇-)"则是"독사"与固有词"뱀"结合形成的合成词。

　　(123) 너 어떻게 지껄이는 말끝마다 독사들이 우글우글대냐?
　　　　어쩜 그렇게 애 아픈 데에만 쿡쿡 질러대냐구?《내 남
　　　　자의 비밀, 42회》你嘴里蹦出来的每句话怎么都这么
　　　　恶毒啊? 怎么专捡让孩子伤心的话去说啊?

　　汉字词"살모사(殺母蛇)"与"살무사"是变形关系。有时"살모사"还被用来作外号，如电视剧《천상의 약속, 19회》中，记者백도희由于其报道辛辣、狠毒而被称作"백살모사"，韩剧网将其译作了"白魔女"，不过译成"白蛇精"或"白骨精"更好一些。因为中国有"白发魔女"，但"白魔女"从音韵学来看，好像不合韵律。而"白蛇"与中国著名的《白蛇传》有关，考虑《白蛇传》中的"白蛇"太过善良，所以加上一个"精"构成"白蛇精"，以突出狠毒之意; 而"白骨精"与《西游记》有关，中国人耳熟能详，并且在狠毒特点上也具有共性。所以，与"白魔女"相比，笔者更倾向于译成"白蛇精"或"白骨精"。

　　"구렁이"是派生词，因为韩国语里沟壑为"구렁"，住在这里的动物就成了"구렁이"，即蟒蛇，"능구렁이"即赤链蛇。但박갑천(1995:133)认为"구렁이"是"굴"与后缀"-엉이"结合形成的，

即住在洞穴里的动物。根据蟒蛇的生活习性和运动特点，"구렁이"在俗语中还产生了一些比喻意义，如"구렁이 담 넘어가듯"，意思是就像蟒蛇翻墙一样，比喻事情干不好想偷偷混过去。此外因为蟒蛇的下颌有贵重的珍珠，所以"구렁이 아래턱 같다"比喻贵重、有价值。蟒蛇多是扭动身体前进，看起来就像跳舞一样，所以"구렁이 제 몸 추듯"比喻自我夸耀[17]。另外，蟒蛇还是令人生厌的东西，所以有了俗语"빈 절에 구렁이 모이듯[끓이듯]"，意思是没有一点吃食的空空如野的寺庙里却聚集了很多蟒蛇，比喻令人生厌的东西无声地闯入而到处都是。另外，"구렁이가 감기듯"还用来比喻被打的样子，这种意义的产生与蟒蛇的习性有关，即蟒蛇在遇到敌人时会紧紧缠绕住对方而使对方受伤甚至死亡，如(124)。

(124) 몽둥이 맞은 자리가 구렁이가 감기듯 하였다. 被棍子打伤的地方青一块紫一块的。

蛇与蝎子还被统称为"사갈(蛇蝎)"，如(125)，也可比喻害人或者让人产生嫌恶感的人。此外还有汉字词"사갈시(蛇蝎视)"，从结构上来看，是"宾语+动词"，意思是就像看蛇蝎一样，比喻非常讨厌某个对象。

(125) 그녀는 그자와 마주치자 마치 사갈을 밟은 것처럼 질

17　关于"구렁이 제 몸 추듯"，有人认为这个俗语与中国屈原有关，据说屈原晚年因政治原因被放逐之后常醉酒自夸自赞讽刺世人，因此有了俗语"굴원이 제 몸 추듯 한다"，之后由于"굴원이"的发音与"구렁이"相似，所以产生了相似的俗语"구렁이 제 몸 추듯 한다"(심재기 1982:222)。之后又产生了俗语"구렁이 담 넘어가듯 하다"(최창렬 1999:37-39;김동진、조항범 2001:63)

겁을 했다. 她和那个人一照面就像踩了蛇蝎一样，大
吃一惊。

因为蛇可以入药，所以就有人抓蛇来卖，以此为业的人韩国语
为"땅꾼"。与蛇有关，韩国人认为蛇吃了烟袋里的烟膏立刻就会毙
命，因此就有了俗语"댓진 먹은 뱀(같다)"，比喻命运已定的人，
其中"댓진(-津)"指烟膏。

2) 鳖、龟、金龟

"鳖、龟、金龟"三种动物非常相像，韩国人在观察这三种动
物时的视角各有不同，从而出现了各自不同的意义和表达。

首先看鳖。鳖在韩国语里为"자라"，本身没有比喻意义，但是
有一些俗语，这些俗语多与鳖的"卵生、后背、脖子短"等特点有
关。因为鳖是卵生，所以出现了俗语"자라 알 바라듯[바라보듯/들
여다보듯]"，就像看着鳖蛋一样，比喻孩子或财物等总是挂在心里，
无法注意别的东西。其次，鳖的后背周围很软，只有中间的背甲很
大、硬且呈圆形突出，与锅盖有相似之处，所以有了俗语"자라 보
고 놀란 가슴 소댕[솥뚜껑] 보고 놀란다"，意思是被鳖吓着的人看
见锅盖也害怕，即：一朝被蛇咬十年怕井绳。

鳖经常缩着脖子，所以显得比较短粗[18]，并且有了合成词"자라
목"，比喻比一般人短粗的脖子，如(126a)，汉语一般没有类似表达；
"자라목"也可比喻因冷或没有底气而缩起来的脖子，如(126b)；用
于此意时有惯用语"자라목 오그라들듯"，指感到抱歉或者羞耻时而
缩起脖子的样子，如(126c)；而"자라목(이) 되다"则指事物缩起来

18　其实鳖的脖子可以伸得很长。

或气势降下来，如(126d)。

　　"자라목"的这些用法与前面第一章人体语言中所分析的"목"的语义成互补关系，因为"목"的惯用语可表达八种类型的动作，但唯独没有缩脖子。

(126) a. 그는 자라목이라서 키가 더 작아 보인다.他脖子又粗又短，所以个子显得更矮了。

　　　b. 박태영은 외투의 깃을 올리고 자라목처럼 목을 움츠리고 앉았다.《이병주, 지리산》朴泰英把外套的领子竖起来就像乌龟一样缩着脖子坐在那儿。

　　　c. 일을 망친 그는 고개를 자라목 오그라들듯 하고 말없이 앉아 있었다. 把事情搞砸后，他像乌龟头一样缩着脖子无声地坐在那儿。

　　　d. 그가 호통을 치자 떠들던 사람들은 금방 자라목이 되고 말았다. 听到他的训斥，闹哄哄的人们马上都安静了下来。

　　当"자라목"用于比喻意义时属于中性色彩，而汉语里一般不用"鳖的脖子"，而是用"乌龟脖(子)、乌龟颈"来形容像乌龟式的病理性的脖子。相关的汉语还有"缩头乌龟、龟头龟脑"，但一般多比喻胆小怕事，是贬义词。

　　中韩文化的这两种不同比喻意义的产生源于"鳖"和"龟"的相似性。龟在韩国语里称作"거북、거북이"，龟的背部有很多盾片，与行动迅速的鳖相比，龟行动迟缓，因此有了惯用语"거북을 타다"，指干活的动作比别人慢很多。并且还有"거북이걸음"，比喻像乌龟一样步履缓慢，如(127a)；也比喻车行速度非常缓慢，如(127b)。

(127) a. 그런 거북이걸음으로 과연 제시간에 도착할 수 있겠
니? 你走路就像乌龟爬似的，能按时赶到吗？

b. 사고가 일어났는지 차가 모두 거북이걸음을 하고
있었다. 不知是不是出事故了，汽车都像乌龟爬似
的。

正因为龟的爬行速度很慢，一般很少会离开自己长期居住的地
方，所以俗语"거북이도 제 살던 바윗돌을 떠나면 오래 살지 못한
다"意思是乌龟如果离开自己居住的石头也活不长，比喻人如果离
开自己生长的地方就容易短寿。

因为龟是没有毛的，所以俗语"거북의 털[터럭]"比喻无论如
何也找不到的东西，相关的还有"거북이 등의[잔등이에] 털을 긁
는다"，比喻企图寻求显然是永远得不到的东西的愚蠢行动。因为龟
背很平不会有摔下去的危险，所以韩国语里还有俗语"산 진 거북이
요 돌 진 가재[자라]라"，比喻所依靠的势力非常大、稳重。汉语里
驮碑的动物名为"赑屃"，是传说中的一种动物，像龟，并且过去大
石碑的石座多雕刻成赑屃形状。

韩国语还有"남생이"指金龟或草龟，个头比龟小。韩国人观
察"남생이"时关注的多是它背上盾片的大小和硬度，如"남생이
등 맞추듯"比喻妄想去拼装不同规格、不吻合的东西时的样子，而
"남생이 등에 풀쇄기 쐼 같다"意思是因为金龟的背非常硬，即使
黄刺蛾幼虫去撞也不会有任何损伤，相当于汉语的"螳臂当车、蚂
蚁撼大树"。不仅黄刺蛾不行，就是用箭去射结果也一样，所以俗语
"남생이 등에 활쏘기"比喻做非常困难的事情，也可比喻想伤害对
方但对方却毫发未伤。

与龟有关，韩国语还有汉字词"균열(龜裂)"，基本义为就像龟

535

背上的花纹一样裂开，汉语"龟裂"也有此意，另外，两者都表示人的皮肤因寒冷、干燥等原因而出现裂口；但韩国语"균열"还有抽象意义，比喻人际关系出现裂痕，如(128)。

(128)그 두 집안에 균열이 생긴 건가? 《다시, 첫사랑, 58
회》他们两家关系出现裂痕了吗?

3) 蟾蜍、蛙类

与蟾蜍有关韩国语里有很多俗语，这些俗语都与其长相和习性有关，因为蟾蜍的尾巴很短，所以有了"두꺼비 꽁지(만) 같다"，比喻非常小，就像没有一样。又因为蟾蜍的眼睛是鼓出来的，所以就有了"두꺼비눈"，比喻眼珠鼓出来的眼睛。蟾蜍食苍蝇，并且捕食速度快，所以就有了"두꺼비 파리 잡아먹듯"，比喻吃东西吃得很快，类似的还有"마파람에 게 눈 감추듯"。此外，还有"두꺼비돌에 치였다、애매한 두꺼비[거북이] 돌에 치였다"，比喻无缘无故遭殃。

再看蛙类。韩国人对蛙的认识也更多的是着眼于蛙的长相与习性。韩国语里青蛙为"개구리"，其命名理据是青蛙的叫声，但因为在不同地区的人那里青蛙的叫声用语言表达时会有差异，所以有两种叫声，出现最早的是"머굴머굴"，后来又出现了"개골개골"，前者于15世纪发展出了"머구리"(法華經諺解 3:156)，后者于17世纪发展出了"개고리"(新增類合 上:15)，后者于18世纪又发生变音，成了"개구리"(同文類解 下:42)[19]，"머구리"主要出现于15、16世纪，17世纪后基本就消失了，因为在语义竞争下败于"개구리"(조항

19　《法華經諺解》1463年，《新增類合》(이수룬가판) 1605年，《同文類解》1748年。

범 2014:351)。

因为对青蛙来说，其叫声是非常突出的特点，因此产生了"성균관 개구리、반와(泮蛙)"等表达，意思是就像成均馆的书生一字排开呱呱背书一样，比喻不分昼夜只知道读书的人。而"개구리 울음"比喻嘈杂的废话。除叫声之后，有的表达则与其行动特点有关，"장마 개구리 호박잎에 뛰어오르듯"比喻并不可爱的东西一下子蹦起来然后坐下的样子。

蛙的幼年是蝌蚪，即青蛙是蝌蚪"身份上升"的结果，所以韩国语里的"올챙이"还用来比喻菜鸟或某个组织最末端的位置，如(129)。另外，蝌蚪离不开水，因此有了俗语"가뭄철 물웅덩이의 올챙이 신세"，意思是旱季水坑里的蝌蚪命，被用来比喻不久将死亡或遭遇灭顶之灾的可怜身世。

(129) a. 올챙이 의사 菜鸟医生

　　　 b. 베테랑으로 자부하는 우리가 겨우 저런 올챙이한테
　　　　　 지다니! 我们自诩为老司机竟然败给了那种菜鸟！
(130) 아무리 맹꽁이래도 티 내면 돼? 《사랑이 오네요,3회》
　　　 她再笨（也能看出来）,(所以) 我们不能表现出来。

还有一种狭口蛙科的青蛙，韩国语称作"맹꽁이"，多用来嘲笑不干练、说话办事不利索让人不舒畅的人，如(130)。此外，因为"맹꽁이"的形态特点，韩国语还用"맹꽁이 결박한 것 같다"来比喻穿衣服非常多的又矮又胖的人，而"맹꽁이"的叫声非常吵闹，但如果用石头砸了身子，就会停止叫声，因此"맹꽁이 통에 돌 들이친다"比喻非常嘈杂的声音突然静了下来。

4) 螃蟹

韩国语里螃蟹为"게",螃蟹在韩国文化里占据很重要的位置,
这与韩国的半岛文化有关,因为螃蟹是重要的海产品,所以韩国人
对螃蟹有非常细致的观察与认识,而这些都集中在螃蟹的外貌特点
和生活习性上,这些特点和习性都被韩国人拿来比喻人或抽象的道
理。

螃蟹的眼睛又小又凹陷。所以"게뚜더기"指眼角洼陷或像有
伤疤似的,或这种眼睛。而"샛바람에 게 눈 감기듯"也是利用
了螃蟹眼睛小这一特点,用东风刮过螃蟹眼闭上比喻非常打盹的样
子,也比喻天气容易干燥。有时用惯用语"게 눈 감추듯"来比喻狼
吞虎咽地吃东西,如(131a);有时也比喻时间过得快,如(131b),至
于为什么产生这种比喻意义,应该与螃蟹闭眼的速度非常快有关。

(131) a. 맛있는 건 그야말로 게눈 감추듯 먹게 된다.《트래
블바이크뉴스, 2018.02.03》见到好吃的东西就狼吞
虎咽。

b. 유독 즐거운 시간은 마파람에 게눈 감추듯 흘러가
버리는 걸까요.《이웃집과학자, 2018.02.26》为什
么愉快的时间就像一刮南风螃蟹闭眼睛那样过得
这么快啊?

螃蟹的蟹壳很硬,因此有了俗语"게 등에 소금 치기"比喻不
管怎么做都没有用。另外,蟹壳甲在韩国语里为"게딱지",可能在
韩国人眼里这蟹壳甲看起来像小房子,所以韩国语里用"게딱지"比
喻房子又小又破,如(132)。类似的还有"코딱지"也比喻小。

(132) a. 게딱지만 한 초가집 又小又破的茅草屋

b. 게딱지 같은 오두막집/판자촌 又小又破的草屋/木

板屋

螃蟹最大的防御武器就是用蟹钳夹人，而这种本能是天生的，所以有了俗语 "게 새끼는 나면서 집는다"，比喻天性和本性是改变不了的，此外还比喻本性凶恶的人从小就会害人，表达此意的还有 "게 새끼는 집고 고양이 새끼는 할퀸다"。

螃蟹没肠子。因为螃蟹的肠子非常不明显，所以经常被称作 "무장공자(無腸公子)"，也用来嘲笑那些没气概、没胆量的人，如 (133)。螃蟹的尾部非常小，所以 "게꽁지" 比喻知识或才能很少或拿不出手。

(133) 천하의 위선자가 아니면 이만한 무장공자도 없을 성싶

다.≪염상섭, 모란꽃 필 때≫如果不是天下第一伪君

子，那也没有这样的软骨头。

螃蟹还有一个特点就是走路横着走，这也是天生、无法改变的，所以俗语 "게를 똑바로 기어가게 할 수는 없다" 比喻无法改变天生形成的本性。并且蟹爪 "게발" 还形成 "게발글씨、게발새발" 比喻写字潦草。

螃蟹住在蟹洞里，洞眼很小，因为洞眼大了就会出现危险，俗语 "게도 구멍이 크면 죽는다" 比喻做事如果不符合身份反受其害。螃蟹各有各的领域，所以俗语 "게도 제 구멍이 아니면 들어가지 않는다" 比喻不随便侵犯别人的领域。螃蟹在冬天会冬眠，而春天有水后就会苏醒爬出来，俗语 "봄물에 방게 기어 나오듯" 意思是这里那里一涌而出的样子。

捉螃蟹。想吃螃蟹得先抓螃蟹。虽然现在有很多养殖蟹，但过去都是野生的。捉螃蟹有用蟹籪的，也有用蟹拖网的。韩国语还有俗语"남의 불에 게 잡는다"，从这个俗语来看，韩国人是晚上用照明来照蟹子。实际上中国人也喜欢照蟹子，利用的就是螃蟹怕光的特点。与捉螃蟹有关的很多俗语多是反面的，如"게 잡아 물에 놓았다[넣는다]"，本来捉来的蟹子应该放在蟹篓里，但却放在水里，所以用来比喻白费功夫；也可比喻得到一点小利益后便再也找不到了。而"게도 구럭도 다 잃었다[놓쳤다]"意思是别说螃蟹了，连蟹篓都丢了，比喻想做某事时别说收获了，还遭受了损失。类似的还有"꿩 잃고 매 잃는 셈"，汉语多用"偷鸡不成蚀把米、鸡飞蛋打"等。还有的人经常犯"煮熟的鸭子飞了"之类的错误，韩国语用"구럭의 게(도) 놓아주겠다[놔주겠다]"来表达，意思是放在篓里的螃蟹都能搞丢，比喻给他吃的东西他也不会吃。

因为螃蟹死了就不能再耀武扬威了，所以有俗语"죽은 게 발 놀리듯 한다"，意思是死螃蟹的蟹脚只能受人摆布了，比喻没有任何主见和目的，只能受人指使而行动。而蟹脚吃完后也就没用了，所以有了俗语"게 발 물어 던지듯、까마귀 게 발 던지듯"比喻被人利用、抛弃后的凄凉景象。如果失去攻击性的死螃蟹也捆着来吃，说明太小心了，俗语"죽은 게도 동여매고 먹으라"意思是不管什么事情一定要仔细观察前后，小心行动。

3.3.4 飞禽

3.3.4.1 鸟

韩国语里鸟为"새"，韩国人对鸟的认识主要包括身体、食性、

栖息等三方面。

1) 鸟的身体

一般意义上的鸟体积很小，更何况鸟那又细又长的脚呢，所以俗语"새 발의 피"比喻非常不起眼的东西或者极小的分量，如(134)。汉语没有这样的比喻，一般用"小事一桩"类抽象表达。

> (134) 수 백억의 비자금이 밝혀졌으니 제가 고발한 마마스
> 기밀 유출 같은 건은 새 발의 피가 됐습니다.《사랑이
> 오네요, 108회》现在他数百亿（韩币）的秘密资金都
> 被捅出来了，我告发的他向玛唛思泄露机密一事已是
> 小事一桩了。

鸟即便再小，但如果有心的话，也能多人分着吃，所以俗语"새 한 마리도 백 놈이 갈라 먹는다"用了夸张手法来比喻再小的东西，只要心诚，就可以多人享用或者拥有。从这一点来看，在过去韩国人也是比较喜欢吃鸟类的。现在韩国人也很喜欢吃山鸡，江原道原州就有一家"꿩고기 만두집 野鸡肉饺子店"。

鸟儿之所以为鸟，是因为会飞，当然也有特殊情况，如鸵鸟不会飞。但要想飞就必须有翅膀，所以韩国语有很多与翅膀有关的表达。韩国语里翅膀为"날개"，是动词"날다"与后缀"-개"结合形成的派生词，即飞行用的工具，其文学表达方式是"나래"。因为翅膀是飞翔的必要条件，所以韩国语里很多表达都与此相关，如"새도 날개가 생겨야 날아간다"比喻不论任何事情只有具备了条件才能成功。如果鸟没有了翅膀则一无是处，所以俗语"날개 없는 봉황"比喻没有任何用处的处境。如果翅膀断了则难以飞翔，所

以"날개 부러진 매[독수리]"比喻威风一时的人突然受到打击而失去力量，类似的有"허리 부러진 장수[호랑이] 断了腰的大将/老虎"。

根据翅膀的作用与重要性，韩国人赋予了翅膀很多比喻意义，如：

[表9]"날개"的惯用语

表达	意义	例句
날개를 달다	比喻给人以力量。	그래야 우리 재욱이가 자연히 올라서서 진의원님 하시는 큰일에 날개를 달아드리지요.《내 남자의 비밀, 50회》只有这样我们再旭才会顺理成章地走上顶端，为陈议员所图谋的大事贡献力量啊。
날개를 펴다	想法、感情或气势等得到张扬。	증권가에서는 …초대형 IB가 제대로 날개를 펴 보지도 못하고 중단되는 것 아니냐며 우려를 나타내고 있다.《디지털타임스, 2017. 12. 17》证券街很担心……超大型投资银行会不会没有正常发挥作用就被中断啊？
나래를 펴다		혼자 상상의 나래를 펴 본다. 自己独自展开想象的翅膀。
날개를 꺾다	比喻使受挫。	강인푸드를 좌절시키고 인욱이가 힘을 못 쓰게 날개를 꺾어야 합니다.《내 남자의 비밀, 50회》我们要让姜仁食品受挫，借此折断仁旭的翅膀，让他无法施展才能。
날개가 돋치다	比喻商品销售速度快。	이번에 내놓은 신상품은 날개 돋친 듯 팔려 나갔다. 这次推出的新商品就像长了翅膀似的卖得非常好。
	比喻传闻快速传播。	나쁜 소문일수록 날개 돋친 듯 퍼져 나가기 마련이다. 越是坏消息传播得越快，就像长了翅膀似的。
	钱快速增加。	안 먹고 안 쓰면서 꾸준히 저축하니 점점 날개가 돋쳐 큰돈이 되었다. 舍不得吃舍不得用，坚持储蓄的结果是钱就像滚雪球似的越来越多。

如上，韩国语关于翅膀有五个惯用语都用于比喻，"날개를 달다"比喻给与力量；"날개(를) 펴다、나래(를) 펴다"比喻想法、感情或气势等得到张扬；"날개를 꺾다"比喻使受挫；"날개(가) 돋치다"是多义词，都可比喻快速，不过主体分别是商品、传闻、钱。

肩膀或鸟的翅根为"죽지"，惯用语"죽지(가) 처지다"比喻气势被打，或没了生气，而惯用语"죽지가 부러지다"比喻高昂的气势减弱不能再耀武扬威，俗语"죽지 부러진 까마귀、죽지 부러진 새[독수리]"比喻受到致命打击而无法施展力量与才能。韩国语里没长好的小鸟的翅根为"푸둥지"，有俗语"푸둥지도 안 난 것이 날려고 한다"，义同于"걷기도 전에 뛰려고 한다"，意思是翅膀还没硬就想飞。

鸟儿在起飞、降落时总会有鸟毛掉落，所以俗语"새도 앉는 데마다 깃이 든다[떨어진다]"用来比喻居家过日子如果总是搬家的话，就会丢东西，也可比喻到处搬家不好，类似的俗语还有"새도 나는 대로 깃이 빠진다"。

2) 食性

鸟除了吃虫子，也吃谷物，所以田地里经常会有稻草人，那都是来警示鸟类或兽类的，有时也会用人来看地或看晾晒的粮食，多用于惯用语"새(를) 보다"，韩国语里还有"밥풀 물고 새 새끼 부르듯"，意思是拿着鸟喜欢吃的饭粒就可以轻松地把小鸟引出来一样，比喻把事情想得过于简单。

鸟是很聪明的，吃东西时会留下壳，因此就有了"새 까먹은 소리"，意思是说的话就像鸟吃剩下的空壳一样，比喻听到没有任何根据的话之后到处散播的谣言。此外，韩国语还有汉字词"조탁성(鳥啄聲)"，意思是鸟儿啄吃食物的声音，也比喻到处散播谣言。

3) 栖息

鸟一般都落在树枝上，但不同的鸟有不同的栖息地，不能随便凑合，俗语"새도 가지를 가려서 앉는다"比喻交朋友或选择职业时一定要慎重抉择，也比喻要注意观察周围的环境小心处事。鸟窝是鸟的安身之地，所以俗语"새도 제 보금자리를 사랑한다"用来比喻没有人不喜欢自己的家或家庭，而汉语用"狗不嫌家贫"。

鸟窝虽然是鸟的家，但鸟真正的家应该是蓝天。但不幸的是，自古以来，人们就有赏鸟玩鸟的习惯，从而就有了鸟笼里的鸟，俗语"조롱 속[안]의 새、조롱에 갇힌 새"比喻自由被束缚之身。韩国语还有"비둘기장(---欌)"指鸽子笼，也可比喻在被公判之前或公判之后去往监狱前，法院里用来临时关押犯人的地方。押送罪犯的车辆称作"닭장차"。这都是用鸟笼、鸡笼来比喻失去自由。

3.3.4.2 雏鸟、候鸟

"열쭝이"指刚开始学飞的小鸟，多用来指还没有长大的小鸟，由于小鸟的特点是叽叽喳喳个不停，所以"칠월 열쭝이 모양"比喻话很多，而"열쭝이"比喻软弱胆小的人。

韩国语里候鸟称为"철새"，由于候鸟随着季节的变化而变换自己的栖息地，所以被用来贬称那些像候鸟一样根据周围环境的变化而不断地搬来搬去的人，如(135)，并且还出现了"철새팬"，指的是自己喜欢的明星今天换一个明天换一个的粉丝。汉语在表达类似的意义时，多用"墙头草"。

(135) 너 몬엑으로 갈아탔다며? 철새네. 听说你又换成
      MONSTAX了啊? 原来是墙头草啊。

3.3.4.3 代表性的鸟

1）凤

龙凤都是中国文化的产物，但韩国文化里的龙与中国文化并无二致，"용(龍)"本身的意义也没发生太大的变化，相反，韩国语里的"凤"却出现了语义变化。

韩国语里凤为"봉12(鳳)"，既可以指凤凰，与"봉황(鳳凰)"同义，也可单指雄性的"凤"，因为这种想象中的鸟非常珍贵，所以韩国人认为做梦梦到凤凰是吉梦，如电视剧《불어라，미풍아，8회》中，姑姑이남이与奶奶달래谈到이장고的婚事说道：

> (136) 장고 선보기 전날 내가 황금빛 봉황이 저 대문 안으로 들어오는 꿈 꾸었거든. 엄마. 얼마나 생생한지 몰라. 그래서 장고 꿈인 줄 알고 내가 언니한테 10만원 받고 꿈 팔았는데. 章古相亲的前一天我梦见一只金黄色的凤凰飞进了大门。妈，你不知道那梦多么清晰。所以我觉得是章古的梦，就把它用10万（韩币）卖给了嫂子。

从这段话里，可以看出，韩国人梦到凤凰意味着家里会有贵人嫁进来。这与中国文化是一致的。

与"봉"有关还产生了很多的惯用语。其中"봉(을)잡다"比喻得到了非常尊贵、非常优秀的人或事情，如(137)，汉语多用"走运、发横财、捡了宝"来表达。

> (137) a. 돈 많은 노총각 잡았으면 그것도 봉 잡은 거지.《우

리집 꿀단지, 35회》找到一个有钱的老光棍，也是你走运了。

b. 그 집에서 봉 잡았지. 내 딸 죽는다니까 할 수 없이 허락해 준 거지. 말이 되는 짝이야?《왕가네 식구들, 27회》是他们家发横财了。我要不是因为俺闺女（害相思病）病重，才不会同意呢。那种对象拿得出手吗？

c. 얘는 봉 잡았어. 봉 잡았어. 근데 그 엄마 어떻게 그렇게 달라졌대? 처음 봤을 때랑 영 딴판이네《폼나게 살 거야, 32회》你真是捡了宝了！捡了大宝了！不过他妈怎么变得这么好了？和第一次认识的时候完全两样。

汉字词"봉"可用于合成词中比喻非常好的东西，如"봉황필（鳳凰筆）"意为非常好的笔。与凤有关，还有"난봉（鸞鳳）"，可以指鸾鸟和凤凰，也可比喻杰出的人才、志同道合的朋友或关系和美的夫妻，与汉语一致。因为凤凰很珍贵，它的卵也就更珍贵了，所以"봉의 알"比喻非常难得的珍贵东西。

如上，韩国语里"봉"都用来比喻优秀、珍贵的人或东西，但奇怪的是，"봉"还可比喻傻乎乎的，容易让人利用的人，如(138)。

(138) a. 내가 니 봉이냐? 왜 나만 보고 먹는 것 사달래?《내 사위의 여자, 15회》我欠你的啊？怎么看见我就让我请你吃饭啊？

b. 한 번만, 한 번만, 지금까지 맏이라는 이유만으로 그만큼 봐줬으면 되지. 염치란 것이 있지. 얼마나 더

봐줘야 돼? 가족이 무슨 봉이야?《가족을 지켜라,
112회》再一次，再一次，现在就因为我们是老
大，所以照顾他们这么多次也就够了。人要有廉
耻啊。还要照顾他们多少次啊？他们这是把家里人
都当成傻瓜了啊。

另外，不论韩国语还是汉语，还经常将凤与鸡进行对比，如
俗语"봉황에 닭을 비교한다"，比喻将不行的人与优秀的人进行比
较。中国人则有"宁为鸡头不为凤尾"的思想。

2）麻雀

韩国语麻雀有两种表达方式，一种是上义词"새"，有时可以指
麻雀，是用"鸟"这个整体转喻"麻雀"，第二种表达是"참새"，
其结构是具有积极意义的前缀"참-"与词根"새"结合形成的，意
思是"真正的鸟"，通过这两种表达可以看出在韩国人眼里麻雀是最
常见的鸟类，所以韩国人一提起鸟来一般指的是麻雀，韩国人还根
据麻雀的特点展开丰富的想象，赋予麻雀很多的比喻意义，其中有
的与汉语意义一致，有的则不同。

第一，麻雀的叫声。汉韩两个民族都注意到了麻雀突出的特点
是叽叽喳喳的，所以有很多俗语与此有关，如"참새 무리 조잘대
듯、참새를 볶아 먹었나、참새 알을 까먹었나、참새를 까먹었다"
都比喻说话叽叽喳喳地很快。

第二，麻雀的食性。麻雀吃东西像鸡啄米一样，韩国语为"참
새 물 먹듯"，比喻吃东西少量但吃多次的样子。"참새"还与磨坊
产生关系，因为麻雀要到磨坊里找吃的，所以就有了俗语"참새는
방앗간을 그냥 지나치지 못한다"，意思是麻雀看见磨坊不会不进

547

去的，如(139a)；有时还会有变形，如(139b)。在此基础上还出现了"눈치가 참새 방앗간 찾기다"，意思是眼力就像麻雀找磨坊那样，比喻非常善于察言观色。而麻雀进磨坊后会叽叽喳喳地找食吃，因此"참새의 방앗간"可用来比喻唠嗑、说闲话，如(139c)。

> (139) a. 참새는 방앗간을 그냥 지나가면 돼? 맥주는 뭐니뭐니해도 편의점 맥주가 최고지.《사랑이 오네요, 3회》麻雀怎么能白白经过磨坊啊?(所以我得去喝点啤酒,) 啤酒还是超市的啤酒最好喝。
>
> b. 요즘 왜 코끝머리도 안 보인대? 참새가 방앗간 들나들듯 들락거리는 양반이.《전생에 웬수들, 96회》最近怎么一点也不来了啊? 以前就像麻雀进磨坊一样天天来的人。
>
> c. 언제부터 파출소의 취조실은 참새의 방앗간이 되는 겁니까?《무궁화꽃이 피었습니다, 9회》派出所的调查室什么时候成了聊天室了啊?

　　第三，麻雀的飞翔与休息。汉韩两个民族都还关注到麻雀的飞翔特点:飞得不高，且多围绕在人们的周边环境，所以麻雀多用来比喻没有远大志向的人，韩国语也不例外，如"군작이 어찌 대붕의 뜻을 알랴. 燕雀焉知鸿鹄之志"。同样是与麻雀的飞翔特点有关，韩国人还关注到麻雀总是成群结队地飞，所以就出现了"참새 떼 덤비듯"，比喻一次冲过来很多的样子。麻雀偶尔也会走，所以就有了俗语"걷는 참새를 보면 그 해에 대과를 한다"，意思是看见麻雀走就登科了，比喻看见稀奇的事情而遇到好运。
　　麻雀时常落在电线上，所以有了俗语"전기줄에 앉은 참새"，

如(140)，比喻让人担心，汉语里没有落在电线上的表达，但有"麻雀飞到旗杆上——鸟不大，架子倒不小"。

(140) 니들은 어떻게 단번에 수월하게 넘어가는 게 없냐?전기줄에 앉은 참새 마냥 아슬아슬해 죽겠다.《월계수 양복점 신사들, 47회》你们两个怎么没有一件事是一下子、顺顺当当过去的啊？看着你们就像看着站在电线上的麻雀一样，担心死了。

第四，麻雀的体型。麻雀还有体形很小、柔弱的特点，汉语有"麻雀虽小五脏俱全"，韩国人一般着眼于体型小所产生的结果这一特点。

因为麻雀很小，所以"참새 씹히듯 하다"比喻瞬间结束。不过这个俗语还透露了另外的信息，那就是韩国人吃麻雀？或者看到别的动物吞吃麻雀而产生了这种俗语，不得而知。而"참새가 기니 짧으니 한다"比喻非要对差不多的东西进行大小或者对错比较；也可用来讽刺那些喜欢说无聊闲话的人。

韩国人还用"참새"比喻弱小，如"참새가 아무리 떠들어도 구렁이는 움직이지 않는다"，意思是不管麻雀怎么叫，蟒蛇也不会动窝的，比喻实力不够的人不管再怎样张狂，有实力的人也不会与之相斗的。但韩国人也认识到了集体的力量，如"참새 백 마리면 호랑이 눈깔도 빼 간다"比喻不起眼的人如果集合了力量和智慧的话就可以无敌于天下。

不管再怎么弱小的存在都有自己的长处，如"참새가 작아도 알만 잘 깐다[낳는다]"比喻虽然身材很小，但却能担当大任。"참새가 죽어도 짹 한다、참새가 방앗간에 치여 죽어도 짹 하고 죽는

多"等则比喻不管是多么弱小的存在，如果被人欺负的话，也会反抗的，汉语多用"老鼠急了还咬人呢！"

第五，人、麻雀、老鼠与凤凰。

因为麻雀吃谷物，所以人们会抓麻雀。与此相关有"참새 그물에 기러기 걸린다"，意思是抓麻雀的网却抓到了大雁，比喻真正想努力去做的事情没有成功，反而成就了其他事，相关的还有"새망에 기러기 걸린다. 撞在鸟网上的大雁"，因为大雁的价值要比麻雀大，所以这个俗语也可比喻幸运或意外的收获。

麻雀还与其他动物产生关系，如"약기는 쥐 새끼냐 참새 굴레도 씌우겠다、참새 얼려 잡겠다、참새 굴레 쌀 만하다、참새 굴레 씌우겠다"，都指麻雀已经非常机警了，但是老鼠更精，能给麻雀头上套套，抓住它。

在人类眼里，麻雀的价值不如凤凰，如"천 마리 참새가 한 마리 봉만 못하다"，比喻不好的东西再多也不如一个好东西有用。

3) 乌鸦

韩国语里关于乌鸦的表达特别多，这说明对韩国人来说，乌鸦是比较重要的存在，对这种鸟观察很仔细，具体与颜色、叫声、食性、记忆力、不吉利等有关。

乌鸦的颜色是黑色的，很难看，与此相关产生了很多俗语，如下表所示：

[表10] 与乌鸦颜色黑有关的俗语

	俗语	比喻意义
1	까마귀도 제 자식 예쁘다고 한다	比喻自己的孩子怎么都好看。
2	까마귀 미역 감듯[목욕하듯]	比喻做事没有明显成果或意义；事情处理得不仔细。

3	까마귀가 검기로 마음[살/속]도 검겠나	比喻外表虽然不好但并不代表内心邪恶，也可比喻评价人时不能只看外表。
4	까마귀 겉 검다고 속조차 검은 줄 아느냐	比喻评价人时不能只看外表。
	까마귀가 검어도 살은 희다[아니 검다]	
5	까마귀 대가리 희거든	比喻不可能实现的事情；比喻遥遥无期的事情。
6	내 땅 까마귀는 검어도 귀엽다	比喻和自己有了感情的东西不管是什么都好。
7	까마귀도 내 땅 까마귀라면 반갑다	只要是故乡的东西都好，所以在他乡遇到故乡人后感到更加亲切。

　　如上，2-6组俗语都直接出现了表示颜色黑的词语，俗语1、7虽然没有出现颜色黑的词语，但暗含"乌鸦黑、不好看"之意。俗语2中出现了"미역"，用裙带菜来进行比喻的方式使这个俗语的文化性又增强了一步，因为裙带菜反映了韩国半岛国家的文化特点，如果是一个陆地国家则不会产生这种比喻。俗语3、4与评价人有关，隐含着"黑代表邪恶"这种一般认识，所以告诫不要以貌取人。俗语5则强调不可能实现或遥遥无期的事情。俗语6、7表达的是韩国人重情、留恋家乡的特点。

　　有时韩国人还利用乌鸦黑这一特点来比喻人，如"까마귀가 아저씨 하겠다、까마귀와 사촌"，意思是可以认乌鸦当叔叔了，或者说可以和乌鸦攀亲了，用来嘲笑手脚或身体上灰太多，很脏。韩国的罪犯还用乌鸦来指监狱的狱警，因为韩国的狱警都穿藏青色的制服。"까마귀발"多被用来比喻到处是灰的又黑又脏的脚，如(141)。

　　(141) 이젠 우리 안방까지 검은 까마귀발로 들어와?《현기

영, 변방에 우짖는 새》你现在竟然黑着两只脚进我们的卧室啊?

如上，因为乌鸦的外表颜色是黑的，所以使人们对乌鸦的认识产生了消极的印象，并使与乌鸦有关的语言也具有了消极意义。

乌鸦不仅长相难看，声音也不太好听。与此相关的俗语有"까마귀 열두 번 울어도 까옥 소리뿐이다"，意思是不管乌鸦怎么叫，传来的都是"哑—"的声音，比喻内心险恶的人不管说多少话，都不值得听或者说没有什么帮助；也可比喻令人讨厌的人从头到脚都让人讨厌，用于第二个意义时，还有很多相似的俗语，如(142)。

(142) a. 까마귀 소리 열 소리에 한마디 신통한 소리 없다
　　　 b. 까마귀 열두 소리에 하나도 좋지 않다
　　　 c. 까마귀 열두 소리 하나도 들을 것 없다
　　　 d. 까마귀 하루에 열두 마디를 울어도 송장 먹는 소리

当与人谈话时，对方如果说了一些让人无语的非常不合适的话，为了制止他继续说下去，韩国语里多用"까마귀 아래턱이 떨어질 소리 让乌鸦大跌眼镜的话"来表达。与乌鸦的叫声有关，韩国语还有"까마귀가 오지 말라는 격"，用来嘲笑那些误解他人无意中说出的话而自己生闲气。

乌鸦喜食粮食作物，"까마귀가 메밀[고욤/보리/오디]을 마다한다[마다할까]"意为乌鸦还能不吃粮食或水果？经常用来嘲笑人。"까마귀 뭣 뜯어 먹듯"比喻偷偷地拿走据为己有，而"까마귀 밥이 되다"比喻无人收留而死后被扔掉。"까마귀 안(을) 받아먹듯"

意为乌鸦反哺。

韩国民间传说中还认为乌鸦记忆力不好，所以就出现了"까마귀 고기를 먹었나?《동네변호사 조들호,3회》你吃乌鸦肉了啊。"不过有人认为这是因为韩国语里表示忘记的词是"까먹다"，从语音上与乌鸦相似，所以产生了这个比喻意义。与乌鸦记忆力不好有关的还有"까마귀가 알(물어다) 감추듯、까마귀 떡 감추듯"，意思是乌鸦把东西藏起来后忘了放在什么地方，比喻总是忘记自己把东西放在哪里了。

乌鸦还给人以不吉利的形象，"까마귀 떼 다니듯"比喻给人带来不吉利预感的人成群结队地经过。中国也有此类文化，例如鲁迅的小说《药》里，当小栓死了，华大妈去上坟时，就有乌鸦出现，小说的结尾就是：

(143) 他们走不上二三十步远，忽听得背后"哑——"的一
声大叫；两个人都悚然的回过头，只见那乌鸦张开两
翅，一挫身，直向着远处的天空，箭也似的飞去了。

乌鸦还和其他动物、植物产生联系，如"까마귀 짖어 범 죽으랴"比喻即使有一点的放肆但对大事不会产生任何影响。"까마귀 학이 되랴"比喻天生的本质是无法改变的。"까마귀가 까치 집을 뺏는다"意为鹊巢鸦占，汉语则有"鹊巢鸠占"。此外还有"까마귀 둥우리에 솔개미 들어앉는다"，是用乌鸦与老鹰进行对比，意思是小地方进来了大东西，样子很可笑；也比喻将大人物安置在不合适的小地方，看起来很不合理。韩国语还有"까마귀 날자 배 떨어진다"，意思是乌鸦一飞起来梨就掉了，比喻本无任何关联的事情非常凑巧地一起发生，让人误会好像两者有什么关系一样，汉语为"乌飞梨

落"。

与乌鸦有关还有汉字词"오훼(乌喙)、오합(乌合)",在韩国语里都发生了异于汉语的意义。

4) 喜鹊

韩国语里喜鹊为"까치"。对韩国人来说,喜鹊主要有五类象征意义:

喜鹊是喜事的象征。民俗信仰中认为喜鹊早晨叫意味着喜事来临或者有贵客临门,如(144)。正因为有这种思想,所以韩国语里才有了"새벽까치",意思是喜鹊叫早、客人登门。因为喜鹊喜欢早上叫,所以就有了"조잘거리기는 아침 까치로구나(김종대2001/2003:118)就像早上的喜鹊那样叽叽喳喳叫"。

(144) 새 식구들이 들어온다구 까치들도 까악까악 짖어대
　　　네.《부탁해요 엄마, 51회》喜鹊们也叽叽喳喳地叫个
　　　不停,说是有新人进家门啊。

与喜鹊有关,中国有喜鹊不进愁家的说法,也就是说如果某一人家灾祸不断,一般喜鹊不会来筑巢,反过来,如果喜鹊来筑巢说明家里将有喜事。据说燕子也有这样的习性。不过在苏格兰语里,喜鹊飞临谁家的窗户,就认为这家会有人夭折,所以喜鹊在苏格兰文化里是消极形象(支顺福 2012:128)。

在韩国,喜鹊还是知恩必报的象征,如(145)中的"까치 노릇"指的是报恩。

(145) 마루 그 것이 은혜를 갚는 까치 노릇 할 줄 누가 알았

겠냐?《우리집 꿀단지, 95회》谁能想到马陆那孩子会
用这种方式来报恩啊? 就像喜鹊一样。

不过，韩国文化里喜鹊也有消极的象征意义，如"까치 배 바
닥[배때기] 같다"，用来嘲笑说话没有实际内容，总说一些没用的
话，之所以产生这种意义，是因为韩国人思维里有"白色的是没有
内容的"这种意识，所以才有了"흰소리"指没用的话，而喜鹊的肚
子也很大、白白的，所以也就有了这种消极的比喻意义。英语里的
喜鹊为pie，也比喻叽叽喳喳爱说话的人，意大利语的喜鹊为gazza，
也有此意义(支顺福 2012:128)。

韩国语里还有"까치밥"，指的是为了让鸟类等冬天有食吃而故
意留在树上不摘的少量的柿子。这反映的其实是道教里的尊重生命、
重视人与自然万物和谐相处的思想，在这种思想影响下，"까치밥"
的语义也发生了变化，语义扩展到了经济领域，指能让大家共赢的余
地、甜头等，如(146)。中国也有这种为鸟留食的文化，但是却没有
专门的词语来表达。所以"까치밥"译成汉语需要根据语境意译。

(146) 그러나, 까치밥 정도는 남겨두어야 시장이 원만히 흘
러가고 거래도 진행되는데,까지밥까지 먹으려고 하다
보니 거래량의 감소는 불가피한 상태이다. 但是，只有
给对方留有一定甜头/余地，市场才能顺利运转，贸
易也才能进行下去，但是连最后的一点甜头都想榨干
净，所以交易量的减少成了不可避免的状态。

5) 野鸡
韩国语里野鸡为"꿩"，有俗语"꿩은 머리만 풀에 감춘다"，

意思是情况紧急下野鸡藏身时只是把头藏到草里，比喻只藏了一部分就以为藏好了却被发现。汉语有类似的"钻头不顾腚、顾头不顾腚"类表达，并且还有网络小说《顾头不顾腚》，但是在中国文化里具有这种特点的动物一般认为是"熊"。

与野鸡有关还有很多俗语，如下表所示：

[表11] 与野鸡有关的俗语

	俗语	意义
1	꿩 구워 먹은 소식	比喻没有任何消息。
2	꿩 구워 먹은 자리	比喻没有做某事的任何痕迹；比喻做事后没有任何成果。
	꿩 구워 먹은 자리엔 재나 있지	
3	꿩 먹고 알 먹고 둥지 털어 불 땐다	比喻做一件事情有多种收获。
	꿩 먹고 알 먹는다[먹기]	
4	꿩 잡는 것이 매다	比喻不管方法如何只要达到目的就行；只有发挥自己的作用才能名副其实。
5	꿩 놓친 매	比喻好容易到手后又放了而气喘吁吁地愤慨的样子。
6	꿩 떨어진 매	比喻变得没用的事物。
7	꿩 잃고 매 잃는 셈	比喻做某事时无任何所得反而受了损失。
8	꿩 대신 닭	比喻用差不多的东西来替代别的好东西。
	봉 아니면 꿩이다	

如上，这些俗语都反映了韩国人过去食用野鸡的文化，1、2、3组俗语与吃野鸡、吃野鸡蛋有关，4-7组俗语与老鹰抓野鸡有关，8是通过比较反映了野鸡在韩国人过去生活中的重要性。

随着社会的发展，这些俗语都被赋予了比喻意义，经常用于日常生活中，有时也会出现变形，例如有时用"꿩 놓치다"来表达可惜之情，如(147)，"꿩 놓치게 생겼어요"意思是到手的山鸡就要飞

了，汉语一般用"煮熟的鸭子要飞了"，也可意译成"被抢走了"。

(147) 신화그룹이면 선호가 비할 바가 아니잖아요? 어떻게
요? 꿩 놓치게 생겼어요. 如果是神话集团的话，我们
先浩可比不上啊? 怎么办? 煮熟的鸭子要飞了/她该被
抢走了啊。

野鸡有时也称作"산닭"，因为野鸡很难驯养，所以有了俗语
"산 닭 길들이기는 사람마다 어렵다"，比喻无拘无束长大的人很
难管教。

6) 鹦鹉、鸳鸯

在韩国鹦鹉称作"앵무새"，不过也有很多其他称呼，如"앵가
02(鹦哥)、앵무(鹦鹉)、팔가(八哥)、팔팔아"等，也就是说韩国人
将鹦鹉与八哥混为了一谈。

由于鹦鹉善于模仿人声，所以汉语有"鹦鹉学舌"，比喻别人
怎么说，他也跟着怎么说。韩国语也有类似的"앵무새는 말 잘하여
도 날아다니는 새다"，意思是虽然鹦鹉很善于模仿人说话，但终究
不过是只鸟而已，主要用来挖苦那些话说的天花乱坠，但是却不实
践的人。类似的还有"말은 앵무새"，指那些话说的很好，但却不
付诸实践的人。而反复说同样的话也称作"앵무새"，如(148)。因为
汉语"鹦鹉"多用于"鹦鹉学舌"这样的固定结构，很难单独作定
语，因此可以译成"千篇一律"。

(148) '앵무새' 답변을 반복하다 重复同样/千篇一律的答复。

韩国语里鹦鹉还称作"잉꼬"，可以作上义词，统称鹦鹉，此外也指虎皮鹦鹉，又称作"사랑앵무(--鹦鹉)"，韩国语有时还用"잉꼬부부"比喻夫妻关系好，如(149)，但汉语一般不用"鹦鹉"，而是用"鸳鸯"来比喻。韩国语也用"원앙(鸳鸯)"来比喻夫妻关系好，俗语"원앙이 녹수(綠水)를 만났다"是用鸳鸯见了绿水来比喻遇到了合适的配偶，而"녹수 갈 제 원앙 가듯"比喻关系密切不分离。

(149) 두 사람 잉꼬부부라고 소문 다 났어. 大家都说你们两
　　　人是鸳鸯夫妻。

7）猫头鹰

猫头鹰在不同文化里具有不同的象征意义，其中，猫头鹰在西方是智慧的象征；在中国是不吉利的"凶鸟"；德语和法语里还用猫头鹰的外形来比喻丑，如alte Eule意为丑老太婆，法语的vieille chouette(老猫头鹰)贬称丑而凶的老太婆，而vieux hibou(老猫头鹰)贬称性格孤僻坏脾气的老头(支顺福 2012:131)。

猫头鹰在韩国文化里主要是蠢、土、贪婪的象征。韩国语里猫头鹰最常用的称呼为"부엉이"，韩国人常用猫头鹰来嘲笑又蠢又土的人，称作"멧부엉이"。韩国人还认为猫头鹰很贪婪，有俗语"욕심은 부엉이 같다"比喻非常贪的人，因为猫头鹰贪婪，不论什么东西都往巢里搬，所以里面是应有尽有，因此俗语"부엉이 곳간"比喻应有尽有，都齐全了，而"부엉이 집을 얻었다"意为端了猫头鹰的窝，比喻发横财。

猫头鹰还有一个突出特点是它在黑夜中的叫声像鬼魂一样阴森凄凉，使人更觉恐怖，古时称它为"恶声鸟"。印尼语里的猫头鹰为burung hantu，字面意义是"鬼鸟"，应该也与猫头鹰的叫声有关(支

顺福 2012:131)。但即便如此，猫头鹰自己并不会嫌弃自己的声音，韩国语有俗语 "부엉이 소리도 제가 듣기에는 좋다고"，比喻不知道自己的弱点，认为自己所做的事情都是好的。

猫头鹰还有一个特点，就是数数时一定要数双数，所以丢了一个它会发现，但如果丢了一对，就发现不了，所以俗语 "부엉이 셈 치기" 比喻不明事理、不了解世情的人。

韩国语还有 "부엉이 방귀 같다"，意思是猫头鹰被自己所放的屁吓了一跳，比喻一点小事就大惊小怪的。

因为猫头鹰总是在夜晚活动，所以汉语用 "夜猫子" 来形容经常熬夜的人，而韩国语里则用 "올빼미" 来比喻，"올빼미 회의" 意为夜晚召开的会议，汉语一般用 "夜会"。

8）白鹳

韩国语里白鹳为 "황새"，是意为 "大" 的前缀 "황-" 与词根 "새" 结合形成的派生词，意为大鸟，所以 "황새" 的突出特点就是体型大，身长一米，腿和喙都很长，白色羽毛，但尾部是黑色的，所以根据这些特点还被叫作 "백관(白鹳)、조군(皁君)、흑구(黑尻)"，这些表达是汉字词，与 "황새" 进行对比，可以发现韩国人给这种鸟命名时是着眼于体形的大小，而中国人命名时着眼于颜色，根据身体和尾部颜色的不同所以有了三种表达。这反映了中韩两国人观察事物时不同的视角，反映的是文化差异。

根据白鹳的这些特点和习性，有了俗语 "황새 논두렁[여울목] 넘겨 보듯"，比喻伸长脖子偷看的样子，"황새 올미 주워 먹듯" 比喻非常擅长捡拾东西吃；"황새 조알 까먹은 것 같다" 比喻量太少不够或者表面上看好像不错但实际并不尽然。

9）鸦雀

韩国语里鸦雀为"뱁새"，鸦雀非常小，所以经常与"황새"一起进行比较，如俗语"뱁새가 황새를 따라가면 다리가 찢어진다"比喻如果硬生生地去做力不从心的事情反而会倒霉。"뱁새는 작아도 알만 잘 낳는다"比喻个子小但是却能成大事，义同于"참새가 작아도 알만 잘 깐다[낳는다]"。因为个子小，韩国语还有俗语"뱁새가 수리를 낳는다"，意思是小鸦雀养了个大雕，比喻父亲不怎么样但所生的儿子却很有出息。

10）灰头鹀

灰头鹀在韩国语为"촉새"，比喻行动轻浮不稳重的人，有俗语"촉새가 황새를 따라가다 가랑이 찢어진다"，义同于"뱁새가 황새를 따라가면 다리가 찢어진다"。韩国语还有"촉새외교"，如（150）。这种用法与"촉새"的比喻意义一致。

> （150）국민의당은…'내용을 떠나 미리 우리의 전략을 다 노출시키는 '촉새외교' 로는 어떠한 실익도 없음을 명심해야 한다'고 비판했다.《동아일보, 2017.06.17》人民党……批判说："你们要记住，这种不管内容如何先亮底牌的'灰头鹀外交'是不会得到任何好处的。"

11）燕子

韩国语里燕子为"제비"，与燕子有关的俗语多与其体型和习性有关，如"제비는 작아도 강남(을) 간다、제비는 작아도 알만 낳는다"，意思是虽然燕子很小，但依然能飞越汉江到江南，照样可以下蛋繁殖，比喻人小，心不小、能力不小。韩国语还有俗语"곡식에

제비 같다", 比喻清廉的人, 这个意义的产生与燕子不吃粮食的习性有关。

12) 苍鹭

韩国语里苍鹭为 "왜가리", 有俗语 "왜가리 새 여울목 넘어다 보듯", 比喻偷偷地看是否有什么东西的样子, 也比喻偷偷地中饱私囊。

13) 啄木鸟

韩国语啄木鸟为 "딱따구리", 因为啄木鸟典型的生活习性是用喙啄树, 所以 "딱따구리 부작" 比喻做事不求完美只求像那么回事。

3.3.5 虫

3.3.5.1 上义词

韩国语里包括昆虫、寄生虫等在内的动物统称为 "벌레", 虫子有很多特点, 韩国人根据这些特点都赋予其各种不同的比喻意义。

虫子一般喜欢啃食东西, 如果啃食蔬菜, 那么就会出现一个一个的窟窿, 所以俗语 "벌레 먹은 배추[삼] 잎 같다" 意思是就像虫子啃食的白菜/麻的叶子一样, 比喻脸上有老年斑或者褐斑的样子。有的虫子还有更大的能力, 那就是钻墙, 俗语 "소리 없는 벌레가 벽을 뚫는다" 意思是不声不响的虫子能把墙钻透, 比喻默默做事的人反而能成就大事。虫子在啃食东西时具有锲而不舍的精神, 所以 "벌레" 被用来比喻非常热衷于某事的人, 如 "책벌레 书呆子" "연

習 벌레 练习狂"。不过汉语的"书呆子"贬义性很强。

　　虫子的长相大部分不太好看，所以韩国语有了"벌레 보듯이"，比喻非常讨厌，如(151a)，这里利用的是人们对虫子的厌恶之情。而虫子中的害虫更是让人厌恶至极，所以韩国语里还有"해충 같은"，如(151b)。汉语里类似的有"害群之马"，但是用法不太相同。

　　(151) a. 현준씬 그 여자를 벌레 보듯 본대.《당신은 너무합
　　　　　　　니다, 6회》听说贤俊讨厌死那个女人了。
　　　　　b. 해충 같은 네 인생 얼어죽어도 싸!《천상의 약속, 9
　　　　　　　회》你这种百无是处的人冻死活该！

　　虫子这样不起眼的东西如果被踩也会蜷缩动弹，所以产生了俗语"벌레도 밟으면 꿈틀한다"，比喻再温顺、再有耐心的人或再渺小的人，如果总是受到刺激的话，也会反抗。虽然虫子有自己独有的能力，但被人践踏时顶多会动弹几下，没有太大的反抗能力，所以"벌레"的近义词"버러지"一般被用来比喻没用的人，如电视剧《월계수 양복점 신사들, 14회》中有下面的对话，如下所示，这里的"버러지"相当于汉语的"酒囊饭袋"。

　　(152) 성준: 내가 버러지 같애서요. 我就像个废物。
　　　　　동숙: 오빠가 왜 버러지 같아요? 你怎么就像废物了？
　　　　　성준: 되는 것 하나도 없는데 먹고 살겠다고 꾸역꾸역
　　　　　　　　죽을 처먹는 내 자신이 한심하고 버러지 같이…干的
　　　　　　　　事没有一件成功过，但是为了活命还在这儿一口一口
　　　　　　　　地喝粥，我都为自己感到寒心，觉得自己就是废物。

韩国语里虫子还用"충(蟲)"来表达，但没有比喻意义。虫子中还有"무골충(無骨蟲)"，即没有脊椎的虫子，也用来嘲笑没有骨气的人，同义词有"물렁이"。此外还有"진지충(真摯蟲)、감성충(感性蟲)"等，都具有贬义。

3.3.5.2 代表性的虫

1）苍蝇

韩国语里苍蝇为"파리"。根据苍蝇的习性以及人们的态度，韩国文化里的苍蝇产生了很多意义。苍蝇的特点之一是到处嗡嗡地飞，所以韩国语里经常用苍蝇飞比喻没有客人，生意不好，如(153)。汉语一般用鸟雀来比喻来往的人很少，两者既有共同之处亦有差异。

(153) a. 미용실에 파리 날리는 날이 더 많은데.《내딸 금사
월,10회》美容院门可罗雀的日子更多。
b. 파리 날리게 생겼다. 生意不好。

苍蝇的特点之二是喜欢不住地搓动前面的两只脚，所以韩国语有了惯用语"파리 발 드리다"，比喻苦苦哀求对方，之所以产生这种比喻意义，是因为韩国人在哀求对方时，尤其是女人，会双手合十上下搓动来祈求，这与苍蝇的动作特点非常相似所以产生了这种比喻意义。

因为苍蝇总是去啃食东西，所以韩国语里"파리"俗指那些没有任何理由地来啃食或想插一脚获得利益的人。因为苍蝇的这种习性，是"过街老鼠人人喊打"，所以有了俗语"미운 파리 치려다 고

운 파리 상한다"意思是想打坏人反而打了好人，这是用打苍蝇来比喻打人。苍蝇这人人喊打的命运催生了词语"파리 목숨"，即苍蝇命，比喻任人欺负的命运，如(154)。但汉语多用"草芥、待宰的羔羊"等。

(154) a. 사람 목숨을 파리 목숨으로 여기다. 把人的性命视如苍蝇的命/草芥。

b. 사장님 마음 또 언제 변해서 자릴지 모르는데 파리 목숨으로 그렇게 살고 싶지 않아요.《월계수 양복점 신사들, 14회》不知道老板您又什么时候变卦炒我的鱿鱼，我不想过这种任人宰割的日子。

c. 힘들게 의사가 되면 뭐 합니까. 다 파리 목숨인데.《형부외과:심장을 훔친 의사들, 3회》费好大劲当了大夫又怎么样? 还不是任人欺负?

韩国语有时也用夸张的手法来用苍蝇比喻干净，如(155)。山东诸城方言里也用"跌死苍蝇，摔倒跳蚤"来比喻很光滑、干净，这是夸张手法。

(155) 거실청소,화장실 청소 깨끗하게 싹싹 해 놔. 파리가 낙상할 정도로.《최고의 연인, 67회》客厅、厕所都打扫得干干净净的，让苍蝇也无法立足。

苍蝇是卵生的，所以与苍蝇有关还有苍蝇卵，韩国语称作"구더기"，因为行动迟缓，所以韩国人用"구더기 될 놈"比喻非常迟钝、愚蠢的人，如(156a)。而"대가리에 쉬슨 놈"意思是被苍蝇在

头上下了卵，比喻蠢笨、愚钝至极。与苍蝇卵有关，有"구더기 무서워 장 못 담글까"，意思是即使有一些小障碍，也应该去干该干的事情，如(156b)。

(156) a. 이 구더기 될 놈아,그런 뻔한 속임수에도 속냐? 你真是笨死了。那点小骗术就叫你中招了啊?

   b. 구더기 무서워 장 못 담는 위인 같으니라구. 용 안 쓰면 된다니까.《그래 그런거야, 26회》看你这个样,害怕蛆虫就不腌酱了吗? 只要（性生活）不太过分没关系的。

绿豆蝇的卵为"꽁지벌레、분충(糞蟲)、천장자(天漿子)"，其中"꽁지벌레"还比喻性质或行动非常坏的人，"심사가 꽁지벌레라"用来嘲笑一肚子坏水的人。"꽁지벌레"长大后成为绿头苍蝇，称作"쉬파리"，日常生活中多用"왕파리"，多用于俗语"썩은 생선에 쉬파리 끓듯"，意思是臭鱼烂虾上到处是绿头苍蝇，比喻在有吃的或者产生利益的地方，总会涌来一些不相关的人。而"쉬파리 똥 갈기듯 한다"比喻干不合身份的、不负责任的事情。

韩国语还有"생파리"，比喻性格冷淡、挑剔的人，有合成词"생파리같다"，比喻性格冷淡，拒人以千里之外，也比喻像苍蝇一样到处转悠，无法长期呆在某处。韩国语还有大头苍蝇称作"날파리"，如(157)，比喻黏在身边。

(157) 너 같은 날파리 내 동생 옆에 달라붙지 못하게 막아주고.《우리집 꿀단지, 117회》我要防止你这种大头苍蝇黏糊在我妹妹旁边。

与苍蝇有关，还有"파리 한 섬을 다 먹었다 해도 실제로 먹지 않았으면 그만"，意思是即使别人说自己吃了一斗的苍蝇，但是如果自己没吃，就不用去理会别人的说法。

2）蚊子、伊蚊

韩国语蚊子为"모기"，这个词本身没有比喻意义，但是有很多俗语，大部分都与蚊子的体形小有关，如下表所示：

[表12] 与蚊子体形小有关的俗语

	俗语	比喻意义
1	모기 다리의 피만 하다	比喻分量非常小。
2	모기 다리에서 피 빼다	比喻对穷人敲诈勒索。
3	모기 대가리에 골을 내랴	比喻打算做不可能的事情。
4	모기 밑구멍에 당나귀 신(腎)이 당할까	比喻对小的孔洞来说大东西是不合适的，也比喻无法承担过分的报酬或地位。

如上，俗语1、2都与蚊子腿和血有关，俗语3与蚊子头和沟有关，俗语4与蚊子肛门和驴的肾有关。

虽然蚊子爱叮人，但对付蚊子没必要兴师动众，所以俗语"모기 보고 칼[환도] 빼기[뽑기]"比喻对小事兴师动众，也比喻应对小事情时却采用不合时宜的大动作。汉语有类似的"大炮打蚊子"。

虽然蚊子非常小，发出的声音也小，但是韩国人也认识到了"蚊子多力量大"这一道理，所以俗语"모기도 모이면 천둥소리 난다"比喻人多力量大，汉语也有成语"聚蚊成雷"，但多比喻多人说一个人的坏话；危害大。有时韩国语还用"모기도 낯짝이 있지"讽刺人没有廉耻，还不如蚊子呢。

蚊子中还有一种伊蚊，比一般的蚊子大得多，吸人的血液格外

厉害，韩国语为"각다귀"，还比喻压榨剥削别人的人，而"각다귀판"比喻大家都疯狂地想剥削别人，如(158)，汉语里"蚊子"一般不产生这样的比喻意义，可以译成"官场现形记"。

(158) 사람들이 서로 헐뜯고 싸우는데, 이건 완전히 각다귀판이었다. 人们互相中伤诽谤闹在一起，这完全就是"官场现形记"啊！

3) 蜂（窝）

韩国语里蜜蜂为"벌"，因为蜜蜂工作时都是集体劳作，所以俗语"벌이 역사하듯"比喻大家一起工作的样子。当蜜蜂遇到危险时会用螫对方来保护自己，被蜜蜂螫了之后，人一般会疼得上蹦下跳的，所以俗语"벌에 쏘였나、벌쐰 사람 같다"，比喻到处乱蹦乱跳的人的模样，也比喻不说一句话，来了马上就走的人。

"벌집"意为蜂窝，如"벌집을 건드리다、벌집 쑤시어 놓은 것 같다."意为捅了马蜂窝，既可以指具体意义，也比喻动了不该动的人或地方，多与动词"건드리다、터지다"等结合，如(159ab)。如果主语是"마음"，则比喻心里不好受，如(159c)。

"벌집"也指牛百叶，因为看起来与蜂窝比较相似。"벌집"还可比喻几个小房子一排排形成的家，也可比喻有多个窟窿的东西。

(159) a. 한아름 너 왜 벌집을 건드린 거야? 왜?《최고의 연인, 63회》韩雅琳你为什么去捅这个马蜂窝啊? 为什么?

b. 이해인을 건들리면 더 벌집 터지겠지. 우는 아이에겐 사탕이 최곤데.《사랑이 오네요, 36회》如果动

李海仁，肯定会出现更大的麻烦。要想哄哭泣的
孩子，最好用糖块。

c. 그러다가 우리 은수 마음 벌집만 될까봐 못 물어보
겠어.《빛나라 은수, 10회》我怕我一问，恩秀心里
不好受，所以没敢问。

(160) 좌중은 금시 벌통이 터진 듯 웅성대며 말이 모자라서
칭찬을 못했다. 席中瞬间就像炸了锅一样，大家都赞
不绝口。

与"벌집"类似的还有"벌통(-桶)"，多用于"벌통 쑤신 것
같다"，与"벌집 쑤시어 놓은 것 같다"意义相同，有时也用于
"벌통 터지듯"，比喻闹哄哄地，如(160)，汉语一般用"炸了锅似
的"。相关的还有"꿀통、봉상(蜂箱)"。

4) 蚂蚁

汉语有"蚁族"，着眼于蚂蚁辛勤工作这一特点。韩国语里蚂蚁
为"개미"，还有"왕개미(王-)"，指大蚂蚁。韩国人对蚂蚁的认识
主要集中在体形小、力量小、有酸味等特点上。

根据蚂蚁非常小的特点，惯用语"개미 새끼 하나 볼 수 없
다"比喻一个人也找不到。"개미 새끼 하나도 얼씬 못한다"指除
了被允许的人之外，没有任何人露面，有时也出现变形，如(161)。
类似结构的还有"개 새끼 한 마리 얼씬하지 않다、검정개 한 마리
얼씬하지 않다"和"쥐 새끼 한 마리 얼씬하지 않다"，这些俗语都
比喻没有任何东西，非常安静。

(161) 개미 한 마리도 빠져나가지 못할 겁니다.《구르미 그

린 달빛, 16회》谁也别想逃出去。

因为蚂蚁小，所以蚂蚁背也很小，因此俗语"개미 한 잔등이 만큼 걸린다"比喻有一点点担心。蚂蚁体型非常小，力量也很小，韩国人对其做了辩证分析，如下表所示：

[表13] 与蚂蚁力量小有关的俗语

分类		俗语	比喻意义
第一类	1	개미가 절구통 물고 나간다	比喻弱小的人承担了力不从心的事情，或者驮重物走。
	2	개미가 큰 바윗돌을 굴리려고 하는 셈	比喻竟敢挑战自己无法承担的对象。
	3	개미가 정자나무 건드린다	蚂蚁撼大树
		왕개미 정자나무 흔드는 격	
第二类	4	개미 금탑 모으듯	比喻非常节俭地积聚财物。
		개미 메 나르듯	
	5	개미는 작아도 탑을 쌓는다	比喻即使弱小无力的人只要努力也能成就大业。

如上，韩国人对蚂蚁力量小这一点有两类评价，第一类是俗语1、2、3，是对蚂蚁力量的否定，与蚂蚁形成对比的是"절구통、바윗돌、정자나무"，而这些地方也是蚂蚁经常出现的地方。第二类是俗语4、5，是对蚂蚁力量的肯定，与蚂蚁形成对比的是"금탑、탑、메"，前两者是建筑，后者是祭饭，也都能与蚂蚁相联系。关于蚂蚁的这两类正反意义的俗语也说明韩国人具有辩证思维的认知特点。

因为蚂蚁身上含有蚁酸，所以有酸味，根据这个意义，韩国语有俗语"시기는 산 개미 똥구멍이다"，比喻食物非常酸，也可比喻人的行为非常让人生厌。这与韩国语里"酸味"具有消极意义密切相关。

5）蜘蛛

韩国语里蜘蛛为"거미"，有惯用语"거미 알 까듯[슬듯]"，比喻动植物到处留下自己的种子，也比喻杂乱无序的样子；也比喻小地方放满了东西。蜘蛛刚孵出来后就四散开来，所以"거미 새끼 흩어지듯[헤어지듯]、거미 새끼 풍기듯"比喻很多人或东西一下子散开来。蜘蛛抓虫子要先织网，所以"거미도 줄을 쳐야 벌레를 잡는다、잎거미도 줄을 쳐야 벌레를 잡는다"比喻不管什么事情都要做必要的准备才能取得成果。织网后，蜘蛛一般都是在蜘蛛网上行动，所以俗语"거미 줄 따르듯"意思是关系密切、形影不离，而"줄 따르는 거미"比喻形影不离的人。这些惯用语和俗语具有很强的文化性，汉语里一般没有这样的比喻。

6）蜻蜓

韩国语里蜻蜓为"잠자리"，对蜻蜓的认知中韩两国显著不同，韩国语里表示女人穿得漂亮时用"잠자리 나는 듯 就像蜻蜓飞"，而汉语多用"穿得像花蝴蝶一样"。韩国语里表示衣料非常薄、透明时，用"잠자리 날개 같다 像蜻蜓的翅膀一样"，汉语多用"薄若蝉翼"，如（162）。

(162) 잠자리 날개 같은 치마저고리를 차려입으신 어머니 穿着薄若蝉翼的传统裙装的母亲

因为蜻蜓总是飞来飞去，不会在一个地方呆很长时间，所以"잠자리 부접대듯 한다"比喻做事不长久，还比喻沾上马上又掉下来，这是源于蜻蜓飞行特点而产生的比喻意义，汉语也有类似的"蜻蜓点水"。

7）百足虫

韩国语里百足虫为"노래기、장지네"，因为百足虫的脚非常细小，所以"노래기 족통도 없다"比喻生活穷困，无一剩余。因为百足虫身上有一种难闻的味道，所以俗语"노래기 회도 먹겠다、장지네 회 쳐 먹겠다"意思是连百足虫那种有臭味的东西都切肉片来吃，用来批评那些不知廉耻，不顾脸面的行动。类似的还有"노래기 푸념한 데 가 시룻번이나 얻어먹어라"，意思是百足虫在跳大神，去讨点糊蒸笼的糕屑吃。这些俗语本身所涉及的事物也都具有很强的文化性，与韩国的饮食、精神文化密切相关。

此外，韩国语还有俗语"침 먹은 지네"，比喻即使有话说但却无法说，也比喻因害怕而挺不起腰来或一动也不敢动的人。

8）蚂蚱

韩国语里蚂蚱为"메뚜기"，有俗语"메뚜기도 유월이 한철이다"，比喻就像遇到好时候一样上蹿下跳的，第二个意义指人的一生之中好时候不长，所以要好好珍惜，用于此意义时与"뻐꾸기도 유월이 한철이라"意义相同，如(163)所示，这里用的是俗语的第二个意义，即好时候不多，但需要意译。

(163) 너 요즘 친정에서 더브살이한다며? 집도 없는 메뚜기 신세에 무슨 애를 키우겠다고?《우리집 꿀단지, 94회》听说你现在住在丈母娘家。连房子都没有你养什么孩子啊?

与蚂蚱有关，还有"산신 제물에 메뚜기 뛰어들듯、산젯밥에 청메뚜기 뛰어들듯"，意思是举行山神祭时，蚂蚱也跑来凑热闹，嘲

笑掺和不合自己身份事情的人。

因为蚂蚱最突出的特点就是蹦来蹦去，所以产生了惯用语"메뚜기 뛰다"，如(164)，汉语里一般不用蚂蚱做这样的比喻，所以译成汉语时需要意译。因为汉语的"蚂蚱"多用于"秋后的的蚂蚱——蹦跶不了几天"，具有贬义。

(164) a. 본이씨만한 시터 없었는데 아깝네. 당분간 준수, 준희도 이집 저집 메뚜기 뛰게 생겼어.《내 뒤에 테리우스, 14회》像本你这样好的保姆很少见啊，（你不干了）太可惜了。俊秀、俊姬（没人看）这段时间只能这家那家的串门了。

b. 3박을 모두 휴양관에서 보내기엔 너무 심심해서, 망상오토캠핑장-용대 휴양관-용대 데크에서 각각 1박씩 하는 것으로… 결국 휴가 내내 메뚜기 뛰다 왔습니다.（网络）3个晚上都在休养馆度过的话太无聊了，所以在望祥五土野营地、龙岱休养馆、龙岱野营地各住了一晚，结果整个假期就到处跑了。

9) 纺织娘

韩国语里纺织娘为"베짱이"，其原型是"(뵈짱이 〈두시-초〉←뵈+짱-+-앙이"（《표준국어대사전》），意为织布的匠人，与"纺织娘"相似。因为爱鸣叫这一特点，"베짱이"比喻整天玩乐不工作的人，如：

(165) 너야말로 베짱이처럼 놀지 말고 밥값 좀 해!《최고의 연인, 36회》你不要像纺织娘一样光玩，干点活好对得起自己的饭钱吧。

10) 蟋蟀

　　韩国语里蟋蟀为"귀뚜라미"，因为蟋蟀在每年阴历七月开始鸣叫，所以俗语"빨리 알기는 칠월 귀뚜라미라"比喻非常伶俐、非常有眼力，是用蟋蟀来比喻人有眼力，这也反映了韩国人重视察言观色的文化。"귀뚜라미 풍류하다[풍류한다/풍류하겠다]"比喻人非常懒惰，不管田里的活儿，弄得野草丛生。

11) 松毛虫

　　韩国语里松毛虫为"송충이"。松毛虫吃松叶而生，是危害松树、柏树的主要森林害虫，根据它这一特点，韩国语里有了很多与做事的分寸、身份有关的俗语。

　　其中，"송충이는 솔잎을 먹어야 한다"比喻处事要合乎自己的分寸，如(166)。而"송충이가 갈밭에 내려왔다"意思是吃松叶而生的松毛虫却突然跑到芦苇地里来找吃的，用来嘲笑行动不合分寸。如果处事不合自己的身份，那么就容易出问题，所以俗语"송충이가 갈잎을 먹으면 죽는다[떨어진다]"意思是以松叶为食的松毛虫如果要吃芦苇叶了，那么就是掉到地上死路一条了，比喻如果做不合身份的事情就会狼狈不堪，也可比喻自己的事情不好好干而动其他心思的话，就会狼狈不堪。

　　(166) 그래서 내가 진짝에 그렇게 하랬잖아? 송충이는 솔잎을 먹어야 산다고.《별난 가족, 100회》所以我不是早就说过嘛，松虫要吃松叶，结婚要门当户对啊。

12) 蚯蚓

　　蚯蚓韩国语为"지렁이"，这个命名本是汉字词"디룡(地

龍)"(瘡診方撮要66)，最早出现于16世纪，顾名思义身体长长的像龙，17世纪"디룡"又与后缀"-이"结合，形成了"디룡이"（東醫寶鑑 2:14），18世纪之后出现了变形词"지룡이"(蒙語類解下:35)和"지롱이"(通學經編 18)，最后于20世纪初以"지렁이"的形式被《朝鮮語辭典》《朝鮮語辭典》所收录。

因为蚯蚓是软体动物，没有肋骨，所以俗语"지렁이 갈빗대(같다)、지렁이 갈비다"比喻完全没准头的话，如(167)。此外"지렁이 갈빗대（같다）"也比喻非常柔软的东西。

(167) 이게 무슨 지렁이 갈빗대 같은 소리야?《밥상 차리는
　　　남자, 22회》(离婚?) 这是说什么胡话啊?

13) 蜗牛

韩国语里蜗牛为"달팽이"，蜗牛的眼睛很小，并且蜗牛受惊时会将头缩起来，所以俗语"달팽이 눈이 되다"比喻受到责骂或者害怕时缩成一团，如(168)。

(168) 지각을 한 학생들이 선생님 앞에서 달팽이 눈이 되어
　　　서 혼나고 있었다. 迟到的学生们在老师面前缩着身子
　　　挨训。

蜗牛的角也非常小，所以有了汉字词"와각(蝸角)"，比喻非常小的处境或非常小的东西，而合成词"와우각상(蝸牛角上)"比喻世界非常小，俗语"와우각상의 싸움"比喻在很小的地方打仗或因很小的事吵架，也比喻小国之间打仗，汉语有"蜗角斗争、蜗角之争"，比喻为了极小的事物而引起大的争执，与韩国语相比，语义又

发生了引申。

蜗牛不仅体形小，而且行走非常缓慢，所以俗语"달팽이가 바다를 건너다니"比喻这是绝不可能的事情，连提也不要提。蜗牛还有一个习性，就是会把身体缩到壳里面，对此，韩国人经常用"달팽이 뚜껑 덮는다"来比喻闭着嘴不说话，如(169)。

(169) 정말 달팽이 뚜껑 덮은 것처럼 아무 말도 하지 않을래?
你真的要像缩头蜗牛似的什么话也不说吗?

与蜗牛有关，韩国语还有新词"달팽이족"，指带着全部家当辗转露宿街头的人。

14）虱子、跳蚤、螨虫

在这个世界上与人非常密切的还有非常小的动物，如"虱子、跳蚤、螨虫"等。虽然这些小动物随着社会的发展、卫生条件的改善已经远离了我们的生活，尤其是城市里已经很少见到。但是因为语言的滞后性，与这些小动物有关的语言表达却依然出现在现代人的语言生活中。汉语有成语"扪虱而谈、虱胫虮肝"等，也有俗语"虱子多了不咬人、虱多了不咬债多了不愁"，张爱玲还有名言"人生是一袭华美的袍，上面爬满了虱子"。韩国语的"이、빈대、벼룩、진드기"等也依然"活跃"在韩国人的生活中，并且意义与汉语有很大区别。

第一，"이"为虮虱，"서캐"为虮虱的卵，即虮，过去人们身上有很多虱子，这种人称作"이꾸러기"。虮虱体积非常小，要想找到并抓住它们，需要非常仔细地翻找，因此惯用语"이 잡듯이"比喻仔细翻找的样子，如(170)，"서캐 훑듯"比喻一个也不拉地仔仔

细细地调查。英语里有"search with a fine toothcomb"，意思是用细牙梳找，也是找虱子之意(박갑수 2014b:59)，意大利语里则有spulciare，这个词的基本义是捉跳蚤，此外还有查词典、查电话号码本等两个意义(支顺福 2012:10)，与韩国语的抓虱子都着眼于仔细翻找。

> (170) a. 경찰은 도시 전체를 이 잡듯이 뒤졌지만 범인을 잡지 못했다. 警察把整个城市都翻了个遍但最后也没抓住犯人。
>
> b. 이 잡듯 샅샅이 뒤진 끝에 나온 김 후보자의 사생활은 우리가 평소 익히 알고 있었던 언행 그대로였다.《동아일보, 2017.06.06》就像找虱子一样查过来查过去，最后发现金候选人的私生活与我们平时所知道的并无二致。

韩国语还有俗语"말은 이 죽이듯 한다"，比喻说话的时候一个不拉地把详细信息都说出来。也就是说抓虱子的意义已经很虚化了。

韩国语里还有一种虱子称作"사면발니(Pthirus pubis，阴虱)"或"모두충、모슬(毛蝨)、음슬(陰蝨)"，因为这种虱子到处爬，所以用来嘲笑到处阿谀奉承的人。[20]

第二，"빈대(臭虫，床虱)"的特点是寄生于其他动物身上得以生存，所以被用来比喻跟朋友吃饭喝酒从来不掏钱的人，并且还有

---

20 俄罗斯语言里有时用"在监狱里养虱子"来比喻蹲监狱，见托尔斯泰的《复活》第二部。

动词形式 "빈대 붙다"。俗语 "장발에 치인 빈대 같다" 比喻东西非常扁，很难看，也比喻遭到变故，没了脸面，抬不起头来。因为臭虫很小，有时用 "빈대" 来比喻心胸狭小，如(171)。

(171) 여보시오. 사돈양반, 어떻게 사네가 돼가지고 왜 속
이 빈대 콧구멍만 하냐?《밥상 차리는 남자, 40회》我
说，亲家公，你一个大男人家的怎么鼠肚鸡肠的啊?

与 "빈대" 有关，《雞林類事》(1103)中有 "臭虫曰蝎铺"，而 "蝎铺" 韩国语称作 "갈보"，所以진태하(2003)据此认为韩国语里的 "갈보 妓女" 的语源是 "빈대"。并且한진건(1990:45)也认为 "갈보" 借用了 "빈대" 的俗称 "갈보"。조항범(2014:16)也认为这种说法比较有说服力，因为臭虫和妓女都是靠附着于别人身上吸食别人的血汗为生，具有相似性。这种视角与 "빈대" 本身所被赋予的比喻意义是一致的。

第三，韩国语里跳蚤为 "벼룩"，由于其身体非常小，其惯用语、俗语多表达与 "小" 有关的意义。

(172) a. 뛰어봤자 벼룩입니다.《내딸 금사월, 12회》再跑/
不管怎么跑，也在我的手掌心里。
b. 뛰어봤자 손바닥 위의 벼룩이야. 너 벼룩,윗사람은
바닥.《천상의 약속, 37회》再蹦跶/不管怎么蹦跶,
也是手掌心里的跳蚤。你是跳蚤，上司是手掌心。

(172a) 是电视剧中최마리被赶出家门后，又看到对自己进行诈骗的小流氓，所以提着皮箱开始跑，而小流氓在后面说了上面的

话，因为跳蚤非常小，虽然弹跳力很强，但对人来说是极其微小的，所以一个女人提着皮箱跑，可想而知能跑多远。(172b)也是类似的用法，但是后面做了说明，意思是跳蚤逃不出上司的手掌心，而汉语里类似的是"孙猴子跳不出如来佛的手掌"。

因为跳蚤非常小，所以"벼룩 꿇어앉을 땅도 없다"指无立锥之地。跳蚤小，所以后背、内脏也很小，因此"벼룩의 등에 육간대청(六间大厅)을 짓겠다"意思是在跳蚤背上盖六间大房子，比喻所做之事不合常理、度量狭小。"벼룩의 간을[선지를] 내먹는다"意思是吃跳蚤的肝、喝跳蚤的血，比喻非常小气、吝啬，也比喻榨取、剥削穷人的贵重物品，如电视剧《천상의 약속, 27회》中，当房东要涨租金时，金凤儿说道：

(173) 미친 거 아니야? 차라리 벼룩의 간을 뜯어먹어라. 你这
      是疯了啊？（你找我涨租金）你还不如去吃跳蚤呢。

有时也会有一些变形表达，如电视剧《수상한 삼형제, 16회》中，当三弟金二相说要贷款帮助自己时，二哥金贤察说道：

(174) 됐어. 이 놈아. 벼룩의 간을 떼먹지. 나 형제의 돈이라
      도 남의 돈이 무서워서 안 쓴다. 算了吧，你小子。我
      还能搜刮你啊。别人的钱我现在是不敢用了，哪怕是
      亲兄弟的钱。

与抓跳蚤有关，有"빈대 잡으려다 초가삼간 태우다"意思是为了抓跳蚤把三间草房都烧了，比喻因小失大，如(175)。

(175) 그런데 한아름때문에 우리 BEAUTY 전국적으로 망신
　　　당하는 거면 그것 어쩌지?그거 빈대 잡으려다 초가삼간
　　　태우는 격이잖아?《최고의 연인, 47회》可是如果因为
　　　韩雅凛，我们BEAUTY如果在全国公开出了丑，怎么
　　　办?那不成了"丢了黄牛撵蚊子——因小失大"吗?

　　另外，跳蚤的特点是密密麻麻的很多，所以"개털에 벼룩 끼
듯"字面意义为像狗毛里长了跳蚤一样，指地方很小，但却挤满了
人;也指不起眼的小人插一腿，让人心烦。

　　第四，螨虫为"진드기"，如(176)，多比喻赖着不走，汉语一
般用"狗皮膏药"。

(176) a. 한아름 이 계집애 다시 진드기처럼 달아붙지 않겠
　　　　지?《최고의 연인, 86회》韩雅凛这丫头不会又像狗
　　　　皮膏药似的赖着不走吧。
　　　b. 나도 그 진드기가 왜 나한테 달라붙어 날 괴롭히는
　　　　지 몰라.《그래 그런거야, 6회》我也不知道那个狗
　　　　皮膏药为什么黏上我，折磨我?

15) 蛀虫

　　韩国语里蛀虫为"좀"，因为蛀虫是一点点地蛀蚀东西，所以
"좀"比喻不声不响地将事物一点点损坏掉的人或事物。惯用语
"좀이 들다"指蛀蚀东西，而"좀이 쑤시다"根据蛀虫蛀蚀东西时
的感觉来比喻心烦意乱无法神安。此外还有合成词"좀먹다"，指蛀
蚀，如(177a);也比喻使事物一点点被损坏，如(177b)。

(177) a. 좀먹은 헌책 被虫蛀了的旧书

b. 부정부패는 나라를 좀먹는 일이다. 腐败正在吞噬着
这个国家。

与蛀虫有关，还有俗语"제 갗에 좀 난다"，意思是皮革上有
了蛀虫后，最终的结果是蛀虫也活不了，皮革也坏了，比喻同胞或
亲族之间起纷争对谁都没有好处。

3.3.6 鱼类、贝（螺）类及其他水生动物

韩国人善用鱼来作比喻，这种现象并且非常突出，不仅仅是上
义词"고기、대어"，还有各种具体的鱼也被用于日常语言生活中，
并使用至今。此外，除了鱼之外的其他水生动物语言也多用来表达
比喻意义。这些比喻意义多与水生动物本身的联想意义有关。

3.3.6.1 鱼类

1）对鱼的认识

韩国语里鱼为"고기"，有俗语"죽은 고기 안문하기"，意思是
拷问死鱼，有两个比喻意义，第一个比喻故意虚张声势欺负无权无
势的人，第二个比喻不管怎么恐吓、折磨，一点反应也没有。

韩国语里鱼还称作"물고기"，如(178a)，汉语多用"煮熟的鸭
子"，而不用"逮住的鱼"。"물고기밥"意为鱼食，如(178b)，"물고
기밥 신세"比喻被喂鱼。

(178) a. 다 잡은 물고기 푸닥질 한 번 치고 놓치면 돼.《우리
집 꿀단지, 2회》煮熟的鸭子怎么能让它飞了？

b. 몇 시간이면 물고기밥 신세 될지도 모르는데 좋아
하는 것 봐라.《달콤한 원수, 114회》他不知道几
个小时后就要被喂鱼去了，看他还高兴成那个样
子。

2) 大鱼、小鱼

韩国语里大鱼可用词组"큰 고기"来表示，有俗语"큰 고기
는 깊은 물속에 있다"，比喻优秀的人物混在很多人中间看不出来。
汉语有"大鱼吃小鱼，小鱼吃虾米"的说法，而韩国语则有"큰 고
기는 중간 고기를 먹고 중간 고기는 작은 고기를 먹는다"，意思是
大鱼吃中鱼，中鱼吃小鱼，比喻弱肉强食。

韩国语里大鱼还有汉字词"대어(大鱼)"，除具体意义外，也比
喻在实现目标时需要的重要物品或人，多与动词"낚다/건지다/놓치
다/물다/잡다/잡히다"等结合，如(179ab)。不过"대어"有时也比
喻大人物，如(179c)。

(179) a. 뭔가 대어가 잡히는 모양이군.《내딸 금사월, 16
회》看样子能抓条大鱼了。

b. 우리 찬빈이 대어를 물었잖아요?《내딸 금사월, 21
회》我们灿彬不是钓了条大鱼吗?

c. 야, 한정화! 어떻게 아는 사람이니? 하여간 니 주변
에는 대어들만 꼬이는 구나.《아버님, 제가 모실게
요, 31회》呀，韩静华，你怎么认识的他啊? 反正
你周围总是有大人物出现啊。

与大鱼有关，还有"중어(中魚)、소어(小魚)"，两者都没有比

喻意义。但韩国语里小鱼还有固有词"잔고기",有俗语"잔고기 가시 세다"意思是虽然鱼小但是刺却很硬,所以吃起来非常麻烦,比喻身体虽小,但内心有胆量,很坚强。

3) 代表性的鱼

韩国人日常生活中经常用来作比喻的鱼类足有二十四种(其中,河豚见《韩国文化语言学综论》),可见鱼业对韩国人的重要性。

(1) 明太鱼

韩国人经常吃的鱼类有明太鱼,关于其命名方式,据《임하필기(林下筆記)》记载,最初是住在明川的姓太的人抓到了这种鱼,所以根据地名和姓给它取名为"명태(明太)"(강재형 2018:67)。根据捕捞方式,有"망태(網太)、조태(釣太)";根据捕捞区域,有"강태(江太)、간태(杆太)";根据捕捞时间有"막물태、은어바지、동지바지、섯달바지"。根据明太鱼的状态又有很多不同的称呼,首先新鲜的明太鱼称作"생태",冰冻的称作"동태",晒干的明太鱼小鱼称作"노가리"。一般晒干的明太鱼根据不同的状态和干燥方法,又有"북어(海边强风晒干的)、황태(在晒渔场整个冬天反复上冻化冻而晒干的)、찐태(在晒渔场天气太暖和而变软的)、백태(在晒渔场天气太冷而变白的)、먹태(因有雾光照少而变黑的)、낙태(在晒渔场被风刮落的)、깡태(非常干硬的)、무두태(摘了鱼头晒干的)、파태(不完整的)"等(정문기 1936),其中"북어、황태"被词典所收录,而其他词语都没有被收录。这些众多的表达足以说明明太鱼在韩国人生活中的重要性。过去晒明太鱼都有专门的晒渔场称作"덕장",但一般都是露天的,现在韩国还发展出了一种新型的晒鱼办法,即利用大棚农场冬天的农闲季节来晒鱼。

与明太鱼有关，韩国语有俗语 "명태 대가리 하나는 놀랍지 않아도 괭이 소위가 괘씸하다"，意思是明太鱼丢了不可惜，但偷鱼的猫太让人生气，比喻与损失相比，那种行为更令人生厌。此外，还有 "명태 한 마리 놓고 딴전 본다"，指做与现在正干的事情完全不相干的事情。而 "명태하고 팥은 두들겨서 껍질을 벗기고 촌놈하고 계집은 두들겨서 길들인다" 意思是明太鱼和红豆要敲打着去皮，而村夫与女人要用捆绑才能管教好，比喻要好好管教女人才行。这反映了对女性的歧视。

"동태" 多用于一些比喻意义，如 "동태가 되다" 指因非常寒冷而被冻透，如(180a)。"썩을 동태 눈" 比喻眼睛无神、视力不好等意义，如(180bc)。

(180) a. 엄동살에 동태 될 일이 있냐?《우리집 꿀단지, 30회》三九寒天的，你想冻成冰棍啊?

　　 b. (내 눈) 썩을 동태 눈인줄 알아? 얘가! 내가 봤어. 내가 똑똑히 봤어.《우리집 꿀단지, 52회》你以为我人老眼花了啊? 这孩子! 我看到了。清清楚楚地看到了。

　　 c. 박기자, 니 할 일 잘해. 니 눈이 졸려. 썩은 동태 눈깔이 뭐야. 뉴스 보다 자겠어.《질투의 화신, 22회》朴记者，先把你自己的事干好吧。看你睡眼惺忪的样儿。像烂了的明太鱼眼一样。看你的新闻该睡着了。

"북어" 与 "황태" 的制作过程比较复杂，一般制作地点都在朝鲜半岛北部，韩国KBS电视剧《객주:2015》就反映了这一情况，干

明太鱼做好之后一般要卖到南方，所以，在咸镜道做好后，要南下去卖给中间商们，因此收到钱之前很长一段时间要一直住在别人家里，每天无事可干，只是睡觉，所以"북엇값 받으려고 왔나"就用来讽刺那些在别人家里天天睡大觉的人。

鲜明太鱼在晒干的过程中，鱼皮会不断地干瘪、萎缩，所以"북어 껍질 오그라들듯"比喻所做的事情都不成功或者没有进展而逐渐萎缩。干明太鱼晒干后，即使用手去摸，也不会有什么鱼腥味，所以俗语"북어 뜯고 손가락 빤다"比喻干了没什么好处的事情后却感到很遗憾，也比喻用谎言来粉饰或夸张行动。不管是冻明太鱼还是干明太鱼，实际都是明太鱼，所以"동태나 북어나"意思是不管这个那个都一样。

小明太鱼叫"노가리"，本身没有比喻意义，但却用于惯用语"노가리를 까다"，表示像模像样地说谎，对这种意义的产生有很多说法，其中比较可信的是明太鱼一次产卵非常多，而鱼卵孵化成小鱼称作"노가리를 까다"，所以"노가리를 까다"就与"多"产生了关联性，而话说多了就会添油加醋，因此"노가리를 까다"就与"말을 하다"产生了相似性，从而使"노가리를 까다"产生了添油加醋撒谎的比喻意义(조항범 2004(2) : 90)。

如上，明太鱼的众多表达中，一般只有"동태、북어、노가리"多用于比喻意义，其他表达没有产生比喻意义。

(2) 泥鳅

韩国人很喜欢吃泥鳅，这也与韩国的农耕文化有关，因为韩国多水田，秋天大米成熟、天气转凉的时候要放水以防止减产，这时就会收获很多泥鳅(이규태 2000 : 127)。韩国的泥鳅一般是做汤，叫作"추어탕(鰍魚湯)"。这里的"추어"即"미꾸라지"，泥鳅浑身

有粘液，滑腻轻易不会被抓住，并且善于游动，一般认为 "미꾸라지" 这个名字也是源于泥鳅的这种特点，即拟态词词根 "밋글" 或动词词根 "밋글-" 与后缀 "-아지" 结合产生了 "밋그라지"(이승희 1995:242)，即浑身滑腻的小鱼，之后发生变形最后形成了 "미꾸라지"，并且产生了比喻意义，比喻那些只要是对自己不利的事情，就想尽办法躲避或者乘机逃之夭夭的人，一般多与 "-같은、같이、처럼" 等结合，如：

(181) a. 그 미꾸라지 같은 놈 때문에 또 우리 경찰만 헛고생 했네. 那小子又是油手攥泥鳅──溜了，害得咱们警察又白跑了一趟。

b. 이 미꾸라지 같은 놈한테 소금 팍팍 뿌려！《내딸 금사월, 28회》给这个泥鳅似的家伙身上狠狠地撒盐。

c. 미꾸라지 같은 놈! 너 평생 고통 속에서 몸부림치게 만들어 놓을 테니까 기다려!《최고의 연인, 69회》你这种软蛋、滑头！我会让你一辈子活在痛苦之中的，你等着吧！

d. 채리 걔는 미꾸라지처럼 잘도 빠져나간다.《부탁해 요 엄마, 53회》彩利这孩子真会耍滑头。

泥鳅喜欢在有泥的地方游动，俗语 "미꾸라지 모래 쑤신다" 意为泥鳅钻沙洞，比喻怎么做也不会有痕迹。"미꾸라지 한 마리가 온 웅덩이를 흐려 놓는다、미꾸라지 한 마리가 한강 물을 다 흐리게 한다"，意为一只泥鳅能把一池或整个汉江的水都搅浑，比喻一个人不好的行动会使整个集体或多人受害，强调的是泥鳅所起的坏作

用很大，汉语类似的意义多用"一粒老鼠屎坏了一锅汤"。汉语也有"泥沟里的泥鳅——翻不了浪/掀不起大浪"，这是根据泥鳅很小的特点产生了"成不了大器"这种比喻意义。也就是说，同样是根据泥鳅的习性产生的俗语、歇后语，但中韩两个民族的认知思维不同，所以出现了不同的比喻意义。

韩国语里"미꾸라지"也被认为是卑贱的存在，所以可与"龙"进行对比，如"미꾸라지 용 됐다"比喻卑贱、不起眼的人成为大人物，而"미꾸라지 천 년에 용 된다"比喻不管什么事情，只要用时间去磨练的话，肯定能成功，之所以出现这样的对比，是因为龙与泥鳅都是生长在水里的动物，并且形状相近。汉语里也有歇后语"小泥鳅跳龙门——妄想成龙、泥鳅跳龙门——痴心妄想/妄想"，但与韩国语俗语的意义正好相反。

此外，韩国语还有俗语"미꾸라지 속에도 부레풀은 있다"，意为泥鳅也有鱼鳔，比喻不管再不起眼、再贫穷的人，也都有自己的想法和傲气。

(3) 鲇鱼

韩国人还喜欢吃一种鱼，即鲇(鲶)鱼，韩国语叫作"메기"。与鲇鱼有关，汉语里有"鲇鱼效应(Catfish Effect)"，指通过引入强者，激发弱者变强的一种效应，是心理学术语。这个故事源于挪威的一个关于"鲇鱼与沙丁鱼"的故事，但《流言百科》网上有这样一段话："根据维基百科对catfish effect词条的解释，这个名词在英语文化中讨论的很少，更多则是出现在汉语中。而且，挪威作为这个故事的发源地，当我们试着用挪威语steinbit effekt(鲇鱼效应)进行检索时，并没有相关的结果。"据此，《流言百科》认为"鲇鱼与沙丁鱼"的故事是虚构的。但是鲇鱼效应不仅存在于汉语里，

韩国语里也有"메기 효과 鲇鱼效应",如(182)。

(182) 위작이 미술계를 혼탁하게 하는 건 틀림없지만 한
편으로는 안이한 작품 수집과 감정 체계에 긴장을
불어넣는 메기 효과가 없는 건 아니다. 《동아일보,
2016.11.05》虽然伪作会搅乱美术界,但从另一方面
也不得不说它给安逸的作品收集、鉴定体系带来了紧
张,起到了一定的"鲇鱼效应"的作用。

韩国语里关于鲇鱼还有很多不同认识,这些认识都基于鲇鱼的
身体特点。首先,因鲇鱼身体有粘液,韩国语里有了俗语"메기 침
만큼",比喻非常少的分量。此外还有俗语"메기 등에 뱀장어 넘어
가듯",意思是就像水蛇越过鲇鱼背一样,滑过去的,比喻干事情不
利索,想偷混过去,类似的还有"구렁이 담 넘어가듯"。虽然泥鳅
与鲇鱼都有身体粘滑的特点,但是比喻意义不同。

其次,因为粘液的原因,鲇鱼通体湿滑,很难抓住,根据这一
特点,所以就产生了惯用语"메기(를) 잡다",比喻与预想的或期待
不同老是抓瞎,如(183a)。要想抓住鲇鱼,需要费很大的劲,会弄得
一身泥水,所以"메기(를) 잡다"也用来比喻落水或淋雨后湿漉漉
的样子,如(183b)。汉语多用"落汤鸡"。

(183) a. 참 재수도 없지. 우리는 늘 메기만 잡는다니까. 真是
的,我们也太没运气了,总是抓瞎。
b. 어디서 메기를 잡았느냐? 옷이 그 지경이 되어 돌아
오게. 去哪儿抓鲇鱼了吗? 衣服怎么这个样子啊?

鲇鱼还有一个特点就是眼小视力弱，所以就有了俗语"메기가 눈은 작아도 저 먹을 것은 알아본다"，比喻不管见识多么短浅的人，但都会准备好自己的生路，类似的还有"넙치 눈은 작아도 먹을 것은 잘 본다"。鲇鱼还有一个特点是嘴大，据此有了俗语"메기아가리 큰 대로 다 못 먹는다"，比喻事情不会因欲望大就会实现的，总有不如意的时候。

(4) 鲫鱼

韩国语里鲫鱼为"붕어"，有俗语"붕어 밥알 받아 먹듯"，比喻给的或已有的东西都用完，此外，"붕어"也比喻忘事，如电视剧《빛나라 은수, 30회》中关于大儿媳妇家送的礼单问题，이선영埋怨丈夫윤범규不和自己商量，所以丈夫说：

(184) 당신 붕어야? 내가 예단은 어떻게 하기로 하냐니까 내가 하라는 대로 잘하고 있어요. 했어요? 안했어요? 你是鲫鱼啊？总是忘事。我问你礼单怎么弄时，你不是说了正按照我的要求在做吗？你说没说这话啊？

与鲫鱼有关，韩国语还有"찐 붕어가 되었다 成了蒸鲫鱼了"，从这个俗语我们可以看出韩国人比较喜欢吃蒸鲫鱼，因为蒸熟后就软塌塌了，所以可用来比喻没了气势，变得不怎么样。

(5) 银鱼

韩国语里银鱼为"은어(銀魚)"，也叫作"도루묵"。这与韩国的一个历史故事有关。朝鲜第十四代王宣祖(1552-1608)在壬辰倭乱时的避难路上，因无食可吃，吃了一个渔夫献上的叫作"묵"的

鱼，因为极度饥饿而感到味道很可口，所以赐了一个名字给这种鱼叫作"은어(銀魚)"。壬辰倭乱结束回到王宫后，宣祖有一次想到了"은어(銀魚)"，但一吃却没有逃难时那样好吃，就说"도로 묵이라고 불러라. 还是继续叫它'묵'吧。"因此银鱼之后成了"도루묵"。之后还产生了惯用语"말짱 도루묵"，比喻费尽心血但却没有成功的事情，译成汉语可以是"竹篮打水一场空"，但在具体语境中也不尽然，也可译成"白搭、白瞎、不顶用、无用功、落空"等，如：

(185) a. 키 커도 얼굴이 안 되면 말짱 도루묵이다. 即使个子高，但如果颜值/脸蛋顶不上去，也是白搭/白瞎/也不顶用。

b. 니 마음 좀 풀어주려고 왔는데 결국 말짱 도루묵이네.《밥상 차리는 남자, 21회》本来到（卡拉ok厅）这里来，是想安慰你的，结果还是做了无用功啊。

c. 도진이 TSKS그룹의 아들이니까 사윗감으로 점찍은 거잖아? 궁극적으로 널 재벌집 사모님으로 만드려는 거고. 그런데 말짱 도루묵이 되게 생겼으니 작전 변경 해야 하지 않겠어?《당신은 선물, 9회》因为道镇是TSKS集团的儿子，所以我们才把他当做女婿候选人的，终极目的就是把你打造成财阀家的太太。但是现在这种想法落空了，我们是不是要改变作战策略啊？

与银鱼有关，还有"도루묵 자식"比喻不中用或不孝的孩子。

银鱼在阴历七八月份会产卵，产卵后的银鱼会变得非常干瘦，因此捕银鱼的渔民收获量会大量减少，所以有了俗语 "칠팔월 은어 굶듯"，比喻收入突然减少、生活变得艰难。

（6）黄花鱼

韩国语里黄花鱼为 "굴비"。韩国人吃黄花鱼一般都是做成咸鱼，然后用绳子一条条地串起来晒干，根据这种特点，就有了下面这种表达：

(186) 그 놈이 지은 죄가 한 둘이 아닌 것이야. 그런 놈은 캐면 캘 수록 죄지은 것이 아주 굴비처럼 줄줄이 그냥 딸려 나온 것이라니까.《여자의 비밀, 86회》那小子做的孽可不是一桩两桩的。那种小子使劲往下挖的话，他犯的罪就像穿成串的黄花鱼一样，一条条地就全带出来了。

（7）鲥鱼

韩国语里鲥鱼为 "준치"。鲥鱼因味道鲜美而著称，中国历代都有赞美鲥鱼的诗句，如北宋王安石、苏东坡、明代于慎行、清朝郑板桥等。但是鲥鱼很不易保存，容易腐臭，与此相关中国还有一个典故，讲的是明清时期鲥鱼是贡品，但因为从江南送至北京，即使星夜兼程到达也多已变味，据说清宫中的一元老到江南第一次吃到新鲜的鲥鱼后却坚决不承认这是正宗鲥鱼："模样倒是差不多，就是没有宫中鲥鱼的那股味"(汪郎 2006：110)。

尽管中国人认为新鲜鲥鱼与腐臭的鲥鱼味道不同，但韩国人却认为 "물어도 준치, 썩어도 준치"，意思是不管形态、味道变得

如何，但鲥鱼还是很好吃的啊。由此可见，鲥鱼的味道确实非同一般。韩国人还经常将这个俗语用于日常生活中作比喻，如：

(187) 예원은 누구야? 원스식품 딸이잖아? 썩어도 준치라잖아? 그 재산 어디 가겠어?《가족을 지켜라, 117회》艺媛是谁啊? 不是元思食品的（独生）女儿吗? 即使她现在（惹父母生气）有点不吃香了，（但独生女不吃香也是独生女啊,）那么多的财产能给谁啊?

　　"준치"的别称是"시어04(鰣魚)"，因为鲥鱼多刺，所以有了"시어다골(鰣魚多骨)"，比喻事情没有十全十美的，并有俗语"시어는 뼈가 많고 자미(子美)는 문(文)에 능하지 못하고 자고(子固)는 시(詩)가 변변하지 못하였. 鰣魚(虽味鲜)但多刺，杜甫(诗虽写得好)但不善写散文，曾巩(虽善写散文)但诗写得不好"，也比喻事物没有十全十美的。

　　韩国人吃鲥鱼，多蒸食，称作"준치찜"，也多生食，称作"준치회(一膾)"。中国除了蒸食，还多红烧。

(8) 斑鰶、古眼鱼、刺儿鱼

　　韩国语里古眼鱼称作"전어(錢魚)"，因肉质鲜美闻名，所以有了俗语"전어 굽는 냄새에 나가던[나갔던] 며느리 다시 돌아온다"，意思是煎斑鰶的香味让离家出走的儿媳妇又回来了，强调斑鰶味道非常好。

(9) 短蛸、蛸

　　由于韩国是三面环海的半岛国家，所以渔业发达，水产品丰

富，因此就有很多的鱼店，韩国语称作"어물전、어전(魚廛)"。鱼店里鱼类众多，有名贵的鱼，自然也有不起眼的鱼，在韩国，"꼴뚜기"就是一种不起眼的鱼，并且出现了与此相关的很多俗语，例如"어물전 망신은 꼴뚜기가 시킨다"，意思是让鱼店丢脸的是蛸[21]，为什么会产生这种意义，或许是因为蛸是便宜货，店家总是卖便宜的东西，人们会猜测肯定是生意一般，因此才会产生让店家丢脸一说。这个俗语多用来比喻越是不成器的人，越会让周围的同事丢人。正因为蛸的商品性较差，所以韩国语还有俗语"어물전 털어먹고[떠엎고] 꼴뚜기 장사 한다"，意思是把鱼店都赔掉后贩卖蛸，比喻做大生意失败后开始做不起眼的小买卖。此外还有"장마다 꼴뚜기"，如电视剧《미워도 사랑해，10회》中有下面的对话：

(188) 구종희: 정말 이러기야? 你真要这样（辞职）吗？

구충서: 응, 정말 이러기야. 嗯，真要这样！

구종희: 오빠! (이비서 보면서) 이비서, 뭐해? 대표님 따라가야지. 哥！（转头看李秘书）李秘书，干什么呢? 不赶快去追代表。

이비서: 당분간 쫓아가지 말라고 하셔서… (代表) 他说这段时间不让我跟着他，所以……

구종희: 에이구, 정말 장마다 꼴뚜기야, 이 지긋지긋한 꼴뚜기들! 에이! 哎呓！到处都是麻烦啊！你们这些让人头疼的麻烦！唉！

21　汉语里这类鱼称作"章鱼、八带、短脚蛸、母猪章、长章、坐蛸、石柜、八带虫"，短蛸又名饭蛸，长蛸又名望潮。(搜狗百科)

如上，剧中当看到哥哥不听自己的话，李秘书也不听自己指挥时，구종희内心上火，说哥哥和李秘书是"市场上的蛸"，因为汉语没有这种文化，所以只能意译成"麻烦"。

韩国语还有"비 맞은 꼴뚜기"，意思是落汤鸡，如(189)。

(189) 나도 봤는데 비 맞은 꼴뚜기 된 것.《오늘부터 사랑해, 37회》我也看见了，上次他淋成落汤鸡的样儿。

韩国语里还有"자주꼴뚜기"用来嘲笑肤色黑红的人，"꼴뚜기질"指把其他手指蜷起来而伸出中指指向他人，用于骂人，这种意义源于蛸的长相。

(10) 鱿鱼

鱿鱼在韩国语里称作"오징어"，是韩国人经常食用的鱼类之一，并且韩国人还经常用鱿鱼干来做下酒菜。此外，鱿鱼在韩国语里产生了两种比喻意义：

第一，比喻长相丑。

(190) '훈남 연예인 옆에 있다가 오징어가 된 경험이 있냐' 는 질문에 정용화는 '옷을 사러 갔는데, 비율이 예술인 남자가 옷을 고르고 있었다. 누가 저렇게 멋있나 했는데, 알고 보니 강동원이었다. 강동원을 코앞에서 보니, 내가 오징어가 되는 기분이었다.'《동아일보, 2016.2.16》当被问到"有没有在暖男艺人面前特别自惭形秽的经历"时，郑容和说道："一次去买衣服，碰到一个身材比例非常完美的男人正在挑衣服。心想

是谁这么潇洒啊？一问，原来是姜栋元。在姜栋元面
前，我感到自己成了一只丑小鸭。"

(190)中出现了"오징어"，意思是在俊俏、优秀的人面前自己
自惭形秽。汉语根据语境可以用"丑小鸭"，也可用"自惭形秽"。

韩国语里之所以用"오징어"来表达，源于鱿鱼的长相不好
看，眼睛小，五官不突出，所以韩国人经常用鱿鱼来比喻长相，如：

(191) 내가 어제 소개팅했는데 말이야…그 여자 보다 너 보
니까 사람 아니네. 진짜 오징어다.《다시, 첫사랑, 47
회》我昨天去相亲了……看了那个女人之后，再看
你，你长得真是没有人样哎，丑得就像一条鱿鱼啊。

(192) 오징어보다 낫지.《그래 그런거야, 30회》（长得）比
鱿鱼强点。

如上，(191)是剧中차태윤对천세연说的话，(192)是剧中提到相亲
对象的外貌时，유소희所说的话。

在山东滨州方言中，鱿鱼被称作"丑眼儿"。看来对鱿鱼很丑这
一点中韩两国人的认识是比较一致的。但是不同之处是韩国人用鱿
鱼来比喻人的长相，而中国却好像没有。

第二，比喻不受重视。鱿鱼被比喻不受重视时多用于"오징어
신세"形式，这种表达和意义的产生与韩国的渔业文化有关。对韩
国人来说，鱿鱼有几种吃法，一是生食，即切成细丝，像生鱼片一
样吃；二是做熟了吃，做成各种饮食，如(198)，三是干食，也就是
把鱿鱼挂起来晒干后做下酒菜或零嘴。第三种方法非常普遍，所以
到小渔村去经常会看到到处挂晒的鱿鱼，而"오징어 신세"的意义

则源于第三种食用方法。

(193) 오징어 덮밥 鱿鱼盖浇饭 오징어 순대 鱿鱼血肠 오징어
튀김 炸鱿鱼圈

电视剧《내딸 금사월, 9회》中，当윤선영对儿子说儿媳妇的事情时，但儿子却不听，扭头就走了，所以윤선영慨叹到：

(194) 아들한테 지성을 들여봤자 이놈의 오징어신세.《내딸
금사월, 9회》把儿子拉扯大，有什么用啊，我现在倒
被他晾/挂起来了。

汉语用来比喻人不被重视时用"被挂/晾起来"，如"在公司里天天特别闲，被挂起来了，这是要被炒鱿鱼的前奏吗？"，此外，汉语里还有"自挂东南枝"，意思是上吊，而"他挂到墙上去了"，意思是他已经死了，挂在墙上的是照片。

综上，中韩两国人在比喻人不受重视时都是用"挂起来/晾起来"这种动作形象，不同之处只是汉语用具体动词，而韩国语受渔业和饮食文化的影响转而用了"오징어"来表达。

与鱿鱼有关，还有"오징어 묵계(墨契)"，因为用鱿鱼的墨汁写字的话，一年之后字迹就蒸发了，所以用来比喻无法令人相信或无法兑现的约定(이규태 2000:170)。

(11) 八爪鱼

八爪鱼与鱿鱼非常相像，韩国语称作"문어"或"낙지"，由于有很多触角，在西方"octopus"被用来形容"势力大而广的黑社会

以及邪恶势力"(施晖、栾竹民 2017:220)，地中海文明中八爪鱼蜷曲的触角可代表创造、毁灭及翻云覆雨的力量(吉普森 2018:49)。在韩国语里"문어"多比喻势力或范围大，但其主体更加丰富，如(195)。有时"문어발"也比喻人脉广，如(196)。

> (195) a. 불행하게도 우리 나라 재벌그룹들은 문어발식 경영에 병적으로 집착하고 있다. 不幸的是我们国家的财团企业都对墨鱼式经营有一种病态的执着。
>
> b. 응모자의 친구들이 보게 되니까 문어발식 홍보가 되는 거지.《황금빛 내 인생, 45회》应征者的朋友也能看到，那么宣传就像墨鱼脚一样扩散出去了。
>
> (196) 제가 얼마나 문어발인데요. 여거저기 몇 사람만 거치면 바로 그 여자 누군지 알 수 있다니까요.《전생에 웬수들, 23회》我人脉可很广啊。只要通过几个人问问，就能知道那个女人是谁。

与"문어"相比，"낙지"的体形小，但触角很长，因为它的触角沾附能力很强，有时可用来比喻，如(197a)，汉语可直译成"像发怒的八爪鱼触角"，但汉语里平时多用"像常春藤一样"，如(197b)，这两种比喻的不同与各自不同的地理环境和常见物有关。

> (197) a. 해숙의 손가락들이 성난 낙지발들같이 창길의 손목을 감았다.《포구, 형태 의미 분석》海淑的手指就像发怒的八爪鱼触角牢牢地抓住了昌吉的手腕。
>
> b. 这回，喀秋莎并没有抵抗，而是像常春藤一样缠

住了叶飞。《桃运兵王，20章》

（12）鳐鱼

前面分析过的鱿鱼虽然长相丑，不过这并没有影响韩国人对鱿鱼的食用兴趣。但很不幸的是有一种鱼因为长得丑而一直被轻视。这种鱼就是鳐鱼，韩国语称作"가오리、분어(鱝魚)、요어(鰩魚)、해요어(海鰩魚)"，与此相关有俗语"첫맛에 가오릿국、초미에 가오리탕"，比喻让人感到不舒服或者让人感到不足的事物。

不仅是在韩国，就是在英格兰，鳐鱼也被视为劣等的食用鱼(本迪纳 2016:44)。在加拿大纽芬兰文化中，他们也非常鄙视鳐鱼，因为鳐鱼自古以来就被他们用来喂雪橇犬，是一种"狗食"，虽然现在鳐鱼已不被用来当狗食，但这种文化记忆却被传承了下来，也影响了纽芬兰渔民的食物获取方式，即使捕到这类鱼，也被直接扔回海里(奥莫亨德罗 2017:76)。

因为人们不喜欢鳐鱼，所以鳐鱼价钱比较低廉，与此相关有了合成词"가오리흥정"，意思是讨价还价时弄不好会把本来较低的价钱抬高了。

（13）牙鲆

前面已经分析鲇鱼因为眼小有了比喻意义，还有一种鱼的眼睛也非常小，这种鱼为牙鲆鱼，韩国语称作"넙치、광어(廣魚)"，因为这种鱼非常扁，眼睛非常小，所以有了俗语"넙치가 되도록 얻어맞다[맞다]"意思是给揍扁了。而俗语"넙치 눈은 작아도 먹을 것은 잘 본다"与前面的"메기가 눈은 작아도 저 먹을 것은 알아본다"意义一样。

（14）鳗鱼

眼睛小的还有鳗鱼，韩国语为"뱀장어(-長魚)"，有俗语"뱀장어 눈은 작아도 저 먹을 것은 다 본다"，意思是鳗鱼的眼睛再小，要看也都能看到，比喻找吃的东西找得很准。

如上虽然鲇鱼、牙鲆、鳗鱼都有眼睛小这一特点，但是在韩国人眼里，这些鱼又各有特点，所以三种鱼产生了各不相同的意义。

另外，还有一些鱼因为个头太小而产生了一些比喻意义，具体如下：

（15）鳉鱼

"鳉鱼"是一种淡水鱼，身体多为5厘米，有的种类颜色鲜艳可作观赏鱼，但大部分非常普通。在韩国语里为"송사리"，比喻没有权力的弱者或不起眼的人，如(198)。汉语里有时用"虾兵蟹将、芝麻粒子(大小的)官"。

> (198) 높은 벼슬아치들은 남문이 깨질 때 이미 몸만 빠져나
> 와 거의 도망치고 남은 것은 송사리 관리거나 아전들
> 뿐이었다.《유현종, 들불》达官贵人们在南门被破坏
> 之前大部分都已经抽身逃跑了，剩下的都是些小官小
> 吏以及一些衙役们。

根据"鳉鱼"的身体特点产生了俗语"고기는 안 잡히고 송사리만 잡힌다"，比喻没有得到想要的，得到的都是没用的东西，类似的还有"고래 그물에 새우가 걸린다"。但是小东西并不见得影响就小，俗语"송사리 한 마리가 온 강물을 흐린다"比喻一个不起眼的消极性行为会给整个集体带来很坏的影响，相当于"一粒老鼠

屎坏一锅汤"。

"鳈鱼"身体很小，成群游动，所以惯用语"송사리 끓듯"比喻蜂拥而至的样子，如：

(199) 무슨 일로 사람들이 송사리 끓듯 하지? 涌来了这么多
人，是因为什么事情啊?

（16）黄颡鱼

黄颡鱼韩国语称作"자가사리"，有俗语"자가사리 끓듯"，比喻很多小东西聚在一起闹纷纷的样子，而"자가사리 용을 건드린다"比喻身单力薄的东西随便去招惹自己无法招架的强大人物。

（17）桃花鱼

桃花鱼也叫鱲鱼[Zacto platypus]，韩国语为"피라미、피래미"。因为这种鱼是淡水小型鱼类，所以在韩国语里产生了比喻意义，比喻不起眼的存在，如(200a)，汉语可以译成"小虾小鱼、虾兵蟹将"；但有时根据语境可以译成"丫头片子、雏儿"等，如(200bc)。

(200) a. 검찰이 채용 비리 수사에서 피라미만 잡아넣고 만다
면 공공기관 임직원과 공무원들은 '역시나 그렇지'
하며 무릎을 칠 것이다. 《동아일보, 2016.10.12》在
调查雇佣腐败时，如果检方只是抓一些小虾小鱼/
虾兵蟹将就拉倒的话，那么公共机构的高层管理人
员和公务员就会拍着大腿说:"我就说嘛。"

b. 저런 싸가지 없는 피래미를 어디에 써먹겠다고?

《사랑이 오네요, 11회》那种没教养的丫头片子有什么用处啊?

c. 천하의 조화영이 민형주 피라미한테 이런 식으로 한 방 먹다니!《해피시스터즈, 82회》我赵华英竟然被闵亨柱这个雏儿给整了!

(18) 青鳞鱼

青鳞鱼韩国语称作"밴댕이",多用来比喻心胸狭窄,如(201a);有时"밴댕이"也可单独使用,如(201b);有时"밴댕이"还与"소갈머리"结合使用。조항범(2014:336-337)认为"밴댕이"的这种比喻意义与它的两个生理特点有关,首先,这种鱼的内脏非常细小,第二,这种鱼还有一种怪癖,即被渔网一捕住就会扭曲身体瞬间死亡。青鳞鱼的比喻意义译成汉语后,一般对应的是"鼠肚鸡肠、鼠腹蜗肠",利用的也是"肚肠小即心胸狭窄"这种隐喻方式,从文化共性的角度来看,"밴댕이"这种比喻意义也应该与第一种生理特点有关。

(201) a. 생긴 건 꼭 산적두목 생겨가지고 속은 밴댕이속 반만큼도 못하네.《우리집 꿀단지, 72회》长得就像山大王,但胸怀却鼠肚鸡肠/鼠腹蜗肠的。

b. 남자가 쪼짠하게 삐지고 그래. 말하다보면 그럴 수 있지. 입이 싼 것 사실이잖아! 완전히 밴댕이 속이야.《왕가네 식구들, 38회》一个男人家的, 怎么闹别扭啊。聊天时说这种话也是很正常的啊。他就是嘴比较贱嘛。简直就是鼠肚鸡肠/鼠腹蜗肠。

还有的鱼因为习性比较特别，所以也产生了很多比喻意义，如下面的虾虎鱼、小龙虾等。

（19）虾虎鱼

虾虎鱼韩国语为"망둥이"，与此相关的俗语多与虾虎鱼的习性有关，因为虾虎鱼善跳，所以有了很多俗语，如(202)，比喻人云亦云，人去亦去；也可比喻不顾自己的处境和能力，无条件地追随那些能力强的人。(203)则比喻骨肉相残，表达此类意义时，中国有曹植的《七步诗》："煮豆燃豆萁，豆在釜中泣。本是同根生，相煎何太急"，与韩国语是渔业生产的反映相比，汉语则是农业生产的反映。

(202) a. 망둥이가 뛰면 꼴뚜기도 뛴다

　　　b. 망둥이가 뛰니까 전라도 빗자루도 뛴다

　　　c. 숭어가 뛰니까 망둥이도 뛴다

　　　d. 잉어가 뛰니까 망둥이도 뛴다

(203) a. 망둥이 제 동무 잡아먹는다

　　　b. 망둥이 제 새끼 잡아먹듯

（20）小龙虾

小龙虾韩国语叫作"가재"，因为龙虾喜欢倒着走，所以有了"가재걸음"，指倒着走，也比喻事情进展缓慢无法赶进度，而惯用语"가재(를) 치다"比喻将买来的东西又退回去。俗语"가재 물 짐작하듯"比喻不管什么事情都提前做好预测。

因为龙虾与螃蟹比较类似，所以俗语"가재는 게 편、가재는 게 편이요 초록은 한빛이라"比喻模样、情况差不多、有缘分的人才会在一起，并且会互相照顾。

因为小龙虾的眼睛瞪得溜圆溜圆的，所以韩国语里还用"가재눈"比喻瞪得溜圆的眼睛，如(204)。与抓龙虾有关还有"가재 잡고 고랑 치고"，比喻一举两得，如(205)。

(204) 큰일인데 안 그래도 작은 훈장님이 자주 가재눈으로 날 보는데.《훈장 오순남,6 회》真是问题啊。小训长本来就天天瞪着大眼瞪我。

(205) 가재 잡고 고랑 치고 꿩 잡고 알도 먹고, 할까?《연인, 24회》我们来个一箭双雕、一石二鸟，如何？

(21) 三文鱼

三文鱼韩国语为"연어(鰱魚)"，因为三文鱼在淡水中出生，但在海水中长大，到产卵期时还要洄游到淡水区产卵，所以有时可用来比喻人又回来，如：

(206) 애리한테 왜 기어들어와?자네가 연어야?애리한테 뭐, 죽으려고 기어들어온 건가? 你为什么又回来找爱丽？你是三文鱼啊? 回来找爱丽，是为了让她给你送终啊？

此外，还出现了新词"연어족"，指结婚后又回到父母身边的人。

(22) 鰡鱼、梭鱼

韩国语里梭鱼称作"숭어"，此外，还被称作"출세어(出世魚)"(국립국어원 '신어' 자료집 2003)，因为随着鱼的成长，其名称不断发生变化，就像人飞黄腾达一样。类似的还有"농어、방어"。有俗语"숭어가 뛰니까 망둥어도 뛴다"，意思是人云亦云，亦步亦趋。

(23) 金鱼

金鱼在韩国语里为"금붕어(金--)",因为金鱼是观赏用的,在鱼缸里成群结队地游玩,所以"어항에 금붕어 놀듯"比喻男男女女一起嬉戏的样子。

3.3.6.2 贝类、螺类

中国古代货币中有一种天然形成的货币,即贝币。因为中国早期文明发源于内陆,内陆的贝非常稀少,这一特点满足了货币等价物稀缺性的特点,因此被用作货币(马未都 2017(7):150)。这也说明贝在中国早期文明中是不常见的东西,古人对它的了解不多[22],所以人们对它的了解仅仅限于概念意义,与贝有关的词语很难发生比喻引申。

与中国相反,希腊是海洋文化,牡蛎非常常见,所以产生了"ostracism",意为贝壳流放法,也产生了放逐,排斥等意义,之所以产生这种意义,是因为古希腊雅典的风俗是可以用公众投票的方式来决定某人有罪与否,如果被投票认为有罪,将被流放,投票记名于牡蛎壳上,因此而得名ostracism(罗常培 2011/2016:6)。

贝类或螺类的贝壳内都有一层膜叫作外套膜,外套膜受到异物(砂粒、寄生虫)侵入的刺激或外套膜外表皮受到病理刺激(人工植株是将边缘的贝肉切下一小块放入内侧)后,就会形成珍珠。韩国语将这种情况称作"주태(珠胎)",也可比喻人的妊娠。其实这种思想也是源自中国,例如,"暗结珠胎"多指因偷情而受孕,"蚌病成珠"本义指珍珠由蚌痛苦孕育而成,比喻因不得志而写出好文章。也就

22　但这不代表中国人不利用这些贝类或螺类,中国有一种传统的"螺钿",是指用螺壳与海贝磨制成人物、花鸟、几何图形或文字等薄片,根据画面需要而镶嵌在器物表面的装饰工艺的总称。

是说韩国语只吸收了"주태"，但没有吸收"蚌病成珠"这种比喻思想。

韩国文化是典型的半岛文化，贝类品种很多，常见的有"굴 牡蛎""조개 蛤蜊""소라 海螺"等，这些贝类对韩国人来说是日常生活的常见事物，得以仔细观察，在需要的时候可信手拈来作比喻。

1) 牡蛎

牡蛎韩国语为"굴"，在剥牡蛎壳时，沾着牡蛎肉的壳叫作"적02"，有俗语"적도 모르고 가지 딴다"，意思是连牡蛎壳都不会剥，还想摘茄子，比喻连基础的东西都不会却想做更难的事情。这个俗语反映了韩国渔业与农业共存的生产方式，而笔者从中国人的思考方式来看这个俗语觉得很令人费解，产生了一个疑问"剥牡蛎壳与摘茄子怎么会发生关系呢？"但是在韩国人那里，两者却结合到了一块儿。另外，从工作难度来说，韩国人认为摘茄子难而剥牡蛎壳简单，这也说明，对韩国人来说，与农业生产相比，渔业生产是更常见、更熟悉的生产方式，所以认为简单。

韩国语还将牡蛎酱称作"굴젓"，因为颜色和状态的缘故，"굴젓"还用来俗指又黄又粘稠的鼻涕，"굴젓눈이"则形容得了白内障的眼睛。

2) 贝

韩国语里贝为"조개"，贝的两个壳合在一起中间是圆圆地突出来的，所以如果两颊比较突出则叫作"조개볼"，而两颊凹进去的部分称作"보조개"，这应该是利用了这种凹陷的形状与贝壳中间凹陷的相似性，两颊的凹陷还被称作"보조개우물(譯語類解補21)""볼우물"，利用的也是这种凹陷与水井口也是凹陷这一相似性(조항범 2014:207)。对这种凹陷汉语叫作"(喝)酒窝"，之所以产生这种名

称，好像与人们用传统的小酒杯一点点地抿嘴喝酒时两颊会凹陷进去的样子有关。汉语还有一种说法叫"梨涡"。也就是说，同样是对人面部的小凹陷的观察与命名，韩国人将其与贝壳和水井连在了一起，而中国人则将其与喝酒以及梨连在了一起，这也说明不同民族的观察视角和思维的不同，也反映了韩国半岛国家捕鱼文化以及水井文化对日常生活的影响。

韩国语贝壳为"조개껍데기、조개껍질"，有俗语"조개껍데기는 녹슬지 않는다、조개껍질은 녹슬지 않는다"，比喻天性善良仁慈的人不会被他人不好的习惯而影响，这是利用了贝壳不会生锈这个特点来比喻不受影响。贝壳还称作"조가비"，根据形状经常用来比喻人，可以比喻耳朵可爱漂亮，如(207a)；有时也比喻生气时嘴巴紧闭的样子，如(207b)，表达此意义时，英语也有"clam up"，也是用贝壳紧闭来比喻三缄其口。

(207) a. 그 머리스타일에 하얀 조가비같이 귀엽고 잘 생긴 귀에 …《뉴스프리존, 2018.03.13》那种发型，还有像白色的贝壳一样可爱、漂亮的耳朵……

b. 젊었을 때부터 화만 나면 조가비처럼 입 딱 다물고 살아 사람 기압을 시켰더니…《아버지가 이상해, 4회》从年轻时就这样，只要一生气就像贝壳似的闭着嘴一言不发，让人难受。

此外，根据贝壳的形态，韩国语还有"조개턱 下巴很尖""조개도련 衣服下摆前后长两边短、조개송편 半月形松糕、조개탄 半月形烟煤、조개구름 贝壳样的云"，从人的长相到服饰、食物、用品，再到天上的云，"조개"的修饰范围非常广，由此可以发现，以

采集贝类为代表的渔业在韩国人生活中的重要性以及由此形成的特殊的渔业文化。

韩国人不仅着眼于贝和贝壳的形态特点，还对贝体内的寄生物非常熟悉，有俗语"조개 속의 게"，意思是贝壳里的寄居蟹，比喻非常虚弱没有活动力的人。而"물썬 때는 나비잠 자다 물 들어야 조개 잡듯"意思是退潮的时候睡觉，涨潮的时候挖蛤蜊，比喻错过时机、行动慢半拍的懒人、笨人，但这个俗语也反映了挖蛤蜊的智慧，那就是退潮挖蛤蜊。

3) 螺

螺类代表性的是海螺，韩国语为"소라"，有俗语"소라가 똥 누러 가니 소라게 기어들었다"，也是用寄居蟹抢占海螺的位置来比喻趁机占领别人的位置。因为海螺即使把螺肉挖出来吃了也不会变形，体积不会变，所以有了俗语"소라 껍질 까먹어도 한 바구니 안 까먹어도 한 바구니"，意思是海螺壳不管是吃了还是不吃都是一筐，比喻虽然做了某事但却一点也不留痕迹。

田螺韩国语为"우렁이"，也称作"귀안정、전라(田螺)、토라(土螺)"。因为田螺的形状是扭曲的，吃过田螺的人都知道，要想把田螺完整地拽出来，就要顺着它的弯曲度慢慢地旋转才行，所以合成词"우렁잇속"比喻复杂难以理解的内容，如(208a)。"우렁잇속"也比喻无法把内心的想法都吐露出来的郁闷心情，如(208b)。

(208) a. 지시가 하루에도 서너 번씩 바뀌니 도대체 일을 종 잡을 수가 없어 우렁잇속이 되어 버렸어. 指示一天内就变三四次，工作一点儿也找不到头绪，乱套了。

b.그 녀석의 속마음은 우렁잇속 같아서 뭐가 뭔지 알
   수가 없다. 那孩子的内心就像田螺一样，不知道他
   在想什么。

俗语"우렁이 속에도 생각이 들었다"比喻不管再怎么愚蠢的
人也都有自己的想法，"우렁이도 두렁 넘을 꾀가 있다"比喻即使
是愚蠢的人也有自己的要领和才干。而"우렁이도 집이 있다"义同
"까막까치도 집이 있다"意思是连田螺、乌鸦、喜鹊都有自己的房
子，用于慨叹没有房子的凄凉。

因为文学作品《우렁이 아가씨 田螺姑娘》广为韩国人所知，
所以日常生活中也经常用"우렁이 아가씨"来作比喻，如电视剧
《빛나라 은수, 34회》中，当姑姑윤수정看到从不干家务的侄媳妇
빛나把家里打扫得干干净净，不禁疑惑地问道：

(209) 우렁이 아가씨 다녀간 것 아니고? 不是田螺姑娘来过
     吧?

3.3.6.3 其他水生动物

1）蚂蟥

韩国盛产水稻，过去稻田插秧或收割水稻时都是光脚的，经
常会受到蚂蟥的叮咬，是人们熟悉并且厌恶的东西，所以韩国语里
蚂蟥"거머리"被赋予的都是贬义。根据它紧紧贴在其他东西上的
特性，产生了两个比喻意义，可以比喻紧紧跟随的那种状态，如
(210)。根据这个特性，"거머리"也可比喻非常残酷地榨取别人的
人，如(211)。

与"거머리"相关，还有"찰거머리"，多用来比喻跟在后面折磨别人的人，如(212)。"거머리"还用作隐语，指屠夫的女婿。

(210) a. 며칠 전부터 낯선 남자가 그의 뒤를 거머리같이 따라다니고 있었다. 从几天前开始有个陌生男人就像蚂蟥一样跟着他。

b. 무슨 거머리도 아니고 여기 쫓아와?《별이 되어 빛나리, 122회》你是跟屁虫/黏黏胶/蚂蟥吗? 竟然追到这儿来?

(211) a. 거머리 같은 인간 像蚂蟥一样的人

b. 그 때 분명 못 박았잖아. 니네 부모 형제들 거머리처럼 달려들어서 너 하나 뜯어먹는 집에 내 아들 못 준다고.《우리 갑순이, 43회》我当时不是说清楚了吗? 你父母兄弟就像蚂蟥一样依靠你啃食你，我不能把儿子送到你那种家庭里去。

c. 끝내 그 거머리 같은 게 내 인생의 피를 뽑으러 달려드는 구나.《사랑이 오네요, 75회》那个吸血鬼一样的东西最终还是来吸我的血了。

(212) 내가 나가라고 하는데도 잘하겠다면서 찰거머리처럼 딱 붙어있는데.《불어라, 미풍아,29회》我都说让她出去了，但她却说以后要对我更好，就像蚂蟥一样赖在这儿不走。

2) **鲸鱼**

鲸鱼韩国语为"고래"，多用于惯用语或俗语中，其中"고래 등 같다"主要指瓦房又高又大，如(213)。"고래"也可用来比喻人

心胸宽广，如(214)。另外，还有俗语"고래 그물에 새우가 걸린다"，意思是捉到的都是没用的东西。而"고래 싸움에 새우 등 터진다"意为城门失火殃及池鱼。

(213) a. 고래 등 같은 집에서 쫓겨나 얻어낸 것 여기야?《우리집 꿀단지, 97회》从高宅大院被撵出来找的房子就是这里啊？

b. 누가 또 알아요? 하늘에서 미달씨가 꼭 살고 싶다던 고래 등 같은 집을 뚝 떨어트려 줄지.《우리집 꿀단지, 91회》说不定天上会突然掉下一所美达你梦寐以求的高宅大院呢。

(214) 니 새언니 배포가 아무리 고래 등 같아도 시조카를 끌어들여도 좋아라 하겠다.《우리집 꿀단지, 21회》你嫂子心胸再宽广/再宰相肚子能撑船，能乐意把小姑子家的侄子也领来在这里住吗？

3.4 小结

动物语言主要分析了动物的繁殖、生长以及动物的分类。这些动物语言具有很强的民族性和文化性。

首先，动物语言中动物的繁殖与人类生活密切相关，相关的语言表达尤其是卵蛋发展出了部分积极意义，而相关的皮壳等大多发展出了消极意义。动物的角、毛、脚、爪子也产生了与各自特点有关的意义。

第二，在各种具体的动物部分，家畜主要分析了"牛、马、狗、猫、鸡、鸭、猪"，这些动物由于长相、习性等的不同被韩国人赋予了不同的比喻意义，不同的动物之间还都被拿来进行对比分析说明一定的哲理。野生哺乳动物、卵生动物、飞禽、虫、鱼、贝类等动物中，根据与过去或现代韩国人生活的密切程度，相关的语言表达也出现了很多不同。与中国文化相比，韩国半岛国家的特点决定了他们的捕捞业很发达，表现在语言上的突出特点就是关于鱼类的比喻表达非常丰富，这些比喻也都与鱼类的习性、长相、味道等有关。

　　第三，动物语言语义分类的层位高低、语言形式的多少也可以从某种程度上反映出不同动物在韩国人生活中的重要性，家畜、野生动物、飞禽、虫、水生动物是二级分类，其中只有"虫"具有丰富的意义。下级分类中，与"兽、鱼"没有太多意义相比，"鸟"的语义很丰富。这说明，在韩国文化里，"虫、鸟"的重要性不如"兽、鱼"的重要性高，因为重要性越高的事物其上位词主要起分类作用，语义内涵窄，相反是下位词的语义非常丰富。

　　从词语数量来看，家畜有很多下位分类，其中狗、牛、鸡、马、猪有很多下位分类，尤其是与马有关的词语在出行语言中也占据很重要的地位，说明马在过去是非常重要的家畜和交通手段。

　　动物语言还有一个明显的特点就是汉字词出现的比例很低，不到四分之一，表现突出的是与马有关的词语中汉字词占了绝大多数，另外与凤凰、麒麟有关的词语都是汉字词。

　　第四，与人体语言更多出现惯用语表达相反，动物语言中出现的惯用语很少，并且多集中于动物繁殖部分，主要与繁殖、卵、蛋、毛、尾巴有关。动物语言中出现了更多的俗语表达，这说明人体语言与相关动词、形容词结合发生了更多的语义变化，而动物语言本身发生语义变化的情况比较少，人们更多地是借用俗语的形式通过动物的长相、习性等来说明某种道理，这也符合人类借物喻人的基本思维方式。

家畜、飞禽的相关俗语表现很突出，尤其是家畜，虽然本研究只分析了六种家畜以及猫，但俗语却有二百多条，具体而言，与狗有关的俗语最多，其次是牛、猫、鸡、马，与马有关还有与出行有关的俗语14条，所以综合计算的话，与马相关的俗语也非常多。野生动物中的俗语主要集中在虎、兔、獐、蛇、蛙之上，飞禽主要集中于麻雀、乌鸦、野鸡之上，虫主要集中于苍蝇、蚂蚁之上，水生动物主要集中于明太鱼、泥鳅、虾虎鱼、螺之上。俗语多说明这种动物对韩国人重要，受到了人们各个角度的关注。

第五，与鱼有关的比喻意义特别多。这些比喻意义可分为四类：有的与长相、大小有关；有的与习性有关；有的与食用方法有关，如鲫鱼、黄花鱼、银鱼；有的与味道有关，如斑鳐、鲥鱼；有的则是兼有这几种类型的比喻，如明太鱼、鱿鱼、泥鳅、鲇鱼等。

与鱼有关的比喻意义之所以如此之多，可以从鱼的重要性来分析，对多山少农田的半岛国家来说，在过去鱼类可能是蛋白质的主要来源，所以对过去的韩国人来说，吃鱼要比吃肉更加普遍，如电视剧《역적,2회》中有这样一个情节，说是在挨主人的辱骂时，只要想着好吃的就可以了，下面看一下他们所想象的食物：

(215) 업산: 괜찮아,지금 우리 아버지 이밥 먹는 생각 하고 있
　　　는 거야. 没关系。现在我父亲心里正在想象吃白米饭
　　　呢。
　　길현: 이밥?白米饭?
　　업산: 우리 아버지 그랬는데 개가 짖을 때는 이밥 먹는

생각하면 된대. 我父亲说了，狗叫喊的时候，心里想着吃米饭就行。

길동: 나도 참봉나리한테 혼날 때는 이밥 생각하는데 이밥에 그린 고기 생각하면 매를 맞아도 조금 덜 아파. 我挨参奉老爷骂的时候也是想像自己吃白米饭，如果心里想像着吃白米饭还外带着烤鱼，就是挨打，也觉得不那么疼。

업산: 그럼 나는 이밥에다가 고기지짐을 올리는 걸 생각해 볼까? 那我就想象白米饭外加烤肉怎么样?

길동: 에이,고기지짐 먹어보지도 않잖어?그럼 아무 소용이 없구먼. 먹어본 걸로 해야 해요. 哎，你烤肉不是没吃过吗?那就没有作用。要想像曾经吃过的才行。

如上，三个孩子讨论挨打挨骂时想像自己吃什么的问题，其中第四句说"그린 고기"，这里指的是烤鱼，第五句、第六句说"고기지짐"，这里指的是烤肉，根据孩子的对话可以得知，他们吃过烤鱼，但没吃过烤肉。

并且韩国人过去在送礼或行贿时一般多用鱼而不用肉，而鱼则多用"고등어"，一般送两条，据说这种文化是从日本传来的《아시아경제, 2016. 12. 17》[23]，但这种文化能够在韩国扎根，与鱼是韩国的主要食物来源不无关系。

第六，动物语言用作比喻时所涉及的其他事物也具有很强的文

23　일본에서는 예로부터 관청에 부탁할 일이 있으면 고등어 두 마리를 들고 갔다고 한다. 누구나 좋아하는 고등어를 가져가면 일이 원활하게 해결될 수 있었다. 이런 관습이 일제 강점기에 우리나라에도 들어와 서민들이 뭔가를 부탁하고 싶을 때 고등어를 뇌물로 건넸다는 의견이 있다.

化性。例如，经常出现的有韩国饮食——"콩가루 豆粉""떡 年糕""시룻번 糕屑""회 生鱼片"，以及与内脏有关的食物"선지血""간 肝"等，也经常出现韩国精神文化里的"푸념 跳大神""산신 제물 山神祭物""산젯밥 山神祭饭""메 祭饭"等。

第七，虽然汉语也经常用动物来比喻抽象事物或道理，但是与汉语相比，韩国语具有更加具象化的特征。

第八，动植物语言中的卵、狗等还发展成了词缀"알-、개-"。

第四章

植物与语言

4.1 引论

人是生物的一种，人类的文化与生物物理环境是互相作用的关系，人在进化的过程中与周围的生物环境产生密切关系，而这种关系也形成了人类文化的一个组成部分(前面第二章已经分析了人与地理环境的关系)。

人与其他生物产生关系的文化过程表现在语言上就是产生了各种生物词汇和表达。C.恩伯、M.恩伯(1988:133-134)提到与植物有关的词汇，认为动植物词汇的产生顺序不同，植物词汇产生的顺序是"植物""树木""草本植物""灌木""草""藤"；他还提出一个社会里如果有更多的划分动植物的一般词汇，那也暗示着这个社会文化的复杂性。也就是说词汇的产生显示出了带普遍性的发展顺序。

并且，"一种语言的词汇能够反映出对该社会来说有重要意义的日常特征。……那些具有特殊重要性的环境或文化的各方面在语言中受到高度的重视(C.恩伯、M.恩伯 1988:134)"。第三章我们已经分析了韩国的动物以及动物语言与韩国文化的关系，而植物语言与人类也具有同样的关系，也就是说，描绘一种植物的词语越丰富、细致，说明人们对这种植物观察得越细致，与人们的关系也就越密切。例如，在韩国文化里，与农业有关的农作物语言的发达以及众多比喻意义的产生，说明这个国家农业生产的重要性。

韩国人拥有自己独特的文化和自然地理环境以及生产方式，他们对植物的认识是异于中国人的。本章先分析植物语言的繁殖和生长，然后分析花、草、树以及食用植物。因为动植物语言在文化性上也表现出较大不同，所以最后分析动植物语言的文化性。

4.2 植物的繁殖

植物的繁殖可从种子、种壳、发芽开花、枝叶、根等来分析，而植物还会有一些分泌物。这些自然界的事物在韩国语里都有相应的表达，并且都可用来比喻人，说明一定道理。

4.2.1 种子

韩国语里种子有多种表达，并且都产生了多种比喻意义，说明种子在韩国人生活中的重要性。

4.2.1.1 上义词

汉语"子"指人，作子女、子孙讲，王力（1982:98）和黄树先（2012:23）认为"子"与"籽"同义。与汉语相同，韩国语也有这样的现象。韩国语里种子有两个系统，一个是汉字词系统，有"종（種）、종자（種子）"，一个是固有词系统，有"씨、씨알、씨앗"。两个系统的词语意义不同，如下所示：

[表1] 与种子有关的词语

种子	意义		
종		种属	种类
종자	植物的种子或苗。	动物的血统或品种，以及由此繁殖而来的小崽子。	贬称人的血统。
씨	植物果实中可以发芽的物质，动植物传代繁殖的物质。	将来成为某种根源的东西。	某个家族的血统或根源。
씨앗	谷物或蔬菜等的种子。	比喻将来有可能发展的根源。	贬称某个家门的血统或根源。
씨알	受精卵。	种子、果实等的大小。	矿物的小颗粒，一条鱼的大小。

如上，这些与种子有关的词语都可以指植物的种子，其中"종자"可以指动物的血统和小崽子，"씨"指动植物的种子，"씨알"可以指受精卵。此外，"씨"也指家族血统，没有贬义，但"종자、씨앗"主要用来贬称家族血统。"씨、씨앗"都可比喻成为根源的东西。从语义的褒贬性来看，应该是"动植物的种子"这一意义产生在前，而指"人的血统"这一意义产生在后，因为感情色彩意义是后产生的。下面再具体分析一下相关的内容。

与"종자"有关，有"낙락장송(落落長松)도 근본은 종자"，意思是高大挺拔的松树也是从一粒种子、一颗小树苗长大的，比喻不管是多么优秀的人最初也与一般人并无二致；也比喻伟大的事情亦源自普通。但当"종자"指人时具有贬义，如(1)，汉语译成"玩意"，因为汉语"种子"没有贬义，体育用语中还指实力较强的运动员或运动队。

(1) a. 윤씨 집안 종자들이 다 어디 갔냐구? 지금 당장 연락

해! 들어오라고 해!《빛나라 은수, 44회》尹家的那些
熊玩意都去哪了? 现在马上联系! 让他们回来!

b. 너, 우리들 온천 보내놓고 우리 몰래 새애기한테 김장
백 포기나 하라고 해놓고 너 놀라라 하고. 지금 뭐하는
종자야? 너!《불어라, 미풍아, 30회》你把我们都送去
泡温泉，然后背着我们让孙媳妇腌100棵泡菜，自己
却去快活，你是个什么玩意啊? 你!

韩国语还有"독종(毒種)"，指性情非常毒恶的动物，如(2a)。
"독종"还比喻性格毒辣的人，如(2bc)。汉语一般用"他很毒/毒
辣"或"他是个厉害/狠角色"等表达类似意义。"인간말종(人間末
種)"意为人渣。

(2) a. 뱀 가운데에는 살무사 같은 독종도 많다. 蛇类中像眼
镜蛇这么毒的种类非常多。

b. 하지만 한준희 그 놈이 무슨 짓을 할 지 모르는 독종입
니다.《도둑놈, 도둑님, 13회》但是韩俊熙那小子很
毒辣/是个厉害角色，不知道会干出什么事来?

c. 그는 바늘로 찔러도 피 한 방울 나지 않을 독종이다.
他是个厉害/狠角色，用针也扎不出血来。

与种子有关，韩国语还有"종잣돈"，指将一部分钱攒起来用作
投资或购买东西的本钱，如(3a);也作经济学术语，指金融机构为救
活经营不善的企业而新提供的资金。与钱相关，韩国语还用固有词
"씨"，如(3b)。

(3) a. 종잣돈을 만들다. 准备本钱

　　 b. 엄마 요즘 돈이 씨가 말라서 말이야.《우리집 꿀단지,
　　　 3회》妈最近钱比较紧。

　　"씨앗"表示血统也具有贬义，如(4a)。"씨"表示血统，虽没有贬义，但有"돌씨"，指品质非常差的种子，贬称与家族传统不同的特立独行的子孙，如(4b)。还有一种特殊种子叫作"뚝별씨"[01]，比喻动不动就发火的性格，或那样的人。汉语"种"还用来指胆量或骨气，如"你有种""没种"，或者作量词。

(4) a. 저놈은 누구네 씨앗이기에 저렇게 말을 듣지 않니? 那
　　　 小子到底是谁的种啊? 怎么这么不听话?

　　 b. 이 집안의 사남매는 계봉이와 형주와 병주가 한 모
　　　 습이요,초봉이가 돌씨같이 혼자 딴판이다.《채만식,
　　　 탁류》这家里的四个孩子，继峰、桁州、炳州都很
　　　 像，只有楚峰自己谁也不像。

　　"씨"和"씨앗"还比喻将来成为某种根源的东西，其中，"씨앗"既可用于积极意义，如(5ab)，也可用于消极意义，如(5cd)。相反，"씨"有时虽是中性的，如(6a)，但一般多与消极意义的词语结合，如(6b-e)；有时也与中性词"되다"结合，但结果多是消极的，如(6f)中的"말이 씨가 되다"，这种表达反映的是被称作暗示法的心理学思想，也就是说，某句消极的话说多了自然就会产生消极影响。

01　这里"뚝별"是形容词"뚝별스럽다"的词根。

(5) a. 희망의 씨앗 希望的种子

b. 행복의 씨앗 幸福的种子

c. 비극의 씨앗 埋下了悲剧的种子/因子

d. 불행의 씨앗 不幸的种子

(6) a. 내가 한 말이 장차 너희에게 씨가 되고 거름이 되길 바
란다. 希望我说的话将来对你们有帮助。

b. 말썽의 씨가 되었다. 为问题埋下了祸根。

c. 불만의 씨가 되었다. 成了不满的导火索。

d. 불륜의 씨가 가로막고 있었다. 外遇成了拦路虎。

e. 거짓말이 씨가 되면… 谎话成为问题……

f. 두 번 다시 아이를 안 가진다고 맹세를 했어. 내가. 말
이 씨가 되는지 그 이후 갖고 싶어도 안 생기더라.《천
상의 약속, 22회》我发誓再也不要怀孩子了。可能是
因为这句话吧，后来，想要孩子也要不上了。

"씨알"是"씨"与"알"结合形成的合成词，没有贬义，有
惯用语"씨알이 먹다"与"씨(가) 먹다[박히다]"，指言行符合条
理，有内涵，如(7ab)。否定形式的"씨알이 먹히지 않다"与"씨
도 먹히지 않다"比喻提出的方法或提议不被接受，如(7c)。

(7) a. 제법 씨알 먹은 소리도 조용조용히 말할 줄 알
고….《김승옥, 동두천》他也很知道静静地说话。

b. 설득을 하려면 씨가 먹게 해야 한다. 要想说服他，得
有条有理才行。

c. 제가 아무리 얘기해도 씨알도 안 먹혀요.《빛나라 은
수, 48회》不管我怎么说，她都不听。

4.2.2.2 下义词—各种种子

种子都是比较小的，所以韩国语里各类种子除了表达基本意义外，还有一些比喻意义，最常见的就是比喻小、少，但根据不同种子的特点也会产生一些其他比喻意义。这里主要分析蒲公英种子、烟种、枣核、芥末种子、石榴粒、梧桐树种子等，其他与谷物、果实有关的大米、小米、豆子、花生、芝麻、栗子等也都可以比喻小、少，详见同一章的"4.3.5"。

第一，蒲公英种子因为非常小且重量轻，因此可用来比喻浅薄，如(8)。

(8) 아무리 생각해도 니 고모밖에 없어. 자기 아니라고 했는
   데 분명 그 민들레 홀씨보다도 가벼운 입으로 최태평한
   테 흘렸어.《전생에 웬수들, 100회》不管怎么想，只有
   你姑。她自己说不是她，但肯定是她用那比蒲公英的孢
   子还要轻贱的嘴透露给崔太平了。

(9) 마님이 그의 속마음을 만분의 일이라도 알아주니 담배씨
   만큼 가슴이 트였다.《문순태, 타오르는 강》夫人，您稍
   微理解了他内心的想法，他就多少有点释怀了。

第二，烟种韩国语为"담배씨"，可比喻非常少或非常小的东西，如(9)。此外，"담배씨"还有俗语"담배씨네 외손자"，比喻性情非常小气，心胸非常狭窄的人。"담배씨로 뒤웅박을 판다[딴다]"有三个意义，这些意义都是从动作的两个方面引申出来的，第一个意义是字面意义，指把小小的烟种子的瓢掏出来做成小瓢子，因为这样做出来的东西非常小，所以这个俗语可比喻非常小气；又因为这种抠的动作伴随一定噪音，因此也比喻非常爱唠叨；这样的工作

需要非常细心才能做好，所以就有了第三个意义，比喻性情非常缜密、仔细、擅长细密的、费工夫的活。

第三，韩国语里枣核为"대추씨"，可以用来比喻像枣核一样个小但却非常结实、硬朗的人，如(10)。但"콧구멍에 낀 대추씨"却比喻非常小、不怎么样的东西。在汉语里，也有与"枣核"有关的俗语，如"枣核解板——没拉头"，同样着眼于枣核很小这个特点，但比喻意义却借用了"拉木头"的"拉"与"拉呱"的"拉"是同一个字，比喻没话说。

> (10) 이번에는 종술의 깍짓동만 한 몸집이 대추씨 같은 익삼 씨한테 떼밀려 감시소가 있는 방향으로 뒷걸음질 치기 시작했다.《윤흥길, 완장》这次，宗术那稻草捆似的身体被结实得像枣核似的益三推得直往监视所方向倒退。

第四，韩国语里芥末种子为"겨자씨"，可比喻非常小或非常少的东西，如(11)。相关的惯用语有"겨자씨 속에서 담배씨(를) 찾는 격"，类似于"잔디밭에서 바늘 찾기"，意为不管如何努力也找不到。

> (11) a. 진드기는 물방울처럼 투명하고 겨자씨처럼 작다. 螨虫像水珠一样透明，像芥末种子一样小。
> b. 질만이가 뭐이라고 했든지 간에, 나는 양반 사돈 맺고 싶은 생각 겨자씨만큼도 없네.《한승원, 해일》不管质万说什么，我没有一丝一毫想和贵族结亲家的心思。

第五，韩国语里石榴为汉字词"석류(石榴)"，因为石榴洁白如玉，所以韩国人经常用石榴籽来比喻牙齿长得好看，如(12)。汉语有时也有此类比喻，另外汉语里在形容牙齿好看时多用"唇红齿白、明媚皓齿"等四字格，有时也用糯米形容牙齿长得又小又白又整齐，而大黄牙可用老玉米来形容。

(12) 석류알처럼 가지런한 하얀 치아는 어쩔 수 없이 무척 신
    선하게 내 시선에 붙들렸다. 如石榴籽般整齐洁白的牙
    齿，令人感到清新，我的视线被无法抗拒地吸引住了。

汉语的石榴籽还有其他比喻用法，如党的十九大报告中就有"促进各民族像石榴籽一样紧紧抱在一起，共同团结奋斗、共同繁荣发展。"这是用石榴籽之间非常结实、没有任何缝隙来比喻团结一致。也就是说，中国人是从整体角度来观察石榴籽从而得出了这样的比喻。

与石榴相关，韩国语还有俗语"석류는 떨어져도 안 떨어지는 유자를 부러워하지 않는다"，意思是石榴与柚子虽然都是酸性果实，石榴熟了会落地，而柚子不会，根据这种特性对比，来比喻任何事物都有不同，都有自己独特的、得以立世的一面。

第六，韩国语里梧桐树种子为"오자대(梧子大)"，意思是像梧桐树的种子那么大的东西。

4.2.2 植物的种壳

"깍정이"指栗子树或柞木等果实的酒杯样的外壳，由于这

些树木果实的外壳非常坚硬，所以可以用来比喻非常自私、吝啬的人，这与汉语的"铁公鸡一毛不拔"的比喻意义是一致的，即"不吝啬是爱给予的，吝啬是不给予的"，但现在多写作"깍쟁이"。与此相关有"뺨 잘 때리기는 나막신 신은 깍정이라"，意思是穿木屐的吝啬鬼扇人耳光最有一手，比喻不成器的卑鄙之人反而逞能、虐待别人。"깍쟁이"还指机敏、讨巧的人，如下所示：

(13) 동생은 깍쟁이라 항상 가장 좋은 물건을 차지한다.弟弟很刁钻，总抢好的东西要。

(14) 박새롬(딸): 엄마, 아빠랑 같이 밥 먹을 거지! 妈，我们去和爸爸一起吃饭，是吧?

한아정(엄마): 그럼～. 아빠한테 가서 새롬이랑 엄마랑 같이 도시락을 먹을 거야. 当然了，去找爸爸，让爸爸和赛罗还有妈妈一起吃盒饭。

박새롬: 아빠 빨리 보고 싶다! 我好想快点见到爸爸啊！

한아정: 에유, 깍쟁이! 아침에 보고 뭐가 또 보고 싶어? 아빠 그렇게 좋아? 哎哟，真乖！早上刚见了，又想他了啊? 你就这么喜欢爸爸吗?

박새롬: 응, 이 만큼, 이 만큼 좋아.《최고의 연인, 33회》非常非常喜欢！

(13)可译成汉语"刁钻"，(14)是母女两人的对话，当妈妈听几岁的女儿想快点见到爸爸时，对女儿说道："깍쟁이"，这里用的是"깍쟁이"的第二个义项，相当于汉语的"真乖"。

韩国语里与植物壳有关的有"쭉정이"，指只有壳没有果实的谷物或水果，如(15a)。"쭉정이"也可用来比喻没有一丝用处，无法做

正常事情的人，如 (15b)。相关的俗语有 "쭉정이는 불 놓고 알맹이는 거둬들인다"，意思是该扔的都扔掉，只留下能用的。

(15) a. 보리 쭉정이 大麦秕谷

b. 왕초가 움직이지 않는 한 아무도 움직이지 못한다. 외팔이나 춘식이는 실상 빈 쭉정이에 불과했다.《이문희, 흑맥》只要王楚不动，其他人谁也动不了。独臂侠和春植实际上不过是摆设。

包裹豆类或植物种子的豆荚韩国语为 "꼬투리"，其原型是 "고토리"，本义是豆荚，现在指烟头，或某件事的线索，如 (16a)；也指值得指责或批判别人的事情，如 (16b)。

(16) a. 꼬투리를 잡다/캐다 挖掘线索

b. 그는 사사건건 꼬투리를 잡아 나를 괴롭힌다. 每件事他都找茬折磨我。

韩国语里绿豆壳为 "녹두 깝대기/껍데기"，因为夏天绿豆成熟后一动绿豆壳，绿豆就会蹦出来，所以俗语 "오뉴월(의) 녹두 깝대기[껍데기] 같다" 比喻非常神经质、一戳就炸的性格。

与壳有关，韩国语有汉字词 "구각(舊殼)"，指旧的壳，比喻不合时代的旧制度或旧习，如 (17)，译成汉语是 "旧习、老一套" 等，因为汉语 "旧壳" 没有比喻意义。

(17) a. 구각을 벗다 摆脱旧习

b. 구각은 걷어내고 새로운 시대를 열어갈 전국의 인재

를 모으겠다.《뉴스웍스, 2017.12.21》把老一套收起来，要在全国范围内笼络开创新时代的人才。

4.2.3 发芽、开花

韩国语里与发芽有关共有三种表达。其中，种子、茎、根上长出的小芽称作"싹"，也称作"싹눈"，多用于"싹이 나다/트다/돋아나다"。"싹"也可比喻现象等开始萌生时的初始，如(18a-c)。惯用语"싹을 밟다"比喻在开始时就阻挡住或者消灭掉，如(18d)。"싹"还比喻事情或人将来能发展好的迹象或征兆，有惯用语"싹도 없다"比喻没有一丝痕迹，"싹이 노랗다"比喻没有一点可能性或希望，如(19)。

(18) a. 생명의 싹 生命的萌芽

　　 b. 문명의 싹이 나타나다 文明开始萌发

　　 c. 두 사람 사이에는 어느새 사랑의 싹이 돋아나고 있었다. 两人心中不知不觉间已经萌发了爱情。

　　 d. 지금 저렇게 시작할 때 싹을 밟지 않으면 후회할 걸세. 如果不在开始阶段就把他扼杀在摇篮里，将来会后悔的。

(19) 벌써부터 어머니 지갑을 뒤지다니 그 아이도 싹이 노랗다. 那么小就开始翻妈妈的钱包，那孩子也没希望/完了。

(20) a. 资本主义的萌芽

　　 b. 芭蕾从萌芽到发展

汉语里在表达发芽意义时用"萌芽"，但是汉语"萌芽"多比喻新生事物，一般不用于个人，而是用于某种社会现象、文化现象，如(20)，这种抽象意义在韩国语里由汉字词"맹아(萌芽)"来表达。当"싹"与动词结合时对应汉语动词"萌发、萌生"(18bc)或"扼杀"(18d)，当"싹"与形容词等结合时一般对应汉语"希望、前途"(19)等。

"싹"基础上产生的"싹수"只有比喻意义，比喻某事或某人变好的征兆或迹象，有惯用语"싹수(가) 노랗다"，如(21a)；有时也和其他否定或消极意义的词语结合，如(21bc)中的"싹수 없다、싹수가 썩다"。

(21) a. 아라 한 번 만났는데 그런데 싹수가 노랗았어.《폼나게 살 거야, 25회》亚罗，我见过一次，但是一看就没什么前途/不行。

b. 일 시켜보고 싹수가 없으면 내가 잘라.《빛나라 은수, 23회》安排他干活，如果不是那块料，我来解雇他。

c. 내가 보기에는 싹수가 썩어서 기회를 주어도 똑같을 것 같아.《빛나라 은수, 8회》在我看来，她已经没有希望了，就算给她机会，结果也是一样的。

"움"也指草木上长出的新芽，如"움이 돋다/나다/터다"，也指树根被砍后又长出的芽。惯用语"움을 지르다"比喻将开始发展的势力等消灭掉，而被动形式的"움이 질리다"比喻开始发展的势力被灭掉。俗语"움도 싹도 없다"比喻没有一点可能性，也可比喻人或东西消失得无影无踪。

"꽃봉오리"指花骨朵，也比喻充满希望前途一片光明的年轻一代，"꽃송이"指花朵，也用来比喻充满希望的年轻人，如(22)，汉语"花朵"也有这样的意义。

(22) a. 어린이는 이 나라를 이끌어 갈 꽃봉오리며 기둥이다.
孩子是引领国家的花朵和栋梁。
b. 앞날을 짊어질 젊은 꽃송이들 担负着美好未来的花朵们/年轻人！

4.2.4 枝叶

植物的枝叶根据部位有不同的说法，并且还有固有词与汉字词之分，枝叶也有末梢，有的枝叶上还会长刺，而这些表达在韩国语里都产生了比喻意义或者相应的惯用语或俗语。

首先看枝。"가지"除了指具体意义，还指分生出来的，多用于惯用语"가지(를) 치다、가지(를) 뻗치다"，比喻从一个根上生出了其他的东西，如(23)。

(23) 소문이 가지를 쳐서 크게 부풀었다. 传闻一传十十传百，越来越荒唐。

韩国语里意为孩子的"아기"就是"가지"先演变成"아지"，之后又演变成"아기"来的(이어령 2002/2011:80)。江原道方言里树枝就是"아지"，而现在"아지"已发展成了后缀，如"강아지、송아지、망아지"等。汉语也有"公族，公室之枝叶也"(《左传》文

公七年)、"绿树成荫子满枝"《杜牧，叹花》类的表达，也是用枝叶来比喻子孙。

俗语 "가지 많은 나무에[나무가] 바람 잘 날이 없다、가지 많은 나무가 잠잠할 적 없다" 意思是枝叶茂盛的大树风一吹就会动，没有一天是安安静静的时候，用来比喻孩子多了就天天有烦恼、担忧，如(24a)，可以把 "가지" 直译成 "树枝"；也可以像(24b)，直接把 "가지" 译成 "孩子"，这种译法可能更适合 "가지" 的语义和形态演变。韩国语还有汉字词 "풍수지탄(風樹之歎/風樹之嘆)"，源于汉语的 "树欲静而风不止，子欲养而亲不待"(《韩诗外传》)，意为没有为父母尽到孝道父母就去世了，但汉语的诗句现在比喻不以人的主观愿望为转移的客观规律。

(24) a. 원래 가지 많은 나무 바람 잘 날이 없는 거야. 그래서 무자식 상팔자 하는 거라구.《내 남자의 비밀, 45회》本来树枝多了就没有不刮风的时候，所以大家才说没孩子是福的啊。

b. 가지 많은 나무 바람 잘 날이 없다잖아. 할아버진 가지 많지도 않지만 우리 아빠 가끔 속썩이는 것 같아…《사랑이 오네요, 67회》不是说孩子多了就没有安静的时候嘛，爷爷虽然你孩子不多，但是我爸他好像有时惹你生气啊。

韩国语还有 "평화의 가지"，意为和平之花。这是从 "올리브 가지" 变形而来的。

再看侧枝。表达此意时，韩国语有固有词 "곁가지"，可比喻某个问题或事物中不重要的非本质的部分，如(25)，汉语有时译成

"枝叶"，但多译成"细枝末节"。

　　与侧枝有关，汉语有"蘖"和"孽"，其中"孽"还指庶子《说文解字》。韩国语有汉字词前缀"얼₂(孽)-"，指庶出的，如(26a)，其意义继续发生变化，还可以与动词词根"입다"结合，比喻因他人的毛病而受害，也可与食物词根"추탕"结合，指没有放泥鳅而是放了各种野菜做出的像泥鳅汤那样的汤(王芳　2013:105)，如(26b)。

>　(25) a. 곁가지에 너무 신경을 쓰다가는 문제의 핵심을 놓치
>　　　　　 기 쉽다. 如果把注意力放在枝叶上，就容易错过问
>　　　　　 题的核心。
>　　　　b. 이야기가 곁가지로 흘렀다. 谈话偏向了细枝末节的
>　　　　　 东西。
>　(26) a. 얼동생、얼누이、얼형、얼자、얼삼촌
>　　　　b. 얼입다、얼추탕

　　再看枝叶。枝叶可统称为汉字词"지엽(枝葉)"，也可比喻不是本质的、不重要的次要部分，如(27)。"지엽"还有派生词"지엽적(枝葉的)"，如(28)。

>　(27) 지엽에만 매달려 뭔가 근본을 망각해 가고 있다는 자책
>　　　　 감이 끊임없이 그를 괴롭히고 있었다.《윤흥길,묵시의
>　　　　 바다》他非常自责自己只看到细枝末节的东西而忘记
>　　　　 了根本，这让他内心备受煎熬。
>　(28) a. 지엽적 사건 小事件
>　　　　b. 지엽적인 문제 细枝末节的问题

枝叶的末端韩国语称作"말초(末梢)"，也可比喻事物的最终端，多用于派生词"말초적(末梢的)"，指次要的、非本质的，或那种东西，如(29a)；也可比喻只是刺激末端神经，无法给精神或灵魂带来影响的，或那样的东西，如(29bc)。

(29) a. 말초적 현상/문제에 집착하다 执着于表面现象/问题
　　 b. 말초적인 감성만을 자극하는 내용 只用来刺激肉体
　　　　感性的内容
　　 c. 말초적인 것만을 추구하는 삼류 소설이 잘 팔리고 있
　　　　다. 只追求感官刺激的三流小说非常畅销。

与枝叶有关，还有汉字词"금지옥엽(金枝玉叶)"。

叶子还会发出声音，与此相关，韩国语有俗语"가랑잎이 솔잎
더러 바스락 거린다고 한다"，意思是细叶子埋怨松针发出的声音太
大，比喻毛病更多更大的人反而去批评或笑话有小毛病的人。

最后看刺。韩国语有"형극(荆棘)"，多用来比喻苦难，如
(30)。固有词"가시"，也可以指植物的刺，也可比喻攻击他人或表
达内心不满意义的表达，如(31)。

(30) a. 형극의 길을 헤쳐 나가다 穿过荆棘前进
　　 b. 형극에 찬 인생의 생활 荆棘密布的人生
　　 c. 차마 배겨 내기 힘든 형극의 하루하루 实在难以忍受
　　　　的布满荆棘的每一天
(31) 말 속엔 가시가 있었다.≪박완서,도시의 흉년≫话里带
　　 刺。

4.2.5 根

植物的根称作"뿌리",指深深嵌入其他物件的东西的最下面部分,也比喻形成事物或现象的根本,如(32)。"뿌리"还可称作"밑뿌리",比喻某现象或存在的基础。

(32) a. 암거래의 뿌리를 근절하다. 根除黑市交易。

　　 b. 근데 그거랑 내 뿌리 찾는 것과 다른 문제야.《꽃 피어라 달순, 116회》但是那和我的寻根不是一个问题。

因为根是植物的根本,所以很多俗语都表现了这一现象,如"뿌리 없는 나무에 잎이 필까"强调没有无源之水或无本之木,而"뿌리 없는 나무가 없다"比喻任何事情都有根源,没有无根之木,也比喻不可能出现没有原因的结果。俗语"뿌리 깊은 나무 가뭄 안 탄다"比喻如果根基深厚、结实的话,不管是什么困难,也都能扛过去。惯用语"뿌리(가) 깊다"比喻某事或某事物的根源非常深,如(33),汉语一般用"根深蒂固",有时根据搭配也对应"深仇大恨"。"뿌리(를) 뽑다"比喻将某事物产生和发展的根源消灭掉,如(34);被动形式的"뿌리 뽑히다"比喻没有了生长的根源,"뿌리(가) 빠지다"比喻连根源都没有了,什么都没有留下。汉语一般用"根除"或其被动式。

(33) a. 유교 사상이 뿌리 깊게 남아 있다. 儒家思想仍然根深蒂固。

　　 b. 그들 사이는 뿌리 깊은 원한 관계이다. 他们之间有深仇大恨。

(34) 부정부패를 뿌리 뽑자! 根除腐败的源头!

　　韩国语的"뿌리"与汉语"根"一样也可以比喻后代，汉语有时也用"根苗"。

4.2.6 草木的分泌物

　　草或树皮里分泌出的黏黏的物质称作"진"，"진"也指热气、烟或湿乎乎的东西弥漫在一起形成的黏黏的东西，如(35a)。"진"也用于惯用语"진(을) 빼다"，指力量或精力被用尽，精疲力竭，如(35bc)。"진(이) 빠지다[떨어지다]"指因失望或厌烦而失去了欲望，或者力量用尽，精疲力竭，如(35d)。"진"的这些惯用语用法其实是用植物的分泌物来喻人身体内部的"精力"，也就是说，将人看作了与植物相类似的容器，没有力气和欲望是因为这些东西从身体里排出去了。

(35) a. 담뱃대에 진이 가득 찼다. 烟袋里充满了烟油。

　　b. 그깟 일로 진을 빼지 말고 그만둬라. 不要因为那种事费劲了，别做了。

　　c. 이혼소송이라는 게 얼마나 사람 진을 빼면서 오래 걸리는 건데 어떻해?《최고의 연인, 36회》离婚诉讼这种事不仅让人精疲力尽而且持续时间很长，怎么办啊?

　　d. 몇 시간씩 사진 찍고 나면 진이 빠져 걸음도 못 걸었는데.《그래 그런거야, 20회》拍照拍了几个小时后，精疲力竭得连路都走不动了。

4.3 植物分类

植物用语也经常用于比喻，如汉语的"滚瓜烂熟、瓜葛、青葱岁月"中的"瓜、葛、葱"等都是植物用语。韩国语里具有浓厚文化色彩的植物用语主要有花、草、树以及一些食用植物。食用植物又可分为禾谷类、豆类、芝麻、花生、地瓜、栗子、柿子以及蔬菜。

4.3.1 上义词

与植物有关，汉语有"植物人"，指与植物生存状态相似的特殊的人体状态，韩国语称作"식물인간(植物人间)"，现在韩国又出现了"식물 대통령 植物人总统""식물 대표 植物人代表"，意为傀儡，如(36ab)。有时植物人也用"나무토막"，如(36c)。

(36) a. 박원순 서울시장이 어제 긴급성명을 내고 '식물 대통령에게 나라를 맡길 수 없다'며 …대통령의 하야와 수사를 촉구했다.《동아일보, 2016.11.03》首尔市长朴元淳昨天发布紧急声明，声称："不能继续把国家交给'植物人总统了'"，要求……总统下野并对其进行调查。

b. 김 원내대표는 … '추 대표는 집권 여당 대표라지만 사실상 식물대표로 전락해버렸다'고 했다.《조선닷컴, 2017.07.17》院内代表——金代表……说："秋代表虽说是执政党的代表，但实际上已经堕落成傀儡代表了"。

c. 그런데 그런 재욱이 나무토막이 되어버렸어.《내 남

자의 비밀, 61회》但是（我寄予厚望的）再旭变成
了植物人。

4.3.2 花

韩国人对花的认识主要表现在花的涵义、花田以及开花的动词
上，表现出了很强的文化性。

4.3.2.1 花的涵义

花韩国语为"꽃"，用于部分名词后，表示哪种花，也可统称
开花的植物。韩国语里把麻疹长出的东西也称作"꽃"，而汉语一般
称作"天花"，有时也称"状元痘"[02]。如果不是麻疹，只是一般性东
西，汉语多用"长痘痘"，如(37)。乳晕也被韩国人用花来表达，称
作"젖꽃판"。

(37) 자고 난 아이의 볼에 하나둘 꽃이 번지기 시작했다. 孩
子睡醒后，脸上开始长出了一个个的小红痘痘。

韩国人还赋予"꽃"三种比喻意义，第一比喻女人，第二比喻
漂亮华丽的事情，第三比喻重要核心的东西，此外还有象征意义。
首先看第一种比喻意义。"꽃"可比喻人气非常旺的漂亮女
人，如(38)。此外，还有合成词"꽃띠、꽃나이"，都指年轻女人的
年龄，"꽃구경"俗指观看美女，不过韩国语里与花有关的表达已

02　《红楼梦》(四十六回)中，鸳鸯骂她嫂子时，就说"状元痘里灌儿浆又满是喜事"。

失去性别意义。汉语"花"也用来比喻人漂亮，多用来指女性，如"班花"，如果指男人，一般多用"草"，如"班草"。

(38) a. 꽃 같은 따님을 두셔서 좋으시겠습니다. 您很欣慰吧，女儿这么漂亮。
b. 이번에 입사한 여직원은 우리 부서의 꽃이라는 소리를 듣게 되었다. 这次进来的女员工被称作我们的"部门之花"。

韩国语里虽然"꽃"没有相对应的汉字词，但是在一些合成词里面会出现汉字词词素"화(花)"，如韩国忠清南道扶余郡就有著名的"낙화암(落花岩)"，据说是公元660年百济灭亡时3000宫女的投身自尽之所，这里的"화"比喻的就是女人。而"명화(名花)"比喻漂亮的女人或妓女，"요화(妖花)"比喻勾人心魄的妖艳女人，"화중화(花中花)"比喻极其漂亮的女人，"화용(花容)、화면(花面)、화안(花顏)、화모(花貌)"等比喻像花一样美丽的女人面孔，"화보(花-)"比喻脸圆体肥的女人，"화심(花心)"比喻美丽的女人之心，"화냥"指出轨的女人。

花比喻女性，不仅是韩国语与汉语有这种现象，就是满族语里也有这种现象，如"화냥"就是从满族语"hayan"发展而来的，如：

(39) a. 이 도적 화냥년의 난 나괴 야<朴通下26a>1677
b. 養漢的 화냥이<申部方言35a>1778
c. 慣嫁人 화냥이<蒙類補, 30a>1790

第二，"꽃"比喻正处于好时节的非常漂亮、华丽的事情，如(40)，既可以修饰时间词，也可以修饰云彩、外貌、笑容，也可以

形容睡觉，而汉语的"花"却无法形容睡觉，如(40e)，汉语多用"甜蜜地、美美地+睡觉"等。

(40) a. 꽃 같은 청춘/나이、꽃다운 나이 花样年华

b. 꽃구름 彩云

c. 꽃미모 美貌如花

d. 너 얼굴에 꽃 피었다. 그렇게 좋아?태준이 온다니

까.《천상의 약속, 11회》你的脸都笑成一朵花了。

泰俊说要回来，你就这么高兴啊?

e. 꽃잠 甜蜜/美美地睡一觉

韩国语还有以"꽃"为中心语的合成词，如下表所示，既可以与表示脸色、笑容、语言的词语结合，也可以与自然事物结合，结合范围非常广。这些合成词译成汉语时一般无法与"꽃"对应。

[表2] "-+꽃" 合成词

合成词	意义	例句
낯꽃	脸上的感情变化。	영호는 길로 나서면서부터 지나치는 사람들의 낯꽃을 유심히 보았다.《채만식, 소년은 자란다》永浩一上路就开始留心观察路上行人的脸色。
웃음꽃	像盛开的花一样明朗、愉快的笑或一群人的笑声。	그의 얼굴에는 모처럼 환한 웃음꽃이 피어났다. 他脸上露出了久违的灿烂笑容。
이야기꽃	高兴、有意思的故事或讲故事的场景。	식구들은 오순도순 모여 앉아 이야기꽃 속에서 저녁을 마쳤다. 一家人和和美美地坐在一起说说笑笑地结束了晚饭。

애기꽃	高兴、有意思的故事或讲故事的场景。	목욕을 끝내고 저녁 식사 때까지…헤어진 이래의 각기의 무용담으로써 떠들썩하게 얘기꽃을 피웠다. 洗完澡后到吃晚饭的时候……大家纷纷谈起自离别后的各种经验之谈，热闹异常。
비꽃	指开始下雨时一滴一滴掉下的雨花。	
바람꽃	起大风前远山之处所腾起的雾一样的气韵。	
메밀꽃	浪头四散时的白色浪花。	

第三，"꽃"还比喻重要、珍贵的东西，这与英语"flower"类似，如"the flower of sth"比喻某事物的最佳部分、精华。汉语一般不用"花"，而用"中心、核心、魅力"等，如：

(41) a. 방송의 꽃 广播的核心

　　b. 그는 영화의 꽃이라고 할 수 있는 감독을 맡아 하면서 많은 작품을 남겼다. 他担任被称作电影核心的导演后，留下了很多作品。

　　c. 병원의 꽃은 외과가 아닙니까? 《가족을 지켜라, 46회》 医院的中心不是外科吗?

　　d. 직장생활의 꽃은 회식인데.《불어라, 미풍아, 27회》 职场的魅力就是聚餐了。

第四，韩国人还赋予一些花以象征意义。例如，新罗时代薛聪就向神文王写了一篇名为《화왕계 花王戒》的谏书，文中将牡丹比作花王，玫瑰为妖艳的美姬，而白头翁(할미꽃)被比作布衣寒士，当花王被玫瑰所诱惑时，白头翁进言直谏，使得花王最终幡然醒悟。

也就是说，韩国人主要从不同的花卉所具有的品性方面来获得教育性的思考，这具有文化的共性，中国文化里花也具有类似的象征意义，而这种思想也反映在语言上。

菊花具有秋天迎霜开放的特点，中韩两国文化里都用菊花象征节操，如汉字词"황화만절(黃花晚節)"比喻人老了仍然保持高尚的节操，这反映的是中国文化，韩国语里还有类似意义的俗语"국화는 서리를 맞아도 꺾이지 않는다"，比喻节操高尚、意志坚强的人不屈服于任何磨难。中韩两国文化还都用兰花来比喻女人，如汉字词"난자혜질(蘭姿蕙質)"把女性的美态和杰出的气质比作花的香气，"난혜질(蘭蕙質)"也是用兰草和蕙草的香气来比喻女人的美，这都是中国文化的产物，韩国文化也吸收了这种文化，不过没有发展出固有词表达或俗语。此外，中国文化里还有"兰花指"，取自植物"兰花"的自然形态，拇指搭住中指梢尖，余三指伸直，食指用劲，软而有力；小生、小旦常用(《中国豫剧大辞典》，马紫晨主编)。

在中韩文化里，梅花都是不屈、清高、脱俗的象征，但是具体在语言上却有所不同，例如韩国语出现了混合词"매화타령(梅花—)"，用来嘲弄言行不符合自己的本分，还有俗语"똥 싸고 매화타령 한다、똥 싼 주제에 매화타령 한다"，意思是拉了屎，又不断地说要梅花，比喻不知羞耻地上蹿下跳。汉语里没有类似的语言表达。

与银杏有关，韩国语用"은행꽃(銀行-)"比喻解牛时用的非常小的刀子。

4.3.2.2 花田

种花需要土地，韩国语称作"꽃밭"，指花田，也指鲜花盛开的地方，或者比喻美女如云、女人如云的地方，如(42)。如果一个男人位于一群女人之间称作"꽃밭에 앉아 있다"，反过来如果一

个女人位于一群男人之间，则称作"고추밭에 앉아 있다"（서정범 1986:131），这里是用"고추"来比喻男人。汉语里这两种情况分别称作"万绿丛中一点红"和"葱花"，都是用绿色来比喻男性，用红色来比喻女性。韩国语还有俗语"꽃밭에 불 지른다"意思是给花田里放火，有三个比喻意义，分别是:不懂风流的行动，没有人情味的处理方式，幸福之时灾祸从天而降。

> (42) 겨우내 우중충하던 장안 거리언만 하루아침 봄바람이 불면 갑자기 날씬한 봄단장의 젊은 여인들로 해서 때아닌 꽃밭을 이루는 것이다.≪유진오, 화상보≫冬天一直灰蒙蒙的长安街，但如果突然刮起春风的话，就会布满穿着轻薄春装的女人，形成一片不合时令的花海。

"꽃동산"指鲜花盛开的山坡，也比喻景色优美生活幸福的安乐窝或乐园，这反映了韩国人用花来表达美好心境的思想。

4.3.2.3 开花

过去，在宴会、聚会等场合一般多使用纸花，而不是鲜花，这种情况称作"지화 꽃피우다 一片纸花的海洋"。这里的动词"꽃피우다"是"꽃피다"的使动词，"꽃피다"是主谓结构的合成词，但是其意义已经与花没有关系，而是指某种现象正值鼎盛阶段，如(43a);也指某事发展势头好、繁荣，如(43bc)。汉语有时可以用"绽放、盛开"，有时可能需要意译，如(43c)。

> (43) a. 하늘은 먼지가 낀 자색의 기분으로 저물어 가고 이곳 저곳에 전등이 꽃피기 시작했다.≪이병주, 행복어 사

전≫太阳带着土赭色逐渐西落时，这里那里的路灯
也开始绽放。

b. 민주주의가 꽃피다 盛开民主主义之花/民主主义之
风开始绽放

c. 유럽 전역을 휩쓴 혼란과 진통 속에서 르네상스는 찬
란하게 꽃피었다. 在席卷欧洲全境的混乱和阵痛中，
文艺复兴轰轰烈烈地展开了。

(44) a. 추측이 만발하다 各种推测都出来了

b. 집 안에는 웃음꽃이 만발하였다. 家里一片笑声。

与"꽃피다"相关的还有"만발하다(滿發--)"，指鲜花盛开，
但也指推测或笑声等瞬间发生很多，如(44)。也就是说本是视觉意
义的词语，却可以表达听觉意义。

4.3.3 草

草在韩国语里为"풀"。中韩两国关于草的认识具体到草的形象
来看，草是柔软的，而草尖更是岌岌可危，所以韩国人用"풀 끝"
比喻危险的地方或境地，俗语"풀 끝에 앉은 새 몸이라"意思是站
在草尖上的鸟，比喻非常不安的境地，"풀 끝의 이슬"比喻人生像
草尖上的露珠一样。

前面已分析了花，关于花草的关系，韩国语有俗语"분에 심어
놓으면 못된 풀도 화초라 한다"，意思是种在盆里后，不起眼的草都
被当做花对待，比喻不行的人只要得到一定地位也会看起来很像样。
这就像汉语所说的"位置成就人"。此外还有"나쁜 풀은 빨리 자
란다"，比喻并不重要的东西先出头。不管怎样，草给人的印象不如

花的地位高，这在中韩文化里具有共性，韩国语有汉字词"초개(草芥)"，比喻没用、不成器的东西，如(45)。这也反映了对草的贱视。

(45) 사소할지언정 절실한 것을 위해 자신을 초개처럼 던지는 존재가 영웅입니다. 《동아일보, 2016.9.29》能够视自己为草芥，为了看似渺小却是内心渴望的东西而奋不顾身的人才是英雄。

在中国文化里，草还具有特殊的象征意义，例如中国有一首诗《小草》:"野火烧不尽，春风吹又生"，赞扬的是野草的生命力。韩国语也有汉字词"민초(民草)"比喻老百姓的无尽生命力，如(46);杂草韩国语为"잡풀(雜-)、잡초(雜草)"，多用来比喻生命力顽强，如(47)，而汉语"杂草"一般具有贬义。

(46) 이름 없는 민초들 无名百姓们
(47) 나 그동안 잡초처럼 살아왔어. 적응도 잘하고 아부도 잘해. 《흑기사, 11회》我是像野草一样长大的。适应力强，并且很会阿谀奉承。

韩国语固有词"풀"还发展成了前缀"풋-"，对其形态的演变过程，有几种意见，구본관(2005:341)认为"명사+ㅅ(관형격 조사)+명사"结构的词组先是发展成了"픗서리、픗사람"等合成词，之后前置成分逐渐发展成了前缀或冠形词，也就是说"名词+冠形格助词"的两个单位逐渐被视为一个单位而产生的。类似的主张还有김덕신(2000:574)认为经历了"풀>풋"的过程，而정경애(2002:271-274)认为经历了"플>픗>풋"的过程，这些意见都认为"풋-"是由

"풀"演变而来的。

发展成前缀的"픗-"有两种结合方式，可与植物名词结合，表示刚出来的或不熟的，这些意义都是从"草是青的，青的是刚出来的，不熟的是青色的"这种思维产生的，如"픗감、픗고추、픗과실、픗김치、픗나물、픗콩"。"픗"还与抽象名词"사랑"或动作名词"잠"结合，表示不成熟的、不深的，意义更加抽象。与此相关，中国的网络用语里有用"青椒"来转喻大学青年教师的说法，因为"青椒"与"青年教师"的缩略语"青教"同音。

汉语"草"也有很多意义，但侧重的是"草是自然生长的，没有经过管理的，是不精细的"，所以可用来指"粗糙、不细致"，并且可用来指没有完成的稿子，或者"初步的、非正式的"，如"草拟"。另外，草的生长地是野外，所以"草"就有了"在野的、民间的"之意，如"草莽"。[03]但由于汉字没有形态变化，所以汉语"草"从词性上发生了变化，从名词出现了动词、形容词意义。

如上，草作为一种植物具有一般共性，但由于中韩两国人对其特点的关注点不同，所以导致"풀"与"草"的意义引申发生了不同。意义的引申和演变导致黏着语系的韩国语生成了新的形态的前缀"픗-"，而作为孤立语的汉语则使"草"有了词性的变化。

4.3.4 树

韩国语里树为"나무"，韩国语里对树的认识主要表现在对树的成长、挪树、砍树、木石等现象的看法上，都是借树来喻人。

---

03 汉语"草"还指雌性的(用于某些家畜、家禽)，如"草鸡"，有时也用"你草鸡了！"比喻怂了。

4.3.4.1 树的生长

汉语有"三岁看到老、三岁看大七岁看老",韩国语有"나무될 것은 떡잎 때부터 알아본다、될 성 싶은 나무는 떡잎부터 알아본다、잘 자랄 나무는 떡잎부터 안다[알아본다]",意思是能成才的树从长出小树叶时就能看出来了,借树来比喻前途光明的人从小时候就与众不同,如(48)。这与汉语强调的都是先天条件的重要性,但与先天条件相比,后天的培养也很重要,所以"나무는 묘목으로부터 가지를 쳐주어야 한다"说的就是这个道理,即树要从小苗开始剪枝,人才教育则要从娃娃抓起。

(48) 너 지금 꿈꿀 나이야?될 성 싶은 나무는 떡잎부터 알아본다고. 넌 글렀어.《전생에 웬수들, 17회》你现在是追梦的年龄吗? 都说三岁看到老,你已经没戏了。

树长大后会形成树荫,给人乘凉,所以汉语有"大树底下好乘凉",也有"封妻荫子",这里的"荫"指封建时代由于父祖有功而给予子孙入学或任官的权利,韩国语也有"나무가 커야 그림자도 크다",意思是树大了,树荫才大,比喻身居高位的优秀人才的影响或作用更大,与汉语"大树底下好乘凉"意义一致。有时"나무"也可比喻庇护,如(49)。

(49) 어려울 때일 수록 노련하고 경험 많은 신하의 도움이 필요할 겁니다. 그냥 못 이기시는 척 소신의 나무 밑에서 피신하시는 것 어떻습니까?《구르미 그린 달빛, 10회》越是困难时刻,越需要经验丰富、老练的大臣的帮助。您就装作拗不过去,然后到微臣的大树下来,怎么样?

如上，这反映的都是中韩两国人对栽树的认识。西方文化中对栽树的理解与东方文化不同，例如18世纪的开拓者Johnny Chapman是美国的民间英雄，他穷尽一生在路边到处撒播苹果种子，梦想创造一个人人衣食无忧的国度，并且由此产生了俗语"Johnny Appleseed"。也就是说，美国人栽树是为了得到果实，追求的是物质上的丰饶，这与东方文化的"前人栽树后人乘凉"的思想差距甚远，东方文化更强调的是提供休息的地方，所以汉字的"休"就是人倚靠在树下。

关于对树的认识，韩国人还拿大树与大人物来作对比，说即使大树不能给人以好处，而大人物却一定能够给人带来益处，所以就有了俗语"나무는 큰 나무의 덕을 못 보아도 사람은 큰사람의 덕을 본다"，比喻大人物能提供很多的好处，据此，产生了两个比喻意义，第一个比喻意义是大人物不管从哪一方面都能够给予帮助，也可反过来说"사람은 키 큰 덕을 입어도 나무는 키 큰 덕을 못 입는다"；第二个比喻受到别人的恩惠而成功。

任何事物都有两面性，树为鸟儿提供庇护，但树的顶端又是危险之处，所以"나무 끝의 새 같다"比喻处于不可久留的危险之处。而"나무에 오르라 하고 흔드는 격"意为把别人哄到树上后再晃树，比喻把别人骗到危险的地方或陷入危险的境地。

树可以用来栓牛拴马，俗语"나무도 크게 자라야 소를 맬 수 있다"意思是树大了才能拴牛，比喻只有长大成人了才会有用处。

关于大树有几种表达，如汉字词"대부등(大不等)"指合抱粗的大树，也可比喻那样的材木，汉语没有这种表达。"거목(巨木)"指又粗又大的树，也可比喻重大任务，如(50)，汉语"巨木"没有比喻意义，比喻人多用"巨星、巨匠"等。韩国语还有"꿈나무"，这个词本身就是比喻词，用来比喻在学问、运动等方面具有天赋才

能的孩子，如(51)，汉语有时用"好苗子"。

(50) 선생은 한국 문단의 거목이다. 先生是韩国文坛的巨星/巨匠。

(51) a. 축구 꿈나무 足球新秀/好苗子

b. 아이들은 미래의 꿈나무이다. 孩子们是未来的希望。

虽然又圆又粗又大的树作用更大，但是俗语"어려서 굽은 나무는 후에 안장감이다"告诉我们小时候弯弯曲曲的树长大后可以做马鞍，也就是说，看起来没用的东西也必然都有自己的用武之地。

古树沧桑，会逐渐失去活力，所以就有了"나무도 나이들면 속이 빈다"用来比喻时间长了就会出现问题。如果树长得不好就成为枯树，韩国语为"마른나무"，与此相关有很多俗语，如下表所示：

[表3] 与枯木有关的俗语

	俗语	意义
1	마른나무에 꽃이 피랴 고목에 꽃이 피랴	比喻对没有希望的东西寄予厚望。
2	고목에 꽃이 핀다 죽은 덤불에 산 열매 난다	枯木开花、结果，比喻寒门出贵子。
3	죽은 나무에 꽃이 핀다	比喻没有父亲的孤儿成功后光宗耀祖，也比喻已灭亡的东西重新展现生机，也比喻不幸之人重见阳光，拥有各种荣誉。
4	죽은 나무 밑에 살 나무 난다	枯树之下长出小树，比喻苦尽甘来。

如上，这些俗语都与"枯木逢春"有关，其中第1组俗语用反

问句的形式表达了对枯木逢春的怀疑，第2-4组俗语都是以肯定句的形式对枯木逢春的现象进行了肯定，其中第2组比喻寒门出贵子，第3组俗语除了此意义外，还有三个比喻意义。第4组俗语比喻苦尽甘来。从俗语所涉及的事物来看，其中有四个俗语与"꽃"有关，一个俗语与"산 열매"有关，一个俗语与"살 나무"有关。

4.3.4.2 挪树

韩国语与汉语里都有与挪树有关的表达，韩国语有"나무도 옮겨 심으면 삼 년은 뿌리를 앓는다"，意思是挪树树病三年，有两个比喻意义，第一个比喻干某事后会带来后续整理工作和建立新秩序等种种困难；第二个比喻只要换地方，要想安顿下来都需要很长时间。在韩国语里这个俗语一般多用来告诫不能经常搬家，这与韩国人的住居文化有关，因为韩国人的个人住房拥有率比较低，所以大多都是以租住的形式过日子，这就不可避免地出现了经常搬家的文化。告诫不要经常搬家的还有"곡식은 될수록 준다"，意思是粮食数一遍少一点，家是搬一点少一点。

汉语里有与挪树相关的"人挪活树挪死"，这是从工作岗位的角度去着眼的，也就是说人穷则思变，变则通。适当地换一下工作环境带来的可能是转机，而这种思想的背后就是中国人思维里根深蒂固的"外来的和尚会念经"思想。不挪地方的人就是本地和尚，时间长了就会被人忽视、淡忘；而挪个地方，到了新环境就成了外来的和尚，就会成为"人才"。

如上，韩国语与汉语都是用"树不能挪"来作比喻，但韩国语强调的是"人过日子要想过好，就不能老搬家"，而汉语强调的是"人不能像树那样，要想得到重用，就要挪地方"。

4.3.4.3 砍树

树的重大作用是提供木材，那么树成材后就要被砍掉，据此就有了俗语"나무도 쓸 만한 것이 먼저 베인다"，意思是有用的树先被砍掉，比喻有能力的人先被收拾，类似的还有"곧은 나무 쉬[먼저] 꺾인다[찍힌다]"；也比喻有能力的人先死。相反，不成才的树反而能长久，如"굽은 나무 선산 지킨다"意思是歪七扭八的树反而能长久。

在自然界，即使没有人为因素，也会出现大树被折断的现象，这种情况的产生一般都是因为这树太直、太硬，所以容易被风摧毁，所以"나무도 강하면 부러진다"比喻人不能太过于刚强或过于固执己见，有时需要能屈能伸。另外还有一种情况，也就是荒野中孤零零的一棵树更容易受到风的摧残，难以长久存留，因此"나무는 숲을 떠나 홀로 있으면 바람을 더 탄다"比喻人不能离群，否则更容易孤独。汉语有"木秀于林，风必摧之"。

因枯树容易砍断，所以"마른나무 꺾듯"比喻事情进展得非常轻松顺利。砍树时讲究的是快、干脆，否则就会费尽力气，根据这种特点，惯用语"생나무 꺾듯"有了比喻意义，指不假思索打断别人的话或意见，如(52)，与韩国语砍树相反,汉语用"斩钉截铁"。

(52) 사장은 새로운 사업에 대한 전무의 반대 의견을 생나무
    꺾듯 하더니 결국 큰 실패를 맛보았다. 老板斩钉截铁般
    地拒绝了专务对新事业的反对意见，结果尝到了失败
    的苦果。

"나무 한 대를 베면 열 대를 심으라"意为砍树后则要种多几倍的树才行。这反映的是一种"前人栽树后人乘凉"的思想。

4.3.4.4 木头、木石

与木头有关，首先看树的年轮，韩国语称作"나이테"，年轮的粗细称作"발02"，"발"有时也用来指木头，如(53a)，形容人不说话。其次，木头疙瘩称作"나무토막"，一般可用来比喻木讷，如(53b)。韩国语里木头棍子称作"나무때기"，俗语"나무때기 시집 보낸 것 같다"比喻人不机灵，不会做事。而汉语则用"木头疙瘩、榆木疙瘩、榆木脑袋"比喻人不聪明。

> (53) a. 형님, 그렇게 발처럼 앉아만 있지 말고 무슨 말씀이라
> 도 해 보세요.《훈장 오순남, 29회》嫂子，您别像木
> 头橛子那样光坐着，您倒是说句话啊。
> b. 우리 …연대 더 걱정이에요. 나무토막처럼 뻣뻣해가
> 지고 연애는 좀 안 되는 것 같고.《아이가 다섯, 11
> 회》我们妍泰更令人担心。（她）就像个木头疙瘩
> 一样木讷，也不会谈恋爱。

不过有一类木头没有贬义，如支撑东西的粗长的木头称作"장나무(長一)"，"파고 세운 장나무"比喻人或事情非常踏实，让人信赖。而短短的一段树木称作"토막나무"，有俗语"토막나무 끈 자국과 같다"，意思是就像拖拉木头的痕迹一样，比喻事物的形象或踪迹非常明显，隐藏不住。

与木石有关，中国文化里最有名的就是《红楼梦》里提到的贾宝玉与林黛玉的"木石姻缘"。韩国语里也有汉字词"목석(木石)"，统指树与石头，也称作"수석(樹石)"；此外，"목석"还有比喻意义，比喻像树、石头一样没有任何感情的人，如(54)，汉语"木石"一般不单用，而是多用于"人非木石、身非木石"等否定结构，所以韩国语的"목석"一般需要根据语境来翻译。

(54) a. 앞은 얼음, 뒤는 목석! 어쩜 사람 이렇게 어이가 없나?

《사랑이 오네요, 1회》前看是冰块，后看是石头！
人怎么这么这样啊？

b. 엄마는 사랑도 모르는 돈벌레, 목석이야.《밥상 차리
는 남자, 27회》妈，你就是个不懂爱情的守财奴、
冷血汉！

韩国语有俗语"목석도 땀 날 때 있다"，意思是木头石头也有
出汗的时候，比喻健康的人也有生病的时候。

4.3.4.5 代表性的树种

以末尾音节"나무"为检索条件，在《표준국어대사전》中共
检索出词语1223个，这些单词都是各类树木的名称，音节一般都是
三音节以上的多音节词，并且几乎都没有比喻意义，也没有相关的
俗语。也就是说，语义特别狭窄的下义词一般外延狭小，无法产生
联想意义。有比喻意义的树种非常少，并且文化性非常强。

1) 松树

韩国语松树为"소나무"，有俗语"소나무가 무성하면 잣나무
도 기뻐한다"，意思是为亲近的同事、朋友或自己一伙人的成功而高
兴。"소나무"也称作"솔"。松树是种出来的，松树长大后则成为一
景，可以在松树旁盖个亭子，也可把松树砍了，用松木做亭子，但
这是长期的过程，所以俗语"솔 심어 정자라"比喻从事情的开始到
成功还遥遥无期。

韩国语里小松树称作"애솔나무、애송(-松)、애송나무、애송
목、애솔"，与此相关还有"애송이"，指小孩或小东西。

松树属于针叶树，过去韩国人经常拿一支松树枝，用上面的一团松叶来做刷子，例如烤紫菜时，韩国人常用这样的松树枝蘸一些油盐刷在紫菜上再烤，这种反复动作称作"솔질"，随着社会的发展虽然出现了塑料材质的衣刷、牙刷、鞋刷，但相关事物仍然称作"옷 솔、칫솔、구둣솔"，相关的动作称作"옷 솔질、칫솔질、구둣솔질"(최창렬 2002/2003:92-94)。

　　松叶韩国语为"솔잎"，松叶被风吹时一般也不会发出声音，所以有俗语"솔잎이 버썩하니 가랑잎이 할 말이 없다"，意思是听到不可能出声的松叶发出索索的声音，惯于发声的竹叶感到不可思议而出不了声了，比喻比自己的忧愁程度小的人先大声嚷嚷上了，使得确实有重大烦心事的人反而无话可说了。松叶的特点是四季常青，与此相关有俗语"솔잎이 새파라니까 오뉴월[여름철]만 여긴다"意思是寒冬来临但松叶仍然青翠如碧，让人感到就像在炎热的夏季一样，比喻虽有一堆的烦心事，却因一件小事逐渐朝着好的方向发展而高兴不已。

　　松树会分泌黏黏的松汁，韩国语称作"송진(松津)"，与此相关有"송진감투(松津—)"，俗指性情黏黏糊糊、让人心烦的人。

2) 桑树

　　韩国语里桑树为"뽕나무"，也可叫作"뽕"，而"뽕"也指桑叶。"임도 보고 뽕도 딴다"意思是既见郎君又采桑叶，比喻做一件事得到两样好处，即"一举两得"。

　　桑叶的作用是养蚕，从蚕的立场来看，闻到桑叶味，肯定心生喜悦，拼命来吃桑叶，并且吞食速度极快，实际这是一种拟人手法，所以俗语"뽕 내 맡은 누에 같다"，比喻像闻到桑叶味的蚕那样心情愉快、高兴得不知怎么办的样子。

蚕吃桑叶后，到一定阶段会变成蚕茧，韩国语称作"뽕을 뽑다/빼다"，而这个过程是竭尽全力的，所以这个惯用语比喻竭尽全力，如：

(55) 팀장: 정신 어디다 대고 있어? 집에 가면 잠 좀 자. 딴 짓 거리 하지 말구. 너 신혼티 너무 내는 것 아니야? 노총각 장가 가더니 아주 뽕을 뺀다. 뽕을 빼. 你把脑子放哪儿了? 回家后也睡点觉。不要干其他的勾当。虽说你现在是新婚，但也太显摆了吧? 老光棍娶了媳妇，把老命都拼上了！都拼上了啊！
최신형: 죄송합니다. 对不起。
팀장: 이게 죄송으로 되는 문제야?《폼나게 살 거야, 46회》这个问题说对不起就完了吗?

上文是剧中최신형因播节目时犯了错误而遭到系长批评的对话，其中有惯用语"뽕을 빼다"，指蚕吃桑叶，而蚕吃桑叶时是全力以赴的，系长在这里，意思是说최신형新婚后对妻子是全力以赴，心思不放在工作上，所以出现失误。

3) 荆树、荆棘

韩国语里荆树为"가시나무"，本身没有比喻意义，但有俗语"가시나무에 가시가 난다"，意思是本质决定结果。"가시나무에 연줄 걸리듯"比喻受人情世故的限制左右为难，或比喻亲戚关系交织缠绕在一起，这种意义的产生与荆树枝杈非常多、交织在一起有关。汉语与此相关的有"翘楚"，指高出灌木丛的荆树，后来比喻杰出的人才，多用于"个中翘楚、人中翘楚、医中翘楚"等。

韩国语还有"가시덤불",指荆棘丛,比喻成为事情或人生障碍的逆境,如(56a)。"가시밭"指荆棘丛生的地方,也比喻令人难受的困难环境,如(56b)。"가시밭길"指荆棘丛生的道路,也比喻充满艰难困苦的道路,如(56c),惯用语"가시밭길을 가다"意思是生活充满艰难险阻,如(57)。

(56) a. 고난의 가시덤불을 꿋꿋이 헤쳐 나온 아버지가 존경스럽다. 我非常尊敬不屈不挠战胜苦难困扰的父亲。

b. 인생의 가시밭을 헤쳐 나가다. 穿越人生的荆棘之地。

c. 그의 서울 생활은 처음부터 돌부리와 가시밭길에 부딪쳐 좌절할 위기에 직면했다. 他的首尔生活从开始就是天荆地棘,危机四伏。

(57) 친구 남편 뺏어 살아봤자 뭐 좋겠어? 평생 가시밭길 가는 게 뻔한데.《아이가 다섯, 45회》把朋友的老公抢来,有什么过头啊? 肯定一辈子都过不踏实。

4) 竹子

竹子从严格意义上来说,因为没有年轮,所以不是树。但韩国语里竹子为"대나무",从命名可以看出,韩国人将其看作了树。竹子的竹块为"댓조각、대쪽","대쪽"经常与"같다"结合,比喻性格、节操等非常耿直,如(58)。被砍断后没有干仍然郁郁青青的竹子称作"청대(青-)"可用来比喻年轻人,如(59)。

(58) 우리 대표님이 워낙 대쪽 같은 분이시라서 소문이 무서워서 적당히 합의보고 이런 것 못하는데 아니 안 하는데.《빛나라 은수, 42회》我们代表性情非常耿直, 他

655

不会因为害怕传闻就适当地与你和解的，对，不会和解的。

(59) 청대처럼 곧고 청청한 아들과 어깨를 나란히 하니까 아버지의 늙음이 한결 점잖고 품위 있어 뵈는 것도 신기했다.《박완서, 미망》神奇的是，与像青竹一样高挺、青春的儿子并肩走在一起，父亲的衰老却显得更加沉稳、有品位了。

5）檀木

木质硬的树木有檀木，韩国语为"물박달나무、박달나무"，用于俗语"딱딱하기는 삼 년 묵은 물박달나무 같다"，意思是就像多年的檀木不会弯曲、不会断一样，比喻非常固执，没有融通性。与此相反，还有俗语"반드럽기는 삼 년 묵은 물박달나무 방망이"，意思是使用了三年的棒槌变得非常光滑，比喻不听话偷奸摸滑的人，也比喻非常光滑拿着好像要掉的东西。

6）枣树

韩国语枣树为"대추나무"，有俗语"대추나무에 연 걸리듯"，意思是就像风筝被挂在枣树上一样，比喻这里那里到处欠账。这个意义的产生可能与枣树有刺有关，在这样满是刺的枣树上摘风筝肯定会被扎，感到疼痛。而欠账被人追账的感受可能与这种感觉类似，并且就像从枣树上摘风筝摘不下来一样，欠的账也很难轻轻松松还清，因此两者产生了相似性。

7）柞树

韩国语柞树为"참나무"，因为木质非常坚硬，因此就产生了俗语"참나무에 곁낫걸이"，意思是就像在坚硬的柞树上拉锯一样，比

喻不知死活地向强硬的对手挑战。

8）皂荚树

韩国语皂荚树为"쥐엄나무"，有俗语"쥐엄나무 도깨비 꼬이 듯"，比喻吝啬的人斤斤计较。

9）柴禾

过去人们的燃料主要是柴禾，用来烧柴用的树称作"섶、섶나무"，因为这些树枝叶多，特别容易燃烧，与此相关有俗语"섶을지고 불로 들어가려 한다"，意思是顶着容易燃烧的柴木跑进火海中，用来嘲笑做事不分轻重、胡乱行动。

4.3.5 食用植物——重要食材

4.3.5.1 上义词

古代印度人、古代希腊人在宗教仪式中都采用大麦，在德国，谷物的拟人化也很常见；许多国家都有谷物妈妈（弗雷泽 1998:371-383）。韩国语里与谷物有关的很多表达多是借谷物来比喻人，而不是拟人化。

韩国语里谷物的上义词都是汉字词，有"식량(食糧)、양식(糧食)、곡식(穀食)、곡물(穀物)"等，其中"식량(食糧)"与"양식(糧食)"是逆序词，都指了为生存而吃的食物，但"식량"只有具体意义，如(60a)，而"양식"还比喻成为知识、物质或思想等的源泉的东西，是抽象意义，如(60bc)。

(60) a. 식량을 구하다 求/买粮食。

b. 책을 읽어 마음의 양식을 쌓다 读书, 积累精神食粮。

c. 사람이 먹을 것만 심으면 되나. 정신의 양식도 장만해
야지. 《한용운, 흑풍》 人只种吃的能行吗? 还要准备
精神食粮啊。

韩国语"곡식"也是上义词，指谷物，其本身虽没有比喻意
义，但是有很多俗语，如"곡식 이삭은 익을수록[잘될수록] 고개
를 숙인다、벼 이삭은 익을수록 고개를 숙인다"比喻人要谦虚，而
"곡식과 사람은 가꾸기에 달렸다、사람과 곡식은 가꾸기에 달렸
다"比喻教育要从小开始，要像管理农作物那样精心才会培养出人
才。而"숙성이 된 곡식은 여물기도 일찍 된다"比喻知识经验越多
取得成果越快。韩国语还有"곡식은 남의 것이 잘되어 보이고 자식
은 제 자식이 잘나 보인다"，意思是庄稼是看着别人的好，孩子是
看着自己的好。中国也有这种思想。

如上，这些俗语都是用管理庄稼来比喻管理教育人，这与韩国
语里用农业来比喻管理孩子、家人(如：자식 농사)是一脉相承的。

4.3.5.2 禾谷

1) 大米

韩国语里大米为"쌀"。"쌀"还是各种米的统称。因为大米很
小，与这个特点有关，有"쌀 한 알 보고 뜨물 한 동이 마신다"，
比喻为了极小的利益而付出巨大努力或经费。"재산을 잃고 쌀알을
줍는다"意为拣了芝麻丢了西瓜。"쌀은 쏟고 주워도 말은 하고 못
줍는다"意为说出去的话，泼出去的水。

白大米韩国语为"백미(白米)、흰쌀"，俗语"백미에 뉘 섞이듯"比喻难以见到，而"백미에는 뉘나 섞였지"意思是白米作为一种好东西都会混杂一点稻子，所以与其相比，这个不算是什么毛病。

2) 小米

韩国语里小米为"좁쌀"，其结构是"좁-+쌀"，前者是形容词"좁다"的词干，因为小米在众多谷物中体积是非常小的，因此得名。"좁쌀"本身也产生了比喻意义，比喻非常小的东西，如(61a)；也比喻非常小气的人，如(61b)，与此相关，还有"좁쌀 썰어 먹을 놈"嘲讽非常小气的人，"좁쌀에 뒤웅 판다"意为抠小米粒做葫芦，比喻做没有希望的事情；因为抠小米会有噪音，所以也可用来比喻非常唠叨。

与小米有关，韩国语还有汉字词"일속(一粟)"，比喻非常少的量，如(62)，只有中性意义，与汉语一致。

(61) a. 혹시라도 그쪽에서도 이 세상에 좁쌀만큼의 미련이 있어도 여기서 나가.《폼나게 살 거야, 33회》你也是，哪怕对这个人世还有丁点那么大的迷恋，你还是离开这里吧。

b. 고얀 놈. 탓은 하지 말라고? 좁쌀 같은 놈.《최상규, 꿩 한 마리》可恶！不让埋怨？鼠肚鸡肠的家伙。

(62) 브라질 전 국토에 비해 보면 그들의 개척지는 창해의 일속에 불과하니….《정비석, 비석과 금강산의 대화》与巴西整个国土相比，他们开拓出来的地方不过是沧海一粟。

3) 大麦

韩国语里菽麦为汉字词"숙맥(菽麦)"，统称大豆和大麦，也指不分事理，对世间人情世故一窍不通的人，是从汉字词"숙맥불변(菽麥不辨)"演变而来的，如(63)，汉语"菽麦不分、不辨菽麦"的用法比较固定，但韩国语"숙맥"用法很灵活，译成汉语时，多对应"迟钝、死板、傻"等。

(63) a. 똑똑한 누님이 이럴 때 숙맥이더라.《연인, 24회》大姐，你平时这样聪明，但这个时候怎么这么迟钝啊？

b. 우리딸 워낙 숙맥에 숙기가 없어서요. 제가 잘 타일러서 날짜를 다시 잡을 게요.《우리집 꿀단지, 35회》我女儿本来比较死板，不成熟。我好好劝劝她，然后再定日子吧。

c. 저, 저, 걔 숙맥 아니야? 여기가 어디라고 겁도 없이 들어오겠다는 거야.《그래 그런거야, 13회》这，这，她不会是有点傻吧？这是什么地方，竟敢说要搬进来住。

俗语"콩과 보리도 분간하지 못한다"比喻非常笨，连显而易见的东西都分不清。而俗语"숙맥이 상팔자"意为菽麦不分的人命好，比喻什么都不知道的话，反而心里平安。

韩国语里大麦固有词为"보리"。

4) 荞麦

韩国语荞麦为"메밀"，因为荞麦花开时会引来大量的蜜蜂，因此"메밀 벌 같다"比喻总是跟在别人屁股后面。荞麦米不是圆

的，而是三角的，根据这个特点，有俗语 "메밀이 세 모라도 한 모는 쓴다더니"，意为即使是水平不行的人但有时却很管用。而 "메밀도 굴러가다가 서는 모가 있다" 意思是不管什么事情总有结束的时候，也比喻好脾气的人也有发火的时候。类似的还有 "달걀도 굴러가다 서는 모가 있다"。

韩国还有一种民俗，为了驱鬼而在家门口撒荞麦，所以 "메밀이 있으면 뿌렸으면 좋겠다" 比喻希望来过的人不要再来，类似的还有撒盐驱鬼。

5）高粱

韩国语里高粱为 "수수"，高粱杆为 "수수깡、수숫대"，有俗语 "수수깡도 아래위 마디가 있다、수숫대도 아래위 마디가 있다"，指上下区分不太明显的高粱杆也有上下，比喻不管什么事都有上下之分、有秩序之分。

高粱叶子在风刮动时会卷起来，对这种现象，韩国人赋予了比喻意义，俗语 "동풍 안개 속에 수숫잎 꼬이듯" 与 "꼬기는 칠팔월 수숫잎 꼬이듯" 同义，都比喻心术不正、内心是弯弯肠子的人，"꼬기는 칠팔월 수숫잎 꼬이듯" 还比喻意思表达不坦率、支支吾吾的样子。

4.3.5.3 黄豆、红豆

与豆子有关，主要分析豆子地、种豆子、豆苗、收获以及大豆加工品。

1）豆子地

"마음은 콩밭에 있다" 指做事时，心不在焉，心思放在别

处。其语源要上溯到朝鲜时期，当时老百姓很多都没有自己的土地，靠租地主的地或给地主做工吃饭，为了能种上自己的粮食，他们就在地主的土地中找些没法种粮食的边边角角或在野山上开荒种点豆子，因为豆子生存能力强，什么地方都能生长，并且不用太去照料也能长好。但到秋收时农民们就开始担心有没有人去偷，山里的动物、鸟类会不会去糟蹋，也担心地主找茬……所以在给别人干活时，心思却在自己的豆子地里，因此干活就是有一搭没一搭的，因此就产生了上述比喻意义[04]。如：

> (64) 진정석(혼잣말로): 지가 지금 연애할 때야? 강의연구
> 안하고. 하긴. 마음은 콩밭에 가 있는데 무슨 강의연구
> 하겠어?《혼술 남녀, 7회》她现在是谈恋爱的时候吗?
> 不好好备课。咳，她的心光忙着谈恋爱去了，哪有心
> 思备课啊?
> ……
> 진정석: 뭅니까? 차고 입구에서? 你这是干什么啊? 在车
> 库门口?
> 박하나: 죄송해요. 신발이 벗겨져서요. 对不起。我的鞋
> 子掉了。
> 진정석: 여기서 신발이 왜 벗져집니까? 마음이 콩밭에
> 가 있어서 벗겨지지. 빨리 비켜요.《혼술 남녀, 7회》为
> 什么在这儿掉鞋啊? （忙着谈恋爱）心不在焉所以才
> 掉鞋啊。赶快让开。

---

04 2004년 5월 19일 케이비 에스 라디오 방송

上面台词第一句话中的"마음은 콩밭에 가 있는데"根据语境可以译成"谈恋爱"。最后一句话因为没有指出具体的原因，所以可译成"心不在焉"。

其次，"콩밭"还有很多俗语，例如"콩밭에 가서 두부 찾는다"指去豆地里找豆腐，"콩밭에 간수 치겠다"指去豆地里放卤水，都是比喻性子急。"콩밭에 소 풀어 놓고도 할 말이 있다"意为在别人家的豆地里放牛，将别人的豆地都糟蹋了，还进行辩解，比喻犯错之后还辩解说没做错。

2) 种豆子

种豆子时首先要决定种什么，但有时也会出现意见不一致，所以"콩 심어라 팥 심어라 한다"比喻过于纠结于不起眼的小事，要么争个是是非非，要么进行干涉。

种豆子时要用一只脚来把土盖上，然后再往前挪动，看起来像瘸子一样，所以俗语"콩을 심다"比喻走路一瘸一拐的。与种豆子有关还有"콩심기하다"，是"콩을 심다"的名词"콩심기"与"-하다"结合形成的动词，意为两脚在钢丝绳上交换着前行的表演形式。

种植农作物需要有水，作物才会发芽，否则就稀稀疏疏的，所以俗语"가물에 콩(씨) 나듯"意思是遇到天旱，豆子发芽不全，稀稀拉拉的，比喻某事或东西很少，如：

(65) a. 아드님하고 마주 앉아서 아침을 먹어본지 언제인지 모르겠어요. 가물에 콩 나듯이 간간이 들어오고 아침에 밥도 안 먹고 나가고.《아버지가 이상해, 2회》我都想不起和您儿子面对面吃早餐是什么时候的事情了。就像旱地里的豆苗一样，偶尔回来，但早饭不

吃就又走了。

b. 가뭄에 콩 나듯 여성 감독이 부임해도 단명하기 일쑤다. 《동아일보, 2017.07.05》就像大旱季节出的大豆苗一样，女教练即使上任一般也很短命。

c. 엄마는 자신을 가뭄에 콩나듯 돌보았다. 母亲只是很久才来看自己一次。

3) 黄豆苗与红豆苗

因为黄豆苗与红豆苗很像，所以韩国语里产生了很多与此相关的俗语，"콩을 팥이라 해도 곧이듣는다"比喻对他人的话偏听偏信。"콩을 팥이라고 우긴다"比喻强词夺理坚持与事实不符的意见，固执己见。"콩 났네 팥 났네 한다、콩이야 팥이야 한다"比喻拿不起眼的事情而争个是是非非，如:

(66) 손자놈의 혼사 때문에 콩이야 팥이야 하다가 그렇게 됐어. 식구들이 많으니까 모두 지가 잘한다고 콩이야 팥이야 하다가 콩팥이 뒤섞여서 결과적으로 집사람한테 누명을 씌운 점도 있지요. 《그래 그런거야, 13회》因为孙子的婚事，大家你一言我一语的，就弄成这样子了。家里人口多了，所以都觉得自己挺能，所以多嘴多舌，把事情搞复杂了，结果把我媳妇给冤枉了。

有时还会有变形，如电视剧《수상한 삼형제, 16회》中因如何抓捕罪犯与队长发生意见分歧后，幼稚场说道:

(67) 이런 식으로 안 하면 그 놈들을 평생 못 잡아요. 우리 형

사 머리 꼭대기에 앉아서 이리저리 다 빠져나가는데 언제 콩이냐 팥이냐 따지냐? 그냥 콩! 밀어붙여야 돼요. 如果不按这种方式行事的话，我们一辈子也抓不住那些家伙。他们站在我们刑警的头上拉屎，还用尽各种办法逃之夭夭，我们怎么还能计较抓捕方式合不合程序呢? 只能是"先抓住再说"!

如上，这里用了"콩이냐 팥이냐 따지다"，译成汉语时最好采用意译的方式。

4) 收获

豆粒韩国语为"콩알"，因为豆粒非常小，所以"콩알"也像前面提到的"좁쌀"一样，也可用来比喻非常小的人或东西，如(68)，用于人时，汉语多用"小不点"，用于物时，汉语多用"一丁点"，因为汉语"豆"比喻小意义时，多用于成语中，如"目光如豆、一灯如豆、胆小如豆"等，语义固定，用法受限。其中"胆小如豆"只有状态意义，比喻胆子小，韩国语有相关意义的惯用语"가슴/간이 콩알만 하다[해지다]"，比喻因不安或焦急而心放不下，如(69)，译成汉语用动态意义的"心缩成一团"。韩国语还有俗语"콩반 알도 남의 몫 지어 있다"比喻不管多么小或琐碎的东西都有自己的主人，或告诫不要占有或觊觎他人哪怕很小的东西。

(68) a. 콩알 만한 것 언제 이렇게 자랐어?《아이가 다섯, 16회》那个小不点什么时候长这么大了啊?

b. 당신 그런 마음 콩알만큼도 없었다고 말할 수 있어?《불어라, 미풍아, 10회》你敢说那种想法你一丁点

665

都没有吗?

(69) a. 무서운 폭음을 듣고 가슴이 콩알만 해졌다. 一阵吓人
的巨响传来，我的心不禁缩成了一团。

b. 혹시 우리 할아버지 못 보는 줄 알고 간이 공알만해
졌었는데. 我害怕万一见不到爷爷了，所以心都缩成
了一团，（现在好了）。

"콩알"还俗指"총알"，所以有了"검정콩알、감정콩알"。
因为豆子一粒一粒的，不聚集在一起，根据这个特点，韩国人还用
"콩알처럼 흩어지다"来比喻人四散而去。

豆子的豆荚为"콩깍지"，比喻不加分辨地喜欢一个人，有时可
单用，如(70)，有时与"눈"结合形成"눈에 콩깍지 씌었다"。汉
语不用豆荚皮来比喻，有时可用"爱得昏头、爱到骨子里、爱到心
痛"，也是用与身体器官有关的状态来比喻，有时也用"爱到地老天
荒"。

(70) a. 콩깍지야! 그게 바로 콩깍지야. 《최고의 연인, 89회》
你是昏头了啊！你这就叫昏头！

b. 눈에 콩깍지 씌었다. 爱得昏头了。

与豆子和豆荚有关，韩国语有猜字游戏，即"깍지란 글자가
무슨 자냐?"答案是"大"字。因为韩国语里的豆用汉字标记时，
用"太"字，而"大"字被看作是掉了豆粒的豆荚，即"太"字下
面的点被看作了豆粒(박갑수 2015:45)。

豆秸捆为"깍짓동"，因为豆秸捆被竖起来后像站立的人，并且
由于非常粗，所以可以用来比喻非常胖的人，如(71)。

(71) a. 허우대가 깍짓동만 하다 块头就像豆秸捆一样

　　b. 깍짓동처럼 뚱뚱해서 두 볼의 군살이 너덜너덜하다.
　　像豆秸捆一样胖，两腮上的肥肉嘟噜着。

5）大豆类加工品

对韩国人来说，大豆是非常重要的食用材料，食用方法非常多，可以做成豆腐、豆饭、豆粉、炒豆子等来食用，根据各种食用方法而产生了丰富的语言形式和特殊的文化意义。

（1）豆腐制作

做豆腐要点卤水，卤水称作"간수(-水)"，有俗语"급하면 콩마당에서 간수 치랴"，意思是再急也不能在豆田里点卤水呢，比喻太性急。点卤水后豆腐会凝固，这个过程称作"엉기다"，可用来比喻表情变得僵硬，如(72)，汉语可以直译，但一般不用这样的比喻。

(72) 무심코 내 얼굴을 쳐다보던 한 남자의 얼굴이 두부가 엉기듯 경직되었다.《푸른 수염의 첫번째 아내》一个男人漫不经心地看着我的脸，突然他的脸像豆腐凝结一样，变得僵硬了。

韩国人喜欢吃豆腐，所以有很多豆腐名称，其中有能用绳子捆住随身携带的"막두부"；有非常嫩的"연두부(软豆腐)"；有豆腐脑"순두부(純豆腐)"，豆腐脑状态称作"두붓발(-豆腐)"，把豆腐切成小块用热水一烫拌的豆腐称作"물두부(-豆腐)"，这两种吃法可统称为"수두부(水豆腐)"。此外，还有豆腐内部非常漂亮的"약두부(藥豆腐)"，用绸缎包裹做成的"비단두부(綢緞豆腐)"，此外还有发

酵的"곤두부(-豆腐)"，有油炸的"유부(油腐)"，有冻豆腐"언두부(豆腐)"，有豆皮"두부피(豆腐皮)"(이규태 2000:196)。

韩国语还有"두부살"，指又白又软的皮肤。而"두부살 바늘뼈"指肉不结实，骨头很细，动不动就生病的人，也可用"바늘뼈에 두부살"。

如上，豆腐是用豆子做出来的，有俗语"콩 가지고 두부 만든 대도 곧이 안 듣는다、콩으로 메주를 쑨다 하여도 곧이듣지 않는다"，比喻不管说的多么符合事实也不相信。

(2) 豆腐渣

做豆腐剩下的豆腐渣韩国语称作"비지"，俗语"싼 게 비지떡"意思是便宜没好货，汉语的豆腐渣一般多比喻工程质量不好，如"豆腐渣工程"。韩国语还有"비지땀을 흘리다"意思是淌豆腐渣汗，比喻大汗淋漓，汉语比喻出汗多时，经常用"豆大的汗珠往下滚/淌"。

虽然豆腐渣不是好饭但也能充饥，人只要吃饱了再好的东西也就吃不下了，所以有俗语"비지 먹은 배는 연약과도 싫다 한다"，意思是吃了豆腐渣后，就是又软又甜的点心也不想吃了。吃饱后，人们通常会打饱嗝，有的人为了装，喝了豆腐渣汤故意装作像吃了什么好饭一样打嗝，所以俗语"비짓국 먹고 용트림한다"比喻虽然没有实际内容，但外表却装扮得像模像样的。类似的还有"진잎죽 먹고 잣죽 트림 한다"，意思是喝了菜粥就像喝了松子粥一样打嗝。

(3) 豆饭和豆腐

韩国人喜欢吃豆饭，所以有了俗语"남의 밥에 든 콩이 크다"，意思是别人饭里的豆子多，比喻羡慕。这种豆饭称作"콩밥"，如"감옥에 들어가면 콩밥을 먹는다"，据说在监狱吃豆饭是

为了补充蛋白质，因此"콩밥을 먹여줘?"比喻让某人进监狱。而汉语的"豆饭"仅指粗淡的食物。

韩国人从警察局、拘留所或监狱里出来后，一定要吃豆腐，如果没人给买豆腐吃，自己也要买来吃，如：

(73) 내가 유치장에서 나왔을 때 이 두부 사주는 사람이 없어서 제 손으로 사먹잖습니까? 기분 별로더라구요.《사랑이 오네요, 119회》我从拘留所出来的时候，因为没人给我买豆腐，所以是我自己买来吃的。那种感觉很不好。

韩国人为什么赋予豆腐这样的含义，有几种解释：

第一，白色的豆腐预示清白的人生。如电视剧《빛나라 은수, 10회》中，当수호从拘留所出来后，父亲递给他一块豆腐，说道：

(74) 두부처럼 깨끗하게 사라고 주는 거니까 아무말 말고 먹어. 我给你豆腐是为了让你像豆腐一样清清白白地活着，所以什么话也不要说，吃了它。

第二，摄取蛋白质，补充营养。

第三，与语言学有关。韩国有一篇文章《두부》，其中提到人之所以出狱后吃豆腐，是因为豆腐是豆子被泡好之后做成的，泡好在韩国语里为"풀리다"，这与被放出来意义的"풀리다"是一个词的不同义项，而豆腐虽是从豆子而来，但却再也恢复不到豆子的状态，所以出狱的人吃了豆腐之后就可以再也不用吃豆饭了，当然这是一种美好的祈愿，是一种借物明志思想。

与韩国语"두부를 먹다"相反，汉语"吃豆腐"有两层意义，其中在方言中宴请吊唁的宾客叫作"吃豆腐"；还有一个意义是调戏妇女。中韩合拍剧《北京我的爱，7集》中就充分利用了中韩这种文化差异，剧中的敏国因被误会进了派出所，当他从派出所出来时，对来接他的女主角杨雪说想吃她(做)的豆腐，结果单纯传统的中国女主角大怒转身而去，因为感觉被调戏了。

韩国语里"두부"还被用来形容人，如俗语"풍년 두부 같다"比喻人白白胖胖的很好看。汉语多用"豆腐西施"来比喻女性长得白净漂亮。韩国语还有"두부에도 뼈라"，比喻运气不好的人会在看似没问题的事情上栽跟头。

(4) 豆粉

韩国做糯米年糕"인절미"时，需要裹上"콩가루 豆粉"来吃。由于豆粉是不成形的，所以可以比喻粉碎，如：

(75) 나씨 집안을 콩가루로 부숴버릴 테니까.《사랑이 오네요, 59회》我要把罗家弄个支离破碎。

另外，一个家族如果像豆粉一样不成形的话，那就严重了，所以可用来比喻集体内成员间的上下秩序紊乱，纽带关系破裂，多形成"콩가루 집안"结构，比喻家风不正、失去了正常秩序的人家，如(76)，译成汉语时，需要根据语境意译。

(76) a. 콩가루 같은 이 집안구석이 너무 싫고 괴로워서 마셨다.《우리집 꿀단지, 66회》这种破烂家庭，我实在是厌烦透了，心里难受所以喝酒了。

b. 별로 좋은 집안 아니에요. 완전 콩가루 집안이에요.《최고의 연인, 46회》并不是什么好家庭，完全是伤风败俗/一盘散沙啊。

c. 그래야 우리 집안이 콩가루 집안이 안 되는 거야. 그래서 내가 헌언니 손 들어준 거야.《최고의 연인, 53회》只有这样我们家才不会乱套，所以我才帮助前嫂子的。

d. 이게 말이 돼요? 완전히 콩가루에 밀가루 입히는 격인데?《최고의 연인, 57회》这像话吗? 这完全是豆粉又掺了面粉，乱套了啊。

e. 알만한 집안에서. 무슨 콩가루도 아니고.《사랑이 오네요, 80회》这么有名的家庭（竟然出现这样的事）……真是丢人现眼啊。

f. 꼭 나씨 집안에서 생길 콩가루 족보말이야.《사랑이 오네요, 80회》我说的是姓罗的一家那乱七八糟的新族谱。

惯用语"콩가루(가) 되다"有两个意义，可以比喻某种事物完全粉碎，如(77a)；也比喻一个家庭或组织瓦解，如(77b)。

(77) a. 유리잔이 떨어져 콩가루가 되었다. 玻璃杯掉到地上摔了个粉粹。

b. 그 회사는 부도가 나서 콩가루가 되었다. 那家公司破产、四分五裂了。

与豆粉有关，韩国语还有俗语"자는 입에 콩가루 떨어 넣

기",意思是别人睡觉时给他往嘴里倒豆粉,比喻好像是给别人帮助但实际却是陷别人于困境的行为,也比喻不正确的处事方式。

(5) 炒(炸)豆子

韩国人常吃的一道菜有炒(炸)豆子。韩国人吃炒豆子与中国人吃瓜子差不多。吃瓜子好像是中国人的"国吃"了,《南都周刊》2017年1月30日写了一篇文章来解释"为什么你一嗑瓜子就停不下来?"文章认为一是因为瓜子好吃;二是因为每几秒钟磕一颗,马上就能吃到瓜子仁作为奖励这种即时反馈;三是动作难度小,难饱肚,可分心同时做其他事情。国人吃瓜子的结果是产生了传说中的"瓜子牙",就是前牙的两颗大门牙因为长期咬坚果类的东西会有几个浅窝,弧形缺损,不太平整。但韩国人吃炒豆子,却催生了丰富的语言表达。

韩国语里与炒豆子有关的一系列形象都产生了比喻意义,其中"콩 볶듯"比喻声音非常杂乱,如(78a),这种比喻意义是从炒豆子噼里啪啦的声音引申出来的。在此基础上,"콩 볶듯"还比喻折磨别人,如(78bc),这种意义的产生与动词"볶다"也有密切关系。

(78) a. 콩 볶듯 들리는 총소리에 무서워서 어쩔 줄 몰랐다.
     被外面传来的噼里啪啦的像炒豆子似的枪声吓得不
     知如何是好。
   b. 그 애미란 여자 허구한 날 우리 동진이한테 찾아가
     콩 볶듯이 볶아댈 테고.《월계수 양복점 신사들, 36
     회》他妈那个女人肯定天天来找我们东镇闹腾。
   c. 고리타분한 얘기하면서 저를 콩 볶듯이 볶아대니까
     내가 노이제로에 걸리겠더라구요.《월계수 양복점

신사들, 13회》您天天说那些陈谷子烂芝麻的事，变
着法地来折磨我，我都快疯了。

"콩 튀듯" 除了比喻声音杂乱外，还比喻人气得又蹦又跳的样
子，类似的还有 "콩 튀듯 팥 튀듯"，如(79)，这种意义的产生源于
炸豆子时豆子会四处蹦这种形象特征。

(79) 그 아이는 친구가 자기 장난감을 망가뜨렸다고 콩 튀듯
야단이다. 那孩子又蹦又跳地闹腾，说朋友把自己的玩
具弄坏了。

"콩 볶아 재미 낸다" 比喻干什么事情时很有甜头、有赚头，
而 "콩 볶아 먹다가 가마솥 깨뜨린다[터뜨린다]" 则比喻为了一点
小的甜头而犯大的失误。

不仅人喜欢吃豆子，就是驴也喜欢吃豆子，不过驴表达高兴是
用肢体语言，所以有了俗语 "콩 본 당나귀같이 흥흥한다"，指就像
见了豆子的驴那样咻咻地叫，这里虽然讲的是驴喜欢吃豆子，但比
喻的却是人看到眼前有自己喜欢的东西而非常高兴的样子。

吃炒豆子时开始人们一般会挑好的吃，但最后还是会全部吃
完，所以俗语 "볶은 콩도 골라 먹는다" 比喻在用很多东西时，本
来没必要挑来挑去的，但人们的本性却总是先挑好的，最后再把挑
剩地挑走。而吃炒豆子时，由于好吃，即使心里想不能再吃了，但
最后却还会都吃光，这用俗语 "볶은 콩 먹기" 来表达。

从炒豆子本身来看，因为豆子被炒熟就失去了发芽的可能性，
当然就更不可能开花了，因此俗语 "볶은 콩에 싹이 날까、볶은 콩
에 꽃이 피랴"，比喻没有丝毫的希望了。

4.3.5.4 花生

花生韩国语为"땅콩"，本身没有比喻意义，但有时可用来比喻很小，如(80a)；有时也用来指小孩子，如(80b)。此外还有"심심풀이 땅콩"，指消遣的对象，可以用来指人，如(80c-e)，也可以指事物，如(80f)。

(80) a. 궐 같은 집에 살다간 우리 집 보니까 땅콩이겠지.《빛나라 은수, 29회》她家大的像宫殿，到我家一看，肯定觉得太小了啊。

b. 뭐가 불만이야?...땅콩만한 게.《밥상 차리는 남자, 29회》你有什么不满意的? ⋯⋯丁点大的孩子。

c. 내가 무슨 심심풀이 땅콩인 줄 알아?《딱 너 같은 딸, 109회》你以为我是你消遣的对象啊?

d. 너 심심풀이 땅콩이야.《왕가네 식구들, 15회》你就是他们的消遣。

e. 그야말로 심심풀이땅콩이야. 신경쓸 것 없어.《최고의 연인, 109회》她们都是我消遣的对象，你不用在意。

f. 심심풀이땅콩으로 우리 회사를 지원한 거였어요? 《월계수 양복점 신사들, 6회》你是闲着没事干才在我们公司报的名吗?

"심심풀이 땅콩"此类意义的产生与韩国的火车文化有关，就像中国火车上总是会有人推着装满饮料和点心、水果的小推车销售东西，韩国与中国的情形差不多，韩国这些推车卖东西的都是"홍익회(弘益會)"的成员，在经过乘客旁边时，他们总会说"심심풀이 땅콩이나 찐 계란 있어요. 有解闷的花生和煮鸡蛋了。"时间长了大

家都模仿，从而使"심심풀이 땅콩"具有了普遍性，也具有了比喻意义。

4.3.5.5 芝麻

汉语里与芝麻有关有"芝麻开花——节节高"，是根据芝麻的成长特点而产生的歇后语，"陈谷子烂芝麻"的关注点则是陈旧、腐烂的东西是不能吃这一点，在此基础上产生了没有价值的、无关紧要的等判断，所以"陈谷子烂芝麻"被用来比喻无关紧要的话或事情。

韩国语里芝麻是"깨"，本身有很多象征意义，如具有"三去之德(去中风、去白发、去忧愁)"和"三加之德(皮肤增白、眉发增黑、多产顺产)"(이규태 2000:166)。此外，"깨"还用于很多惯用语中表达很多比喻意义，可分为五类：

第一，韩国语里芝麻籽为"깨알"，多用于"깨알같다"，比喻非常小，如(81)，根据前后搭配，汉语用"整理得密密麻麻"。"깨알"有时也用于"깨알만큼"结构，汉语多用"一丁点"类表达。

(81) a. 깨알같이 정리한 노트를 보여줬다.《한국일보, 2017.02.01》他给我看了他那整理得密密麻麻的笔记本。

b. 니 머리 속에 그런 생각 깨알만큼이라도 있다면 빨리 버려라.《돈꽃, 18회》你脑子里如果有一丁点那种想法，赶紧丢掉啊。

根据芝麻很小以及可以榨油的特点，韩国语有俗语"기름을 버리고[엎지르고] 깨를 줍는다. 撒了油拣芝麻"，相当于汉语的"捡了芝麻漏了西瓜"，汉语里着眼于芝麻"很小"这一特点，还产生了

"芝麻粒子官"，电影有《七品芝麻官》。

第二，因为芝麻大小都差不多，所以俗语"참깨가 기니 짧으니 한다"产生了两个意义，可以比喻在差不多的东西之间非要比大小或者弄出个是非来，此外，还可用来讽刺那些喜欢说一些琐碎事情的人，类似的俗语还有"참새가 기니 짧으니 한다"。

在韩国人眼里，"참깨"与"들깨"是一类东西，所以两者可以一起使用，如俗语"참깨 들깨 노는데 아주까리 못 놀까"意思是芝麻和苏子可以玩，为什么我们不能玩？比喻别人都干某事时我也想插一杠子。

第三，"깨가 쏟아지다"比喻融洽、可爱，非常有意思，用来形容有意思的事情或新婚生活，如(82a-c)。之所以有此惯用语，是因为"깨"与其他谷物不同，收获时只要轻轻地抖动或摔打，芝麻就会扑簌簌地掉落下来，非常轻松、有意思，是着眼于收获芝麻时的人的感觉而产生的意义。有时还会有变形，如(82d)，前面是具体意义的"깨를 뿌리다"，而后者是比喻意义的"깨가 쏟아지다"，需要意译，这种用法属于多义词双关。

(82) a. 김 과장 신혼재미가 깨가 쏟아지나 보지? 看来金课长的新婚生活很甜蜜啊？

b. 우리는 이젠 깨가 쏟아지기예요. 我们现在正是甜蜜的时候呢。

c. 놀이터에서 둘이 깨가 쏟아지고 있는데요 뭐.《우리집 꿀단지, 24회》两个人正在游乐场那儿恩爱呢。

d. (밥에) 깨는 왜 뿌려? 우리가 이미 깨가 쏟아지는데.《그녀는 예뻤다, 16회》为什么要在饭里撒芝麻啊，我们已经是天上下芝麻雨，甜蜜死了。

第四，与芝麻被用来榨油，或者炒熟后吃有关，韩国语有了"깨를 볶다"，比喻甜蜜地过日子，如(83)。有时还会有一些变形或者灵活用法，如下所示：

(83) 너 대체 누구를 닮았냐? 날 닮았으면 바로 넘어오고 살림도 차리고 깨도 볶고 살겠다.《불어라, 미풍아, 35회》你到底是像谁啊? 要是像我的话，早就把他弄到手一起生活，甜甜蜜蜜地过日子了。

(84) 조은걸: 신혼재미는 어때? 신형씨는 잘해줘? 新婚生活如何? 新桁对你好吗?

나노라: 옆집들이 난리지요. 매일 깨 볶냐고? 깨 팔라고.《폼나게 살 거야, 34회》

a' 左邻右舍都坐不住了。问我们怎么每天都这么恩爱? 要让我们把秘诀卖给他们。

a'' 左邻右舍都坐不住了。问我们怎么每天都撒狗粮? 要让我们把狗粮卖给他们。

(85) 그 집에서 없던 깨를 한 말로 볶아대니까 그 냄새만 맡아도 배가 슬슬 아프잖아?《사랑이 오네요, 35회》

a' 从来没有芝麻的那家人，突然炒芝麻炒了一麻袋，光闻闻味就觉得肚子疼。

a'' 从来没点喜事的那家人突然有未来的女婿上门，光看着就让人羡慕得要死啊。

(86) 내가 이런 깨 쏟을 기회를 그냥 넘겨?《천상의 약속, 83회》这么有意思的机会我可不能白白丢了。

如上，(84)中当被问到新婚生活如何时，나노라用了两个词组，

一个是"깨를 볶다"比喻甜蜜，后一个"깨 팔다"是根据语境引申出来的用法，因为汉语没有这种表达，如果直译是"每天炒芝麻吗？让我们把芝麻卖给他们"，则会造成交流障碍。可以意译成(84a)，也可根据汉语里"撒狗粮"比喻恩爱将其译成(84a")。

(85)的语境是：当看到은희带了男朋友민수来家里，一家人其乐融融的样子，让同住一个院的한솔엄마嫉妒到肚子疼，回自己家里对儿子说让儿子抓紧领个女朋友来，然后说了(85)中的话，这句话的字面意义是(a')，但是对韩国人来说，这里的"깨"指的是喜事临门，而"배가 아프다"意为嫉妒。所以译成汉语应该是(a")。

(86)也是活用用法，不能直译，"깨 쏟을 기회"需要意译成"有意思的机会"。

第五，芝麻子与苏子、黑芝麻也被用来比喻甜蜜。韩国语里与"깨"有关的还有"참깨"和"들깨"，两者是相对而言的，其中"참깨"指普通意义上的芝麻，"들깨"为汉语的苏子，因为两者都可以榨油，所以认为两者非常相似，这从两者的名称上也可看出来，一个是"真正的芝麻"，一个是"野芝麻"。

(87) 장교수: 그래, 결혼하니까 어때? 얼굴 보니까 참깨 들깨
　　　볶아대는 냄새 나긴 나는 것 같은데. 对了，结婚生活如
　　　何啊? 看你的脸色，是一脸的甜蜜啊。吃的是槐花蜜
　　　还是枣花蜜?
　　　이은희: 오늘은 검은깨 볶고 나왔어요. 今天吃的是枇杷
　　　蜜。
　　　김교수: 흐흐흐, 깨 중에 최고는 검은깨라더라.《사랑이
　　　오네요, 84회》哈哈，听说蜂蜜中最好的确实是枇杷蜜
　　　啊。

上文是张教授与李恩姬的对话，用的是"참깨 들깨 볶아대는 냄새"，比喻的也是新婚甜蜜，而李恩姬接着说的是"검은깨를 볶다"。这种文化性非常强的对话很难直译。只能意译成了"蜜"。因为汉语"蜜"可用来比喻生活美好幸福。后面的对话中所出现的"참깨、들깨、검음깨"等需要随之译成与蜜有关的"槐花蜜、枣花蜜、枇杷蜜"等。

韩国语里不仅用芝麻来比喻感情，还可用芝麻香"고소하다、깨소금 맛"来比喻。

4.3.5.6 地瓜、土豆

韩国语里地瓜为"고구마"，由于地瓜的吃法多是做熟了吃，热乎乎的，让人心里暖暖的，所以韩国语里就有了"고구마 같은 사람"，比喻热情的人。但地瓜还有一个特点，就是水分很少，有时吃了会让人噎住，所以"고구마"也就产生了另外一个意义，如(88a)，意为沉闷。(88b)是用干巴巴的地瓜与充满碳酸气体的汽水相对比，前者让人心里发闷，而后者让人心里一下子就清爽了。这与韩国人在谈到东西好吃、人性格好时都用"속이 뚱 뚫렸다、속이 다 시원하다"有关。此外还出现了"고구마 없이"来做状语修饰"시원하다"，如(88c)。

(88) a. 야, 고구마! 너 확실히 고구마 맞지? 사람 가슴 콱 막히게 하는 재주는 타고났으니까.《내딸 금사월, 14회》呀！地瓜！你绝对是个地瓜！天生有本事让人心里发闷！

　　b. 지금 자존심 따질 때야? 그 알량한 자존심! 아무짝에도 쓸 필요도 없어. 그게 다 고구마 같은 인생으로 가

는 지름길이야…그런 퍽퍽한 고구마는 그만 드시고 시원한 사이드 원샷하세요.《빛나라 은수, 87회》你现在是计较自尊心的时候吗？那一抹自尊心？！一点用也没有！那是通往地瓜人生的捷径！……所以不要再吃那干巴巴的地瓜，还是把那让人身心倍爽的汽水干了吧！

c. 이성경 씨는 "당하는 부분은 한없이 측은하고, 갚아 주는 대목은 고구마 없이 시원해서 좋다. 최근 서양식 로맨스 공식에 질려 있었는데, 미지의 대륙을 발견한 기분"이라고 했다.《동아일보, 19.08.21》李胜敬（音译）说道："（故事中）被欺压的一方让人产生无限恻隐之心，报仇部分则痛快淋漓，让人叫好。最近我已经厌烦了西方的浪漫程式，现在（中国式的浪漫）让我感觉就像发现了未知大陆一样。"

挖出的地瓜一般都是串串相连的，所以韩国语里有时也会用这种特点来作比喻，如(89a)，不仅地瓜如此，就是地瓜叶也是串串相连的，所以有时也用 "고구마줄기" 来做比喻，如(89bc)：

(89) a. 시골집 한 채로 끝낼 일이 고구마 줄줄이 인생까지 책임질 일이 있어?《내딸 금사월, 18회》本来在农村（给她）弄一套房子就能解决的事，现在结果还要负责这么多拖油瓶吗？

b. 추 대표는 … '고구마줄기처럼 의혹이 이어지고 있고, 의혹을 의혹으로, 부패를 부패로 가리고 있다'며…비꼬았다.《동아일보, 2016.9.24》秋代表讽刺道："就

像地瓜叶一样，一个疑团接着疑团，一个腐败连着一个腐败"。

  c. 고구마줄기도 아니고 너무 많이 나오네요.《김과장, 16회》又不是地瓜秧，怎么查出这么多问题啊？

  同是薯类的土豆具有与地瓜同样的特点，所以挖土豆也被用来比喻一个接一个的，如(90a)，土豆因为说圆不圆，说扁不扁，所以被用来形容人长得丑，如(90b)。

  (90) a. 줄지어 나오는 감자 캐기처럼 就像挖出来的一串串的土豆一样

    b. 감자같이 생긴 여자가 어디가 좋다고?《사랑이 오네요, 43회》长得像个土豆似的，那种女人有什么好？

  烤地瓜在韩国语里为"군고구마"，可以作隐语，指假宪兵。

4.3.5.7 栗子

  韩国非常重视祭祀，所以有专门的祭祀饮食，其中必不可少的就是剥了皮的生栗子。因此韩国文化里栗子具有很重要的地位，韩国人对栗子的认识很深刻。

  首先，栗子是栗子树上结的，栗子树是结不出银杏的，所以俗语"밤나무에서 은행이 열기를 바란다"意思是盼望栗子树上结银杏，比喻企盼不可能实现的事情。

  第二，栗苞，即栗子最外面的皮，韩国语为"밤송이"，因为栗子苞有很多刺，根据这个特点有了俗语"밤송이 우엉 송이 다 끼어보았다"，意思是满是刺的栗苞与耙子似的牛蒡花苞挤在一起，比喻

经历了各种艰险痛苦的事情。"밤송이머리"指头发像栗苞一样，或那样的人。

栗苞有非常饱满的，也有瘪的，瘪的栗苞称作"쭈그렁밤송이"，也可用来比喻人没有能力、不像样，如(91)，汉语一般用"歪瓜裂枣、干瘪的枣"等来表达。与此相关，韩国语还有"쭈그렁밤송이 삼 년 간다"，有两个相反的意义，第一个意义比喻外表软弱的人反而比想象的能够坚持很长时间；第二意义比喻不行的人一般情况下不会受伤害，反而能保持长久。

> (91) 추위와 공포에 쭈그렁밤송이처럼 조그맣게 얼어붙은
> 죄수들은 바들바들 떨며…≪송기숙, 녹두 장군≫犯人
> 们因寒冷和恐惧像瘪了的干枣似的缩成一团，浑身哆
> 嗦着……

第三，韩国语还有"외톨밤"，指独头栗，如果独头栗被虫子吃了，那就没用了，所以俗语"외톨밤이 벌레가 먹었다"比喻非常珍惜的东西有了瑕疵，也比喻应该聪明的东西却不中用，主要用来指独生子不中用。韩国语还有双头栗子，称作"쪽밤、쌍동밤"。

第四，去了苞的栗子称作"알밤"，不仅指具体的事物，还指用拳头砸脑袋，如(92ab)。"꿀밤"指用拳头底端轻轻地打头，如(92cd)。汉语里类似的表达是"栗暴"，也写作"栗苞"，也可叫作"栗凿"。此外，去了苞的栗子也叫作"밤알、밤톨"，可比喻孩子小，如(92e)。

> (92) a. 벌로 알밤을 주다 作为惩罚给一个栗暴/弹脑袋嘣
> b. 알밤을 한 대 먹이다 给一个栗暴/脑袋嘣

c. 꿀밤을 주다 给一个栗暴/敲打头

d. 정수리에 꿀밤을 안기다 在头顶上给了一个栗暴/敲
头顶

e. 밤톨만 한 제 아이들《동아일보, 2018.01.15》我那
些小不点似的孩子们

与栗子有关，还有俗语"두 볼에 밤을 물다"，意思是嘴里就
像含着栗子一样，比喻不痛快或脾气上来气鼓鼓的样子。汉语用
"嘴里就像含了块糖"，但并不专指生气，表达心理感情时需要在前
面添加表心理的抽象词语。

第五，剥皮的栗子。剥皮后的栗子是白色的，看起来光滑漂
亮，所以韩国语里用"깎은 밤톨"来比喻长得白净漂亮，如(93a)。
"깎은 밤 같다"比喻年轻男子穿得干干净净、利利索索的样子。不
过有时"밤톨"也比喻漂亮，如(93b)。

(93) a. 얼굴도 밤톨 깎아 놓은 것처럼 잘 생겨가지고 몸매
도…아이구！《가화만사성, 5회》脸蛋像刮了皮的
栗子那样非常好看，身材也是……不得了。

b. 첨 만났을 적 밤톨같이 이쁘던 신랑의 얼굴을 잊고
살았네.第一次见面时老公给人的印象就像栗子一样
很漂亮，现在都快忘干净了。

第六，炒栗子韩国语为"군밤"，不过韩国的炒栗子与中国的炒
栗子不太相同，中国的炒栗子有糖炒栗子，外表非常光滑。如果不
是糖炒栗子，一般炒栗子有时会在栗子上割开个小口，不过即使这
样，栗子的表面也是比较光滑的，但是韩国人的炒栗子是火烤的，

烤好后栗子皮会翘起来，参差不齐，所以就有了俗语"군밤 둥우리 같다"，比喻穿衣戴帽不干净利索，松松垮垮的。因为炒栗子是熟的，所以一般不会再发芽，如果栗子上发了芽，也是没用的，所以俗语"군밤에서 싹 나거든"比喻怎么看都没用的东西。另外，即使炒栗子真的生出了芽，但由于是烤过的栗子，要想焕发生命力，生根发芽，也好像都不太可能，所以这个俗语还比喻完全没有希望的条件。

相关的俗语还有"꿀에 군밤[떡] 사 먹겠다"，意思就那样还买烤栗子吃呢，用来嘲笑那些不符合实际的想法。

4.3.5.8 柿子

柿子对韩国人来说是一种非常重要的水果，所以韩国过去家家户户都会种柿子树。柿子成熟时会变软，称作"연감(軟-)、연시감(軟枾-)"，因为成熟的柿子还变得红彤彤的，所以也称作"홍시(紅枾)"，韩国人形容脸红时多用"홍시"来比喻，如(94)，汉语多用"红苹果"。

(94) 얼굴이 홍시처럼 빨개지고 가슴 두근거리고.《미워도 사랑해, 4회》脸红得像红苹果，心也扑通扑通直跳。

因为成熟的柿子很软，所以汉语用"柿子专捡软的捏"比喻欺软怕硬，而韩国语有"못 먹는 감은 찔어나 본다"，意为吃不上的柿子干脆戳烂它，让别人也吃不上，如(95)。

(95) 못 먹는 감은 찔러나 본다고 이왕 감옥 갈 것 제대로 진짜 붙어보는 것도 나쁘지 않을 것 같은데.《비켜라 운명

아, 65회》都说吃不上的柿子先捅烂，既然总归要进监狱，我觉得正儿八经和你斗一斗也不是坏事。

柿子熟了就软了，与此相关有俗语"홍시 먹다가 이 빠진다"，嘲笑事情发展不顺利，也比喻事情意料之外变得很艰难或失败了，也用来告诫万事不能大意要小心从事，用于此意义时，类似的还有"두부 먹다 이 빠진다"。

柿子熟透了之后会自己掉下来，那么树底下的人就能捡到，但即便事情已经十拿九稳也不能大意，反映这一思想的是"감나무 밑에 누워도 삿갓 미사리를 대어라、감나무 밑에서도 먹는 수업을 하여라"，也就是说即使在柿子树底下躺着，也要用帽子提前做好接柿子的准备，比喻即使机会或利益有可能成为自己的，但是为了不错过也要付出努力。一般情况下，柿子即使会掉在身边，但一般也掉不到嘴里，所以"감나무 밑에 누워서 홍시[연시](입 안에) 떨어지기를 기다린다[바란다]、홍시 떨어지면 먹으려고 감나무 밑에 가서 입 벌리고 누웠다"比喻不想努力却想得到好的结果。

在柿子树众多的地方，即使有别人来摘着吃，一般大家也不会说不愿意，这被称作"감 고장의 인심"，比喻淳朴善良的民风。韩国人还通过柿子这种很常见的水果来讽刺利己主义，如俗语"제 앞에 큰 감 놓는다"比喻只顾中饱私囊的利己行为。

因为新鲜柿子不易保存，所以过去人们一般会做柿饼，称作"곶감"，因为柿饼很甜很好吃，所以有俗语"우선 먹기는 곶감이 달다"，比喻不考虑将来只顾当前的利益和好处。类似的"당장 먹기엔 곶감이 달다"比喻虽然当场吃起来很好但却只是暂时的、不长远、没有益处的东西；也比喻不顾将来先开始进行暂时令人满意的轻松的事情。因为吃柿饼要从柿饼串上一个一个拿下来吃，所以有了俗

语 "곶감 꼬치에서 곶감 빼먹듯、곶감 꼬치를 먹듯、곶감 뽑아 먹듯、감꼬치 빼 먹듯",比喻辛辛苦苦攒下的财产一点一点地消失了。

韩国人有时还用柿饼来做粥喝,因为这样做出来的粥甜甜的,吃了让人心情愉快,所以俗语 "곶감 죽을 쑤어 먹었나" 意思是怎么这么高兴啊?是吃了柿子粥吗?多用来批评无缘无故发笑的人。而 "곶감 죽을 먹고 엿목판에 엎드러졌다" 意为刚喝了柿子粥又倒在放了麦芽糖的木盘里尝到了麦芽糖的味道,比喻口福不断或好运连连。

与柿子相似的还有一种野柿子,韩国语称作 "고욤",因为颜色泛黑,大小与枣差不多,所以汉语里也称作 "黑枣"。俗语 "고욤 맛 알아 감 먹는다" 意思是知道野柿子的味道所以吃柿子,这强调的是经验的重要性。但野柿子的甜度也很高,反映在语言上就有了俗语 "고욤이 감보다 달다",当小的反而比大的更实惠、质量更好时,多用这个俗语来作比喻。但也有相反的 "고욤 일흔이 감 하나만 못하다",意思野柿子再多也不如一个柿子好。

4.3.5.9 蔬菜

1) 南瓜

南瓜在英语里有 "pumpkin head 南瓜头",比喻脑子笨(조현용 2017:152)。韩国语南瓜为 "호박",一般指蒲团似的南瓜,常被用来嘲笑长得难看的女人,如(96)。

(96) 난 내가 차라리 호박이나 무 같이 생겼으면 하는 때가 많았어. 그럼 우리 엄마 지금처럼 착각 안 하고 집착 안 할 텐데.《그래 그런거야, 35회》我经常想要是我长

得丑，像南瓜或萝卜似的就好了。那么我妈就不会像现在这样做白日梦，这样依靠我了。

俗语里也会用南瓜来笑话女人，如"참외를 버리고 호박을 먹는다"，这里"참외"指过日子的老婆，而"호박"指又丑又拙的小老婆，比喻把勤俭持家的老婆扔掉而娶又丑又拙的小老婆，也比喻把好的丢掉反而要不好的。不仅是南瓜，南瓜花也被韩国人拿来笑话女人，如俗语"꽃은 꽃이라도 호박꽃이라"用来比喻长得丑的女人，也就是说，虽然都是花，但花与花不尽相同。甚至还有"호박꽃도 꽃이냐? 南瓜花也算花吗？"被用来嘲笑丑女。或者用"박호순"来比喻丑女，因为这个词倒着念是"순 호박"，意为完全是南瓜啊，即很丑(강신항 2007/2008:168)。

从南瓜的硬度来说，还有软南瓜，称作"무른 호박"，多用来比喻软弱的人，相当于汉语的"软柿子"，如(97a)。此外，还有非常硬的栗南瓜，韩国语称作"단호박"，如(97bc)，汉语"南瓜"没有这种意义，所以需要译成"一堵墙"或"冷淡"。

(97) a. 사람을 그냥 무른 호박으로 보는 것 아니야?《아버지가 이상해, 7회》这不是拿人当软柿子捏吗？

b. 그건 걔가 하도 단호박으로 철벽을 쳐서 그래.《아이가 다섯, 18회》那都是因为那孩子在之间垒了一堵墙导致的。

c. 내가 오빠가 좋다고 했을 때도 오빠 단호박이었어.《해피시스터즈, 103회》以前我追你的时候，你也是这么冷淡。

从南瓜的作用来看，嫩南瓜叶可以做菜，所以有了"호박 나물"，俗语"호박 나물에 힘쓴다"比喻因无谓的事情生气发火，或者形容气力衰弱的人拿着很轻的东西还颤颤巍巍的样子。而"늙은이 호박나물에 용쓴다"意思是老人在南瓜叶上使劲儿，指南瓜粥、南瓜叶虽然益于老人食用，但却比较有嚼头；也可比喻本来自己没有任何力气了但却像很有力气一样站出来准备干事。俗语"시든 호박잎 같은 소리"比喻没有任何霸气和激情的话。

韩国人还会做南瓜汤喝，有俗语"저런 걸 낳지 말고 호박이나 낳았더라면 국이나 끓여 먹지"，意思是当初就不该把那样的人生出来，要是生个（丑）南瓜嘛，还能做汤喝呢，生这么个人，一点用处都没有。这里之所以拿南瓜来比喻不成器的人，其实也与南瓜代表丑人有关。

南瓜还被韩国人拿来喂猪，所以有了俗语"호박(을) 쓰고 돼지 굴로 들어간다"，意思是顶着猪喜欢的南瓜进猪窝里，比喻没有任何防备地闯入危险境地而自寻死路，也就是说"顶着南瓜进猪窝——自取灭亡"。

如上，可以发现南瓜是韩国人重要的农产品之一，因此往别人家长得好好的南瓜上砸马橛子也太坏了，所以俗语"자라나는 호박에 말뚝 박는다"比喻散布谣言来搞砸别人好事的坏心肠或行动，而"호박에 말뚝 박기"则比喻又坏又残忍的行为，或者与"호박에 침주기"都比喻易如反掌。另外，"호박에 침주기"还比喻对什么刺激都没有反应。

可能因为南瓜浑身是宝吧，韩国语人还用"호박"来比喻财富、幸运，其中"호박이 굴렀다[떨어졌다]、호박이 넝쿨째로 굴러떨어졌다、굴러 온 호박"都比喻得到意外之财或意外遇到幸运之事，例如(98)。类似的还有"아닌 밤중에 찰시루떡"。

(98) 그런 면에서 보면 강세연씨는 밭에서 굴러온 호박이지
요.《연인, 14회》从这个角度来看，姜世然真是滚来
的宝贝啊。

其实，南瓜子也是一宝，韩国语里与南瓜子有关的是"호박씨
(를) 까다"，比喻背后说坏话，如(99a)，或者比喻背后搞小动作，
如(99bc)。

(99) a. 앞에서 착한 것 다 하더니 뒤에서 호박씨를 그렇게 까
는데 누가 언니 말을 믿어?《우리집 꿀단지, 53회》
人前装得挺善良，但背后却说坏话，那谁能相信姐
姐你的话啊?

b. 이 나쁜 자식! 처음에 나한테 관심없다고 안심시키더
니 뒤에서 호박씨를 깠어?이 자식 처음부터 계획적
이었어.《월계수 양복점 신사들, 32회》你这个坏小
子！才开始时和我说对她不感兴趣，让我放心，原
来在背后搞小动作了啊。你小子原来都是计划好了
的啊。

c. 그 여편네가 신랑 죽고 딴 남자는 안 거들떠보게 생겼
더니 뒤에서 혼자 호박씨를 다 까고 있었네.《우리 갑
순이, 42회》那个女人看长相好像老公死了之后别的
男人连瞧都不瞧的，原来是背后搞上了啊。

惯用语"호박씨를 까다"这种否定意义的产生应该受两方面的
影响，首先动词"까다"本身就有说坏话之意，其次，如前面分析
所见，韩国语的南瓜被赋予了非常多的否定意义。这两者结合使得

惯用语也具有了否定意义。

2）蕨菜

韩国语里蕨菜为"고사리"，一般在春天它的嫩叶刚刚长出，还处于卷曲未展时，采摘下来食用，否则的话就太硬不好吃了，于是就有了俗语"고사리도 꺾을 때 꺾는다"，有两个意义，第一个意为不管什么事情都有它的时机，所以不要错过了时机；也指不管开始干什么事情，都要尽早完成，不要错过时机。惯用语"고사리 같은 손"取自蕨菜柔嫩的特点，比喻小孩子柔嫩胖乎的小手，如(100)。有时也用"고사리밥 같은 손"，其中"밥"指花骨朵，意思是像花骨朵一样嫩的手。现在"고사리손"已作为词被收录到《표준국어대사전》里。

> (100) 영희는 그 고사리 같은 손을 귀엽게 흔들어 보이면서
>   "아빠 잘 다녀와."했다.《이병주, 행복어 사전》英姬
>   挥着她那可爱的小手，说"爸爸，一路平安"。

韩国语之所以用"고사리"作比喻，是因为蕨菜是韩国人饭桌上不可或缺的蔬菜之一，但对中国人来说，蕨菜却并不是饭桌上常见的，所以自然就难以产生比喻意义。偶尔汉语会用"小嫩黄瓜手"[05]，但是用的不多。日语里虽也有类似表达，但一般比喻老太婆的手，因为日语里是用蕨菜成熟后的样子来作比喻(조현용 2017:154)，因此与老太婆的手产生了相似性。

05　马庆株(1998:89)在谈到形容词时举例时曾提到"小嫩黄瓜手"。

3) 葱、洋葱

韩国语里葱为 "파"，可以指一般的大葱、小葱，也指洋葱，大葱的葱白为 "파뿌리"，可比喻白发。

韩国语里洋葱为 "양파"，也是韩国人爱吃的蔬菜之一。从形态上看，由于洋葱是一层一层包起来的，如果想知道最里边怎么样，就需要不断地剥，根据此意义，就有了 "양파 같은 사람"，比喻看不透、很有城府或秘密很多的人，如(101)。法语中也有与洋葱有关的丰富表达，也多着眼于洋葱的这种特点，如vêtu comme un oignon 意思是裹了一层又一层的衣服(支顺福 2012:171)。而汉语有时用 "剥春笋"，如(102)，因为春笋是中国人尤其是南方人常吃的食物之一。

(101) 두 사람 양파처럼 까면 깔 수록 너무 많은 얼굴이 나와.《사랑이 오네요, 90회》两个人像是洋葱一样，越往下剥暴露出的嘴脸越多。

(102) 他们为文，如剥春笋，一层一层剥下去，愈剥愈细。《季羡林，读书与做人》

4) 白菜

白菜韩国语为 "배추"。白菜对韩国人来说是非常重要的蔬菜之一，韩国代表性的泡菜就是白菜泡菜，正因为如此，卖白菜种就是非常重要的经商项目，与此相关有俗语 "군자 말년에 배추씨 장사"，意为君子在晚年卖起了白菜种，比喻平生为他人而活但最后却贫困潦倒，也可比喻曾经非常有权势，但最后却败落得一塌糊涂。从这里也可看出，经商在过去是不为人称道的，也可推断过去卖白菜种并不是盈利非常大的买卖。

白菜新鲜的时候是直挺挺的，而不新鲜的时候就蔫了，俗语"시든 배추 속잎 같다"比喻没有任何力气地软瘫下来。

韩国语还用"씻은 배추 줄기 같다"比喻皮肤白净、个子高俊，也用"배추속(白菜心)"比喻颜色发白，如(103)，这种比喻方式虽然能够理解，译成汉语时，根据异化原则，可以采取直译的方式，但是中国人一般不用白菜帮或白菜心来比喻颜色。

(103) 미루나무도 나른한 정오를 더는 못 참겠다는 듯 배춋 속처럼 뽀얗게 차오르는 수면 안으로 길게 손과 발을 뻗어 오면서 기지개를 켠다.《서울신문, 2018.05.17》白杨树好像也无法忍受慵懒的正午，所以伸着懒腰，把手脚使劲地伸进了泛着白菜心般白沫的渐渐升起的水面。

5）黄瓜

黄瓜韩国语为"오이"，有俗语"오이 덩굴에 오이 열리고 가지 나무에 가지 열린다、오이씨에서 오이 나오고 콩에서 콩 나온다"，意思是种子这一根本决定结果，"오이 덩굴에서 가지 열리는 법은 없다"比喻有其父必有其子，"오이는 씨가 있어도 도둑은 씨가 없다"意思是黄瓜有种，但盗窃没有种子，即盗窃的毛病不是遗传的，与自己的决定有关，换句话说如果心术不正，谁都可能误入歧途。

"장마 뒤에 외 자라듯、장마에 오이 굵듯[크듯]"比喻遇到好的机会或环境而茁壮成长。

此外，在韩国文化里，黄瓜还象征男性。

6) 萝卜

萝卜分胡萝卜和白萝卜，其中"홍당무(紅唐-)"可以指胡萝卜、红心萝卜，也可比喻害羞或因为没面子而通红的脸，如(104)。"무"指大白萝卜，惯用语"무 밑동 같다"比喻没人帮助、很孤独的处境，如(105)。"무다리"比喻长得不好看的腿。与萝卜有关的还有切萝卜"무 자르듯"，可以比喻动作麻利、快捷。

(104) 친구들이 놀리자 그의 얼굴은 홍당무가 되었다. 朋友们一逗他，他的脸就成了一块大红布。

(105) 입맛이 다셔지기는 커녕 메마른 낱말들만 무 밑동같이 제각기 싸돌아다니기가 일쑤이고.(권오운, 우리말 소반다듬이)别说让人产生兴趣了，大部分都是只有干巴巴的词汇自己玩自己的。

7) 茄子

韩国语里茄子为"가지"，有俗语"가지 나무에 목을 맨다"，意思是太悲伤、太惨痛，连上吊的树是否够高都顾不上一心想死，比喻无法计较这计较那的处境。"가지 따 먹고 외수(外數)한다"意思是到别人地里摘了茄子吃却说没吃，比喻偷偷干坏事后装没事人。"되는 집에는 가지 나무에 수박이 열린다"比喻家运亨通的人不管做什么事情都有好结果。此外，茄子在韩国语里也是男性的象征。

8) 锦葵

锦葵韩国语为"아욱"。锦葵的嫩茎和叶子一般用来煮汤喝，种子用来做中药，因为对身体好，所以有俗语"아욱으로 국을 끓여 삼 년을 먹으면 외짝 문으로는 못 들어간다"，意思是喝锦葵汤，身

体变胖，连单扇门都进不去了，即锦葵非常利于身体健康。

9）丝瓜

丝瓜韩国语为"수세미"，现在多指刷锅洗碗所用的东西，如（106a）。"수세미"也可比喻皱皱巴巴的或者很脏的东西，如（106b）。

(106) a. 수세미로 놋그릇을 닦다. 用刷碗布刷碗。
　　　 b. 수세미 같은 손수건으로 이마와 코 언저리를 싹싹
　　　　　 닦아냈다.《하근찬, 수난시대》用皱巴巴的手绢使
　　　　　 劲地擦了擦额头和鼻子附近。

10）辣椒

辣椒韩国语为"고추"，指的是中国的尖辣椒，而不是我们所说的菜椒，汉语的菜椒韩国语称作"피망"。韩国人对辣椒的认识主要集中于辣椒的味道、大小和形状上。

因为辣椒是辣的，刺激性很强，所以韩国文化中的辣椒面还与眼睛产生关系，如"안질에 고춧가루、눈 앓는 놈 고춧가루 넣기"都比喻两者相克造成不好的影响或比喻雪上加霜。不仅如此，韩国语里还有惯用语"고춧가루 뿌리다"，比喻使坏，如（107）。"고추먹은 소리"比喻感到不满意而说的气话，如（108a），汉语多用"带刺的话"来表达。两者从有刺激性这一点来说是一致的。正是基于辣椒太辣让人难受这一特性，所以还产生了合成词"고추바람"，比喻刺骨寒风，如（108b）。

(107) a. 그럼 그렇지. 니가 이 엄마 일에 도와줄 일이 없지.

아이구! 하여튼 사사건건 이 고춧가루 안 뿌리면 다
행인 줄 알아야지.《최고의 연인, 38회》我就说
嘛。你是不可能帮妈干事的啊。哎吆！只要你能不
事事作梗我就烧高香了。

　　b. 내 가슴팍이 고춧가루 뿌려놓은 것 처럼 따갑고 시
려!《천상의 약속, 74회》我的心口就像被撒了辣椒
粉一样疼得难受。

(108) a. 돌아가면서도 고추 먹은 소리하는 것이 영 불만인
모양이었다. 他一边往回走，一边说一些带刺的
话，看来有一肚子的不满。

　　b. 고추바람이 칼날같이 귓불을 엔다.≪이기영, 서화≫
刺骨的寒风吹着耳垂，像刀割一样。

　　韩国语还有与辣椒棵或辣椒的大小有关的俗语，其中"고추　나
무에　그네를　뛰고　잣　껍질로　배를　만들어　타겠다"指人变得非常
小，可以在辣椒棵上荡秋千，能乘坐用松仁壳造的船，比喻世界灭
亡之际所出现的怪现象；也比喻不可能实现的小伎俩。"고추가　커야
만　맵나[매우랴]"意思是并不是说体格大就可以干好自己的事情。
"고추는　작아도　맵다、작은　고추가　더　맵다"比喻体格小的比体格
大的人更有才能，更值得信赖，反映的是韩国人对高个子的否定和
对矮个子的肯定。类似的还有"고추보다　후추가　더　맵다"，但"고
추보다　후추가　더　맵다"还有一个意义，指天外有天，人外有人。
　　韩国语的"고추밭"与男人有关，之所以产生这种关联意义，
是因为韩国人根据辣椒的形状特点用"고추"来指男人的生殖器，
有时也用"고추자지"。用于此意义时，也有一些俗语，如：

(109) 윤찬이 누나: 엄마 너무 오냐오냐 키운 탓이야. 말로
혼냈지. 뒤에서는 다 받아주고 해결해 주니까 얘가 어
른이 돼도 지 앞가림은 못하잖아. 这都怨妈你太宠他
了。光用嘴说说就拉倒了。背后里都满足他，都给他
解决了，所以他长大了也成不了才。
윤찬이 엄마: 시끄러워. 죽은 자식 고추 만져? 지
금.《가족을 지켜라, 82회》别烦我了。这不是马后炮
嘛。你现在说这些。

　　上面的对话中，姐姐埋怨妈妈没有严加教育弟弟，导致弟弟现在
不成器，但妈妈却说现在已经晚了，用了"죽은 자식 고추 만져"，
这是用摸死去孩子的生殖器来比喻为时已晚，汉语译成"马后炮"。
　　韩国人有时还用"풋고추"来比喻小伙子，用"꽈리고추"来
比喻老男人，而"고추상투"是用辣椒来比喻老人非常小的发髻。
大鼻子也是男性的象征，所以韩国辣椒之乡忠清南道青阳郡2004年
搞庆祝活动时搞了一个"큰고추 선발대회 大辣椒选拔大会"，提出
"코 큰 사람에게 청양고추 공짜로 드립니다. 对大鼻子的人将免费
赠送青阳辣椒"《문화일보 2004.07.29》[06]。这个活动的初衷是为了宣
传辣椒的正宗产地是青阳，利用的正是辣椒与大鼻子的男性象征这
一点。但因为辣椒与大鼻子的强烈的性象征，所以在韩国社会引起
了轩然大波。
　　韩国语还有"고추잠자리"，有两个意义，其中一个指红蜻蜓，
因为身体全是红色，像极了红辣椒，因此得名。另外一个意义是俚

06　https://news.naver.com/main/read.nhn?mode=LSD&mid=sec&sid1=103&oid=021&a
　　id=0000077172

俗意义，指男生宿舍。

4.4 动植物语言与文化

通过前面的分析，可以发现韩国人对动植物的观察是非常精密、细致入微的，并且在这种观察的基础上，根据各自不同的特性赋予了各种不同的意义：

首先，与繁殖有关的动植物语言几乎都发展出了比喻意义。出现这种现象的原因，与繁殖对人类的重要性认识有关。从另外一个方面来看，这些词语如"胚胎、卵蛋、皮壳、小崽子、蜕皮""种子、芽、枝叶、根"等都是上义词，也就是说这是所有的动植物都共同具有的，语义具有可引申性。

第二，动植物语言都有多种比喻方式。其中动物语言中一类是本身具有比喻意义，如"개、돼지、병아리、호랑이、호구、곰、여우、봉、파리、벌집、까치、거머니、미꾸라지、대어"，另一类是用于比喻性惯用语或俗语，如"동태、북어、문어、오징어、준치、밴댕이、고래、가재、연어、도루묵、용、펭귄、도루묵、달팽이、캥거루、뱀、꽃뱀、독사、살모사、노루、토끼、빈대、벼룩"等。

植物语言中也有两种类型，一类是本身具有比喻意义，如"꽃、좁쌀、담배씨、숙맥、깍짓동、대추씨、고추、수세미、호박"，另一类是用于比喻性惯用语或俗语，如"민들레、뽕、깍정이、깍쟁이、콩밭、진、한물"等，第三类是在语境中具有比喻义，如"깨알같다"等。

第三，在植物语言中，"꽃、풀、나무"等上义词产生了比喻

意义，具体的个别观赏类植物的联想或象征意义很固定，很多都没有被收录在词典里，在电视剧语言中也极少出现。相反，食用植物的比喻意义要丰富的多，出现这种明显差异的原因应该与重要性有关。因为"民以食为天"，食用植物对人类来说非常重要，也非常熟悉，所以最易产生比喻意义。而观赏植物就达不到这一点了。

第四，动植物语言在发生语义引申时，既有共同之处，亦有不同。

动物语言的上义词"动物"本身没有比喻意义，与其相关的俗语或惯用语也极少。但是其下义词，即具体的动物语言却通过各种形式拥有了丰富的语义和文化内涵，尤其是家畜的意义大部分都集中在分类、身体部位或长相、习性等方面。特别是"개"除了以上共同的方面外，与狗食有关的很多词语也都可以比喻人；此外，还发展成了前缀"개-"，其意义发生了极大的抽象化。

与动物语言相反，植物语言的上义词"花、草、树"等拥有丰富的比喻意义，并且"풀"还发展成了前缀。但其下义词除了"콩、깨、밤、감、고추、호박"有很多的表达，并且有相对丰富的语义外，其他植物下义词的语义都比较单一。

前面我们已经提到过，动物语言深厚的文化内涵是植物语言难以相比的，这一点也可从上述内容中得到验证，可以说，在同一语义场内，如果上义词语义丰富了，一般就意味着下义词语义的不发达。

与植物有关，有很多具体的花类都具有象征意义，例如梅花、菊花等，但是这些词语本身难以出现在日常的会话中，例如中国的梅花多出现在古诗中，如"梅花香自苦寒来"，但是词语本身却没有比喻意义。

第五,亲和性决定关注点和比喻意义的多少。

从上面的分析中可以发现，与人们关系越密切的动植物词语，越容易产生比喻意义，即使词语本身没有比喻意义，但也多出现于惯用语或俗语中。对这种现象产生的原因，马林诺夫斯基(Malinowski)在解释图腾制度的时候提到:因为动植物可以为人类提供食物，食物需求在原始人的意识中占有优先地位，能够唤起强烈和多变的情感。所以, 某些作为常备食品的动植物物种会成为人类最主要的关注点(列维-斯特劳斯 2012/2015:68)[07]。不仅与食物有关，"人们最初的审美活动, 也总是欣赏与自己生存、生活、物质生产活动直接有关的产品、对象、环境，所以狩猎时期的原始民族，欣赏动物，拿动物的皮毛、牙齿、骨骼来装饰自己，却不欣赏植物(王世德 1987:21)"。这两个观点也可以借来解释动植物语言比喻意义的多少，因为人类的关注点集中在可食用的动植物身上，能唤起各种情感，所以在这种基础上，相关的动植物语言就随之产生了比喻意义。

另外，根据上面对韩国语动植物语言的分析发现，与植物语言相比，动物语言产生比喻意义的可能性更高，在日常生活中的语用频率也更高。关于这种现象产生的原因，我们也可借用马利诺夫斯基的观点来解释:因为动物从外貌上与人极其相似，并且大部分动物都显得比人类能力更强(例如有的高大强壮，有的善跑，有的擅长爬树等)，所以动物占据着人与自然的中间位置，能够唤起各种相互混杂的感受:敬慕与畏惧，对食物的贪欲等。但植物、自然现象、人类创造出的物品等都是不能活动的东西，所以与人类的关系要远于动物与人类的关系(列维-斯特劳斯 2012/2015:68)。根据这种观点，我们可以推论:人类更加关注有生命、与人类亲和关系更近的动物，对

---

07 虽然马林诺夫斯基的观点在解释图腾制度时遭到列维-斯特劳斯的批判，但是他的观点至少可以用来解释人类对动植物的关注与观察。

它们的观察更仔细，相关的语言则更容易产生比喻意义。

4.5 小结

本章分析了植物语言与文化的关系。其中，植物的繁殖与人类生活密切相关。植物种子比喻人或血统时都是消极意义，具体的各种种子则根据"小"这一特点产生了小、轻、少、浅薄等消极意义。植物的枝叶被比喻成附属的东西，根被比喻为根本，这种比喻意义具有文化共性，汉语里的相关表达也多具有这样的比喻意义。

植物语言中，与一般的花草树木相比，韩国语里有极其丰富的关于豆子、柿子、南瓜的表达，展现出了极具特色的"豆子文化、柿子文化、南瓜文化"，但是各自又具有不同的特点，如下表所示，豆子比较突出的是词语和惯用语非常丰富，柿子没有惯用语出现，但是有丰富的俗语，南瓜也出现了丰富的俗语。

[表4] "豆子、柿子、南瓜"的语言形式

语言形式	豆子文化	柿子文化	南瓜文化
词语	25	4	2
惯用语	6	0	2
俗语	27	20	13

除豆子、柿子之外，还有很多作为人类生存必需品的食用植物，如"大米、小米、大麦、荞麦、高粱、芝麻、花生、地瓜、土豆、栗子、蕨菜、葱、洋葱、白菜、黄瓜、丝瓜、萝卜、茄子、锦

葵、辣椒"等，韩国人根据这些植物的生长特点、果实特点、食用方法等赋予它们以丰富的比喻意义。其中"黄瓜、茄子、辣椒"还被韩国人拿来比喻男性的性器官。植物语言中的草还发展成了词缀"풋-"。

从语言形式来看，本章所涉及的词语中，汉字词占比较低，约四分之一，主要存在于植物的繁殖、花草树木的上义词等方面，这说明植物语言具有很强的民族性和文化性，尤其是与老百姓日常生产、生活密切相关的下位范畴——食用植物，一般受中国文化的影响较小。

动植物语言进行对比的话会发现两者具有较大区别，语言上的这些差异反映了地理环境、生产方式、关系密切程度等对语言的影响。

参考文献

中文文献

陈 来,中华文明的核心价值[M], 北京: 生活．读书．新知三联书店, 2015.

陈载舸, 东方魔块之"**魔**": 汉字社会功用的厘定与阐释[M], 广州: 广东人民出版社, 2017.

杜红芹, 心智游移在不同任务中的发生特点及影响因素[D], 华中师范大学博士论文, 2015.

傅佩荣, 国学的天空[M], 长沙: 岳麓出版社, 2014.

高 闯, 眼动实验原理[M], 武汉: 华中师范大学出版社, 2012.

高名凯, 语言论[M], 北京: 商务印书馆, 1995.

郭 熙, 中国社会语言学(第3版)[M], 北京: 商务印书馆, 2013.

黄树先, 比较词义探索[M], 成都: 四川出版集团, 2012.

季羡林, 《罗摩衍那》卷1,《童年篇》[M], 北京: 人民文学出版社, 1980.

将 勋, 无关岁月[M], 南京: 译林出版社, 2012.

金圣荣, FBI读心术[M], 哈尔滨: 哈尔滨出版社, 2011/2014.

金文学, 丑陋的韩国人[M], 贵阳: 贵州人民出版社, 2011.

李鹏程, 当代文化哲学沉思(修订版)[M], 北京: 人民出版社, 1994/2008.

李 倩, 回锅肉和香菇菜心的语言等级[M], 北京: 商务印书馆, 2015.

李树新, 论人体词语的文化意蕴[J], 内蒙古大学学报(人文社会科学版), 2002(5): 58-63.

李新梅, 从粤语的谐音特点看广州文化[J], 语言语文化研究(第四辑), 光明日报出版社, 2016.

林纪诚, 语言与文化综论[A], 顾嘉祖、陆昇, 语言与文化[C], 上海: 上海外语教育出版社, 1988: 1-15.

林语堂, 生活的艺术[M], 北京: 北方联合出版传媒(集团)股份有限公司万卷出版公司,

2013.

刘 倩, 委婉语研究新论[M], 北京: 科学出版社, 2015.

刘宝俊, 社会语言学[M], 北京: 科学出版社, 2016.

刘承华, 文化与人格——对中西方文化差异的一次比较[M], 合肥: 中国科学技术大学
　　　出版社, 2003.

吕叔湘, 语文杂记[M], 北京: 生活．读书．新知三联出版社, 2008/2011.

罗常培, 语言与文化[M], 北京: 语文出版社, 1989.

罗常培, 语言与文化[M], 北京: 北京出版社, 2011/2016.

马庆株, 汉语语义语法范畴问题[M], 北京: 北京语言文化大学出版社, 1998.

马未都, 醉文明+收藏马未都(1)[M], 北京: 中信出版社, 2017.

马未都, 醉文明+收藏马未都(4)[M], 北京: 中信出版社, 2017.

马未都, 醉文明+收藏马未都(7)[M], 北京: 中信出版社, 2017.

马未都, 醉文明+收藏马未都(8)[M], 北京: 中信出版社, 2017.

庞 朴, 中国旧哲学束缚自然科学二三例[A], 中国文化与哲学论集[C], 上海: 上海人民
　　　出版社, 1988: 496-499.

钱钟书, 谈艺录[M], 北京: 中华书局, 1984.

若 木, 潘金莲"鼻子里笑了一声[J], 咬文嚼字, 2012(1): 1-56.收录于咬文嚼字编辑部,
　　　咬文嚼字(2012合订本).

邵敬敏, 前言[A], 文化语言学中国潮[C], 北京: 语文出版社, 1995.

施 晖、栾竹民, 中日韩三国"性向词汇"及文化比较研究[M], 外语教学与研究出版
　　　社, 2017.

苏新春, 文化的结晶——词义[M], 长春: 吉林教育出版社, 1994.

唐晓峰, 文化地理学释义[M], 北京: 学苑出版社, 2012.

汪 郎, 食之白话[M], 北京: 中国林业出版社, 2006.

王 力, 同源字典[M], 北京: 商务印书馆, 1982.

王 芳, 韩国语前缀语义系统研究[M], 青岛: 中国海洋大学出版社, 2013.

王健昆, 从外国人的词语理解障碍看汉语词语的文化特色[A], 陈建民、谭志明, 语言
　　　与文化多学科研究[C], 北京: 北京语言学院出版社, 1993: 98-102.

王世德, 审美学[M], 济南: 山东文艺出版社, 1987.

伍铁平, 比较词源研究[M], 上海: 上海外语教育出版社, 2011/2015.

萧国政, 语言的多角视野与应用研究[M], 北京: 中国社会科学出版社, 2015.

许 晖, 古人原来是这样说话的[M], 青岛: 青岛出版社, 2015.

许 晖, 身体的媚术——中国历史上的身体政治学[M], 北京: 商务印书馆, 2013.
杨向奎, 大一统与儒家思想[M], 北京: 北京出版社, 2011/2016.
咬文嚼字编辑部, 咬文嚼字2003合订本[M], 上海: 上海锦绣文章出版社, 2014.
咬文嚼字编辑部, 咬文嚼字(2012合订本)[M], 上海: 上海锦绣文章出版社, 2013.
叶舒宪, 中国神话哲学[M], 西安: 陕西人民出版社, 2005.
叶舒宪, 原型与跨文化阐释[M], 西安: 陕西师范大学出版社, 2018.
游汝杰, 中国文化语言学刍议[A], 邵敬敏, 文化语言学中国潮[C], 北京: 语文出版社, 1995: 1-15.
张公瑾, 文化语言学发凡[M], 昆明: 云南大学出版社, 1998/2007
张燕燕, 中韩动物文化内涵比较研究[J], 考试周刊, 2009(27上): 97-98.
张之沧、张禹, 身体认知论[M], 北京: 人民出版社, 2014.
翟学伟, 中国人的关系原理——时空秩序、生活欲念及其流变[M], 北京: 北京大学出版社, 2011/2014.
赵毅衡, 哲学符号学: 意义世界的形成[M], 成都: 四川大学出版社, 2017.
支顺福, 释名析义——万物名称与中外文化探微[M], 上海: 上海外语教育出版社, 2012.

中文译著

(德)J.G.赫尔德, 论语言的起源[M], 北京: 商务印书馆, 2011.
(德)爱娃．海勒, 色彩的性格[M], 吴彤译, 北京: 中央编译出版社, 2017.
(德)汉斯．贝尔廷(Hanns Belting), 脸的历史[M], 史竞舟译, 北京: 北京大学出版社, 2017.
(德)伊曼努尔·康德, 实践理性批判[M], 北京: 商务印书馆, 1960.
(德)威廉·冯·洪堡特, 论人类语言结构的差异及其对人类精神发展的影响[M], 姚小平译, 北京: 商务印书馆, 2011.
(法)加斯东．巴什拉, 火的精神分析[M], 杜小珍．顾嘉琛译, 郑州: 河南大学出版社, 2016.
(法)克洛德．列维-斯特劳斯, 图腾制度[M], 渠敬东译, 北京: 商务印书馆, 2012/2015.
(法)克洛德．列维-斯特劳斯, 野性的思维[M], 李幼蒸译, 北京: 中国人民大学出版社, 2006/2014.

(美)C.恩伯、M.恩伯, 文化的变异——现代文化人类学通论[M], 杜彬彬译, 沈阳: 辽宁
　　人民出版社, 1988.

(美)I.戈德伯格, 语言的奥妙——语言入门人人学[M], 太原: 山西人民出版社, 2003.

(美)Neil R.Carlson, 生理心理学——走进行为神经科学的世界(第九版)[M], 北京: 中
　　国轻工业出版社, 2017.

(美)保罗．艾克曼, 心理学家的面相术——解读情绪的密码[M], 何小力译, 长沙: 湖南
　　科学技术出版社, 2016.

(美)保罗．艾克曼、华莱士．V．弗里森, 心理学家的读脸术——解读微表情之下的
　　人际交往情绪密码[M], 宾国澍译, 北京: 当代中国出版社, 2014/2017.

(美)段义孚(Yi-Fu Tuan), 空间与地方——经验的视角[M], 北京: 中国人民大学出版
　　社, 2017.

(美)金伯莉．J．达夫, 社会心理学[M], 宋文、李颖珊译, 北京: 中国人民大学出版社,
　　2013.

(美)卡罗尔．恩贝尔、梅尔文．恩贝尔, 人类文化与现代生活——文化人类学精要(第
　　三版)[M], 周云水等译, 北京: 电子工业出版社, 2016.

(美)克利福德．格尔茨, 地方知识——阐释人类学论文集[M], 杨德睿译, 北京: 商务印
　　书馆, 2014.

(美)克利福德．格尔茨, 文化的解释[M], 韩莉译, 南京: 译林出版社, 2014/2017.

(美)肯尼思．本迪纳, 绘画中的食物——从文艺复兴到当代[M], 谭清译, 北京: 电子工
　　业出版社, 2016.

(美)拉里．A．萨默瓦、理查德．E．波特、埃德温．R．麦克丹尼尔, 跨文化传播
　　(第六版)[M], 闵惠泉、贺文发、徐培喜等译, 北京: 中国人民大学出版社,
　　2013/2017.

(美)理查德．尼斯贝特, 思维版图[M], 李秀霞译, 北京: 中信出版社, 2017.

(美)理查德．舒斯特曼, 身体意识与身体美学[M], 程相占译, 北京: 商务印书馆, 2014.

(美)玛格丽特．维萨, 饮食行为学——文明举止的起源、发展与含义[M], 刘晓媛译,
　　北京: 电子工业出版社, 2015.

(美)迈克尔．H.普罗瑟(Michael H. Prosser), 文化对话——跨文化传播导论[M], 何
　　道宽译, 北京: 北京大学出版社, 2013.

(美)迈克尔．托马塞洛, 人类沟通的起源[M], 北京: 商务印书馆, 2012/2016.

(美)史蒂芬．平克, 思想本质——语言是洞察人类天性之窗[M], 杭州: 浙江人民出版
　　社, 2015.

(美)威尔．杜兰特, 哲学的故事[M], 蒋剑锋、张程程译, 北京: 新星出版社, 2013/2017.

(美)约翰．奥莫亨德罗, 像人类学家一样思考[M], 张经纬等译, 北京: 北京大学出版社, 2017.

(意)翁贝托．艾柯, 丑的历史[M], 彭淮栋译, 北京: 中央编译出版社, 2012/2015.

(英)L．R．帕默尔, 语言学概论[M], 李荣等译, 北京: 商务印书馆, 2016.

(英)詹姆斯·乔治·弗雷泽, 金枝[M], 徐育新等译, 北京: 大众文艺出版社, 1998.

(英)克莱尔．吉普森, 如何读懂符号——思索触类旁通的标志意义[M], 张文硕译, 沈阳: 辽宁科学技术出版社, 2018.

(英)麦克斯．缪勒, 宗教的起源与发展[M], 金泽译, 上海: 上海人民出版社, 2010/2014.

韩文文献

강명관, 조선풍속사(1)[M], 서울: 푸른역사, 2010/2011.

강신항, 오늘날의 국어생활[M], 서울: 도서출판 박이정, 2007/2008.

강재형, 강재형의 말글살이[M], 서울: 기쁜하늘, 2018.

곽충구, 국어사 연구와 국어 방언[J], 이기문교수 정년퇴임기념논업, 1996.

구본관, 어휘의 변화와 현대국어 어휘의 역사성[J], 국어학, 2005(45): 337-372.

김덕신, 접두사화에 나타난 의미변화 연구[J], 한국언어문학, 2000(44): 567-584.

김동진·조항범, 선인들이 전해 준 어원 이야기[M], 서울: 태학사, 2001.

김무림, 한국어 어원사전[M], 서울: 지식과교양, 2012.

김민수, 우리말 어원사전[M], 서울: 태학사, 1997.

김수남, 몸과 언어의 만남--독일어 신체관련 관용어를 중심으로[A], 성광수.조항제.류분순, 몸과 몸짓 문화의 리얼리티[C], 서울: 소명출판, 2003: 166-216.

김종대, 우리문화의 상징세계[M], 서울: 도서출판 다른세상, 2001/2003.

박갑수, 우리말 우리 문화(상)[M], 서울: 역락, 2014a.

박갑수, 한국인과 한국어의 발상과 표현[M], 서울: 역락,2014b.

박갑수, 언어. 문학, 문화, 그리고 교육 이야기[M], 서울: 역락, 2015.

박갑천, 재미있는 어원 이야기[M], 서울: 을유문화사, 1995.

박기환, 성경 속의 우리말 원어를 찾아서[M], 서울: 해피&북스, 2009.

서정범, 어원벼곡[M], 서울: 범조사, 1986.

심재기, 속담의 종합적 고찰[J], 관악어문연구, 1982(7): 215-243.

오주석, 오주석의 한국의 미 특강[M], 서울: 솔, 2003/2011.

오주석, 옛 그림 읽기의 즐거움(2)[M], 서울: 솔, 2006/2011.

유 상 . 조경자 . 한광희, 손동작과 정서 차원 분석[J], 감성과학, 2006(2), 119-132.

윤애선, 신체 언어의 의사 소통 기능[J], 성곡논총, 1998(1): 351-479.

이규태, 한국인의 밥상문화(2)[M], 서울: 신원문화사, 2000.

이규태, 한국인의 버릇(버리고 싶은 버릇)[M], 서울: 신원문화사, 1991.

이규태, 한국인의 의식구조(2)[M], 서울: 신원문화사, 1983/2011.

이규태, 한국인의 의식구조(3)[M], 서울: 신원문화사, 1983/2011.

이기문, 鷄林類事의 再檢討 - 주로 音韻史의 觀點에서[J], 동아문화, 1968(18): 205-248.

이남덕, 한국어 어원연구 I [M], 서울: 이화여자대학교 출판부, 1985.

이노미, 손짓, 그 상식을 뒤엎는 이야기[M], 서울: 바이북스, 2009.

이성범, 음식과 언어[M], 서울: 서강대학교 출판부, 2013.

이승희, 미꾸라지[A], 한국문화상징사전편찬위원회, 한국문화상징사전(2)[Z], 서울: 동아출판사, 1995.

이어령, 한국인의 신화[M], 서울: 서문당, 1996/1999.

이어령, 신화 속의 한국 정신[M], 서울: 문학사상사, 2003a.

이어령, 진리는 나그네[M], 서울: 문학사상사, 2003b.

이어령, 뜻으로 읽는 한국어사전[M], 서울: 문학사상, 2002/2011.

이어령, 흙 속에 저 바람 속에[M], 서울: 문학사상, 2002/2018.

이현희외, 이야기 한국사[M], 청아출판사, 2006/2016.

정경애, 우리말의 접두사 되기[J], 국어국문학, 2002(21): 265-287.

정대현, 한국어와 철학적 분석[M], 서울: 이화여자대학교 출판부, 1985.

정문기, 명태의 이름과 어원[J], 한글, 1936(4-6): 7-9.

정호완, 우리말의 문화적 상상력(2)[M], 서울: 이회문화사, 2002.

정호완, 우리말의 뿌리[M], 서울: 보고사, 2008.

조지훈, 한국학연구[M], 서울: 나남출판, 1996.

조항범, 정말 궁금한 우리 이야기 100가지(2)[M], 서울: 예담, 2004.

조항범, 국어 어원론(개정판)[M], 청주: 충북대학교 출판부, 2014.

조현용, 우리말로 깨닫다[M], 서울: 도서풀판 하우, 2009.

조현용, 한국어, 문화를 말하다--한국어 문화 언어학 강의[M], 서울: 도서출판 하우, 2017.

조현용, 한국어 비언어적 행위 표현과 한국어문화 교육 연구[J], 한국어 교육, 2005(2): 307-335.

진태하, 고려시대 우리말 연구 국제학술대회를 열면서[J], 계림유사 발간 900주년 기념 고려연구 학술대회, 2003.

천소영, 우리말의 문화 찾기-고유어 어원에 담긴 한국문화[M], 서울: 한국문화사, 2007/2010.

최창렬, 어원의 오솔길[M], 서울: 한국학술정보(주), 2002/2003.

최창렬, 아름다운 민속어원[M], 서울: 한국학술정보(주), 2004/2005.

최창렬, 어원산책[M], 서울: 한국학술정보(주), 2006.

최창모, 금기의 수수께끼: 성서 속의 금기와 인간의 지혜[M], 파주: 한길사, 2003.

한진건, 조선말의 어원을 찾아서[M], 연변: 연변인문출판사, 1990.

홍민표, 언어행동문화의 한일비교[M], 서울: 한국문화사, 2010.

其他外文文献

Kövecses,Z., Language, Mind, and Culture: A Practical Introduction[M], Oxford: Oxford University Press, 2006. 언어 . 마음 . 문화의 인지언어학적 탐색, 임지룡 . 김동환 역, 서울: 역락, 2010.

Lakoff, G.and Johnson, M., Philosophy in the Flesh: The Embodies Mind and Its Challenge to Western Thought[M], New York: Basic Books.1999. 몸의 철학: 신체화 된 마음의 서구 사상에 대한 도전뺀), 임지룡 . 윤희수 . 노양진 . 나익주 공역, 서울: 박이정, 2002.

Oliver, Robert T., Communication and Culture in Ancient India and China[M], Syracuse: Syracuse university, 1971.

Susanne K.Langer., Mind: An Essay on Human Feeling[M], Baltimore: Johns Hopkins University Press, 1972(2): 192-193.

Zhou, R. et al. Effects of viewing pleasant and unpleasant photograhps on facial EMG asymmetry[J], Perceptual and Motor Skills, 2004(99-3): 1157-1167.

王芳(왕방)

1975年生，女，山东泰安人，文学博士，现为山东师范大学副教授，硕士生导师。主要研究方向为语义学、中韩语言对比。

近年来，在《外语教学与研究》《解放军外国语学院学报》《东疆学刊》以及韩国核心期刊上发表论文多篇。在商务印书馆出版《韩国语汉字词与汉语词对比研究》(专著)、《韩国语汉字词学习词典》(编著)，在中国海洋大学出版社出版《韩国语前缀语义系统研究》(专著)。先后主持两项国家社科基金后期资助项目，分别是《韩国语汉字词与汉语词的对比研究》(2015-2018)、《认知语言学视域下的韩国语研究》(2020，在研)，主持并完成"海外韩国学"项目"以中国人为对象的韩国语汉字词学习词典的编撰及相关课程的开设"(2012-2015)。

王波(왕파)

1975年生，男，山东诸城人，教授，特殊教育学博士，现为潍坊学院特教幼教师范学院副院长，主要研究方向为特殊教师教育、特殊教育。

近些年来，在《光明日报(理论版)》《中国特殊教育》等发表专业论文30余篇，主持2017年度国家社科基金后期资助项目《特殊教育教师评价》一项、2017年度中国残联盲文项目一项，参与课题项目10余项。

韩国自然文化语言学

초판 인쇄 2022년 1월 10일
초판 발행 2022년 1월 20일

지 은 이　　왕방(王芳) 왕파(王波)
펴 낸 이　　이대현

책임편집　　이태곤
편　　집　　문선희 권분옥 임애정 강윤경
디 자 인　　안혜진 최선주 이경진
기획/마케팅　박태훈 안현진

펴 낸 곳　　도서출판 역락
주　　소　　서울시 서초구 동광로46길 6-6 문창빌딩 2층(우06589)
전　　화　　02-3409-2055(대표), 2058(영업), 2060(편집) FAX 02-3409-2059
이 메 일　　youkrack@hanmail.net
홈페이지　　www.youkrackbooks.com
등　　록　　1999년 4월 19일 제303-2002-000014호
字　　數　　399,929字

ISBN 979-11-6742-209-5　93710